HANDBUCH DER KULTURGESCHICHTE

# HANDBUCH DER KULTURGESCHICHTE

BEGRÜNDET VON HEINZ KINDERMANN

NEU HERAUSGEGEBEN VON

EUGEN THURNHER

Unter Mitarbeit von

*Martin Block · Thomas von Bogyay · Helmut de Boor · Walter Horace Bruford · Karl Buchheim · August Buck · Rolf Dencker · Willehad P. Eckert · Emil Ermatinger · Julius von Farkas · Willi Flemming · Leonhard Franz · Herbert A. Frenzel · Wilhelm Giese · Olof Gigon · Hans L. Gottschalk · Wolfgang Haberland · Horst Hammitzsch · Karl Hartmann · Walther Hinz · Walter Hirschberg · Harold von Hofe · Edgar Hösch · Hans Kähler · Willibald Kirfel · Paul Kletler · Hans Kramer · Willy Krogmann · Wolfgang Lindig · Josef Matl · Karl Oberhuber · Franz Petri · Gustav Ränk · Friedrich Repp · Hans Friedrich Rosenfeld · Heinz Rupp · Manuel Sarkisyanz · Klaus von See · Bertold Spuler · Hans Heinrich Schaeder · Emil Schieche · Kurt Schubert · Albert Schwarz · Dietrich W. H. Schwarz · Hans Steininger · Jörg Traeger · Hermann Trimborn · Adam Wandruszka · Hermann K. Weinert · Klaus Wessel · Joseph Wiesner · Friedrich Wild · Walther Wolf · Alfons Wotschitzky · Ernst W. Zeeden.*

Zweite Abteilung

KULTUREN DER VÖLKER

———

AKADEMISCHE VERLAGSGESELLSCHAFT ATHENAION
FRANKFURT AM MAIN

# DIE KULTUREN AFRIKAS

VON
WALTER HIRSCHBERG

Mit 161 Abbildungen, zwei Farbtafeln und 13 Karten

AKADEMISCHE VERLAGSGESELLSCHAFT ATHENAION
FRANKFURT AM MAIN

© 1974 by Akademische Verlagsgesellschaft ATHENAION, Frankfurt am Main
Alle Rechte vorbehalten
Gesamtherstellung: Passavia Passau
Printed in Germany 1974
ISBN 3-7997-0034-X (Gesamtausgabe)
ISBN 3-7997-0111-7

FÜR HERBERT

# INHALTSVERZEICHNIS

I. Weiß- und Schwarzafrika . . . . . . . . . . . . . . . . . . 1
    Wiege der Menschheit . . . . . . . . . . . . . . . . . 1
    Frühe Jäger . . . . . . . . . . . . . . . . . . . . 2
    Ankunft von Homo Sapiens . . . . . . . . . . . . . . . 3
    Spezialisierte Jäger und Sammler . . . . . . . . . . . . . 4
    Ursprung der rezenten Rassen . . . . . . . . . . . . . . 7
    Die Khoisaniden . . . . . . . . . . . . . . . . . . . 7
    Berberide und Orientalide . . . . . . . . . . . . . . . 8
    Die Äthiopiden . . . . . . . . . . . . . . . . . . . 15
    Die Negriden . . . . . . . . . . . . . . . . . . . . 15
    Die Pygmäen (Bambutiden oder Twiden) . . . . . . . . . . 22

II. Felsbildgalerien . . . . . . . . . . . . . . . . . . . . . 25
    Maghreb (Marokko, Algerien, Tunesien) . . . . . . . . . . 26
    Zentral-Sahara . . . . . . . . . . . . . . . . . . . 27
    Libysche Wüste und Tibesti . . . . . . . . . . . . . . 33
    Nubien und Nordostafrika . . . . . . . . . . . . . . . 37
    Buschmannkunst (Südafrika) . . . . . . . . . . . . . . 38

III. Nutzpflanzen und Haustiere . . . . . . . . . . . . . . . 41
    Getreidepflanzen . . . . . . . . . . . . . . . . . . 41
    Knollengewächse . . . . . . . . . . . . . . . . . . 47
    Züge eines traditionellen Bodenbaus . . . . . . . . . . . 52
    Wege zum reinen Viehzüchtertum . . . . . . . . . . . . 53
    Haustiere . . . . . . . . . . . . . . . . . . . . . 59

IV. Altägypten – Napata und Meroë . . . . . . . . . . . . . 65
    Kusch schlägt zurück . . . . . . . . . . . . . . . . . 66
    Die römische Zeit . . . . . . . . . . . . . . . . . . 68
    Eisen aus Meroë . . . . . . . . . . . . . . . . . . . 69
    Das christliche Nubien . . . . . . . . . . . . . . . . 71
    Auf den Spuren des Christentums . . . . . . . . . . . . 73
    Biblische Motive . . . . . . . . . . . . . . . . . . 77
    Wege und Verbreitung der »Basis-Dellen-Keramik« . . . . . 79

V. Das sakrale Königtum . . . . . . . . . . . . . . . . . . 83
    Königin-Mutter und Königin-Schwester . . . . . . . . . 84
    Wege und Verbreitung des sakralen Königtums . . . . . . 86

|     |     |     |
| --- | --- | --- |
| | Das heilige Feuer | 88 |
| | Die heilige Trommel | 89 |
| | Der heilige Königsmord | 93 |
| | Der König wird mumifiziert und der König wird Löwe oder Leopard | 94 |
| VI. | Metropolen im Norden | 99 |
| | Das Reich der Schilluk | 99 |
| | Äthiopien und Aksum | 103 |
| | Kaffa – Djandjero – Wolamo | 108 |
| | Die Frühgeschichte der Zwischenseenreiche | 114 |
| VII. | Eisenzeit in Ostafrika | 118 |
| | Die »Ausanatische Küste« (Azania) | 118 |
| | Die Portugiesenzeit | 124 |
| VIII. | Das Reich des Monomotapa | 131 |
| | Goldgewinnung und Goldhandel | 140 |
| IX. | Kongo-, Luba-, Lunda-Reiche | 143 |
| | Das alte Reich Kongo | 143 |
| | Das Königreich Loango | 155 |
| | Die Jagastürme | 161 |
| | Das Luba-Reich | 162 |
| | Lunda: das Reich des Mwata Yambo und der Lukokescha | 167 |
| | Das Kubareich | 170 |
| X. | Frühe Kulturen in der Benue-Tschadsee-Region | 175 |
| | Die Nok-Kultur | 175 |
| | Die Sao-Kultur | 176 |
| XI. | Das Alte Reich Bornu | 179 |
| | Handel und Handelsstraßen | 181 |
| | Hof, Regierung und Kriegsmacht des Scheichs | 186 |
| | Splitterstämme und Bergheiden | 189 |
| XII. | Auf den Spuren Gustav Nachtigals | 203 |
| | Bagirmi | 203 |
| | Wadai | 207 |
| | Nuba und Hadjerai | 209 |
| | Zande und Mangbetu | 215 |
| XIII. | Altägypten in Schwarzafrika | 220 |
| | Jukun | 224 |
| XIV. | Hausa: Handel und Handwerk | 226 |
| | Indigofärberei | 228 |
| | Lederhandwerk | 234 |
| | Zinn und Bronze | 235 |
| | Glas in Bida | 236 |
| | Architektur | 238 |
| | Die Hausa als Händler | 241 |

| | | |
|---|---|---|
| XV. Ife, die heilige Stadt der Yoruba | | 244 |
| | Benin | 244 |
| | Bronzen aus Ife | 250 |
| | Benin und der Ogané | 252 |
| | Die Rückkehr zur Tradition | 255 |
| | Yoruba | 265 |
| XVI. Die Kunst der Schwarzafrikaner | | 266 |
| | Ahnenfiguren | 267 |
| | Maskenwesen | 271 |
| | Werkstoffe der Figuren- und Maskenschnitzerei | 274 |
| | Graslandkunst | 285 |
| | Metalle (Silber, Gold, Kupfer, Eisen) in Kunst und Kunsthandwerk | 301 |
| XVII. Die Erforschung Afrikas bis zur Entdeckung des Seeweges nach Indien | | 310 |
| | Altertum | 310 |
| | Mittelalter | 319 |
| | Chinesische Quellen | 324 |
| | Der Seeweg nach Indien | 324 |
| XVIII. Die Buschmann-Hottentotten-Frage | | 338 |
| | Buschmänner | 347 |
| Die Völker Afrikas | | 351 |
| | I. Steppenjäger | 351 |
| | II. Urwaldjäger | 355 |
| | III. Hirtennomaden | 355 |
| | IV. Savannenbauern (Steppenbauern) | 355 |
| | V. Waldlandbauern | 360 |
| Literaturverzeichnis | | 363 |
| | I. Weiß- und Schwarzafrika | 363 |
| | II. Felsbildgalerien | 364 |
| | III. Nutzpflanzen und Haustiere | 365 |
| | IV. Altägypten – Napata – Meroë | 366 |
| | V. Sakrales Königtum | 367 |
| | VI. Metropolen im Norden | 368 |
| | VII. Eisenzeit in Ost-Afrika | 368 |
| | VIII. Das Reich des Monomotapa | 369 |
| | IX. Kongo-, Luba-, Lunda-Reiche | 369 |
| | X. Frühe Kulturen in der Benue-, Tschadsee-Region | 370 |
| | XI. Das alte Reich Bornu | 371 |
| | XII. Auf den Spuren von Gustav Nachtigal | 371 |
| | XIII. Altägypten in Schwarzafrika | 371 |
| | XIV. Hausa: Handel und Handwerk | 372 |
| | XV. Ife, die heilige Stadt der Yoruba | 372 |
| | XVI. Die Kunst der Schwarzafrikaner | 373 |

XVII. Die Erforschung Afrikas bis zur Entdeckung des Seeweges nach Indien . . . . 374
XVIII. Die Buschmann-Hottentotten-Frage . . . . . . . . . . . . . . 374

Personen- und Sachregister . . . . . . . . . . . . . . . . . . 377

Stammesregister . . . . . . . . . . . . . . . . . . . . . 385

Bildquellenverzeichnis . . . . . . . . . . . . . . . . . . . 390

# VORWORT

Der Vielfalt an Interessen in der Völkerkunde entspricht eine Vielzahl an Methoden und Arbeitsweisen. Sie werden von dem Standpunkt des jeweiligen Forschers bestimmt und von den Zielen, die er mit seiner Arbeit verfolgt. Es war das Ziel vorliegender Arbeit, anhand zeitgenössischer Schriftquellen einzelne Fragenkomplexe herauszugreifen und in enger Anlehnung an die Historie dem Leser einer Reihe zeitlich wie räumlich begrenzter Kulturbilder zu vermitteln. Diese Bilder lassen uns allerdings die Größe und Tiefe afrikanischer Kulturgeschichte mehr ahnen als von ihr wissen, denn alle historische Rekonstruktion bedeutet nicht mehr als einen Versuch.

Unser Blickpunkt galt in erster Linie den afrikanischen Kulturen und weit weniger ihren Trägern. In voller Anerkennung der großen Verdienste eines *Leo Frobenius*, eines *Hermann Baumann* und eines *Kunz Dittmer* um die Erhellung der afrikanischen Kulturschichte wurde jedoch ein Weg beschritten, der über eine allgemeine Darstellung afrikanischer Kulturgeschichten und Kulturkreise hinausführen sollte, um mit Hilfe der uns zur Verfügung stehenden Schriftquellen zu einigen kulturgeschichtlichen Erkenntnissen in engerem Sinne zu gelangen. Ein nicht leichter Weg! Hilfreiche Stütze waren mir auf diesem – wie der Leser an den zahlreichen Zitaten leicht ersehen kann – die wertvollen Arbeiten von *Hermann Baumann, Kunz Dittmer* und vieler anderer Forscher, auf denen ich das Werk aufzubauen und die Gedanken meiner Vorgänger weiterzuführen versuchte. Aber nicht nur dieses: seit etwa zehn Jahren ging aus dem Ethnohistorischen Seminar im Institut für Völkerkunde an der Universität in Wien eine Reihe Dissertationen hervor, die in systematisch geplanter Kleinarbeit Erkenntnisse schufen, die der Kulturhistorie Afrikas eine nicht unwichtige Ergänzung boten und auch zu einigen Korrekturen führten. Trotzdem mußte vieles weiterhin Hypothese bleiben, aber schließlich sind Hypothesen das tägliche Brot der Forschung.

Eines jedoch wird vielleicht der Leser vermissen: eine Darstellung des gegenwärtigen kulturellen Geschehens. Aber wie sollte dies ein einzelner meistern? Angesichts der ungeheuer rasch vor sich gehenden kulturellen Veränderungen, von denen heute der einstmals »dunkle« Erdteil allerorts ergriffen wird, wäre das, was man eben beschreiben wollte, längst schon wieder überholt und zu einem Stück »Geschichte« geworden. So hielt ich den nötigen Abstand vom »Heute« ein und glaube auf diese Weise klarer, als es vielleicht sonst möglich gewesen wäre, einige Hauptlinien afrikanischer Kulturentwicklung zur Darstellung gebracht zu haben. Vielleicht hilft auch eine solche Vorgangsweise mit dazu, näher an das Verstehen einer sich anbahnenden modernen »neoafrikanischen Kultur« oder der viel beschworenen »Negritude« heranzukommen. Auch hier liegt noch ein langer Weg vor uns.

Schließlich und endlich noch einige Worte zu den dem Texte beigegebenen beiden Farbbildern, die in ihrer polaren Gegensätzlichkeit sicherlich eine ihnen gebührende Aufmerksamkeit verdienen.

Die von *H. Pager*, Johannesburg, entwickelte Wiedergabetechnik des polychromen Felsbildes von Eland-Antilopen und Menschenfiguren aus der Ndedema-Schlucht des Drakensberg-Massivs (Natal, Südafrika) besteht darin, daß ein auf natürliche Größe (1:1) vergrößertes Schwarzweißfoto wieder an den Fundplatz gebracht, dort auf eine Staffelei montiert und in minutiösem Vergleich mit dem Original mit Deckfarben ausgemalt wird. Auf diese Weise können auch Bildpartien gezeigt werden, die zeitweise aufgrund der Unebenheiten des Felsens im Schatten liegen und nur schwach sichtbar sind. Der Gesamteindruck des Bildes ist dadurch wesentlich prägnanter und klarer als jener des Originals, das durch die erwähnte Art der Wiedergabe »rekonstruiert« wurde jedoch völlig exakt und ohne jegliche Verzeichnung. – Das zweite Farbbild gibt die »Stammtafel der Bamumkönige« wieder. Ich konnte diese von *Ibrahim Njoya*, einem Mitglied der regierenden Sultansfamilie, im Jahre 1959 im Verlauf meiner Studienreise in Foumban (Kamerun) erwerben. Professor Dr. *Alfred Schmitt* (München) war es dann gewesen, dem ich die Entzifferung der auf der Stammtafel befindlichen Bamumschrift-Legenden verdanke.

Beide Bilder, die Buschmannmalerei aus der Ndedema-Schlucht in den Drakensbergen und die »Stammtafel der Bamumkönige« aus Kamerun, stellen gleichsam zwei Brückenpfeiler dar, die ein altes Afrika mit dem neuen verbinden. War es doch weiland ein König *Njoya*, dem auf der Stammtafel nachgerühmt wurde, damit begonnen zu haben, die Kultur der Bamum, der Fulbe und der Europäer in sich zu vereinigen.

Wien, im Oktober 1973

Walter Hirschberg

# I.
# WEISS- UND SCHWARZAFRIKA

*Wiege der Menschheit*

Gerne wird heute Afrika als die »Wiege der Menschheit« bezeichnet und tatsächlich: Vieles spricht dafür, daß die unter Leitung von *L. S. B. Leakey* seit 1967 erfolgten Ausgrabungsergebnisse im Omotal in Süd-Äthiopien zusammen mit den vielen, vielen Einzelfunden in Kenya, Tansania und Südafrika aus dem frühen unteren Pleistozän als die Zeugen einer frühen Menschheit, der *Australopithecinen*, bezeichnet werden können. Es handelt sich hierbei um vorgeschichtliche Knochen- und Skelettfunde, die im Tier-Mensch-Übergangsfeld stehen. Alle diese Knochen- und Begleitfunde zusammengestellt und miteinander verglichen, vermitteln uns die Vorstellung von kleinhirnigen, aufrecht gehenden und geräteherstellenden Hominiden, die mit Fug und Recht als Modelle für eine stammesgeschichtliche Ausgangsform des echten Menschen bzw. als Vorläufer der späteren Hominiden des mittleren Pleistozän betrachtet werden können. Dabei lassen sich zwei Typen unterscheiden: der Australopithecus-Typus (Australopithecus africanus, 1924 bei Taung, Betschuanaland entdeckt. Schädel und Unterkiefer eines etwa sechsjährigen Kindes), durch Kleinwuchs (Körpergröße etwa 120 cm), höheren Gehirnschädel und starke Vorkieferigkeit (Prognathie) ausgezeichnet, und zweitens der robustere und größere Paranthropus-Typus (Australopithecus robustus), dem eine mittlere Körperhöhe (etwa 150 cm), flacherer Gehirnschädel mit Scheitelkamm und geringere Vorkieferigkeit nachgesagt werden.

Die Australopithecinen scheinen zwei verschiedene Entwicklungslinien eingeschlagen zu haben, eine karnivore (Fleischfresser: Paranthropus) und eine omnivore (Tier- und Pflanzenfresser: Zinjanthropus, Australopithecus, Homo habilis) Entwicklung. Die letzteren könnten am Beginn der Hominiden stehen. So zeigen Spuren von Werkzeuggebrauch und eine Steinkultur (pebble-Kultur), daß sie bereits den Hominisationspunkt überschritten hatten. Die Kalium-Argon-Methode zur absoluten Altersbestimmung hat bis heute die Existenz von Australopithecinen vor rund 2 200 000 Jahren nachgewiesen (Omo-Tal).

Als die wichtigsten Quellen für eine Rekonstruktion des Verhaltens der ältesten Werkzeughersteller kommen die Fossilien selber, die sie begleitenden Artefakte (Werkzeuge), Tierreste, die Umstände, unter denen diese Reste angetroffen wurden und schließlich der Vergleich mit dem Verhalten rezenter Primaten in Frage. Jedenfalls aber gehören heute dank den Forschungen von *Raymond Dart, Robert Broom* und *Louis Leakey* die Australopithecinen zu den bestbekannten Fossilgruppen, wie uns *Desmond J. Clark* (1970) erst kürzlich versicherte. Unsere Australopithecinen erweisen sich bereits als Omnivore (Allesesser), doch gewinnt der Fleischgenuß zunehmend an Bedeutung. Die

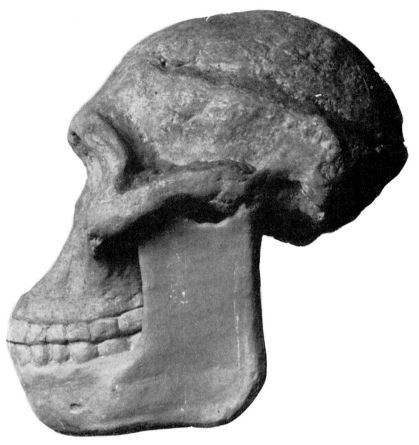

Abb. 1 Rekonstruktion des Australopithecus Sterkfontein von R. A. Dart. Die durch etwa 100 Funde in Süd- und Ostafrika ausgewiesenen *Australopithecinen* sind u. a. durch Klein- bis Mittelwuchs (120 bis etwa 150 cm Körperhöhe) und durch mehr oder weniger starke Vorkiefrigkeit ausgezeichnet

strukturierte Landschaft (Savanne) ist die Heimat der Australopithecinen. Wenn auch für diese bis heran noch keine Feuernutzung nachgewiesen werden konnte, so darf doch mit *R. A. Dart* angenommen werden, daß die australopithecinen Jäger vermutlich schon vor 2 Millionen Jahren das Wild mit – wenn auch noch so rohen Steinwerkzeugen – auf eine ähnliche Weise zur Strecke brachten wie weit spätere Jägergruppen.

### Frühe Jäger

Der früheren Altsteinzeit folgt die Faustkeilperiode (Chelles-Acheul = Earlier Stone Age), und manche Forscher nehmen an, daß in dem an Faustkeilfunden so reichen Afrika der Typus »Faustkeil« entwickelt wurde. Auf jeden Fall aber ist die Variabilität der Faustkeilformen in Afrika außerordentlich groß. Der Paranthropus-Gruppe der Australopithecinen verwandt war der Träger des von *L. S. Leakey* im Juli 1959 in altpleistozänen Schichten (Villafranchium) der bekannten Oldoway-Schlucht (Bed II) am Rande der Serengetisteppe (Ostafrika) geborgenen Schädels, dem ein Alter von rund 1 750 000 Jahren zugesprochen wird. Typen, die den Australopithecinen nahe standen, waren die Träger der Oldowayum-Kultur. Als Jäger und Sammler hausten sie in ausgesprochenen Wildgebieten entlang der Ströme und Flüsse, an den Seeufern und an den Küsten Afrikas, in den weiten von Wild bewohnten Savannen, kaum jemals jedoch im eigentlichen Waldland. Zahlreiche Fundplätze weisen sie als Werkzeug-Hersteller (tool-maker) aus, auch wenn uns die Funktion der vielen verschiedenen Werkzeuge nicht immer klar verständlich ist. Wildfleisch wurde zur regelmäßigen Nahrung; dafür zeugen die vielen Knochen des erlegten Wildes, und daß mitunter Höhlen bewohnt wurden und manche Fundplätze durch Fundanhäufungen ausgezeichnet sind, deutet auf ein längeres Verweilen der Jäger an bestimmten Plätzen hin. Wenn auch der Vergleich mit rezenten Wildbeutern gewisse Gefahren in sich birgt, so ist doch bei diesen frühen Jägern mit ähnlichen Jagdbräuchen wie bei den rezenten Buschmännern in Südafrika oder bei den Hadza (Kindiga) in Ostafrika zu rechnen. Das Wild wurde an Ort und Stelle zerteilt, ein Teil davon gegessen, der Rest in das Lager gebracht. Lange Zeit sollte sich an solchem Brauch auch in Afrika nichts ändern. Von einer Spezialisierung kann noch keine Rede sein.

## Ankunft von Homo Sapiens

Der im frühen Oberen Pleistozän erfolgte klimatische Wandel, d. h. der vor etwa 70 000 Jahren erfolgte weltweite Temperaturrückgang, hatte selbstredend auch für die Menschen in Afrika seine Folgen. Die nun einsetzende Spezialisation in den Steingeräten steht in einem deutlichen Gegensatz zu dem auf eine lange Tradition zurückblickenden »Chelles-Acheul«-Geräteschatz. Mit dem Beginn der mittleren Steinzeit vor etwa 35 000 Jahren verfolgen wir eine zunehmende Besiedlungsdichte. Alle Ländereien, mit Ausnahme der innersten Hyläa (Regenwald) werden von Menschen besiedelt. Wir haben die ersten sicheren Belege für Feuernutzung, und wir sehen die erste deutliche Zweiteilung zwischen den Waldlandgruppen (Sangoan) und den die Savannen bzw. Hochländer bewohnenden Gruppen (Fauresmith). Während wir von den Waldlandgruppen über keinerlei menschliche Überreste verfügen, da die Bodenverhältnisse in der Hyläa die Erhaltung organischer Substanzen nicht zulassen, sind die Menschenreste aus dem jungpleistozänen Pluvial in den Savannenländern verhältnismäßig häufig. Es handelt sich hier in der ersten Zwischenzeit in der Hauptsache um zwei Fundkomplexe: Broken Hill (1921, Nordwest-Rhodesien) und Saldanha (1952/53, bei Hopefield, Saldanha-Bucht, nördlich von Kapstadt). Die beiden Komplexe bilden die sogen. »Saldanha-Rhodesia-Gruppe«, vermutlich eine weitere Spezialisation auf australopithekiner Grundlage. Das Alter dieser südafrikanischen Frühmenschen (Archanthropinen) von Saldanha und Broken Hill wird auf 40 000 bis 30 000 Jahre geschätzt. Abgesehen von den »Kanjera-Leuten« in Ostafrika, deren Datierung umstritten ist, und abgesehen von den extrem großwüchsigen Cromagniden aus dem Endpleistozän in Nordafrika, deren grazilerer Typ den späteren »Mediterranen« nach *Gottfried Kurth* bereits erahnen läßt, haben wir als Vertreter von Homo sapiens an erster Stelle ein Skelett aus der schon genannten Oldoway-Schlucht zu nennen, das bereits dem Kenia-Capsium angehört. Großwüchsig-schlanker Wuchs, schmaler hoher Schädel, eine mäßige Überaugenregion – auch das Stirnbein der Kanjera-Leute besitzt kein Überaugendach –, hohes Gesicht und nur geringe Vorkieferigkeit werden als Charaktermerkmale genannt. Freiherr *von Eickstedt* hält diesen Oldoway-Fund und die Skelette der Gambles Cave unweit Nairobi für »Protoäthiopide«, die nur bei der Fundgruppe von Elmenteita auch negride Merkmale erkennen lassen.

Abb. 2 Eine alte Buschfrau stampft vor dem Windschirm in einem Holzmörser »Rasenkis«, eine Beerenfrucht (Sidonitsaup, Distrikt Gobabis, Südafrika)

Spezialisierte Jäger und Sammler

Neuerliche klimatische Veränderungen im letzten Teil des oberen Pleistozäns und des beginnenden Holozäns übten selbstredend ihren Einfluß auf die Jäger aus, und es blieb dem Erfindergeist des Menschen vorbehalten, sich auch diesen Veränderungen des Lebensraumes anzupassen. Man neigt dazu, die reichere Differenzierung der Mikrolithenindustrie (kleine, meist 2 bis 3 cm große Steingeräte mit vorwiegend geometrischen Umrißformen) auf diese veränderten Umstände zurückzuführen. In hohem Maße gleicht nun die nordafrikanische Mikrolithik (Capsium) jener von Ost- und Südafrika. Sie zeigt neben Klingen und Spitzen mit abgestumpftem Rücken, Sticheln und Kratzern verschiedene Formen geometrischer Mikrolithen, wobei es immer noch fraglich erscheint, ob das Capsium in Kenia vom nordafrikanischen Capsium herzuleiten ist. Neben dem Weiterleben von Industrien älterer Tradition können wir die Mikrolithenindustrie von Nordostafrika über Teile von Uganda, Kenia und Tanganyika und über Rhodesien bis in die Südafrikanische Union und auch den östlichen Kongo hin verfolgen. Ob freilich alle diese verschiedenen Mikrolithenindustrien auch eine genetische Einheit bilden, ist eine andere Frage.

Die Spätsteinzeit Südafrikas wird durch zwei große Kulturkomplexe charakterisiert, deren Steingeräte beträchtliche Verschiedenheiten zeigen: *Smithfieldium* und *Wiltonium*, so benannt nach den

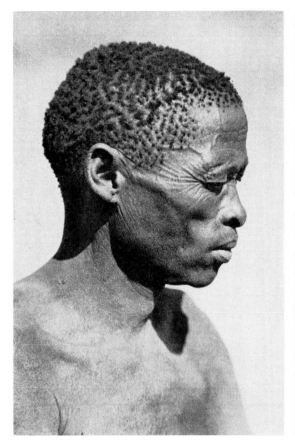

Abb. 3 Ein Ai-Khoe-Buschmann (Kamelpan, Betschuanaland, Südafrika)

Abb. 4 Eine alte Kham-Buschfrau aus Putzonderwater (Kapland, Südafrika). Die einst hier hausenden »Kap-Buschmänner« sind ausgestorben

beiden Fundplätzen Smithfield, einer Stadt in Südafrika und Wilton, einer Farm im Westen von Grahamstown (Südafrika). Während das Smithfieldium in seiner Verbreitung sich südlich des Limpopo weitgehend auf Südafrika beschränkt, finden wir die Fundplätze des Wiltoniums in mannigfachen Variationen vom Kap bis Somalia hin verbreitet. Das Wiltonium bildet auch in Südafrika eine Mikrolithenindustrie, während das Smithfieldium anstelle der mikrolithischen Elemente verschiedene Schaberformen von gewöhnlich makrolithischen Proportionen bringt. Smithfield C im östlichen Freistaat und Drakensberg zeigt dann wiederum einen mikrolithischen Charakter. Zu diesem Komplex gehören auch verschiedene Formen von Knochengeräten, Schmuck und anderes Steingerät wie geschliffene Beile, durchlochte Steine, Beschwersteine und Steinringe, von denen einige mehr Smithfield- und die anderen mehr Wiltoncharakter haben. Als rezente Träger des alten Kulturerbes von Wiltonium und Smithfieldium sind an erster Stelle die Buschmänner und die Hottentotten (Khoisanide) zu nennen.

Das heutige Jagd- und Sammelgebiet der rezenten Buschmänner ist das Mittelstück der Kalahari samt dem anschließenden Otjimpolo-Feld im SO von Portugiesisch-Angola. Es ist dies eine offene, sonnendurchglühte ausgetrocknete Steppe, die nur durch etwa acht aufeinanderfolgende Wochen ergiebige Regenmengen empfängt. Gegenüber ihren urgeschichtlichen Vorfahren ist die geringe Körpergröße am auffallendsten (Männer im Durchschnitt 1,57 m und Frauen 1,47 m). Der Knochenbau wird als fein und zierlich und ihre ganze Gestalt als schlank beschrieben. Die Hautfarbe ist hell- bis bräunlichgelb.

Die »fossilen Buschmanntypen«, die man mit der zwar häufig genannten, in Wirklichkeit aber nur sehr wenig gesicherten sog. »Boskop-Rasse« in Verbindung bringt, sind im allgemeinen sehr groß und robust gebaut und passen nur wenig zum Kleinwuchs der rezenten Buschmanntypen. Bei Boskop handelt es sich um einen leider nicht datierbaren Schädelrest (Teile der Kalotte), ohne Begleitkultur oder -fauna. Seiner Ähnlichkeit wegen mit dem Schädelrest von Florisbad (Südafrika 1932), der aufgrund seiner Begleitfauna in das obere Pleistozän datiert wurde, reihte man Boskop in die Altschicht Homo sapiens ein. Es werden ihm aber auch cromagnoide Züge nachgesagt.

Die rezenten Buschmänner stellen dagegen ein klein- bis mittelwüchsiges Ethnos dar, und warum es zu diesem Kleinwuchs kam, ist schwer zu sagen. Er kann aber nur das Ergebnis einer jüngeren Entwicklung sein, wenn man die Khoisaniden (Buschmänner und Hottentotten) überhaupt mit der Boskop-Rasse in Verbindung bringen will. In einem solchen Fall wurde der große und robust gebaute »Boskop-Typus« im Verlauf der Spätsteinzeit allmählich durch den schlanken, grazilen und kleinwüchsigen Buschmanntypus ersetzt, wobei größere Typen in der Spätzeit und auch heute noch nichts Ungewöhnliches sind. Im Hottentottentypus will man dagegen drei verschiedene Varianten erblicken, und zwar eine ziemlich kleine, langköpfige (Oakhurst Shelter), eine sehr langschädelige mit Boskop-Merkmalen (Upington) und eine lang- und sehr schmalschädelige Variante (Kakamas). Die weite Verbreitung der Buschmann- und Boskoptypen im Süden wie im Norden des Kontinentes lenkt auch den Blick auf die Wilton-Muschelhaufenleute an der Ostküste des Viktoria-Sees, auf den Singa-Schädel vom Blauen Nil im Süden von Khartoum, auf den Naberera-Schädel im nördlichen Tanganyika und schließlich auf die heutigen Hadza (Kindiga) und Sandawe in Ostafrika. Beide Rassenformen blicken auf eine lange Geschichte zurück. Entweder führte der »Boskop-Typ« letzthin im Sinne eines genetischen Wandels zum »Busch-Typ« rezenter Zeit oder beide Erscheinungsformen (Busch- und Boskop-Typ) repräsentieren zwei parallele Spezialisationen, die einem »protobuschmannoiden« Stamm entsprangen.

Der Kulturhistoriker *Hermann Baumann* sah in den Buschmännern das »Kernvolk« der sog. *eurafrikanischen Steppenjägerkultur*, die als »Substratkultur« auch noch in vielen anderen Gebieten Afrikas zu verspüren ist. Als besondere Kennzeichen dieser »Buschmannkultur« wurden von *H. Baumann* folgende Kulturelemente genannt: Besondere Jagdriten und Jagdmethoden, Jagdmasken, Vergiften der Wasserplätze, Wurfstöcke, Tellertrittfallen, Einstecken von vergifteten Pfeilen im Straußennest, Verletzen der Achillesferse, ferner das Zutodehetzen der Gazelle im Lauf und der Grabstock mit Beschwerstein (ursprünglich nur ein Sammlergerät, später auch als Feldumbrecher von Pflanzern verwendet). In der Kleidung sehen wir Lederschürzen und Lederumhänge, Penisfutteral (Penistasche) und beobachten ein Hochbinden des Penis. Der Schmuck zeigt Perlen aus Straußenei- und Muschelschalen. Als Waffen und Gerät haben wir Signalpfeifen, die Schleuder und den Bogen mit angewickelter Sehnen-, Darm- oder Fellschnurbesehnung. Für die Buschmänner typisch ist ferner die zusammengesetzte Pfeilspitze und die gelegentlich vorkommende »tangentiale Fiederung«. Ferner sind noch Steinknaufkeule und Wurfhölzer zu nennen. Kuppelhütte und Windschirm bilden die Behausung. Die Gesellschaft wird durch die Jagdschar charakterisiert mit dem Ältesten als Anführer, durch die wirtschaftlich bedingte Einzelfamilie mit weitgehender Selbständigkeit, vaterrechtlich bestimmter Sippe, durch Initiationsweihen im Busch, die ursprünglich mit Genitaloperationen verbunden waren und durch die Jägerweihe, verbunden mit einer heiligen Jagdimpfung und mit einer magisch wirksamen Armskarifikation, ferner die rituelle Fingeramputation, der Musikbogen in Begleitung vieler Rasselarten, vor allem des Reibstabes und des Schwirrholzes. Erotische Tiertänze hatten in Analogie zu australischen Gepflogenheiten den meist verloren gegangenen Gedanken der Tiervermehrung zum Inhalt. Im Orakelwesen finden wir das doppelgeschlechtliche Würfelorakel und Tierorakel, wir finden auch Steinsetzungen zur Ortung, als Wegzauber und als Grab. Religion und Mythologie sind ausgezeichnet durch einen ganz ausgeprägten Präanimismus. Animistische Gedanken fehlen nahezu völlig. Die Toten sind mehr Gespenster und Lebende Leichname denn Manen. Ein reich entwickelter Zauberglaube hat u. a. auch einen magischen Bogen (»Buschmannrevolver«) entwickelt. Wir finden mit Steinen beschwerte Gräber und die Sitte des Aussetzens des Toten. Der Jagdherr oder Buschdämon wird meist in Tierform dargestellt und ein Prototoremismus zeigt alle Formen von Individualtotemismus, Schutztierglauben, tierische Alter-Ego-Ideen und primäre Tierverwandlungsideen. Schließlich wird bei der Darstellung der »Steppenjägerkultur« auch noch eine starke Betonung der Sonne im Mythus und Ritus hervorgehoben. Bei der Beschreibung der »Buschmannprovinz als einer ethnographischen Einheit« wurde von *H. Baumann* auch eines Hochgottes gedacht, der als Urheber und Seinsquelle fungiert.

## Ursprung der rezenten Rassen

### Die Khoisaniden

Vom Ende des Pleistozän an und mit Beginn des Holozän kann mit der Entwicklung der rezenten Rassen gerechnet werden. In Zusammenhang mit der »Boskopfrage« sei noch einmal an den robusten Mann von Florisbad erinnert, dem man ein Alter von 40 000 Jahren angerechnet hat. Die auffallend steile Stirne, die flachen Augenhöhlen, die eckige Schädelform und ein sehr modern anmutendes Gehirnvolumen lassen den Florisbad-Menschen (1933) im Oranje-Freistaat eher als einen primitiven Homo sapiens erscheinen. In dem im Jahre 1924 gefundenen Singa-Schädel im Gebiet von Khartoum, etwa 17 000 Jahre alt, glaubte man negroide oder negride Züge zu erkennen, doch dürfte sein Anschluß an die breite Altschicht des Homo sapiens die größere Wahrscheinlichkeit für sich haben. Ist doch der versuchte Nachweis »Vollnegrider« für diese frühe Zeit bisher noch nicht geglückt.

Ohne Zweifel aber haben wir in den rezenten Buschmännern und Hottentotten eine altertümliche, aus vielen Komponenten bestehende Rassenform vor uns, die an die südafrikanischen Trockengebiete bestmöglich angepaßt erscheint. »Khoisanide« ist der Terminus, der eine enge rassische und sprachliche Zusammengehörigkeit bescheinigen soll. Khoi-khoin ist der Eigenname der Hottentotten, San der Hottentottenname für die Buschmänner.

Das Mittel der Körpergröße beträgt bei den Buschmännern 144 cm; die Hottentotten sind etwas größer, ebenso auch die im Norden gegen Angola zu wohnenden Buschmannethnien. Die Hautfarbe zeigt ein helles, fahles Gelb oder Rötlichbraun (»Yellow people«), das je nach dem Grad der Rassenmischung mit negriden Nachbarn dunkler wird. Auch gehen die dunkleren Hauttöne meist größerem Körperwuchs parallel. Auffallend ist die starke Runzelung und Faltenbildung sogar schon bei jugendlichen Individuen. Die Behaarung ist spärlich; keine Spur von einem Lanugohaar wie etwa bei den Pygmäen. Ein kurzes schwarzes, ganz enge Spiralen bildendes Kraushaar, das sog. Pfefferkornhaar, bedeckt den Kopf. Hände und Füße sind zierlich. Fettsteißbildung (Steatopygie) bei den Frauen wird immer wieder berichtet, ebenso auch eine Überentwicklung (Hypertrophie) der labia minora, gewöhnlich als »Hottentottenschürze« bezeichnet. Die Vorderansicht des Gesichtes wird bei den Buschmännern als vier- oder rechteckig beschrieben, bei den Hottentotten als rautenförmig. Leichte Vorkieferigkeit (Prognathie) ist nur in der Alveolarregion vorhanden. Nasenwurzel und Nasenrücken sind breit und flach. Der Schädel ist dolicho- bis mesozephal (lang- bis mittelschädelig), und die Augen sind zugekniffen und erwecken den Eindruck des Blinzelns.

## Berberide und Orientalide

Die Bewohner der Länder am Südrand des Mittelmeeres (Nordafrika bzw. »Weißafrika«) werden der »weißen Rasse« zugerechnet. Diese ist durch die Mediterranen mit ihren Untergruppen oder Subvarietäten, wie z. B. den Berberiden und durch die Orientaliden vertreten. Freiherr *von Eickstedt*, dessen Rassengliederung wir hier im wesentlichen folgen wollen, rechnet die Schädel von Mechta-el-Arbi (Algerien 1907–1923) und Afalou-Bou-Rhummel (Algerien 1928/29) zu den Vorläufern der Berberiden. Nach G. *Kurth* stellt die Mechtarasse eine verstärkte Ausprägung der Cromagniden in Weißafrika dar. Beide Geschlechter werden als grob-großwüchsig geschildert und mit massiven Langschädeln mit Neigung zu Mesokranie (Mittelschädeligkeit). Das breit-niedrige Gesicht zeigt eine kräftig entwickelte Überaugenregion, eine tief eingesattelte Nasenwurzel, breite Nasenöffnung, niedrig rechteckige Augenhöhlen, eine breite Wangenpartie und eckigen Gesichtsumriß durch betonte Kieferwinkelbreite. Die Skelettserie Afalou-Bou-Rhummel von über 50 Individuen zeigt gleichfalls grob cromagniforme Züge.

Die Mediterranen beschreibt *von Eickstedt* als vollschlanke, beweglich biegsame und zierlich gebaute Menschen, von ziemlich kleinem Wuchs und leicht olivbräunlicher Haut. Die etwas welligen, weichen und reichlichen Haare sind dunkelbraun, ebenso die großen lebendigen Augen mit hochliegender Deckfalte. Dazu kommen ein mittellanger Kopf mit ausladendem Hinterhaupt und ovalem, feinknochigen und reliefreichen Gesicht, das eine mittellange und mittelbreite Nase hat, volle Lippen und ein kleines prominentes Kinn. Als Untergruppe des mediterranen Rassentypus führt *von Eickstedt* die hochwüchsigen ovalgesichtigen Eurafrikaniden im westlichen Nordafrika und die cromagniformen breitgesichtigen, kleinwüchsigen Berberiden in der nordafrikanischen Küstenzone und im Tuareggebiet an. Unter die Eurafrikaniden sind auch die Guanchen, die Urbevölkerung der Kanarischen Inseln, zu reihen. Diese Bevölkerungsgruppe zeigt eine besonders große Aufhellung von Haar- und Augenfarben (Blondhaar und blaue Augen). Entgegen früheren Auffassungen ist man heute geneigt, die »Blonden« des Dschebel Aurès usw. nicht etwa auf die rund 80 000 südrussischen Vandalen und Alanen zurückzuführen, sondern Blondhaar und blaue Augen von allem Anfang an als typisch für die Cromagniden anzusehen. Die Berberiden bzw. Eurafrikaniden bilden in Nordafrika offenkundig ein altes Rassenelement, in das sich im Verlauf der histo-

Abb. 5 Targi-Adeliger aus dem Stamme der Aullimiden. Der Mundschleier oder Litham ist für die Tuareg charakteristisch und schützt Nase und Mund vor dem Wüstensand

Abb. 6 Kamelkarawane der Aïr-Tuareg in der Saline Fachi (Sahara). Salz wurde im Sudan und darüber hinaus bis in die Neuzeit als eine Kostbarkeit gewertet. Die Salzausbeutung war früher kein leichtes oder gefahrloses Unternehmen

rischen Ereignisse das mediterrane Element hineingeschoben hat. G. *Kurth* denkt in diesem Zusammenhang an das »phönizische Siedlungszentrum um Karthago« mit seinen westlichen Außenposten, das überwiegend ostmediterrane Langköpfe zugeführt hatte.

Die Zufuhr orientalider Rassenelemente durch arabische Ethnien erfolgte gleichfalls im Blickfeld einer überprüfbaren Geschichte. Bei dem um 642 n. Chr. über Ägypten in die Cyrenaika und von da weiter gegen den Maghreb (Westen) erfolgten ersten arabischen Vorstoß handelte es sich nur um eine dünne Schicht von Eroberern, die in der autochthonen Berberbevölkerung blutmäßig keinen besonderen Eindruck hinterlassen haben konnten. Viel entscheidender wirkte sich dagegen der zweite arabische Vorstoß im 11. Jahrhundert aus. Damals brachen um 1048, aus Syrien kommend, arabische Ethnien der Beni Hilal und Beni Soleim über Oberägypten herein und zogen von hier aus mit ihren Frauen, Kindern und Kamelen weiter gegen den Westen, nach der Cyrenaika und nach Tripolis und eroberten Kairuan in Tunesien. In der Folgezeit wurde Nordafrika weitgehend von den Arabern arabisiert. Selbstredend sind die Orientaliden als Rassetypus nicht mit den Arabern identisch und die Berberiden nicht mit den Berbern, und es gibt auch keine »arabische Rasse«, wohl aber scheint es berechtigt, von einer »Orientaliden Rasse« zu sprechen, deren Merkmale relativ am

Abb. 7 Beduinenfrau aus Libyen. Während bei Berbern und Tuareg in der Regel die Einehe üblich ist, herrscht bei den Beduinen (Arabern) die Vielehe (Polygynie) vor

Abb. 8 Hassauna-Araber (Libyen). Starke Einschläge der in Arabien, Mesopotamien und Persien beheimateten äthiopiden Rasse sind in besonderem Maße unter der arabischen Bevölkerung Nordafrikas feststellbar

häufigsten unter der arabischsprechenden Bevölkerung (Araber) anzutreffen sind. Diesen orientaliden Rassentypus charakterisiert *von Eickstedt* als grazile, mittelgroße Menschen mit langem Kopf und reichem, oft lockigem schwarzen Haar, bräunlicher Haut, ovalem Gesicht und mandelförmiger Augenspalte, leicht gebogener Nase, etwas vollen Lippen und hagerer Gestalt. Starke Einschläge dieser in Arabien, Mesopotamien und Persien weitverbreiteten Rasse sind in ganz Nordafrika feststellbar. Es ist verständlich, daß wir diesem Rassentypus in erster Linie unter der arabischen Bevölkerung begegnen, während die Mediterranen mehr unter den Berbern zu finden sind. Da die heutigen Ethnien, wie etwa Araber und Berber, sich aus verschiedenen Komponenten zusammensetzen, ist es auch nicht angebracht, etwa von einer »reinen Kultur« der Berber, einem »reinen Arabertyp« oder einem »reinen Berbertyp« sprechen zu wollen.

Abb. 9 Fulbe-Mädchen aus Koutoukouop (Kamerun). Die Herkunft der äthiopiden Fulbe ist umstritten. *Von Eickstedt* läßt sie z. B. aus dem Gebiet von Adrar (Westsahara) kommen. *G. P. Murdock* aus dem Senegalgebiet, wo ihre Vorfahren unter starken Berbereinfluß gerieten

## Die Äthiopiden

*Von Eickstedt* ist es gewesen, der den Begriff »Äthiopide« prägte. Er verstand darunter eine Kontaktform zwischen »weißer« und »schwarzer« Rasse, also zwischen Europiden und Negriden. »Der Begriff Kontaktrasse« – meinte *G. Kurth* – »unterstreicht in seiner Formulierung die Tatsache, daß bestimmte Merkmale wie etwa krauses Haar, (Wulst-)Lippen mit abgesetztem Schleimhautsaum und sehr dunkler Hautfarbe, die für sich genommen als negride Merkmale angesehen werden können, sich innerhalb der Populationen nicht mendelnd verhalten, also aufspalten, sondern zum kennzeichnenden Merkmalskombinat auch der dunkelfarbigen Europiden (Äthiopiden und Nilotiden) gehören können. Sie müssen also schon sehr lange in den Genbestand dieser Rassen eingebracht worden sein...« Den berühmten Oldoway-Fund wie auch die Skelette der Gambles Cave unweit Nairobi rechnete *von Eickstedt*, wie erinnerlich, zu den Protoäthiopiden unter Betonung des europiden Elementes, während die Fundgruppe von Elmenteita schon negride Merkmale erkennen läßt. Äthiopid sind nach Meinung *von Eickstedts* auch die jüngeren Gräberfelder von Engaruka und Ngorongoro, deren Kulturinventar und Beisetzungsart bereits unmittelbar in den »hamitischen Kulturkreis« (nach *Leo Frobenius*) hineinleitet. Unter den »Äthiopiden Rassentypus« zählt *von Eickstedt* sehr große, geschmeidige und schlanke Gestalten mit langem Gesicht und langen Köpfen und mit fast europäerhaft hoher Nase und ausgeprägtem Kinn- aber mit geradezu negerhaft dicken Lippen und Kraushaar sowie meist tiefstdunkler Hautfarbe. Die eine Merkmalsgruppe stammt nach den Worten *von Eickstedts* aus europidem, die andere aus negridem Formenschatz und beide sind in einem geschlossenen und selbständigen Typus konstruktiv zusammengefügt. Angesichts dauernder Mischungen in den Randgebieten sind nilotide und bantuide Einschläge im Westen und orientalide und mediterrane im Osten und den Oberschichten nicht selten. Eine typische Subvarietät bilden Somal und Galla in Nordostafrika, während Bischarin und Verwandte im nördlichen vorgelagerten Oberägypten eine kleinwüchsige, die südlich vorgelagerten Masai, Hima und Verwandten im östlichen Afrika eine besonders hochwüchsige Gruppe darstellen. Die Hima sind die größten Menschen der Welt überhaupt. Äthiopide Typen treten schließlich bis tief in die Sahara und den Westen auf, wo sie sich als rotschwarzer Tebu-Hausa-Block und brauner Ful-Mauren-Block in Rückzugsgebieten halten, und finden sich auch in Ägypten, wo sie in der älteren Zeit für ganze Pharaonengeschlechter kennzeichnend sind. Somit unterscheidet *von Eickstedt* fünf Subvarietäten der äthiopiden Rasse: 1. Nordäthiopide Subvarietät in Nubien unter Bedja, Bischarin und Verwandten; 2. eine ostäthiopide Subvarietät unter Abessiniern, Somal und Galla; 3. eine südäthiopide Subvarietät im ostafrikanischen Hochland unter Masai, Hima und Verwandten; 4. eine zentraläthiopide Subvarietät in der Zentralsahara unter Tebu und Hausa; und schließlich 5. eine westäthiopide Subvarietät in der Westsahara unter Mauren und Ful.

## Die Negriden

Unter Schwarzafrika versteht man für gewöhnlich die Länder südlich der Sahara und ihre dunkelfarbigen Bewohner. Das Ursprungsland der Negriden ist immer noch umstritten. Ein allgemeiner

Abb. 10 Masai. Zusammen mit den Nandi und Karamojo werden die Masai sprachlich zu den sog. Nilotohamiten gezählt. Der Großteil dieser Gruppe besteht aus Hirtennomaden (Rinderzüchter), doch widmet sich ein beträchtlicher Teil auch dem Hirsebau mit z. T. künstlicher Bewässerung

negrider Schädeltypus wurde bisher nicht eindeutig beschrieben. Prognathie und Breitnasigkeit, die in der Regel als »typische Negermerkmale« hingestellt werden, sind auch bei älteren europiden Bevölkerungen nicht selten. Von den Funden Singa (1924, Sudan), Khartoum und Asselar wird von *Ilse Schwidetzki* das gut erhaltene Skelett von Asselar nördlich des Nigerknies noch am ehesten als negrid betrachtet, während – wie es heißt – Singa und Khartoum zu den negriden Anklängen in der prädynastischen Bevölkerung Ägyptens überleiten. Sicher ist man in der Diagnose nicht. Aufgrund biologischer Überlegungen nannte *Otto Reche* das tropische Steppengebiet als die Ursprungsheimat des Negers. Nur den züchterischen Einflüssen eines Steppen- bzw. Savannenklimas wären die

Abb. 11 Borana-(Galla-)Mann aus Südäthiopien. Wie in den Masai, Herero und Hottentotten glaubte man früher auch in den in zahlreichen Ethnien aufgesplitterten Galla die typischen Vertreter eines reinen Viehzüchtertums (»Osthamitische Kultur«) feststellen zu können

ungewöhnlich dunkle Haut, die sehr dunklen Augen, das ausgeprägte Negerwollhaar und andere für den Neger spezifische Rasseneigenschaften zuzuschreiben. Die Herausbildung dieser Eigenschaften verlegte O. *Reche* in die letzte Pluvialzeit, also in das ausgehende Pleistozän. Damals war noch ein Teil der heutigen Steppen von tropischen Urwäldern bedeckt, und die Grasländer erstreckten sich weit in das heutige Wüstengebiet hinein. Es herrschte ein reicher Wildbestand.

Auch *J. D. Clark* war sich der Schwierigkeiten bewußt, die mit der Ursprungsfrage des Negers in Verbindung stehen. Manche Forscher dachten an eine späte Einwanderung nach Afrika, andere lassen die Negriden aus der Praesapiensgruppe der Kanjeraleute (Ostafrika) entstehen. Die Kalottenfragmente aus dem Mittelpleistozän (?) zeigen deutlich sapiensartige Merkmale. Vieles spricht, wie bereits angedeutet wurde, für eine Urheimat des Negers in West- und Äquatorialafrika. Alle Funde, die man bisher von Negern machte, sind jedoch verhältnismäßig jung. *Clark* erwähnt ein Fischerlager Ishango am Edward-See, etwa aus der Zeit um 7000 v. Chr. Die dort gefundenen Schädel zeigen wenig Gemeinsames mit dem Neger, viel eher Züge einer robusten und noch undifferenzierten Menschenform. Die schlanken Gliedmaßen erinnern jedoch an die allgemeine Schlankheit der klassischen westafrikanischen Neger. Ferner erwähnt *Clark* Menschenfunde aus der Zeit zwischen 5400 und 13000 v. Chr., die sich morphologisch in drei Gruppen gliedern lassen: Die erste Gruppe enthält typische Züge des klassischen westafrikanischen Negers. Zu dieser Gruppe zählt *Clark* die Funde von Ibalaghen, Tin Lalou und Asselar (jetzt auf etwa 4400 v. Chr. datiert). Die zweite Gruppe umfaßt Individuen mit einigen archaiischen Zügen; sie haben aber auch Ähnlichkeiten mit den rezenten Sudannegern. Hierher gehören z. B. die Fossilfunde von Tamaya Mellet, El Guettar und Tamanrasset. Die dritte Gruppe stellt einen schmalen, schlanken, langschädeligen Typus dar, mit langem Gesicht und nichtnegriden Formen (z. B. El Guettar No. 1). In der Sahara ist in nachpleistozäner Zeit bereits mit einer Vielfalt an Rassen zu rechnen. Nach *Clark* müßte aufgrund der erwähnten Funde von Khartum im 5. Jahrtausend v. Chr. mit der Anwesenheit negrider Populationen am Oberen Nil gerechnet werden. Die Reste von 68 Individuen aus Sahaba bei Wadi Halfa (1965, Sudan) will *Clark* gleichfalls mit den Sudaniden in Verbindung bringen. *I. Schwidetzki* bezeichnete sie dagegen als »stark prognathe Cromagnide«.

Als den negridesten aller negriden Typen nannte *von Eickstedt* den sudaniden Rassentypus. Er ist der »klassische Westafrikaner«. Wulstige Lippen, Vorkieferigkeit, kleines Kinn und extrem breite Nase mit nüstrigen aufgeblähten Flügeln und flachliegender Wurzel bilden den stärksten Gegensatz zum reliefreichen europiden Typus –, schreibt *von Eickstedt*. Dichtes Kraushaar, sehr schmale und steile bomben- oder balkonmäßig vorgebaute Stirne und eine sehr schmale und lange Schädelkapsel vollenden einen hochspezialisierten Menschentypus, dessen Eigenart noch durch einen stämmigen mittelhohen Wuchs, starke Nackenmuskulatur, starke Brustmuskeln und einen beson-

Abb. 12  Junge Arussi-(Galla-)Frauen aus Süd-Äthiopien. Zusammen mit den Somal werden die Galla und auch die Amhara dem ostäthiopiden Typus zugerechnet

Abb. 13 Ein Ahnenpriester der Sara-Madjingai (Tschad-Gebiet). Die Sara gelten wie die Musgum als typische Vertreter der sog. sudaniden Rasse, die vor allem durch dunkle Hautfarbe, dichtes Kraushaar, wulstige Lippen, Vorkieferigkeit und extrem breite Nase ausgezeichnet ist

Abb. 14 Musgum-Frau aus dem Logone-Gebiet. Die Musgum (Musgu) wohnen als Savannenbauern am unteren Logone und sind insbesondere durch ihre bemerkenswerte Architektur bekannt geworden

deren Bau des Fußes unterstrichen wird. Als Verbreitungsgebiet kommen die offenen Savannengebiete des Sudan und der Guineaküste in Frage (Wolof, Malinke, Bambara, z. T. Hausa, Sara, Buduma, Kanembu, Bulala, Mandingo u. a. m.). Ihrer Körpergröße (170 cm) und ihrer Schlankheit wegen erinnern die Sara wie auch die Massa am Logone in manchem an die Nilotiden.

Diese bilden sowohl rassisch als auch sprachlich (Schilluk, Dinka, Nuer) im Oberen Nilgebiet, einer spezifischen Landschaft, eine Einheit. *Von Eickstedt* beschreibt den nilotiden Rassentypus folgendermaßen: »Als typologischer Angelpunkt des den Urwald umspannenden Graslandbogens stellt dieser Typus eine hochspezialisierte Eigenform insofern dar, als im Körperbau die Langwuchskomponente extrem betont, im Gesichtsbau aber die Grobkomponente vorherrschend ist. Die Nasen sind gleichzeitig etwas schmäler und die Lippen etwas dünner, die Prognathie geringer als bei den Sudaniden, so daß schon eine Abschwächung der negriden Merkmale gegenüber den Sudaniden zu bemerken ist. Die Schultern erscheinen hoch und eckig aufgesetzt, der Rumpf ist schmal, die Beine äußerst dünn und lang, so daß der stelzbeinige Gang der Nilotiden unwillkürlich zum Vergleich mit den zahllosen Reihern ihrer flachen Sumpf- und Steppenheimat herausfordert. Sie sind als Kenn-

Abb. 15 Dinka-Frau. Zusammen mit den Schilluk und Nuer im oberen Nilgebiet werden die Dinka den sog. Nilotiden zugerechnet, die sich besonders durch ihren überaus schlanken Körperbau von den Sudaniden unterscheiden

Abb. 16  Dinka-Männer. Die Dinka sind Hirtennomaden (Rinderzüchter), Hirsebauern und Fischer. Ihre Hauptnahrung bildet die Kuhmilch. Männer von zwei Meter Körperhöhe sind keine Seltenheit unter ihnen

form besonders unter Dinka, Schilluk und Nuer des Obernilgebietes, dann auch in Spuren weiter westlich und noch einmal gehäuft im einst feuchten Südtschadgebiet, so unter den Sara, verbreitet.«

Als »negriden Durchschnittstypus« bezeichnete *von Eickstedt* seinen »kafriden« oder »bantuiden« Rassentypus im Vergleich zum sudaniden und nilotiden Rassentypus. Allein die beiden Termini »kafrid« und »bantuid«, von der Sprachwissenschaft z. T. herstammend, umfassen das gesamte »Bantuelement«, das in seiner Verbreitung von Nordostafrika über Ost- und Südafrika bis in den Kongoraum hinein reicht, also in ein ungeheuer großes Gebiet, das am stärksten dem Zugriff äthiopider Wanderungen ausgesetzt gewesen war und auch die arabisch-persisch-indische Infiltration an der Ostküste Afrikas nicht verleugnet. Als Subvarietäten kämen wohl ein nord- und südkafrider sowie ein kongolesischer Typus in Frage, wobei letzterer in den äquatorialen und subäquatorialen Waldgebieten (Gabun, Kongo, Angola, Kamerun, zentralafrikanische Republik usw.) seinen Wohnraum hat. *Von Eickstedt* sprach in diesem Fall von einem »Palänegriden Rassentypus« und verstand darunter einen mittelgroßen, langrumpfigen und untersetzten Menschenschlag, mit langem bis kurzem Kopf, breitem Gesicht und breiter Trichternase sowie mit starker Prognathie und Wulstlippen. Aber auch bei diesem »kongolesischen Waldtypus« ist mit einer großen lokalen Variabilität zu rechnen. Seine reiche Verzahnung mit den Sudaniden im Norden und mit den Bambutiden im Kongobecken, und nicht zuletzt auch die Überlegung, daß der Regenwald für Homo sapiens nur einen sekundären Siedlungsraum bedeuten kann, haben viele Forscher dazu bewogen, in diesem »palänegriden« oder »kongolesischen Rassentypus« eine Mischbevölkerung zu erblicken. Denkbar wäre auch, daß die Palänegriden in ihrem Erscheinungsbild letzten Endes das Ergebnis einer selektiven Wirkung des Regenwaldes waren, welche vermutlich auch die großwüchsigen Vorfahren der Pygmäen bzw. Bambutiden zu Pygmäen machte. In diesem Falle befänden sich die sog. Palänegriden in gewissem Sinne auf halbem Wege zu den Bambutiden! Mit anderen Worten: die Palänegriden wären *noch* keine Pygmäen!

### Die Pygmäen (Bambutiden oder Twiden)

Auch die Pygmäen sind durch Typenreichtum ausgezeichnet. *P. Paul Schebesta*, wohl einer der besten Kenner der Pygmäen, unterschied vier verschiedene Pygmäentypen. Hinzu kommen noch die Pygmiformen (Babinga, Bachwa, Twa) in Rwanda, Kongo (Brazzaville), Gabun und Südkamerun. Die reinsten Vertreter der Pygmäen sah *P. P. Schebesta* in den Bambuti (Aka, Basua, Efe) am Ituri und seinen Nebenflüssen. Als Körpergröße des bambutiden Rassentypus werden von *Schebesta* für die Männer im Durchschnitt 143 cm (bzw. 144,03 cm bei *P. Martin Gusinde*) und für die Frauen 136 cm (bzw. 137,04 bei *P. M. Gusinde*) angegeben. Die Haut der Bambutiden ist recht hell, ja kann – wie *von Eickstedt* schreibt – bis in südeuropäerhafte leichte Gelbbräunlichkeit übergehen. Wo dunkle Typen herrschen, ist Negereinfluß zu vermuten. Auffallend ist ferner die geradezu »kindhafte Proportionierung«, bei der sich ein langer tonnenförmiger Rumpf mit ganz kurzen, dicken Beinen und einem geradezu riesig wirkenden Kopf verbindet. Hinzu kommen kleine zierliche Hände, lange Arme, kurze Beine, eine hohe und steile, etwas vorgewölbte Stirne, eine breite und flache Knopfnase in einem langen, nach unten stark verjüngten Gesicht mit stark betonten Jochbogen, eine schnauzenartig vorgetriebene Mundpartie, ein mittellanger Kopf mit starker

Abb. 17 Das Pygmäen-Kind hat bei der Geburt eine helle, fast weiße Hautfarbe, die sich nach fünf bis sechs Tagen verliert

Abb. 18 Täglich ziehen die Pygmäen-Frauen aus, um den Bedarf an Pflanzennahrung zu decken, während die Männer für die Fleischnahrung aufzukommen haben

Neigung zur Kurzköpfigkeit und schmale oder mittelschmale Lippen. Die Augen sind dunkel und groß, und das schwarze, in Spiralöckchen (Fil-fil oder »Pfefferkornhaar«) auftretende Haar zeigt einen leicht bräunlichen Schimmer. Oft wird auch eine stark flaumige Behaarung (Lanugohaar) des ganzen Körpers von den Bambutiden berichtet.

Weniger vielleicht aus historischen Gründen im engeren Sinne als vielmehr mit der offen zugegebenen Absicht, »jene Rassenzwerge in sehr beträchtliche Zeittiefen vorzuschieben«, um dieserart Schützenhilfe den kulturhistorischen Aspekten in der von der »Wiener Schule« vorgetragenen »Altvölkerfrage« zu leisten, hat sich *P. M. Gusinde* der Mühe unterzogen, in Anlehnung an die Arbeiten von *Paul Monceaux* und *Hans Felix Wolff* die ägyptischen, griechischen und römischen sowie die in neuere Zeit hereinreichenden Berichte über die Pygmäen wieder aufzuzählen.

Die ältesten *historischen* Zeugnisse über Pygmäen stammen aus dem Alten Ägypten. An erster Stelle ist hier der berühmte Brief des Königs Phiop II. aus der VI. Dynastie (2360 v. Chr.) an seinen Truppenführer Herchuf, den Gaufürsten von Elefantine, zu nennen, wo von einem »Zwerg der Gottestänze« aus dem Geisterlande die Rede ist, ähnlich dem Zwerge, den der Gottessiegelbewahrer Ba-wer-Djed zur Zeit des Königs Asosi hundert Jahre vorher aus Punt mitgebracht hatte. Es darf mit *P. M. Gusinde* angenommen werden, daß es sich im vorliegenden Falle tatsächlich um einen Rassenzwerg gehandelt hat, in Gegensatz zu den vielen archäologischen ägyptischen Funden von

Darstellungen pathologischer Zwerge. Mit gutem Recht meinte dazu *Gusinde*: »Die ängstliche Vorsorge und die außerordentlichen Maßnahmen, die zum Schutze jenes ›Männlein aus dem Geisterlande‹ getroffen worden sind, sowie die übersprudelnde Freude des Königs darüber, daß es dem sprachgewandten Herchuf gelungen war, nach einer etwa achtmonatigen Reise westlich vom zweiten Katarakt, einem befreundeten Stammesfürsten das versprengte Mitglied einer Zwergenfamilie abzuhandeln, lassen mit Sicherheit darauf schließen, jenes Männlein war ein echter Pygmäe ... Hätte Herchuf weiter nichts als einen Mann mit pathologischem Zwergwuchs, der im Alten Ägypten sozusagen etwas Alltägliches war, von seiner weiten Reise heimgebracht, bliebe der bei diesem Anlaß vom Pharao gebieterisch anbefohlene ungewöhnlich reiche Aufwand und die von ihm persönlich sehr stürmisch geäußerte Freude ohne ausreichende Erklärung.«

Während die ägyptischen Berichte über das Vorkommen reiner Rassenzwerge in den Ländern der Nilquellen und weiter südlich sowie im Somaliland (Nordostafrika) auf persönliche Kontakte zurückgehen, scheinen die späteren griechischen und römischen Berichte über Pygmäen von den ägyptischen abzuhängen. Unsere historische Kenntnis von den Pygmäen reicht also bis in die Mitte des dritten vorchristlichen Jahrtausends zurück – eine erstaunlich historische Zeittiefe für ein rezentes Ethnos! –, wenn wir auch über die damalige Kultur dieses Ethnos' keine historischen Anhaltspunkte besitzen. Wir sind daher auf Vermutungen angewiesen, wie sie seinerzeit von der kulturhistorischen Arbeitsrichtung in der Völkerkunde angeregt wurden *(P. Wilhelm Schmidt, P. Martin Gusinde, P. Paul Schebesta)*, die, was den »Urzeitcharakter« der Pygmäen betrifft, sich jedoch nicht zu behaupten vermochten. Die ersten Beschreibungen der afrikanischen Pygmäen stammen aus der Portugiesenzeit *(Adrew Battel, Olfert Dapper)* und wurden eigentlich erst in der Gegenwart zu jenem Kultur- und Lebensbild ausgebaut, das uns durch die Forschungen von *P. P. Schebesta, P. M. Gusinde, Colin M. Turnball* u. a. m. nahegebracht wurde.

## II.
## FELSBILDERGALERIEN

Daß die Sahara, das größte einheitliche Wüstengebiet der Erde in der Gegenwart, einstmals unvergleichlich bessere Lebensbedingungen bot als heute, daran zweifelt heute niemand. Im ausgehenden Pleistozän, d. h. vor etwa 15 000 oder 10 000 Jahren, war der Tschadsee achtmal größer als gegenwärtig, und man nimmt auch an, daß der Niger einst in den Tschadsee floß, ja, es ist auch gar nicht ausgeschlossen, daß einst aus dem Atlasgebirge kommende Gewässer sich in den Tschadsee ergossen. Kein Zweifel besteht darüber: die Gebirge der Sahara waren zu Beginn des Neolithikums und auch noch weit später bewaldet. Die Darstellungen von Giraffen, Elefanten und Nashörnern an den Felswänden in der Sahara weisen auf das Vorhandensein von Laub- und Grasnahrung und vor allem auf Wasser in den betreffenden Orten hin, und die Abbildungen von Rindern mit Glocken, Halsbändern und Packsätteln und vor allem auch von Pferden lassen gemischtwirtschaftliche Verhältnisse, also ein Bauerntum, vermuten. Dies seit dem Neolithikum. Es ist mit dem Fortkommen zahlreicher Rinderherden in Gebieten zu rechnen, wo heute selbst das Kamel sich nicht zu behaupten vermöchte. Nachrichten aus der Antike zeigen uns die libyschen Nachbarn der alten Ägypter als Pferdezüchter und die Gaetuler der südalgerischen Steppe als Pferdezüchter. Nach *Herodot* hätten sogar die Griechen von den Libyern die Kunst des Anschirrens eines Viergespanns gelernt. Weideland gab es also genügend, und Jäger, Hirten und Pflanzenbauern hatten ihr Auskommen in der Sahara. Doch währte dieses Glück nicht dauerhaft. Waagerecht in die Berge getriebene Wasserstollen in den nördlichen Randgebieten der Sahara zapften die wasserführenden Schichten an und sind der Beweis für die beginnende Austrocknung der Sahara. Zeugen dieses Geschehens sind auch die Felsgalerien mit einer faszinierenden Vergangenheit.

Sämtliche Gebirgsregionen der Sahara verfügen über Felsgravierungen und Felsmalereien. Mehr als 30 000 Gravierungen sind von den verschiedenen Fundplätzen bekanntgeworden, im Tassili allein über 15 000 Malereien. Felsgravierungen oder Felsmalereien finden wir in Weißafrika im Maghreb (Marokko, Algerien, Tunesien) vor allem im Hohen Atlas und im Süden desselben; in der Zentral-Sahara (Plateau von Murzuk oder Fezzan und das Gebiet der Tassili-Berge); in der Libyschen Wüste (das Tibesti-Hochland mit einbezogen); in der ägyptischen Ostwüste und im Niltal (einschließlich Nubien) und im afrikanischen Osthorn. Schwarzafrika bietet im Süden des Kontinentes gleichfalls ein Felskunstgebiet von riesigem Ausmaß.

## Maghreb (Marokko, Algerien, Tunesien)

Abgesehen von einigen Ockermalereien zeigt Kleinafrika in der Hauptsache Felsgravierungen. Die Linien werden durch Klopfen vorgezogen und nachträglich ausgeschliffen. Durch Glattpolieren der Bildflächen erzielte man mitunter auch einen reliefartigen Charakter des Bildwerkes. Ob jene Bildflächen jemals bemalt gewesen waren, läßt sich heute kaum mehr entscheiden, doch ist mit einer solchen Möglichkeit zu rechnen. Dargestellt wurden zumeist Wildtiere, seltener Menschen mit Pfeil und Bogen, mitunter auch Rinder.

Unter allen Abbildungen erregte die des »Widders mit der Sonnenscheibe« das größte Interesse. Es wurden Zusammenhänge mit dem ägyptischen Amon-Widder-Kult vermutet. Da jedoch erst mit Ende des Mittleren Reiches oder Anfang des Neuen Reiches in Ägypten mit der Einführung des Widderkultes gerechnet werden kann, müßte ein relativ junger Einfluß Ägyptens auf Kleinafrika angenommen werden. *Emil Werth* hielt den umgekehrten Weg für wahrscheinlicher. Die Abbildung einer Sonnenscheibe zwischen den Hörnern finden wir auch beim Rind. *Hans G. Mukarowski* und *Ernst Zyhlarz* haben auf einen Sinnzusammenhang hingewiesen, der zwischen Sonne *(na-nge)* und Rind *(nag-ge)* in der Sprache der Fulbe, eines westsudanischen Ethnos, besteht, und beide Forscher dachten an Beziehungen der Wurzel *nag* zu einer alten Sprachschicht des Ägyptischen. In der zweitältesten Schicht von Felszeichnungen finden wir in der oberägyptischen Wüste »Sonnenrinder« mit ringförmigen Hörnern oder einer Scheibe bzw. einem Ring zwischen den Hörnern abgebildet. Es liegt nahe, solche »Sonnen-« oder »Himmelsrinder« mit altägyptischen Vorstellungen in Verbindung zu bringen, und es erscheint gewiß aufschlußreich, daß nunmehr auch in der Sprache der Fulbe ein Sinnzusammenhang Sonne-Rind feststehen dürfte. Wir erinnern uns auch an die kuhgestaltige Hathor, welche die Sonne zwischen den Hörnern trägt, oder an den heiligen Apis-Stier, der besonders in späterer Zeit stets mit der Sonnenscheibe dargestellt wurde.

Abb. 19 Widder mit der Sonnenscheibe. Die libysche Idee vom Sonnen- oder Gewitterschaf ist über die Sahel hinweg in den Sudan vorgedrungen und wurde mit dem altägyptischen Gott Amun (Ammon) und dem widderköpfigen Schöpfergott Khnumu in Beziehung gebracht

Datierungsversuche bieten in der Felsbilderkunst stets Schwierigkeiten. Stilistische Eigenheiten, Erhaltungszustand der Bildwerke (Patina und dgl.) sind nur unvollkommene Kriterien, das Alter der Kunstwerke zu bestimmen. Trotzdem fehlt es nicht an Versuchen in dieser Richtung. Ähnlich wie der französische Felsbildforscher *Henri Lhote* nannte auch *Leo Frobenius* aufgrund ihrer Patina die älteste Schichte die »Bubalus-Periode« wegen des auffallend oft verwendeten Bubalus-Motives. Bubalus oder Kaphirsch *(bubalus antiquus)* ist eine uns von Fossilienfunden her bekannte, heute jedoch ausgestorbene Wildtier-Spezies. Weitere dargestellte Wildtiere sind Elefant, Nashorn, Giraffe und Flußpferd, ferner Gazellen, Steinböcke u. a. m. Obwohl diese zumeist naturalistischen Darstellungen dem Neolithikum angehören, machen sich in ihnen noch starke Capsientraditionen bemerkbar. In diesen herrschte die Mentalität der Jäger. Doch lassen sich auch erste Anzeichen einer Domestikation erkennen, vor allem die des Schafes, das mit Halsband und Sonnenscheibe abgebildet wurde.

## Zentral-Sahara

Die ersten Nachrichten von Felsbildern in diesem Raum stammen von dem deutschen Afrikaforscher *Heinrich Barth* aus dem Jahre 1850. Seine Nachfolger waren *Leo Frobenius* (1937), *Paolo Graziosi* (1942), *Henri Lhote* (1955), *Jolantha Tschudi* (1955), *Hans Rhotert* (1952) u. a. m. Auch im Fezzan wurden die Umrißlinien der Felsbilder zuerst eingehämmert und dann ausgeschliffen. Mitunter konnten auch Spuren von Bemalung der auspolierten Innenflächen festgestellt werden. Abgesehen von den älteren Bubalus-Darstellungen und solchen von Wildtieren, sind auch die Zeichnungen von Haustieren zu vermerken, so etwa von Rind und Schaf. Und zwar handelt es sich hier um das Fezzan-Schaf, das halbkreisförmige um die Ohren gebogene, am Kopf anliegende Hörner zeigt, während das altägyptische langbeinige Schaf sich durch seine korkzieherartig nach beiden Seiten geradlinig ausladenden Hörner vom Fezzan-Schaf unterscheidet. *E. Werth* vertrat die Hypothese, daß der zu Anfang des Neuen Reiches in Ägypten aufkommende Widderkult in Verbindung mit Amon-Re gleichzeitig mit dem Fezzan-Schaf Eingang gefunden hätte. Der alte Gott Chnum wurde mit dem Widderkopf des altägyptischen Schafes dargestellt, während seit der 12. Dynastie (ca. 2000 v. Chr.) der Gott Amon mit dem Kopf des Fezzan-Schafes erscheint. Doch sind alle diese Fragen eines altägyptischen Einflusses noch sehr umstritten. Sie münden – wie wir noch an anderen Beispielen sehen werden – in die Frage: handelt es sich im Einzelfall um die Möglichkeit eines uralten, in prähistorische Zeiten zurückreichendes Kultursubstrat, das Ägypten mit dem übrigen Afrika verbindet, also um ein gemeinsames Kulturerbe, oder sind die viel diskutierten Parallelen im Sinne eines von Ägypten ausgehenden, jedoch über Meroë und seine Nachfolgestaaten führenden Einflusses zu deuten? Im Mythus afrikanischer Ethnien spielen Schaf und Widder als Sonnentiere (oft auch als Gewitter- und Blitztiere) insbesondere bei den Hamiten eine große Rolle. *Carl Meinhof* brachte das »Sonnenschaf« der Hottentotten mit einem Amonsdienst in Verbindung und *Hermann Baumann* (1936) brachte in seinem bekannten Mythenwerk zahlreiche Beispiele, welche das Schaf in eine deutliche Beziehung zur Sonne setzen. So kann man u. a. nach *H. Baumann* die bei den Hima in Ankole bestehende Tradition von einem Schaf mit langem Schwanz, langen Beinen und einem Vlies nur als Sonne deuten.

Abb. 20 Felsgravierung: Rindertreiber in Eselsmaske (In Habeter, Fezzan)

Abb. 21 Der Bubalus und der Elefant gehören zu den ältesten Darstellungen der Felsbilderkunst

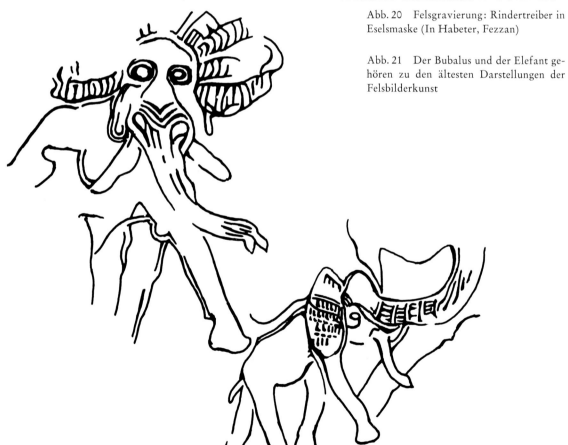

Besondere Aufmerksamkeit in der Forschung erregten die Abbildungen von Menschen mit Tierköpfen im Fezzan. Es sind dies Malereien der sogen. »Rundkopfmenschen«, die chronologisch nach den Gravierungen der Bubalus-Periode anzusetzen sind und nach *H. Lhote* von Negriden stammen sollen. *H. Lhote* zufolge hätten wir es bei diesen Malereien mit den »ältesten bisher bekannten Elementen der Negerkunst« zu tun, doch hätte man am Ende des höchsten Entwicklungsstadiums mit dem Einfluß von Ägypten her zu rechnen. Dieser träte im besonderen Maße bei einem der schönsten Werke der »Periode der Rundkopfmenschen« in Erscheinung, und zwar bei der »Weißen Dame« oder »Gehörnten Göttin« von Auanrhet. Sie wurde von *H. Lhote* als Göttin eines Agrarkultes oder möglicherweise des Isis-Kultes gedeutet. Der Ägyptologe *Alexander Scharff* brachte die maskentragenden Gestalten bzw. Rundkopfmenschen gleichfalls mit altägyptischem Gedankengut in Verbindung und erinnerte in diesem Zusammenhang an die altägyptischen Götter Seth und Anubis, die beide zu den ältesten Gottheiten Altägyptens gehören.

Die Felsbildforschungen in den Tassili-Bergen sind auf das engste mit dem Namen *Henri Lhote* verbunden. Aus den zwölf übereinandergelagerten Bildschichten vermochte der erfolgreiche Forscher vier Bildschichten als besonders charakteristisch herauszuarbeiten, die neben ihren stilistischen Eigenheiten zugleich auch die Möglichkeiten chronologischer Ansätze in sich tragen. *H. Lhote* unterscheidet:

I. Die Periode des ausgestorbenen Wildtieres *Bubalus antiqus* oder die Periode (Schicht) der Jäger (etwa 9. bis 5. Jahrtausend v. Chr.). Als Hauptmerkmale gelten (abgesehen von der dargestellten Wildtierfauna): »1. der naturalistische Stil, 2. die durch eine eingeschliffene Rille mit abgeflachtem U- oder V-Profil oder durch regelmäßige, nicht verbundene Punzierung erzeugte Kontur, 3. die dunkle Patina, 4. das große Format der Gravierungen, jedoch in Koexistenz mit Gravierungen mittlerer Größe, 5. die mit Keule, Bumerang (Wurfholz), Axt oder Bogen, doch nie mit Wurfspeer bewaffneten Menschen.«

II. Die Periode der Rinderhirten (Neolithikum, 4000 v. Chr.). *H. Lhote* charakterisiert sie folgendermaßen: »1. Die Fauna ist die gleiche wie die der vorangegangenen Periode mit Ausnahme des Bubalus, der nicht mehr erscheint. 2. Der Stil wird halbnaturalistisch, aber man kennt auch schematische Figuren, wahrscheinlich späteren Datums. 3. Die Kontur ist wiedergegeben durch eingeschliffene Linien mit abgeflachtem U-Profil, seltener mit V-Profil, oder durch regelmäßige, nicht verbundene Punzierung. Die Technik ist jedoch von minderer Qualität als die der vorangegangenen Periode, die eingeschliffenen Rillen sind weniger tief und weniger gleichförmig. 4. Die Patina ist dunkel, im allgemeinen etwas heller als die des bearbeiteten Felsens, manchmal von der gleichen Tönung. 5. Die Gravierungen sind von mittlerer Größe, variieren mit einigen Ausnahmen zwischen 0,50 m und 1,20 m. 6. Die dargestellten Menschen sind mit Bogen bewaffnet.«

III. Die Periode der Krieger mit Streitwagen und Pferdereiter oder die Periode des Pferdes; Beginn der geschichtlichen Zeit. *H. Lhote* teilt die »Periode des Pferdes« zunächst in drei Unterperioden: Unterperiode der Wagen, die der Reiter und die Unterperiode Pferd-Kamel. Von der *Unterperiode der Wagen* heißt es bei *H. Lhote*: »1. Die großen Dickhäuter sind verschwunden, mit Ausnahme des Elefanten, der allerdings nur gelegentlich dargestellt ist; das Hausrind kommt noch vor; Mufflons und zahme Hunde sind sehr häufig. Die Pferdeantilope ist ebenfalls verschwunden. 2. Der im Anfang noch halbnaturalistische Stil wird zunehmend konventionell. Die älteren Wagen zeigen einen sehr schönen Stil und besitzen nur eine Deichsel; die Wagenpferde sind fast immer im

Abb. 22  Galoppierende Pferde mit Wagen und Dreiecksmenschen (Adjefu, Zentralsahara)

Profil dargestellt, einige jedoch in Aufsicht, wobei die Tiere Rücken an Rücken stehen. Man verzeichnet auch einige von Rindern gezogene Wagen. Die jüngeren Wagen sind schematisch und sehr oft nur durch die Räder und die Deichsel wiedergegeben; einige haben mehrere Deichseln und dienen möglicherweise nützlichen und nicht kriegerischen Zwecken. Gleichzeitig mit diesen Wagen dargestellte Menschen sind schematisiert in der Doppeldreiecksform. 3. Die Technik besteht in einer dichten, meist geschlossenen Punzierung der gesamten Figur, gefolgt von einem Oberflächenschliff. 4. Die Patina ist von dunkler Chamois-Färbung; 5. Die Gravierungen sind kleinformatig, mit Seitenlängen von 0,25 m bis 0,50 m; es existieren aber auch Menschenfiguren von mehr als 1 m Höhe. 6. Die Bewaffnung weist große Veränderungen in Vergleich zu den vorangegangenen Perioden auf; hier erscheinen der Wurfspieß und der Rundschild, aber es gibt auch noch einige Darstellungen von Bogen. Zusammen mit den späteren Wagen findet man außerdem ein vom Vorderarm herabhängendes Messer, das durch seine Form an den Dolch der Tuareg erinnert.« – Zur *Unterperiode der Reiter* schreibt *H. Lhote*: »Das Reitpferd löst den Wagen ab, obwohl in dieser Periode auch noch einige schematisierte Wagen vorkommen. 1. Kein wahrnehmbarer Wandel in der Fauna. 2. Der Stil ist halbnaturalistisch bei den Tieren, schematisch bei den Menschen, die in Doppel-Dreiecks-Manier dargestellt werden. 3. Die Technik besteht in dichter Punzierung, meistens geschlossen, aber weniger sorgfältig als die der Wagenperiode; das Abschleifen der Innenfläche ist selten. 4. Die Patina ist chamoisfarben. 5. Die Gravierungen sind von kleinem Format, zwischen 0,25 m und 0,50 m. Es gibt aber lokale Schulen, bei denen die Gravierungen Maße von 1 m erreichen und überschreiten und der Stil fast schematisch ist (zum Beispiel: die Felsbildstelle von Tit im Hoggar). 6. Die Menschen sind mit Wurfspieß, rundem Schild und mit dem vom Arm herabhängenden Messer bewaffnet; es sind jedoch auch einige Darstellungen von Bogen bekannt. Die Art der Bewaffnung variiert im übrigen von Gebiet zu Gebiet, und man unterscheidet deutlich drei Zonen: Mauretanien, die Zentralsahara und Tibesti mit Umgebung. Die Federn, die bereits vereinzelt mit den Wagen aufgetaucht waren, schmücken von nun an den Kopfputz aller Krieger. In der Zentralsahara erscheinen nun auch die libysch-berberischen Schriftzeichen, die demnach von den Reitern eingeführt wurden.« – Zur *Unterperiode Pferd-Kamel* schreibt *H. Lhote*: Es ist die Periode, in der das Kamel auftritt, aber auch das

Pferd noch in Gebrauch ist. Und weiter heißt es: »1. Die dargestellte Fauna bleibt unverändert, doch das Rind wird immer seltener. 2. Der halbnaturalistische Stil wird dekadent, doch es finden sich noch einige gute Darstellungen. 3. Die Technik besteht in einer dichten Punzierung, die jedoch gröber ist als die der vorangegangenen Perioden und oft das gesamte Innere der Figur füllt; der Oberflächenschliff ist selten. 4. Die Patina ist chamoisfarben. 5. Die Gravierungen sind klein, von 0,18 m bis 0,40 m. Die Bewaffnung bleibt die gleiche wie zuvor, und auch die Feder im männlichen Kopfputz wird beibehalten.«

IV. Die Periode des Kamels, ist nach *H. Lhote* »die jüngste bis in die Gegenwart reichende Periode, denn die heutige Bevölkerung der Sahara übt weiter die Kunst der Felsgravierung und Felsmalerei. 1. Die Fauna umfaßt nur die heute noch in der Sahara und in den südlich angrenzenden Gebieten lebenden Tiere: Antilope, Oryx, Addax, Gazelle, Mufflon, Strauß, Zebu und Ziege.« So heißt es bei *H. Lhote*: »Das Pferd ist selten, in Mauretanien jedoch häufiger als anderswo, und trägt nun den Stegsattel arabischen Typs. Giraffen-Darstellungen trifft man noch in den südlichen Zonen des Aïr und des Adrar der Iforas, wo dieses Tier vor wenigen Jahren noch vorkam. 2. Der schematische Stil kann mit dem von Kinderzeichnungen verglichen werden; die Doppeldrei-

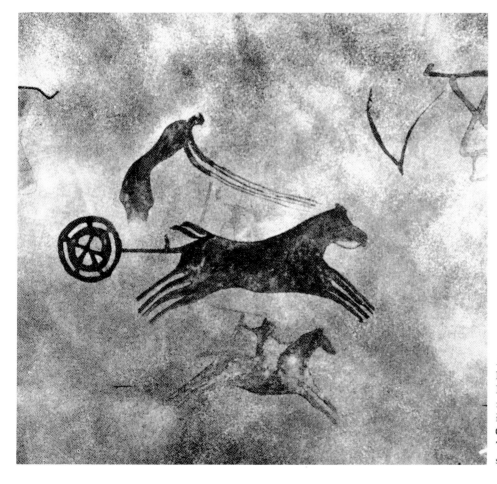

Abb. 23
Darstellung eines Kriegswagens mit zwei Pferden in fliegendem Galopp (Tin Abu Teka, Zentralsahara)

Abb. 24 Die gehörnte Göttin oder »Weiße Dame« (Auanrhet im Tassili-n-Ajjer). In Analogie dazu wäre die berühmte »Weiße Dame« vom Brandberg bei Windhuk (Südafrika) zu nennen

ecksform in der Menschendarstellung wird selten und durch lineare Formen ersetzt. 3. Die Technik besteht in einer groben Punzierung der gesamten Figur. 4. Die Patina ist sehr hell, fast weiß. 5. Die Gravierungen haben ein sehr kleines Format, etwa 0,15 m bis 0,20 m. 6. Auf den älteren Gravierungen dieser Periode finden wir als Waffe fast nur den Wurfspieß, der sich bis heute erhalten hat; man begegnet jetzt aber auch vereinzelt dem Säbel, wie ihn die Tuaregs tragen, und dem Gewehr.«

Es ist ein großes Verdienst des französischen Forschers, die zitierte Klassifizierung erarbeitet zu haben, in die auch die weitaus selteneren Felsmalereien im Ennedi und Djebel Ouénat, im Tassili, im Hoggar, in Mauretanien und in Tibesti zum größten Teil eingeordnet werden können. Die in den Jahren 1956 und 1957 von *H. Lhote* und seinen Mitarbeitern im Tassili entdeckten zahlreichen Felsbilder übertrafen an Zahl, Qualität und Vielfalt alles bis dahin Bekannte. Zahlreiche Übermalungen ermöglichen eine chronologische Bestimmung einzelner Stile und Perioden. Die Zuweisung der in einer ausgedehnten Zwischenperiode liegenden Darstellungen zwischen »Bubalus« und »Rinderhirtenperiode« zur »Negerkunst« (5. bis 4. Jahrtausend v. Chr.) entbehrt allerdings einer näheren Begründung. Der Hinweis auf Züge eines Symbolismus als auch auf einen stark entwickelten Animismus erscheint in diesem Zusammenhang doch etwas zu dürftig und der Vergleich mit Negermasken doch etwas zu voreilig und zu allgemein.


## Libysche Wüste und Tibesti

Namen wie *Heinrich Barth, Gustav Nachtigal, Leo Frobenius, Paolo Graziosi, L. E. Almasy, Hans Alexander Winkler,* vor allem aber *Hans Rhotert* (1952) seien hier genannt: Alle diese Gelehrten haben sich um die Erforschung der Felsbilderkunst in den Bergmassiven von Gilf Kebir und Uwenat große Verdienste erworben. Granit lud offenbar zu Malereien ein, Sandstein zu Gravierungen. Ein eindeutiges Vorherrschen von Rinderdarstellungen ist in beiden Kunstarten festzustellen und unter den Menschen lassen sich hellhäutige und dunkelhäutige Typen unterscheiden. Als Waffen treten Bogen, Speer und das Wurfholz in Erscheinung und als Wohnform wird die Rundhütte abgebildet. Offenbar kultische Verehrung genoß das Rind und auch die Tanzdarstellungen weisen auf kultisches Brauchtum hin. *H. Rhotert* zufolge wären die Darstellungen der Jäger, welche auch hier die älteste Periode bzw. Schicht repräsentieren, gegenüber jenen der Rinderzüchter nur von untergeordneter Bedeutung, wobei aufgrund der verschiedenen Hörnerformen und Fellfleckungen auf verschiedene Rinderrassen geschlossen werden kann, die, wie *H. Rhotert* versichert, auch auf ägyptischen Malereien zur Darstellung gelangten. Es handelt sich um die beiden Rassen *bos africanus* (Rind mit langen Hörnern) und um *bos brachyceros* (Rind mit kurzen dicken Hörnern). Vieles spricht für eine Verbreitung des Hausrindes vom Oberen Nil bzw. von Oberägypten her, und es liegt nahe, an die beiden ersten neolithischen Kulturen El-Badari in Oberägypten und Merimde in Unterägypten zu denken (5000 v. Chr.). In beiden Fällen handelt es sich um ein »Frühbauerntum«, das Ackerbau und Viehzucht betrieb. (Anbau von Weizen und Gerste, Haltung von Rindern, Schafen oder Ziegen.) Die regelrechte Beisetzung von Rindern und Schafen oder (und) Ziegen in Oberägypten erinnert nach *Karl J. Narr* (1961) »wie manches andere aus diesen Funden, etwa Schminkstifte aus Malachit, Kämme aus Elfenbein und die Verwendung von Bootsmodellen im Bestattungsbrauch an das spätere, frühgeschichtliche Ägypten«. Die Badarileute waren aber nicht nur Pflanzer und Viehzüchter, sondern auch Künstler. Dafür liefern die kleinen Tier- und Menschenfiguren unter den Funden das beste Zeugnis. Auch im Hoggar und Tassili fand man kleine, höchstens 28 cm messende Tier- und Menschenfiguren, die von *H. Lhote* der »Rinderperiode« zugeschrieben wurden und offenkundig kultische Bedeutung besaßen. Ob der »Rinderkomplex« – wie manche Forscher vermuten – aus dem südwestlichen Asien über Südarabien nach Nordostafrika und von da aus nach der Sahara und nach El-Badari gelangte oder ob die Darstellungen von Rinderszenen ihren Weg aus der Sahara oder Nubien nach Nordostafrika genommen hatten, ist umstritten.

Abb. 25   Auch in der libyschen Wüste repräsentieren Jäger die ältere Periode bzw. Schicht gegenüber den Darstellungen von Rinderzüchtern

*G. Nachtigal* (1869) wies als erster auf Gravierungen in Tibesti hin. Allerdings schrieb er den Rinderdarstellungen kein hohes Alter zu. Die in die geschichtliche Zeit hineinragende »Periode der Krieger mit Streitwagen und Pferdereiter« findet in *Herodot* (5. Jahrhundert v. Chr.) ihren literarischen Unterbau. U. a. erzählte *Herodot* von den Troglodyten (Höhlenbewohner) Tibestis, auf welche die Garamanten mit ihren von vier Pferden gezogenen Wagen Jagd zu machen pflegten. Woher aber hatten die Garamanten (Libyer) diese Wagen? Nach *H. Lhote* wären es die »Meervölker« gewesen, welche den Garamanten die Kenntnis des Streitwagens brachten.

Ohne Zweifel hatte der um 1200 v. Chr. in der Cyrenaika erfolgte Einfall der aus Kreta kommenden Meervölker große Erschütterungen in dem autochthonen Frühbauerntum ausgelöst, und es erscheint rechtens, wenn *H. Lhote* das Verschwinden der Rinderdarstellungen mit diesem Ereignis in Zusammenhang bringt. Die »Periode der Rinderhirten« wurde von der »Periode des Wagens« abgelöst. Der Aufbruch dieser See- oder Meervölker erfolgte vermutlich in der Gegend des Schwarzen Meeres. Sie überfielen den Balkan und Kleinasien, die Ägäis, Phönikien und schließlich Nordafrika, wo sie sich mit den Libyern gegen die Ägypter verbanden. Ramses II. hatte Mühe, sich dieses gefährlichen Ansturmes zu erwehren, und nicht minder auch sein Nachfahre Ramses III. Wurfspeer, Rundschild, Pferde und Streitwagen sind die Leitbilder dieser Periode auf den Felswänden Libyens. Gewiß waren nicht die »Kreter« die Urheber dieser Bilder, aber die Meervölker waren es, die mit ihren Familien nach der entscheidenden Niederlage durch die Ägypter von der libyschen Bevölkerung allmählich aufgesogen wurden. Die weite, nicht nur den Tassili und den Hoggar erfassende, sondern auch fast bis an den Niger heranreichende Verbreitung der »Wagendarstellungen in fliegendem Galopp« läßt die militärische Überlegenheit der Libyer verstehen, die durch den Einsatz von Streitwagen gegeben war. *Von Eickstedt* hatte nicht unrecht, wenn er im Norden den Ansatz für die großen, rassisch wirksamen Bewegungen im saharischen Raum gesehen hatte. Dies gilt für die Meervölker wie für die Garamanten und nicht zuletzt auch für die Vorstöße der Araber im 7. und 11. Jahrhundert n. Chr. Zu *Herodots* Zeiten darf der Küstenraum als berberid und der Wüstensaum als äthiopid bezeichnet werden. Zu den Berberiden zählen die Garamanten, die in den äthiopiden Troglodyten im Süden ihre Erbfeinde sahen. Es ist daher verständlich, wenn gegen diese dunkelhäutigen Leute im Süden Streitwagen eingesetzt wurden.

*Herodot* verdanken wir die Darstellung der um 500 v. Chr. in Libyen lebenden Ethnien. Er beschrieb die Sitten der Nasamonen, der Auschisen, Lotophagen u.a.m., die in den Küstengebieten Libyens lebten, und die Sitten der Garamanten im Inneren des Landes (Fezzan). Von den nomadischen Nasamonen am Nordrand der Wüste lesen wir: »An die Auschisen grenzen gegen Abend die Nasamonen, ein zahlreiches Volk. Sie lassen im Sommer ihr Vieh an dem Meer und ziehen hinauf nach einem Ort, welcher Ägila heißt (das heutige Djalao), Früchte von den Palmenbäumen einzusammeln, welche daselbst häufig wachsen, sehr groß werden und alle Früchte tragen. Wenn sie Heuschrecken fangen, trocknen sie dieselben in der Sonne, mahlen sie, gießen hernach Milch darauf und trinken sie.« (Auf diese Art und Weise werden nach *Peter Fuchs* heute noch in der Südostsahara Heuschrecken gegessen, sobald ein Schwarm einfällt). »Ein jeder pflegt viele Weiber zu haben, deren Gebrauch sie einem jeden verstatten ... Bei ihren Eidschwüren und Wahrsagungen halten sie es also: Sie schwören bei denen, welche unter ihnen die gerechtesten und besten Männer gewesen sein sollen, und rühren dabei ihre Gräber an. Wenn sie wahrsagen wollen, gehen sie zu den Grabmalen ihrer Vorfahren, und nach verrichtetem Gebet schlafen sie auf demselben; was ihnen nun im Traum vorkommt, darnach richten sie sich ... Die Nomaden essen Fleisch und trinken Milch. Die Kühe aber essen sie nicht, weil es die Ägypter nicht tun«, (Isiskult) »sie halten auch keine Schweine ... Sie opfern allein der Sonne und dem Mond, und zwar tun dies alle Libyer.« (Nach *Andreas Kronenberg* war Gott für die Teda einst die Sonne, und man sagte von ihr, sie hätte die Erde geschaffen. Es wurden morgens und abends Gebete an die Sonne verrichtet, und dabei legten die Teda, ohne ein Wort zu sprechen, nur die Stirne auf die Erde. Nach *P. Fuchs* gab es bei den Teda (Tubu) und Anakaza alte Leute, die sich daran erinnern können, daß ihre Väter der Sonne geopfert haben.) Weiter berichtet *Herodot* von den Garamanten: »... in einer mit wilden Tieren angefüllten Gegend wohnen die Garamanten, welche vor allen Menschen fliehen und allen Umgang vermeiden. Sie haben nichts von Waffen zum Kriege und wissen auch nicht, wie sie sich verteidigen sollen. Diese wohnen, wie gesagt, über den Nasamonen.« Dann aber heißt es weiter bei *Herodot:* »Von Ägila [Djalo] wiederum zehn Tagereisen weit ist ein anderer Salzhügel mit Wasser und viele fruchtbare Palmenbäume wie bei den anderen. Um diese wohnen die Garamanten, ein sehr großes Volk, welche auf das Salz Erde bringen und darauf säen. Von diesen ist der kürzeste Weg zu den Lotophagen, von welchen man 30 Tagereisen zu denen hat, bei welchen die hinterrücks weidenden Ochsen gezeugt werden. Sie weiden um deswillen rückwärts, weil sie vorwärts gebogene Hörner haben.« – Viele Rinder sind nach *P. Fuchs* auf den Felsgravuren mit nach vorne gebogenen Hörnern abgebildet, oft zeigt ein Horn nach vorne, das andere nach hinten. Diese Deformation der Hörner ist heute noch bei den Niloten üblich, und auch von Altägypten her ist sie belegt. – *Herodot* fährt fort: »Daher gehen sie, wenn sie grasen, rückwärts, denn vorwärts können sie nicht, weil sie mit den Hörnern auf die Erde stoßen.

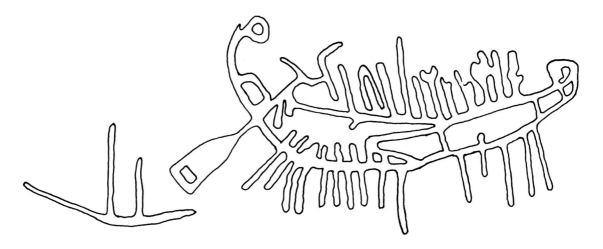

Abb. 26  Felsgravierung: Schiff mit vielen Rudern, großem Steuerruder und Besatzung. Links davon: Boot mit zwei Masten (Sayala, Nubien)

Sonst sind sie von anderen Ochsen nicht unterschieden, als daß sie ein sehr dickes und hartes Fell haben. – Diese Garamanten verfolgen die Troglodyten in Äthiopien auf vierspännigen Wagen. Denn die Troglodyten sind unter allen Menschen, von denen wir gehört haben, am geschwindesten zu Fuß. Die Troglodyten essen Schlangen, Eidechsen und dergleichen kriechende Tiere. Sie haben eine Sprache, die keiner anderen ähnlich ist, sondern kreischen wie die Nachtvögel.« Nach *von Eickstedt* würde es sich bei der Beschreibung der Garamanten durch *Herodot* um zwei verschiedene Ethnien handeln, und zwar um einen nomadischen Küstenstamm, der vor allen Menschen die Flucht ergreift und nicht einmal Waffen besitzt, und um einen Binnenstamm, der ein gewaltiges und großes Volk darstellt. Gamphasantes heißen die ersteren bei *Plinius*. Die »garamantische Duplizität« führte schließlich *von Eickstedt* auf einen Abschreibefehler zurück.

Wer nun wirklich die Garamanten waren, darüber ist man sich nicht einig. Nach *P. Fuchs* wäre nicht daran zu zweifeln, daß *Herodot* den Namen »Garamanten« als eine Sammelbezeichnung für alle jene Völker verwendete, die die Sahara von Kufra im Osten bis an das Sandmeer von Murzuk im Westen, im Norden von Hon bis an die Flanken Tibestis und Ennedis im Süden bewohnten. Daß es sich in diesem riesigen Gebiet um eine gemischt-wirtschaftliche Situation handelte, daß also Pflanzenbau und Viehzucht im Sinne eines Frühbauerntums gepflegt wurden, gelangt auch in den Felsbilddarstellungen zum Ausdruck. Zu den »verblüffenden Ähnlichkeiten« zwischen Nasamonen-Garamanten und rezenten Nomadenstämmen von Tibesti, Borku und Ennedi zählte *P. Fuchs* die Mattenzelte, die Dattelernte in den Oasen, den Verzehr von Heuschrecken, den Schwur an den Ahnengräbern, die Behandlung der Schläfenadern bei Kindern aus medizinischen Gründen, Opfer an die Sonne, das Yulu-Geschrei der Frauen bei Festen und Opfern, die Hockerbestattung unter einem steinernen Grabhügel u. a. m. Auch sind die Garamanten ohne Zweifel den Berberiden zuzurechnen, und es darf wohl auch mit *P. Fuchs* angenommen werden, daß es bis zur Ausbreitung des Kanem-Reiches im 8. Jahrhundert n. Chr. an den Nordrändern von Tibesti-Borku-Ennedi noch keine nennenswerte negride Bevölkerung gab.

## Nubien und Nordostafrika

Die Wildfauna des Landes und zahlreiche Rinderdarstellungen von mangelnder naturalistischer Reife bis zu nahezu vollkommener Schematisierung sowie Menschendarstellungen sind die Hauptbildthemen dieses Gebietes. Besonderes Interesse aber verdienen die zahlreichen Schiffsdarstellungen in der Nubischen Wüste, welche Vergleiche mit den Schiffstypen Altägyptens und zahlreiche Rückschlüsse auf Datierung und Verwendungsmöglichkeiten der speziellen Typen gestatten. Die Abbildungen ägyptischer Nilbarken vom Oberen Tamrit, in Jabbaren und Ti-n-Tazarift boten auch *H. Lhote* die Möglichkeit, mannigfaltige Beziehungen der Hirtenvölker mit Oberägypten zu vermuten. Das Schiff spielte im Niltal eine bedeutende Rolle, nicht nur als Beförderungsmittel für Lebende, sondern auch im Totenkult. Für die zeitliche Zuordnung der einzelnen Schiffstypen dienten *Reinhold Engelmayer* vor allem Vergleiche mit Abbildungen auf Keramik, dann Schiffsmodelle aus Gräbern und Objekte der Kleinkunst. Weitere chronologische Anhaltspunkte erhalten wir, wenn wir bedenken, daß die klimatischen Umweltsbedingungen während der letzten Trockenperiode zwischen 15 000 und 5000 v. Chr. im nubischen Bereich für den Menschen die denkbar ungünstigsten waren. In diesem Zeitraum ist kaum mit Felsbilddarstellungen zu rechnen. Die Verhältnisse aber änderten sich von Grund auf mit dem einsetzenden Subpluvial am Ende des 6. Jahrtausends. Erhöhte Niederschlagsmengen ermöglichten eine endgültige Besiedelung des Niltales in Nubien. Es herrschten ähnliche Verhältnisse wie in der Sahara: Parksteppen mit großen Galeriewäldern entlang der wasserführenden Wadis. Zu Beginn sind Elefant und Giraffe, später dann Strauß und Antilope die wichtigsten Wildtiere der Jägerperiode. Etwa um 3500 v. Chr. entsteht im südlichen Unternubien, ähnlich wie dies später in Meroë der Fall war, aufgrund von Handelsbeziehungen mit dem oberägyptischen Kulturbereich in Zusammenhang mit dem Abbau von Kupfererzen im Wadi Allaqi, eine »ägyptische Kolonialkultur« (Negade I; Amratian). Weitere Vorstöße der eigentlichen ägyptischen Negade-Kultur (nach dem Fundort bei Luxor) in den nubischen Raum erklären die zahlreichen Schiffsabbildungen in der nubischen Wüste. Es handelt sich dabei um Kultschiffe, um einfache Boote und um große Frachtschiffe für Holz- und Rindertransporte. Für die Frühzeit Ägyptens und die darauf folgende Zeit des Alten Reiches muß bereits mit einer sehr regen Schiffahrt in Nubien gerechnet werden. Offenbar stammte auch das Holz für die Transportschiffe aus Nubien; die hier einst reichlich vorhandenen Akazienwälder lieferten das dazu notwendige Material. Zahlreiche Importwaren, wie z. B. Keramik und Gebrauchsgegenstände, gelangten aus Ägypten nach Nubien; Holz,

Rinder und Elfenbein dagegen aus Nubien nach Ägypten. 200 000 Rinder und Schafe, die der Pharao Snefru, der Begründer der 4. Dynastie (2590–2470), nach Ägypten als Kriegsbeute bringen ließ, zeugen für den Reichtum des Landes an Rindern, Schafen und Ziegen. Die der frühgeschichtlichen Badari-Kultur in Oberägypten nahestehende Bevölkerung (A-Gruppe) verarmte daraufhin vollkommen und vermochte sich bis zum Eindringen der C-Gruppe am Beginn des Mittleren Reiches (2040–1785) nicht mehr zu erholen. Der damalige Schiffstyp dürfte der rein ägyptische gewesen sein. Die während des Mittleren Reiches aus dem Süden eingewanderten C-Gruppenleute besaßen nur einfache Boote und Schiffe. Bei den Trägern der sogenannten C-Gruppe handelt es sich in erster Linie um Viehzüchter, bei denen das Langhornrind im Kult als Opfertier eine bedeutende Rolle spielte. Vermutlich gehören auch bestimmte Rinderdarstellungen der C-Gruppe an, deren Lebensraum sich von der ägyptischen Grenze bis zum zweiten Katarakt erstreckte. Die größte Zahl an Schiffsdarstellungen aber finden wir in der Zeit des Neuen Reiches, als Nubien dem Staatsverband Ägyptens angehörte.

Im Osthorn zeigen nach *J. D. Clark* (1954) naturalistische und halbnaturalistische Malereien Wildtierdarstellungen sowie Langhornrinder und Hirtenszenen, die Malereien und Gravierungen der zweiten Hauptstilart halbnaturalistisch und schematisch dargestellte Einzelfiguren und auch geometrische Motive und eine dritte, offenbar degenerierte und bis in die Gegenwart hereinreichende Stilart, Darstellungen von nur geringem Aussagewert.


### Buschmannkunst (Südafrika)

Es gehört zu den gewohnten Vorstellungen, Felsmalereien und Felsgravierungen in Südafrika als »Buschmannkunst« zu deklarieren und damit den Eindruck zu erwecken, als ob rezente Buschmänner die Künstler wären. Forscher aus älterer Zeit haben Buschmänner bei ihrer Kunstarbeit angetroffen, oder zumindest entdeckten sie Höhlen, in denen Buschmänner wohnten und wo die angetroffenen Felsbilder sich in einem Zustand befanden, der vermuten ließ, daß sie erst vor kurzem entstanden wären. Dies gilt in erster Linie für die Malereien. Mit dem Ausmeißeln oder Gravieren in Stein sah indessen kein Forscher einen Buschmann beschäftigt. Dennoch liegen Hinweise dafür vor. Dem österreichischen Forscher *Rudolf Pöch* beschrieb ein alter Buschmann sehr deutlich, wie er in seiner Jugend die alten Leute bei den Felsen hocken und die Bildwerke ausmeißeln sah. Diese Berichte genügen jedoch nicht, die zeitliche Tiefe des Problems entsprechend auszuloten.

Außer Buschmännern werden auch Hottentotten als Urheber dieser Kunst genannt, und über das kulturgeschichtliche Alter der Buschmannkunst ist man sich auch nicht einig. Extrem junge Datierungen – so z. B. bei *J. D. Clark:* 2000 Jahre! – stehen extrem alten gegenüber. Obwohl angenommen werden darf, daß die Felskünstler in erster Linie Jäger und Sammler waren, muß doch angesichts der Situation in den Höhlenplätzen mit einer gewissen Seßhaftigkeit ihrer Bewohner gerechnet werden. Das uns von der Völkerkunde her vertraute Bild der nomadischen Wildbeuter in der Kalahari darf nicht ohne weiteres auf die Lebensweise der offensichtlich weitgehend seßhaften Höhlenbewohner übertragen werden, und in dem Maße, wie man Buschmänner *und* Hottentotten als Urheber der Felskunst nennt, ist man sich auch nicht klar darüber, ob Hottentotten oder Buschmänner das Wiltonium oder Smithfieldium zu Trägern hatten (Vgl. Kap. I). Die Entscheidung ist im Einzelfall

Abb. 27 Buschmannmalerei: Frauen auf der Suche nach Nahrung. Die beiden mittleren Frauen tragen ihren mit einem Steinknauf beschwerten Grabstock geschultert (Springton-Farm im Maclear-Distrikt, SO-Basutoland)

schwierig. Auf den Malereien können Bantu und Khoisanide deutlich von einander unterschieden werden, nicht gelingt es aber, eindeutig einen Unterschied zwischen Buschmännern und Hottentotten auf den Malereien festzustellen. Abbildungen von Frauen mit Fettsteiß deuten auf Hottentottenzugehörigkeit; der halberegierte Penis soll ein Buschmannmerkmal sein.

Nicht immer stammen die Felsbilddarstellungen nur aus jägerischem Bereich. Fischer, Jäger, Schaf- und Rinderzüchter und nicht zuletzt berittene Elandjäger wurden auf den Felsen dargestellt und zeigen ein recht komplexes Bild der Lebenshaltung. So sind z. B. auf einer Malerei im Gebiet des oberen Buschmann-Rivers Buschmänner auf Pferden abgebildet. Solche Pferde- und Reiterdarstellungen sind am Oberlaufe des Umkomaas, Umzimkulu und Umzimvubu und im benachbarten Teil des Basutolandes gar nicht so ungewöhnlich. Die abgebildeten Buschmänner – vielleicht sind es auch Hottentotten – tragen Speere und Peitschen in den Händen und jagen auf ihren Pferden Eland-Antilopen nach. Diese sind stilistisch verschieden von den Pferden und gehören offensichtlich einer älteren Malperiode an. Die Pferdereiter aber stammen aus der Zeit nach 1830, denn vor diesem Datum gab es weder in Natal noch im Basutoland irgendwelche Pferde. Buschmänner als Pferdereiter bieten immerhin ein ungewohntes Bild, wenn wir die abgebildeten Reiter tatsächlich als Buschmänner interpretieren dürfen. Sie sind ein gutes Beispiel für die hohe Anpassungsfähigkeit der Wildbeuter an die jeweilige Umwelt und für die Verschiedenartigkeit ihrer Lebensgewohnheiten. Als die Pferdediebstähle ihren Höhepunkt erreicht hatten, ritten die Buschmänner Pferde wie Rinder. Den Berichten nach zu schließen, waren die Buschmänner vollendete und furchtlose Reiter. Bogen und Pfeil hatte bei der Eland-Jagd der Speer verdrängt, den man entweder von den Bantu eingehandelt oder einfach gestohlen hatte. Einige dieser abgebildeten Reiter konnten aufgrund der Kleidung und der Gewehre, die sie trugen, als Europäer identifiziert werden; man wird bei diesen Reiterdarstellungen aber auch an die mit Pferden und Gewehren ausgestatteten Hottentottenkommandos denken müssen, die auf die räuberischen Buschmänner Jagd zu machen hatten.

Über Sinn und Zweck der Felsbilderkunst können nur Vermutungen geäußert werden. Eine gewisse Wahrscheinlichkeit spricht für eine magische Nutzung dieser Kunstausübung, vielleicht auch in Verbindung mit bestimmten Kulten. Vielleicht dienten manche Jagddarstellungen einer Art »magischen Wildtierbannung«: die dargestellte Szene sollte eine zwingende Wirkung auf das tatsächliche Jagdgeschehen haben, etwa im Sinne eines Analogiezaubers, oder es sollte ganz einfach nur das außerordentlich hohe Vertrautsein des Jägers mit dem Wild zum Ausdruck gebracht werden, wofür die zahllosen Tiergeschichten das beste Zeugnis liefern. Zahlreiche Abbildungen, wie maskierte Jäger, erinnern an uralte Jagdgewohnheiten, die sich bis in die rezente Zeit herein erhalten haben. Aber auch Darstellungen des täglichen Lebens, Einzeltiere, geometrische Gebilde, Tanzszenen, Viehraub und Krieg haben in der Buschmannkunst ihren Niederschlag gefunden. Diese Abbildungen mußten also nicht stets mit religiösen Vorstellungen verbunden sein.

## III.
## NUTZPFLANZEN UND HAUSTIERE

Seit dem Neolithikum (etwa 5000 v. Chr.) hat sich auch in Afrika ein fundamentaler Wandel im Verhältnis des Menschen zu seinem Boden bzw. Lebensraum vollzogen, ein Wandel, bei dem der Jäger und Sammler, der den Anschluß an die »Neue Zeit« einfach nicht zu finden vermochte, auf Dauer gesehen den kürzeren ziehen mußte. Seine erzwungene Flucht in die sogenannten Rückzugsgebiete und Mangelräume hat für das unaufhaltsam herankommende Verhängnis trotz vollzogener Spezialisation und Anpassung an die Kargheit der Umwelt eine bloß aufschiebende, aber nicht aufhebende Wirkung. Parallel mit der revolutionierenden Einführung von Nutzpflanzen und Haustieren sowie mit ihrer Pflege und Haltung ging eine stete Verarmung der alten Jäger-Ethnien einher. Die prähistorischen Fakten sprechen eine deutliche Sprache. Entwicklungsgeschichtlich werden in der Regel diese sogenannten »Restvölker«, »Altvölker« oder »Wildbeuter« in ihrer Gesamtheit als Vertreter der Jagd- und Sammelphase bzw. -stufe eingereiht; vom Standpunkt des Historikers bzw. Ethnohistorikers darf jedoch das rezente Kulturbild dieser Ethnien nicht ohne weiteres als repräsentativ für das frühe Jägertum angesprochen werden. Zur Sicherung der Existenzgrundlage jener Wildbeuter sind große Landgebiete notwendig, denn ein jedes Land vermag nur einer begrenzten Zahl von Menschen eine Existenzgrundlage zu bieten. Dies gilt in besonderem Maße für Jäger und Sammler. Ein Überschreiten des kritischen Punktes führt zu Hungersnot, Auswanderung und zu einer Erhöhung der Sterberate. Das natürliche Gleichgewicht von Boden und Bevölkerungszahl und die Frage, wie viele Menschen ein Boden zu ernähren vermag, sind vordringliche Fragen, welche die Menschheit schon frühzeitig bewegten.

### Getreidepflanzen

Das Neolithikum beginnt in Afrika mit der unterägyptischen Merimde-Kultur und der oberägyptischen Badari-Kultur um etwa 5000 v. Chr. Die »Merimde-Leute« am Westrand des Nildeltas besaßen als Haupt-Feldfrüchte Gerste und Emmer (eine Weizenart, *triticum dicoccum*), und so blieb es auch in geschichtlicher Zeit in Ägypten. Die prähistorischen Fundplätze zeigen u. a. flache runde, mit Matten ausgelegte Vertiefungen als Tenne und in die Erde versenkte, aus Schilf geflochtene Körbe als Vorratsspeicher. Neben Jagd und Fischfang spielten in Merimde Rinder, Schweine, Schafe und Ziegen eine bedeutende Rolle. Wir haben also von Beginn an eine gemischtwirtschaftliche Situation in Rechnung zu stellen, so wie bei der Badari-Kultur, einem Fundkomplex südlich von Asjut in Oberägypten. Zwischen Merimde und Badari besteht aber ein markanter Unterschied, obwohl es sich in beiden Fällen um ein Frühbauerntum handelt. So fehlt in Badari z. B. unter den Haustieren das Schwein, und unter den Nutzpflanzen boten in Oberägypten (Badari) die Vielzeilgerste (*hordeum polysticum*) und die Hirseart Teff (*eragrostis abyssinica*) die wichtigsten Grundlagen für die Ernährung.

Gerste und Emmer gehören zu den ältesten Kulturpflanzen der Menschheit. Die ältesten uns bisher bekannten Zeugnisse für den Anbau von Gerste reichen in das Frühneolithikum (7. bis 6. Jahrtausend v. Chr.) von Dscharmo in Kurdistan und Çatal Hüyük in Anatolien. Die Gerste gehörte neben Spelz und Weizen in Merimde zur wichtigsten Getreideart des altägyptischen Bauern. Sie wurde mit der Sichel geschnitten und von Eseln und Rindern auf der Dreschtenne ausgetreten. Um 3500 v. Chr. ist neben der Zweizeilengerste in Ägypten auch mit der Vierzeilengerste zu rechnen und beide lieferten das Mehl für das Gerstenbrot. In Marokko, Algerien, Tunesien und Libyen, den Ländern des Maghreb, spielen heute Weizen, Roggen, Gerste, Mais, Sorghum und Hirse in der Ernährung die wichtigste Rolle. Weizen und Gerste (einschließlich Emmer und Spelz) kannte man, wie bereits erwähnt, in Ägypten seit dem Neolithikum.

Die Kost des einfachen Mannes in Nordafrika besteht für gewöhnlich aus Gerstenfladen, Mehlsuppe, Oliven, Feigen oder Datteln und saurer Milch. Die Bewohner von Nordafrika sind heute Brot- (oder Fladen-)Esser. Das Getreide wird auf der Handmühle gemahlen, und aus dem Mehl werden dünne Brotfladen zubereitet, die auf der Außenseite eines Backofens, im Backofen oder – noch einfacher – in einer Tonschüssel gebacken werden. Bei den Berbern in Marokko ist auch ein Kugelbrot üblich. Dieses erhält seine Form durch Einbacken eines Steines, der das Brot dünnwandig macht. Die Brotfladen taucht man in der Regel in stark gewürztes Öl. Die typische Nationalspeise in Nordafrika heißt Kuskus, ein aus gedünstetem Weizen- oder Gerstenmehl hergestellter Sterz, der auch bei den zeremoniellen Mahlzeiten eine große Rolle spielt. Er wird je nach den Vermögensverhältnissen mit Hammelfleisch, manchmal auch mit Butter und Zucker oder auch mit Datteln und Eiern hergestellt. Hirten geben der Milchnahrung und den Ergebnissen der Sammelwirtschaft den Vorzug.

Während der Anbau von Gerste und Weizen im wesentlichen auf den weißafrikanischen Raum beschränkt blieb – wenn wir die rezenten Verhältnisse im Auge behalten –, hat der bereits aus Badari gemeldete Teff sich bis in den östlichen Sudan verbreitet. Er wird in Abessinien, den Gallaländern und in Erythräa als Getreide angebaut, und sein Mehl wird zur Brotbereitung und zum Bierbrauen verwendet. Offenkundig war in Südäthiopien die Bierbereitung mit rituellen Vorschriften verbunden, wie auch bestimmte Agrarbräuche ein hohes kulturgeschichtliches Alter des Teff verraten. Hinweise auf Altägypten sind gegeben. So fand man z. B. Teff-Granen in der Pyramide von Dassur aus der 4. Dynastie und in der Ramsesstadt aus dem Neuen Reich. Auch scheint das Wort Teff aus dem Altägyptischen zu stammen. Das Hauptfest bei den Dime in Südäthiopien ist die Teff-Ernte Anfang Oktober. In Gantschire – berichtet uns *Eike Haberland* – mäht eine Jungfrau aus der Häuptlingsfamilie Teff, mahlt ihn und bereitet aus dem Mehl Bier. Ist das Bier fertig, begibt sich der Häuptling in Begleitung seiner Würdenträger in sein Gehöft. Dort gießt er etwas Bier über einen Stein, kostet davon und dankt Gott und den Ahnen. Ein Rind wird herbeigeführt, man schlägt ihm mit einem großen Stein gegen die Stirn (die rituelle Tötungsart der Dime) und läßt das Blut auf die Erde fließen. Der Häuptling betet: »Du Erde, wir gehen auf Dir herum und Du ernährst uns, nimm dieses Blut an und erhalte uns weiter.« Dann bestreicht er den Opferstein mit Blut,

Abb. 28 Teff, eine Hirseart, die bereits im alten Ägypten bekannt war, wird in Abessinien, den Gallaländern und in Erythräa als Getreide angebaut. Sein Mehl wird zur Brotbereitung und zum Bierbrauen verwendet

Milch und Honig und schüttet fein gemahlenes Mehl über ihm aus. Dasselbe tun auch die Anwesenden ... Als die Heimat des Teff (*eragrostis abyssinica*), nicht identisch mit *eragrostis pilosa* (im Niltal und in Nordostafrika), gilt Abessinien. In Abessinien wird auch die Heimat der Eleusine, Finger-Hirse oder Ragi (*eleusine coracana*) vermutet. *G. P. Murdock* sieht in den Agau Zentral-Äthiopiens die Züchter dieser wichtigsten Getreidepflanze, die von Äthiopien aus weit nach Ost- und Südafrika gelangte und frühzeitig auch nach Indien. Auf der Suche nach neuen Kulturpflanzen experimentierten die Agau auch mit Wildpflanzen, so daß das äthiopische Hochland, ähnlich wie China und Indien, zu einem wichtigen Ursprungsland verschiedener Kulturpflanzen wurde. Nach *G. P. Murdock* wären dies Eleusine und Teff, die Ensete, Gartenkresse, Kaffee, Kuh- oder Bockshornklee (*trigonella foenumgraecum*), Kat (*catha edulis*), ein Narkotikum, Senf (*brassica carinata*), Rizinus (*ricinus communis*) u. a. m. Frisch und reif ist die Eleusine von braunrötlicher Farbe und nicht besonders bitter. Bei längerem Lagern nimmt jedoch die Eleusine einen eigentümlich dumpfen Geruch und größere Bitterkeit an, weshalb sie auch besonders gerne in der Bierbereitung Verwendung findet.

Als das eigentliche Getreide für das tropische Afrika, soweit dieses nicht im Gebiet der westafrikanischen Waldflora oder in allzu großer Höhe liegt, kommt das Sorghum, die Mohrenhirse oder Durra (*sorghum vulgare*) in Frage. Auch in Indien ist die Sorghum-Kultur sehr alt, aber dort spielt Sorghum nicht jene große Rolle in der Ernährung wie in Afrika. Schon oft wurde die Frage nach der Urheimat des Sorghum gestellt. Neuerdings vertrat *G. P. Murdock* den Gedanken, den Ursprung des afrikanischen Bodenbaus in zwei von einander unabhängigen Zentren, und zwar in Ägypten und im Ober-Niger-Gebiet, zu suchen. Die Körnerfrüchte Fonio, Sorghum, Pennisetum und die Knollenfrüchte Coleus, Guinea Jams mit seinen beiden Varietäten (*dioscorea cayenensis* und *dioscorea rotundata*) sowie Hülsenfrüchte, Melonen, Baumfrüchte, mit denen man die ersten Anbauversuche unternommen hatte, bilden die Grundlage seines »sudanischen Komplexes«. Von archäologischer Seite fand jedoch diese Annahme keine Bestätigung, und auch Ethnologen trugen Bedenken gegen diese Hypothese vor. Unter den zahlreichen Varietäten des Sorghums führte *G. P. Murdock*

Abb. 29   Die geernteten Hirsekolben werden von den Frauen in das Dorf gebracht (Hadjerai, Süd-Wadai, Tschad)

drei als besonders wichtig für sein westafrikanisches Ursprungszentrum an: Trockenzeit-Korn (*var. cernum*), Feterita (*var. caudatum*) und Guinea-Korn (*var. guineense*). Gegen den Versuch *G. P. Murdocks*, einen genuinen afrikanischen Feldbau des Neolithikums im Westsudan zu rekonstruieren, wandte sich auch der Kulturhistoriker *H. Baumann*. Aufgrund seiner kritischen Einwände bliebe von der Pracht des neolithischen Nuclear-Mande-Feldbaues nur noch ein Schatten, d. h. es bleiben außer der Digitaria-Hirse (Kleinhirse: *digitaria exilis*; Fonio) nur einige halbwilde Baumpflanzen, die Kerstingielle Erdnuß und die Pflanzen des Küstenwaldes: der Guinea-Jams und die im gesamten Regenwald verbreitete Ölpalme. So ist immer noch die Ursprungsfrage von Sorghum und Pennisetum (*Pennisetum spicatum* oder *P. typhoideum*: Perl-Hirse) umstritten.

Reisanbau war bereits zu *Strabo's* Zeiten (63 v. Chr. – 20 n. Chr.) in Fezzan bei den Garamanten üblich. Mit dem Zusammenbruch ihres Reiches im 7. Jahrhundert gelangte vermutlich der Reisanbau nach dem mittleren Niger und von da durch die Malinke (Mandingo) nach den westafrikanischen Küstenländern Senegambien, Sierra Leone, Liberia usw. In Form von Trockenreisanbau brachten die Araber den Reis aus Südostasien nach Madagaskar, der Naßreis gelangte in späterer Zeit an die ostafrikanische Küste und erfuhr dann durch die Suaheli eine weitere Verbreitung in das Innere des Landes.

Galt bisher die allgemeine Meinung, daß der Mais von den Portugiesen aus Amerika nach Westafrika gebracht wurde und von dort aus seine weite Verbreitung in Afrika gewonnen hätte, so vertrat *M. D. W. Jeffreys* vor kurzem die nicht unwidersprochene Ansicht, der Mais müsse – nach einer Mande-Mythe und nach verschiedenen Stammesüberlieferungen zu schließen – lange vor Kolumbus aus Amerika nach Afrika gebracht worden sein. Oraltraditionen, Namen für den Mais und archäologische Fakten bei den Akan, Ga, Egbo, Yoruba und anderen Goldküstenstämmen weisen nach *M. D. W. Jeffreys* auf eine Herkunft des Mais vom großen Nigerbogen hin; und dies in Übereinstimmung mit der Mande-Mythe. Dazu käme noch, daß die Portugiesen selber behaupten, sie hätten den Mais aus Afrika nach Portugal gebracht, ehe noch Kolumbus Amerika entdeckt hatte. Nach Meinung *M. D. W. Jeffreys* brachten arabische Seefahrer den Mais in der Zeit der Almoravidenherrschaft (11./12. Jahrhundert) nach der von den Muslims beherrschten Mündung des Senegal via Atlantischen Ozean. Von dort aus verbreitete sich diese wichtige Körnerfrucht entlang der Karawanenstraßen über Timbuktu, Kano, Bornu und Senna bis zum Roten Meer. Eine Herkunftshypothese, die noch ihrer Verifizierung harrt.

Ein wichtiges Indiz für das kulturgeschichtliche Alter bestimmter Nutzpflanzen ist ihre Stellung in Religion und Kult. So konzentrieren sich die großen Feldbaufeste in Afrika mit einem ausgeprägten Zeremoniell in erster Linie auf Saat und Ernte der Körnerfrüchte, und zwar in Ägypten auf Weizen, in Äthiopien auf Teff, im Sudan und im Kongo auf Hirse, im Nigerbogen auf Fonio und an der westatlantischen Küste auf Reis. Neben der Ensete in Südäthiopien, die auch als »falsche Banane« bezeichnet und in der Regel zu den Knollenfrüchten gezählt wird, ist nur noch der Jams als Knollenfrucht in den Feldbaukulturen regelrecht vertreten. Ohne Zahl sind die auf die Erde bezogenen Kultpraktiken, Feldbau- und Fruchtbarkeitsriten und Purifikationszeremonien im sudanischen Raum. Opfer vor der Saat (zu Beginn der Regenzeit), Opfer nach der Saat, Opfer vor der Haupternte bzw. nach der frühesten Ernte und Opfer nach der Ernte in Verbindung mit der Hirse besitzen nahezu universale Verbreitung unter den Savannenbauern. Aus Hirsemehl geformte Kugeln, Hirsemehl, Hirsewasser, Hirsebier, Mischungen aus Wasser und keimender Hirse sind gebräuchliche

Abb. 30 Reisernte bei den Massa im Logone-Gebiet. Reisanbau war bereits um die Zeitenwende in Fezzan bei den Garamanten üblich und gelangte vermutlich von dort aus nach dem Niger und den westafrikanischen Küstenländern

Opfergaben. *Jürgen Zwernemann* hat zu dem Thema »Die Erde in Vorstellungswelt und Kultpraktiken der sudanesischen Völker« ein imponierendes Material zusammengetragen, dem wir einige Beispiele entnehmen. Zur Zeit der Saat bringt bei den Kurumba (nach *W. Staude*) das Oberhaupt der Konfe (Königssippe) dem Sawadugu-Erdherrn einen Hund, ein weißes Schaf, zwei weiße Hühner, Hirsebier und Hirsemehlwasser. Der Sawadugu opfert diese Dinge, tanzt und singt und steigt zum Himmel auf, um Regen zu holen. Das Opfer dürfte für Erde und Himmel gemeinsam bestimmt sein. Oder: Nach der Ernte der frühreifen Hirse veranstalten die Talensi in Ghana die *da koom*-Zeremonie. Der Erdherr hängt eine Kalebasse auf, die sich beim Regen füllt. Nach dem Erscheinen des neuen Mondes gießt der Erdherr am frühen Morgen vor der Dämmerung etwas Wasser aus der Kalebasse auf den Boden und sagt: »Dein Tag kommt heran, und ich möchte Wasser für dich gießen, damit das Korn gut sei. Dein Mond steht.« Das Wasser wird »schlechtes Wasser« genannt. Dann wird 30 Nächte im Hain getanzt. Beim Tanzen singt man: »Das Korn blüht«. Sieben Tage nach dem Opfer des »schlechten Wassers« opfert man der Erde Bier und ein Huhn. Nach den dreißig Tagen gießt der Erdherr das »gute Wasser« aus, das Wasser, das noch in der Kalebasse verblieben war. Die Leute tanzen nun noch fünfzehn Nächte, wobei sie singen: »Das Korn ist rot«. Zum Abschluß findet ein Opfer am Grab des ersten, aus dem Mamprusi-Gebiet eingewanderten Häuptlings statt. Schließlich: wenn das Sorghum reif ist, geht der Priester der Laka im Zentralsudan mit fünf alten Männern auf sein Feld und opfert dort in der Nacht einen schwarzen Ziegenbock. Der Priester bittet um eine gute Ernte, Gesundheit und »Familienvermehrung«. Er bringt das Opfer für die gesamte Siedlung. Mit diesem Opfer beginnt ein siebentägiges Sexualtabu. In dieser Zeit darf das neue Getreide auch nicht gegessen werden, wohl darf man es schneiden. Am achten Tage bringt der Priester vom neuen Sorghum in das Haus der heiligen Geräte und opfert es der Erde und den gemeinsamen heiligen Geräten.

An die indonesische »Reisseele« erinnernd, berichtet *Annemarie Schweeger* von einer »Hirse-Seele« bei den Kurumba in Ober-Volta. Die Hirse ist wie ein Mensch, sie hat eine Seele, die ihr von den Ahnen gegeben wird. Diese Seele ist wie die »Menschenseele« unsichtbar für den Durchschnittsmenschen, doch Menschen, die klar sehen können, vermögen eine solche Seele auf dem Felde zu stehlen, wonach das Feld »erkrankt«. Nur der Sawadugu (Erdherr) vermag die gestohlene Seele zu suchen. Findet er sie, trägt er die Seele der Hirse in das Feld zurück und tötet die Seele des Diebes. An die »Adonisgärten« der alten Ägypter, Babylonier, Inder und Perser erinnern von ferne die »Gärten der Himmelsprinzessin« bei den Zulu in Südafrika, also im Bantugebiet. An einem bestimmten Tage kommen (nach *Gustav Asmus*) die Frauen auf einem freien Fleck im Busch zusammen. Eine jede hat ihre Hacke und Samen von allerlei Getreide, das man zu säen gewohnt ist, auch Hirsebier in kleineren Gefäßen mitgebracht. Im freien Felde, im Busch, legen sie nun die Gärten an und säen die mitgebrachten Samenkörner aus. Nachdem man auch die Biertöpfe in die Gärten stellte, begibt man sich nach Hause. Das sind die Gärten der Himmelsprinzessin, die weder umfriedet noch bearbeitet werden.

## Knollengewächse

Bis heute bildet der Jams an der Westküste Afrikas einen wichtigen Bestandteil in der Ernährung. Sein Hauptgebiet liegt nicht, wie früher in der Regel angenommen wurde, im dichten Regenwald (Hyläa) sondern im regengrünen Feuchtwald und in der Feuchtsavanne. Seine Ernte ist von eindrucksvollen Staatsfesten in Ghana begleitet und zahlreiche Kultpraktiken sind mit ihm beim Setzen der Knollen und bei der Ernte verbunden. Jams und Sorghum zeigen im Festbrauch manche Ähnlichkeiten und viele Anzeichen weisen darauf hin, daß manche mit dem Hirseanbau verbundene Feldpraktiken in der Savanne auf den Jams übergegangen sind. Auch ist mit zahlreichen lokalen Anbauversuchen (Experimenten) mit vorhandenen wildwachsenden Knollengewächsen und anderen Pflanzen zu rechnen, nachdem sich die Idee des Hirseanbaus durchgesetzt hatte. Prähistorische Funde spre-

Abb. 31 und 32 Der größte Konkurrent des Jams ist der aus Südamerika stammende Maniok oder die Kassawa, die eine wichtige Rolle in der Ernährung der meisten Waldlandbauern Afrikas spielt. So fehlt auch auf keinem Markt im Waldlande auf den Frauenmärkten das Angebot an Maniok und auch an Palmöl

chen für einen gleichzeitigen Anbau von Sorghum und Jams in den Randgebieten der Waldzone und Feuchtsavanne etwa in der Zeit zwischen dem 5. bis 3. Jahrtausend v. Chr., und es gilt heute als sicher, daß die Idee des Anbaues von einer Pflanze auf die andere übertragen wurde. Demnach handelt es sich im Grunde genommen bei den Waldlandbauern um eine Weiterführung bzw. Modifizierung der aus der Feuchtsavanne mitgebrachten Pflanzergewohnheiten, jedoch stets mit besonderer Berücksichtigung auf die Verhältnisse im Regenwald. Dies gilt auch für den Guinea-Jams, weniger aber für den aus Asien stammenden Jams. Unter solchen Umständen ist es auch durchaus verständlich, wenn unter dem Einfluß des Anbaus von Körnerfrüchten, vor allem von Hirse, Vorstellungen und Rituale von den Hirsebauern übernommen und entsprechend umgestaltet wurden. So geht z. B. bei den Daka im Zentralsudan der Priester zu Beginn der Getreidereife mit vier Greisen und vielen Knaben von Feld zu Feld. Der Priester ist in ein weites Blättergewand gekleidet. Er nimmt auf jedem Feld etwas Jams aus dem Boden und tut ihn zusammen mit bestimmten Blättern in eine Erdvertiefung. Das Opfer wird mit Steinen beschwert. Der Priester sagt in einem Gebet, daß der Jams für die Ahnen sei, die Blätter für die Erde. Er schließt: »Möge alles Schlechte, was das Korn im Boden zurückhält, aus der Erde weggehen.« Von jedem Felde nehmen die Buben etwas Jams mit, der von den Teilnehmern der Prozession gegessen wird. Mit diesem Tage beginnt ein Tabu, von den neuen Früchten zu essen. Auch aller Geschlechtsverkehr ist nun verboten, denn, »wenn eine Frau in dieser Zeit schwanger würde, so könne das Korn nicht gedeihen.« So weit die auf *L. Frobenius* zurückgehende Darstellung bei *J. Zwernemann*.

Die stärkehaltigen Knollen des Guinea-Jams werden getrocknet und zu Mehl vermahlen. Weit verbreitet im äquatorialen Afrika ist auch der Taro oder Coco-Jams (*colocasia antiquorum*), der

Felsbilder in der Sahara

gekocht und geröstet wird und ähnlich wie Kartoffeln schmeckt; seine Heimat ist Südostasien, und seine Verbreitung in Afrika beschränkt sich auf den hyläischen Raum. Die gewöhnlichste Art von Coco-Jams (*xanthosoma sagittifolium*) wurde von der Basler Mission im Jahre 1843 aus Westindien nach Ghana eingeführt. Die weitaus ältere, vielleicht sogar einheimische Art *(colocasia esculenta)* ist gleichfalls auf die Waldlandzone Westafrikas beschränkt. Weitere aus Südostasien stammende Jamsarten sind *dioscorea alata, dioscorea bulbifera* und *dioscorea esculenta*, die auch in Afrika eine große Verbreitung und Beliebtheit erfahren haben. Der größte Konkurrent des Jams ist jedoch der aus Amerika stammende Maniok oder die Kassawa (*manihot utilissima*). Sie spielt gleichfalls in der Ernährung der Waldlandbauern eine wichtige Rolle. Es werden zwei Arten beim Maniok unterschieden: eine süße, deren Wurzeln man roh oder in der Asche geröstet ißt, und eine zweite Art, die infolge ihres Blausäuregehaltes vor dem Genuß gewässert werden muß. Dann erst wird der Maniok weich gekocht, wie etwa bei den Waldstämmen Liberias, in einem Mörser zu einem klebrigen Brei gestampft, aus dem man Kugeln formt, *fufu* genannt. Diese werden nochmals gekocht, bei feinerer Zubereitung in Palmöl, und mit einer stark gepfefferten Gemüsesoße zusammen gegessen. In Palmöl wird bei den Fia (Kamerun) auch der Jams gekocht, ebenso geschälte und zerstückelte Süßkartoffeln, Wassermelonen und Planten, und man brät auch Bohnen in Palmöl. In der Asche gebraten werden Fleisch, Mais, Jams, Süßkartoffeln, Erderbsen in der Schale, der nicht bittere Maniok in der Schale usw.

Eine der wichtigsten Charakterpflanzen des Regenwaldes ist die aus Südostasien stammende Banane. Alle afrikanischen Bananensippen (*musa paradisiaca* und *musa sapientium*) sind Bastarde der beiden Wildformen *musa acuminata* und *musa balbisiana*. Mit einer sehr frühen Verbreitung

Abb. 33   Zubereitung des Maniok bei den Zande im nördlichen Kongo. Wegen seines Blausäuregehaltes muß der »Bittere Maniok« vor dem Genuß gewässert bzw. entgiftet werden. Im Hintergrund die Maniokpflanzung

Abb. 34   Wilde Ensete auf einer Waldlichtung in Tschako (Südabessinien)

Abb. 35   Maniokzubereitung (S. 51 unten)

der Banane aus Malaya und Indien nach Indonesien ist zu rechnen. Von hier aus gelangte die Banane im Verein mit anderen Kulturpflanzen etwa in der Zeit zwischen dem zweiten und vierten Jahrhundert n. Chr. im Zuge der malayischen Einwanderung nach Madagaskar und an die ostafrikanische Küste. Die älteste Nachricht von der Banane in Afrika stammt von *Cosmas Indicopleustes*, Indienforscher, Theologe und Geograph (525 n. Chr.). Er beschrieb das Vorkommen der Banane in Adulis unweit von Massaua und nannte sie *moza*. Im Persischen und Arabischen ist die Banane heute noch unter diesem Namen (*moz, muz*) bekannt. *C. A. Wainright* vermutete, daß schon früher als zu *Cosmas* Zeiten die Banane nach Abessinien gelangte. Er dachte sogar bis an das alte Meroë.

Die von Westafrika bis an die Gebiete der großen Seen und bis zum Zwischenseengebiet sowie vor allem in den küstennahen Ländern Ost- und Nordostafrikas und in den regenreichen Bergwäldern vorkommende Banane verlieh dem Pflanz- und Feldbau eine ganz bestimmte Prägung. Die Pflege der Banane besteht eigentlich nur aus dem Roden des Waldes durch die Männer und aus dem Setzen der Bananenschößlinge durch die Frauen. Infolge des üppigen Wachstums der Natur im Regenwald erscheint ein täglicher Beuteertrag dieser wertvollen Frucht gesichert. *P. P. Schebesta* prägte für diese Wirtschaftsform den Terminus »Feldbeutertum«. Bei diesem werden die Früchte weniger »geerntet« als viel mehr »erbeutet«. Es handelt sich hier wieder um eine Anpassungsform des bäuerlichen Menschen an die besonderen Lebensbedingungen im Regenwald. Die Banane wird auf verschiedene Weise

zubereitet. Zumeist wird sie in geschältem Zustand in Wasser gekocht; als Zuspeise werden Fleisch und mit Öl zubereitetes Gemüse aufgetischt. Selten ißt man die Banane in vollreifem Zustand als Süßbanane. Die Bananen werden aber auch in Scheiben geschnitten und zu Mehl zerstampft. Aus diesem wird dann ein Breigericht zubereitet. Reife, in Scheiben geschnittene Bananen werden an der Sonne getrocknet und am Herdfeuer geräuchert, und man röstet Bananen auch in der Asche. Die Banane ist das tägliche »Brot« der Urwaldneger. Zerschnittene und mehrere Tage hindurch in Holztrögen gelagerte und zum Gären gebrachte Bananen liefern den begehrten Bananenwein.

Der Banane verwandt ist die Ensete (*ensete edulis*, früher *musa ensete*), eine sehr wichtige Nutzpflanze in Äthiopien. Sie blickt sicherlich auf ein hohes kulturgeschichtliches Alter zurück. Es handelt sich dabei um eine der Banane ähnliche Staude, von der die Wurzelknolle und das Mark der Blattscheiden in einem besonderen Verfahren zu Mehl verarbeitet werden, aus dem man etwa 5 cm dicke Fladenbrote auf flachen tönernen Pfannentellern bäckt. In Zusammenhang mit dem Anbau der Ensete vermutete *Adolf E. Jensen* eine alte »pränilotische Knollenbauer-Schicht«, die einem Getreideanbau voranzusetzen wäre.

## Züge eines traditionellen Bodenbaus

Gewöhnlich werden die Schwarzafrikaner in der Literatur als »Hackbauer« bezeichnet. Unter Hackbau versteht man einen Bodenbau mit der Hacke als Hauptgerät. Tatsächlich darf die Feldhacke in den meisten Ländern Schwarzafrikas als ein typisches Frauengerät bezeichnet werden, vor allem in den Regionen des Regenwaldes. Bei den Savannenbauern nimmt jedoch in der Regel auch der Mann ziemlich intensiv an der Feldbestellung teil, oft sogar auch am Pflanzen, Jäten und Ernten. Er scheut sich auch nicht, die Hacke zu gebrauchen. Auf jeden Fall aber gelangte der Pflanzenbau durch die Anteilnahme des Mannes an ihm zu einem höheren Ansehen. Dies tritt dann in besonderem Maße bei der Verwendung des Pfluges in Erscheinung. So wurde z. B. vor der Einführung des Pfluges bei den Cwana in Südostafrika durch die Europäer der größte Teil der Feldarbeit von den Frauen und Mädchen geleistet. Die mit der Rinderzucht beschäftigten Männer verachteten jede Art von Feldarbeit. Heute verteilt sich die Feldarbeit auf beide Geschlechter. Europäische Einflüsse, wie z. B. der Bau von Eisenbahnen, Industrieanlagen usw. führten mitunter dazu, daß die nach besseren Verdienstmöglichkeiten Ausschau haltenden Männer die als minder bewertete Feldarbeit zur Gänze den Frauen überließen.

Die Befestigung des Hackenblattes am Arbeitsstiel erklärte *H. Baumann* zu einem »Schlüsselmerkmal« für kulturhistorische Untersuchungen. Doch scheint die Hacke nicht überall als das einzige Feldbaugerät auf, das allein typisch für den Feldbau wäre. Abgesehen von einigen nordöstlichen Bantuethnien scheinen auch die Wirtsvölker der Pygmäen im Ituriwald, die sogenannten »Feldbeuter« *P. P. Schebestas*, ursprünglich die Hacke nicht gekannt zu haben. Ihre Ackerbau- und Erntegeräte sind Beil, Messer und Grabstock. Holzhacken und Grabstöcke ohne jedes Metall sind besonders für die Nordostbantu, Niloto-Hamiten und Niloten charakteristisch. Das auffallende Verharren nordostafrikanischer Ethnien auf der Verwendung hölzerner Hacken brachte *H. Baumann* mit dem Auftreten der metallfeindlichen Osthamiten in Zusammenhang. Einstmals besaßen Holzhacken eine weite Verbreitung. Die im Nordosten und Osten Afrikas vorkommenden Holzhacken mit geradem

Stiel und einer Holzklinge, die in ein Loch des Griffteiles eingetrieben wird (Dornschäftung), erweisen sich interessanterweise als formale Verwandte der altägyptischen Hacke, und auch der abessinische Pflug darf in seiner Form nach *H. Baumann* deutlich als eine Weiterentwicklung des altägyptischen Pfluges bezeichnet werden. Auch die mittelländische gezähnte Sichel ist in Äthiopien, in Algerien, in Marokko, im Hoggar, bei den Nuer und in Nubien anzutreffen. Vor Einführung des Eisens mußte man sich vermutlich mit Holz-, Stein- oder Muschelklingen begnügen. Heute besitzt jedoch die Eisenhacke mit ihren verschiedenen Schäftungsarten eine nahezu universale Verbreitung in Afrika, wobei die sogenannte Tüllenschäftung ohne Zweifel eine schmiedetechnisch jüngere Erfindung gegenüber der Dornschäftung darstellt. Dies gilt sowohl für Feldhacken, Spaten und Sicheln als auch für die auf gleiche Weise geschäfteten Speere und Pfeile. Die Hacke ist aber wie gesagt nicht das einzige Feldgerät der Afrikaner. Das kunstvolle Bewässerungssystem der Sonjo im Nordwesten des Natron-Sees hat das einfachste Feldgerät, den Grabstock, als seinen Begleiter. Es handelt sich hierbei um einen einfachen, unten zugespitzten Holzstock, der zum Umbrechen des Erdreiches insbesondere bei frisch gerodeten Flächen verwendet wird. Ein solcher Grabstock stellt aber auch das Hauptgerät vieler Jäger- und Sammlerethnien dar und wird mitunter, z. B. bei den Buschmännern (Hottentotten) in Südafrika, an seinem oberen Ende mit einem Steinknauf beschwert, um durch die auf diese Weise verstärkte Hebelwirkung das Hervorholen von Wildfrüchten (Knollen und Zwiebeln) aus dem Boden zu erleichtern. Grabscheit, Winkelgrabstock und Trittgrabstock sind Weiterentwicklungen des Grabstockgedankens. Das zweite bei den Sonjo in Ostafrika gebrauchte Gerät ist ein kleines Messer zum Abschneiden der Hirsehalme, ein Gerät, das man sich gut auch als Steingerät vorstellen kann oder als eine mit Mikrolithen besetzte Sichel. Erst in der jüngsten Zeit werden bei den Sonjo auch Hacken verwendet. Das kunstvolle Bewässerungssystem dieses Ethnos ist in Afrika keine Seltenheit oder gar Einzelerscheinung. Kunstvolle Bewässerungssysteme und terrassierte Felder verbunden mit Wasserkanälen, Staudämmen und Wehren können wir von Äthiopien aus quer durch den Sudan nach dem Westen und über Ostafrika nach Zambia und Südrhodesien bis nach Transvaal hinein verfolgen. Solchen kunstvollen Terrassierungen mit ihren Wassergräben und Berieselungsadern ist oft auch die Mistdüngung eigen. Die Konso in Südäthiopien verwenden dabei ausschließlich Menschenkot als Dung.

## Wege zum reinen Viehzüchtertum

Als Hirtennomaden werden in Schwarzafrika die Hottentotten in Südafrika, die Hima oder Tussi, Karamojo, Nandi und Masai in Ostafrika, die Galla, Somali, Afar, Saho und Bedja im Osthorn, die Tuareg und die Tubu in der Sahara, die Fulbe bzw. Bororo vom Senegal im Westen bis nach Adamaua in einzelnen Enklaven, die Sudan-Araber zwischen Schari und Nil, die Herero in Südwestafrika und schließlich die Niloten (Schilluk, Dinka, Nuer) im Oberen Nilgebiet genannt. Alle diese Ethnien bilden weder rassisch noch sprachlich eine Einheit und auch kulturell unterscheiden sie sich weitgehend von einander. Unter bestimmten Voraussetzungen kann sich ihre Lebensweise bis zum Vollnomadismus entwickeln. Zu einem solchen Extremfall sahen sich die Menschen überall dort gezwungen, wo die Bodenverhältnisse und klimatischen Bedingungen nur mehr eine Chance für Jagd, Sammelwirtschaft und Viehzucht boten.

Abb. 36 Fulbe (Bororo) führen ihre Langhornrinder zur Tränke. Ihrer schönen lyraförmigen Hörner wegen werden diese Rinder sehr geschätzt. Ihr Zebueinschlag ist unverkennbar

Abb. 37  Arbeit auf einem Erdnußfeld bei den Hadjerai (Süd-Wadai, Tschad). Die Erdnuß ist ein wichtiger Öllieferant für den täglichen Bedarf

Die Merkmale für Vollnomadismus sind: ständige Begleitung der Herden durch die ganze Bevölkerung; oft sehr weiträumige Wanderungen; keine ständigen, festen Wohnsitze; der Feldbau tritt an Bedeutung stark hinter der Viehzucht zurück oder er wird als völlig unmöglich empfunden. Jagd und Sammelwirtschaft liefern eine notwendige Zusatznahrung. Als Halbnomaden kommen jene ackerbautreibenden Nomaden in Frage, die ihre geregelten und von den Jahreszeiten abhängigen Wanderungen mit festen Wohnsitzen verbinden. Unter letzteren Begriff fallen auch die sogenannten Transhumantes oder Ziehbauern in Nordafrika.

Im Vergleich zu den Äthiopiden haben die Negriden einen nur relativ geringen Anteil am Viehzüchtertum. Obwohl gelegentlich geradezu leidenschaftlich der Viehzucht ergeben, sind die Neger doch in erster Linie Pflanzer, die zusätzlich an vielen Orten Nutzvieh in ihre Wirtschaft eingebaut haben. Unter diesem Aspekt können sie als Bauern angesprochen werden. Zu reinen Viehzüchternomaden haben sich unter den Negriden nur die Herero in Südwestafrika und einige Nilotenethnien im oberen Nilgebiet spezialisiert, wobei aber letztere eher als Halbnomaden anzusprechen sind.

Abb. 38 Kamelreiter der Bäle aus Ennedi (Südost-Sahara). Gleich den Tuareg sind die Bäle als tüchtige Kamelzüchter bekannt

Die Viehzucht ist, wie wir bereits an den Felsmalereien (vgl. Kapitel II) feststellen konnten, ein integraler Bestandteil der vermutlich aus dem oberägyptischen Raum herrührenden Bodenbaukultur im Frühneolithikum. Wir haben also zu dieser Zeit mit einer gemischt-wirtschaftlichen Situation zu rechnen, wobei die Hinweise auf Viehzucht in der Felsbilderkunst offenbar weit in der Überzahl sind.

Die sogenannte »Osthamiten-Theorie« behauptete, daß alle Großviehzucht in Afrika von den Osthamiten abzuleiten wäre. In diesem Zusammenhang hielt auch *Kunz Dittmer* mit gutem Recht die behauptete Abstammung der Fulbe von den Osthamiten für einen Irrtum, denn das Ful würde heute zu den westsudanischen Klassensprachen gerechnet und nicht zum Hamitischen. Das Viehzüchtertum bei den Fulbe stellt auch keine autarke Wirtschaftsform dar und repräsentiert auch nicht die alte Fulbe-Kultur. Erst im Verlauf der Ausbreitung der Fulbe im 17. und 18. Jahrhundert aus ihrem westsudanischen Ursprungsgebiet nach dem Osten, verlegten die Fulbe das Schwergewicht ihrer Wirtschaft auf die Herdenviehzucht mit Saisonnomadismus, und überall, wo sie hinkamen, fanden sie bereits negride Bauern mit Rinderzucht vor. Fulbe (Bororo) als Vollnomaden treffen wir erst im östlichen und jüngsten Ausbreitungsgebiet, in Nigerien und Kamerun, an. Sie stehen jedoch in ständigem Kontakt mit ihren Brüdern in den festen Siedlungen. Die Bororo bzw. reinen Fulbe-Nomaden sind weitgehend von ihren seßhaften Nachbarn abhängig, auf deren abgeernteten Feldern sie ihre Rinder weiden lassen, nachdem sie sich vorher die Erlaubnis dazu vertraglich zugesichert haben. Diese Nomaden haben dann auch die Möglichkeit, auf den Märkten der bäuerlichen Bevölkerung ihre Viehzuchtprodukte gegen die existenznotwendige pflanzliche Nahrung und Handwerkserzeugnisse einzutauschen.

Vieles spricht dafür, daß die Vorfahren der heutigen Hottentotten, die regelmäßig als Viehzüchter von den Buschmännern unterschieden werden, eine Gemischtwirtschaft besaßen, d. h. Savannenbauern waren. In diese Richtung weisen die frühe Hottentottenkeramik und die Kunst der Eisengewinnung, wie sie uns von *Peter Kolb* (1719) berichtet wird, Tätigkeiten, die mit einem reinen Viehzüchtertum unvereinbar sind. Auch kann man sprachlich die Hottentotten nicht so einfach mit den Hamiten in Verbindung bringen, wie es weiland im Rahmen der Hamitentheorie geschah. Ein typisches Beispiel für einen grundlegenden Wandel in der Wirtschaft bieten auch die Herero in Südwestafrika. Auch ihre Vorfahren waren ursprünglich Bauern wie ihre Verwandten, die Ambo, heute noch. Ihre vermutlich erzwungene Abwanderung in die unwirtlichen Trockengebiete im Süden veranlaßte sie, den Pflanzenbau aufzugeben und sich der Rinderzucht zu widmen.

Die vielfach als Hirtennomaden geschilderten Niloten waren gleichfalls von Anfang an Hirsebauern mit unterschiedlich großem Bestand an Rinderherden. Wichtige große Gruppen, wie z. B. die altnilotischen Nuer, Dinka und altertümlichen Luo betreiben sogar vorwiegend den Anbau von Hirse. Die Form des Weidebetriebes wird von der Umwelt, den klimatischen Bedingungen und den bäuerlichen Bedürfnissen bestimmt. Nur wenn nilotische Stämme zu Wanderungen nach besseren Siedlungsgebieten gezwungen waren – meinte *K. Dittmer* – schränkten sie ihren Ackerbau ein oder gaben ihn zeitweise ganz auf. Sie waren aber dann meist gezwungen, ihre zusammenschrumpfenden Nahrungsvorräte durch Raubzüge gegen ihre Nachbarn aufzubessern, um deren Kornvorräte und Herden zu erbeuten. Die Masai werden immer wieder als die Hirtennomaden par excellence ausgegeben, auch gelten sie als eine Hauptstütze der Hamiten-Theorie. Durch ständige Raubzüge der Krieger-Altersklasse gegen seßhafte oder auch nomadistische Herdenbesitzer im 19. Jahrhundert waren die Masai gefürchtete Räuber in Ostafrika geworden. Doch handelt es sich auch in diesem Falle um eine nomadistische Absplitterung (Spezialisation) aus einer gemischt-wirtschaftlichen Situation, denn die sprachlich und kulturell mit den Nandi sehr nahe verwandten Masai waren gleich jenen ursprünglich vorwiegend Ackerbauern. Die Ursitze der einzelnen hamitonilotischen Gruppen, zu denen auch die Masai gehören, lagen in Berggegenden, wo Terrassenfelderkultur mit Bewässerungsanlagen, einschließlich Saisonnomadismus, betrieben wurde. Ähnliches gilt auch für die Galla und Somali. Der »reine Hirtennomadismus« etwa im Sinne eines Vollnomadismus, ist keinesfalls als ein in sich geschlossener und autarker »Kulturkreis« zu verstehen, der einmal irgendwo entstanden und dann im Verlaufe weiterer Wanderungen sich verbreitet hätte, sondern stellt vielmehr eine Sonderbildung im Rahmen einer gemischtwirtschaftlichen Struktur dar, die sich immer wieder ergeben kann, sobald bestimmte geographische und historische Voraussetzungen dazu gegeben sind. Dies gilt auch für die »Rinderhirten« in der neolithischen Felsbilderkunst.

## Haustiere

Schaf, Rind und Kamel dürfen wohl als die wichtigsten Nutztiere in Afrika angesehen werden. Keines von den eben genannten Nutztieren ist jedoch afrikanischen Ursprungs. Schweine, Ziegen, Schafe, Rinder und Kamele gelangten aus Asien über Ägypten nach Afrika. Das heute nur mehr in den Rückzugsgebieten anzutreffende Haarschaf wurde im Norden vom Wollschaf verdrängt und im Südosten vom Fettschwanzschaf. Dieses nahmen ostafrikanische Hirtenethnien in Zucht und im Verlauf südwärts gerichteter Wanderungen gelangte es schließlich nach Südafrika. Auch das Fettschwanzschaf ist mehr ein Haar- als ein Wollschaf. Das gewöhnliche Wollschaf ist eine späte Einführung in Afrika. Das Haarschaf war dagegen als einzige Rasse bei den Altkanariern auf den Kanarischen Inseln vertreten. Als seine ursprüngliche Heimat gilt Nordwestafrika.

Das mediterrane Langhornrind stammt vermutlich vom wilden Primigenius-Rind *(bos primigenius)* ab und tritt in Ägypten bereits zu Beginn der neolithischen Periode auf. Das mediterrane Kurzhornrind wird vom wilden *bos brachyceros* abgeleitet. In Afrika tritt es erstmals im 3. Jahrtausend v. Chr. in Erscheinung. Beide Rinderrassen, das mediterrane Lang- und Kurzhornrind, bevölkerten in sehr früher Zeit Nordafrika und den Sudan, wofür zahlreiche Felsbilder Zeugnis geben. In den letzten zehn Jahrhunderten führten Araber und Fulbe das Zeburind ein. Die ersten Zeburinder erreichten Ägypten um 1600 v. Chr. Eine jüngere Einfuhr von Zeburindern in Ostafrika erfolgte im Verlaufe des ersten nachchristlichen Jahrtausends. Die meisten Rinder in Ost- und auch in Südafrika zeigen heute einen starken Zebu-Einschlag. Nur in einem sehr begrenzten Ausmaß vermochte sich das Rind in den Regenwaldgebieten zu behaupten, auch ist in vielen Gebieten Ost- und Südafrikas wegen des Vorkommens der Tsetse-Fliege eine Rinderhaltung unmöglich. Das aus der Zulusprache stammende Wort *nagana* bezeichnet jene gefürchtete Tsetse-Krankheit, eine oft seuchenartig fiebrige Erscheinung bei Rindern, die durch die Stechfliege *glossina morsitans* übertragen wird. Dagegen ist das kurzhörnige Zwergrind im westafrikanischen Regenwald, das halbwild im Umkreis der Dörfer lebt, nicht gemolken wird und nur als Opfertier für den Ahnenkult in Frage kommt, durch eine gewisse Immunität gegen die Tsetsekrankheit *(nagana)* ausgezeichnet.

Mit nur wenigen Ausnahmen ist die Ziege bei allen Pflanzern anzutreffen, sowohl bei den Bantu als auch im Sudan. Sie ist vermutlich die Nachfahrin der einst im Mittelmeerraum und in Weißafrika heimischen *capra prisca*. Echte Rinderhirten, wie etwa die Bororo (Fulbe), haben nur wenig für die Ziege übrig, doch kommt sie auch bei Hirtenethnien vor. Im allgemeinen aber ist die Ziege ein echtes Tier der Bodenbauern und ist dort neben dem Huhn das wichtigste Opfertier.

Neben Ziegen, Schafen, Rindern und Kamelen wird bei vielen Hirtenethnien auch der Esel gehalten. Dieser stammt vermutlich von dem in den Bergländern und Halbwüsten Süd-Nubiens heimischen und einst bis Nordafrika hin verbreiteten nubischen Wildesel ab und wurde noch früher als das Pferd in Zucht genommen. Schon um 3400 v. Chr. ist der Esel als Tragtier in Ägypten bekannt. Nach Ostafrika gelangte der Esel u. a. durch die Masai, die ihn aus Nordostafrika (Galla, Somali) mit auf ihrer Wanderung nach Ostafrika brachten.

Bereits im Altertum waren die Libyer als Pferdezüchter berühmt. Rind und Pferd gehören unter den Haustieren zu den häufigsten Felsbilddarstellungen in Nordafrika und in der Sahara. Bei den Pferdedarstellungen in der nordafrikanischen Felsbilderkunst würde es sich nach *Dominik Josef Wölfel* um das ramsnasige Pferd, einen Kaltblüter handeln, und nicht um eine aus Vorderasien nach Ägypten eingeführte Pferderasse. Das Pferd im westlichen Nordafrika stammt nach *D. J. Wölfel* letzthin aus Europa. Doch schon weitaus früher hatten die Ägypter gegen Ende der Hyksos-Herrschaft (1650–1550) Pferd und Wagen von den Hyksos übernommen, so daß sich Amenophis II. zu Beginn des Neuen Reiches (1552–1306) zu rühmen vermochte, wie kein anderer die Pferde zu kennen. Selbstredend hatte die Einführung von Pferd und Streitwagen für das gesamte ägyptische Heerwesen tiefgreifendste Folgen. Noch in der Antike spielte in Nordafrika die Pferdezucht neben der Zucht des Rindes eine große Rolle. Der griechische Geograph und Geschichtsschreiber *Strabo* (63 v. Chr. bis 23 n. Chr.) berichtete aus Numidien einen jährlichen Zuwachs von hunderttausend Füllen. Als Statussymbol hat das Pferd auch heute noch bei den Fulbe und Hausa eine große Bedeutung. Auf die mykenische Kunst hinweisende Stilelemente der in »fliegendem Galopp« dargestellten Pferde in der nordafrikanischen Felsbilderkunst wären mit ein Grund, daß das westliche Nordafrika (Weißafrika) das Pferd unabhängig von Ägypten letzthin aus europäischem Bereich bezogen hat.

Als das jüngste bedeutende Haustier Afrikas gilt das Kamel. Auch in der Felsbilderkunst tritt das Kamel erst in der jüngsten Periode auf, in einer Periode, die bereits deutlich die Zeichen des Verfalls an sich trägt. Die »Kamelperiode« wurde von der Felsbilderforschung an den Beginn unserer Zeitrechnung, etwa 50 v. Chr., gesetzt. Sie ist mit einem tiefgreifenden Bevölkerungswandel in der Sahara verbunden. Rinder und Pferde werden als Transport- und Reittiere zunehmend bedeutungsloser und seine Fähigkeit, weite Durststrecken überwinden zu können, macht das Kamel zum »Symbol der Wüste«. Ein eigenes Hirtenkriegertum, das vor allem bei den Tuareg in Erscheinung tritt, ist in Bildung begriffen. Demgegenüber bleiben die arabischen Beduinen noch weitgehend dem Pferde verbunden. Zu Caesar's Zeiten (100 bis 44 v. Chr.) war das einhöckerige Kamel (Dromedar) in Nordafrika noch eine große Seltenheit, während dagegen um 363 n. Chr. Leptis Magna für einen Kriegszug bereits 4000 Lastkamele zu stellen vermochte. Ein Zeichen dafür, welche Bedeutung das Kamel zu dieser Zeit bereits erreicht hatte! Zu Beginn des 5. Jahrhunderts wurden die Vandalen bei Tripolis von beduinischen Kamelreitern geschlagen. Die berberischen und später auch arabische Pferdezüchter waren zu Kamelzüchtern geworden.

Abb. 39 Heimkehr der Dinka-Frauen vom Fischfang. Die Männer verwenden beim Fischfang Netze und Harpunen, die Frauen dagegen Fangkörbe, die im seichten Gewässer über die Fische gestülpt werden

Abb. 40 Fischerlager der Dinka am Bahr-el-Arab. Die auf Holzgerüsten getrockneten Fische werden gegen Rinder eingetauscht

Zum Unterschied von Rind und Kamel ist das afrikanische Hausschwein ursprünglich in Afrika beheimatet gewesen. Von den afrikanischen Wildformen wurden zwar nur zwei domestiziert und gezüchtet bzw. gezähmt gehalten. Halbgezähmte Wildschweine (Pinselohrschweine) werden z. B. von den Abarambo und Mangbetu aus dem Uëlle-Gebiet berichtet und die Stammform der bei den Fundj und Bertat im Sennaargebiet gezüchteten Hausschweine ist das dort vorkommende Wildschwein *sus sennariensis*. Ohne Zweifel haben die diesem Tiere feindlichen Religionen des Islam und des abessinischen Christentums zur Verdrängung des Hausschweines mit beigetragen. Bei den aus Nordwestafrika stammenden Altkanariern spielte das Hausschwein auf der Insel Hierro als »Mittler« zu den Ahnen eine bedeutende Rolle und in dem Frühbauerntum der Merimdeleute ist neben Rind, Schaf, Ziege und Hund auch das Schwein als Haustier vertreten. In der dynastischen Zeit war dagegen das Schwein kultisch verpönt. Nach Westafrika haben die Europäer das Schwein gebracht und auch bei den südafrikanischen Viehzüchtern ist das Schwein erst jüngeren Datums.

In ganz Nordafrika, in Ost- und Südafrika werden Ziegen, Kühe und auch Kamele, wo sie vorkommen, gemolken. In dem größten Teil dieses Gebietes wird auch Butter erzeugt, jedoch nicht der Nahrung willen, sondern ausschließlich für kosmetische Zwecke. Dagegen melken die Bewohner des Westsudan, der Guinea-Küste und des nördlichen Angola, mit Ausnahme eines schmalen Gürtels in der Sahara und einigen wenigen Plätzen, die unter Fulbe-Einfluß stehen, ihre Nutztiere nicht. Entweder herrscht in diesen Gebieten ein allgemeines Vorurteil gegen den Milchgenuß oder das Recht, Milch zu trinken, ist nur einer bevorzugten Klasse oder Zauberern vorbehalten. Vieles spricht dafür, daß die Milchnutzung (Melken und Buttern) sich erst in späterer Zeit entwickelt hat und erst mit dem Vollnomadismus zu entscheidender Bedeutung gelangte. Jedenfalls aber spielt die Viehzucht in den verschiedenen Teilen Afrikas eine verschieden große Rolle. In den tropischen Regenwaldzonen ist sie naturgemäß nur von geringer Bedeutung für die Ernährung. In vielen Pflanzergebieten bedeutet sie eine wichtige Ergänzung in der Ernährungswirtschaft. Sie kann aber auch in gemischtwirtschaftlichen Gebieten die gleiche Bedeutung wie der Pflanzbau haben und dort eine integrierende Rolle spielen; so bei den Berbern, Galla, Niloten und verschiedenen Bantu-Ethnien. Dies gilt sowohl für die Halbnomaden als auch für die sogenannten Transhumantes, jene Ackerbau betreibenden Viehzüchter, die periodische Wanderungen mit festen Wohnsitzen verbinden und ursprünglich nur Ziegen und Schafe gezüchtet zu haben scheinen. Die Viehzucht kann sich aber auch in einem großen Ausmaß vom Pflanzenbau frei gemacht haben und zur Basis eines unabhängigen und nomadischen Hirtendaseins geworden sein. Bei einem solchen Hirtentum beruht die Existenz des Menschen zur Hauptsache auf dem Milchgenuß und dem Genuß anderer tierischer Produkte. Dies gilt in erster Linie für die Vollnomaden.

Ein solches unabhängiges Hirtentum (Vollnomadismus) bestand seit Menschengedenken bei den verschiedenen Bedja-Ethnien zwischen Nil und Rotem Meer. Ansonsten kam es in Afrika wohl kaum vor 1000 n. Chr. zu einem solchen Vollnomadismus. Auch in der »Periode der Rinderhirten« im Neolithikum (12 000 bis 6000 v. Chr.) ist, wie bereits betont wurde, mit einer gemischtwirtschaftlichen Situation zu rechnen und nicht mit einem Vollnomadismus, den man aufgrund der zahlreichen Rinderdarstellungen in der Felsbilderkunst vermuten könnte. Der Vollnomadismus, der uns bei den Afar und bei den Somali im Osthorn, bei den meisten nordafrikanischen Arabern, den Tuareg in der Sahara, den Fulbe (Bororo) in West- und Zentralsudan, den Masai in Ostafrika und den Herero und Hottentotten in Südwest- bzw. Südafrika begegnet oder der zumindest bei diesen Ethnien einstmals vorhanden war, hat sich erst in den letzten 1000 Jahren über viele Länder Afrikas hin verbreitet und entwickelte sich bei den genannten Ethnien zur herrschenden Wirtschaftsform. Als primär abhängig vom Kleinvieh (Ziegen und Schafe) erweisen sich die arabischen Nomaden im Hinterland der mediterranen Küste in Nordafrika; bei den Bedja, Afar und Somali wie bei den Arabern und Tuareg in der Sahara nimmt das Kamel die dominierende Stellung ein. Galla, Masai, Hima, Baggara (Araber) im Ostsudan, Fulbe (Bororo), Hottentotten und alle negriden Hirtenethnien sind in erster Linie von ihren oft recht bedeutenden Rinderherden abhängig. Zu diesen negriden Hirten gehören u. a. die Herero in Südwestafrika, die als einziges Bantuethnos in Afrika ihren Pflanzbau auf Hirse aufgegeben haben und Rinderhirten wurden. »Sie betreiben die Viehzucht mit größter Leidenschaft« – schrieb *J. Irle* –, »sie ist ihr ein und alles. Ihre Phantasie beschäftigt sich Tag und Nacht mit ihren Herden wie hier ein Börsenkönig mit seinen Papieren. Für ihr Vieh leben und sterben sie; seine Eigenschaften besingen sie.« Die längste Zeit des Jahres hindurch ist Dickmilch die Hauptnahrung. Ein jedes Familienmitglied besaß seine eigene Milchkalebasse und achtete darauf, daß kein anderer sie benutzte. Fleisch wurde mit Ausnahme festlicher Gelegenheiten (Beschneidung, Hochzeit) nur selten gegessen und Schlachtungen erfolgten nur ausnahmsweise. In Zeiten des Überflusses an Dickmilch wuschen mit dieser die Herero sogar ihre Kleider aus Leder. Die in einer großen Butterkalebasse geronnene Milch wurde so lange hin- und hergeschüttelt, bis die Butter fertig war (Buttern in der Kalebasse). Diese aber war nicht für den Genuß bestimmt, sondern wurde zum Einfetten des Körpers und der Felle und zur Seifenbereitung verwendet. In guten Jahren bot den Herero auch die Wildnis reichlich zusätzliche Nahrung, so z. B. verschiedene Zwiebelchen, wilde Knollengewächse, Erdnüsse und Beeren. Wenn viel davon wuchs, nahmen selbst die Reichen solche »Feld-

Abb. 41 Flaschenkürbis *(lagenaria vulgaris).* Seine ausgehöhlten Früchte haben als Kalebassen eine vielseitige Verwendung

kost« zu sich und überließen die Milch den Kälbern, damit diese dick und fett davon wurden. Der Herero konnte unmäßig im Essen sein, aber ebenso gut verstand er sich auf das Hungern. Er zog dann nur seinen etwa 6 m langen »Hungerriemen« etwas fester um den Leib... heißt es bei Missionar *J. Irle*. In schlechten Jahren lebten die Knechte und Mägde ausschließlich von Vogelbeeren, Wurzeln, Mäusen und von dem Fleisch verendeter Tiere. Aus Wurzeln, die sehr zuckerhaltig waren, bereiteten die Herero einen kaffeeähnlichen Aufguß. Die Weißdornbeeren wurden nach dem Bericht von *J. Irle* mit ihren Steinkernen zumeist zur Gänze verschlungen, mitunter zusammen auch mit anderen Kernen gemahlen und zu einer Art Kuchen verbacken. Die Hirten auf den Viehposten lebten zumeist von Wurzeln und Beeren und dem Fleisch eingegangener Tiere. Alles Fleisch wurde ungewaschen und ungesalzen in einen großen Kochtopf geworfen und das Fett am liebsten heiß getrunken. Magen und Gekröse bekamen die Knechte, denen die Suppe davon ein wahrer Leckerbissen war, ähnlich wie bei den Hottentotten nach den Berichten früherer Reisender. Kinder melkten sich die Ziegenmilch in den Mund. Rinder wurden nach Hirtenbrauch nur zu kultischen Zwecken geschlachtet und Milchgefäße reinigte man mit Kuhurin. Zu den weiteren Hirtenbräuchen gehörte auch bei den Herero das Verbot, Wasser mit Milch zu mischen, Milch mit Ton- oder Metallgefäßen in Berührung zu bringen, auch war das Melken unter Beisein einer Kalbspuppe (Attrappe) üblich und die Bestattung eines Häuptlings erfolgte in einer schwarzen Rinderhaut.

## IV.
## ALTÄGYPTEN – NAPATA UND MEROË

Aus der Zeit des alten ägyptischen Reiches (etwa 2600–2160) ist von der Geschichte des Sudan nur wenig bekannt. In einem Bericht von einem Beutezug gegen Nubien unter Snofru, dem Begründer der IV. Dynastie und dem Vorgänger des Cheops, der die bekannte Pyramide von Giseh erbaute, heißt es, daß 70 000 Nubier gefangen und 200 000 Rinder, Schafe und Ziegen erbeutet wurden. In Kerma aufgefundene Fragmente von Alabasterbechern mit den Namenszügen Pepi I. weisen auf Handelsbeziehungen der Ägypter hin, die aus ihren Nachbarländern Sklaven, Gold, Ebenholz und Elfenbein, Straußenfedern, Leopardenfelle, Harz, Myrrhe u. a. m. bezogen. Der Kriegszug des Pharao Snofru gegen die Bevölkerung der nubischen A-Gruppe ließ diese Leute gänzlich verarmen. Die nubische Schiffahrt auf dem Nil wurde von den Ägyptern beherrscht. Gegen Ende des Alten Reiches taucht aus dem Süden in Nubien ein neues Ethnos auf, die sogenannten C-Gruppen-Leute, Züchter des Langhornrindes. »Die Bedeutung des Rindes« wird nach *Fritz* und *Ursula Hintze*, »in vielfältiger Weise sichtbar: So sind z. B. bestimmte Keramiktypen häufig mit Rinderdarstellungen versehen; bei den Gräbern werden Rinderköpfe zeremoniell bestattet; auf rohen Steinpfeilern neben den Gräbern bildet man die Rinder ab, und die Tonfiguren von Rindern gehören zu den häufigsten Grabbeigaben; schließlich ist auch zu vermuten, daß von den so überaus zahlreichen Felsbildern in Nubien, auf denen Rinder dargestellt sind, bestimmte Typen und Schichten der C-Gruppe zuzurechnen sind. Das Gebiet der C-Gruppe erstreckte sich von der ägyptischen Grenze bis zum zweiten Katarakt.«

Nach einer Zwischenzeit dynastischer Wirren (2160–2040) gelingt es einem oberägyptischen Gaufürsten der XI. Dynastie, das Reich von neuem zu einigen. Mit der Erneuerung des Reiches von Süden aus (Mittleres Reich 2040–1552) wuchs das Interesse Ägyptens für den Sudan. Dies gab den Anlaß zu zahlreichen Kriegszügen gegen die C-Gruppen-Leute und zum Bau vieler Befestigungen an strategisch wichtigen Punkten. Das Land wurde von den Ägyptern bis zum zweiten Katarakt besetzt und die Südgrenze des Reiches bei Semna am Nil festgelegt. Zahlreiche Festungen zwischen Assuan und Semna hielten die zu Aufständen neigende Bevölkerung in Schach und sicherten zugleich auch den zunehmend reger werdenden Handel zwischen Ägypten und Nubien. Das südlich Semna gelegene Gebiet nannten die Ägypter »Kusch«, aus dem später die Ägypter auch Hilfstruppen bezogen. Es ist dies das Gebiet der sogenannten »Kerma-Kultur« mit Kerma als wichtigem Handelsplatz und einer beachtlichen Lokalindustrie. Die Blüte der Kerma-Kultur reichte in die zweite Zwischenzeit (1785–1650), in jene Zeit, in der Ägypten geschwächt, das Opfer der aus Vorderasien einfallenden Hyksos wurde. Die Fremdherrschaft der Hyksos dauerte von 1650 bis 1550 v. Chr. Dieser Zeitraum ist u. a. auch durch enge politische Bindungen der Hyksosherrscher mit den Fürsten von Kerma ausgezeichnet, woraus sich auch enge Handelsbeziehungen ergaben.

Es folgte die Glanzperiode des Neuen Reiches (1552–1070). Die Hyksos wurden unter König Ahmose aus Ägypten vertrieben, die Ägypter stießen weit über die ehemalige Südgrenze von Semna bis an den vierten Katarakt vor und nahmen Rache an Kerma. Kerma wurde zerstört und die Grenze bis etwa 25 Meilen südlich von Abu Hamed nach Kurgus vorverlegt. Neue Tempel wurden unter Königin Hatschepsut zu Buhen, unter Amenhotep III. zu Soleb, unter Amenhotep IV. zu Sesebi, unter Tutankhamun zu Faras und Kawa in der Nähe von Dongola und unter Seti I. zu Amara West erbaut. Die Ausgrabungen von Amara West brachten z. B. einen Städtekomplex von vier Städten zutage. Entdeckt wurde eine völlig erhaltene ägyptische Festung mit Wällen, Stadttoren, engen Gassen und Straßen, mit Häusern und Palästen aus der Zeit des Königs Seti I., der um 1314 v. Chr. regierte. Der freigelegte Königspalast und die großen Stapelhäuser sowie zahlreiche Werkstätten liegen in der Nähe des Tempels Ramses II., der Nachfolger Königs Seti gewesen war. Der Palast enthält riesige, von großen Säulen gestützte Räume und außerdem verschiedene Privatgemächer, deren Türpfosten und Pfeiler mit zahlreichen Inschriften versehen waren. Das gesamte bis zur neuen Südgrenze bei Kurgus zwischen dem vierten und dem fünften Katarakt eroberte nubische Land wurde dem ägyptischen Imperium eingegliedert. »An der Spitze des ägyptischen Verwaltungsapparates« – schreibt *F. Hintze* –, »stand der Vizekönig von Nubien, dessen offizieller Titel ›Königssohn von Kusch‹ lautete. Er residierte in Aniba. Für dieses wichtige Amt wählte der König besonders vertrauenswürdige und ihm ergebene Männer aus seiner Umgebung aus. Der Vizekönig war vor allem verantwortlich für die pünktliche Lieferung der Tribute aus den beiden Verwaltungsbezirken Wawat (Unternubien, vom ersten bis zum zweiten Katarakt) und Kusch (Obernubien, vom zweiten Katarakt bis zur Südgrenze). Zu seiner Unterstützung stand ihm ein großer Beamtenstab zur Seite, in dem der Militärbefehlshaber (›Befehlshaber der Bogentruppen von Kusch‹) und die beiden Stellvertreter des Vizekönigs für Wawat bzw. für Kusch die wichtigsten Persönlichkeiten waren. Die einheimischen Stammesfürsten spielten daneben noch eine gewisse Rolle als Mittelsleute zwischen der ägyptischen Verwaltung und der Bevölkerung. Ihre Söhne wurden am königlichen Hof in Ägypten erzogen und auf diese Weise stark ägyptisiert. Der Einfluß der ägyptischen Kultur machte sich zuerst in der einheimischen Oberschicht bemerkbar und führte nach und nach zu einer weitgehenden kulturellen Angleichung der eingesessenen Bevölkerung an das ägyptische Vorbild.«

### Kusch schlägt zurück

Im 8. Jahrhundert v. Chr. beginnt das Reich von Kusch der sinkenden Macht Ägyptens gefährlich zu werden. Seine »Spätzeit« wird von der Dynastie der Äthiopen (712–655) eingeleitet. Das alte Kusch oder Kasch der nubischen Äthiopier, eines Teiles der großen libyschen Völkerfamilie, erstreckte sich von der heutigen Südgrenze Ägyptens (etwa Wadi Halfa) nach Süden bis in das Gebiet der Niloten und von Dar For über den Nil bis an das heutige Abessinien. In der Blütezeit Ägyptens waren die äthiopischen Reiche Vasallenstaaten Ägyptens; erlahmte Ägypten, erstarkten die letzteren. Sie strebten dann nach Unabhängigkeit. So auch Napata, das seit der Zeit Amenhoteps II. (XVIII. Dynastie) 700 Jahre eine ägyptische Grenzfestung gewesen war. Die lange Zeit während enge Verbindung Nubiens mit Theben und dem Tempel des Amon und seiner Priesterschaft ließ Napata zu einem Abbild der Amonherrschaft in Theben werden. Nach *J. H. Breasted* war Amon

Abb. 42 Meroë, berühmte Ruinenstätte in N-Sudan zwischen dem 5. und 6. Nilkatarakt, ehemalige Hauptstadt des jüngeren äthiopischen Reiches. Nach ägyptischem Vorbild waren auch hier die Pyramiden Königsgräber. (Nach einer alten Darstellung von *G. A. Hoskins*, London 1835)

»der Staatsgott und er mischte sich durch genau formulierte Orakel beständig direkt in die Regierungsangelegenheiten ein. Der König führte alle Titel der alten Pharaonen und nannte sich sogar ›Herr der beiden Länder‹, als wäre er Herrscher über ganz Ägypten. Er errichtete Tempel von ägyptischer Architektur, mit ägyptischen Reliefs geschmückt und mit hieroglyphischen Inschriften und Weihungen in der herkömmlichen ägyptischen Art.«

Der nubische Priesterkönig Pianchi, berühmt als großer Pferdeliebhaber, vollendete die Eroberung Ägyptens. Aus Funden zu Kosti, Sennar und Jebel Moya kann geschlossen werden, daß sein Nachfolger Shabaka die Kontrolle über den Sudan erlangt hatte, und zwar südlich bis zur Sennar-Kosti-Linie, wenn nicht gar bis nach Roseiras und Malakal. Doch schon Shabaka sah sich der aufstrebenden assyrischen Macht an den Grenzen Palästinas gegenüber. Shabaka und Tirhaka wurden von den Assyrern geschlagen. Diese waren durch ihre Waffen aus Eisen den Ägyptern weit überlegen und Theben wurde zerstört. Der Äthiopierkönig flüchtete in seine Heimat. Bald darauf wurde Tirhakas Nachfolger Tanutamon endgültig von den Assyrern aus Ägypten vertrieben, und damit hatte auch die äthiopische Dynastie in Ägypten (712–655) ihr Ende gefunden.

Eine kriegerische Expedition nach Nubien unter Psammetich II. (594–588) hatte die Zerstörung Napatas und den politischen und kulturellen Verfall des Reiches zur Folge und der Feldzug des

Perserkönigs Kambyses endete schließlich in der Unterwerfung Ägyptens (525 v. Chr.) und machte auch die Bewohner von Kusch zu seinen Untertanen. Sie hatten dem persischen Heer Hilfstruppen zu stellen und nach *Herodot* alle drei Jahre zwei Kilogramm gediegenen Goldes, 200 Stämme Ebenholz, 5 äthiopische Knaben und 20 große Elefantenzähne als Geschenk an den persischen Hof abzuliefern. Ungefähr zu dieser Zeit erfolgte auch die Verlegung Napatas, der Hauptstadt von Kusch, nach dem Süden, nach Meroë, ungefähr 500 km nilaufwärts. Ob die zunehmende Austrocknung des Landes um Napata die Ursache für diese Verlegung gewesen war, ist ungewiß, jedenfalls aber behauptete Napata weiterhin seine Bedeutung als religiöse Metropole des Reiches und Residenz einer Seitendynastie bis zu seiner Zerstörung durch den römischen Feldherrn Petronius im Jahre 23 v. Chr.

### Die römische Zeit

Die Strafexpedition des römischen Feldherrn war die Reaktion auf einen Überfall der Kuschiten auf Philä, Assuan und Elephantine, bei dem sie viele Gefangene machten und die in den Tempeln aufgestellten römischen Kaiserbildsäulen entführten. Petronius eroberte auf seinem Feldzug u. a. auch Faras, stieß nach Napata vor und setzte auf dem Rückweg die Festung Ibrim instand. Der unter Kaiser Augustus auf Samos zustande gekommene Friede war für die Kuschiten außerordentlich vorteilhaft. »Es scheint, daß Kusch nicht einmal die Beute zurückgeben mußte«, schreibt *Georg Gerster*. »Garstang entdeckte im Palastbezirk von Meroë, vergraben vor dem Eingang zu einer Säulenhalle, ein überlebensgroßes Bronzeporträt, dessen eingelegte Augäpfel aus gefärbtem Glas, Dolomit und Kalkspat besser als jedes andere Bildnis Kaiser Augustus' die Behauptung des Plinius bekräftigen: ›Augustus hatte glänzende Augen wie die eines Pferdes, ihr Weißes war größer als gewöhnlich bei Menschen; daher wurde er zornig, wenn sie jemand anstarrte‹. Der Kopf, der vermutlich aus dem Raubgut des Überfalls auf Assuan stammt, wurde möglicherweise verborgen, weil man einen Angriff des Petronius auch auf Meroë fürchtete. Vielleicht wurde das Bildnis aber auch mit Bedacht nahe einer Schwelle in den Boden gelegt: tagein, tagaus zertraten die Palastbewohner dem fremden Gott ungestraft und gefeit gegen seinen zürnenden Blick das Haupt.«

Der Friede von Samos hatte sowohl für Rom als auch für Kusch ein günstiges Klima geschaffen. Bedeutend war der Zustrom an materiellen und geistigen Gütern aus dem Norden. »Glasgefäße aus Gallien und dem Rheinland fanden sich neben hellenistischen Bronzen als Grabbeigaben in den Pyramiden von Meroë. Römische Badesitten eroberten die Hauptstadt. An dem Kiosk von Naqa macht sich der Einfluß römischer Architektur, barbarisiert, bemerkbar.« Kusch ging einer neuen Blütezeit entgegen und versuchte ein letztes Mal, »die verblaßte, unverstandene ägyptische Tradition« von neuem aufzufrischen. Unter diesem Firnis lebte aber das »afrikanische Substrat« weiter. *G. Gerster* verweist in diesem Zusammenhang auf den Löwengott Apedemak, dessen Kult »Amun auf den zweiten Platz verwies«, auf eine Steinstatue eines menschengestaltigen Gottes mit Elefantenkopf im Palast von Wad Ban Naqa, »im Niltal das erste bekannte Beispiel eines vergöttlichten Elefanten«, ferner auf das gewandelte Schönheitsideal in Form ausladender Hüften und Fettsteiß bei den Damen, dem sich auch die Königin (Kandake) nicht entzog. »Neuerdings tritt Kusch sogar als Vermittler asiatischer, vor allem indischer Einflüsse ins Gesichtsfeld der Forschung« – schreibt *G. Gerster* und verweist auf den vierarmigen Löwengott Apedemak mit drei Köpfen im Tempel zu

Abb. 43 Das Wappentier von Faras in Nubien nahe der ägyptischen Grenze. Der vom Assuan-Stausee überflutete Ort wurde durch seine zwischen 1961–1964 freigelegten byzantinischen Wandmalereien aus der Zeit zwischen 700 und 1200 weltberühmt

Naqa, der mehrere Betrachter an Bilder des Hindugottes Schiwa erinnerte und betont u. a., daß sich die Meroïten offenbar auch auf die Abrichtung von Kriegselefanten verstanden, ehe der Kriegszug Alexander des Großen Kriegs- und Arbeitselefanten im ganzen vorderen Orient bekanntgemacht hatte.

Die Meroïten erwiesen sich in großzügiger Weise den ägyptischen, hellenistischen und römischen Einflüssen aufgeschlossen und die über Ägypten hereinbrechende griechische (332–30: Alexander der Große, die Ptolemäer) und römische Zeit (30 v. Chr. bis 395 n. Chr.) erreichten in ihren Auswirkungen auch Meroë. Darüber hinaus versickerte das fremde Kulturgut in Schwarzafrika. Von dem griechischen Geograph und Geschichtsschreiber *Strabo* (um 63 v. Chr. bis 23 n. Chr.) wissen wir, daß die Meroïten außer einer unsterblichen Gottheit auch den Herkules, den Pan und die Isis verehrten. Manche Meroïten warfen ihre Toten einfach in den Nil, andere sollen sie mit Glas überzogen und zuhause behalten haben. Auch begrub man die Toten in Särgen aus Ton in unmittelbarer Nähe der Tempel und der bei den Toten (Ahnen) geschworene Eid galt als der höchste. Auch erfanden die Meroïten eine eigene Schrift und benutzten diese fast ausschließlich für ihre eigene, von der ägyptischen völlig verschiedenen Sprache. Töpferei und Bronzetechnik waren hoch entwickelt. Über Dar-For gelangten Produkte aus Nigerien und dem Westsudan nach Meroë, und solche aus Indien und Arabien kamen über Aksum herein. Hochentwickelt war auch die Baumwollindustrie. Die ältesten Zeugnisse für Baumwollgewebe im Sudan fand man in meroïtischen Gräbern, etwa aus der Zeit 50 v. Chr.

### Eisen aus Meroë

Neuerdings wurde die von *A. J. Arkell* und *G. A. Wainwright* vorgetragene Lehrmeinung, daß das historische Zentrum der afrikanischen, mindestens aber der ostafrikanischen Verhüttungstechniken in der napatäisch-meroïtischen Kultur zu suchen wäre, von *H. Amborn* (1970) in Frage gestellt. Die in Meroë aufgefundenen Schlackenhalden ließen schließlich Meroë zum »Birmingham of ancient Africa« werden, wobei das Vorkommen von Eisenerz in der Umgebung von Meroë mit in Betracht gezogen wurde. Die Darstellung des Schalen- bzw. Membrangebläses auf ägyptischen Wandmalereien des Neuen Reiches – allerdings in Verbindung mit Bronze- und Kupferguß und nicht mit dem Eisen –, sowie der Vergleich mit der rezenten Verbreitung dieser Gebläseform in Verbindung mit der Eisengewinnung verliehen der Vermutung entsprechenden Nachdruck, daß die Kenntnis der Eisengewinnung von Ägypten her über Meroë nach Schwarzafrika gekommen wäre.

Wir sahen bereits, daß der Einfall der Assyrer im Jahre 671 v. Chr. Ägypten und den Kuschiten auf sehr eindringliche Weise den Vorteil der Eisennutzung vor Augen führte. Vermutlich waren die griechischen Bewohner von Naukratis im Nildelta jene Eisenschmelzer, die für den Pharao Psammetich die Eisenwaffen erzeugten, die er für den Feldzug gegen Napata benötigte. Um diese Zeit (6. Jahrhundert v. Chr.) begegnen wir auch den ersten Eisengegenständen in Napata und das erste Königsgrab, in dem Eisen gefunden wurde, ist jenes von Harsiyotef aus der Zeit der Wende des 5. zum 4. Jahrhundert. Von da ab mehren sich die Eisenfunde in Napata. Ein Hinweis aber darauf, daß man schon vordem von der Bedeutung des Eisens Kenntnis hatte, ist das in Gold gefaßte Speerblatt aus dem Grabe Tirhakas, der die Überlegenheit der eisenbewehrten Assyrer am eigenen Leibe zu fühlen bekommen hatte. Bei diesem Einzelobjekt könnte es sich nach der Meinung *H. Amborns* um ein assyrisches Beutestück oder um ein Ritualgerät handeln, aber es dürfe nicht als Beweis für die Kenntnis der Eisengewinnung herangezogen werden. Erst aus den König Harsiyotef ins Grab mitgegebenen eisernen Miniaturgeräten oder Waffen könne man schließen, daß das Eisen um die Mitte des vierten Jahrhunderts in Nubien in größerem Ausmaß bekannt gewesen war. Von dieser Zeit an darf auch mit einer zunehmenden Verwendung des Eisens im alltäglichen Gebrauch gerechnet werden. In Meroë wurde das Eisen, abgesehen von wenigen Ausnahmen, seit dem 6. Jahrhundert nur für kleinere Gegenstände, z. B. Pfeilspitzen, benutzt. »Pfeil und Bogen scheinen überhaupt Hauptwaffe der Meroïten gewesen zu sein« – schreibt *H. Amborn* unter Hinweis auf *F. Hintze* –, »sie waren die Attribute des meroïtischen Hauptgottes Apedemak, und die antiken Geschichtsschreiber wiesen besonders auf diese Bewaffnung und die Größe des ›äthiopischen‹ Bogens hin.« Nach *H. Amborn* wären die berühmten Schlackenhalden bei näherer Überprüfung nicht älter als 3. oder 4. Jahrhundert n. Chr. Minen oder Schürfgruben wurden nicht bekannt und die in der Nähe von Meroë entdeckten Erzlagerstätten waren nach *F. Hintze* unberührt. Aufgrund der Forschungen *H. Amborns* besitzen wir also keine sicheren Beweise für eine Verhüttung des Eisenerzes in meroïtischer Zeit, wohl aber ist mit Eisenimporten aus dem Norden und mit einer Verarbeitung des importierten Eisens durch einheimische Schmiede zu rechnen. Nach dem Untergang des meroïtischen Reiches (Kusch) und in der Zeit der darauf folgenden Christianisierung des nubischen Raumes nimmt die Verwendung des Eisens – zumindest im Norden – in ganz erheblichem Maße zu. Jetzt werden aus Eisen nicht nur Kleingeräte (Pfeilspitzen und Speerblätter) geschmiedet, sondern auch schwere Waffen wie etwa Schwerter und große Speere sowie verschiedene für den alltäglichen Gebrauch bestimmte Gegenstände. Ein zuverlässiger archäologischer Beweis für einen Schmelz- bzw. Brennofen konnte jedoch auch für diesen Zeitraum noch nicht erbracht werden und es müßte nach *Amborn* die Frage offen bleiben, ob Eisenerz im alten Meroë auch tatsächlich verhüttet wurde. *K. Dittmer* (1967) wies in diesem Fragenkomplex auf die Tatsache hin, »daß sich Lateritböden mit genügend hohem Eisengehalt erst südlich der Sahara mit dem 16° N als Nordgrenze finden. Hier aber erstreckt sich dieser Lateritgürtel quer durch den ganzen Sudan und Westafrika. Hier haben sich auch Zentren prähistorischer (bzw. frühhist.) Verhüttung gefunden (weitere Entdeckungen werden sicher noch folgen) mit Schlackenbergen bis zu 1000 t, ja 10 000 t Mächtigkeit (Elfenbeinküste) oder Bergwerke mit Galerien von mehr als 100 m Länge (Tschadgebiet). Die alte Eisenindustrie in der Nähe der Mündung des Bahr el-Ghazal in die Djourab-Senke (nordöstlich des Tschadsees) hat sich durch die Be-

gleitfunde als Außenposten der meroïtischen Kultur erwiesen. Dorthin weist auch die eisenzeitliche Kultur der Sao am Tschadsee.« Es ist jedenfalls sicher, daß um 500 n. Chr. das Eisen in ganz Westafrika bekannt war. Ob es sich aber im 3. Jahrhundert v. Chr. in der sogenannten »Nok-Kultur« (Vgl. Kap. X) in Nigeria noch um importierte Eisenwaren handelte oder »ob hier Eisen schon an Ort und Stelle geschmiedet bzw. erschmolzen wurde«, das ist freilich eine noch ungelöste Frage.

## Das christliche Nubien

Bald nach der Zerstörung Meroës durch Ezana, den ersten christlichen König von Aksum, erfolgte die Christianisierung auch des nubischen Raumes. In dieser Zeit lebte in Nubien eine uns nicht näher bekannte Bevölkerung, die als die »X-Gruppe« bezeichnet wurde. Nach *F. und U. Hintze* zeigt diese Kultur »eine merkwürdige Mischung zwischen ganz neuen Elementen, wie sie z. B. in den Begräbnissitten sichtbar werden, starken römisch-byzantinischen Einflüssen, die sich in der Keramik und im Kunsthandwerk zeigen, und weiterlebenden meroïtischen Traditionen, zu denen die Anlage der Wohngebäude und Städte gehört. Das Zentrum der X-Gruppe lag bei Ballana und Kustul (dicht südlich von Abu Simbel, auf dem Ostufer), wo der bedeutendste Friedhof dieser Kultur ausgegraben worden ist. Wahrscheinlich waren die Träger der X-Gruppen-Kultur ursprünglich nubische Stämme, die sich mit der einheimischen Bevölkerung des Niltales vermischt haben.« Im Jahre 297 wurde unter Kaiser Diocletian die römische Reichsgrenze von Hiera Sycaminos nach Assuan zurückverlegt, und, um sich gegen die ständigen räuberischen Einfälle der Blemmyer abzusichern, wurden an

Abb. 44 Nubien in christlicher Zeit (aus *G. Gerster*, Nubien)

Abb. 45 Elefantengott, im Niltal das erste bekannt gewordene Beispiel für einen vergöttlichten Elefanten (aus *G. Gerster*, Nubien)

Abb. 46 Meroïtische Königin (Kandake), von der auch in der Apostelgeschichte die Rede ist. Fettleibigkeit der Frauen scheint in meroïtischer Zeit zum Schönheitsideal erhoben worden zu sein

der neuen Südgrenze die Nobatae angesiedelt. Das Gebiet nördlich von Atbara war von den Noba besetzt und stromab begann das Gebiet der Roten Noba. Die drei nubischen, in ihren Anfängen z. T. in das 4. Jahrhundert zurückreichenden Königreiche entsprechen im großen und ganzen dieser ethnischen Verteilung. »Das Gebiet der Nobatae in Unternubien« ist nach *F.* und *U. Hintze* »das Königreich Nobatia, dessen Hauptstadt vielleicht zunächst bei Ballana und Kustul lag, später jedenfalls in Faras (gegenüber dem heutigen Wadi Halfa). Das Gebiet der Roten Noba entspricht dem Königreich Makuria (Mukurra) mit der Hauptstadt Alt-Dongola, und das Gebiet der Noba gehört zum späteren Königreich Alodia (Alwa), mit der Hauptstadt Soba, dicht südlich vom heutigen Khartoum.«

Gemäß dem syrischen Kirchenschriftsteller *Johannes von Ephesus* (505–586) predigte als erster den Nobatae (Novatae) der monophysitische Priester Julian um 545 das Christentum. Nach zwei Jahren hatte er den König zum Christentum bekehrt und dieser verfügte den neuen Glauben für sein ganzes Volk, nachdem bereits kurz vor oder nach 540 auf Befehl des Kaisers Justinian der heidnische Tempel auf Philae geschlossen werden mußte, die Priester der Isis und des Osiris eingekerkert und die Kultbilder sowie die Tempelarchive zur Verschickung nach Byzanz beschlagnahmt worden waren. Vor seiner Rückkehr nach Byzanz (das spätere Konstantinopel, heute Istanbul) bestimmte Julian den alten Bischof von Philae, Theodorus, zu seinem Nachfolger. Nach mancherlei Ränkespielen setzte der Monophysiten-Priester Longinus das Bekehrungswerk im Jahre 569 bei den Nobatae in Unternubien weiter fort. Er baute Kirchen, organisierte den Klerus und legte damit den Grundstein zu einer lokalen Kirche. Sowohl in Nobatia als auch in Aloa (Alodia) wirkten monophysitische Missionare, in Makoria (Makuria) dagegen wurde die orthodoxe (melkitische) Lehre eingeführt und unter den Bedja, den Nachkommen der heidnischen Blemmyer, war bis zum 14. Jahrhundert das jakobitische Christentum verbreitet.

Nubien blühte unter dem Christentum von neuem auf. Den Glaubensboten folgten byzantinische Stadtplaner, Baumeister und Funktionäre, Künstler und Kommissare. Hunderte Verkündigungs- und Anbetungsstätten schossen aus dem Boden. Klöster wurden gegründet und die Einsiedler bezogen die Felsgräber der ägyptischen Kolonialzeit. »Die Tempel der Pharaonen, von Philä bis Musauwarat« – schreibt *G. Gerster*, – »wurden nach Möglichkeit den Erfordernissen des neuen Kults angepaßt. Reste der Ein- und Umbauten sind noch heute vielenorts, und nirgends besser als in Sebua zu sehen. Trennwände und Schranken aus lufttrockenen Ziegeln zwischen den Pfeilern verwandelten in Sebua den Pfeilersaal, den Hauptraum des Tempelinneren, in eine Kirche mit Chor und Laienraum, Apsis und Altar, mit Sakristei, Taufkapelle und Kanzel... Der auferstandene Christus trat an die Stelle des auferstandenen Osiris. Isis, den Horusknaben säugend, wurde von der *Maria lactans* verdrängt... Die Toten wurden in der Regel in Rückenlage bestattet, den Kopf im Westen, das Gesicht gegen Sonnenaufgang. Salz, Beeren, Kräuter, Wurzeln, Zweige und Blätter, die man zu dem Leichnam legte, ehe er mit Tüchern eingehüllt und verschnürt wurde, erinnern pietätvoll an die Einbalsamierung Christi.«

## Auf den Spuren des Christentums

Wohl als eine Art »Leitfossil« christlichen Einflusses kann das Kreuzsymbol betrachtet werden. Dieses ist im Sudan und in Nubien in rezenter Zeit sowohl bei Muslims als auch bei Heiden verbreitet. Das Kreuzzeichen auf der Stirne eines Neugeborenen schützt in der Gegend von Khartum gegen den bösen Blick und auch bei den negriden Berg-Nuba hat das Kreuzzeichen gleichfalls schützende und heilende Wirkung. Das Kreuzmotiv auf dem Boden gegossener Zinnschüsseln und Schalen aus Nupe (Nigerien), auf den Sattelknäufen aus Bussa und Gobir, auf den Kreuzknäufen der Dolche und Schwerter der Nupe und Tuareg und vielleicht auch das Taubenmotiv auf den Ifebrettern der Yoruba erinnern an die byzantinisch-christliche Kunst. Ein Kreuz war auf der Plattform des kaiserlichen Bootes angebracht und ein Kreuz zierte die Zwischenwand, welche das Schlafzimmer des Nupe-Kaisers von den übrigen Räumen trennte. Einer uralten Sage zufolge kniete der Kaiser morgens und abends vor diesem Kreuze nieder, auch wurden in alter Zeit am Sonntag oder Donnerstag Opfer vor diesem Kreuze dargebracht. Dahomey, Gobir und Benin geben zahlreiche Beispiele für

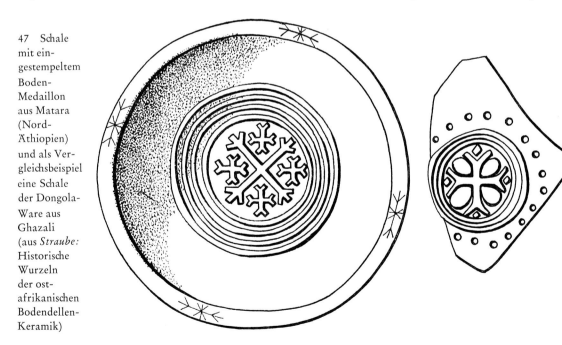

47 Schale mit eingestempeltem Boden-Medaillon aus Matara (Nord-Äthiopien) und als Vergleichsbeispiel eine Schale der Dongola-Ware aus Ghazali (aus *Straube:* Historische Wurzeln der ostafrikanischen Bodendellen-Keramik)

die sakrale Verwendung des Kreuzsymbols. *L. Frobenius* brachte aus dem nördlichen Teil des Zentralsudan das Wort *starra* für Kreuz in Erfahrung. Vermutlich gelangte dieser aus dem Griechischen stammende Name über Nubien in den Sudan. Hatten doch die Nubier ihre liturgischen Termini aus Byzanz bezogen. Am bedeutendsten aber erscheint uns der vom Gesandten des Königs von Benin und von *Jõam Afonso Daveiro* stammende Bericht an den portugiesischen König Dom Jõam von Portugal (João II., 1481–1495) über einen König Ogane, der in beträchtlicher Entfernung im Osten von Benin regierte. Dazu schrieb *Jos. Marquart*, den portugiesischen Chronisten *Barros* als Quelle benutzend: »Diesem schickten aus sehr alter Gewohnheit die Könige von Benij, wenn sie eben zur Regierung kamen, ihre Gesandten mit großen Geschenken, indem sie ihm anzeigten, wie sie durch den Hingang des Herrn Soundso in jenem Königreiche Benij nachgefolgt waren, wobei sie ihn baten, er möge sie für bestätigt halten. Zum Zeichen dieser Bestätigung überwies ihnen jener Fürst Ogane einen Pilgerstab und eine Kopfbedeckung nach Art einer spanischen Sturmhauben, das Ganze aus glänzendem Messing, anstatt Szepter und Krone (sc. für ihren Herrn); und ebenso sandte er ihm (dem König von Benin) ein Kreuz vom selben Messing, um es am Hals zu tragen wie eine gottesdienstliche und heilige Sache, nach Art der (Kreuze) welche die Komture des Ordens von St. Johann tragen, ohne welche Kleinodien das Volk meinte, daß sie nicht rechtmäßig regierten, noch sich wahre

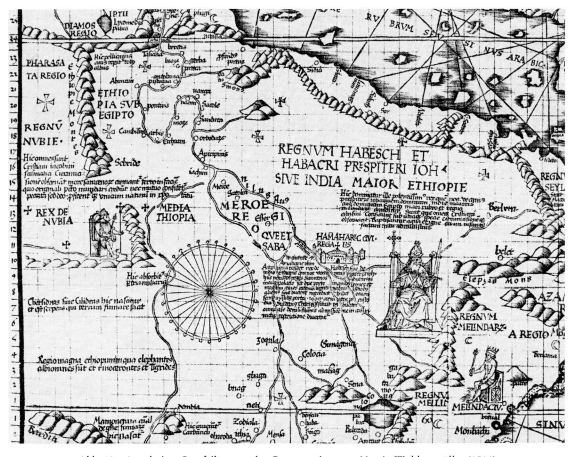

Abb. 48   Ausschnitt »Ostafrika« aus der Carta marina von *Martin Waldseemüller* (1516)

Könige nennen könnten. Und in der ganzen Zeit, welche dieser Gesandte am Hofe dieses Ogane verbrachte, ward dieser (Ogane) wie eine gottesdienstliche Sache niemals von ihm gesehen, außer durch einen Vorhang von Seide, hinter den er stets gesetzt war. Und zur Zeit, da man den Gesandten abfertigte, zeigte man ihm von innerhalb der Vorhänge einen Fuß, zum Zeichen daß er dort drinnen war und die Kleinodien verlieh, die er überbrachte, welchen Fuß sie Ehrfurcht erwiesen wie einer heiligen Sache. Und zu gleicher Zeit ward als eine Art Belohnung für die Mühe einer so großen Reise dem Gesandten ein kleines Kreuz gegeben von der Gestalt dessen, das er für den König überbrachte, das sie ihm um den Hals legten; mit diesem blieb er frei und befreit von jeder Dienstbarkeit und privilegiert in dem Lande, von wo er gebürtig war, in der Weise wie bei uns die Komture. – Da ich dies wußte« – berichtet weiter *Joam de Barros* –, »(ergab sich), um es mit größerer Wahrheit schreiben zu können – obwohl es der König *Dom Joām II.* zu seiner Zeit wohl untersucht hatte –, (als nachträgliche Bestätigung, daß) im Jahre 1540, als in dies Königreich (Portugal) gewisse Gesandte des Königs von Benij kamen, einer von ihnen, der ein Mann von 70 Jahren sein mochte, eines von diesen Kreuzen trug und als ich ihn nach der Ursache desselben frug, antwortete er entsprechend dem oben Geschriebenen. Und weil in jener Zeit des Königs Dom Joām II., wenn sie von Indien erzählten, immer ein sehr mächtiger König genannt wurde, den sie Presbyter Joām von Indien nannten, der, wie sie sagten, Christ sei, schien es dem König, daß er mittels desselben einen Eingang nach Indien erhalten könnte...« *Jos. Marquart*, dessen Zitat aus *Barros* wir brachten, suchte den Ogane unter den christlichen Herrschern von Nordostafrika mit gutem Recht in erster Linie unter den Königen von Nubien, entschied sich aber dann doch für einen Sitz des Ogane in Abessinien. Die durch verschiedene Mittel (Vorhang, Rohrmatte, Schirm, Gitter) erreichte Unsichtbarkeit des sakralen Königs wird auch von allen äthiopischen Königen des Nordens und Südens berichtet. Der König als Symbol des Reiches wurde mit der Sonne verglichen und seine Heiligkeit war derart kraftgeladen, daß eine unmittelbare Berührung mit dem König wenig ratsam erschien. Dies blieb nur wenigen Würdenträgern vorbehalten. Der in der Pfalz amtierende äthiopische König saß nach *E. Haberland* hinter einem Vorhang oder hinter einem Rohrgeflecht und flüsterte seine Anordnungen dem *kala hase* (»Stimme der Majestät«), auch *afa negus* (»Mund des Königs«) ins Ohr, der sie mit lauter Stimme dann verkündete. Nur selten ließ sich der König auch von dem ihm Nächststehenden sehen; zumindest hatte er sein Gesicht bis zu den Augen mit einem dünnen Schleier verhüllt. Unsichtbarkeit und Unberührbarkeit des Königs erweisen sich als feste Bestandteile eines sakralen Königtums, das auch für die christliche Zeit seine Geltung besaß.

Zur Zeit, als der arabische Reisende *Ibn Batuta* das Königreich der Nupe besuchte (1354), dürften seine Bewohner noch keine Muslims gewesen sein und es bestanden damals noch zahlreiche Verbindungen mit Nubien. An einer anderen Stelle seines Reiseberichtes bezieht sich *Ibn Batuta* auch auf Gobir (nördlichster Hausastaat), auf das Land der schwarzen Ungläubigen, womit auch Juden oder Christen gemeint sein könnten, da die heidnischen Schwarzen von den arabischen Schriftstellern in der Regel als Götzenanbeter oder Heiden bezeichnet werden. Die Leute aus Gobir im Norden von Katsena (N-Nigeria) behaupteten, aus dem Osten zu stammen, und es erscheint gar nicht so unwahrscheinlich, daß sie noch zu Zeiten *Ibn Batutas* (1303–1378) Christen gewesen waren. Ähnlich wie bei *Ibn Batuta* sehen wir auch bei *Al Bakri* (11. Jahrhundert) die Gewohnheit, negride Ungläubige von negriden Götzendienern zu unterscheiden. *Leo Africanus* (1465 bis vor 1550) will von christlichen Reichen entlang der Südgrenze Libyens noch im 9. Jahrhundert wissen und im Königreich Gaoga,

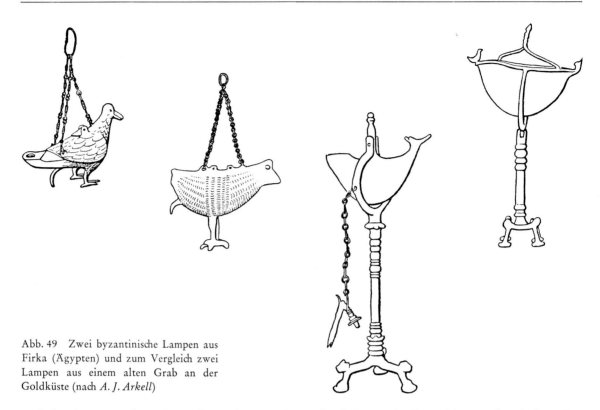

Abb. 49 Zwei byzantinische Lampen aus Firka (Ägypten) und zum Vergleich zwei Lampen aus einem alten Grab an der Goldküste (nach *A. J. Arkell*)

zwischen Bornu und Darfur, soll es neben Heiden auch Christen wie die Nubier gegeben haben. Das alte Gana war nach *Abul Fida* (1273–1331) zu einem Teil von Muslims und zum anderen Teil von Ungläubigen bewohnt. Es heißt auch, der Resident von Koukou (Kukia, im Westen des Tschadsees) wäre ein Ungläubiger gewesen und von Christen ist auch im Gebiet zwischen Kanem und Darfur bei *Abul Fida* die Rede. Nach dem Tarich es Sudan (»Geschichte des Sudan«) von *Es Sadi*, einem 1596 in Timbuktu geborenen Araber, sollen sich die Bewohner von Gana noch bis zum Jahre 469 der Hedschra (1076–1077 n. Chr.) zum Christentum bekannt haben. Erst in diesem Jahre werden sie zum Islam bekehrt.

Der Sudan war Jahrtausende hindurch eine bevorzugte Wanderstraße für Völker und Kulturen und stellte auch in der »christlichen Ära« die wichtigste Verbindung zwischen den Handelsplätzen im Osten und im Westen dar. Zu solchen Handelsgütern gehörten auch die im Jahre 1950 von *A. J. Arkell* veröffentlichten Bronzelampen, die aus alten Gräbern im Norden von Kumasi in Gana stammten. Ihre Herkunft weist nach Nubien. Sie sind ausgezeichnete Beispiele christlicher Kunst aus dem 5. bis 7. Jahrhundert. Eine Hängelampe in Gestalt einer Taube und eine Lampe auf einem Dreifuß, aus christlichen Gräbern zu Firka im Wadi-Halfa-Distrikt, zeigen überraschende Ähnlichkeiten mit den Lampen aus Gana, so daß an einen genetischen Zusammenhang dieser beiden Lampentypen nicht gezweifelt werden kann. Zahlreiche Traditionen wie die der Jukun und Kanuri deuten auf eine Herkunft aus dem Osten hin, und oft sind diese Traditionen auch mit religiösen Vorstellungen verbunden, wie dies z. B. bei der berühmten Kisra-Legende der Fall ist. Diese in Nigeria besonders unter den Nupe und den Bussa am Niger aber auch bei den Djukun (Jukun) in Borgu verbreitete Legende erzählt von einem Magierkönig aus dem Osten (Arabien?), der in den Ländern der

Neger Reiche gegründet hatte. Kisra wurde, wie schon der arabische Geschichtsschreiber *Ibn Chaldun* (1332–1406) angenommen hatte, mit dem Namen der persischen Dynastie Chosrau in Verbindung gebracht. Ägypten wurde im Jahre 616 von dem Perserkönig Chosrau II. erobert und bis zum Jahre 629 von den Persern besetzt gehalten. Die darauf folgende neuerliche byzantinische Herrschaft dauerte bloß zehn Jahre. In den Jahren 639 bis 643 erfolgte die Eroberung Ägyptens durch die Araber. Sie bildete den Beginn zu weiteren Eroberungszügen der Araber in ganz Nordafrika. Und diese byzantinisch-persisch-arabische Konfliktsituation bildet den Hintergrund der Kisra-Legende. Kisra kann aber auch mit einer ägyptischen oder hamitischen (Hausa-)Wortwurzel in Beziehung stehen und in beiden Fällen die Bedeutung von »königlich« besitzen. An verschiedenen Plätzen, wie z. B. Karissen, Wukari und Bussa, soll dieser legendäre Kisra Trommeln, Schwerter und Speere, die seine Embleme waren, zurückgelassen haben. Mit der Kisra-Legende sind aber auch alte christliche Vorstellungen in Verbindung zu bringen, und zwar mit dem Worte *asara*, einem Hausa-Wort, das die Europäer bezeichnet. Es leitet sich von »Nazarene« ab und wird in der Kisra-Legende häufig als Name eines der Begleiter oder Verwandten Kisras gedeutet. Die versuchte Gleichsetzung von Kisra und Christus ist jedoch wenig wahrscheinlich. Dagegen verrät der Name Issa-Tshi, d. h. Issa-Leute, mit dem sich die Nachkommen der Edegi-Nupe-Dynastie bezeichneten, eindeutig den Einfluß des Christentums. Issa ist der arabische Name für Jesus und es ist daher wahrscheinlich, daß die Vermittlung des Namens durch die Araber erfolgte. Der Name Issa-Tshi (»Issa-Leute«) wurde von dem sagenhaften König Edegi wieder aufgenommen. Edegi besaß einen Mutterbruder mit Namen Ma-Issa. »Dieser lebte in Gbarra, als Edegi aus Atagara zurückkam« – erzählt uns *Leo Frobenius*. »Als Edegi nach Gbarra kam, sagte er zu Ma-Issa: ›Warum gibt es hier keinen König? Warum macht hier jeder seine Sache für sich und gehorcht keinem Oberhaupt? Diese Leute haben keine Achtung mehr. Sie sollen nun aber wieder einen Häuptling kennenlernen. Sie sind ungehorsam! Deshalb will ich alle ihre Schuld zusammenfassen und will einen Mann töten. So lernen sie dann meine Macht kennen.‹ Ma-Issa sagte zu Edegi: ›Wenn du einen töten mußt, so töte mich!‹ Am anderen Morgen, als alle Welt sich zum Gruße bei Edegi einstellte, blieb Ma-Issa weg. Edegi sagte: ›Warum ist der Bruder meiner Mutter heute weggeblieben und erweist mir nicht die Ehre? Ihr seht, ihr seid ungehorsam geworden und habt keine Achtung mehr. Geht hin und fangt Ma-Issa!‹ Ma-Issa wurde gefangen und zu Edegi gebracht. Ma-Issa sagte: ›Ich sehe, du mußt einen Mann töten, damit du wieder Ansehen vor der Obrigkeit schaffst. So töte mich denn. Wenn du nun aber König des ganzen Nupelandes und dann ein sehr großer König sein wirst, so denke an mich, und wenn dich jemand bittet unter Anrufung meines Namens, und wenn er dir sagt: Im Namen Issas! – dann schone ihn!‹ Edegi sagte das Ma-Issa zu. Ma-Issa wurde getötet. Alle Leute sagten: ›Wer sogar seinen eigenen Mutterbruder tötet, der wird niemand anders schonen.‹ Sie gehorchten ihm und nahmen von da vor Edegi die Mütze ab, warfen sich, wenn sie ihn trafen, zur Erde und bestreuten ihr Haupt mit Sand. So ehrten sie ihn. Edegi ward Herr im ganzen Lande. Er richtete sich aber nach den Worten Ma-Issas und schonte jeden, der ›um Issas Willen‹ um Gnade bat und seine Unschuld beschwor.«

## Biblische Motive

Die zahlreichen biblischen Parallelen im Vorstellungs- und Glaubensleben ostafrikanischer Ethnien haben zu vielen Diskussionen Anlaß gegeben und die Gemüter der Forscher mitunter erhitzt. So versuchte z. B. der Kulturmorphologe *Adolf Jensen* eine Reihe biblischer Parallelen bzw. alttestamentlicher Vorstellungen ostafrikanischer Ethnien auf eine von ihm vorausgesetzte »Substrat-Kultur« zurückzuführen und ähnlich, wenn auch nicht so entschieden, wendete sich *E. Haberland* gegen den entgegengesetzten Versuch, die zahlreichen alttestamentlichen Züge im religiösen Weltbild der den Masai nahe verwandten Galla in ihrer Gesamtheit durch christlichen und islamischen Missionseinfluß erklären zu wollen. Dieser hätte seiner Meinung nach bloß verstärkende Wirkung besessen. Diese »Substratkultur« hielt *A. Jensen* der »nilotischen Kultur« für sehr nahe verwandt; sie sollte seiner Meinung nach noch vor Ausbildung der altägyptischen Hochkultur sowohl in West-Asien als auch in Nordost-Afrika verbreitet gewesen sein. *A. Jensen* war der Meinung, wie *H. Straube* es formulierte, »daß die Kultur der Bibel auf dieser Substrat-Schicht aufgebaut hat, als deren letzter Rest die Kultur der heutigen nilotisch-sprachigen Völker anzusehen ist.« Der berechtigte kritische Einwand *H. Straubes* gipfelte schließlich in der Feststellung, »daß viele dieser biblischen Elemente in den Kulturen Nordost- und Ost-Afrikas ihre Existenz nicht einer uralten Kulturverwandtschaft verdanken, sondern dem direkten oder indirekten Kontakt mit dem nubischen und nordäthiopischen Christentum und darüber hinaus auch den Einflüssen islamischer Provenienz.«

Im Vorwort zur zweiten Auflage von *M. Merkers* »Masai« (1910) hatte sich bereits *Fritz Hommel* sehr eingehend mit der Frage beschäftigt, ob tatsächlich »Jahrtausende hindurch bewahrte Traditionen aus der arabischen Urheimat des Masaivolkes vorliegen oder ob nicht doch eine christliche oder jüdische Beeinflussung anzunehmen ist«, nachdem *A. C. Hollis, Carl Meinhof* und andere bedeutende Forscher ihre Bedenken gegen die Hypothese *M. Merkers* angemeldet hatten. Die zahlreichen Parallelen mit der Bibel, die *M. Merker* nannte, beziehen sich alle auf das Alte Testament, und das war auch der wichtigste Grund sowohl für *M. Merker* als auch für *F. Hommel*, eine christliche oder jüdische Beeinflussung auszuschließen, weil man dann »nicht bloß Berührungen mit den biblischen Ur- und Patriarchengeschichten bis zur Gesetzgebung, sondern auch noch mit den späteren Teilen der biblischen Geschichte (und vor allem irgendeine Anspielung auf die Evangelien, falls christliche Missionare in Betracht kämen) mit Notwendigkeit zu erwarten hätte.«

Tatsächlich beschränken sich die »Parallelen« in der Regel auf Erzählungen aus dem Alten Testament. Doch finden sich solche Parallelen nicht bloß im Osten oder Nordosten, etwa im Bereiche nilotohamitischer oder hamitischer Ethnien, sondern auch in Westafrika. So tritt z. B. in der Schöpfungsmythe der Bubi auf der Insel Fernando-Po Gott als Schöpfer von Erde, Tieren, Himmel, Gestirnen und ersten Menschen auf. Das Weib wird nach biblischem Vorbild aus der Rippe des Mannes geschaffen. *H. Baumann* hielt es in seinem bekannten Mythenwerk für überaus bezeichnend, daß dort, wo von einer, von der Entstehung des Mannes gesonderten Erschaffung des Weibes die Rede ist – d. h. von einer nachträglichen Erschaffung desselben – ganz deutlich islamische und christliche Motive auftreten. In ähnlicher Weise haben wir es bei den Wute in Kamerun mit einer biblisch anmutenden Anthropogonie zu tun. Gott schuf den ersten Menschen, der auf die Erde kam, als sie noch ganz sumpfig war. Das Weib verfertigte er aus der Rippe des Mannes. Besonders verdichten sich die biblischen Motive in Ostafrika. »Wenn die Nandi« – schreibt *H. Baumann* – »sagen, daß Gott den ersten Mann tötete und aus seiner Rippe das Weib schuf, das dann die ersten Kinder gebar, so dürfte das deutlich islamisch sein.« Bei den Nandi, Kamba, Kikuyu, Masai häufen sich auch andere biblische Motive, wie etwa »Rotes Meer«, »Wasser aus Felsen schlagen«, Esaumotiv usw. Der Osten und der Nordosten Afrikas ist besonders reich an solchen Mythen. Auch die »Brüderkampfmythologie«, die

Abb. 50 Schlingbandmotive aus Süd-Kongo und Angola (nach *H. Baumann*)

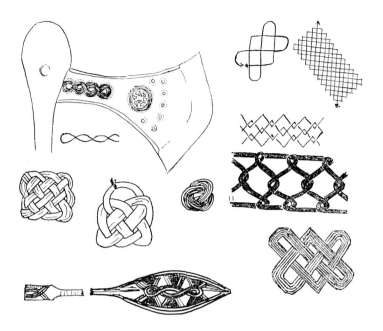

sich nicht selten ganz im Stil von Kain und Abel bewegt, verdient in diesem Zusammenhang erwähnt zu werden. Große Aufmerksamkeit schenkte *H. Baumann* auch dem Thema vom »Turmbau zu Babel« und dem Motiv vom »geteilten Fluß« (Rotes Meer). Die Erzählung von dem Bau eines Holzgerüstes, um auf diesem zum Mond bzw. zu Gott zu gelangen, das jedoch dann zusammenbricht, besitzt eine weite, nahezu geschlossene Verbreitung, die, abgesehen von einer Exklave an der Goldküste (Akwapim, Aschanti), vom Sambesigebiet (Subiya, Luyi oder Rotse, Ila) nordwärts über die Tschokwe, Bena-Lulua, Süd-Luba über Rhodesien zu den Nyamwezi und Pare und darüber hinaus über das Zwischenseengebiet bis nördlich vom Albertsee in zahlreichen Varianten reicht. Es ist dies eine sehr charakteristische Verbreitung, die an jene der sogenannten Boden-Dellen-Keramik erinnert und Anschlüsse an den nubisch-byzantinischen Raum vermuten läßt. *H. Baumann* suchte aufgrund bestimmter Indizien (Turmbaumythen in Verbindung mit dem Mondmotiv) das Ausgangsgebiet der Turmbauerzählungen noch in Südrhodesien in der sogenannten Monomotapa- bzw. Simbabwe-Kultur, doch dürfte auch das in zahlreichen Varianten auftretende »Rote-Meer-Motiv« (Durchzug durch einen Fluß) mit seinen »ins Auge springenden Parallelen zum Moses-Mythus« auf einen in Nordostafrika bzw. Nubien liegenden Ursprung zurückzuführen sein.

## Wege und Verbreitung der »Basis-Dellen-Keramik«

Die beiden Kulturhistoriker *H. Baumann* und *H. Straube* haben sich sehr eingehend mit dem »Leitfossilcharakter« der Basis-Dellen-Keramik auseinandergesetzt. Als die bedeutendsten Charakteristika dieser Keramik-Gattung nennt *H. Straube*: 1. runde, meist flache Dellen von 2–6 cm Durchmesser im Zentrum des äußeren Gefäßbodens, 2. einen markanten kurvolinearen Dekorationsstil, dessen Muster vor dem Brennen eingeritzt oder eingedrückt wurden und 3. schräg abgekantete Gefäßränder. Eine Überfangschicht (»slip«) oder Gefäßbemalungen sind unbekannt. Die Hauptfundstellen dieser Keramik liegen im Gebiet der Jaluo am Kavirondo Golf des Viktoriasees, in Rwanda und westlich und nordwestlich des Kivusees in der Republik Kongo. Zusammen mit der Bodendellen-Keramik wurden auf allen Fundplätzen Eisenschlacken und zerbrochene Tondüsen von Blasebälgen gefunden, im Gebiet des Kavirondo-Golfes auch Eisenklumpen und Eisengeräte und in Rwanda und westlich des Kivusees gebrannte Ziegel, die nach *H. Straube* sehr wahrscheinlich als Baumaterial für Schmelzöfen dienten. Niemals wurden in Verbindung mit der Bodendellen-Keramik Steinwerkzeuge angetroffen. Es handelt sich bei den Trägern dieser Keramik offensichtlich um fremde Einwanderer, welche die Kenntnis der Eisengewinnung und Eisenverarbeitung in das Zwischenseengebiet und in das westliche Kenya mitgebracht hatten. *H. Baumann* wies in besonderem Maße auf den mit dieser Keramik verbundenen sehr charakteristischen Zierstil hin, der offenkundig einen genetischen Zusammenhang mit der Ornamentik der nubisch-äthiopischen Kultur verrät und in den

Abb. 51  Fassade eines Hauses der Hausa mit reicher Schlingbandornamentik (Zinder, Rep. Niger)

frühen altchristlich-byzantinisch bestimmten Reichen Nordostafrikas wurzelt. Überall, wo die Keramik in Erscheinung tritt, ist sie mit Resten der Eisentechnik vergeschwistert (Schlacken, Düsenfragmente), sie ist die älteste eisenzeitliche Keramik am unteren Kongo in der Zeit zwischen 500 und 1400 n. Chr. Da von ihr die engsten Beziehungen über Tshikapa (Lunda) zum Kivusee und Rwanda reichen, hielt *H. Baumann* aufgrund der archäologischen Fakten den Beweis für einen Zusammenhang der rezenten Großstaaten des Zwischenseengebietes mit dem Luba-Kuba-Lunda-Komplex und darüber hinaus mit Nord-Angola und dem unteren Kongo für gegeben. Zu den wichtigsten Ornamenten der Bodendellen-Keramik gehören nach *H. Baumann* u. a. das »Riemen- oder Schlingbandornament«, das die Zierkunst der Kuba im Südkongo oder die Kunst in Benin-Yoruba und die Gebiete koptischer, christlich-nubischer und äthiopischer Kulturgestaltung geradezu beherrscht. Vermutlich ist die in Rede stehende Ornamentgruppe »aus dem Bild zweier sich umschlingenden Schlangen« entstanden. »Ob es ein Fruchtbarkeitszeichen war« — fragt *H. Baumann* — »oder mit der Idee der um ein Heilkraut streitenden Schlangen, die im erythräischen Raum nicht selten ist, zusammenhängt, oder ob die in ihren Schwanz beißende, die Welt umschlingende Uroboros-Schlange oder gar die als Doppelwesen gerade im Südkongo lebendige Regenbogenschlange oder einfach die Phallus- und Gebärschlange und ähnliches zugrunde liegt, ist schwer zu entscheiden. Die koptisch-christliche sowohl als auch die islamische Ornamentik verwendet das Schlangenmotiv kaum mehr. Es wird ersetzt durch vegetabile Elemente. ›Wedelranke‹, Reben und anderes Geschlinge stehen für das Schlangenpaar. Dagegen erkennen wir auch in koptisch-byzantinischen Schlingenbandmustern den Punkt oder die Rosette, die (wie schon bei den altorientalischen Vorbildern) die Schlangenwindungen ausfüllen.«

Einen Großteil dieser Ornamentik, die sich vom unteren Kongo über Ostangola, die Luba-Lundaländer bis zum Tanganyika als Verzierungen an Holzgefäßen, Trommeln, Sansas, Töpfen, Hausmalerein, als Sandzeichnungen und als Felsgravierungen früherer Ethnien, vor allem aber auch als Narbenzeichnungen (-tatauierungen) leicht verfolgen läßt, ist auch für die koptisch-byzantinisch bestimmte Ornamentik vom 4. Jahrhundert bis zur Gegenwart in Abessinien und im Somaliland nachzuweisen. Das abessinische Schlingenband bestimmt alles kirchliche Gerät und dies im Verein mit der nubisch-christlichen Kultur. Unter den »Abkürzungen« des Schlingenbandornamentes, »die zwar nicht alle an der Basis-Dellen-Keramik gefunden worden sind, aber doch im Bereich des Schlingenbandes auftreten«, unterschied *H. Baumann* das »geschlaufte Viereck«, »die zwei verschlungenen Ovale«, »das herz- und nierenförmige Ornament« und die »Achterschleife«. Alle diese »Kürzel« des Schlingbandes sind auch im koptisch-byzantinischen Nordost-Afrika zu finden. Schließlich gesellen sich zu diesen Ornamenten noch die »Bogen- und Schleifensysteme« hinzu. Ergänzend zu *H. Baumann* führte *H. Straube* das Vorkommen der Bodendellen-Keramik im mittleren Nil-Gebiet an drei Stellen an, die direkt oder indirekt mit dem christlichen Reich Aloa (Alodia) verbunden waren. Darüber hinaus erwiesen sich die Stein- und Ziegelruinen Darfurs, in denen ebenfalls Gefäße mit Bodendellen gefunden wurden, in ihrer Mehrzahl mit dem christlichen Nubien verbunden. Und zusammenfassend schreibt *H. Straube:* »Die rezenten Bodendellen-Gefäße der Nuba-Berge werden von einer Dagu-Gruppe hergestellt oder sind mit ihr durch den Dekor verknüpft. Die Dagu sind Reste einer alten ostsudanischen Herrenschicht, die nach den Traditionen aus dem Niltal stammt. Auch im christlichen Aksum und in den Küstenstädten Tanganyikas ist die Bodendelle als Element der Töpfertechnik bekannt gewesen.« Den Vorläufer der Bodendellen-Keramik sieht *H. Straube*

Abb. 52 Geschnitzte Holztüre der Yoruba mit typischer Schlingbandornamentik, die bis nach Nigerien und die Maliländer nachgewiesen werden kann

in der vorderasiatischen bzw. griechisch-römischen Omphalos-Schale aus Bronze, Silber oder Gold, die als Kultgefäß eine große Verbreitung besaß und vermutlich von der nubisch-christlichen Töpferei übernommen wurde. Bei aller Vielfalt im Dekor gibt es doch so viele Übereinstimmungen im einzelnen zwischen der ostafrikanischen und nubischen Ware, die »nur durch einen direkten engen Kontakt zu erklären sind« und der Weg, den die Schöpfer dieser Ware genommen hatten, führte vermutlich den weißen Nil aufwärts »und unter Umgehung des ausgedehnten Sudd-Gebietes entlang des Ostrandes der Nil-Kongo-Wasserscheide in den Nordteil Ugandas und von dort wohl in das Zwischenseengebiet wie nach Kenya.« Es ist dies vermutlich der gleiche Weg, den auch das »Sakrale Königtum« einst gegangen war.

## V.
## DAS SAKRALE KÖNIGTUM


Seit Beginn der geschichtlichen Zeit kannten die Ägypter den Königskult. In der 4. Dynastie, in der Zeit der großen Pyramidenerbauer Snofru, Cheops, Chephren und Mykerinos (2590–2470) war die Idee des Gottkönigtums bis zur Grenze des Möglichen verwirklicht. Der gesamte Boden war Besitz des Königs, privater Grundbesitz anfänglich nur ein Königsgeschenk. In der Spätzeit, als die Äthiopen der 25. Dynastie und vorher die Libyer der 22. bis 24. Dynastie bereits in einem solchen Maße ägyptisiert waren, daß sie von den Ägyptern kaum mehr als Fremde empfunden wurden, erlebte das Gottkönigtum von neuem seinen Aufstieg. Die Äthiopen verkörperten die Idee des Gottesstaates auf geradezu orthodoxe Weise. *Walther Wolf* weist in diesem Zusammenhang auf die sogenannte »Stele der Königswahl« eines der späteren Äthiopenkönige namens Aspelta (um 580 v. Chr.) hin, die davon erzählt, »wie das beim Tode des alten Königs in der Stadt Napata versammelte Heer seinen Führern zustimmt, den Amun von Napata um einen neuen König zu bitten, wie die Heerführer dem Gott ihre Bitte vortragen und ihm alle Brüder des verstorbenen Königs vorstellen, und wie er den Aspelta aus ihnen auswählt und durch Nennung seiner Eltern, seiner Großmutter mütterlicherseits und deren weiblicher Vorfahren in weiteren fünf Generationen legitimiert.« Auch als die Hauptstadt des kuschitischen Reiches nach dem südlicher gelegenen Meroë verlegt worden war, Napata aber weiterhin die alte Krönungsstadt blieb, mag es im Prinzip nicht anders zugegangen sein. Der regierende König galt als Sohn des Sonnengottes Amun. Seine Göttlichkeit wurde auch in der griechischen Zeit anerkannt (332 bis 30 v. Chr.). Zur Zeit des beginnenden Christentums in Nubien wird der König von Aloa in sehr entschiedener Weise als autokratischer Herrscher dargestellt. »Der König von Alwah« – schreibt *Selim El Assuani* – »ist reicher und mächtiger als der von Makorrah, und auch das Land ist reicher und ergiebiger und dichter bevölkert... Der König regiert absolutistisch; er nimmt aus seinen Untertanen jeden beliebigen, der ihm gefällt, als Sklaven heraus, ob er irgendeines Vergehens schuldig ist oder nicht. Weit entfernt, sich dagegen aufzulehnen, wirft der Mann sich dem König zu Füßen und ruft aus: ›Es lebe der König!‹ Jeder Wunsch sei ihm erfüllt!« Nach *P. Johann Kraus* lebten auch in späterer Zeit in den nubischen Gebieten mutterrechtliche Thronfolgesitten weiter. Unter dem Patriarchen Kyrill (1076–1090) – schreibt *P. J. Kraus* –, wird von einem Salomon berichtet, der zugunsten des Sohnes seiner Schwester abdankte, um sich in ein Kloster zurückzuziehen; des Königs eigener Sohn dagegen wurde von dem nunmehrigen König mit großem Geleit nach Alexandrien geschickt, um sich die Bischofsweihe erteilen zu lassen. Nach Abu Salih soll geradezu das Gewohnheitsgesetz in Nubien bestanden haben, daß als Thronfolger zuerst der Neffe des Königs, und zwar der Sohn der Schwester zuständig war. Nur wenn ein solcher fehlte, trat des Königs eigener Sohn an dessen Stelle.

### Königin-Mutter und Königin-Schwester

Bereits bei dem Wechsel von der zweiten zur dritten Dynastie im Alten Reich wird es zum ersten Male deutlich, daß es die Königin ist, die die Legitimität des Herrscherhauses sichert. Aus einer vermutlich im frühen Bauerntum verwurzelten mutterrechtlichen Familienordnung, meinte *W. Wolf* (Stuttgart 1962), dürfte die durch die ganze ägyptische Geschichte wirksame Anschauung sich herleiten, daß die Macht dem Gatten der Königstochter gebühre. Sie ist die Ursache gewesen, meinte *W. Wolf* weiter, »daß in der königlichen Familie die Geschwisterehe die Regel war, und daß ein umstrittener Prätendent sich durch Heirat mit einer Prinzessin königlichen Blutes des Thrones zu versichern bestrebt war«. So genossen auch in Meroë die Schwestersöhne des verstorbenen Herrschers bei der Wahl eines neuen Königs den Vorzug. Eine besondere Stellung am Hofe des Königs nahm die Königin-Mutter ein. Kandake war ihr Amtstitel im meroïtischen Reich, »ein Titel, wie Pharao, der Titel einer an Stelle ihres minderjährigen Sohnes regierenden Königin, möglicherweise auch der Königinmutter ganz allgemein«. Im Bericht *Strabos* über die Erstürmung Napatas durch römische Truppen im Jahre 22 v. Chr. wird zum ersten Male von einer Herrscherin des Reiches erzählt, und zwar befanden sich unter den Gefangenen die Feldherren der Kandake – ein mannhaftes Weib, auf einem Auge blind. Eine Kandake ist durch *Strabo, Plinius* und *Dio Cassius* bezeugt. In der Apostelgeschichte ist von einem »Schatzmeister der äthiopischen Kandake« die Rede, der von Apostel Philippus auf der Straße von Jerusalem nach Gaza die Taufe empfing.

Die Königinmutter war in vielen afrikanischen Reichen Mitregentin des Herrschers. Unter den hochgestellten Frauen nahm sie am Hof des Königs eine besondere Stellung ein. Es handelte sich dabei mehr um eine offizielle Würde, als um die Betonung einer wirklichen Königsmutterschaft. Ihr Rang reichte mitunter an den des Königs heran, sie gebot über einen eigenen Staat im Staate und besaß ihre eigenen Hofbeamten und Würdenträger. Oft galt sie auch als die »Mutter aller Könige«. Sie ist im sakralen Königtum eine typische Erscheinung. So berichtet uns z. B. *P. Pogge* (1880) von der Lukokescha, der obersten Würdenträgerin im Lunda-Reich (Kongo), die als ledige Frau Mitregentin des Muata Jamwo, des obersten Herrschers des Lunda-Reiches, gewesen war. Ihr Amtstitel Lukokescha zeichnete sie als »Mutter aller Muata Jamwos« und deren Familien aus; bei der Neuwahl eines Nachfolgers besaß sie ein entscheidendes Stimmrecht. Sie verfügte über einen eigenen Hofstaat und regierte über einzelne Dörfer, die ihr tributpflichtig waren.

Unter den zahlreichen Parallelen, die *P. P. Schebesta* zwischen der »Zimbabwe-Kultur« (vgl. Kapitel VIII.) und der »Uganda-Kultur« nachweisen konnte, erscheint der Hinweis, daß auch der König von Uganda einen großen Harem besaß mit einer Königin-Schwester und einer Königin-Mutter an der Spitze. Für den König herrschte das Gebot, aus der Zahl der Halbschwestern seine Königin zu wählen. Es war auch für den König in Uganda ein Zeichen seines hohen Ranges, eine Königin-Mutter (Namasole war ihr Titel) zu haben, denn es war für einen König früherer Zeit geradezu unmöglich, ohne eine Königin-Mutter zu regieren. Starb sie oder war sie in Ungnade gefallen, trat eine andere Frau, meist eine Verwandte, an ihre Stelle. Über die Frage, ob die Königin-Mutter die leibliche oder nichtleibliche Mutter des Königs gewesen war, ist man sich nicht einig. Nicht zuletzt der Reinhaltung des königlichen Blutes am Hof des Königs wegen, spricht die größere Wahrscheinlichkeit dafür, daß die Königin-Mutter engste verwandtschaftliche Bindungen zum

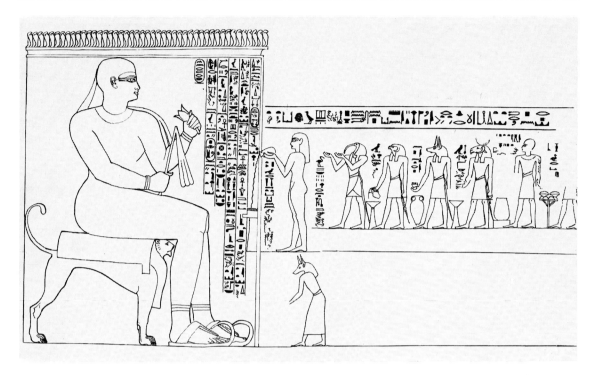

Abb. 53  Darstellung einer meroïtischen Königin (Kandake) an der Wand des Portikus einer meroïtischen Tempelpyramide (aus G. A. Hoskins, Travels, 1835)

König besaß. Aus diesem Grunde wurde auch ihre Nachfolgerin aus dem Königsklan gewählt. Jedenfalls aber war die Stellung der Königin-Mutter eine amtliche und dieses Amt war wichtiger als ihre Person. Unter Umständen vermochte diese auch eine Sklavin sein. Besonders trat die Macht der Königin-Mutter bei der Thronfolge zutage. Eine der ersten Pflichten der neuen Königin-Mutter war, die Brüder des Königs, die möglichen Widersacher seiner Regierung, umbringen zu lassen. Das Reich schien nur gesichert, wenn alle Thronberechtigten, d. h. die Brüder des Königs, nicht mehr am Leben waren. Manche Autoren meinten auch, daß in Uganda die leibliche Königin-Mutter an Stelle ihres minderjährigen Sohnes regierte, die Mehrheit aber behauptet, daß sie kein eigentliches Herrscherrecht besaß. Sie hob jedoch Steuern ein, insbesondere auf ihren eigenen Ländereien, ohne dann mit dem König die Steuern teilen zu müssen. Obwohl die Abstammung in Uganda patrilineal geordnet war, gehörte der König dennoch dem Mutterklan an; auch übernahm er dessen Totem. Starb der König, dann verlor auch die Königin-Mutter jeden Einfluß im Reiche und ihren Besitz. Während ihrer Amtszeit gebot die Königin-Mutter über viele Sklaven, Höflinge, Pagen und Würdenträger in ihrer eigenen Residenz. Zwischen König und Königin-Mutter bestanden strenge Meidungsgebote. Nur in dringendsten Fällen durften sie insgeheim miteinander sprechen, und nur einmal begegnete sie dem König, wenn sie seine drei Hauptfrauen bestimmte. Die Verständigung in politischen Angelegenheiten erfolgte durch Boten. Der Königin-Mutter war eine Heirat strengstens verboten, sie durfte auch keine Kinder gebären. Liebhaber konnte sie haben, so viele sie wollte; im sexuellen Leben waren ihr keine Beschränkungen auferlegt. Beim Tod einer Königin-Mutter herrschte Landestrauer und auch Unsicherheit. Der neuen Namasole wurde es zur Pflicht gemacht, auf dem selben Hügel zu residieren wie ihre Vorgängerin, die Nabelschnur derselben zu verwahren und das Grab der Verstorbenen zu bewachen. Die Königin-Mutter und die Königin-Schwester waren die einzigen Frauen, denen bei ihrem Tode Menschenopfer dargebracht wurden. Der älteste Bruder (Sabangazi) der Königin-Mutter war am Hof des Königs Chef der Geheimpolizei. Er genoß das volle Vertrauen des Königs; sein Amt war eines der wichtigsten Ämter am Königshof. Aber auch die anderen Brüder der Königin-Mutter und ebenso ihre Schwestern übten wichtige Ämter aus (Namengebung, Überwachung der Königsfrauen usw.).

Der Amtstitel der Königin-Schwester lautete in Uganda Rubuga (Lubuga, Dubuga, Nalinya); auch durfte sie den Titel Kabaka (König) führen. Einigen Autoren zufolge war die neugewählte Königin eine Halbschwester, andere behaupten, es wäre die Schwester oder Tochter des Königs gewesen, entsprechend dem Brauch in Ankole oder Rwanda. (Mit lokalen Varianten und Maßnahmen ist stets zu rechnen). Starb die Königin während der Regierungszeit des Königs, so wählte man eine andere Frau als Nachfolgerin; es mußte diese nicht eine Halbschwester sein und auch nicht unbedingt eine Verwandte. Auch die Königin-Schwester verfügte über einen eigenen Hof mit vielen Sklaven und Höflingen, sie besaß viele Landgüter und die Macht über Leben und Tod ihrer Untertanen. Sie war auch nicht ohne Einfluß auf die Staatsgeschäfte.

## Wege und Verbreitung des sakralen Königtums

Nahezu allen historischen Großreichen war der sakrale Königsgedanke eigen, dem der König als Sohn der Überirdischen, als ihr Vertreter oder als Gott selber galt. Zu seinen wichtigsten Merkmalen zählen die »Unsichtbarkeit des Königs«. Der König sitzt hinter einem Vorhang, verhüllt sein Haupt oder verbirgt sich vor dem Volk; er ißt allein; sein Speichel wird verwahrt. Er darf die Erde nicht berühren oder sein Blut darf nicht vergossen werden (nach *H. Baumann*, 1969). Als die wichtigsten Königsinsignien gelten die Trommel, das Löwen- oder Leopardenfell, der Thron, die »Krone«. Der König hat enge Beziehungen zum Rind, zum Mond, zu einem heiligen Staatsfeuer, auch wird der König bei Schwächung oder nach einer bestimmten Zeit getötet (Hl. Königsmord). Der Tod wird verhindert und Anarchie folgt. Dem toten König folgen Menschen in die Unterwelt, heißt es weiter bei *H. Baumann*. Der König wird Löwe oder Leopard; er wird nachtodlich verehrt. Königin, Königinmutter und Königsschwester haben, wie wir bereits sahen, wichtige Ämter, Residenzen. Der Staat ist vierteilig, es gibt vier Hauptämter und bei der Krönung gibt es Riten der Krönung und der Wiedergeburt: Der König erhält einen neuen Namen, ein Ritualkampf findet statt, der König besteigt einen Hügel und schießt nach vier Richtungen. Er verteilt Feldfrüchte und eröffnet die Feldbauarbeiten, schließlich Krönung und Bestuhlung usw. »Diese Merkmale eines sakralen Königtums haben sich zwar z. T. auch in islamischen Reichen erhalten« – schreibt *H. Baumann* (1969) –, »aber voll ausgebildet sind sie in den heidnisch gebliebenen Staaten bis zur Entmachtung durch die Europäer. Großstaaten dieser Art finden wir in den vergangenen 9 Jahrhunderten vom Niger bis zum Nil, dann von Äthiopien über das Zwischenseengebiet bis zum Südkongo und Rhodesien. In einer großen U-förmigen Klammer umschließen sie die Hyläa, lassen große Teile Süd- und Ostafrikas abseits mit bescheidenen Sippen- und Dorfhäuptlingsschaften.«

Abb. 54 Südsaharische Großstaaten vom 9. bis 19. Jahrhundert (nach H. Baumann und O. Westermann)

1 Mukura
2 Aloa (Alwa) christl. Nubien
3 Funj (Fung)
4 Semitische und ostkuschitische Staaten Äthiopiens
5 Adal (Granja)
6 Westkuschitische Reiche (Kaffa, Djandjero, Sidama usw.)
7 Kordofan
8 Darfur
9 Wadai
10 Bagirmi
11 Sao (So); Kotoko
12 Ful von Adamaua
13 Mbum
14 Tikar-Bamum
15 Kleinstaaten von NW-Kamerun
16 Jukun (Djukun)
17 Igara-Idoma
18 Bornu-Kanem
19 Staaten der Hausa und Ful (Nord-Nigeria)
20 Nupe
21 Bini (mit Benin)
22 Joruba (mit Oyo, Ife)
23 Dahomey (Fon)
24 Agni-Baule
25 Ashanti
26 Gonja (Guang, Brong)
27 Dagomba
28 Borgu
29 Gurma
30 Mossi
31 Songhai
32 Temne-Reich
33 Futa Djalon
34 Segu
35 Mali (Melle)
36 Ghana (Walata)
37 Wolof-Serer
38 Tekrur
39 Zande (Vungura)
40 Mangbetu
42 Uganda
43 Toro
44 Ankole
45 Rwanda
46 Burundi
47 Unyamwezi (N.)
48 Uha
49 Fipa
51 Shungwaya (?)
52 Luba (Rua, Guha)
53 Songe (Songye)
54 Kuba (Shongo)
55 Bena Lulua (Shilange)
56 Lunda (einschl. Kasonge, Kazembe usw.)
50 Kilindi-Herschaften
41 Unyoro (Kitara)
57 Cokwe (Tshokwe)
58 Ngola-Ndongo
59 Kongo
60 Loango (Vili, Fiote)
61 Teke
62 Boma-Bolia-Sakata
63 Mbangala (= Jaga)
64 Nano (=Mbundu-) Staaten von Jaga-Herkunft
65 Nkhumbi-Mwila
66 Rotse-Luyi (Lozi)
67 Ingombe-Ilede
68 Bemba
69 Kamanga-Tumbuka
70 »Maravi«
71/72. »Shona«-Staaten: Butwa-Zimbabwe Monomotapa Rozwi-Staat

## Das heilige Feuer

Daß das sakrale Feuer in Afrika mit dem Leben des Königs und dem Gedeihen des Staates verbunden gedacht wurde, darüber herrscht heute kein Zweifel mehr. Unter den »Märchen aus Kordofan« bringt *L. Frobenius* auch das »Märchen vom Untergang von Kasch (Napht)«. Darin heißt es: »Einmal war wieder der Tag des Todes eines Königs. Den Stieren waren die Hinterschenkel durchschlagen (Art der Opfertötung). Alle Feuer im Lande waren erloschen. Die Frauen waren in den Häusern eingeschlossen. Die Priester entzündeten das neue Feuer. Sie riefen den neuen König. Der neue König war der Sohn der Schwester des soeben getöteten. Der neue König hieß Akaf; dieser war es, unter dessen Regierung die alten Einrichtungen des Landes geändert wurden. Das Volk aber sagt, daß diese Änderung der Grund des späteren Nieberganges von Napht war.« ... »In Naphta« – Napata – »war damals der Brauch, daß ein ständiges Feuer unterhalten wurde, so wie heute noch in entlegenen Orten von For. Die Priester bestimmten zur Unterhaltung dieses Feuers stets einen Burschen und ein Mädchen. Die mußten das Feuer hüten und ein keusches Leben führen. Auch diese beiden wurden getötet, aber nicht mit dem König, sondern bei der Entzündung des neuen Feuers. Als nun das neue Feuer für den König entzündet wurde, bestimmten die Priester die jüngste Schwester des neuen Königs zur Hüterin des Feuers. Ihr Name war Sali (so wenigstens wird sie genannt; ihr ganzer Name war Sali-Fu-Hamr). Als Sali hörte, daß die Wahl auf sie gefallen war, erschrak sie. Denn Sali hatte große Angst vor dem Tode.«

Das Brennen des heiligen Feuers war ein Symbol des königlichen Lebens und eine Notwendigkeit für das Wohlergehen des ganzen Landes. Daher durfte es auch während der Lebenszeit des Königs niemals verlöschen. So bei den Ganda, Nyoro, Schilluk, Fur, in Kongo und Loango, bei den Kuba, bei den Tonga und im Reiche des Monomotapa (Simbabwe), bei den Rundi, in Nkole wie auch bei den Ambo in Südwestafrika und bei vielen anderen Ethnien. »Starb der König seinen Opfertod, so mußten alle Feuer im Lande gelöscht werden. Es folgte eine Anarchie, die ihr Ende fand, wenn der (neue) König bei seiner Installation ein neues Feuer entzündete, was häufig durch Quirlen geschah und als ein Symbol des Geschlechtsaktes galt. Das neue Feuer wurde dann von den Großen des Reiches oder sonstigen Dienern des Königs an das Volk weitergegeben. Im Monomotapa-Reich und bei den Nyamwesi wurden alle Feuer jährlich gelöscht und neu entfacht« *(Edwin M. Loeb).*

Als um die Jahreswende 1861/62 Jonker Afrikaner, der »alte Löwe« der Nama-Hottentotten, und sein großer Gegenspieler Tjamuaha, der Häuptling der Herero, gestorben waren, hatte man altem Brauche folgend am Todestage Tjamuahas auch sein Ahnenfeuer sterben lassen. Als neuer Häuptling trat Maharero die Herrschaft über die Herero an. Mit einem neuen Feuerquirl aus dem Holze des für heilig gehaltenen Omuvapustrauches begab sich Maharero in Begleitung seiner Großmänner in die Nähe seines Vatergrabes und ließ sich etwa 1 km entfernt vom Grabe auf einem freien Platz nieder. Das Gesicht dem Grabe seines Vaters zugewandt, begann Maharero mit Hilfe zweier Feuerhölzer ein neues Feuer zu quirlen. Dabei betete er: »Vater, wir zünden ein anderes, neues Feuer an, an dem wir uns wärmen wollen.« Aus Mahareros Munde kam des Vaters zustimmende Antwort: »Gut so, zündet es an!« – Das war das Krönungszeremoniell des neuen Häuptlings. Neue Hütten wurden um das neue Ahnenfeuer errichtet und alle alten Feuer wurden im Hererolande gelöscht. Wer ein neues eigenes Hüttenfeuer haben wollte, mußte sich einen Brand von Mahareros neuem

Feuer holen. Dies galt auch für die Verwandten des Häuptlings. Tjamuahas Stab, d. h. der Feuerquirl, wurde zu dem Bündel der übrigen Ahnenstäbe getan, dem heiligen Ahnenerbe. Dieses wurde in der vom Ahnenfeuer aus östlich gelegenen Hütte sorgfältig vor neugierigen Blicken verborgen, um in Zeiten der Not oder Weihe hervorgeholt und am Ahnenfeuer aufgestellt zu werden.

Feuerhüterin war die Odangere, die älteste Tochter des Häuptlings. Sie mußte ledig sein. Sie bewahrte das heilige Feuer in der Hütte der Großfrau des Häuptlings vor dem Erlöschen. Bei Sonnenaufgang brachte die Ondangere einen Brand davon zur Opferstelle und trug bei Sonnenuntergang die Glut wieder in das Feuer- oder Ahnenhaus zurück. Im Gegensatz zum Nachtfeuer, das im Hause der Großfrau die ganze Nacht hindurch glühte, nannten die Herero das Morgenfeuer »Feuer der aufgehenden Sonne«. Es war dies das Staatsfeuer der Herero. Ähnliche Feuerbräuche pflegten die mit den Herero verwandten Ambo. Im vergangenen Jahrhundert war es bei diesen Sitte, beim Tode eines Kuanyama-Ambo-Herrschers zumindest eine Feuerhüterin (Vestalin) lebend mit ihm im heiligen Begräbnishain zu bestatten, damit diese weiterhin das Feuer des König in der Unterwelt am Brennen erhalte. Am stärksten war der Brauch des heiligen Staatsfeuers und seiner Vestalinnen bei den Ambo (Südwestafrika) ausgeprägt, die auch sonst Züge eines sakralen Königtums bewahrt haben, schwächer schon bei den nomadischen Herero, die kein Königtum, sondern lediglich sakrale Häuptlinge besaßen, und am schwächsten bei den Bergdama, die weder Könige noch eigentliche Häuptlinge kannten.

## Die heilige Trommel

Gewiß ist in Afrika die Trommel *das* Musikinstrument. Deshalb kann auch von einem Sonderrecht des Herrschers auf die Trommel keine Rede sein. Wohl aber haben sich vor allem in Ost- und Nordostafrika eine Reihe von in Verbindung mit der Herrschaft stehende Trommelbräuche herausgebildet. Als Nachhall solcher alten Trommelbräuche darf wohl die von *Hermann Frobenius* beschriebene große Paukenfeier in Darfur angesehen werden. Diese kam einem Staatsfest oder gewissermaßen einer Frühjahrsfeier mit Neujahrscharakter gleich. Nachdem das Unkraut auf einem Felde gejätet und verbrannt worden war, grub der König mit einem Spaten sieben Löcher in die Erde und warf in diese die Samen der Negerhirse. »Zurückgekehrt« – heißt es bei *H. Frobenius* – »wurden dem Herrscher zwei Kühe und ein weißer Stier vorgeführt, damit er mit einem Hirtenstab die Kuh bezeichne, deren Fell zum Beziehen der beiden altehrwürdigen Pauken, der Reichsinsignien, dienen sollte. Der König mußte anderen Tages eigenhändig die Tiere schlachten und das von den Würdenträgern zubereitete Fell auf die Pauken befestigen sowie eine Rippe der Kuh auf der Pauke Mansura (die Siegreiche) zerschlagen. Dann aber begann andern Tages das Nachspiel, nämlich ein Hammel ward geschlachtet, seine Eingeweide auf drei Tage vergraben und hierauf, halbverwest, zerschnitten, mit der Butter, welche vor Jahresfrist in den Pauken aufbewahrt und nun herausgenommen, ranzig und zersetzt war, begossen und mit scharfem rotem Pfeffer gewürzt, den sämtlichen Prinzen und Prinzessinnen vorgesetzt. Wehe dem, der durch Ekel übermannt oder durch den Pfeffer gereizt, Würgbewegungen machte oder hustete, die ringsum stehenden Sklaven waren verpflichtet, ihn zu töten, da sein Benehmen als Zeichen galt, daß er dem König und seiner Regierung nicht wohl wollte. Anstatt des Hammels wurde zu heidnischer Zeit, und man behauptete, bis Anfang dieses Jahrhunderts, eine kaum gereifte Jungfrau geschlachtet und deren Eingeweide in der beschriebenen Weise verzehrt.«

Die mittelalterlichen Kaiser, Könige und Stammesfürsten von Äthiopien besaßen alle ihre *nagarit*, die eine wichtige Reichsinsignie war. Besonders das Gebiet von Kordofan und Darfur ist reich an solchen Belegen, Gebieten, die einst zum alten Äthiopien (Kusch) gehörten. Bei den zahlreichen Wirren, von denen diese Länder im Lauf ihrer Geschichte heimgesucht wurden, gerieten auch die Trommeln oft in harte Bedrängnis. Zu allererst mußten die Reichs-Trommeln bei Kriegsgefahr in Sicherheit gebracht werden, denn die Trommeln bedeuten das Land, das Reich. Wer die Reichstrommel besaß, der wurde auch als Herrscher anerkannt. So wurden Trommeln auf abenteuerliche Weise in Höhlen oder an anderen sicheren Plätzen versteckt und blieben so lange verborgen, bis die Gefahr vorüber war. Zahlreiche Sagen beschäftigen sich mit solchen Königstrommeln. So verschwand z. B. die Trommel von Usindja in den Papyrussümpfen von Karagwe – schreibt *Willy Schilde* –, »als ein Thronprätendent die Waganda ins Land rief. An der über ihr aufsteigenden Milch wurde ihr Versteck erkannt. Eine gleiche Legende geht über die Trommel von Kiamtwara.« *Kohl-Larsen* fand auf seiner Reise in das Issansu Land im abflußlosen Gebiet Ostafrikas eine Höhle, in der 14 Trommeln versteckt gewesen waren. Sie waren durchschnittlich 2,5 m lang und etwa 30 cm breit. Eine der Trommeln fiel durch ihre ungewöhnliche Länge von 3,5 m und 1 m Durchmesser besonders auf. Die Trommeln waren aus dem Holz der Borassus-Palme geschnitzt, die im Issansu-Land nicht heimisch ist. Es heißt, die Trommeln wären einst im Besitze einer gefürchteten Regenmacher-Sippe, der Anyansuli-Sippe, gewesen.

Im Verlauf der Einsetzungsriten führten in Kaffa (Südäthiopien) die Räte den Erwählten in die Thronhalle und hießen ihn, sich auf die im dritten Vorhof der Kaiserpfalz aufgestellten Kaiserpauke niederzulassen. Dies geschah unter dem herrkömmlichen Einsatzspruch: »Ihr Vater ist aufgestiegen! Nehmen Sie das Königreich! Seien Sie gut mit dem Lande!« Dann erfolgte die Huldigung vor dem auf der Königspauke sitzenden Kaiser. In Djandjero (Südäthiopien) wurde anläßlich der Neubespannung der Königstrommel in jedem vierten Jahr in Gegenwart des Königs eine Menschentötung vorgenommen, berichtet *H. Straube*. Reiches Material zur Frage der heiligen Königstrommel haben *W. Schilde* (1929) und *Tor Irstam* (1944) zusammengetragen. Silberne Pauken verlieh der Negus in Abessinien seinen Statthaltern, ohne ihnen freilich das Recht zu geben, die Pauke zu schlagen. Sie ertönten nur – so hieß es – wenn an den kaiserlichen *nagarets* eine Person in vom Kaiser verliehenen Kleidern vorüberschritt. Als aber einmal der Dedjasmatsch Baltscha von Sidamo unter den Schlägen der *nagarit* seinen Einzug in die Kaiserpfalz von Addis Abeba hielt, war er schon am nächsten Tage seines Amtes enthoben und gefangengesetzt. Unter ähnlichen Namen kam die *nagarit* (*nogara, negarit*) als Kupferpauke auch bei den Bedja, Hallenga, Beni Amer und anderen Sennarvasallen als Abzeichen bzw. Hoheitszeichen der Stammeshäupter vor. Der Name *nagara* (*nogara*) ist von dem amharischen Wort *nagarit* = Trommel herzuleiten. In Gimirra wurde die *nagara*, ähnlich wie in Darfur und an anderen Königshöfen, mit dem Fell der heiligen Königskuh bespannt. Nach Beendigung eines jeden königlichen Totenfestes wusch man die Trommel in dem Blut eines geopferten Bullens. Neben dem König war es nur dem Gauführer in seiner Eigenschaft als Regenpriester gestattet, eine kleine *nagara*-Trommel zu führen. In Uganda besaß ein jeder Distriktchef seine Trommel. Nach *J. Roscoe* gab es 93 (!) verschiedene Königstrommeln von verschiedener Größe. Ein eigener Wächter war für sie bestimmt. Auch war es hier üblich, gelegentlich der Neubespannung einer

Abb. 55  Königstrommel im alten Königspalast in Foumban (Kamerun). Sie galt als die Stimme des Herrschers

Königstrommel Menschenopfer darzubringen, so wie es aus Darfur und anderen Orten mehrfach berichtet wurde. Nach *Hans Meyer* gehörte die Königstrommel in Urundi (Ostafrika) mit der Lanze, dem Finger- oder Armring (Handscheibe) und den heiligen, hölzernen Milchgefäßen zu den Königsinsignien, die der Herrscher seinem Nachfolger vermachte. »Diese ›heilige Trommel‹ ist eine Art Palladium des Reiches und trägt als solches den Namen *akarjenda*; sie ist sehr groß und aus dem Holz eines besonderen Baumes geschnitzt. Man betrachtet sie als Sitz des Schutzgeistes des Reiches und schwört in feierlichen Reden bei diesem ›Trommelgeist‹ *akarjenda*. Einige Wächter sind mit der Wartung der Königstrommel betraut; sie wird stets am Aufenthaltsort des Königs aufbewahrt und begleitet den Herrscher auch auf seinen Reisen nebst den heiligen Speeren und den heiligen Milchgefäßen. Die Felle zu den heiligen Trommeln werden nur von Rindern der sogenannten ›heiligen Herde‹ genommen. ... Diese heilige Trommel wird nie geschlagen, sondern bleibt stets verhüllt in eine Menge Rindenzeug und Matten. An dem Tag, wo der Sultan für ganz Urundi die Erlaubnis gibt zum Aussäen des Sorghumgetreides (*masakka*), wird die Trommel etwas von ihrer Hülle befreit. Die *akarjenda*-Trommel empfängt fast göttliche Verehrung (*kusenga*); der Sultan in Person bringt ihr eine Menge Rinder zum Geschenk. Zum Alarmschlagen gibt es noch eine zweite Trommel, *rukinso* genannt. Drei »Vestalinnen« sind angewiesen, die *akarjenda*-Trommel zu behüten und ihr die pflichtmäßigen Opfer zu bringen. Eine solche Vestalin wird *umuka wákarjenda*, d. h. Frau des *akarjenda*, genannt. Die erste im Rang, eine Mutussikasi, wohnte damals in Kagongo bei Ndaga unweit des alten Krals des einstigen Sultans Ntare; sie gehörte der Batussifamilie der Warima an. Die zweite hat ihren Sitz in Wukeje, die dritte in Itara. Die letztere war eine Muhutu aus dem Geschlecht der Wawaga. Diese drei Vestalinnen werden durch die Ältesten ihrer Familie ausgewählt. Sie müssen Jungfrauen (*inkumi*) sein und bleiben. Sie werden streng überwacht und, wenn es vorkommt, daß sie ihre Keuschheit verletzen, getötet.«

Den bisher genannten Trommel-Intensitätszentren Darfur, Kordofan, Äthiopien, Uganda und das Zwischenseengebiet bzw. Ostafrika reiht sich ein weiteres im Süden an: Monomotapa (Simbabwe, Shona). Jeder neugekrönte König der Baroswi im Gebiet des ehemaligen Monomotapareiches mußte nach einer bestimmten Höhle wallfahren und in eine dort aufbewahrte große Trommel einen Holznagel schlagen. Mit dieser Handlung war die Zusicherung eines Tributes verbunden, der an die Priesterschaft zu entrichten war. Befehle und Anordnungen des Königs wurden durch einen bestimmten Würdenträger mit dem Titel *moana mukati* dem Volke mitgeteilt. Dieser *moana mukati* schlug die Königstrommel (*ngona ya mambo*), ehe er zu sprechen begann. »Sehr eigenartig ist die Schilderung der bei der Herstellung einer neuen Königstrommel gepflogenen Sitte« – schrieb *L. Frobenius* –. »Eine neue Königstrommel wurde hergestellt, wenn kein direkter Nachkomme des letzten Mambo, also kein Bruder, Sohn, Brudersohn oder Enkel zur Herrschaft gelangte, und somit eine neue Dynastie die Herrschaft antrat. Dann mußte der Priester Nyamsenga danach trachten, wenn nur irgend möglich, ein paar Kinder aus der Verwandtschaft der verloschenen Dynastie aufzubringen. Außerdem sollten es möglichst Geschwister sein. Diese wurden dann hingerichtet, während die neue Trommel genagelt wurde.« Ausstrahlungen der Idee von der heiligen Königstrommel lassen sich über die Schilluk, über Wadai nach Bornu, Adamaua, Nupe, Yoruba, ja bis zu den Senufo (Elfenbeinküste, Ober-Volta, Mali) verfolgen und schließlich auch bis zu den Lunda im Kongoraum.

## Der heilige Königsmord

Weder aus Ägypten, noch aus Äthiopien und auch nicht aus Aksum haben wir Kenntnis von einem heiligen Königsmord. Wohl aber wissen wir von dem griechischen Geschichtsschreiber *Diodor*, daß der in hellenistischer Bildung erzogene und aufgeklärte König Ergamenes zur Zeit des Ptolemäus II. (284–246 v. Chr.) in dem Gottesstaat Kusch (Napata), der Ammon gehörte, mit der alten Sitte des »heiligen Königsmordes« gebrochen hatte und die Priester, die ihm dieses Schicksal zugedacht hatten, töten ließ. Damit aber war diese Sitte noch lange nicht ausgelöscht, denn wir sehen sie noch lange Zeit im Bereich des sakralen Königtumes weiterleben. Demnach wurde der wie ein Gott verehrte König als Repräsentant der Wohlfahrt des Landes und seiner Bewohner nach Ablauf einer festgesetzten Regierungszeit oder bei Anzeichen von Schwäche, Krankheit, Impotenz und anderem Ungemach auf zeremonielle Weise getötet. Alle physischen Gebrechen oder auch die Abnahme der Kräfte des Königs waren von bösen Folgen für Land und Volk begleitet. Das Charisma und die Segenskraft des Königs durften keine Schwächung erfahren. Mißernten und Dürre sowie Niederlagen im Kriege wurden dem König angelastet. Seine Aussetzung und Verbannung, aber auch seine vom Ritual vorgeschriebene Tötung vermochten das Volk von solchem Unheil zu bewahren. Die Tötung des Herrschers war Staatsgesetz.

Hatte man in Uganda den König ursprünglich durch Erdrosseln getötet, um kein Blut zu vergießen, so starb später ein »Scheinkönig« an seiner Stelle. In Uha durfte man den König nicht sehen, deshalb trugen seine Frauen ein Tuch vor ihm her und bei den ersten Anzeichen von Altersschwäche wurde er erdrosselt. Lag bei den Sukuma in Ostafrika der König im Sterben, erwürgten ihn hohe Würdenträger mit einem Strick und ließen die Königsinsignien reinigen, die nach dem Tode des Königs als unrein galten. Der König mußte sterben, wenn sich Anzeichen von Schwäche zeigten (Alter, Krankheit, Verwundung) und, um alle Gefahren vom Volke fern zu halten (Nyoro, Rwanda, Rundi, Nyamwezi, Ankole, Sukuma, Fipa, Ha), erdrosselte man ihn (Nyamwezi, Sukuma, Ha) oder er hatte sich durch Gift selber umzubringen (Nyoro, Ankole, Rwanda, Rundi). Blut durfte beim rituellen Königstod nicht vergossen werden, denn das Blut des Königs galt als heilig. »Die Königstötung ist weit über den Bereich der Großstaaten hinaus verbreitet« – schreibt *Diederich Westermann*. »Unter Niloten und Hamiten ist der Zwangstod der Könige und Regenmacher ein häufig vorkommender Brauch, vgl. die Schilluk, Kitwara, Nkole; auch manche Dinka-Stämme töteten ihre Regenmacher. Die Malwal-Dinka legen ihn, wenn sein Tod beschlossen ist, auf eine Bahre, brechen ihm Ellbogen und Knie und erdrosseln ihn mit einem Kuhseil. Bei anderen Stämmen der Dinka ißt er vorher ein wenig Korn, trinkt Milch, wirft den Rest in östliche Richtung und sagt, er gehe zu seinen Vätern, lasse aber die Speise seinen Kindern.« Weiter wird von den Konde in Ostafrika, aus Sofala, von den Rozwi, Lobedu und Zulu in Südafrika die heilige Königstötung berichtet. Bis zu den Bambara am oberen Niger und den Timne in Sierra Leone können wir die Sitte des heiligen Königsmordes verfolgen. Bei den Bambara regierte ein König nur so lange, als er kräftig war. Vom alternden König sagte man: »Das Gras bleicht, das Gras fängt an zu bleichen«, und damit war auch das Schicksal des Königs besiegelt. Nach einer anderen Tradition bestimmte der neugewählte König selbst die Dauer seiner Regierung. »Ein Baumwollstreifen wurde ihm um den Hals gelegt und die beiden Enden von zwei Personen in entgegengesetzter Richtung gezogen, während der König aus einer mit Kieseln und Baobab-Blättern gefüllten Kalebasse so viele Kiesel herausgriff, als er fassen konnte: sie zeigten die Jahre seiner Regierung an, nach deren Ablauf er erdrosselt wurde« *(D. Westermann).* Wenn der Häuptling bei den Timne schwer erkrankte, dann versuchten die Mitglieder der Geheimgesellschaft Regbenle, die für die Gesundheit des Königs in erster Linie verantwortlich war, alles in ihren Kräften Stehende, seine Gesundheit wieder herzustellen. Sie hielten die Krankheit ihres Häuptlings geheim und gestatteten niemand, sich ihm zu nähern. Wenn aber sein Tod trotz aller Gegenmittel nicht mehr aufzuhalten war, dann kam es vor, daß sein Tod durch Gift oder andere Mittel beschleunigt wurde. Nach seinem Tode teilte man dem Volke mit, daß sein Häuptling ernstlich erkrankt wäre, obwohl doch schon alle von seinem Ableben wußten. Der Leichnam des Verstorbenen wurde vier Tage lang aufgebahrt. Während dieser Zeit öffnete man auch die Bauchhöhle und die Eingeweide wurden entfernt. Der Kopf wurde vom Körper getrennt und zusammen mit den Eingeweiden präpariert. Dieser Kopf wurde erst mit dem Leichnam des folgenden Häuptlings bestattet, dessen Kopf auf die gleiche Weise behandelt und zusammen mit dem Leichnam des Nachfolgers beigesetzt wurde. Die feierliche Prozession der Würdenträger und Anverwandten, die den Chief nach dem Begräbnisplatz Rofothane geleitet hatten, heißt »Oship o tushi«, in wörtlicher Übersetzung: Der Leopard geht zu seinem Ursprung, der Leopard verwurzelt sich oder frei übersetzt: Der Leopard ist auf seinem Wege. Der Kult der Königsahnenschädel stand auch bei den Bamum (Kamerun) einst in hohen Ehren. Bei Einsetzung eines neuen Königs mußte der Schädel seines Vorgängers vorhanden sein, oder die Krönungszeremonien besaßen einen argen Schönheitsfehler. Bei den Krönungszeremonien hatte der neue König den Schädel seines Vorgängers in Händen zu halten, um auf diese Weise das Kontinuum seiner Macht und Herrschaft zu bekunden. Es sollten auf diese Weise auch alle in dem Schädel des verstorbenen Königs enthaltenen Kräfte auf den neuen König übergehen, eine Vorstellung, die auch mit den anderen Emblemen königlicher Würde verbunden war. Magische Riten spielten bei der Inthronisation mit eine bedeutsame Rolle.

### Der König wird mumifiziert und der König wird Löwe oder Leopard

Bei der in Afrika so weit verbreiteten und an die Bestattungsbräuche Altägyptens erinnernden Sitte der Mumifizierung werden wir wiederum an die bereits in der Felsbilderkunst der Sahara (vgl. Kapitel II) aufgeworfene Frage erinnert: Handelt es sich im gegebenen Falle um ein gemeinsames, in vordynastische Zeiten zurückreichendes Kultursubstrat oder haben wir es mit einem jüngeren, etwa von Nubien ausgehenden Kultureinfluß zu tun? »Soweit sich diese Elemente« – der Mumifizierung – »zeitlich fixieren lassen, deuten sie alle auf die ägyptische Spätzeit« –, schreibt *Dietrich Drost* zu diesem Thema. »Daß die Mumifizierung von Ägypten aus nach Nubien gelangte, ist durch umfangreiches Material, besonders aus der ptolemäisch-byzantinischen Zeit belegt. Auch in den Reichen Napata-Meroë ist sie sicher ausgeführt worden. Jedoch ist unser Material für diesen Bereich zu dürftig, um daran weitgehende Hypothesen knüpfen zu können. Immerhin muß mit der Möglichkeit gerechnet werden, daß von diesem Raum aus einzelne Elemente der ägyptischen Mumifizierungstechnik weiter nach Afrika verbreitet wurden.«

Die eigentliche Hauptmethode des afrikanischen Mumifizierens ist das Dörren und Räuchern der Leiche. Diese Methode war in Ägypten offenkundig unbekannt. Vermutlich führten die klimatischen

Bedingungen in Schwarzafrika dazu, dem Gedanken der Mumifizierung durch Dörren und Räuchern der Leiche Ausdruck zu verleihen, was bei den klimatischen Verhältnissen in Ägypten durchaus nicht notwendig erschien. Denn »durch die Präparation sowie besonders durch das Auslaugen der Leiche wurde diese bereits in ihrer Substanz dermaßen reduziert, daß zum notwendigen Trocknen die Einwirkungen der Sonnenstrahlen und die außerordentliche Trockenheit der Luft genügten.« Es liegen keine zwingenden Gründe vor, das einfache Dörren bzw. Räuchern des Leichnams als die älteste afrikanische Mumifizierungsmethode anzusprechen, etwa im Sinne einer autochthonen afrikanischen Entwicklung, sondern es sprechen viel mehr die Anzeichen dafür, diese Mumifizierungsmethode als eine wohl auf fremde Einflüsse zurückgehende, im schwarzafrikanischen Raum jedoch abgewandelte und den Umständen angemessene Entwicklung anzusprechen. Diese vermutlich aus dem nubischen Raum ausstrahlenden Einflüsse haben selbstredend in den verschiedenen Zeiten und bei den verschiedenen Ethnien zu keiner kompletten Übertragung altägyptischer Mumifizierungstechnik führen können, sondern es handelt sich hier gewissermaßen nur um »einzelne Ausschnitte der altägyptischen Methoden« und um örtliche Selektionen der von außen herangebrachten Anregungen, je nach dem Können und Vermögen der in Rede stehenden Ethnien.

Die Entfernung der Eingeweide, im schwarzafrikanischen Raum oft mit dem Dörren der Leiche über einem Feuer verbunden, läßt sich bereits im Alten Reich nachweisen; sie blieb bis in die Spätzeit hinein üblich und fiel erst in römisch-byzantinischer Zeit der Vergessenheit anheim. Selten begegnen wir in Schwarzafrika der Sitte, die konservierten Eingeweide in einem Gefäß zu sammeln, wie dies in Ägypten mit den vier Stein- oder Tongefäßen, den sogenannten Kanopen, geschah, um diese gemeinsam mit der Mumie beizusetzen. Die Bestattung der Eingeweide in einem besonderen Topf führt *D. Drost* von den Gabin im Tschadseegebiet an, von den Baya in Kamerun, den Bondjo am Ubangi und den Hungwe in Ost-Gabun. Dem Gedanken und der Funktion nach den ägyptischen Kanopen ähnlich, der Form nach jedoch von ganz anderem Typus sind die tiergestaltigen Mondorotöpfe oder -krüge, von denen *L. Frobenius* aus Südrhodesien (Simbabwe-Kultur) berichtet hat. In diesen Krügen oder Töpfen wurden die Verwesungsteile, Inhalt der aufgeschnittenen Leiber, Würmer und abgefallene Finger- und Fußnägel der Königsleichen aufbewahrt. Lange Zeit vor Ankunft der Europäer hat man jedoch diese Mondoro-Töpfe durch einfache Krüge ersetzt, erzählt die Legende. »Wie bei den meisten Stämmen Afrikas« – schreibt *D. Drost* – »war in Altägypten die Mumifizierung ursprünglich königliches Vorrecht, sie griff allerdings im Laufe der Entwicklung zunächst auf weitere gesellschaftlich bevorrechtete Schichten über, um in der Spätzeit breiteste Bevölkerungskreise zu erfassen. Die Ausführung lag in den Händen einer besonderen Berufsgruppe, der Mumienmacher. Etwas Ähnliches fanden wir lediglich bei den Ganda, in Südrhodesien, bei den Durru und Jukun. Besonders interessant ist ein diesbezüglicher Vergleich mit Uganda: Hier gab es offensichtlich drei Ausführungsarten der Mumifizierung mit festen Tarifen, von denen die teuerste dem König vorbehalten war, die mittlere bei Prinzen und die billigste bei Häuptlingen ausgeführt wurde. Im Prinzip das gleiche überliefert uns *Herodot* aus der ägyptischen Spätzeit.«

Während in Ägypten die Mumifizierung der Toten in Hinblick auf die Garantie einer Wiederauferstehung und Fortexistenz des Verstorbenen in alle Ewigkeit einen »Eckpfeiler des religiösen und kultischen Gebäudes« bildete, zeigen die Motive der Mumifizierung bei den Schwarzafrikanern kaum einen Zusammenhang mit ihrer Mythologie oder ihren Jenseitsvorstellungen. Der ganze Vorgang wäre nach *D. Drost* völlig akzessorischer Natur, was allein schon einen Beweis für fremden

Abb. 56  Kalebassenritzung der Bwende (Kongo). Um die mit dem Rücken nach unten hängende Leiche trauern zwei Frauen. Zwei Männer wollen offenbar den Toten vom Balken herunterholen

Einfluß bedeutet. Besonders zwischen den Staaten Uganda-Unyoro und, wie im folgenden noch gezeigt werden soll, auch in der sogenannten »Fanany-Mythe« lassen sich hinsichtlich der Mumifizierung zahlreiche Ähnlichkeiten feststellen. Eine ähnlich in sich zusammengehörige Gruppe bildet das Vorkommen der Mumifizierung in den Hausastaaten, bei Igara, Igbira, Gwari, Jukun, Namdji, Duru und Baya. Im Songhaireich des 15. Jahrhunderts wurde der König durch Füllung der Leibeshöhle mit Honig konserviert, und auch bei den Konso (Südäthiopien) und bei den Dogon (Nord-Obervolta) wurde Honig bei der Mumifizierung verwendet.

Die sogenannte Fanany-Mythe beruht auf einer besonderen Form des Wiedergeburtglaubens, wonach das Leben an die im Körper befindlichen Säfte gebunden ist und nach dem Tode des Menschen in einem aus der Leichenflüssigkeit sich bildenden Tier fortbesteht. Nach diesem Glauben geht der vornehme Tote – die Vorstellung bezieht sich in der Regel auf die Königsfamilie – in eine aus der Verwesungsflüssigkeit sich bildende Made über und entwickelt sich aus dieser zu einer Schlange oder Eidechse, um sich dann in ein Königstier, Leopard oder Löwe, zu verwandeln. Der Glaube an die Fanany-Mythe – das Wort stammt aus dem Madegassischen und bedeutet Seelenwurm, der aus der Leichenflüssigkeit entsteht – ist in verschiedenen Varianten von Nordostafrika (Sidamoländer) über das Zwischenseengebiet bis nach Rhodesien hin (Simbabwe) und von da nach Loango und den Kongo-Lunda-Raum zu verfolgen und ist selbstredend auch in Madagaskar anzutreffen.

Schon *L. Frobenius* erwähnte das Vorkommen der »königlichen Made« in Djandjero (Südäthiopien), und es war *H. Straube*, der wieder daran erinnerte, daß noch vor 300 Jahren nach einem Bericht des Jesuitenpaters *A. Fernandez* (*Manoel d'Almeida* 1954) die sogenannte Fanany-Mythe in Djandjero, einem westkuschitischen Königreiche östlich von Inarya, bekannt gewesen war. Als *H. Straube* sich nach dieser Mythe erkundigte, wurde sie ihm zunächst absichtlich von seinem Gewährsmann verschwiegen, da sie mit der heute noch existierenden Gonda-Dynastie nichts zu tun habe, sondern, wie ausdrücklich betont wurde, auf das engste mit den alten Dynastien verknüpft gewesen war. Diese wurden jedoch von den jungen nordäthiopischen Königsgeschlechtern abgelöst.

Nach dieser Mythe wurde eine aus der Nase des in einem Zelt aufgebahrten Königsleichnams hervorgekrochene Made am siebenten Tage nach seinem Tode, in Seide eingewickelt, dem jungen Monarchen überbracht, der ihr der Sitte gemäß den Kopf abzubeißen hatte. Erst dann wurde der alte König bestattet, d. h. man brachte ihn in ein offenes Grab, wo der Leichnam allen Unbilden der Witterung ausgesetzt war. Das Blut der geopferten Rinder floß in das Grab. Soweit die Sitte im alten Königreich Djandjero. Das rezente Beispiel, das *H. Straube* (1963) von den Westkuschiten bringt, stammt von den Tschako aus der Sidamo-Gruppe. Diesem zufolge wird die Königsleiche in einen Fellsack eingenäht und in einen röhrenförmigen Bienenkorb hineingezwängt und auf ein in der Totenhütte errichtetes Pfahlbett gelegt. Löwen und Leoparden suchen den Begräbnisplatz auf, um den Leichnam des Königs zu fressen. Dies wird auch von den Totenwächtern, die über den Zustand der Königsleiche zu berichten haben, als ein sehr glückliches Zeichen gewertet. »Aus den Leichenresten, die die Feliden bei ihrem grausigen Mahl übrig lassen, kriecht nach wenigen Tagen ein Leichenwurm hervor, der sich zur Größe eines Schafes auswächst, sich dann in einen Löwen verwandelt und in den Wald entkommt.« Nach einer anderen Version im Bergland von Ainamba kriechen bei jung und kinderlos verstorbenen Herrschern acht und bei bejahrten und mit Nachkommen gesegneten Königen vier Würmer aus dem Körper. Die eine Hälfte ist stets weiß, die andere schwarz. Die Tierspezies der Würmer ist nicht genau zu erkennen. Bei Erreichen der Größe eines Schafes suchen die Würmer einen Bach zu überqueren. Die, denen dies gelingt, werden Leoparden, die, die bei diesem Versuch in den Bach stürzen, verwandeln sich in Löwen. Eine bereits stark in Verfall begriffene Variante der Fanany-Mythe berichtet schließlich *A. Jensen* (1959) von den westlich des Woito siedelnden Male, wo die aus dem Leichnam eines hinterrücks ermordeten Stellvertreters des Königs hervorkriechenden Maden bzw. Schmetterlinge als ein »gutes Zeichen« für den rechten, zur Regierung gelangten König gewertet wurden.

Aus Ankole, einem der alten Himastaaten im Zwischenseengebiet (Ostafrika), berichtet *John Roscoe* (1915; 1923), daß der auf einem Pfahlrost in der eigens für dieses Ritual im heiligen Walde errichteten Totenhütte aufgebahrte Leichnam des Königs einer bestimmten Behandlung durch die Priester unterzogen wurde. Ein unter dem Pfahlrost aufgestelltes Holzgefäß sammelte den abtropfenden Leichensaft. Milch wurde hinzugegossen. Eine aus dieser Mischung hervorgehende besonders große Made brachte dann der Priester als wiedergeborenen oder wiederauferstandenen Mugabe (König) in den heiligen Wald. Dort verwandelte sich die Made in einen jungen Löwen. Mit diesem kehrte der Priester zur Totenhütte zurück. Während der junge Löwe eine sehr sorgsame Pflege genoß, schenkte man dem Leichnam des Königs kaum eine Beachtung. Einige Gewährsleute glauben, der Leichnam wäre im Walde bestattet worden, andere wiederum meinten, man hätte ihn einfach auf dem Pfahlrost verrotten lassen. In ähnlicher Weise ging man mit den anderen verstorbenen Mitgliedern der Königsfamilie vor. Die Königin-Mutter und die Königsfrauen verwandelten sich in Leoparden; Prinzen und Prinzessinnen in große Schlangen. Weder in Ankole noch in Urundi ist von einer eigentlichen Bestattung der Königsleiche die Rede. Dagegen haben wir aus Urundi, Rwanda, Karagwe, weiter aus Ujiji (Uha) am Nordufer des Tanganyikasees, wo vor etwa 200 Jahren Hima mit ihren langhörnigen Rindern, aus dem Norden kommend, eingewandert waren, wie auch von den Nyamwezi deutliche Nachrichten über die mit der Fanany-Mythe in Verbindung stehenden Bestattungsriten (Einwickeln der Leiche in eine schwarze Rinderhaut, Dörren bzw. Räuchern der Leiche, Einsammeln der Verwesungsreste, Madenwürmer usw.). Sowohl von den Kulwe in der

Gegend des Rukwasees als auch bei den Wemba oder Bemba im Süden der Kulwe und auch aus Südrhodesien ist in Zusammenhang mit der Fanany-Mythe von einer »Grabröhre« die Rede, die den Leichnam des Verstorbenen oder seine Verwesungsreste mit der Außenwelt verbindet. Aus dieser kriecht bei den Kulwe ein wurmartiges kleines Wesen empor, das sich allmählich zu einem Raubtier entwickelt. Beim Begräbnis eines mächtigen Häuptlings stießen die Wemba und so auch andere Ethnien auf dem Plateau von Nordrhodesien ein langes Bambusrohr in das rechte Ohr der Häuptlingsleiche, und zwar derart, daß das Rohrende aus dem Grab hervorragte. Die Öffnung des Rohres wurde einige Tage hindurch sorgfältig bewacht. Am Ende des zweiten Tages kroch eine Spinne aus der Röhre, gefolgt ein wenig später von einer Pythonschlange und im weiteren Verlauf von einem jungen Löwen. Ähnliches berichtete *L. Frobenius* aus dem Monomotapareich. Hier ist von einem Röhrenknochen die Rede, »der den Innenraum des Grabes mit dem Außenraum der Höhle verbindet.« Weiter finden wir die Vorstellung vom Leichenwurm bei den Tschokwe und Lunda und bei den den Mbangala verwandten Minungo und Shinje, und eine abgeschwächte Fanany-Vorstellung bei den Ambo-Kwanyama. Bei letzteren stellte statt der Leichenmade eine Käferlarve die Wiedergeburt dar, entsprechend dem aus Mopana-Stämmen errichteten Baumstammgrab. Im Einzelfall ist es oft schwierig, die eigentliche Funktion der von verschiedenen Autoren berichteten »Grabröhren« zu ermitteln: sie kann dem »Seelenwurm« den Aufstieg aus dem Grab erleichtern, kann als »Luftkanal« dienen oder auch die Funktion einer »Speiseröhre« besitzen. So hatte z. B. das in der Mitte des Grabschachtes zum Königsleichnam führende Rohr in Kaffa die Aufgabe, den verstorbenen König mit Honigwein zu versorgen. Speiseröhren in Verbindung mit dem Opferdienst für die Toten (Ahnen) bedeuten in Afrika nichts Außergewöhnliches.

# VI.
# METROPOLEN IM NORDEN

## Das Reich der Schilluk

Die Schilluk am Weißen Nil bei Malakal (Republik Sudan) sind unter den rezenten Ethnien die nördlichsten Vertreter eines Gottkönigtums und bilden einen Teil der zahlreiche Ethnien umfassenden nilotischen Völkerfamilie. Ihre Ausläufer reichen bis nach Äthiopien, Uganda und in den Norden Tansanias. Die Schilluk sind die einzigen, die es in der nilotischen Völkerfamilie zu einem eigentlichen Königtum gebracht haben. Der Begründer ihres Reiches und Stammvater der Schilluk ist Nyikang. Seine Lebensgeschichte und die unter seiner Führung erfolgten Wanderungen der Schilluk tragen zahlreiche mythische Züge. Nyikang starb nicht auf gewöhnliche Weise, sondern entschwand während eines Gewittersturmes und wird seitdem als Nationalheld, Kulturbringer und Gottheit verehrt.

Die Entstehung des Schilluk-Königreiches verlegt *D. Westermann* an den Anfang des 16. Jahrhunderts. Es ist dies ungefähr die gleiche Zeit, in der mit der Einwanderung der den Niloten nahestehenden Hima oder Tussi in das Zwischenseengebiet gerechnet werden muß. Sie unterjochen die einheimischen negriden Iru, Hutu und andere Bantu-Ethnien und nahmen deren Sprache an. Verschiedene Anzeichen weisen darauf hin, daß bereits vor den einwandernden Hima größere, an die Sidamoländer (Djandjero, Kaffa usw.) gemahnende Staatengebilde im Zwischenseengebiet bestanden, deren Hofzeremonial und religiöse Vorstellungen in manchem den Verhältnissen im christlichen Nubien glichen, und auf diese Weise an nubische Vorbilder erinnern.

Der Zeitraum zwischen dem 13. und 15. Jahrhundert ist durch den Niedergang des Christentums in Nubien gekennzeichnet. Im Jahre 1275 fällt Dongola in die Hände der Araber und im Jahre 1317 wurde in Dongola eine große Moschee errichtet. Anstelle des Christentums beginnt jetzt der Islam zu herrschen. Ein Bündnis der Araber im Norden und der Araber im Süden nimmt Soba, die in der Nähe Khartums gelegene Hauptstadt des christlichen Reiches Aloa (Alwa), in die Zange, und Soba, das letzte Bollwerk der Christenheit im Sudan, fällt unter dem Ansturm der Fung, eines mit arabischen und nubischen Elementen durchsetzten negriden Ethnos. Es war vermutlich aus dem Westen oder Süden gekommen und hatte sich mit den Arabern gegen Aloa verbündet. Auf seinen Trümmern wurde das von den Fung beherrschte und von Legenden umsponnene Reich Sennar gegründet. Die hohe Stellung der Königin-Mutter, die Geschwisterehe in der Königsfamilie und die rituelle Königstötung im Reiche Sennar erinnern allein schon daran, daß das alte Erbe Nubiens noch nicht in Vergessenheit geraten war.

Mit dem Fall Sobas und der darauf erfolgten Gründung des Fung-Reiches war das Tor nach dem Sudan für die Araber geöffnet. Ihre Macht breitete sich immer mehr und mehr aus und wurde u. a.

auch den Schilluk gefährlich. Sie erlitten große Verluste unter dem Fung-König Baadi Abu Dinj (1635–1671). Dieser hatte die Schilluk angegriffen, besiegt und viele Gefangene gemacht, die in seinem Lande angesiedelt wurden.

Der schottische Afrikaforscher *James Bruce* (1730–1794) berichtete als erster über den rituellen Königsmord bei den Fung. Eine Verwandtschaft zwischen Fung und Schilluk wurde von beiden Seiten bestritten. Doch haben beide Ethnien auf dem Sektor eines Gottkönigtums vieles gemeinsam.

Wir halten uns an *D. Westermann*, der sich eingehend mit Geschichte und Kulturgeschichte des Schilluktums befaßte, wenn er schrieb: »Das staatliche Leben trägt alle wesentlichen Züge der Hima-Reiche. Der König war selbstherrlich, ihm gehörten Land und Leute und alles Vieh. Er konnte auf jedes Mädchen die Hand legen, auch wenn es schon verlobt war. Nach dem Tode des Königs tritt meist eine einjährige Zwischenzeit ein, während der ein Provinzhäuptling die Verwaltung leitet. Der neue Herrscher ist immer ein Königssohn; er wird von den Bezirkshäuptlingen gewählt. Prinzen dürfen bei der Wahl nicht zugegen sein. Ratgeber des Königs sind ein Ministerrat und die Großhäuptlinge. Sie haben sich häufig am Hof des Königs aufzuhalten und werden während dieser Zeit in der Provinzialverwaltung durch einen Stellvertreter ersetzt. Sie und auch die Großhäuptlinge werden vom Volk gewählt und vom König bestätigt, und das gleiche gilt für die Dorfhäuptlinge.

Der König ist auch der religiöse Führer des Volkes und hat die großen Opfer um Regen und bei Beginn eines Krieges darzubringen; beide wenden sich an Nyikang, denn er spendet Regen und Sieg. In beiden Fällen wurden auch Menschenopfer dargebracht. – Vor der Krönungshütte des Königs brannten zwei Feuer. Davon wurde ein Brand nach der Hauptstadt Faschoda gebracht und dort als ewiges Feuer unterhalten, das während der Lebenszeit des Herrschers nicht verlöschen durfte.

Die Königsmutter stand in hohem Ansehen und auch die Schwestern des Herrschers hatten eine Sonderstellung. Der König heiratete neben anderen Frauen eine Halbschwester, und diese nahm fast die Stellung einer Mitregentin ein.

Der Königsmord herrschte seit den frühesten Zeiten. Er wurde von einem Angehörigen des Herrscherhauses vollzogen durch Ersticken oder durch Brechen des Genicks. Der erste Akt bestand häufig darin, daß ein Prätendent ihm eine Verwundung beibrachte.« Auf *Hofmayr* bezugnehmend, schreibt *D. Westermann* weiter: »Ist dann der König infolge der erhaltenen Wunde schwach geworden, oder ist er unfähig, Kinder zu zeugen, oder übersteigt seine Regierung bereits zehn Jahre, hat er sogar auch ein wenig Schnupfen, so wird das als genügender Grund angesehen, ihn aus dem Weg zu räumen.«

Die Niloten (Schilluk, Dinka, Nuer) sind Viehzüchter und Pflanzer. Gezüchtet werden Rinder, Schafe und Ziegen, angebaut werden Durra, Bohnen, Sesam, Kürbis und Melonen. Die geringen Weidemöglichkeiten während der Trockenzeit bestimmen den Stand der Tiere. Die Männer nehmen in der Regel an der Feldarbeit teil, während die Frauen im allgemeinen von der Viehzucht ausgeschlossen sind. Auch das Melken der Kühe ist ihnen untersagt. Kuhblasen – um den Milchertrag zu steigern, wird den Kühen in die Scheide geblasen –, Kastration, Melken mit der Kalbspuppe, einer Attrappe, die das säugende Kalb vorstellen soll, heiliger Stier, heilige Herden, Verzieren der Hörner, Fleisch für Opferzwecke, Vieh als Brautpreis sind einige der üblichen Viehzüchterbräuche. Erwähnt sei auch die Kuh als Urmutter der Menschen in der Ursprungssage der Schilluk, wobei wir an die Vorstellung einer kuhgestaltigen Muttergottheit erinnert werden, wie auch an die Kuhgöttin Hathor

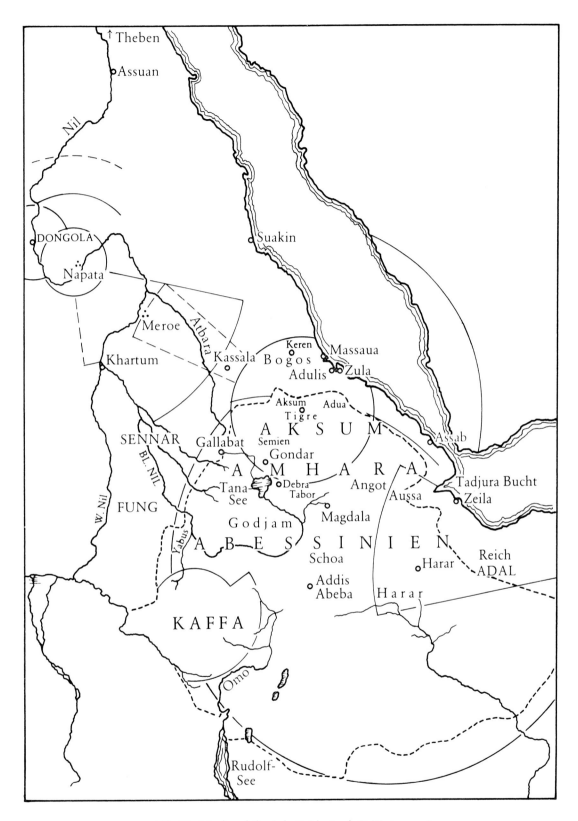

Abb. 57 Nordostafrikanische Reiche (nach *D. Westermann*)

mit der Sonnenscheibe zwischen den Hörnern in der Frühzeit Ägyptens und nicht zuletzt auch die Vorstellung der alten Ägypter, der Himmel wäre eine Kuh, deren vier Beine den Himmel stützten.

Als weitere Wesensmerkmale nilotischer Eigenart sind zu nennen: Geschlechtsnacktheit der Männer (mitunter auch der Frauen), Blättertracht der Frauen, Lederkleidung, reicher Elfenbein-Armring-Schmuck, Muschel- und Straußeneiperlenketten, Hörnerklappen, Entfernen der unteren Schneidezähne, Bogen, Speer, Keule, Parierstockschilde u. a. m. An Hausformen sehen wir das häufige Auftreten des zylindrischen Kegeldachhauses. Die Verwendung von Holz und Horn bei den Speerspitzen wird oft als Beweis für eine junge Einführung der Eisentechnik gedeutet, die wohl über die Fung aus Nubien stammen dürfte. Die Schmiede sind jedoch verachtet und bilden auch hier eine eigene Kaste. Sie entstammen zumeist einer den Bogen führenden älteren Schicht. In der Gesellschaft herrschen Klantotemismus und Vaterrecht. Beschneidung fehlt. Wo sie vorkommt, wie etwa

Abb. 58 »Kuhblasen«. Um die Kuh zur Milchabgabe anzuregen, wird ihr in die Vagina geblasen, ein Brauch, der z. B. bis heute noch bei den Niloten üblich ist (nach G. Meister, 1692). Beim sog. »Melken mit der Kalbspuppe« wird der Kuh durch eine Attrappe ein Kalb vorgetäuscht

bei den Reik (Dinka), geht sie auf eine arabische Einführung zurück. Das Altersklassensystem ist nur mäßig ausgebildet. Eine große Rolle spielt die Narbentatauierung. In der Religion hat die Verehrung Nyikangs, des großen Nationalheros, alle anderen religiösen Vorstellungen, etwa auch den Glauben an eine Himmelsgottheit, zurückgedrängt. Nyikang wird in eigens für ihn erbauten Tempeln verehrt. Alte Männer und Königsfrauen bringen die Opfer dar. Gewöhnliche Ahnen verehren die Familienangehörigen an den Gräbern. Das heilige Feuer bzw. die Neubohrung eines heiligen Feuers im Rahmen der Krönungsfeierlichkeiten, das Gottkönigtum mit seinem Beamtenheer, seine Macht über Regen und Fruchtbarkeit mit Hilfe Nyikangs, als dessen Nachkomme sich der König fühlt, die heilige Lanze als Königssymbol, ein im Nilotentum tief verankertes Emblem, Jäteisen als sakrales Eisengerät, Thron (Stuhl), Trommel, Königskleid und Königsfiguren, eigene Grabhütten mit besonderer Bewachung, der Opfertod des Königs, die betonten Freiheiten der Königstöchter, die Ehrung der Königin-Mutter und die Geschwisterehen, alle diese Elemente führen uns, wie wir bereits sahen, zurück in die christliche und heidnische Zeit Nubiens und stellen ein kulturgeschichtliches Kontinuum dar mit all seinem ihm innewohnenden Invergessenheitgeraten, seinem Wiederaufleben und seinem Wandel im einzelnen.

## Äthiopien und Aksum

Unter Äthiopien (griech. *Aithiopia*, hebr. *Kusch*) verstand man ursprünglich das Land südlich des ersten Kataraktes (Assuan), etwa das alte Napata und Meroë bzw. das heutige Nubien (Sudan und Ägypten). In griechisch-römischer Zeit gewöhnte man sich daran, diesen Namen auf alle afrikanischen Länder südlich von Ägypten anzuwenden, so auch auf Abessinien, das heutige Äthiopien. Nach dem heutigen Sprachgebrauch verstehen wir unter dem Namen Äthiopier die Bewohner Äthiopiens, die nach Rasse, Sprache und Kultur sehr verschiedene Ethnien umfassen.

Die ersten semitischen Einwanderer in Äthiopien kamen aus dem Yemen (Südwestarabien) und zwar sicherlich schon geraume Zeit vor Christi Geburt. Das arabische Wort *habaschat* oder *habeschi* (= Mischlinge), woraus dann die latinisierte Form Abessinien entstand, stellt eine mittelalterliche Bezeichnung für die Nachkommen dieser sabäisch-arabischen Eroberer dar. Habaschat (Hawaschat) ist auch ein alter südarabischer Stammesname. Diesem semitischen Eroberervolk gelang es zwar, die Herrschaft über eine ältere kuschitische (osthamitische) Bevölkerung an sich zu reißen und ihr eine semitische Sprache aufzudrängen, es vermochte aber nicht, sich auch in physischer Hinsicht durchzusetzen. Die einwandernden Semiten vermischten sich mit den kuschitischen und der Rasse nach äthiopischen Einheimischen und gingen rassisch in ihnen unter.

Die sabäische oder voraksumitische Zeit Abessiniens ist durch die Vorherrschaft Arabiens über Abessinien gekennzeichnet. Auch wird die Gründung der sogenannten salomonischen Dynastie von den mittelalterlichen Mönchslegenden den sabäisch-semitischen Einwanderern zugeschrieben, und die Königin des Südens, Makeda von Saba oder Scheba, ist in der Legende die Stammutter fast aller späteren Könige von Abessinien (Äthiopien). Es ist nicht ausgeschlossen, daß aus hamitisch und semitisch sprechenden Ethnien die Afar oder Danakil (arab. sing. Dankali) sowie die von den arabischen Kosmographen Berbera genannten Somali hervorgegangen sind.

Die seit etwa 300 v. Chr. erfolgten hellenistischen Gründungen an der erythräischen Küste waren nicht ohne Einfluß auf das Hinterland. Zeugen dieses Einflusses sind die an das altrömische tunikaartige Frauenkleid mit Gürtel erinnernde amharische Frauentracht und der Überwurf der amharischen Männer, der eine Abart der römischen Toga ist. Die z. T. römischen Rechtsformen im abessinischen Recht weisen auf eine ähnliche Herkunft hin. Nahe Verwandte der Habaschat sind die Gurage südlich des oberen Hauasch, im Osten begrenzt vom »großen Graben« und im Süden von der Landschaft Kambata.

Die älteste Sprache der Amhara war das Geez, eine rein semitische Sprache, die jedoch heute nur mehr in der Liturgie der abessinischen Kirche Verwendung findet. Die Geez waren neben den Habaschat, die frühzeitig die Macht im Staate an sich gerissen hatten, der wichtigste Stamm der altarabischen Einwanderer. Mit dem Verfall des aksumitischen Reiches im 12. Jahrhundert begann auch die Verwilderung der Sprache. Es entstand das Amharische. Das Amharische ist ein lautlich, syntaktisch und stilistisch stark mit hamitischen Elementen durchsetzter Zweig einer verschollenen Schwestersprache des Äthiopischen (Geez), dem im übrigen auch das Tigrinja und Tigre entsprungen sind. Das Amharische ist zwar seit dem Jahre 1270 Staatssprache; Schriftdenkmäler sind von ihm aber erst seit dem 17. Jahrhundert bekannt. Die ganze alte Literatur ist in Geez geschrieben, und auch die heutigen arabischen Schriftzeichen stammen davon ab. In seinem innersten Kern aber ist das Amharatum ein äthiopides Ethnos, das nebst Beimischung vorderasiatischen (orientaliden) Blutes eine semitische Sprache spricht.

Mit der Einführung des Christentums von Alexandrien aus (350 n. Chr.) war das Aufblühen des aksumitischen Reiches gegeben. Noch heute künden die großartigen Ruinen von Aksum unweit Adua in der Provinz Tigre von der Bedeutung dieses Reiches. Die Fäden aber, die Byzanz mit Äthiopien verbanden, wurden durch das Eingreifen des Islams an der ägyptischen Küste im 7. Jahrhundert zerrissen. Das Christentum in Abessinien wurde isoliert und nur mühsam konnte die Verbindung mit der koptischen Kirche aufrechterhalten werden. Die Blütezeit des aksumitischen Reiches war demnach nur von kurzer Dauer (4. bis 6. Jahrhundert). Anarchische Zustände griffen immer mehr um sich und Religionskriege zerfleischten das Land. Die salomonische Dynastie wurde durch die Zwischenherrschaft einer jüdischen Dynastie aus dem Geschlecht der Zague ersetzt (9. bis 13. Jahrhundert). Wieder an die Macht gelangt, begründete die salomonische Dynastie von neuem die Herrschaft der Amhara. Durch Mohammed Granj, den König von Adal, einen Emporkömmling und Glaubenseiferer, wurden wiederum die Grundfesten Abessiniens durch den Islam erschüttert. Mohammed Granj verband sich mit den Türken und überrannte die Amhara. Gondar, die Hauptstadt, und Aksum wurden vernichtet. Nur das Eingreifen der Portugiesen rettete den christlich-abessinischen Staat vor dem sicheren Untergang. Die Versuche, den Katholizismus auf Kosten der koptischen Kirche im Lande einzuführen, waren nur von vorübergehendem Erfolg begleitet.

Aus einer 39 äthiopische Könige umfassenden Liste in der Zeit von 1270 und 1755 geht hervor, daß insgesamt zwanzigmal ein Sohn des verstorbenen Königs, und zwar in der Mehrzahl der älteste, der Nachfolger wurde. Dies bedeutet, daß die Sohnesfolge die ungeschriebene, jedoch stillschweigend befolgte Thronfolgeregel gewesen war. Entscheidend war allein die Legitimierung durch den Vater, schreibt *E. Haberland*; die salomonische Abstammung durch die mütterliche Linie war früher ohne Belang. In der Erbteilung war stets der älteste Sohn bevorzugt. Seine Brüder hatten sich mit Bruchteilen des väterlichen Vermögens zufrieden zu geben. Das Bestreben der christlichen Mönche war auf eine bestmögliche Angleichung der äthiopischen Könige an die Könige des Alten Testamentes hin gerichtet, was aber nicht verhinderte, daß im Volke noch weitgehend das afrikanische Erbe in Gestalt eines sakralen, an das Charisma des Herrschers gebundenen Königtums in der Erinnerung weiterlebte. Nach *E. Haberland* wäre die mythische Vorstellung von der Epiphanie des königlichen Charisma stark genug gewesen, die Herausbildung einer festen Nachfolgeordnung im äthiopischen Königtum zu verhindern. Zu den heidnisch-mythischen Zügen gehörte auch die rituelle Königstötung, von der jedoch aus naheliegenden Gründen in den äthiopischen Chroniken nichts zu lesen

Abb. 59  Goldgestickter Überwurf und Krone des Diakons zeugen von dem Reichtum und dem Kunstempfinden der koptischen Kirche Abessiniens

Abb. 60  Bei den Borana-Galla tragen alle Mitglieder der Gada-Klasse Gadamoči das Kalatscha, einen phallischen Stirnschmuck

ist, was aber die Möglichkeit nicht von vorneherein ausschließt, wie *E. Haberland* mit gutem Recht bemerkte, daß man die rituelle Königstötung in früheren Zeiten doch kannte. Die Geistlichkeit hatte weitgehend alle früheren Vorstellungen verdrängt.

Zu den afrikanischen Symbolzeichen und Königstieren, wie etwa Armring und Löwe, kamen nun Schirm, Zelt, Pferd und Maultier hinzu und von Seiten der biblischen Tradition Salböl und Weihwasser. Die Krone als aksumitisches Königssymbol wäre nach *E. Haberland* erst spät, etwa im 4. Jahrhundert, in Erscheinung getreten; auf keinen Fall aber bestünde ein Zusammenhang mit den meroïtischen und nubischen Reifenkronen, die aus Ägypten stammen. Erst in später Zeit, »vermutlich durch den Einfluß der Portugiesen und auch der äthiopischen Kirche, die die Priesterkrone schon lange kannte«, wurde die Krone zu einem Herrschaftszeichen der hochäthiopischen Könige. In der Spätzeit Hochäthiopiens gilt die Krone als das wichtigste Symbol des Königtums, neben der sogar die heilige Salbung zurücktrat. Das eigentliche Königszeichen ist aber der Ring.

Abgesehen von der großen Königstrommel gehörten in die Sphäre königlicher Heiligkeit Horn, Trompete und Flöte, dazu kommen noch Zelt und Sonnenschirm, die bereits im aksumitischen Inthronisations-Ritual verwendet wurden. Ursprünglich waren sie als Schutz des Königs vor der Sonne und vor den Blicken der Menschen gedacht, später entwickelten sie sich zu Machtsymbolen und kamen nach *E. Haberland* vermutlich bereits als solche mit den Südarabern oder in Nachahmung der hellenistischen und meroïtischen Herrscher nach Aksum.

Ein weiteres wichtiges Machtsymbol der aksumitischen Könige war der Thron. Die mächtigen Steinsockel vor der Kathedrale in Aksum sind noch die letzten Reste in Vergessenheit geratener Inthronisationsriten. Ähnlich wie die rituelle Königstötung besaß auch die Königsschwester oder die Königin-Mutter im christlichen Äthiopien keine Bedeutung im politischen Leben, doch führten Königinnen häufig eine Art Regentschaft während der Minderjährigkeit ihrer Söhne aus. Eine der eigentümlichsten Institutionen des hochäthiopischen Königtums nennt *E. Haberland* »die dauernd ihren Standort wechselnde Pfalz der Könige«. Das längere Verweilen eines Königs an einer Stelle gehörte zu den Ausnahmen. Auch hier waren es wiederum die Portugiesen, die den Anstoß zu einer endgültigen Anlage einer Hauptstadt mit einem festen Schloß in Gondar gaben. Bis dahin unbekannte Elemente, wie die Verwendung von Mörtel, Gewölbebau und Fenster fanden damals Eingang in Äthiopien.

Das von Christentum und heidnischen Sitten geprägte äthiopische Königtum kannte auch die weitverbreitete Sitte der »Unsichtbarkeit des Königs« und verschiedene Eßgebote. »In der Pfalz« – schreibt *E. Haberland* – »war der König unsichtbar und saß hinter einem Vorhang oder – wie später in Gondar – hinter einem Rohrgeflecht, wo er alles sehen und hören konnte. Doch ließ er bei Beratungen seine Stimme nicht hören, sondern flüsterte seine Anordnungen durch den Vorhang, dem *kala hase* (»Stimme der Majestät«, auch *afa negus* – »Mund des Königs«) ins Ohr, der sie mit lauter Stimme verkündete. Sogar vor seiner nächsten Umgebung ließ er sich selten unverhüllt sehen und hatte zumindest das Gesicht bis zu den Augen mit einem dünnen Schleier verhüllt.« Alle Lebensäußerungen des Königs wurden geheim gehalten. So saß z. B. bei allen großen Staatsbanketten der König hinter einem Vorhang oder später auf einem erhöhten Bett. Mit bloßen Händen durfte der König die Speisen nicht berühren, sondern diese schob ihm eine Page in den Mund. Auch die Heimlichkeit des königlichen Leichenbegängnisses ist bemerkenswert.

### Kaffa-Djandjero-Wolamo

Die Kaffitscho oder Gonga sind ein kuschitisches Volk von Ackerbauern und Viehzüchtern, die um 1400, von Norden her kommend, in Südäthiopien einwanderten und hier das Reich Kaffa gründeten. Ihre äthiopide Zugehörigkeit drückt sich durch große und magere, langköpfige und schmalgesichtige Menschen mit gerader Nase aus. Mindscho hieß ihr erster König und Stammvater des Herrschergeschlechtes von Kaffa. Seine Regierungszeit wird von den Kaffitscho für die Jahre 1390 bis 1425 angenommen. Er brachte der Sage nach die von seinen Vorfahren in mehreren Geschlechterfolgen begonnene Wanderung seines Volkes aus dem Gebiet des heutigen Sennar in das Land Kaffa in Abessinien zum Abschluß. Mindscho machte sein Volk groß und mächtig und nahm die Stellung eines Gottkönigs oder Priesterkönigs ein.

Die Kaffa (Kafa, Kafitscho oder Gonga) werden zusammen mit den Bako, Gibe, Gimira, Djandjero, Maiji und Ometo der kuschitischen Sidamo-Gruppe zugerechnet, die ihre Heimat an der Südwestgrenze des äthiopischen Hochlandes haben. Sie betreiben einen intensiven Ackerbau (Terrassenfelderkultur, Mistdüngung und Pflug). Ihre wichtigsten Nutzpflanzen sind Ensete, Süßkartoffel, Taro und Yams, ferner Gerste, Eleusine, Mais, Hirse, Sorghum, Teff und Weizen. Rinder, Schafe, Ziegen, Esel, Hunde, Hühner und Bienen sind in ihrer Wirtschaft von untergeordneter Bedeutung und gegen Fische besteht – dem weit verbreiteten Tabu unter Kuschiten entsprechend – Widerwillen.

An der Spitze des Reiches und der in Königsfamilie, Adelige und Gemeine gegliederten Gesellschaft stand der wie ein Gott verehrte Priesterkönig als Inkarnation des Himmelsgottes bzw. der Sonne. Seine von ihm ausstrahlende Kraft war so groß, daß alles Volk sich versteckte, wenn der König oder Kaiser den Palast verließ. Nur einmal im Jahre, am Tage des Kreuzfestes, zeigte sich der König dem Volk. Sonst hielt er sich hinter einem Vorhang verborgen. Auch beim Essen durfte niemand den Kaiser sehen. Vorkoster und Mundschenk speisten und bedienten den Kaiser, denn es war ihm nicht gestattet, die Speisen mit seinen Händen zu berühren. Arme und Hände trug der Kaiser stets unter dem Manteltuch oder Mantelkragen verborgen. Seine Untertanen beteten ihn an. Sie schlugen sich dabei an die Brust und küßten die Erde.

Beim Antritt seiner Herrschaft ehelichte der Kaiser die Witwen seines Vaters und Vorgängers und somit auch seine leibliche Mutter. Die Kaiserin-Mutter, im gegebenen Fall die Mutter des jeweiligen Herrschers, führte bis zu ihrem oder des Kaisers Tod als Hauptfrau, d. h. als gewöhnlich älteste Frau des Kaisers, den Titel »Abbet« oder Kaiserin. Wörtlich heißt »abbet« so viel wie »Gnade«. Die Kaiserin-Mutter war die Hauptfrau und die Leiterin des gesamten kaiserlichen Haushaltes.

Sinnbild und äußeres Zeichen der Macht des Kaiserreiches Kaffa war die heilige Kaiserkrone mit dem dreifachen goldenen Phallus. An der Spitze des Kronhelms war ein 50 cm hoher Straußenfederbusch als Sinnbild der Heldenschaft befestigt. Ein Vergleich der in den Königsgräbern von Ballana in Nobatia (Nordnubien) gefundenen Königskronen meroïtischer Herkunft mit der Kaiserkrone von Kaffa veranlaßte K. *Dittmer* zur Aufstellung einer Reihe von Hypothesen. K. *Dittmer* verfolgte den »Wandlungsprozeß von der altägyptischen *anedtj*-Krone mit echten Federn zur meroïtischen Krone (mit metallener Nachbildung der Federkrone)« ... bis zur mittelalterlichen Ife-Krone bzw. zum rezenten äthiopischen kalatscha«. Bei diesen *kalatscha* handelt es sich um einen phallischen Stirnschmuck aus Silber oder Gold, der nach E. *Haberland* ursprünglich die Bedeutung eines Töter-

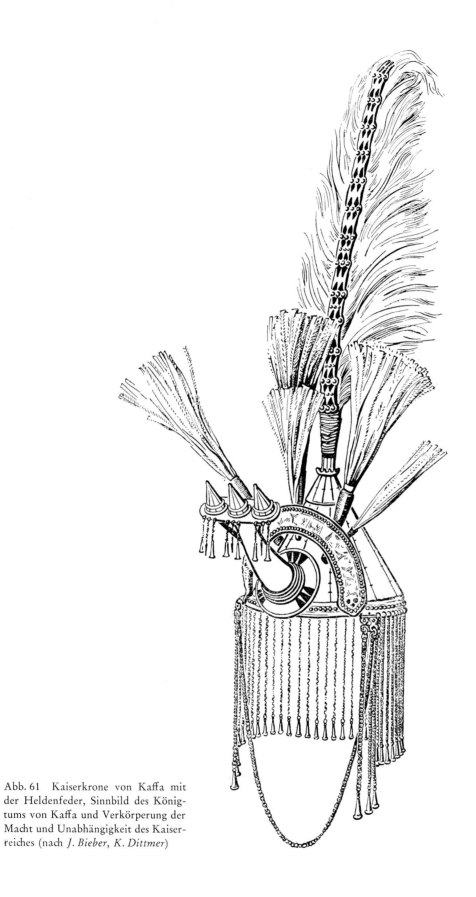

Abb. 61 Kaiserkrone von Kaffa mit der Heldenfeder, Sinnbild des Königtums von Kaffa und Verkörperung der Macht und Unabhängigkeit des Kaiserreiches (nach *J. Bieber, K. Dittmer*)

abzeichens und den abgeschnittenen Phallus des erschlagenen Feindes darzustellen hatte. Bei den Amhara, Kaffa und Wolamo besaß dieser Schmuck noch bis vor kurzem diese Bedeutung. Nach *K. Dittmer* wären diese äthiopischen *kalatscha* als ursprüngliche Würdezeichen sakraler Herrscher aufzufassen. Sie stellen formal eine Vereinfachung der als Vorbilder dienenden meroïtischen Kronen dar, bedingt durch technisches Unvermögen (Herstellung aus Blech statt aus Metallguß im *cire-perdue* – d. h. Wachsausschmelzverfahren) im Gefolge einer kulturellen Verarmung der Führungsschicht im zeitlichen und räumlichen Verlauf ihrer Ausbreitung. Gleichzeitig zeigte die Kaiserkrone von Kaffa nach den Ausführungen *K. Dittmer's* eine Beeinflussung durch amharische Kronen der Mitte des 1. Jahrtausend n. Chr., wobei gleichfalls eine technische Vereinfachung erfolgte. Weitere Details überzeugten den Forscher, daß auch die yorubischen Kronen als Abkömmlinge der meroïtischen Kronen aufzufassen wären. Bestimmte stilistische Einheiten, darunter u. a. solche koptischer Natur, weisen in einen Zeitraum nach dem 5. Jahrhundert n. Chr., ein Umstand, in Alwa (Nubien) das ursprüngliche Vorbild der in Rede stehenden Kronen zu suchen. »Alwa ist aber auch nach der Kaffitscho-Tradition die Urheimat ihrer Königsdynastie« – schreibt *K. Dittmer* – und »auf Nubien als Ausgangspunkt weisen sodann auch die dynastischen Traditionen und Wesenszüge der von Kordofan-Darfur bis in das Tschadseegebiet reichenden Kette sakraler Königtümer.« Mit der Abwanderung ihrer Träger samt Gefolge, Hofkünstlern und Priestern immer weiter nach Westen und Süden ist im 7. bis 8. Jahrhundert n. Chr. zu rechnen.

Außer der phallischen Kaiserkrone mit ihrem Federschmuck und den drei Phalli gab es in Kaffa noch eine Reihe anderer Reichskleinodien, so u. a. das goldene Ohrringgehänge, einen goldenen Armreif, der vom Kaiser am rechten Unterarm getragen wurde, einen goldenen Finger- oder Siegelring, eine goldene Halskette und einen bis an die Füße reichenden, ärmellosen Mantelkragen aus grünem Tuch. Dazu kamen der goldene Herrscherstab, ein mit Golddraht umwundener Stab aus Silber, das goldene Kaiserschwert und ein mit Gold verziertes Dolchmesser, der Zweizack, ein kurzer Speer mit zwei für sich gestielten, an einem Schaft befestigten Speerblättern. Nur der Kaiser durfte einen solchen Zweizack haben.

Zu beiden Seiten des Thrones standen in der Thronhalle zwölf mit Goldblech beschlagene Schilde. Wenn der Kaiser die Pfalz verließ, wurden sie im Zuge mitgetragen. Der kaiserliche Sonnenschirm war mit grünem Tuch überzogen und trug an der Spitze eine goldene Kugel. Ein anderes wichtiges Reichskleinod war auch die Kaiserpauke. Sie war aus Holz und mit einem Kalbsfell bespannt. Außer dem Kaiser durfte nur der Unterkönig von Hinnara eine solche Pauke haben. Sie wurde geschlagen, wenn der Kaiser sich zur Mahlzeit setzte, wenn er die kaiserliche Pfalz verließ, wenn es Gesetze zu verkünden gab, bei Kriegsbeginn und anderen wichtigen Anlässen, die den Kaiser und das Land betrafen. Der Thron des Kaisers, ein Stuhl aus Holz, mit Silberblech beschlagen und mit Goldblech und Golddraht verziert, stand in der Thronhalle der Kaiserpfalz zu Andaratscha. Außerdem bediente sich der Kaiser auch noch eines tragbaren Thron- oder Sitzbrettes aus Eisen.

Dem Kaiser zur Seite stand der Ältestenrat aus sieben Sippen der herrschenden Gonga oder Kaffitscho. Dieser Hohe Rat wählte auch den neuen Herrscher. Die Räte hoben den Erwählten auf die Kaiserpauke und sprachen die Formel: »Euer Vater ist aufgestiegen! Nehmt das Königreich! Seid gut mit dem Lande!« Der Sippenälteste der Sippe Hini Baro gab dem Kaiser einen neuen Namen, den er von nun an als Thronnamen führte. Sodann huldigten die sieben Räte dem Kaiser auf der Pauke. Zum Zeichen ihrer Unterwerfung rupften sie Gras und küßten die Füße des Herrschers. Ohne

Zustimmung seiner Räte traf auch der Kaiser keine wichtige Entscheidung. Die Räte oder Minister waren zugleich auch Provinzgouverneure und die meisten unter ihnen hatten auch noch andere Ämter zu bekleiden. So war der eine der Königssprecher, Hofmeister und Außenminister, ein anderer Minister der öffentlichen Arbeit und Befehlshaber der Palastwache, ein dritter Oberaufseher der Königssklaven und ihrer Arbeit auf den Königsgütern. Der Handelsminister dagegen gehörte nicht dem »Rat der Sieben« an, er wurde vom König ernannt und war nur diesem allein verantwortlich.

Erkrankte der König bzw. Kaiser, so wurde dies dem Volk verheimlicht. Beim Tode des Herrschers wurden so lange alle männlichen Verwandten in Ketten gelegt, bis der neue Herrscher bekannt war. Thronerbe war stets ein Sohn des verstorbenen Kaisers. Eingewickelt in zahlreiche Baumwolltücher, die an Mumienbinden erinnern könnten, wurde der Kaiser bestattet.

Acht Tage nach der Bestattung des verstorbenen Vorgängers erfolgte die Krönung des Kaisers in der Krönungsstadt Schadda. Die Krönung vollzogen die Sippenältesten der beiden Sippen Hini Baro und Amaro. (Den goldenen Armreif, das wichtigste Kroninsignum, verwahrte nach dem Tode des Herrschers bis zur Krönung des neuen der Älteste der Sippe Bischo.) Bei den feierlichen Krönungszeremonien wurde zunächst der Kaiser mit dem grünen Manteltuch bekleidet, sodann mit den Reichskleinodien, mit Halskette, Fingerring und Armreif geschmückt. Der Sippenälteste der Amaro-Sippe krönte den Kaiser. Gleichzeitig mit der Krone wurde auch das zu ihr gehörige Ohrringgehänge angelegt. Von da ab blieb der Kaiser der breiten Masse des Volkes verborgen, als ein Gott hinter einem Vorhang. Grün war die Kaiserfarbe. Niemand anderer als der Kaiser durfte grüne Farbe benutzen. Auch das Tragen von Goldschmuck war ein kaiserliches Vorrecht. Jeden Monat – die Zeit wurde in Kaffa nach Mondmonaten gerechnet – wohnte der Kaiser in einer anderen Pfalz (Stadt).

## Djandjero

Wie die Kaffitscho oder Gonga sprechen auch die Djandjero eine westkuschitische Sprache, das Rassenbild dagegen wird jedoch von sehr heterogenen Elementen negriden und äthiopischen (europiden) Ursprungs bestimmt. Schon im Mittelalter ist mit arabisch-islamischen Einflüssen auf das Djandjero-Reich zu rechnen, die dann durch die Handelsbeziehungen mit den östlichen Nachbarn eine weitere Verstärkung erfuhren. U. a. ist hier auf den ehemaligen mohammedanischen Begräbnisplatz nördlich von Fofa mit seinen zahlreichen Steinsetzungen hinzuweisen. Um die Mitte des 19. Jahrhunderts wurden im Verlauf eines intensiven Bekehrungswerkes mohammedanischer Händler aus dem Sudan und aus Nord-Äthiopien die Reiche Djimma, Limmu, Gera, Goma und Guma sowie Boscha vom Islam erfaßt, und in ähnlicher Weise auch das Reich Djandjero in der zweiten Hälfte des 19. Jahrhunderts. Zu bedeutenden politischen Veränderungen führte schließlich auch die aus Hochäthiopien (Nordäthiopien) auf Djandjero eindringende christlich-amharische Welle, die auf den Ausbau der Staatsorganisation, auf Reichsbildung und Königszeremoniell einen bedeutenden Einfluß hinterließ. Um das Jahr 1613, zur Zeit der Anwesenheit des Portugiesischen Fernandez in Djandjero, war jedenfalls das Reich völlig selbständig gewesen und kein Vasall des äthiopischen Kaisers. Vorübergehend war das Reich auch die »Vormacht eines großen Staatenverbandes«, der sich nach *H. Straube* »im Norden bis zum Hauasch erstreckte und die Reiche Hadya, Kambata, Wolamo, Bischa, Kullo und Kaffa sowie die Kleinstaaten des Gumu-Hochlandes und Gurage umfaßte.«

Der politische und geistliche Führer dieses Staatenverbandes war der Djandjero-König. Die Galla-Wanderungen sowie die Wirren der Mohammed Granj-Kriege, im Gefolge derer 44 von den Amhara-Einwanderern gestiftete christliche Kirchen zerstört worden sein sollen, bereiteten der Djandjero-Herrschaft ein jähes Ende und brachten auch das in diesen Ländern bereits bestehende Christentum zum Erlöschen. Djandjero, durch die historischen Ereignisse isoliert und auf sich selber angewiesen, kehrte in vielen Belangen zu seinem alten vorchristlichen und vorislamischen Kulturerbe zurück. Im Jahre 1894 verlor dann Djandjero endgültig seine Selbständigkeit an die Amhara.

Lockere Gruppierungen einzelner Gehöfte, die in den engen Tälern dichter zusammenrücken, und zylindrische, mit Gras gedeckte Kegeldachhäuser bestimmen das Siedlungsbild. Mobiliar und Hausrat bestehen aus Stühlen, Tischen, Holzgefäßen, Körben, Kalebassen, Töpfen, Krügen u. a. m. Und auch in Djandjero ging dem von Ochsen gezogenem Pflug der Grabstockbau voran, wobei letzterer auch bei den Terrassenfeldanlagen zur Anwendung gelangte.

Als die wichtigsten Kulturpflanzen sind Ensete, Gerste und Weizen zu nennen. Dazu kommen noch Nacktgerste, Emmer, Teff, Sorghum-Hirse, Eleusine und Mais, ferner verschiedene Hülsenfrüchte (Erbsen, Bohnen, Linsen) und als Knollengewächse *Coleus edulis*, Yams und Taro. Der Pfirsichbaum, die Fruchtbanane und der Weinstock kamen aus Nordäthiopien nach Djandjero.

Die Hauptnahrung der Bauern bilden ungefähr 5 cm dicke gewürzte Fladen aus Gersten- oder Weizenmehl. Beliebt ist auch der Genuß gerösteter Gerstenkörner. Aus Gersten- oder Weizenmehl bäckt man auch auf dem Pfannteller leicht gesäuerte Fladenbrote. Die aus Arabien nach Äthiopien gelangte Fruchtbanane und der wahrscheinlich durch arabische Einwanderer-Klane nach Djandjero gebrachte Weinstock wird nur in den königlichen Plantagen gezogen, und Weintrauben durfte nur allein der König essen. Ebenso war es ein Vorrecht der königlichen Plantagen, den Kaffeestrauch zu pflanzen, obgleich der König selber keinen Kaffee trank, sondern dieser vielmehr den mohammedanischen Kaufleuten zum Trinken angeboten wurde. Das gleichfalls in den königlichen Plantagen wachsende Zuckerrohr ist wie die Baumwolle eine junge Einführung in Djandjero. Ziegenfleisch, Hühner und Eier gehören zu den im Lande verpönten Speisen, und ähnlich wie der Kaiser von Kaffa durfte auch der König von Djandjero nur Rindfleisch genießen.

Als »charakteristische Einrichtungen der südäthiopischen Königreiche« nennt *H. Straube* die Staatsräte, die territoriale Gliederung der Reichsgebiete in einzelne Gaue, die Grenzbefestigungen, die Wegnetze, die Existenz von Polizeiorganen und Gefängnissen, gewisse königliche Monopole, die Königsgerichte und andere königliche Hoheitsrechte, die Königspfalzen und nicht zuletzt die prunkvollen Hofhaltungen. *H. Straube* hält es auch für wahrscheinlich, »daß die monarchische Ordnung, sicherlich aber die Staatsorganisation und der Reichsgedanke auf die semitischen Hochkulturvölker zurückgehen und daß die Kuschiten das Königtum von diesen übernommen und es dann auf ihren Südwanderungen zu den Eingeborenen-Völkern Süd-Äthiopiens gebracht haben.« Im Zuge der ersten christlich-amharischen Kolonisationsperiode wurden am Ausgang des Mittelalters in Amarro, Wolamo, Djandjero und vermutlich auch in Kaffa die alten kuschitischen Dynastien von aus dem christlichen Hochkulturraum im Norden stammenden Herrscherfamilien abgelöst. Die alte kuschitische Königskultur wurde von einem dünnen hochkulturlichen Firnis überdeckt und durch eine straffere Staatsorganisation und eine noch prunkvollere Hofhaltung bereichert. An der Spitze der Reichsverwaltung stand ein aus 12 Mitgliedern bestehender Staatsrat, der über die absolute Macht im Staate verfügte und den auch der König in Angelegenheiten der Reichsführung zu befragen hatte.

Nur über die Belange der königlichen Familie konnte der König nach freiem Ermessen entscheiden. Die den 21 Gauen in Djandjero voranstehenden Gauführer unterstanden direkt dem König und hatten für die Durchführung der Anordnungen des Königs, für die Ausübung einer niederen Gerichtsbarkeit und für die Stellung von Mannschaften im Kriege Sorge zu tragen. Der König selbst nahm an den Kämpfen nicht teil, auch soll er niemals Waffen getragen haben. Die Entmannung und die Sitte, die erbeuteten Geschlechtstrophäen unter einem Trophäenbaum (Sykomore) niederzulegen, ist unter den südäthiopischen Ethnien weit verbreitet. Als Anerkennung erhielten die Krieger, die sich jener Taten zu rühmen vermochten, vom König ein Leopardenfell und ein rotes pelerineartiges Gewand.

Der Djandjero-König wurde der göttlichen Sphäre verhaftet angesehen und wurde mit der Sonne und mit dem Monde identifiziert. »Er durfte darum seine Pfalzen weder am Tage noch in mondhellen Nächten verlassen« – schreibt *H. Straube*. Auf dessen Frage nach den Gründen dieses Ausgehverbotes bekam der Forscher den erstaunten Ausruf zu hören: »Wie können denn zwei Sonnen und zwei Monde gleichzeitig am Himmel stehen?!« Ähnliche Verbote für den König finden sich auch in Loango, in Dahomey und bei den Ewe.

Zu der alten äthiopischen kuschitischen »Königskultur« wäre nach *H. Straube* auch die »Fanany-Mythe« zu zählen, die wir bereits in Zusammenhang mit der Mumifizierung der Königsleiche kennengelernt haben. Sie wurde später unter der nordäthiopischen Gondar-Dynastie fallengelassen. Als eine weitere mit dem kuschitischen Königtum Südäthiopiens verbundene Mythe nennt *H. Straube* die Mythe vom Himmelsursprung des als Kulturbringer auftretenden Dynastiegründers. Ferner kommen als zusätzliche Elemente in Frage: Bestattung der Könige im Nischengrab in Hockerstellung, die Baumwollbinde um die Stirn (Krone und Königsstandarte gehen auf die amharischen Einwanderer zurück) und der silberne Armreif am rechten Unterarm anstelle des goldenen Armringes der Gondar-Könige. Goldener Armring, Krone und Königsstandarte waren die wichtigsten Hoheitszeichen der angeblich aus Gondar stammenden amharischen Einwanderer-Dynastie. Dieser sind auch vier verschiedene Staatsgewänder zuzuschreiben, ferner das über dem Staatsgewand auf dem Rücken getragene Löwenfell, weiße Feder im Haar, langer Fingernagel am linken kleinen Finger, Palmblätterschirm als Schutz vor Sonne und neugierigen Blicken, Speer- und Standartenträger, Bläserkorps, Schildknappen, Zweizack als Königsspeer, Königskapelle (Trommeln und Trompeten), Königstrommel, zeremonieller Königsgruß, Füttern des Königs, Unberührbarkeit des Königs u. a. m. Die Aufenthaltsdauer in den einzelnen Pfalzen war dem König genau vorgeschrieben. Sie waren miteinander durch sorgfältig angelegte Wege verbunden. Unerläßlich schien auch eine große Zahl von Hofbeamten zu sein. Man unterschied zwischen erblichen Hofämtern und solchen, die mit Eunuchen besetzt und an die Person gebunden waren. Während bei den alten kuschitischen Dynastien der regierende König selbst seinen Nachfolger bestimmte, erfolgte bei der nordäthiopischen Gondar-Dynastie die Wahl durch den Staatsrat unter den Söhnen der sieben Hauptfrauen. Nach einer achttägigen Seklusionszeit und den darauf folgenden Reinigungsriten streifte man dem König den goldenen Armring über und setzte ihm die Krone aufs Haupt. Die Inthronisationsfeierlichkeiten schlossen mit einem Menschenopfer ab. Der Tod des Königs wurde erst bekanntgegeben, nachdem die Bestattung zur Nachtzeit und unter völligem Schweigen vor sich gegangen war. Für sechs Monate ruhte das geschäftige Leben im Lande. »Die Feldarbeiten wurden eingestellt, und die Herdfeuer wurden gelöscht. Nur in den Abendstunden zündete man für kurze Zeit die Feuer an, um das Essen notdürftig zu wärmen. Die Bevölkerung wusch sechs Monate lang weder Körper noch Kleidung. Für die königliche Familie galt das Waschverbot ein Jahr lang.« (*H. Straube*)

Die Frühgeschichte der Zwischenseenreiche

Das alte Kitara-Reich (Bunyoro) wurde vor 5 oder 6 Jahrhunderten von der legendären Chwezi- oder Bachwezi-Dynastie regiert. Die Frage, ob diese Chwezi rassenmäßig wie die Hima den Äthiopiden zuzurechnen wären, ist umstritten. Als sicher gilt, daß das »Chwezi-Empire« und die späteren Reiche des Zwischenseengebietes im wesentlichen solche der Bantu waren, wenn auch ihre Herrscher aus der Fremde stammten.

Mächtige Erdaufschüttungen, die sich vom Bugoma-Wald im Osten des Albert-Sees bis an das Südufer des Katonga Rivers und vielleicht darüber hinaus über den Kagera-River im Süden nach Tanganyika und nach Rwanda erstrecken, werden den Bachwezi zugeschrieben. Diese Erdwälle befinden sich für gewöhnlich in der Nähe von Flüssen oder an wichtigen strategischen Punkten. Einige von diesen Wällen dienten offensichtlich auch als Rinderkrale. Die mächtigste unter diesen Erdaufschüttungen ist Bigo am Südufer des Katongo Flusses. Radiokarbon-Daten reihen Bigo in die Zeit von der Mitte des 14. bis zum frühen 16. Jahrhundert und bestätigen damit auch die traditionelle Geschichte. Fünfzehn Meilen von Bigo entfernt liegt ein Felsengong, der im Verlauf von Regenzeremonien geschlagen wurde. Die Hima verbanden diesen Platz mit einem gewissen Mugenyi, von dem man annimmt, daß er ein Bachwezi-Häuptling gewesen wäre und dessen Namen in enge Verbindung mit Bigo gebracht wird. Von den beiden Wohnschichten, die man in Bigo feststellen konnte, soll die ältere die Hauptstadt der Bachwezi (Hima?) gebildet haben, eine zweite soll der nilotischen Bito-Dynastie aus dem 16. Jahrhundert angehören. Am Nordufer des Katonga, elf Meilen flußaufwärts von Bigo, liegt Masaka Hill, ein Ort, der Jahrhunderte hindurch Ziel zahlreicher Wallfahrten gewesen war. Er wird von zwei konzentrischen Wällen umgeben, mit sechs Öffnungen im Außenring. Es heißt, daß die Bachwezi, als sie diesen Platz verließen, ihre heilige Trommel einem Hima aus dem Buschbock-Klan übergeben haben. Die Nachkommen dieses Mannes verwahrten die Trommel zusammen mit anderen Insignien zu Masaka bis zum Jahre 1888, als der Platz geplündert und die heilige Trommel nach Mubende Hill gebracht wurde.

Acht Meilen im Südwesten von Bigo liegen Masaka Hill im Masaka-Distrikt, wo es Staudämme gibt, mächtige Erdhügel und unter den Funden unzählige Tierknochen und Topfscherben. Die eine Meile lange und eine halbe Meile breite Siedlung ist die größte der in diesem Teile Afrikas bekanntgewordenen Siedlungen. Kunstvolle Bewässerungssysteme und Erddämme sorgten für die notwendige Wasserzufuhr für die große Siedlung. Selbstredend hatten diese Anlagen einen durchorganisierten Arbeitseinsatz zur Voraussetzung. Es ist vielleicht schon daher in der Bachwezi-Zeit mit der Sozialschichtung »Hirtenaristokratie und Bodenbauern« zu rechnen.

Im 16. Jahrhundert erfolgte der Einbruch der militärisch überlegenen, eine nilotische Sprache sprechenden Lwoo aus dem Oberen Nilgebiet. Die Folge davon war der Zusammenbruch des Chwezi-Reiches. Es bildeten sich kleinere Königreiche im Norden und Westen des Viktoria Sees. Einige unter ihnen, insbesondere aber Bunyoro, wurden von der Bito-Dynastie nilotischen Ursprungs regiert. Offensichtlich wurden wesentliche politische und soziale Einrichtungen der Chwezi-Dynastie von den Eroberern übernommen.

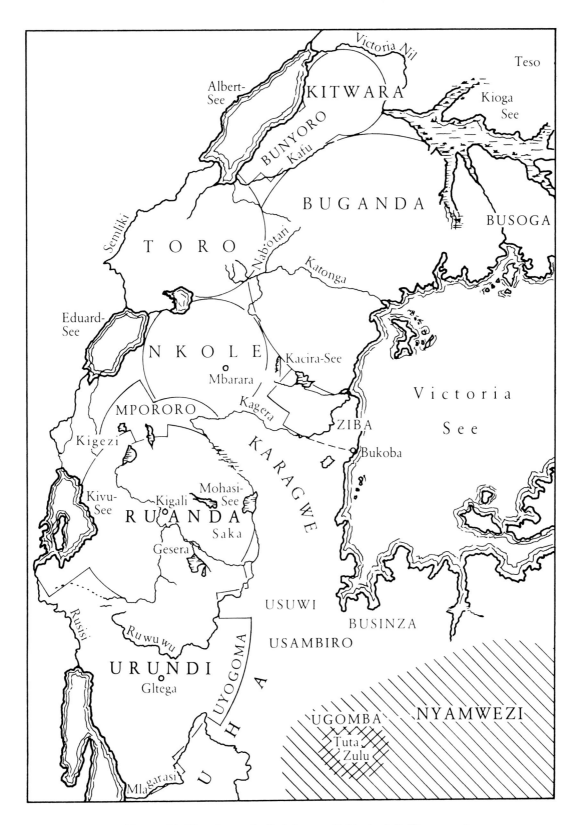

Abb. 62   Die Hima-Staaten im Zwischenseen-Gebiet (nach *D. Westermann*)

Frühgeschichtliche Residenzplätze in Form von Erdwällen wurden, an Größe jedoch keineswegs an jene der Chwezi heranreichend, auch von den Bito bekannt. Eine dieser »Königsresidenzen« oder *orurembo* zu Bweyorere soll von zwei Nkole-Königen bewohnt gewesen sein und zwar vor 8 bzw. 12 Generationen. Wenn auch unter den Funden Knochen von Langhornrindern einen hervorragenden Platz einnehmen, so darf nicht daraus gefolgert werden, daß wir es hier mit einem reinen Hirten-Ethnos zu tun haben. Die große Bedeutung des Rindes im höfischen Ritual der Zwischenseenreiche (heilige Herde, Rinderopfer usw.) erklärt hinreichend die Fülle der Rinderknochenfunde. Selbstredend ist auch mit Bodenbau zu rechnen, also einer gemischtwirtschaftlichen Situation.

In der Regel werden die großen traditionellen Staaten Ugandas und des Zwischenseengebietes (Unyoro, Ankole, Kiziba, Rwanda, Mpororo, Karagwe, Usindja und Urundi) auf eine Gründung einwandernder Hirtenethnien (Hima, Huma, Hinda; in Rwanda Tutsi oder Tussi, in Uganda Chwezi; Niloten) zurückgeführt, doch ist die Frage umstritten, in welchem Ausmaß bereits vor dem Einströmen dieser Ethnien in den in Rede stehenden Gebieten größere Staatengebilde bestanden. Jedenfalls waren die Hima ein Fremdelement inmitten ackerbautreibender Neger (Hera, Iro oder Iru, in Rwanda Hutu) und unterschieden sich sehr deutlich von ihnen. Sie waren Züchter des Langhornrindes und standen mit einer gewissen Verachtung den Pflanzern gegenüber. »Den Negern wurden nicht nur ihre politischen, sondern auch ihre Bodenrechte genommen; sie wurden zu Hintersassen, die weiterhin ihren Ackerbau und ihr Gewerbe betrieben, sich aber in jedem Fall einem Hima-Herrn unterstellen und diesem zu Diensten bereit sein mußten« (*D. Westermann*).

Die wichtigste Ernährungsgrundlage bildeten bei den Hima die Rinder. Die Männer besorgten das Hüten und Tränken der großen Herden, das Melken und das jeden Morgen erfolgende Reinigen des Viehkrals. Von den Frauen wurden die hölzernen Milchgefäße und Kalebassen mit Kuhurin gewaschen; sie besorgten das Buttern und betreuten mitunter auch die Kälber. Eine Reihe bekannter Viehzüchterbräuche (die Verwendung der Butter als Salbe, hölzerne Milchgefäße, Notfeuer-Staatsfeuer, das Melken mit der Kalbspuppe) werden noch durch die Sitte des »Beschmeckens der Milch« (in Unyoro), durch Eingeweideorakel, durch die als Festschmuck um den Hals getragenen Eingeweide und durch das Abschneiden des Fleisches vor dem Mund bereichert. Typisch für das Zwischenseengebiet sind seine geschmackvoll anmutenden Spiralwulstflechtereien.

Zahlreiche Mythen der Ganda kreisen um Kitu, den ersten König, und um Kimera, der aus Bunyoro stammte. Kimera lebte zu Beginn des 15. Jahrhunderts. An der Spitze eines komplizierten Staatswesens stand in Uganda der Kabaka, ein mit despotischer Macht ausgestattetes Oberhaupt, das willkürlich über Leben und Tod seiner Untertanen entscheiden konnte. Auch vermochte der Kabaka ganz nach Belieben Häuptlinge und Oberhäuptlinge zu ernennen und abzusetzen. Der Kabaka war zwar kein sakraler König im eigentlichen Sinne, doch waren Geburt, Thronbesteigung, Hochzeit und Tod des Königs von zahlreichen kultischen Handlungen umgeben. Auch war der Kabaka nicht das Zentrum eines hierarchisch gegliederten Systems des Ahnenkultes, wohl aber besaß er die Kontrolle über die nationalen Gottheiten, denen er Tier- und Menschenopfer sandte. Einige Tempel bzw. Altäre dieser Gottheiten unterstanden auch der Kontrolle von Klanhäuptlingen, in denen Priester- und Geistermedien amtierten. Zahlreiche solche Andachtsstätten waren über das ganze Land hin verteilt. Die wichtigsten Tempel unter ihnen, wie z. B. der Tempel des Kriegsgottes Kibuka, waren auch in der Hauptstadt vertreten und ihre Priester besuchten bisweilen auch den Hof des Königs. Dieser ließ sich von den Geistermedien beraten. In Gegensatz zu den Königen von

Bunyoro, Toro und Ankole übte der Kabaka in Uganda weder das Ritual der königlichen Milchwirtschaft, noch das der heiligen Herden selber aus, auch hatte der König keine auf Milch, Fleisch oder bestimmte Pflanzen ausgerichtete Tabus zu beachten. Dagegen waren Neumondzeremonien mit den Königsaltären verbunden, besonders mit dem Hauptaltar bzw. -tempel zu Kabusi, wo die drei letzten Könige bestattet wurden. Als Ratgeber bei den Regierungsgeschäften standen dem König von Buganda der Katikiro oder Erstminister und der Kimbugwe, der »Hüter der königlichen Nabelschnur« zur Seite. Der Katikiro war auch Vorsitzender des Lukiko oder Häuptlingsrates und in dieser Eigenschaft auch oberster Richter des Landes. Der Lukiko oder Häuptlingsrat am Hofe des Kabaka war jedoch mehr eine Huldigungsversammlung der Häuptlinge als eine beratende oder gesetzgebende Körperschaft. Er nahm die Regierungsbeschlüsse des Königs oder des Katikiro entgegen, ohne aber an dem Zustandekommen solcher Beschlüsse aktiv beteiligt zu sein. *(G. Wagner)*
Neben dem Kabaka und dem Katikiro waren die Königs-Schwester (Lubuga) und die Königin-Mutter (Namasole) die einflußreichsten Persönlichkeiten im Lande. Sie wohnten in eigenen Residenzen und verfügten über eigene Gerichtshöfe für ihre Untertanen und besaßen, wie der Kabaka in den von ihnen beherrschten Gebieten, volle Gewalt über Leben und Tod ihrer Untertanen.

# VII.
# EISENZEIT IN OSTAFRIKA

Bereits im ersten oder mittleren Teil des ersten Jahrtausends n. Chr. hielten die ersten »Eisenvölker« einen Großteil von Ost-, Zentral- und Südafrika zwischen Kenya-Küste, Viktoria- und Kivusee im Norden und Limpopo im Süden besetzt. Aufgrund der Bodendellen-Keramik in Süd-Tanzania und SO-Kongo scheint auch dieses Gebiet ein Zentrum früheisenzeitlicher Aktivität gewesen zu sein. Bis zum späten 18. und 19. Jahrhundert waren die Verbindungen der Küstenbevölkerung Ostafrikas mit jener des Inneren des Landes nur geringfügiger Natur. Dies steht immerhin in einem bemerkenswerten Gegensatz zu der regen Handelstätigkeit der äthiopischen Region im Norden und jener des Sambesigebietes im Süden. In diesen beiden Räumen bestand schon seit rund 2000 Jahren ein bemerkenswerter Küstenhandel. Vom 9. oder 10. Jahrhundert n. Chr. an ist mit einem sehr lebhaften Handel mit Elfenbein, Gold und verschiedenen anderen Landesprodukten im Süden zu rechnen. Mit Ausnahme einiger weniger Plätze scheint jedoch das Binnenland von diesen Vorgängen kaum Kenntnis genommen zu haben. Deshalb kam es auch nicht zu einem nennenswerten Einfluß von der Küste her. Auch in den organisierten Königreichen des Zwischenseengebietes oder etwa in dem dicht besiedelten Buganda, dürfte von einem Fernhandel kaum die Rede sein können, wohl aber von einem Lokalhandel mit Salz und Eisen, der in Kibiro am Albertsee Jahrhunderte hindurch zurückverfolgt werden kann.

### Die »Ausanatische Küste« (Azania)

Ausan war im Altertum eines der vier Reiche (Saba, Qataban, Hadramaut und Main) in Südarabien. Jahrhunderte später wird im »Periplus des Erythräischen Meeres« die ostafrikanische Küste bis Sansibar als »ausanatische Küste« bezeichnet. Ebenso deutlich verrät den arabischen Kultureinfluß an Ostafrikas Küstengestaden der Titel »In Arabia«, den *Hans Burgkmair* d. Ä. (Augsburg 1473–1531), ein Zeitgenosse A. Dürers, für einen farbigen Holzschnitt wählte und den *Balthasar Springer* mit einem entsprechenden Text versah. Dieser Text bezieht sich auf die gesamte, von der Flotte Almeidas (1505/06) besuchte Ostküste Afrikas und zählt die Städte Sofala, Moçambique, Kilwa, Mombasa und Malindi auf. Auch in seinem im Jahre 1509 erschienenen Buche »Merfart« benutzte *B. Springer* den Titel »In Arabia« für die ostafrikanische Küste.

Eine der frühesten Quellen über die arabische Handelstätigkeit in diesem Raume stellt der eben genannte »Periplus des Erythräischen Meeres« dar. Es handelt sich um den Bericht eines seefahrenden Kaufmannes über die Seewege von Ägypten aus durch das Rote Meer und den Ozean nach

Arabien, Vorderindien, Ostafrika und über die dabei berührten Länder aus der Zeit um 70 n. Chr. Infolge Fehlens anderer geeigneter Schriftquellen ist dieser Bericht aus der Antike von einzigartiger Bedeutung. Allerdings ist er mit dem Schönheitsfehler behaftet, daß der unbekannte Verfasser des »Periplus« wohl als See- und Handelsmann die Reiseroute von Ägypten bis Indien aus eigener Anschauung und Erfahrung kannte, die afrikanische Küste jedoch von Opone an gegen Süden allem Anschein nach nur aus den Erzählungen anderer. Über die ethnischen Verhältnisse erfahren wir bloß, daß von Rhapta (=Pangani?) bis Prason (=Kap Delgado?) »Menschen fressende Barbaren« wohnten.

Die nächsten uns zugänglichen Schriftquellen stammen von den arabischen Geographen des Mittelalters und finden ihre Fortsetzung in den ersten portugiesischen Berichten aus der Entdeckerzeit. Schwierigkeiten ergaben sich bei den Lokalisierungsversuchen der einzelnen im »Periplus« genannten Stationen. Als Ausfuhrgüter kamen damals in erster Linie Elfenbein, Schildpatt, Horn von Nashorn und Kokosöl in Frage. In weiten Teilen Afrikas, des Orients, Indiens, Südost- und Ostasiens war Nashorn ein begehrter Handelsartikel, und so sollte es auch bis zum 19. Jahrhundert bleiben. Abgesehen von seinem Wert für Schnitzarbeiten schrieb man dem Nashorn wundersame Eigenschaften zu. So glaubte man z. B., daß Nashörner unfehlbar ein eventuelles Gift darin verraten und unschädlich machen, auch galt das Horn in seiner pulverisierten Form als Aphrodisiacum in China. Dem »Periplus« zufolge wurde Nashorn von Adulis aus verschifft. Im Mittelalter importierte China Nashorn von der Nordküste des Somalilandes (und Pemba) und in der zweiten Hälfte des 19. Jahrhunderts werden die Hörner hauptsächlich nach Ägypten, Arabien (und auch nach Aden) und der Türkei verschickt. »Im Innern von Tanganyika« – schreibt *Sture Lagercrantz* (1960) –, »kostet um 1860 ein kleines Horn so viel wie eine eiserne Hacke, ein großes doppelt so viel, an der Küste steigt der Preis beträchtlich. Vor allem von Zanzibar, aber auch von den Küstenstädten und anderen größeren Handelsplätzen des Festlandes, wie z. B. Sena, werden die Hörner dann nach Arabien (u. a. nach Yemen und Maskat) und anderen Ländern Asiens exportiert.« Eingeführt wurden im ersten nachchristlichen Jahrhundert eiserne Lanzen, kleine Beile, Dolche und Pfriemen aus Muza (=Mocha) in Südarabien, wo sie auch hergestellt wurden. Zu dieser Zeit stand die ostafrikanische Küste auch politisch unter der Kontrolle Südarabiens. Mit dauernden Niederlassungen der Araber an Ostafrikas Küste und mit Einheiraten der Araber in die autochthone Bevölkerung ist in einem steigendem Maße zu rechnen. U. a. ist im »Periplus« von »zusammengebundenen Wasserfahrzeugen« die Rede. Diese in der Küstenschiffahrt eine bedeutende Rolle spielenden »Rhapta« bestanden aus mit Palmfaserstricken aneinandergebundenen Balken und darauf gelegten Planken und erwiesen sich infolge ihrer Biegsamkeit und Elastizität als besonders für die Küstenschiffahrt geeignet. Die Methode des Bindens war bereits beim Schiffsbau im Alten Ägypten bekannt. Seit dem Kontakt mit den Europäern tritt auch das Nageln auf. »Das uns von Rhapta her bekannte genähte Schiff hatte« – schreibt *Walter Raunig* – »seine Heimat aber am persischen Golf.« Die zusammengenähten Planken seien (nach *Hornell*) typisch für den Siraf-Schiffsbau, wie ihn *Abu Zayd* im 9. Jahrhundert berichtet. Am Persischen Golf waren die wichtigsten Werften für diese Schiffe (nach Hadramaut und Yemen exportierte man das sogenannte »mandarata«-Schiff), die den Verkehr im Indischen Ozean bis zu der Europäerankunft beherrschten. Die Fugen der Schiffe dichtete man mit einem Gemisch aus verschiedenen Materialien, wobei Öl wichtig war. Dies berichtete uns auch der Periplus in § 36 und gibt dabei »Ommana« als Herstellungsort für dieses genähte »Mandarata«-Schiff an... »Seit der Anwesenheit

Abb. 63 Um die Bordwand des Einbaums zu erhöhen, werden auf einfache Weise bei den Kotoko (Tschad) Planken angenäht. Ähnliche Boote wurden auch vom Albert-Edward- und Viktoria-See sowie vom Niger und Nil berichtet

der Portugiesen in O-Afrika erfahren wir von europäischen Reisenden von den genähten Schiffen. Auch am Viktoria-See sind genähte Boote anzutreffen, wohin sie durch arabischen Einfluß gelangt sind.« Außer diesem Schiffstyp ist noch ein zweiter wichtiger Bootstyp anzuführen, nämlich das Ausleger-Kanu, das ohne Zweifel aus Südostasien stammt und bei der indo-malayischen Besiedelung der ostafrikanischen Küste eine wichtige Rolle spielte.

Nach wie vor ist unsere Kenntnis von der ostafrikanischen Bevölkerung in dieser Zeit dürftiger Natur. Die von *Claudius Ptolemäus* von Alexandrien im zweiten nachchristlichen Jahrhundert verfaßte »Geographie« stellt samt ihren Ergänzungen und Erweiterungen durch alexandrische Geographen im dritten und vierten Jahrhundert das gesamte Wissen des Mittelmeerraumes über Ostafrika zu dieser Zeit dar. Manches stammt aus dem »Periplus«, in manchem dringt die Kenntnis weiter nach Süden vor, manches aber ist auch nur bloße Fabel, am interessantesten jedoch erscheint die erste Erwähnung des Wortes *Zing*. »Die Tatsache, daß *Ptolemaeus* von der heutigen Tanganyikaküste zu erzählen weiß,« – schreibt *Rupert Moser* (1970) – »läßt zusammen mit den Münzfunden darauf schließen, daß auch noch im dritten und vierten nachchristlichen Jahrhundert Kontakte zwischen dem Mittelmeerraum und der Tanganyikaküste bestanden. Weiters deutet nichts in der Geographie – im Gegensatz zum Periplus – darauf hin, daß das Gebiet um Rhapta unter arabischem Einfluß stand, vielmehr deutet die Bezeichnung Rhaptas als Metropole auf einen eigenen unab-

Abb. 64  Genähte Boote (»Plankenboote«) der Kotoko. Ob die genähten Boote *(mtepe)* der alten Küsten-Seefahrer mit den Plankenbooten im Binnenland eine Verwandtschaft zeigen, ist allerdings umstritten

hängigen Staat oder Stadtstaat, wie er dann später an der Suaheliküste gang und gäbe ist, hin. Mit den menschenfressenden Barbaren und menschenfressenden Äthiopiern läßt sich allerdings wenig anfangen. Man kann sie wie *Mathew* für frühe Bantu halten, oder auch nicht.« Nach *Ptolemäus* wird das Wort *Zing* erst wieder bei *Cosmas Indicopleustes* im sechsten nachchristlichen Jahrhundert erwähnt und dann von den Arabern im zehnten Jahrhundert. Das Wort *Zang – Zeng – Zing,* auch *Zandsch, Zendsch, Zindsch* oder *Zanj* geschrieben, stammt vermutlich aus dem Arabischen und wird am besten mit »Neger« – »Negerland« übersetzt. Auch in der europäischen Bezeichnung der Insel Zanzibar liegt im ersten Teil die Wurzel *z-n-g* verborgen, während im zweiten Teil *-bar-* mit dem indischen *bar* = Küste zusammenhängt. Zanzibar bedeutet demnach soviel wie »Küste der Schwarzen«.

Nach einer frühen Kontaktnahme der Araber mit der ostafrikanischen Küste und einer regen gegenseitigen Handelstätigkeit erfolgt zwischen dem 7. und 13. Jahrhundert ein starker Zuzug arabischer und persischer Einwanderer bzw. Kolonisten an der ostafrikanischen Küste. Zahlreiche Städtegründungen waren die Folge. So wurde z. B. Sofala in Zusammenhang mit dem Goldhandel im 10. nachchristlichen Jahrhundert als die südlichste Kolonie des ostafrikanischen Landes Zeng von den Arabern gegründet und geriet bereits im 12. Jahrhundert in ein starkes Abhängigkeitsverhältnis zu Kilwa, dessen Gründung in das Jahr 975 n. Chr. zurückreicht. Die Begründer waren Ali Ben

Hassan und seine persischen Landsleute von Schiras. Der einträgliche Goldhandel machte die Anlage zahlreicher neuer Siedlungen nicht nur entlang der Festlandsküste möglich, sondern auch auf den anliegenden Inseln sowie in einigen Buchten von Madagaskar. An Bedeutung wohl hinter Kilwa und Mombasa stehend, spielte dennoch das von den Arabern gegründete Moçambique als Zwischenstation für den Goldhandel von Sofala nach dem Norden eine bedeutende Rolle. Ähnlich wie Sofala gehörte auch Moçambique lange Zeit dem Machtbereich von Kilwa an. Die Geschichte Mombasas liegt im Dunkel und auch über die Gründung, vermutlich durch Leute aus Schiras im ausgehenden 10. bzw. beginnenden 11. Jahrhundert, wissen wir nur wenig. Es heißt, auch Mombasa wäre lange Zeit Kilwa untertan gewesen, doch hätte Mombasa gegen Ende des 15. Jahrhunderts, befreit vom Joch, Kilwa an Reichtum, Schönheit und Bevölkerungszahl bei weitem übertroffen. Der schärfste Konkurrent Mombasas war Malindi. Als die älteste Stadt unter den arabischen Städten an der ostafrikanischen Küste ist außer Barawa jedoch Mokadischu zu nennen. Die Stadt wurde gegen Ende des 9. Jahrhunderts von aus der Stadt El Hasa am Persischen Golf eingewanderten Arabern gegründet. Nur gering war aber der Einfluß der Küstenstädte auf das Hinterland, auch dürfte es von der Küste aus zu keinen nennenswerten politischen Vorstößen in das Hinterland gekommen sein. Die Küstenstädte erwiesen sich als durchaus nützliche Handelspartner und Zwischenhändler.

Mit der Gründung zahlreicher arabischer Städte setzen auch die Berichte der islamischen Geographen des Mittelalters ein. Dabei steht stets der Handel im Vordergrund des Interesses. Die erste Erwähnung des Goldes geht auf den islamischen Geographen *Mas'udi* (10. Jahrhundert) zurück, der die Zingi (Neger) aus Abessinien kommen und einen »Kanal« überschreiten läßt, um das südlich gelegene Gebiet bis nach Sofala zu besiedeln. Sofala und das im Hinterland von Sofala im heutigen Mashonaland bzw. Rhodesien gelegene Wak-Wak sind nach *Mas'udi* die letzten bekannten Gebiete an der Küste des Zeng-Meeres. Über Sofala hinaus nach Süden gab es keine arabische Schiffahrt mehr. Gold aber gab es in Sofala in Überfluß. Zweihundert Jahre später kommt auch *Idrisi* (12. Jahrhundert) auf das Gold zu sprechen, das an Menge und Größe das Gold anderer Länder überträfe. Nach *Jakut* (13. Jahrhundert) bildeten nicht nur in Westafrika sondern auch in Ostafrika Glasperlen einen wichtigen Tauschartikel für Gold, und es ist anzunehmen, daß in der Stadt Sofala dieser Tauschhandel stattgefunden hat. Zu den Wundern der Zeng-Länder zählte *Kasuini* (13. Jahrhundert) die Fülle des Goldes, und ähnlich wie *Jakut* erwähnt auch *Kasuini* den stummen Tauschhandel mit Gold. Bei diesem brachten die Kaufleute ihre Waren nach Sofala und legten sie auf den Boden und zogen sich sodann zurück. Daraufhin kamen die Bewohner von Sofala, und das waren die Schwarzen, und ließen das Gold als Preis für jede Ware zurück.

Auffallend ist bei den bereits im 9. Jahrhundert einsetzenden Berichten, daß in ihnen erst aus dem 10. Jahrhundert zum ersten Mal von Gold die Rede ist. »Bei der Ungenauigkeit der islamischen Autoren« – meinte *Hussein el Tahtawy* (1970) – »könnte daraus nun zwar kein zwingender Schluß auf das Fehlen der Goldproduktion im Sofalagebiet des 9. Jahrhundert gezogen werden; da aber das Gold zu allen Zeiten zu den begehrtesten Gütern der zivilisierten Welt gehörte, wäre es seltsam, wenn die Geographen des 9. Jahrhunderts, soweit sie in ihren Berichten überhaupt Naturprodukte Ostafrikas anführten (wie z. B. *Ibn Chordadbeh:* Aloe, Amber und Moschus, *Ibn al Fakih:* Kokoswein oder *Ibn Haukal:* Dorrah) das hochwertige Gold zugunsten minderwertiger Erzeugnisse vernachlässigt hätten, falls damals tatsächlich schon eine nennenswerte Goldproduktion vorhanden gewesen wäre.«

Das Goldvorkommen im Einzugsgebiet des Sambesi wurde mit den zahlreichen Ruinenplätzen in Verbindung gebracht, unter denen die Ruinen von Simbabwe (Monomotapakultur) die größten sind. *Karl Mauch* (1871), *J. T. Bent* (1891) und *M. Hall* (1902) sahen in diesen Ruinenplätzen das salomonische Goldland Ophir und *Carl Peters* hielt Simbabwe für eine phönizische Gründung. Nach neueren Forschungen weisen die zahlreichen Ruinenplätze – es wurden über 500 gezählt! – auf das Mittelalter hin (8. bis 9. Jahrhundert), nach Radio-Karbon-Tests auch auf das 5. bis 7. Jahrhundert. Simbabwe war ein von den Arabern aufgesuchter bedeutender Handelsplatz, der die fremden Kaufleute mit Gold, Kupfer und Elfenbein versorgte.

*Mas'udi* (10. Jahrhundert) war unter den islamischen Geographen nicht nur der erste, der von Gold in Ostafrika berichtet hat, er ist auch der erste gewesen, der das Eisen hier erwähnt. Anstelle von Gold und Silber verwenden die Zeng für ihren Schmuck das Eisen – heißt es bei *Mas'udi*. Wir erinnern uns, daß dem »Periplus« zufolge Eisen aus Muza (Mokka) in Südarabien im 2. Jahrhundert n. Chr. in die Gegend von Kilwa gebracht wurde, wobei es sich um Lanzen, kleine Beile, Dolche und Pfriemen gehandelt hatte, aber das schlösse nicht aus, daß die Zeng im 10. Jahrhundert bereits selber das Eisen zu gewinnen verstanden. Jedenfalls weiß *Idrisi* (12. Jahrhundert) recht Konkretes über die Eisenindustrie in Ostafrika zu berichten. Er nennt die Städte Melindi und Mombasa, deren Bewohner sich mit Eisen beschäftigten und von den Bewohnern Melindis heißt es noch zusätzlich, daß sie Erzminen besäßen, die ihnen großen Nutzen brachten. Das Schmelzen erfolgte vermutlich im Grubenofen. Erzminen werden von *Idrisi* auch aus Sofala gemeldet bzw. aus dem Hinterland der Stadt. Lastenträgerkolonnen brachten das Eisen an die Küste, von wo es nach dem indischen Festland und den indischen Inseln verfrachtet wurde. Es war dies ein Eisen von besonderer Güte, das in großen Mengen nach Indien gelangte, wo die Verarbeitung der Rohware erfolgte. Die Inder besaßen nach *Idrisi* die große Kunstfertigkeit, besonders geschmeidiges Eisen herzustellen, das den Namen »Indisches Eisen« trug. Daraus wurden die geschätztesten Säbel der Welt hergestellt. Nach *Kasuini* (13. Jahrhundert) schrieben die Zeng dem Eisen »seltsame« oder »wunderliche« Kräfte zu, d. h. die Zeng verwendeten eiserne Amulette gegen den »bösen Blick« oder um damit »den Teufel in die Flucht zu treiben«; auch sollten die Eisenamulette ihrem Besitzer geistige und körperliche Kräfte verleihen, ihre Feinde zu besiegen. Außer Eisen wurde auch Kupfer für die Herstellung von Schmuck verwendet. An der ostafrikanischen Küste ansässige Inder waren als Zwischenhändler mit dem Eisenhandel beschäftigt, woraus auch hervorgeht, »daß es seit dem 10. Jahrhundert in Ostafrika Eisenlager, Eisenindustrie und später einen beachtlichen Eisenexport gegeben hat« *(H. Tahtawy)*.

Nächstwichtiges Ausfuhrgut war seit altersher das Elfenbein. Auch hier ist es *Mas'udi*, der als erster darüber berichtet. Seinen und *Kasuini's* Berichten zufolge, muß es zu ihren Zeiten noch eine Unmenge von Elefanten in Ostafrika gegeben haben. Die schon damals sehr intensiv betriebene Elefantenjagd, die in den späteren Jahrhunderten rücksichtslos ausgeweitet wurde, führte schließlich zur Ausrottung dieser Tiere in vielen Gebieten. Mit einem sehr rege betriebenen Elfenbeinexport muß dem »Periplus« zufolge bereits im 1. bzw. 2. Jahrhundert n. Chr. gerechnet werden. Auch spätere chinesische Quellen wissen von einem solchen Export zu erzählen. Dabei waren Sofala, Mokadischu, Kilwa und andere Hafenstädte maßgebend an dem Export beteiligt. Indien und China waren die Hauptabnehmer von Elfenbein. Vergesellschaftet mit dem Elfenbeinhandel war der Handel mit Rhinozeros-Horn und Schildpatt, doch standen die zuletzt genannten Güter an Bedeutung weit hinter dem Elfenbein zurück.

Nahezu alle islamischen Geographen erwähnen den ostafrikanischen Amber. Es handelt sich dabei um eine ölige Darmausscheidung des Potwals, die als Duftstoff in der Parfumindustrie seit alters her Verwendung findet und sich in der orientalischen Welt besonderer Wertschätzung erfreute. *Jakubi* (9. Jahrhundert), *Jakut* (12./13. Jahrhundert), *Kasuini* (13. Jahrhundert) und *Al Bakui* (14./15. Jahrhundert) erwähnen ausdrücklich den Amber als Ausfuhrartikel der Zeng, wobei Mokadischu, Melinde und Barawa als Exporthafen in Erscheinung treten. In Zusammenhang mit dem Amber wird von *Jakut* auch der Export von Bienenwachs erwähnt.

Die Aloe als »Pflanze der Fruchtbarkeit und Lebensdauer« und ihr weitreichender Export haben auch unsere islamischen Geographen beschäftigt. Nach *Idrisi* (12. Jahrhundert) werden die Blätter abgeschnitten, »und der ausfließende Saft wird in Trögen oder in Erdlöchern, die mit Ziegenfell ausgekleidet werden, gesammelt. Danach wird er in kupfernen oder gußeisernen Geschirren durch Kochen eingedickt«. Produzenten des Aloesaftes waren vorwiegend Christen griechischer Abstammung auf Sokotra. Der mengenmäßig recht bedeutende Export ging zunächst vermutlich nach Aden, um dann von dort weiter exportiert zu werden in alle Länder, »die Gott im Morgenlande und im Abendlande geschaffen hat«. Auch im späten Mittelalter genoß die Aloe einen weltweiten Ruf, der schließlich bis nach China drang. Vermutlich aber spielte die Aloe bereits in Altägypten, Nubien und Äthiopien eine weit größere Rolle, als bisher von den Ethnologen wahrgenommen wurde. H. Baumann meinte von der »kultisch-mythischen« Bedeutung der Aloe in Schwarzafrika wohl mit Recht, daß die Impulse zu den zahlreichen in Schwarzafrika verbreiteten Aloe-Bräuchen und -Vorstellungen in Verbindung mit Fruchtbarkeit und Lebensdauer von Nordostafrika ausgegangen wären.

Außer eingedicktem Aloesaft wurde aus Sokotra nach *Jakut, Kasuini* und *Al Bakui* auch »Drachenblut« bezogen. Es handelt sich dabei um ein an der Luft erstarrtes Harz des Drachenbaumes (*dracaena draco*), das sogenannte Drachenblut (*drakorubin*), das in früheren Zeiten als Arzneimittel sehr geschätzt gewesen war und heute zur Herstellung von Firnissen, zum Färben und Polieren von Holz und Marmor dient. Hinzu kommen noch weitere Exportgüter wie z. B. Sandelholz, Ebenholz, Betel und Stoffe. Diesen gegenüber sind die in den Quellen angeführten Importgüter sehr gering an Zahl. Die islamischen Quellen verhalten sich darüber sehr schweigsam. Wohl wissen wir aus chinesischen Quellen, daß aus China weiße und rote Baumwolle, Kupfer und Porzellan eingeführt wurden, und, wie die Funde in Gedi und entlang der ostafrikanischen Küste zeigen, muß die Einfuhr chinesischen Porzellans sehr umfangreich gewesen sein. Doch darüber schweigen die islamischen Geographen, und nur eine genauere Analyse verrät, daß zu den Importgütern Datteln, ausländische Stoffe und Rosenwasser zählten. Die vornehmen Leute trugen in Mokadischu, als *Ibn Battuta* dort auf Besuch weilte (1330), eine Tunika aus ägyptischem Leinen, ein fließendes Gewand, dessen Stoff aus Jerusalem stammte und einen Turban aus ägyptischem Stoff.

## Die Portugiesenzeit

Die Eindrücke, welche die Teilnehmer an den portugiesischen Handels- und Entdeckungsfahrten in der Zeit von 1497 (erste Reise Vasco da Gamas) bis 1505/06 (Fahrt des Flottenverbandes unter Francisco d'Almeida) von den beiden Küstenstädten Mombasa und Kilwa gewonnen hatten, spiegeln das Bild der kulturellen Verhältnisse an der Ostküste zu jener Zeit wider.

Durch die Reiseberichte Pedro de Covilhãs (1487–1491), der zusammen mit Alfonso de Payva von König Johann II. als Kundschafter nach dem Osten geschickt wurde, besaßen die Portugiesen wohl einige Kenntnis von den Städten und Häfen, die als Schlüsselpunkte für den »Seeweg nach Indien« galten. Von ihren Bewohnern aber war so gut wie nichts bekannt. Um so mehr ist der Umstand zu preisen, daß Vasco da Gama in Alvaro Velho einen Mann besaß, dessen ungewöhnliche Beobachtungsgabe wertvollstes ethnographisches Material im »Roteiro da viagem de Vasco da Gama em 1497« der Nachwelt überlieferte. Nachdem am 16. Dezember 1497 das Geschwader Vasco da Gamas

Abb. 65   In Arabia; Holzschnitt von *Hans Burgkmair* d. Ä. (1508). In der Legende dazu heißt es u. a.: Sie binden den Ochsen arabisches Gold um Hörner und Ohren; auch tragen sie um ihre Beine goldene Ringe. Für Gold tauschen die Einwohner Seide und Leinen von den Kaufleuten ein. Weitere Hafenstädte, die angelaufen wurden, sind Mozambique, Kilwa, Mombasa und Malindi

bei Sturm und ohne landen zu können an dem letzten Padrão, das Bartolomeu Dias gesetzt hatte, vorbeigefahren war, sah sich Vasco da Gama infolge Trinkwassermangels am 10./11. Januar 1498 zu einer Landung an der Küste nordöstlich der Delagoa-Bay gezwungen. Bei dieser Gelegenheit stieß man auch auf die ersten Eingeborenen, die Alvaro Velho, der Verfasser des Reiseberichtes (»Roteiro«) als von auffallend hohem und stattlichem Körperbau beschrieb und welche die Portugiesen freundlich empfingen. Sie wurden mit Hirsebrei und Hühnern bewirtet und erhielten als

Gegengeschenk eine Ladung von Hühnern. Als ethnographische Einzelheiten erwähnt Alvaro Velho die dichte Besiedelung des Landes, Frauenüberschuß, aus Stroh gebaute Hütten, Pfeile und große Bogen sowie Wurfspeere aus Eisen, Kupferschmuck, zinnerne Dolchgriffe, Dolchscheiden aus Elfenbein, die Anlage von Salzgärten u. a. m. Die nächste Kontaktaufnahme mit der einheimischen Bevölkerung erfolgte in der niedrigen, sumpfigen und von hohen, dichten Wäldern bestandenen Küstenlandschaft an der Mündung des Kilimane-Armes des Sambesi. Wiederum erwähnt Alvaro Velho den großen Unterschied zwischen der stattlich gebauten Bantubevölkerung und den Hottentotten des Kaplandes, er schilderte die Kleidung der vornehmen und der einfachen Leute, den Körperschmuck der jungen Mädchen (Lippendurchbohrung mit Zinneinlagen) und den häufigen Gebrauch von Zinn. Dem Verfasser des »Roteiro« fiel auch die Anwesenheit von Menschen hellerer Hautfarbe in dieser Gegend auf; sie waren seiner Meinung nach Mischlinge von Negern und »Mauren«. Einige unter ihnen verstanden auch ein paar arabische Worte, so daß Vasco da Gama daraus schloß, daß die Leute an der Küste bereits einen engeren Kontakt mit den Arabern besaßen. Die Leute unterschieden sich durch gefärbte Tücher und Mützen, Baumwoll- und Kamelhaarstoffe, Seidentücher und dergleichen in der Kleidung von den übrigen Schwarzen. Man berichtete Vasco da Gama von Menschen, die, wie *Günther Hamann* schreibt, »gegen den Sonnenaufgang zu leben sollten und die man in Schiffen, ähnlich denen der Portugiesen, an jenen Küsten hin und wieder entlangfahren sehen könne«. Auch gab ein junger Mann den Portugiesen zu verstehen, »daß er aus einem weit entfernten Lande käme und schon ebenso große Schiffe wie die portugiesischen gesehen hätte«. Zwei vornehm wirkende Herren – wohl Kaufleute –, in deren Begleitung sich dieser Mann befand, waren stromabwärts zu dem Geschwader Vasco da Gamas auf Besuch gekommen – offenbar um die Möglichkeiten eines Handelskontaktes auszukundschaften. Während ihres Aufenthaltes schickten sie des öfteren Tücher mit Rötelmuster an Bord der portugiesischen Schiffe zur Ansicht. Allerdings wirkten die fremden Kaufleute dabei sehr blasiert auf die Portugiesen, sie schienen sehr verwöhnt zu sein, denn sie scheinen auf nichts, was die Portugiesen ihnen boten, Wert zu legen. »Daß der eine der beiden Herren einen Seidenturban, der andere einen grünen Atlasfez trug, paßte dabei gut zu dem Bild, das sich die Portugiesen von diesen sonderbaren Männern und ihrem etwas hochmütigen Verhalten machen konnten« (*G. Hamann*).

Besonders aufschlußreiche Einzelheiten verdanken wir *Hans Mayr*, der, wie *Balthasar Springer*, an der Fahrt des portugiesischen Flottenverbandes unter dem Oberbefehl von Francisco d'Almeida teilgenommen hatte. Nachdem es Vasco da Gama im Jahre 1497 endgültig gelungen war, nicht nur das Kap der guten Hoffnung zu umsegeln, sondern auch die Fahrt entlang der ostafrikanischen Küste fortzusetzen und nach Indien zu gelangen, galt es nun, »den ausgedehnten arabischen Seehandel im Indischen Ozean unter Kontrolle zu bringen und in den Handelszentren des ostafrikanischen und indischen Küstenbereiches Fuß zu fassen ... Dieser großen Flotte« – heißt es dann weiter bei *Sitta Klement-Kleinschmid* – »hatten sich drei Schiffe angeschlossen, die von deutschen und vermutlich auch italienischen Kaufleuten finanziert worden waren, jedoch unter portugiesischem Oberkommando standen ... Auf einem dieser Schiffe, nämlich auf der ›Leonhard‹ machte ein Deutscher namens *B. Springer* diese Reise mit und verfaßte schon während der Fahrt einen Bericht, der tagebuchartigen Charakter trägt. Es existiert jedoch noch ein zweiter, sehr ausführlicher Augenzeugenbericht, der von einem Mann stammt, der die Fahrt auf der ›Rafael‹, einem weiteren Schiff dieser Gruppe, miterlebt hat«. Dieser Mann hieß *Hans Mayr*.

Von den bereits genannten wichtigsten Hafenstädten an der ostafrikanischen Küste hatte *H. Mayr* nur Kilwa und Mombasa selbst besucht, viele Städte aber kannte er vom Hörensagen. Mit Hilfe seines Berichtes und zahlreicher anderer zeitgenössischer Quellen versuchte *S. Klement-Kleinschmid* ein Kulturbild jener Zeit zu entwerfen.

In den Städten führten enge Gassen durch eine beachtliche Zahl hoher und mitunter dreistöckiger Flachdachhäuser, zwischen denen sich aus Holz gebaute, palmblattbedachte, schuppenartige Hütten zur Aufnahme der Haustiere befanden. Angebaute Steinbänke und erkerartige Vorbauten lockerten das Bild der zumeist fensterlosen Fassaden. Die Eingangsseiten der Häuser waren nach Norden oder Osten ausgerichtet, und an der Hauptseite des Hauses lag ein Garten oder Hof, in dem man den größten Teil des Tages verbrachte. Vor den Siedlungen befanden sich die von zahlreichen Sklaven betreuten Felder und Gärten. Gebaut wurde mit Stein und Kalkmörtel, denn man hatte von den Schirasi vieles gelernt. Das 9. und 10. Jahrhundert kannten dagegen in der Regel nur Bauten aus Flechtwerk und Lehm. Die von den Korallenbänken stammenden Kalksteine wurden gebrannt und vermutlich auch an Ort und Stelle gleich gelöscht. Die getünchten Häuser besaßen oft nur an der Hofseite ein Fenster und die schweren Türflügel aus Holz waren mitunter verziert. Mauernischen mit aus China importierten Porzellangefäßen sowie in das Mauerwerk eingelassene persische oder chinesische Schüsseln – eine vermutlich von den Indern eingeführte Sitte – schmückten neben aufgehängten Teppichen das Heim der Reichen. Geschlafen wurde auf viereckigen, hölzernen, horizontal auf vier kurzen Füßen aufsitzenden Rahmen, die ein netzartiges Geflecht aus Palmfaserstricken oder schmalen Streifen aus Pflanzenfasern trugen. Stühle waren den höher gestellten Persönlichkeiten vorbehalten. Außer einer weißen herrschenden Oberschicht wurden die Städte von einer dunkelhäutigen und sozial tiefer stehenden Schicht von Untertanen bewohnt. Diese wird in den Berichten in der Regel als »schwarze Sklaven« bezeichnet. Die Oberschicht war arabisch-persischer Herkunft und setzte sich aus »reinen Arabern« und »reinen Schirasi« (Persern) sowie Mischlingen zusammen. Die Sklaven stammten aus dem Hinterland der ostafrikanischen Küste; auch blühte um die Wende des 15. zum 16. Jahrhundert bereits der Sklavenhandel. Zahlreiche Moscheen lassen auf ein eifriges religiöses Leben schließen. Im ostafrikanischen Küstenbereich angebaute Baumwolle lieferte das wichtigste Material für die Kleidung. Vermutlich wurde die Baumwolle von den Schirasi vom 7. bis 8. Jahrhundert eingeführt; jedenfalls ist die Suaheli-Bezeichnung für Baumwolle *»pamba«* persischen Ursprungs. Als die Portugiesen nach Ostafrika kamen, fanden sie eine bereits lebhaft entwickelte Baumwollindustrie vor. Trotzdem aber wurden kostbare Stoffe aus dem Ausland, vornehmlich Indien, bezogen. Noch heute spielen Stoffe aus Cambaya im ostafrikanischen Handel eine bedeutende Rolle. Gold- und Seidenstoffe erhielt man über arabische Händler aus China. Weiße und bunte Baumwollstoffe aus Cambaya stellten die Wertmesser im Tauschverkehr (Stoffgeld). Die kostbaren Seiden-, Goldstoffe und Damaste waren von erlesener Schönheit. Während sich die Sklaven mit einem einfachen Lendentuch begnügen mußten, trugen die höher gestellten Personen ein bis zu den Füßen reichendes Baumwolltuch, das von einem anderen lose über die Schulter herabhängendem Baumwolltuch verdeckt wurde. Dazu trugen die Männer pantoffelartige Schuhe. Der Kopf war bei der herrschenden Schicht von einem Turban bedeckt. Mützenartige Kopfbedeckungen weisen dagegen auf eine portugiesische Herkunft hin. Schilde, aus Holz oder Baumwolle geflochten, Bogen und Pfeile mit vergifteter Holz- oder Eisenspitze und Steinschleudern waren die gängigsten Waffen, auch gab es Bombarden in großer Zahl. Die vor allem dem Fernverkehr dienenden Schiffe an der

Ostküste Afrikas waren relativ groß und seetüchtig; sie bestanden aus Holz, waren holzverzapft oder mit Palmfaserstricken gebunden und trugen schwere Matten- bzw. Palmbastsegel.

Von *A. Velho* wissen wir, daß Kupfer zu Schmuck verarbeitet wurde, auch wissen wir, daß im Mittelalter und zu Beginn der Neuzeit Kupfer aus Sofala an die nördliche Küste, vor allem nach Kilwa gebracht wurde und daß Sofala das Zentrum der Kupfergewinnung gewesen war. Aus Mombasa berichtet *A. Velho* von Stutzsäbeln und eisernen Messern, welche die Wächter an den Toren des Königspalastes in den Händen hielten, auch ist von eisernen Ketten die Rede, mit denen Gefangene gefesselt wurden. Die archäologischen Funde bestätigen, daß es in Ostafrika seit dem 9. Jahrhundert sowohl Eisenlager als auch eine Eisenindustrie gab, daß man Eisen zu gewinnen verstand und sich infolgedessen ein beachtlicher Eisenexport entwickelt hatte.

Doch warf der Goldhandel den größten Ertrag ab. Als Zahlungsmittel waren an der Küste Münzen, Gold und Textilien im Umlauf. Archäologischen Funden zufolge war vom 12. bis zum 14. Jahrhundert Kilwa das Zentrum der Münzprägung an der ostafrikanischen Küste. Im 15. Jahrhundert verfügten Sansibar und Mokadischu über eine eigene Währung. Gedi und vermutlich die ganze Kenyaküste standen ökonomisch mehr im Hintergrund und bedienten sich auch einer Kauriwährung. Auch gibt es keine Anhaltspunkte dafür, daß etwa Münzen im Hinterland im Umlauf waren, ja selbst der Handel der Portugiesen mit dem heimischen Kaufleuten spielte sich auf dem Wege des Tauschverkehrs ab. Gold wurde nach Gewicht in Zahlung gegeben, das wichtigste und das eigentliche Zahlungsmittel waren die Baumwollstoffe.

Bereits in der praeschirasischen Periode (800 v. Chr. bis 1000 n. Chr.) ist mit einer autochthonen umfangreichen Töpferei zu rechnen. Die Funde aus dieser Zeit brachten Scherben dicker, blauglasierter Töpferei, rotgebrannte Schüsseln mit feinem Dekor, tönerne Kochtöpfe u. a. m. zutage. Im 13. Jahrhundert dienten Backöfen aus Ton zum Backen kleiner Laibchen aus Mehl. Importierte Gefäße zeigen mattgelbe Glasuren und linienhaften Dekor. Im 15. Jahrhundert wurden erstmalig Speiseschüsseln mit kreisförmiger Grundfläche und roter Bemalung verwendet. Tragbare Kochöfen aus Ton, mit Holzkohle geheizt, besaßen an der Seite oben hörnerartige Fortsätze zum Aufsetzen der Töpfe. Aus Gedi und Kilwa wurden Tonlampen bekannt, die weitgehend den römischen glichen. Porzellangefäße sind schon aus dem 9. Jahrhundert an der nördlichen Kenyaküste nachweisbar und im 13. Jahrhundert hatte sich bereits der chinesische Import von Porzellan auf weite Teile der Ostküste ausgedehnt und war in weiterer Zunahme begriffen. Mit der Verlagerung des Interessengebietes Chinas nach Zentralasien hört jedoch ab Mitte des 15. Jahrhunderts der Handelsverkehr Chinas mit Ostafrika auf. Außer Porzellan waren auch Glasperlen sehr begehrt. Schon im 9. Jahrhundert tauchten sie unter den archäologischen Funden an der Küste auf. Kilwa kann sich bereits im 12. Jahrhundert des Besitzes verschiedener, vermutlich aus Indien stammender gläserner Gegenstände wie etwa Perlen, Flaschen, Becher und gläserner Behälter (Phiolen) für Duftwasser rühmen. Es heißt auch, daß im Raume von Mokadischu mit der lokalen Erzeugung roher Glasperlen begonnen wurde.

Unter der Beute nach der Plünderung Mombasas durch die Portugiesen befanden sich unter anderem Kamele und Kleinvieh in großer Zahl. Kamele wurden des Transportes und des Fleisches wegen gezüchtet. Auch zähmte und dressierte man Elefanten. Umstritten ist allerdings die Frage, ob es sich hier um afrikanische oder indische Elefanten handelt. An Haustieren fanden die Portugiesen Hühner, Schafe, Ziegen, Rinder und Pferde vor. Bei dem vermeintlich aus dem indischen Raum stammenden Huhn handelt es sich um eine dem Wildhuhn ziemlich ähnliche primitive Rasse, beim Schaf um eine Kreuzung zwischen dem ziegenköpfigen nordafrikanischen Mähnenschaf und dem aus Asien stammenden Fettschwanzschaf. Das ostafrikanische Schaf dürfte nach *F. Stuhlmann* bereits mit den ersten Einwanderern aus dem Persischen Golf nach der Ostküste Afrikas gekommen sein. Aus Südasien stammt die heute noch in Ostafrika vorherrschende kleine Ziegenrasse *(capra aegagrus africanus Keller)*. Bei den Rindern handelt es sich nahezu ausschließlich um das Zebu, das Buckelrind, das in großer Zahl in den Siedlungen entlang der Küste gezüchtet wurde. Gemäß den arabischen und portugiesischen Aussagen dürfte der Genuß von Butter an der ostafrikanischen Küste üblich gewesen sein. Das Pferd war auch hier Statussymbol, eine Angelegenheit von Prestige, und trat als Reittier für den König und einen Teil seines Gefolges sowie bei Turnieren und Scheinkämpfen in Erscheinung. Es wurde in eigenen mit Palmzweigen gedeckten Holzhütten untergebracht, die zwischen den steinernen Wohnhäusern standen.

Angebaut wurde Hirse, und zwar die sogenannte Mohrenhirse, auch Sorghum oder Durrah, die heute noch im gesamten ostafrikanischen Küstenraum südlich des Pangani-Flusses zu den wichtigsten Nahrungspflanzen zählt. Sie wird als Brei zubereitet. In geringen Mengen wurde auch Yamsbau betrieben. Reis nutzte man zur Portugiesenzeit offenbar nur in geringem Maße, er spielte aber im Königsritual eine gewisse Rolle. So heißt es, wenn der König seine Residenz verließ, bespritzte man ihn mit Wasser und warf auf ihn Reis – im übrigen ein indischer Hochzeitsritus – und war sehr lustig dabei. Weiter pflanzten die Einheimischen in großen Mengen Bohnen und Erbsen, Rettich, Zwiebeln und darüber hinaus wurden auch verschiedene Gewürze wie etwa Gewürznelken, Pfeffer und Ingwer importiert. Mit dem in Südasien heimischen Zuckerrohr machte man in Ostafrika in der Zeit zwischen dem 9. und 10. Jahrhundert Bekanntschaft, zu einer Zeit, als etwa Mokadischu und Barawa um 900 n. Chr. und Kilwa etwa um 975 von Einwanderern aus dem Persischen Golf besiedelt wurde und unter der Abbasiden-Dynastie (750–1258) in Persien die Zuckerrohrkultur blühte. Zuckerrohr stand vor allem im Gebiet um Mombasa in Kultur. Fraglich ist jedoch, ob dieses zur Zuckergewinnung verarbeitet und nicht bloß gekaut wurde. Zucker gewann man auch aus dem »Palmitenbaum« d. h. aus der Kokospalme.

In großen Mengen gab es Orangen und Zitronen. Bei den Orangen handelte es sich um eine süße Sorte und nicht um die bitter und herb schmeckende Pomeranze. Erst gegen Ende des 13. oder zu Beginn des 14. Jahrhunderts brachten die Araber aus China die Orange nach dem Persischen Golf und zum Roten Meer und kurz darauf nach den Mittelmeerländern und nach Ostafrika. Bei den Zitronen handelte es sich um eine feinschalige, runde, kleine Limonelle, die ihre Heimat in Hinterindien besitzt. Persisch-arabische Händler führten sie in Ostafrika ein. Die Feige war gleichfalls bekannt. Mit den Indern und Persern gelangte die Betelpflanze an die ostafrikanische Küste und ebenso auch die Arekanuß, deren Heimat wie die der Betelpflanze im indomalaiischen Archipel liegt. Schon *H. Mayr* (1505) weiß sehr ausführlich über das Betelkauen zu berichten: »Hier zieht man *Tambor* – auch ›atambor‹, pers. ›tambul‹, arab. ›al-tambul‹ = Betel – das ein Blatt hat wie der Efeu, und man zieht es wie Erbsen; jedes Pflänzchen hat einen Stecken neben sich. Dies Blatt essen die vornehmen Mauren mit einem dafür hergerichteten Kalk, der wie eine Salbe aussieht, und sie breiten ihn auch auf besagtem Blatt so aus, wie wenn es auf irgendeine Wunde gelegt werden sollte. Diese Blätter machen auch den Mund und die Zähne ganz rot; man sagt, daß es sehr erfrischt.« Nach *Jakut* (12./13. Jahrhundert) war die Betelpflanze im 12. Jahrhundert ein Ausfuhrartikel Madagaskars und

Abb. 66   Verzierte Schöpflöffel aus Kokosschalen, Suaheli. Nach *H. Baumann*

*Idrisi* bestätigt ihr Vorkommen bereits im 11. Jahrhundert in Hinterindien. Nach *Ibn Battuta* müßte die Betelpflanze vor allem durch Import nach Ostafrika gekommen sein, während in der Portugiesenzeit (16. Jahrhundert) der Anbau der Betelpflanze bereits im Lande allgemein üblich war. Auch war der Granatapfelbaum zur Zeit der Portugiesen an der Küste Ostafrikas bekannt. Am wichtigsten aber erscheint hier die Kokospalme. Die Portugiesen lernten nach *F. Stuhlmann* die Kokospalme erstmalig im Jahre 1498 im Gebiet von Moçambique kennen, da diese im gesamtwestafrikanischen Küstenraum zu diesem Zeitpunkt noch nicht vorhanden gewesen war. Über die Kokospalme in Kilwa weiß *H. Mayr* zu erzählen: »Die Palmen tragen hier keine Datteln; es gibt hier solche, die Wein geben, wovon sie auch Essig machen. Und diese geben keine Kokosnüsse, sondern das sind die Früchte der anderen. Diese Kokosnüsse sind so groß wie gute Melonen, sie haben eine dicke Faserhülle, aus der sie all ihre Stricke machen, und innen haben sie eine Frucht, wie ein großer Tannenzapfen; sie wird ½ Schoppen Flüssigkeit enthalten, die angenehm zu trinken ist; ist die Flüssigkeit heraus, dann bricht man sie auf und ißt sie; innen hat sie den Geschmack von Nüssen, die nicht ganz reif sind. Und solche Kokosnüsse trocknen sie und gewinnen daraus Öl in reichlicher Fülle.«

Sowohl *A. Velho* als auch *H. Mayr* erwähnen ein destilliertes Rosenwasser in »gläsernen Fläschchen« und *Ibn Battuta* erzählt aus Mokadischu, daß ihm dort bei einem Gastmahl am Hofe nach dem Festmahl »Damaszener Rosenwasser« über die Hände gegossen worden wäre. Weihrauch, von dem es bei Ankunft der Portugiesen in Kilwa »große Säcke voll gab«, wurde einerseits zum Teeren der Schiffe gebraucht, andererseits bei feierlichen Anlässen, etwa beim Empfang von Gästen, am Hofe des Königs verwendet.

# VIII.
## DAS REICH DES MONOMOTAPA

Sichtbare Zeugen einer einst mächtigen Handelsmetropole bilden die zahlreichen Ruinenfelder, von denen Simbabwe wohl das größte ist. Simbabwe (*Dzimba dzemabwe*) hat die Bedeutung von »Steinhäuser«. Dieses Ruinenfeld liegt am oberen Sabi in Südrhodesien, südöstlich von Fort Victoria in Südrhodesien. Man unterscheidet hier drei Hauptanlagen: in der Mitte den »Tempel«, am Rande, etwa 300 m entfernt, die »Akropolis« und dann im Tale weitere Angliederungen aus älterer und jüngerer Zeit. Der sogenannte Tempel stellt heute ein unregelmäßiges Oval von 80 mal 50 m Achsendurchmesser dar. Außerdem umgibt die Anlage ein 11 m hoher und an der Basis etwa 5 m breiter Steinwall. Oben ist der Wall bis zu 3 m dick. In Großziegelform gebrochene Granitplatten, ohne Bindematerial (Mörtel) aufeinandergeschichtet, bilden das Baumaterial. Vom Westen nach Nordosten führen drei Eingänge, besser gesagt Lücken, in die Mauer. Vom Haupteingang steigen die Stufen hinauf und hinunter. An der Innenseite des Ostwalls mündet schließlich ein Gang von 1,5 m bis 3 m Breite im Südosten in eine beutelförmige Erweiterung aus. Von hier aus gelangt man durch Öffnungen in das Innere des Hauptraumes. Zwei massive konische Türme, von denen der eine etwa 8 m an der Basis im Durchmesser mißt und der einstmals 11 m hoch gewesen sein soll, haben zu zahlreichen Vermutungen Anlaß gegeben (Phalluskult usw.).

Über das Alter der Ruinen bestehen, wie bereits angedeutet wurde, sehr widersprechende Auffassungen. Südarabische, persische, altdravidische und altbabylonische »Parallelen« wurden herangezogen, um einem vermeintlich hohen Alter die nötige Beweiskraft zu verleihen. Schon von *Randall Macjver* (1905) und Miß *Caton Thompson* (1931) wurde dieses hohe Alter bestritten und die Ruinen für mittelalterlich erklärt. Rezente archäologische Forschungen in Simbabwe, Khami und anderen Ruinenplätzen haben mehrere aufeinanderfolgende Kulturschichten festgestellt. *A. Whitty* unterschied eine Reihe Architekturstile, während *K. R. Robinson* und *Roger Summers* in der Lage waren, fünf verschiedene Besiedlungsperioden festzustellen.

Die früheste, an das 4. nachchristliche Jahrhundert heranreichende Besiedlungsperiode, zeigt eine Bevölkerung, die bereits im Besitze des Eisens gewesen war, die Töpferei kannte, Schafe und Ziegen besaß und vermutlich auch Hirse pflanzte. Einzelfunde importierter Glasperlen weisen auf einen bescheidenen Handel hin. Die Bevölkerung selbst setzte sich aus khoisaniden und negriden Elementen zusammen, wobei die ersteren an Zahl überwogen.

Nach dieser Besiedlungsperiode klafft eine Lücke von unbekannter Dauer. Periode II und III waren nach *Brian M. Fagan* an materiellen Kulturgütern nicht reich. Die importierten Glasperlen werden jetzt häufiger. Dazu kommen Funde stilisierter Menschen- und Rinderfiguren. Periode III reicht in das 11. Jahrhundert und ihr gehören die ersten steinernen Wallmauern im Tale und auf der Akropolis an. In dieser Periode sind auch die Pfahl- und Lehmbauten bereits solider gebaut als die der vorangegangenen Bewohner. Die Tatsache, daß die älteren Wohnformen daneben weiterbestehen, weist auf eine kontinuierliche und nicht sprunghafte Entwicklung hin. Periode III, gewissermaßen der Beginn des Monomotapareiches, kennt bereits das Spinnen und Weben. Diese beiden Kunstfertigkeiten werden den Karanga zugeschrieben, die der Shonagruppe angehören und Bantu sind. Die Träger von Periode II sind unbekannt.

Der Einfluß der Karanga scheint im 14. Jahrhundert zwischen Sambesi und Limpopo recht bedeutend gewesen zu sein. »Mapungubwe Hill« im Limpopotal weist im 14. Jahrhundert in den obersten Schichten eine Bantubevölkerung (Karanga?) auf, während die darunterliegenden Wohnschichten eine homogene »Boskop- und Hottentottenbevölkerung« zeigen, die physisch große Ähnlichkeiten mit den Bewohnern der Küstenhöhlen in Südafrika zeigt. Es handelt sich bei Mapungubwe offenbar um ein religiöses Zentrum, dessen Bedeutung sich bis in die Gegenwart zu behaupten vermochte; auch besaß Mapungubwe eine große strategische Bedeutung in Zusammenhang mit den im Osten liegenden Kupferminen. Im 14. Jahrhundert kontrollierten die Karanga, vermutlich die Erben von Mapungubwe, den Handel mit Gold, Elfenbein und Kupfer und besaßen auch bereits ausgezeichnete Beziehungen zu den Arabern. Viele Karanga lebten in Steinhäusern; die einheimische Bevölkerung war in den Minenbetrieben des Monomotapa tätig.

Eines der bedeutendsten Handelszentren des mittleren Sambesitales war im späten 14. und im frühen 15. Jahrhundert Ingombe Ilede. Die Ausgrabungen brachten reich geschmückte Skelette, Kupferkreuze, Goldperlen, Halsbänder aus Seemuscheln, Glasperlen, Reste importierter und einheimischer Stoffe zutage, Zeugen eines regen Handels mit der Küste. Er dürfte bereits mit dem 12. Jahrhundert begonnen haben. Auf diese Weise erfolgte auch der Kontakt mit den verschiedenen Karanga-Gruppen, die gegen Ende des ersten Jahrtausends, aus dem Norden kommend, in Rhodesien eingewandert waren. Sie rissen die Herrschaft in diesem Raum an sich und gelangten durch ihre bemerkenswerte Aktivität im Bergbau und Handel und auch durch ihr großes politisches Geschick zu Reichtum und Ansehen. Diese Karanga waren auch eifrige Anhänger des manistischen Mwari-Kultes, dessen Höhenheiligtümer eine große Anziehungskraft besaßen. Die Heiligtümer waren von Steinwällen umgeben; eines dieser Heiligtümer war Simbabwe.

Zugleich aber war Simbabwe um 1450 ein bedeutendes Handelszentrum. Die Funde einer hochstehenden bemalten Keramik erinnern an die Töpferei moderner Rozwi-Ethnien, und auch die Errichtung der Tempelmauern um Simbabwe, wie der Bau der konischen Türme geht auf die Rozwi, einen bedeutenden Karanga-Klan, zurück. Ein kunstvoller Mauerdekor, die Erzeugung schöner Schüsseln, das künstlerische Vermögen, aus dem Seifenstein Vogelfiguren zu schnitzen und nicht zuletzt die Ausdehnung des Goldhandels verraten einen bemerkenswert entwickelten Kunst- und Handelssinn der Bewohner von Simbabwe. Aus dem Kongoraum stammende Doppelglocken, die im Hofritual ihre bestimmte Verwendung fanden sowie Kupferschmuck und zahlreiche andere Importgüter gewinnen zunehmend an Bedeutung. In zahlreichen anderen Rozwi-Zentren bzw. Ruinenplätzen in Rhodesien ist mit ähnlichen Tendenzen zu rechnen. Unter ihnen ist Khami eine der bedeutendsten Ruinen in der Nähe von Bulawayo, eine unter den vielen Rozwi-Residenzen in Rhodesien.

Seit dem 15. Jahrhundert herrschte der Karanga-Klan der Rozwi über die Karanga, und ihre Herrschaft fand bei den Arabern eine entsprechende Unterstützung. Mutota, ein Rozwi-Häuptling,

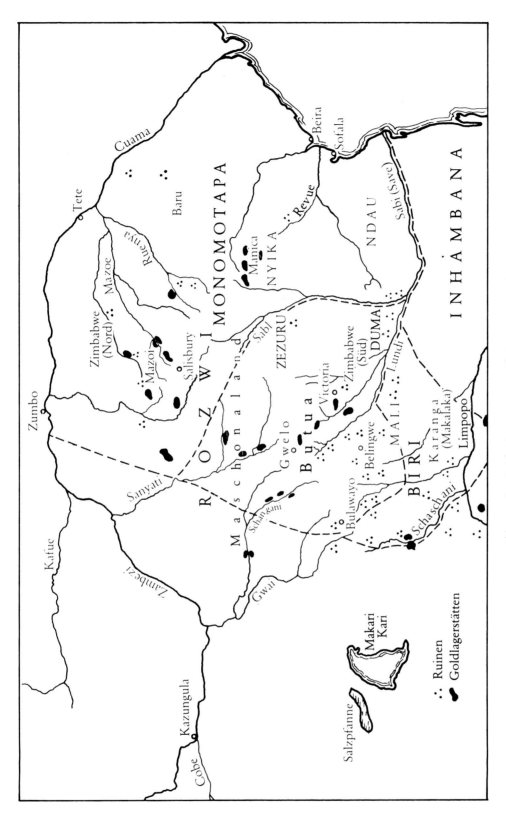

Abb. 67 Das Reich Monomotapa (nach *D. Westermann*)

und seine arabischen Verbündeten erhoben ihren Machtanspruch auf das riesige Gebiet zwischen dem Indischen Ozean im Osten, der Kalahari im Westen und Limpopo und Sambesi. Die schrecklichen Folgen der Eroberungszüge Mutotas um das Jahr 1440 hatten ihm den Namen Mu-Topa (= Länderverwüster) eingetragen. Daraus entstand unter seinen Kriegern der Preis-Name Muene-Mutapa (= Meister oder Herr der Verwüstung) und in der weiteren Entwicklung Monomotapa. Bald aber setzte der Verfall des Reiches ein, und als Sofala gebaut wurde, waren die Vasallenstaaten Manika, Uteve und Madanda bereits selbständig geworden.

Der Ausdehnung der portugiesischen Macht an der Ostküste (1575–1616) ging eine Abnahme des arabischen Einflusses parallel. Sofala und Kilwa verloren zunehmend an Bedeutung. Schon lange vorher versuchten portugiesische Händler, im Sambesital weiter aufwärts vorzudringen (1514), doch bekamen sie den Widerstand der arabischen Kaufmannschaft zu fühlen, die allen Grund besaß, sich dem Vordringen der Portugiesen zu widersetzen. Um das Jahr 1575 gelang es den Portugiesen, eine Reihe von Handelsstationen im Norden des Mashonalandes zu errichten, nicht aber gelang ihnen ein Einbruch in das Reich Shangamiras im Süden. (Shangamira oder Changamire war ein in Bu-tua üblich gewesener Herrschertitel und nicht etwa der Name eines bestimmten Herrschers). In der Zeit zwischen 1693 und 1696 vertrieben schließlich die Leute Shangamiras die Portugiesen aus dem Reich des Monomotapa. Die wilden Horden Shangamiras drangen bis an die Stadttore von Tete vor. Rasch sank der portugiesische Einfluß. Die portugiesischen Händler und Siedler sahen sich jetzt auf ihre Stützpunkte Sena, Tete und Feira im unteren Sambesital angewiesen und nur selten gab es noch Handelsreisen in das Reich des Monomotapa.

*L. Frobenius* und *P. P. Schebesta* haben in mühseliger Arbeit ein Material zusammengetragen, das weitgehend eine Rekonstruktion des höfischen Lebens im Reich des Monomotapa erlaubt. *P. P. Schebesta* stützte sich in seiner Darstellung einer »Monomotapa-Kultur« auf gedruckte und handschriftliche portugiesische Quellen, die er in den Bibliotheken Lissabons entdeckte. Schon den ersten Portugiesen, die das Land betraten, war die Haartracht der Karanga (Makalanga) aufgefallen, bei welcher das Kopfhaar mittels Hölzchen zu Hörnern zusammengedreht wurde. Der König genoß den Vorzug, vier größere »Hörner« tragen zu dürfen, »von denen das größere vorn wie beim Nashorn emporragte.« Die benachbarten Tonga trugen Fellschürzen als Kleidung, die Karanga dagegen Schürzen aus Tuch. Nur der Monomotapa und seine Würdenträger trugen – der Küstensitte entsprechend – um die Lenden ein bis an die Knöcheln herabreichendes Woll- oder Seidentuch. Ein anderes über die Schultern getragenes Tuch reichte als Obergewand mit seinem Ende über die linke Hand bis zum Boden herab. Die Stirne Monomotapas und seiner Vasallen zierte eine von den Haaren herabhängende weiße Muschelscheibe; dazu trug der Monomotapa noch eine andere große Muschel auf der Brust. »Ebenso wie seine Untertanen bediente sich Manamatapa« – nach *P. P. Schebesta* – »derselben Waffen, nämlich Pfeil und Bogen. Er trägt sie entweder selbst oder läßt sie sich durch einen Pagen nachtragen. In letzterem Falle hält er in seiner Hand drei ellenlange, schön gearbeitete Stöcke. Vor dem Könige geht immer einer mit der Trommel, um die Passanten auf sein Erscheinen aufmerksam zu machen.« Die Wohnungen des Herrschers werden als groß und von Holz und Lehm gebaut geschildert und waren von einem Holzzaun umgeben. So in der Portugiesenzeit. Vor dieser Zeit waren jedoch die Steinbauten die Residenz des Herrschers. Der Jesuitenpater *Julio Cesar*, der sich im Jahre 1620 am Hofe des Monomotapa aufgehalten hatte, beschrieb die Stadt des Herrschers, die er Simbabwe nannte, folgendermaßen: »Alle Gebäude sind aus Holz und Lehm gebaut und mit Stroh gedeckt; denn in diesem Lande gibt es weder Kalk noch Ziegeln.« Die Stadt hatte über eine Stunde Gehzeit in der Peripherie. Innerhalb der Umfriedung befanden sich neun Gehöfte des Königs außer jenen seiner Frauen. Die Frauen des Monomotapa bebauten seine Felder und die Vasallen lieferten ihm Rinder als Tribut, die für so kostbar als das Gold gehalten wurden und scheinbar nur dem König vorbehalten waren. »Manamatapa« – heißt es bei *P. P. Schebesta* – »hat viele Groß-Frauen, welche wie Königinnen sind. Die meisten sind seine Schwestern und Verwandte; andere wieder Töchter von Königen, seinen Vasallen. Die erste heißt Mazarira, welche stets seine Schwester ist. Die zweite Nhahanda, die dritte Nabuiza. Diese ist seine eigentliche Frau, da sie allein mit ihm im Palaste wohnt. Die vierte Nanemba, die fünfte Nemagoro, die sechste Nizigoapangi, die siebente Nemangoro, die achte Nosanhi, die neunte Necharunda. All diese Hauptfrauen mit Besitzungen und Beamten wie der König selber. Stirbt eine von ihnen, so ernennt der König sofort eine andere an ihre Stelle, die den gleichen Namen annimmt. Sie üben Gerichtsbarkeit über Untertanen aus und können sie gar mit dem Tode bestrafen.« (*P. P. Schebesta*) Es wird ausdrücklich betont, daß die Mazarira, welcher der König am meisten zugetan war, seine leibliche Schwester gewesen war. Nur der König hatte das Recht, von dieser Familienendogamie Gebrauch zu machen, denn den anderen Schwarzen, auch wenn sie noch so große Herren sein mochten, war es bei Todesstrafe verboten, ihre Schwestern oder Töchter zu heiraten.

Die Frauen des Monomotapa erfreuten sich besonderer Rechte und Vergünstigungen, allen voran aber die Königin-Mutter und -Schwester. In der Nachfolgefrage hatten die Frauen des Verstorbenen, die in den Harem des neuen Königs übernommen wurden, das letzte Wort. Die sie nicht leiden konnten, hielten sie von der Königswürde fern. »Manchmal werden die Frauen des verstorbenen Königs gebeten, den Prinzen friedlich in den Palast einzulassen. Es besteht nämlich eine Gesetz, daß niemand in den Palast eintreten darf, ohne deren Erlaubnis, noch darf jemand die Regierung ergreifen, ohne daß sie es gestatten. Wer es dennoch mit Gewalt erzwingt, der verliert das Anrecht auf die Thronfolge. Niemand kann dem, was die Frauen beschließen, widersprechen.« (*P. P. Schebesta*) Dennoch folgte in der Regel einer der ältesten Söhne dem Vater in der Regierung, den er als seinen Nachfolger bestimmt hatte. Doch konnte das Recht der Thronfolge auch auf den zweiten oder dritten Sohn oder auf den Bruder des Königs übergehen.

Zum Hofstaate gehörten nach *P. P. Schebesta* aufgrund der von ihm herangezogenen zeitgenössischen Quellen auch die Großhäuptlinge des Landes, welche entweder ständig am Hofe des Königs anwesend und in der Verwaltung tätig waren oder zu bestimmten Zeiten an den Hof gerufen wurden. Diese Großen brachten ihre Söhne mit, welche als Pagen dem Könige dienten. Daneben bestand ein ganzes Heer kleiner Beamter und Diener. *Bocarro* gibt eine umfangreiche Liste der Vasallen Monomotapas, die *P. P. Schebesta* im Auszuge wiedergab: »Sein Reich ist unter Vasallen und kleinere Häuptlinge geteilt, welche Encosses oder Fumos genannt werden. Alle sind sie Manamatapa untertan. Von diesen nenne ich die vornehmsten: Das Reich Mongas mit seinem König Inhamorera, Baroe mit Macobe, Manica mit Chicaga, Boessa mit Inhachiory, Manungo mit Macone: das Reich Zimba, an welches im Süden Butua und im Norden Urupande grenzt... Condessa mit Mocomoaxa; Dabubiria mit Ningomoaxa, seinem Kanzler, der zweiten Person in Manamatapa, Macuruba mit Antoua, dem Onkel Manamatapa's:... Mundussy, das Reich der Inhacanemba, der Großfrau Manapatapas, und viele andere Gebiete, welche nicht den Namen Reich verdienen. Außer diesen gibt es noch eines, welches größer und hervorragender ist, in dem Manamatapa selber mit seinem Hofe resi-

Abb. 68  Simbabwe-Ruinenstätte. Einer der beiden massiven konischen Türme, die man u. a. als Zeugen für Phalluskult angesprochen hat

Abb. 69  Nach der Beschreibung von *L. Frobenius* umgibt den sogenannten Tempel ein 11 m hoher und an der Basis etwa 5 m breiter Steinwall

Abb. 70  Heute sieht man in den Ruinen von Simbabwe eines der vielen Heiligtümer der Karanga. Zugleich war Simbabwe um 1450 ein bedeutendes Handelszentrum

diert und das Mocaranga heißt. Hier halten sich auch die meisten Häuptlinge oder deren Söhne auf, welche Manamatapa in seinem Dienst verwendet.« Und weiter berichtet *Bocarro* nach *P. P. Schebesta:* »Der Palast ist in drei Abteilungen geteilt, eine dient für seine Person, die andere für die Königin, die dritte für die Dienerschaft. Drei Türen führen auf einen großen Hof. Die eine, welche zur Wohnung der Königin führt, darf nur von Frauen betreten werden; eine andere führt zur Küche und dient den Köchen, welche sich aus Jünglingen, Söhnen hervorragender Häuptlinge, denen er am meisten vertraut, rekrutieren ... Sie tragen auch bei Tische auf. Die dritte Türe führt zur Wohnung des Königs. Diese dürfen nur die Pagen benützen, welche Söhne Adeliger sind. Sie werden Masacorriras genannt. Über sie ist ein Vorsteher gesetzt, der sie beaufsichtigt und ihnen Befehle erteilt. Erreichen die Pagen das Alter von 20 Jahren, so werden sie aus dem Hausdienst entlassen. Ihre Stelle nehmen andere Jünglinge ein, weil der König nicht solcher sich bedienen mag, die mit Frauen verkehren; vielmehr müssen sie keusch bleiben, solange sie in des Königs Diensten stehen. Lasterhafte werden schwer bestraft und aus dem Dienst gejagt. Nach ihrem 20. Lebensjahre dienen sie dem König außerhalb des Palastes, woselbst sie auch wohnen. Man nennt sie dann Maueiros. Der König gibt ihnen Ländereien, von denen sie leben. Auch sie haben einen Vorsteher über sich. In diesem Dienste verbleiben sie einige Jahre. Hernach heißen sie Chureiros und versehen Botschafter- und andere Dienste. Er übergibt ihnen die Ländereien ihrer Väter oder auch andere nach seinem Gutdünken.« An Offizialen aus der Umgebung des Königs werden von *Bocarro* genannt: Ningomoaxa, der Kanzler des Reiches, Mocomoaxa, der Gouverneur, Ambuya, der Oberhofmeister, dessen Aufgabe es ist, nach dem Tode der Hauptfrau Mazarira eine neue zu ernennen, die deren Stand und Besitz erbt. Genannt werden ferner: Ihatono, der Obertrommler, dem die vielen Trommler des Königs unterstehen. Er ist ein großer Herr. Nurucao, der oberste Kriegsherr, Maquende, der Oberfetischmann; Netambe, der Obermagazineur, der die Salben und Fetische verwahrt. Nehonho, der Obertorwart. Alle diese Beamten belehnt der König mit Gütern. Darüber hinaus gibt es noch zahlreiche andere Ämter und eine Menge Diener, Musikanten und Henkersknechte.

Die heilige Person des Herrschers war im Sinne des sakralen Königtums mit einem reichen Zeremonial umgeben und nach einer Andeutung von *Barros* war er gleichfalls für gewöhnliche Sterbliche unsichtbar. Der ihm Geschenke brachte, hörte zwar seine Stimme, aber ihn selber sah er nicht. Er war der eigentliche und große Regenmacher und Regenspender, der in seiner Eigenschaft als »Mondkönig« zur Zeit des Neumondes gegen einen imaginären Feind, gegen das Böse und die Finsternis, zu kämpfen hatte.

»Will ein Kaffer mit dem König reden« – berichtet *Santos* nach *P. P. Schebesta* – »so wirft er sich gleich beim Eingang auf den Boden. In dieser Haltung erscheint er in der Wohnung vor ihm. Liegend redet er ihn an, ohne zu ihm empor zu schauen. Während er spricht, klatscht er in die Hände. Hat er seine Geschäfte abgewickelt, so entfernt er sich auf gleiche Weise, wie er gekommen war. Kein Kaffer darf stehend vor den König hintreten, noch viel weniger zu ihm emporschauen, es sei denn ein besonderer Freund von ihm.« ... »Die Portugiesen nahen sich ihm zwar nicht hingestreckt wie die Kaffern, aber doch barfüßig. Vor ihm angelangt, werfen auch sie sich auf den Boden. Sie stützen sich in die Seite und reden mit ihm, ohne ihn jedoch anzuschauen. Jeweils nach vier und vier Worten klatschen sie in die Hände.«

Auf *Santos* sich stützend beschreibt *P. P. Schebesta* auch die Zeremonien der Inthronisation. Nach der Beisetzung des verstorbenen Königs begibt sich der Neugewählte mit Zustimmung der Frauen in den Palast. Mit ihnen zusammen läßt er sich im Saale nieder, wo die Audienzen abgehalten werden, aber so, daß sie von einem Vorhang verdeckt sind. Durch einen Herold werden die Untertanen von der Besitzergreifung in Kenntnis gesetzt. Alsbald begibt sich der Adel in den Palast. In kriechender Haltung erscheinen sie in kleineren Gruppen vor dem Könige. Hier geloben sie ihm Treue. Der König dankt ihnen hinter dem Vorhange, worauf dieser beiseite gezogen wird und er sich ihnen zeigt. Ferner beschreibt *P. P. Schebesta* noch eine Reihe weiterer bemerkenswerter Bräuche. »Unter vielen anderen Sitten dieses Volkes ist auch diese, daß, wenn der König irgendeine gute oder schlechte Eigenschaft besaß, irgend ein körperliches Gebrechen, einen Fehler, ein Laster oder eine Tugend, so gaben sich seine Großen und seine Dienerschaft Mühe, ihn hierin nachzuahmen; war der König irgendwie gelähmt, so hinkten auch sie oder ahmten die Lähmung nach ... Wenn Manamatapa trinkt, hustet oder niest, so wird das gleich in der ganzen Stadt bekannt. Die Verwandten grüßen ihn bei solchen Gelegenheiten mit lauter Stimme und klatschten in die Hände. Außerhalb des Palastes hören es andere und machen es nach. So pflanzt es sich rasch durch die Stadt.« Neufeuerzeremonien, Löwe, Adler (Falke) und vielleicht auch das Krokodil als heilige Tiere der Monomatapas bzw. als Seelenträger derselben, bestimmte, mit dem Hofzeremonial des Königs in Verbindung stehende Neumondfestlichkeiten sowie auch die wichtige Rolle der Königsmedien hatten um 1700 bereits unter der sinkenden Macht des Monomotapa gelitten und gerieten immer mehr in Vergessenheit. Eine der ersten offiziellen Handlungen des neuernannten Königs war der Besuch des Grabes seines Vorgängers, um hier das Ahnenopfer darzubringen und sich mit dem Verstorbenen über die Zukunft des Landes zu beraten. Dies geschah durch Medien, die als Angehörige des Königsklans den Namen Mpondoro = Löwen trugen und die Funktion als Seher und Propheten besaßen. *Dos Santos* – schreibt *P. P. Schebesta* – hielt dies alles für »Teufelsbeschwörungen«. »Der Teufel fährt in einen der Eingeborenen, welcher vorgibt, der Geist des verstorbenen Königs zu sein, der Vater des nunmehrigen. Er sei gekommen, um mit seinem Sohne zu reden. Er redet, räuspert und benimmt sich so, wie es der Verstorbene zu Lebzeiten getan hat.«

Auf ähnliche Weise geriet die Sitte des heiligen Königsmordes in Vergessenheit, denn in Zusammenhang mit der Ankunft der Weißen verfiel auch das höfische Zeremonial. Aber auch die vielen Kämpfe und Machtstreitigkeiten hatten ein gerüttelt Maß an Schuld daran. In voreuropäischer Zeit bestand nach *João Dos Santos*, einem Dominikanermissionar, der vom Jahre 1586 bis 1590 in Sofala als Missionar wirkte, die Sitte, »daß die Könige des Landes Gift nehmen mußten, um zu sterben, so oft ihnen ein Unglück zustieß oder ein Defekt an ihnen sichtbar wurde, sei es, daß sie impotent oder von irgendeiner Krankheit heimgesucht wurden; oder wenn ihnen die Vorderzähne ausfielen, wodurch sie häßlich wurden; oder wenn irgendein anderer Defekt oder eine Lähmung auftrat. Man war der Anschauung, daß der König keinen Defekt haben dürfe, und falls ein solcher sichtbar würde, es ehrenhafter wäre, sogleich zu sterben und ins andere Leben zu gehen, um sich dort von seiner Krankheit zu heilen, da dort alles vollkommen sei.... Davon ist der jetzige König abgekommen. Er gab seinem Volke zu wissen, daß, obwohl ihm ein Vorderzahn ausgefallen sei, er seines Volkes wegen weiter leben müßte« (*P. P. Schebesta*).

### Goldgewinnung und Goldhandel

Während die Portugiesen sich für gewöhnlich mit der Besetzung der Küstenplätze begnügten, um von da aus den Handel mit den Einheimischen zu betreiben, gaben die Goldminen im Inneren des Landes den Anlaß, von Sofala aus und später auch von der Sambesimündung her über Sena, Tete bis Zumbo vorzudringen. Sie folgten den »Mauren« (Arabern) auf den Spuren. Der Portugiese Antonio Fernandez war der erste, der nach Manika und von dort westwärts in das Kernland Monomotapas gelangte und schließlich die Kunde von dem »Goldkaiser Monomotapa« nach Sofala brachte. Bald darauf war das Hinterland Sofalas von Goldsuchern überschwemmt und 60 Jahre später folgten die Missionare.

Die portugiesischen Berichterstatter und Chronisten jener Zeit wie etwa *Alcaçova, Diogo de Couto, Antonio Bocarro*, vor allem aber *João Dos Santos*, bezogen ihre Nachrichten aus maurischen Quellen. So auch jene über das Reich Monomotapas, dessen Land Kalanga (port. Macaranga), das heutige Mashonaland in Südrhodesien, war. Nach *Barros* hätten bereits vor den Weißen die Tonga im Lande nach Gold gesucht. Die Tonga am rechten Sambesiufer standen auch in engem Kontakt mit den Arabern und Portugiesen, die unter den Tonga Arbeitskräfte suchten. Die Tonga waren nach *P. P. Schebesta* das »Kolonial- und Missionsvolk« schlechthin. Sie suchten aber nur nach Gold, wenn die Not sie dazu zwang, oder um sich mit diesem Waren einzutauschen, nicht etwa aus Gewinnsucht oder Habgier. Zu Zeiten eines Pater Moritz Thomanns (1757/58) gingen Weiße und Schwarze gemeinsam dieser Arbeit nach. Nach *Laimbeckhoven* suchten vorwiegend Schwarze im Gebiet des Monomotapa im Auftrage der Portugiesen nach Gold, und auch *David Livingstone* berichtete, daß die portugiesischen Händler mit Hilfe von Sklaven die Goldsuche betrieben. Alles Gold im Lande gehörte dem König und ein jeder Goldfund mußte ihm gemeldet werden. Zuwiderhandelnde wurden nach *Alcaçova* mit dem Tode bestraft. Diese Vorschrift wurde selbstredend in der Portugiesenzeit abgeändert und hintergangen. Nicht in allen Gebieten war es den Portugiesen gestattet, nach Gold zu suchen, sondern nur in den vom Monomotapa oder seinen Häuptlingen bezeichneten Plätzen. Frauen und Kinder der Portugiesen wurden in Gefangenschaft geführt und nur um hohes Lösegeld wieder freigelassen, wenn das Gebot des Königs übertreten wurde. Grundsätzlich gehörten auch noch zu *Livingstones* Zeiten (1855) die Goldminen dem Häuptling, der erst nach Erhalt eines Geschenkes einem Fremden die Erlaubnis zur Goldwäscherei gab.

Das verschiedene Goldvorkommen hatte auch verschiedene Abbaumethoden zur Folge. Als erster berichtete *Alcaçova* dem portugiesischen König von Goldminen unter der Erde, aus denen man das mit Erde vermischte Gold hole, während *Santos* später viel ausführlicher über die Abbaumethoden in den Goldminen zu berichten wußte und nicht zuletzt auch über die Gefährlichkeit des landesüblichen Bergbaubetriebes. Die Schächte und vorgetriebenen Stollen waren einsturzgefährdet, da man noch nicht verstand, sie mit Polsterhölzern und Pfosten abzusichern. Nach *Barros, Santos* u. a. grub man an den Ufern von Bächen und Teichen Löcher in die Erde und holte aus diesen das goldhaltige Material, um schließlich beim nahen Wasser im Verlauf eines langwierigen Reinigungsprozesses die Trennung von Erde und Gold vorzunehmen. Besonders war die Regenzeit für die Goldsuche günstig. In den durch die Hochwasser führenden Flüsse gebildeten verschieden großen Lachen suchte man in deren goldhaltigem Schlamm nach dem Gold oder man suchte mit Hilfe dichtmaschiger Netze des

Abb. 71 Specksteinvögel aus dem Tempel von Simbabwe

Abb. 72 Ein wichtiges Machtsymbol war der Muschelschmuck »Ndoro«. Monomotapa und seine Vasallen trugen ihn. Er hing an den Haaren über die Stirne herab. Monomotapa hatte außerdem noch eine andere große Muschel an der Brust

goldhaltigen Sandes der Gebirgsbäche habhaft zu werden. Meist aber begab man sich in Moçambique nur bei Ankunft eines Schiffes auf die Suche nach Gold oder auch nur dann, wenn ein bestimmter Bedarf an Gold gegeben war. Das in Form von Staub und Stückchen oder Klümpchen anfallende Gold nannten die Kaffern *dahabo*, das aus dem Gestein gewonnene Gold *matuca*. Dieses wurde als minderwertig angesehen (*Erika Iglauer*).

Ausführlich beschrieb *Santos* die Goldaufbereitung. Das in den Minen gefundene goldhaltige Gestein wurde zerschlagen und anschließend zermahlen. Sodann füllte man das Material, ähnlich wie das mit Erde verunreinigte Gold, in Schüsseln, in denen das Gold ausgewaschen wurde. Das reine Gold verblieb als Bodensatz in den Schüsseln. Über eine Verarbeitung des Goldes im Lande selbst berichtet nur *Thomann*, daß man – vermutlich an der Küste – mit den primitivsten Werkzeugen die schönsten Filigranarbeiten, Knöpfe, geflochtene Stockbänder, goldene Reliquiarien, Kreuze, Ketten und Schmuck für die Frauen anzufertigen verstand.

Ein gut funktionierendes Zollsystem, das Kilwa mit Mombasa und Sofala verband, kontrollierte die gesamte Ein- und Ausfuhr über See und sammelte bedeutende Reichtümer. Mauren (Araber und Suaheli) aus Kilwa, Mombasa, Melinde u. a. Küstenstädten kamen auf ihren Schiffen nach Sofala und brachten aus Cambaya importierte Baumwollstoffe und Glasperlen mit. Diese Güter waren von Zwischenhändlern in Melinde und Mombasa aufgekauft und nach Sofala weitertransportiert worden, wobei die Bezahlung der Ware in Gold nach Gewicht erfolgte. Die zunächst in Sofala in Magazinen gelagerte und von ansässigen Mauren bewachte Ware tauschten die aus dem Monomotapa-Reich kommenden Eingeborenen gegen Gold ein, ohne dieses abzuwiegen. Außerdem gab es noch am Sambesi viele Kaufleute, die das Gold von Monomotapa in Angoya erstanden. Mauren aus Kilwa, Mombasa und Meline schafften dieses heimlich auf Booten zur Küste. *Antonio Fernandez* lernte auf seiner Reise in das Innere des Landes auch Märkte kennen, welche die Eingeborenen »ssembaza« nannten, auf denen die Waren der Mauren gegen Gold eingetauscht wurden, auch stand Moçambique in ständiger Handelsverbindung mit dem Sambesigebiet, abgesehen von den Märkten, die zu bestimmten Terminen mit den Bewohnern des Reiches Monomotapa abgehalten wurden. Außerdem wird von einem stummen Tauschhandel berichtet. Sehr geschickt verstanden es auch die maurischen Kaufleute, durch Kredite die Einheimischen an sich zu binden und sie zu weiteren Käufen anzuregen.

Die maurischen Kaufleute, später aber auch die Portugiesen, entrichteten Monomotapa für die Erlaubnis, Handel zu treiben, eine Art freiwilligen Zoll. Dieser garantierte ihnen auch ein gesichertes Reisen in den Ländern des Monomotapa, obgleich Sicherheit im Lande herrschte. In der Zeit des Dominikanermissionars *João Dos Santos* (1586–1590), als dieser in Sofala, Sena und in Tete als Missionar wirkte, bestand auch ein reger Handel zwischen Angola und Monomotapa. Waren und Güter aus Westafrika nahmen auf diese Weise ihren Weg nach der ostafrikanischen Küste. Einer Beschreibung aus dem Jahre 1643 zufolge soll man afrikanischen Häuptlingen auch wertvolle Waren anvertraut haben, die sie in das Landesinnere brachten, dort gegen Gold und Elfenbein eintauschten, um diese Güter dann an den portugiesischen Stützpunkten abzuliefern.

## IX.
## KONGO-, LUBA-, LUNDA-REICHE

Das alte Reich Kongo

Lange bevor der Portugiese Escudeiro Diogo Cão im Jahre 1482 das erstemal an der Kongomündung die Hoheitsgebiete des alten Königreiches Kongo betrat, war dieses bereits der Hort einer Hochkultur, die Überraschung und Erstaunen bei den Portugiesen auslöste und in Cão die Hoffnung nährte, der legendären Gestalt des Erzpriesters Johannes wieder um einen Schritt näher gekommen zu sein. Wollen wir den Überlieferungen Glauben schenken, liegt die Gründung des Königreiches Kongo nicht allzuweit zurück. Nur drei oder vier Herrschernamen werden uns bis zur Ankunft der weißen Männer gemeldet. Der Sage nach soll ein gewisser Nimi a Lukeni oder Ntintu (König) Wene, mit seinen Leuten aus der Gegend um Boma kommend, an der Stelle des heutigen San Salvador eine Niederlassung gegründet haben, die zum Ausgangspunkt des Königreiches Kongo werden sollte. Die Einwanderer verbanden sich mit den führenden Familien der damals in diesem Gebiet ansässigen Ambundu und Ambwela durch Heirat, und Wene selbst heiratete eine Frau aus dem Nsaku Vunda-Klan, dessen Ältester das Amt eines Erdpriesters bzw. Erdherren versah. Sein Titel war Mani Kabunga. Dieser anerkannte Wene als politischen Führer und setzte ihn kraft seiner geistlich-religiösen Stellung als solchen ein. Von da ab führte Wene den Titel Mani Kongo oder Ne Kongo. Die von ihm unterworfenen Länder Mpemba, Nsundi, Mbamba und Soyo wurden zu Provinzen seines Reiches erhoben und auch die beiden Königreiche im Osten, Mpangu und Mbata, die schon vorher bestanden hatten, wurden gleichfalls dem Reiche eingegliedert. Als selbständig verbliebene Reiche wären Loango und Tyo (Teke) oder »Ansiku« u. a. zu nennen. Den Loango- und Tyo-Traditionen zufolge sollen sich Loango, Kongo, Tyo, Woyo und Vili von einer gemeinsamen Stammmutter Nguunu herleiten, vielleicht in Erinnerung an einen gemeinsamen Ursprung. Alle die vielen großen und kleinen Staaten und Reiche des Kongoraumes gleichen sich in ihrem höfischen Ritual, und der Gedanke ist nicht von der Hand zu weisen, nach einem gemeinsamen Ursprung dessen zu suchen. Jedenfalls ist aber vor Ankunft der Portugiesen mit dem Bestand bestimmter, zumeist dem sakralen Bereich angehörender höfischer Einrichtungen zu rechnen.

Unter dem Kongokönig Nzinga a Nkuwu João (gest. 1507) erfolgte die erste Christianisierung des Reiches durch die Portugiesen. Nachdem der Mani von Sonyo, ein »Onkel« des Königs von Kongo, am 3. April des Jahres 1491 getauft worden war, empfing König Nzinga a Nkuwu in seiner Hauptstadt die portugiesische Gesandtschaft. Auf portugiesischen Quellen fußend, schrieb *A. Ihle*: »Der schwarze Herrscher saß erhöht auf einem mit Elfenbeinschnitzereien bedeckten Stuhl. Seine schwarze Haut glänzte in der Tropensonne. Auf dem Haupte trug er eine hohe geflochtene Bastmütze, die einer Mitra ähnelte, am linken Arm das Abzeichen der Könige und Fürsten, den Elfenbeinring, während von seiner Schulter das Symbol der Königswürde, der ›Pferde-Schweif‹, herabhing. Seine einzige Kleidung war ein Lendentuch. Zu Ehren der weißen Gäste hatte er das heimische Palmblattgewebe mit einem Damasttuch vertauscht, das ihm der portugiesische König durch Diogo Cão hatte überbringen lassen. Rui de Sousa küßte dem Herrscher nach portugiesischem Zeremoniell die Hand und überbrachte ihm die Botschaft Joãos II. Zum Zeichen der Freude griff Nzinga a Nkuwu nach dem Boden, nahm eine Handvoll Erde und warf sie dem Abgesandten des weißen Herrschers und dann sich selbst vor die Brust. Dies war nach Landessitte die größte Ehre, die er jemanden erweisen konnte.«

Bald nach dem ersten Kontakt der Bakongo mit den Weißen erfolgten im Jahre 1491 auch die ersten Taufen auf kongolesischem Boden. Dies geschah in der Provinz Sonyo, »wo der Mani Sonyo, durch Geschenke, die ihm aus Europa gebracht wurden, überwältigt, sofort zustimmte, sich und seine Verwandten taufen und Götzenbilder und Götzenhütten verbrennen zu lassen. Diesem Beispiel folgten sehr viele Kongolesen« (*Karl Höfer*). Im selben Jahr wurde auch der Mani Kongo in der später São-Salvador genannten Hauptstadt mit seinem Sohn, dem späteren König Affonso I. (Mbemba a Nzinga), getauft. Unter seiner Regierung (1506–1543) verzeichnete die katholische Mission ihre größten Erfolge. In den Schulen wurde christlicher Religionsunterricht erteilt und das Christentum wurde zur Staatsreligion erhoben. Ein jeder, der der »Götzenanbetung« oder »Zauberei« überführt wurde, wurde mit den »Fetischen« verbrannt.

Parallel mit der rasch vorangetriebenen Christianisierung erfolgten unter dem politischen Druck der Portugiesen die Übertragung des europäischen Rechtsgedankens auf den Kongostaat, die Einführung der für den Afrikaner wesensfremden europäischen Feudalverfassung mit all den von der portugiesischen Krone verliehenen Titeln und Würden, die Ausbildung des Heeres in portugiesischem Sinne und die Einführung von Kanzleien und Beamten wie am Hof zu Lissabon.

*Ruy de Pina* (1440–1523), königlicher Sekretär und erster Chronist am portugiesischen Hofe, berichtet in seiner Chronik über João II., daß bei der Taufe des Mani-Sonyo und seines Sohnes im Jahre 1491 auch die Frauen der einheimischen Adeligen (Fidalgos) anwesend gewesen waren. Stolz auf ihre Männer, priesen sie deren Verdienste und nannten dabei den König von Portugal Zambem-Apongo, was nach *Ruy de Pina* so viel wie »Herr der Welt« bedeutet. Christliche Missionare übernahmen in der Folgezeit diesen Namen, um damit den christlichen Himmels- und Schöpfergott, den Gott des Himmels und der Erde, zu bezeichnen. Sie setzten den Begriff Nzambi aus der Vorstellungswelt der Bakongo mit dem christlichen Gott in ihrer apostolischen Arbeit gleich. Vieles spricht dafür, daß Nzambi ursprünglich ein Titel für den Bakongo-König war und erst später unter dem Einfluß der Portugiesen zu einer Himmelsgottheit in christlichem Sinne umgestaltet wurde.

Einen Monat später erfolgte die Taufe des ersten christlichen Kongokönigs, und zwar am 3. Mai des Jahres 1491. Doch bald nach dem Tode des ersten christlichen Königs Affonso I. (1543) zeigten sich die ersten Anzeichen einer Schwächung der christlichen Mission. Nach *P. Christovão Ribeiro* hatten die wenigen Priester, die da waren, untereinander immer Zank und Streit ... »Sie pflegten« – heißt es bei *K. Höfer* – »zu taufen, indem sie mit einem Aspergill (Weihwasserwedel) viele Kinder und Erwachsene besprengten ohne irgendwelchen anderen Unterricht im Glauben, und so kehrten sie zu ihren alten Sünden zurück, und wenn man sie (nach ihrer Religion) fragte, wissen sie nur zu antworten, sie hätten bei der Taufe Salz gegessen ... Daher hatten sie zum Teil neben einem gewissen äußeren Christentum noch ihre alten Götzen, aus reiner Unwissenheit, so daß es mitten in São Salvador noch Götzenbilder gab, die verehrt wurden.« Trotz Christentum besaßen die Könige neben der legitimen Gattin viele andere Frauen; es gab viele Holzkreuze im Lande, die man ehrfürchtig betrachtete und vor denen die Leute Kniebeugen machten. Man besaß Rosenkränze und man ahmte in den religiösen Übungen die Portugiesen nach, so gut man eben konnte. Wenn jedoch irgendein Unglück eintrat, oder wenn der Regen nicht rechtzeitig fiel, ließ ihr Glauben nach und sie sagten: »Wir haben befolgt, was uns die Patres aufgetragen haben. Warum stößt uns dieses Unglück zu?« »Und sie kehrten zu ihrem alten Aberglauben zurück«, klagte *Lucca da Caltaniseta* über das so wenig verankerte Christentum (*Jadin*, zitiert nach *K. Höfer*).

Über die Begriffe Cariampemba (»Prinzip des Bösen«, »Teufel«), Kindoki (Hexenwesen), Nkisi (Fetischimus), Nganga (Medizinmännerwesen), Nkassa (Ordalien) und Kimpasi (Geheimbund-

Abb. 73 Ankunft der Portugiesen vor dem König in Kongo. Nachdem der König von Kongo von der Religion der Portugiesen gehört hatte, wollte auch er im christlichen Glauben unterwiesen werden. Er schickte an Johannes, König von Portugal, die schriftliche Bitte, ihm Priester zu senden, die sein Volk bekehren würden. Die Bitte wurde erfüllt. Der König von Kongo empfing mit großer Freude die Abgesandten des portugiesischen Königs und seine Priester, auch nahm er mit großem Dank das mitgesandte Kirchengerät, Meßgewänder, Bilder und Kruzifixe an. Durch dreimaligen Niederfall vor dem König von Kongo erwies sein Volk seine Demut. (*Lopez Odoardo:* Warhaffte und Eigentliche Beschreibung deß Königreichs Congo in Africa. Frankfurt a. M. 1597)

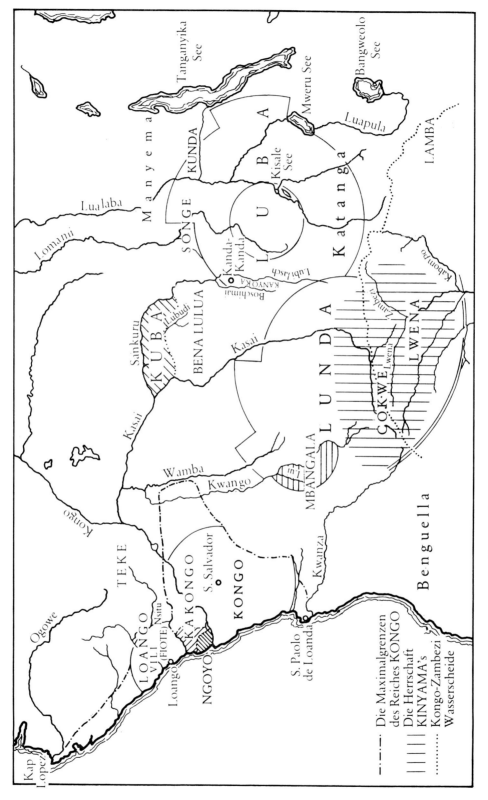

Abb. 74  Die Bantu-Staaten im Kongo-Raum. Karte: D. Westermann

wesen) haben die zeitgenössischen Missionare reiches Material hinterlassen. Es handelt sich dabei um ein aus dem 16. bis 18. Jahrhundert stammendes Quellenmaterial, das selbstredend nicht frei von Werturteilen und Voreingenommenheiten ist, das uns jedoch bei vorhergegangener Quellenkritik tiefe Einblicke in die damalige religiöse Welt ermöglicht. Dies gilt u. a. auch für den »Teufel«, dem zu Ehren »abergläubische Objekte« verbrannt wurden und Leute auf Instrumenten spielten. Auch wurden für ihn die verschiedensten »Idole« geschnitzt, um nicht in Ungnade zu fallen und sein Wüten am eigenen Leibe zu verspüren. Die widersprüchlichsten Vorstellungen brachte man auch mit den sogenannten Nkisi in Verbindung. Es handelt sich dabei in der damaligen Sprache im wesentlichen um »Idole« oder »Götzen« oder auch um Gegenstände, die gemeinhin als »Fetische« bezeichnet wurden.

Als Diogo Cão im Jahre 1481/82 seine Entdeckungsfahrt nach dem Kongo und der Angolaküste antrat, erhielt er vom portugiesischen König João II. u. a. den Auftrag, alle Idole und Fetische, die von den Einheimischen angebetet wurden, zu vernichten; ähnliches entnehmen wir auch einem Schreiben von Ruy d'Aguiar an König Manuel von Portugal (25. Mai 1616), in dem es heißt, daß jeder, der im »Alten Königreich Kongo« mit seinen Idolen angetroffen werde mit diesen zusammen verbrannt werden würde. Späher König Affonsos sollen im Lande nach diesen Fetisch-Anbetern Ausschau gehalten haben (*K. Höfer*). Ringelnattern, Schlangen, Tieren, Vögeln, Gräsern sowie ver-

Abb. 75 Elfenbeinschnitzerei mit Christusdarstellung.
Punta Negra bei Loango

Abb. 76  Steinfigur aus Loango

Abb. 77  Mutter und Kind. Loango

schiedenen Holz- und Steinfiguren wurden nach *Lopez-Pigafetta* (1597) bestimmte Kräfte zugeschrieben, doch ist aus den frühen Quellen nicht zu ersehen, ob es sich bei diesen »Idolen« oder »Götzenfiguren« im Einzelfall um Götter-, Ahnen- oder Zauberfiguren (Fetische) handelt. Ihre Zahl ist jedenfalls unübersehbar. Hinzu kommt noch, daß im Verlauf der Missionstätigkeit vom Jahre 1491 bis zum Ende des 18. Jahrhunderts eine Reihe christlicher Symbole und Ritualgegenstände Eingang in die Kultur der Bakongo gefunden hatte und oft mit heidnischem Gedankengut eine enge Verzahnung erfolgte. Das Kreuz z. B. galt unter dem Namen *kuluzu* (port. = *cruz*) oder *ngubu-santu* als einer der mächtigsten Fetische oder »Kraftträger« und wurde besonders häufig bei der Jagd verwendet; auch wurden aus Palmrippen Kreuze zum Schutz gegen umherirrende »Geister« angefertigt. Viele Leute trugen außer kleinen geweihten Halsketten und Rosenkränzen gleichzeitig Idole und Fetische bei sich.

In dem relativ recht umfangreichen frühen Quellenmaterial über »Idole«, »Götzen« und »Fetische« finden wir seltsamerweise keine Erwähnung von den bekannten »Spiegel- und Nagelfetischen«, die nahezu in jeder völkerkundlichen Sammlung aus dem unteren Kongogebiet vertreten sind. Es handelt sich dabei um aus Holz geschnitzte figürliche Darstellungen von zumeist Männern in drohender Haltung, die in der Regel in der Nabelgegend oder auf der Brust ein Kästchen mit einer darin verborgenen Zaubermedizin tragen. Zumeist ist der Behälter durch ein Spiegelglas abgeschlossen, darum der Name: Spiegelfetisch. Auch sind manche Figuren mit Eisennägeln förmlich gespickt. Die in der Nabelgegend am Bauche, an der Brust oder auch am Kopf (Scheitel) – mitunter am Rücken – angebrachte bzw. verborgene Medizin verleiht der Figur eine ganz bestimmte zauberische (magische) Wirkung. Es heißt, der Besitzer eines solchen Fetisch solle im Spiegel einen Bösewicht erkennen können, oder das Abbild desselben würde durch den Spiegel gebannt werden können, so daß der Bösewicht den in der Figur verborgenen Zaubermitteln ausgeliefert wäre oder daß einer, der mit bösen Absichten käme, vor seinem eigenen Spiegelbild erschrecken und davonlaufen müßte. Auch das Benageln eines solchen Fetisch war mit magischen Vorstellungen verbunden. Manche dieser Erklärungen und Deutungen erinnern an den europäischen Spiegelaberglauben, auch war der Zauberspiegel einst in Europa ein besonderes Hilfsmittel der Kristallomantie. Ein oft genannter Zauberspiegel, der Künftiges sehen läßt, ist auch der sogenannte »Bergspiegel«, ein viereckiger Glasspiegel mit Schiebedeckel, der Erzgänge, vergrabene Schätze usw. zeigen sollte. Einen solchen rechteckigen Spiegel mit Schiebedeckel hatte sich ein Wahrsager in Sierra Leone zugelegt (vgl. Abb. 136).

Wenn auch mit einer frühen Einfuhr von Spiegelglas durch die Portugiesen gerechnet werden darf (Mitte des 15. Jahrhunderts), so gibt uns diese Tatsache noch keine Möglichkeit, für eine Datierung der in Rede stehenden Spiegelfetische, und auch ein Vergleich dieser Fetische mit europäischen Büstenreliquiarien ergibt keine chronologisch gesicherten Anhaltspunkte. Der Reliquie entspricht beim Spiegelfetisch die in ihm verborgene Medizin. Sowohl den Reliquien als auch den Medizinen werden potentielle Zauberkräfte zugemutet und beide werden in den Bannkreis magischer Vorstellungen miteinbezogen. Die in der Reliquie und in der »Medizin« aufgespeicherten Kräfte teilen sich ihren Behältern mit, ob nun dem Reliquiar oder einer Figur in Gestalt eines Spiegelfetisch. Beiden wird die Fähigkeit und die Kraft zugemutet, das Böse vertreiben zu können.

Die Beliebtheit der Büstenreliquiare, die u. U. einen Vergleich mit den Spiegelfetischen erlauben, erreichte in Europa im 15. und frühen 16. Jahrhundert ihren Höhepunkt. Befand sich die Reliquie bis in das 14. Jahrhundert – von seltenen Ausnahmen abgesehen – im Kopf der Büstenreliquiare, so

Abb. 78  Nagelfetisch in Tiergestalt aus dem unteren Kongo. Wollte sich der Besitzer der Hilfe oder des Schutzes eines solchen Fetisch versichern, schlug er in die Figur einen Nagel oder ein Stückchen Eisen ein

begann man seit der zweiten Hälfte des 14. Jahrhunderts damit, die Reliquie in die Brust statt in den Kopf einzufügen. Trotzdem entstanden selbst noch im 17. und 18. Jahrhundert vereinzelt Büstenreliquiare, die im Kopf die Reliquie verschlossen hielten. Büstenreliquiare aus späterer Zeit machten die in der Brust oder an der Vorderseite eines Postaments beigesetzte Reliquie durch ein an diesen Stellen angebrachtes Glasfensterchen den Gläubigen sichtbar. Die Verwendung von Spiegelglas beim Spiegelfetisch verhinderte jedoch die Sichtbarkeit der zauberkräftigen Medizin.

Von einem »Reliquienkasten« ist bei den Jaga die Rede, die im Jahre 1569 den Kongoraum durch ihre Kriegszüge verunsicherten. Bekannt wurde bei diesen als »wilde Horden« gekennzeichneten Jaga der Reliquienkasten der Königin Nzinga von Matamba mit den Gebeinen ihres Bruders, des Königs von Ndongo, Ngola Mbandi. Königin Nzinga führte diesen mit silbernen Spangen beschlagenen Kasten (oder Kästchen) bei ihren Kriegszügen stets mit sich und verehrte die in ihm befindlichen Gebeine ihres Bruders über alle Maßen. Nicht nur *Oliver Dapper* (1670), sondern auch *Giovanni Antonio Cavazzi* (1687) erwähnen dieses Reliquienkästchen, das mit silbernen Spangen beschlagen und mit kostbaren Teppichen behangen beschrieben und abgebildet wird. Es liegt nahe, auch in diesem Falle an europäische Vorbilder zu denken, wie dies kürzlich *Beatrix Heintze* tat. »Der rechteckige Holzsarg« – meinte sie – »wurde in Angola von den Europäern übernommen. Der Quellenvergleich zeigt, daß er hier nirgends zum traditionellen Bestattungsgebrauch gehört. . . . Sehr viel schwieriger ist zu ermessen, ob die Reliquien-›Kästen‹ der Jaga (von Matamba, Kasanje und Libolo) und oviMbundu auf europäischen Einfluß zurückgehen. Weder ihre Form noch ihre Machart werden beschrieben. Anscheinend waren sie, wie bereits bei den Jaga des 17. Jahrhunderts, meist aus Holz. Die Kalukembe verwenden in jüngerer Zeit daneben auch kleine Metallkoffer,

Abb. 79　Stadtbild von Loango (Aus O. *Dapper:* Umständliche und eigentliche Beschreibung von Africa. Amsterdam 1670)

wie sie vor 100 bis 150 Jahren von Reisenden benutzt wurden... Sowohl die Jaga als die ovi-Mbundu kamen frühzeitig mit Europäern in Kontakt... Ein von *Verly* abgebildeter Schädelkasten der oviMbundu aus jüngerer Zeit, läßt deutlich das europäische Vorbild erkennen. Wahrscheinlich haben diese Holzkästchen schon bald nach der Ankunft der Portugiesen Reliquienbehälter aus anderen Materialien ersetzt. Darauf deutet, daß noch in diesem Jahrhundert einige oviMbundu ebenso wie die Luba Körbe und die Minungo Tontöpfe zur Verwahrung der Häuptlingsschädel verwenden und daß der Reliquienkasten auch bei den für ihre Holzschnitzarbeiten so berühmten Cokwe fehlt.« Anna Nzinga (Zinga) 1582–1663) wurde als Vierzigjährige im Jahre 1622 in der Domkirche in Loanda getauft. Kennzeichnend für das Leben Anna Nzingas ist ihre Bindung an die Traditionen ihres Landes, zuletzt auch an die der wilden Jaga, und die skrupellose, vor keinem Mittel zurückschreckende

Abb. 80 Spiegelfetisch aus Niederkongo. Die hinter den Spiegeln verborgene Medizin verleiht der Zauberfigur eine ganz bestimmte zauberische Wirkung. In diesen Spiegeln kann man einen Bösewicht erkennen oder es läuft dieser – von seinem eigenen Spiegelbild erschreckt – davon

politische Intrige. Ständige Rückfälle in ihre alten Gewohnheiten unterstreichen das labile Wesen dieser Frau. Die Furcht der Höflinge, anläßlich der prunkhaften Bestattungsfeierlichkeiten Anna Nzingas altem Brauch gemäß als Opfer hingemordet zu werden, obwohl Anna Nzinga von den Missionaren nach christlichem Ritus bestattet wurde, ist bezeichnend. Neben dem christlichen Glauben lebten traditionelles Denken und Empfinden ungestört nebeneinander weiter, um im gegebenen Augenblick übermächtig in Erscheinung zu treten. Die Berichte *G. A. Cavazzis* sind auch in dieser Hinsicht außerordentlich aufschlußreich und lassen in seltener Klarheit die im Verlaufe der Akkulturation sich ergebenden Spannungen erkennen.

Schon unter der Regierung des christlichen Affonso I. machten sich bedeutende Schwierigkeiten geltend, die einerseits in dem abschätzigen Verhalten der Schiffskapitäne, Mannschaften, Priester und Kaufleute gegenüber den Bakongo ihre Ursache hatten, andererseits aber auch in den von den Portugiesen den Bakongo zugemuteten Einrichtungen, die in den berühmt gewordenen »regimentos (1512) König Manuels I. beredten Ausdruck fanden. Nur schwer vermochten sich die Bakongo mit den darin enthaltenen die Verwaltung des Reiches und die Mission betreffenden »Anregungen« abzufinden. Der nach dem Tode Affonsos aufflammenden Anarchie im Reiche vermochte zwar Diogo I. (1545 bis 1561) Herr zu werden, aber die Kritik der mittlerweile neu eingetroffenen Jesuiten-Missionare an dem Lebenswandel des Königs, an den Zuständen im Reiche und nicht zuletzt das in den Augen des Königs wenig beispielhafte Betragen der Missionare selber, verstärkten die bereits bestehenden Spannungen beträchtlich. Zwar wurde als Gegenleistung für den Beistand der Portugiesen bei der Vertreibung der im Jahre 1569 unter der Regierung Alvaro I. (1568–1587) in das Reich eingefallenen Jagahorden und für die beim Wiederaufbau der Hauptstadt São Salvador geleistete Hilfe neuerlich der Jesuiten-Mission die volle Unterstützung zugesagt, aber die mittlerweile von den Portugiesen durchgeführten Sklavenjagden im Süden ließen die Verbitterung auf seiten der Kongolesen wachsen. Die Versuche, das verlorengegangene Angola wieder zurückzuerobern, waren fehlgegangen und der Fluß Dande bildete von nun an die Grenze zwischen beiden Reichen. Loanda blieb vorläufig noch im Besitze des Kongoreiches. Die Errichtung eines selbständigen Bistums Kongo mit dem Sitz in São Salvador (1596) fällt bereits in die Regierungszeit eines Alvaro II. (1587–1614) und auch die Bitte um Zuweisung weiterer Priester wurde von Rom erfüllt, doch erregte die selbständige Politik eines Alvaro II. den Unwillen der portugiesischen Krone. Insbesondere aber verstimmte die Portugiesen die sichtbare Unterstützung der mittlerweile in Angola seßhaft gewordenen holländischen Kaufleute durch den Herrscher. Zahlreiche Missionare begannen, ihre Tätigkeit nach Angola zu verlegen. Zunehmend verlagerte sich der Schwerpunkt der Macht nach dem Süden. Unterstützt von den Jaga, überfielen die Portugiesen mehrmals das Kongoreich und verwüsteten das Land. Thronstreitigkeiten und innere Wirren lähmten in der Folgezeit die Verwaltung und begünstigten den Verfall des Reiches und damit auch die Rückkehr zum Heidentum.

## Das Königreich Loango

Dieses lag nördlich zwischen dem Kuilu und dem Chiloango und war dem Königreich Kongo in Aufbau und Verwaltung sehr ähnlich. Die Traditionen wissen von einer gemeinsamen Stammutter Nguunu für Loango, Kongo, Tyo, Woyo und Vili zu erzählen und Loangiri, Loangomongo,

Chilongo und Piri werden von O. *Dapper* (1670) als die wichtigsten Landschaften genannt. Nach *A. Battell* wurden sie von den Söhnen der Königsschwestern verwaltet. Also herrschte auch hier wie im Kongo die matrilineale Deszendenz. Demnach ging die Königs- oder Häuptlingswürde in der Regel auf den ältesten Sohn der ältesten Schwester über, und fehlte ein solcher, so kamen als nächste die Söhne der anderen Schwestern an die Reihe, stets im Sinne einer Geburtspriorität. Erst dann, wenn keine männlichen Nachkommen dieser Art vorhanden waren, wurden die Söhne von Brüdern als erbberechtigt angesehen. Die Söhne des Königs waren jedoch von der Thronfolge ausgeschlossen. Allerdings wurde diese im Rahmen des Mutterrechtes übliche Regel nicht immer eingehalten, denn häufig war der Sohn Nachfolger des Vaters, doch vermochte sich diese »vaterrechtliche Erbregelung« im Kongo niemals völlig durchzusetzen – trotz Nachdruck von seiten der Portugiesen. Noch im 19. Jahrhundert bestand die alte matrilineale Erbfolge zurecht und erhielt sich bei den Bakongo bis in die Gegenwart.

Große, gerade und breite Straßen durchzogen Loango, die Haupt- und Residenzstadt des Landes. Mitten in der Stadt lag der Markt. In seiner Nähe befand sich der Palast des Königs, eine von einem Palisadenzaun umgebene Stadt für sich. Dort lagen auch die Wohnungen der vielen Königsfrauen.

Unter allen Frauen genoß die Königin-Mutter die größte Achtung. Sie war die Mitregentin des Königs und hieß Makonda. Sie wurde vom Oberhaupt der Reichsräte (Mani-Bomme, Mani-Mambo, Mani-Beloor, Mani-Kinga, Mani-Matta usw.) in diese Würde eingesetzt, war also auch hier nicht die leibliche Mutter des Königs. Der König aber war ihr größeren Gehorsam schuldig als der eigenen Mutter. Ihre Macht und ihr Ansehen waren so groß im Staate, daß sie sogar den König, wenn er sich ihren Wünschen nicht fügen wollte, aus dem Wege räumen konnte. Ohne ihr Wissen und ihre Zustimmung durfte nichts Wichtiges im Reiche geschehen. Sowohl die Makonda als auch die eigentliche Mutter des Königs sowie seine Schwester – überhaupt alle Frauen der Königsfamilie – erfreuten sich eines ungemein freien Lebenswandels. Sie konnten Liebhaber haben, so viel sie wollten, und waren keinem Menschen darüber Rechenschaft schuldig.

Über die Speise- und Trinkgewohnheiten des Königs sowie über das Hofzeremoniell weiß O. *Dapper* (1670) aufgrund der ihm vorgelegenen zeitgenössischen Berichte sehr ausführlich zu berichten. Demnach hatte der König u. a. auch zahlreiche Eß- und Trinkvorschriften zu beachten. Obwohl er über eine große Menge Häuser verfügt, darf er zum Essen und Trinken nur das Speise- und Weinhaus benützen. Zweimal im Tage ißt der König. Das erste Mal am Morgen ungefähr um 10 Uhr. Die Speisen werden in verdeckten Körben herbeigebracht. Ein Mann geht mit einer großen Schelle (= Glocke) voran und schellt. Das bedeutet, daß die Speisen des Königs in das Speisehaus getragen werden. Unverzüglich begibt sich der König zum Essen, und sobald er erscheint, entfernen sich die Speisenträger und auch der Hofmeister und der Koch. Niemand, weder Mensch noch Vieh, darf den König beim Essen sehen, es sei denn, er wolle sein Leben verlieren. Der König ißt daher stets bei verschlossenen Türen. Nach dem Mahle begibt sich der König mit zahlreichen Edelleuten, Beamten und auch gewöhnlichem Volk in das Weinhaus. Es ist dies das prächtigste Gebäude im ganzen Königspalast. Der Platz, auf dem das Weinhaus steht, ist von einem Palmenzaun umgeben, und auf diesem Platz werden in Gegenwart des Königs die schwersten Streitigkeiten geschlichtet. Das Haus ist an der Giebelseite offen. Etwa 20 Fuß von hinten gerechnet ist der Raum durch eine etwa 8 Fuß hohe Querwand abgeteilt. Hinter dieser Wand befindet sich der Weinvorrat des Königs und kann vom Volke nicht gesehen werden. Die Wand ist über und über mit zarten Blättern behängt, welche sie

Kumbel nennen. An der Wand steht ein Reichsstuhl oder Königssessel, aus weißen und schwarzen Palmrippen und Palmgeflecht kunstvoll zusammengefügt, in ähnlicher Weise wie sie etwa auch ihre Körbe flechten, die man zuweilen nach Europa bringt. Dieser Königsstuhl ist ein Klafter lang, einundeinhalb Fuß hoch und zwei Fuß breit. Zu beiden Seiten stehen zwei große Körbe aus rotem und schwarzem Weidengeflecht. In diesen verwahrt der König seine Zaubermittel, die ihn beschützen sollen. Auf der einen Seite sitzt neben ihm der Mundschenk, der ihm, wenn er zu trinken verlangt, den vollen Becher Palmwein reicht. Auf der linken Seite sitzt ein anderer, der das Volk zu warnen hat. Er hält in jeder Hand ein dickes und oben spitzes Eisen. Diese beiden Eisen schlägt er zusammen zum Zeichen, daß der König trinken will. Sobald das Volk im und außerhalb des Weinhauses dieses Zeichen vernimmt, wirft es sich sogleich mit dem Gesicht zu Boden und wagt nicht aufzublicken. In dieser Stellung verharrt es so lange, bis wiederum die Eisen aufeinander geschlagen werden und man weiß, daß der König ausgetrunken hat. Unterdessen hat der Mundschenk mit geschlossenen Augen und mit dem Rücken dem König zugekehrt den Becher in Empfang genommen. Sobald dies geschehen ist und ein jeder sich wieder vom Boden erhoben hat, klatschen sie alle in die Hände als wollten sie damit dem König Gesundheit wünschen. Das In-die-Hände-Klatschen ist ein Akt der Höflichkeit und ein Zeichen der Verehrung.

So wie dem König niemand beim Essen zusehen darf, so wird auch ein jeder, der ihn beim Trinken beobachtet, mit dem Tode bestraft. Niemand darf auch in Gegenwart des Königs trinken, es sei denn, er kehre ihm dabei den Rücken zu. Der König betrinkt sich nur selten, obwohl er gewöhnlich bis gegen Abend, d. i. sechs Uhr, im Weinhaus bleibt.

Ungefähr eine Stunde nach Sonnenuntergang begibt sich der König zum zweitenmal in das Speisehaus, wo ihm in üblicher Weise die Mahlzeit zubereitet wurde. Nachher geht er in das Weinhaus zurück, wo er bis zur neunten Stunde bleibt, bisweilen auch noch länger, je nachdem wie seine Laune ist. Ob Finsternis herrscht oder Mondschein, stets läßt der König zwei Windlichter vor sich hertragen.

Niemand darf aus dem Trinkgefäß des Königs trinken, niemand anderer darf auch von seiner Speise essen, und alle Speisereste der königlichen Tafel werden in der Erde vergraben.

Nur bei bestimmten Anlässen erscheint der König in der Öffentlichkeit, etwa bei Ankunft einer fremden Gesandtschaft, wenn ein Leopard gefangen wurde, oder wenn schwerwiegende politische Entscheidungen getroffen werden sollen. Er verläßt auch seinen Palast, wenn seine Äcker bestellt werden oder der Adel die ihm zustehenden Abgaben entrichtet. In allen diesen Fällen begibt sich der König auf einen dem Palast gegenüberliegenden Platz, ungefähr in der Mitte der Stadt.

Der Thron des Königs steht etwas erhöht auf einem Sockel, und die aus schwarzen und weißen Zweigen geflochtene Fußbank ist reichlich geschmückt. Hinter dem Rücken des Königs hat man an einen Stock ein viereckiges Wappen gehängt, das mit niederländischen und spanischen Garnen gestickt wurde. Dem König zur Rechten steht ein Gestell mit sechs oder acht Wedeln aus einem besonderen einheimischen Material, das sie *pos* oder *mana* nennen. Diese Wedeln werden von einigen Männern mit großer Kraft geschwungen.

Um die Mitte des 17. Jahrhunderts darf nach O. *Dapper* in Loango und ähnlich wohl auch in Kongo mit folgendem Hofzeremoniell gerechnet werden: Vor dem Königsthron liegt ein ungefähr 20 Klafter langer und 12 Klafter breiter – ein Klafter entspricht einer Länge von 1,883 m –, aus Blättern zusammengenähter Teppich ausgebreitet, den nur der König und seine Kinder betreten dürfen. Zu beiden Seiten des Teppichs sitzen die Edelleute mit gestielten und verzierten Büffelschwänzen in

Händen. Manche sitzen auf der bloßen Erde, manche aber auf einer Matte, ähnlich jener des Königs, nur bedeutend kleiner. Hinter dem Adel sieht man das gewöhnliche Volk und hinter dem König eine große Menge von Hofbediensteten.

Als Musikinstrumente verwenden sie große und kleine Hörner aus Elfenbein, aus dem Vollen herausgeschnitzte Holztrommeln von verschiedener Größe, die mit der flachen Hand oder auch mit Stöcken geschlagen werden, ferner eine einem Tamburin ähnliche Schellentrommel.

Diese Instrumente dienen als Begleitung zum Tanz der Edelleute, den sie *chilomba* nennen. Mit großen Laufschritten bewegt sich der Tänzer zwei- oder dreimal hintereinander vor und zurück, dabei die Arme auf- und abbewegend. Vor dem König klatscht dann der Tänzer zwei- oder dreimal kräftig in die Hände, und auch die anderen Edelleute wiederholen gemäßigt dieses Klatschen. Hierauf wirft sich der Tänzer vor dem König nieder und wälzt sich zum Zeichen seiner Unterwürfigkeit zwei- oder dreimal vor ihm im Staube herum. Manche laufen nach dem Tanze stracks auf den König zu und legen die Hände auf seine Knie und den Kopf in seinen Schoß.

Die vornehmsten und höchsten Würdenträger haben ihre eigenen Plätze neben dem König. Diesen Würdenträgern zu Ehren führen ihre Untertanen gleichfalls Ehrentänze auf.

Neben dem Prunk- und Staatsteppich stehen zwei, drei oder auch vier Sprecher mit eigentümlichen Eiseninstrumenten in den Händen. Diese Instrumente sind Schafsglocken nicht unähnlich, nur laufen sie nach unten hin spitz zu, während sie nach oben zu breit und dick sind. Ihre Länge beträgt eine Elle und weniger. Man schlägt sie mit einem Holze an zum Zeichen, daß man still sein soll und aufzupassen hat. Die Sprecher haben auch die Aufgabe, des Königs Befehle zu verkünden und Funde und Verluste anzuzeigen.

Diese einfache Eisenglocke erinnert in ihrer Funktion an die einfachen, mit dem Häuptlingsritual verbundenen Glocken an der Goldküste, in Benin und auch in Fumban (Kamerun), während in Angola die einfache Glocke seit *D. Lopes* (1591) als Kriegsglocke in Verwendung steht. Auch in Kamerun werden die einfachen Glocken als Kriegsglocken bezeichnet. Die Doppelglocke finden wir dagegen am Hofe der Königin Anna Nzinga in Verwendung.

Vor dem Teppich des Königs sitzen nach *O. Dapper* auch einige Zwerge, den Rücken ihm zugewendet. Sie haben einen sehr kurzen Oberkörper, jedoch einen großen Kopf, den sie mit einem Fellstück bedecken. Die Schwarzen erzählen sich, daß in einer bestimmten Landschaft oder Wildnis viele solcher Zwerge (offensichtlich Pygmäen) als Elefantenjäger wohnen und daß sie gewöhnlich Bakkebakke oder auch Mimos genannt werden.

Ausführlich weiß *O. Dapper* auch über die Raphiabaststoffe und -plüsche zu berichten sowie über die Bekleidung der Bewohner von Loango. Solche Raphiaplüsche aus dem Bast der Raphiapalme werden schon seit Beginn des 16. Jahrhunderts in den Quellen beschrieben und wurden im 17. Jahrhundert aus dem alten Königreich Kongo und von den Küsten nach Europa gebracht. Eine Quelle aus dem Jahre 1508 versichert, daß das Königreich Kongo das einzige Land in ganz Guinea wäre, wo man solche Plüsche herzustellen verstünde. »Vor des Königs Sessel liegt eine große Prunkdecke die ohngefehr 20 Klafter lang und zwölfe breit ist, von Küssenblättern (Plüschen) gemacht und aneinandergenehet ...« heißt es bei *O. Dapper* (1670). Die in den Quellen am häufigsten erwähnten Stoffe waren solche mit Webmustern oder flacher Stickerei, die mit italienischem Damast, Atlas, Taft, Seide, Brokat und ähnlichem verglichen wurden. Daneben gab es noch gemusterte und ungemusterte Plüsche und Rindenbaststoffe, die das Material für die Kleidung lieferten. Ähnlich den Kongoplüschen waren

Abb. 81 Das Weinhaus des Loango-Königs. Niemand darf den König beim Essen oder Trinken sehen. Auf ein Zeichen hin wirft sich daher das Volk mit dem Gesicht zu Boden und wagt nicht aufzublicken (*Dapper* 1670)

auch die alten Buschongoplüsche aus dem 17. Jahrhundert naturfarben oder dunkelrot. Des großen Arbeits- und Zeitaufwandes wegen zählten die wertvollen Plüschstickereien zu den Schätzen des Königs. Sie wurden vom König oder hohen Würdenträgern bei besonderen Anlässen verschenkt. Eine bestimmte Wand im Hause des Königs von Loango war – wie bereits ausgeführt wurde – »mit zahrten Küssenblättern, welche sie Kumbel nennen, über und über behänget«, berichtete O. *Dapper*. Plüsche sowie glatte ungemusterte Raphiastoffe dienten auch als Geld. Außer der Raphiapalme, dem wichtigsten Faserlieferanten im Guinearaum, wurden auch aus dem Bast der Bambuspalme (Matombebaum bei O. *Dapper*) Fäden gewonnen oder auch Rindenbaststoffe erzeugt. Andere Palmarten lieferten wiederum grobe Fasern, die hauptsächlich zu Lunten, Seilen und dergleichen verarbeitet wurden. Frühzeitig waren solche Raphiaplüsche neben Elfenbeinschnitzereien ein beliebtes Mitbringsel aus Afrika, das reisende Kaufleute und Missionare mit nach Europa nahmen. Die Kleidung der einfachen Leute aus glatten und ungemusterten Raphiastoffen reichte von den Hüften bis zu den Füßen und war unten mit Fransen besetzt. Überdies schickte es sich für den Mann, über dem Kleid noch eine Art Fellschurz zu tragen. Manche bevorzugten sechs, ja acht Felle zugleich auf ihrem Kleide. Der König, und die ihm am nächsten standen, ließen sich fünf oder sechs viereckig zugeschnittene Felle aneinander nähen. Von diesen Fellen hingen dann weiß- und schwarzgestreifte Schwänze als Zierat herunter. Als weitere Zierate waren in der Mitte der Felle noch »Rosen«, d. h.

gemusterte Raphiaplüsche, befestigt. Stoffgürtel hielten die Kleider in der Körpermitte fest. Die Kleider der Frauen aus den gleichen Stoffarten wie die der Männer waren kürzer und einfacher gehalten, dafür aber trugen die Frauen um so mehr Korallen- (Perlen-) Schmuck.

Seit altersher stellte die Elfenbeinschnitzerei in Kongo und Loango einen selbständig entwickelten heimischen Kunstzweig dar. Offenbar hat aber die Einfuhr europäischen Kirchen- und Prunkgerätes das einheimische Kunsthandwerk in neue Bahnen gelenkt und auch die Herstellung von Schmuck und Trompeten (Hörnern) vermochte sich dieser Einflußnahme nicht zu entziehen. Es entwickelte sich in Loango (und Kongo) eine Art »Souvenirkunst«, die sich nicht bloß auf die Herstellung reliefierter Elefantenstoßzähne beschränkte, sondern sich auch auf die Herstellung von Heiligenfiguren, Kreuzigungsdarstellungen, Kreuzen sowie auf viele kleine Gegenstände des täglichen Lebens verlegte. Schon zu *Samuel Bruns* Zeiten (1624) dürfte das Küstengebiet von Loango und die Kongomündung ein wichtiges Zentrum der sogenannten »afro-portugiesischen Elfenbeinschnitzerei« gewesen sein (neben dem Gebiet um Freetown im heutigen Sierra Leone und der Sklavenküste mit Lagos und Porto Novo und eventuell Whydah) und schon frühzeitig gelangten solche Elfenbeinschnitzereien zusammen mit Raphiaplüschen als beliebte Mitbringsel und Andenken an Afrika in die Kuriositätenkabinette der Fürsten Europas.

Großer Verehrung erfreute sich der Leopard am Königshof in Loango, denn er war ein Königstier. Hatte ein Edelmann einen Leoparden erlegt, dann wurde dessen Schwanz an einen Palmstock

Abb. 82  Die mit Federn geschmückten Hauptleute schlugen in Angola Glocken und Doppelglocken, um mit ihrer Hilfe Befehle an die Truppe weiterzugeben (*G. A. Cavazzi*, München 1694)

befestigt und vor der Matte des Königsstuhles in die Erde gesteckt. Bei der Jagd auf Leoparden ließ sich der König in seinem viereckig geflochtenen Korbstuhl (Sänfte) unter großem Gefolge zu den Netzen tragen. Das Fell des erbeuteten Leoparden nahm der König an sich, das Fleisch des Leoparden aber vergrub man tief in die Erde, damit niemand davon äße, und die Gallenblase, die man für ganz besonders giftig und gefährlich hielt, warfen die Leute in den Fluß.

Beim Tode des Herrschers hielt die Welt den Atem an. Alle Arbeit ruhte, und die Feuer wurden im Lande gelöscht. Dem Leichnam des Königs zerbrach man nach *E. Pechuel-Loesche* die Arme und Schienbeine und legte sie dicht an den Leib. Dann wurde der Leichnam mit verschiedenen Pflanzensäften behandelt und an einem schwach schwelendem Feuer langsam gedörrt. Während dieser Zeit stand im Palaste des Königs eine Holzfigur, die den verstorbenen König repräsentierte. Erst nach der Mumifizierung der Königsleiche durfte der tote Herrscher bestattet werden. Vorher waren schon die Eingeweide, Nägel und Haare des Königs von Vertrauten heimlich begraben worden. Aus allen Teilen des Landes brachte man einheimische Gewebe herbei – später auch europäische Tücher – und umwickelte damit die Königsmumie. Endlich wurde daraus ein riesiger Stoffballen, der einer ungeheuer großen Schmetterlingspuppe glich. Aus späterer Zeit wird auch von einem Leichenwagen berichtet, der von 200 bis 300 Personen gezogen wurde. Elefantenstoßzähne und Holzfiguren schmückten die Königsgräber, die eigene Grabwächter besaßen.

Die Bestattung des verstorbenen Vorgängers war die erste Staatshandlung des künftigen Königs; sie stellte zugleich auch einen Teil der Krönungsfeierlichkeiten dar. In feierlicher Prozession brachte man zwei Festjungfrauen zu der Wohnung des neuen Königs. Sie waren über und über mit zerriebenem Rotholz bemalt. Alle Körperhaare waren von ihnen entfernt worden. In neue Bastgewänder gehüllt, knieten sie auf einer Matte vor der Wohnung des neuen Königs nieder und überreichten ihm in dieser Stellung einige Kolanüsse und verschiedene Feldfrüchte. Sodann übergab der König einer jeden Braut ein frisches Ei. Dieses stellte ein Fruchtbarkeitssymbol dar. Ein anderes wurde unter dem Hochzeitsbett des Königs vergraben. Nach dieser Zeremonie hauchte der Herrscher die beiden Bräute an und streute ihnen ein wenig Erde auf den Scheitel. Dann schob er jeder Jungfrau je einen um das Handgelenk zu tragenden Elfenbeinring über die rechte Hand. Durch diese Zeremonie wurden die Mädchen Frauen des Königs. Nun konnten auch die Probenächte beginnen. Erwies sich der König in ihnen ohne jeden Fehl und Tadel, dann nahmen die Krönungsfeierlichkeiten ihren weiteren Verlauf. Nach Überwindung der verschiedensten Hindernisse führte der Weg des neuen Königs über einen Steg zu den alten Königsgräbern. Dort fand schließlich auch das Begräbnis des verstorbenen Herrschers statt. Nachher trug man den König in einem neuen »Thronkorb« in die Residenz des Landes. Das Volk jubelte auf, denn die schreckliche königslose Zeit war nun zu Ende. Der König ernannte seine Minister und vergab viele Ämter, Würden und Titel. Er stellte seinen Hofstaat auf und gab dem Lande seine geheiligte Ordnung zurück.

## Die Jagastürme

»Wandernde Räuberhorden« nannte *D. Westermann* die Jaga, welche um die Mitte des 16. Jahrhunderts und in der darauffolgenden Zeit das ganze mittlere Bantugebiet zu einem Schauplatz gewaltiger Völkerwanderungen machten. Vom unteren Kongo bis zum Tanganyika wurde die geruhsame Welt der Pflanzer jäh von dem Wirbel der geschichtlichen Ereignisse mitgerissen. Der Ursprung der Jaga ist dunkel; sehr viele Theorien haben sich mit der Frage ihrer Herkunft beschäftigt. Die einen lassen sie aus dem ostafrikanischen Seengebiet kommen *(Duarte Lopes)*, andere bringen sie mit den Galla in Abessinien in Verbindung *(João Bermudes)* oder mit den »Serre Leonern« *(O. Dapper)*. Ihre Herkunft ist umstritten. Der schottische Seemann *Andrew Battell* ist der einzige Europäer, der mit den Jaga in eine längere Berührung kam. Er wurde im Jahre 1601 in der Nähe von Benguella von den Jaga gefangengenommen und lebte 21 Monate unter ihnen. Damals waren seinem Berichte zufolge in dem bunt zusammengewürfelten Heerhaufen nur mehr zwölf echte Jaga vorhanden. Es dürfte sich von allem Anfang an nur um eine dünne Eroberungsgruppe gehandelt haben, die sich die Idee eines sakralen Königtums zunutze machte und mit rücksichtsloser Gewalt weite Gebiete unter ihre Herrschaft brachte. Als wilde Horden durchzogen die Jaga im 16. und 17. Jahrhundert das Gebiet zwischen Kongo, Kuango, Kunene und Westküste. Im Jahre 1569 fielen sie, aus dem Gebiet des Kuango kommend, in die Ostprovinz Mbata des alten Königreiches Kongo ein, drangen immer weiter vor und zerstörten schließlich São Salvador, die Hauptstadt des Reiches. Alvaro I. rettete sich durch Flucht auf eine Kongo-Insel und rief die Portugiesen zu Hilfe. Diese schlugen die Jaga; ein Teil von ihnen floh über den Kongo, um sich sodann an den Ufern des Kuilu-Nyari niederzulassen. Ein anderer Teil wandte sich nach Osten und Südosten und gründete dort den einen oder anderen »Jagastaat« am Kuango. Ihre räuberische Tätigkeit aber setzten die Jaga weiter fort. Sie überfielen Matamba, Ndongo und das Hochland von Benguella und zahlreiche Überlieferungen wissen von ihren Mordtaten zu erzählen. Eine Reihe Staatengründungen geht auf die Jaga zurück, so die der Yaa oder Yaka Nyari, der Yaka am Kuango, der Imbangala, der Jaga von Ambaka, der Jaga der Ovimbundu und die der Jaga der Humbe. Zahlreiche höfische Sitten der vermutlich mit Jagaabkömmlingen in Beziehung stehenden Herrscherschichten bei den Lunda, Ngala, Yaka (Jakka), Mbundu und Ambo (– der König ein Gott, Königin-Mutter, Schwesterehe des Königs, Löwe und Leopard als Königstiere, Fanany-Begräbnis usw. –) weisen nach dem Osten, insbesondere nach den Staaten des Zwischenseengebietes und nach dem Reiche des Monomotapa in Südrhodesien. *Hartmann C. Decker* (1939) sah in den Jaga die Träger und Verbreiter rhodesischer Kultur und stellte die Jagastaaten in den »Brennpunkt rhodesischer Kultur«, womit die Ausstrahlungen des Monomotapa-Reiches gemeint gewesen waren. Der im Zwischenseengebiet wie in Südrhodesien übliche gewesene Königsmedienkult trat auch bei Anna Nzinga in Erscheinung, so wenn sie sich als »Priesterin«, vom Geiste Ngolombandis, ihres Bruders, für besessen wähnte. In seinem Namen weissagte sie dem Volk, in seinem Namen ordnete sie die fürchterlichsten Opfer an, um ihren persönlichen Blutdurst zu stillen. Bisweilen wurden bis zu 60 Schlachtopfer beiderlei Geschlechtes hingemordet, und es war im Volke der Ruf verbreitet, daß sie eine mächtige Zauberin wäre, daß sie sich in die verschiedensten wilden Tiere verwandeln könne und daß sie sich der Gunst der Geisterwelt erfreue.

Das Luba-Reich

Nach *E. Verhulpen* (1936) lassen sich in dem Luba-Völkerkonglomerat zwei aus dem Norden stammende Einwanderungsschichten (Dynastien) erkennen. Demnach ginge die Gründung des ersten, zwischen den Lualabaseen im Osten und Randa-Kanda im Westen gelegenen Lubareiches auf den

Abb. 83 Anna Nzinga's Menschenopfer in Angola. Vom Geiste Ngolombandis, ihres Bruders, besessen, führte Anna Nzinga von Matamba bei ihren Kriegszügen stets dessen Gebeine in einem mit silbernen Spangen beschlagenen Kästchen mit sich und ordnete ihm zu Ehren die fürchterlichsten Menschenopfer an

Songefürsten Kongolo zurück. Die zweite Einwanderungswelle stellen die mutterrechtlichen Bui dar, welche das Gebiet zwischen dem Lualaba und dem Tanganyika besetzten. Das zweite Lubareich wurde unter dem Luba-Lunda-Abkömmling Ilunga Mbili um 1585 gegründet. Ein Enkel dieses berühmten Reichsgründers sollte später auch bei der Gründung des weiter westlich gelegenen Lundareiches eine große Rolle spielen.

Der Herrscher (Mulopwe) ist auch hier an eine Reihe Vorschriften (allein essen, eigene Speisehütte, Anmaßung göttlicher Macht und Ehren, Kommunikation mit den Ahnenschädeln der Vorgänger, sakraler Königsmord u. a. m.) gebunden und durch besondere Insignien (hl. Feuerhölzer [Feuerbohrer], Schemel, Lanze, Doppelglocke, Trommel, Muschelscheibe u. a. m.) ausgezeichnet. Weitere wichtige Insignien waren das Makambo, ein mit einem Deckel versehener Korb, in dem die Schädel oder Genitalien der verstorbenen Herrscher aufbewahrt wurden, ferner eine figürliche Darstellung *(nkishi)*, ein sehr alter »Fetisch«, der mitunter mit Menschenblut gewaschen wurde und den Gründer der Kasonge-Dynastie darstellen sollte, und schließlich eine Flaschenkürbisschale *(mboko)* mit Mpemba, weißer Erde bzw. Kaolin. Die weiße Farbe ist bei den Luba das allgemeine Zeichen für Leben, Kraft, Glück und Freude. Sie spielt in allen religiös oder magisch bedeutsamen Lebenszusammenhängen eine große Rolle und auch im politischen Bereich. Nach *E. Verhulpen* konnte Mpemba nur durch sakral befähigte Personen an bestimmten heiligen Orten gewonnen werden und schützte den Herrscher vor Krankheit und vor den Angriffen seiner Feinde. Mpemba sicherte ihm auch Jagdglück und die Treue seiner Frauen zu. Da die ältesten Söhne der verschiedenen Frauen des Königs als Nachfolger in Frage kamen, brach für gewöhnlich nach dem Tode des Herrschers ein mörderischer Bruderkrieg aus, bei dem die Besiegten geköpft wurden, bis schließlich nur mehr ein Thronanwärter übrig blieb. Söhne mit körperlichen oder geistigen Mängeln, aber auch Söhne von Sklavinnen und Inzestkinder, waren von vornehereín von einer Nachfolge ausgeschlossen. Verfügten sie doch nicht über die im Bruder-Zwist unabdingbare Hausmacht der mütterlichen Sippe.

Heute kommen noch solche »mutterrechtliche Tendenzen« bei verschiedenen Luba-Ethnien unter anderem in der besonderen sozialen Stellung der Gattin-Mutter des Dorfgründers zum Ausdruck. Ihr ist die Führung aller weiblichen Belange anvertraut, und in ihrem Besitz befindet sich auch ein kleiner, mit figürlichen Darstellungen verzierter Schemel. Ferner hat sich die für weite Strecken des südlichen Kongogebietes charakteristische mutterrechtliche Erbregelung bei den meisten Luba-Ethnien durchgesetzt, besonders bei den Ethnien im Osten. Auch die besondere Sorgfalt, die man der Erziehung der Mädchen widmete, lag im Geiste eines »mutterrechtlichen Erziehungsgedankens«. Eine weitere Intensivierung dieser Geisteshaltung tritt in den weiblich betonten Mythenmotiven (Erfindung der Maske durch die Frau, die Mythe vom Schnitzen der ersten Frau usw.) und in den besonders von den Frauen gepflegten Besessenheitskulten in Erscheinung.

Bemerkenswert ist auch die außerordentlich große, weltliche und religiös bestimmte Schnitzfreudigkeit in diesem Gebiet, die in erster Linie als eine »höfisch-repräsentative Kunst« bezeichnet werden darf und im Dienste des Häuptlingstums verstanden sein will. »Die markantesten Balubaschnitzwerke« – schreibt *Hans Himmelheber* – »sind Hocker, von einer männlichen oder weiblichen Figur getragen, die das Sitzbrett auf ihren erhobenen Händen hält. Die Arme und Hände sind dabei meist, ihrer Funktion entsprechend, stark vergrößert. Häufig sind von Figuren gekrönte Häuptlingsstäbe, oder figürlich geschmückte, nach oben dreigezackte Bogenhalter, die bei Staatshandlungen neben dem Häuptling in den Boden gesteckt werden, damit er sich seiner gewichtigen Insignien, Bogen, etc. entledigen kann. Weiter gibt es von Menschlein getragene Nackenstützen; hölzerne Gefäße und Reisstampfer, Wasserpfeifen, elfenbeinerne Signalhörner mit Figurenschmuck und nicht zuletzt Freifiguren und Masken.« Abgesehen von den Ahnenfiguren liegt den meisten Holzfiguren die Idee von Geisterwesen und Genien zugrunde, »deren jedes seine sichtbare Verkörperung in einer bestimmten Art von Figuren findet«. Als *H. Himmelheber* im Jahre 1938 die Luba besuchte, war allerdings von der »bildenden Kunst fast nichts mehr zu sehen. Die Baluba hatten auch ganz ihre alte Hüttenform verlassen und kleideten sich in europäische Stoffe. Sie verdienen Geld mit ihren kleinen Baumwollpflanzungen.«

Zur Herrschaft gelangt, errichtete der Mulopwe seine Residenz an einem neuen Ort ein, und es ist möglich – meint *Heinz Göhring* –, daß die Balopwe sich jeweils bei ihrer mütterlichen Gruppe niederließen, bei der sie ja des verläßlichsten Schutzes gewiß sein konnten. Das Reich war in Provinzen, Distrikte und Dörfer unterteilt. An der Spitze der Provinzen standen vom Reichs-Mulopwe ernannte und absetzbare Hofbeamte, die Minister. Sie waren für die Verwaltung einer oder mehrerer Provinzen verantwortlich und residierten am Hofe des Herrschers. Die Provinzoberhäupter, denen wiederum eine Reihe Notabeln geringeren Ranges unterstanden, hatten die Befehle durchzuführen und wurden vom Minister überwacht. Das Ministeramt selbst war wiederum mit einem bestimmten Titel und spezifischen Funktionen am Hofe wie z. B. Hausmeister, Truchseß, Mundschenk usw. ver-

Abb. 84 In ihrem 40. Lebensjahre empfing Anna Nzinga in der Domkirche zu Loanda im Jahre 1622 die Taufe. Man gab ihr den christlichen Namen Anna, weil ihre Taufpatin, die Gattin des Statthalters, diesen Namen trug

bunden. Hinzu kommen noch zahlreiche Würdenträger, deren Amt ebenfalls »käuflich« gewesen war. Die lokalen Oberhäupter (Provinzoberhäupter, Statthalter von Grenzprovinzen, Distrikt- und Dorfoberhäupter, Inspekteure) entstammten in der Regel dem Gebiet, in dem sie herrschten. Sie erhielten vom Reichs-Herrscher die Häuptlingsinsignien und waren ihm zu Kriegsdiensten verpflichtet.

Der jüngste prähistorische Fundplatz, Kiantapo Cavem, dürfte aufgrund der in der Höhle vorgefundenen Keramik-Ware mit den Luba in Verbindung gestanden haben. In dieser Fundschicht wurden bereits Glasperlen, europäische Tonwaren, Eisenobjekte und Schlacke gefunden. Es ist daher mit einem weitgehend rezenten Datum dieser Fundschicht zu rechnen. Ältere Kulturschichten aus Katanga, wie z. B. der frühgeschichtliche Friedhof zu Katoto in der Nähe von Bukama am Lualaba, zeigen u. a. zahlreiche Objekte aus Eisen und Kupfer und darüber hinaus auch Funde großer Muschelscheiben, die dem »kilunga«-Schmuck moderner Häuptlinge entsprechen. Auch die große Nekropole Sanga am Kisale-See zeigt unter dem Fundgut eine Menge von Objekten aus Eisen und Kupfer, und nicht zuletzt verrät der Fund eines Schalengebläses den hohen Stand metallurgischer Kenntnis. Unter den verschiedenen Funden aus Eisen wären Glocken, Messer, Speer- und Pfeilspitzen, Beile und eine einzelne Feldhacke zu nennen. Radiokarbon-Daten weisen auf eine Besiedlungsdauer zwischen der zweiten Hälfte des 7. Jahrhunderts und dem 9. Jahrhundert hin. Besonders

Abb. 85  Ahnenpaar trägt den Stuhlsitz. Luba.
Im Stil des Mbuli-Künstlers (Kabila-Typ). 19. Jahrhundert. Kongo

bemerkenswert sind jene kupfernen Kreuze – »handa« –, die von *H. Baumann* und anderen Kulturhistorikern als eine Art »Leitfossil« der »Rhodesischen« oder »Simbabwe«-Kultur zugesprochen wurden. In diesem von Seen und Flüssen erfüllten Gebiet spielte naturgemäß der Fischfang eine bedeutsame Rolle in der Lebensführung; daneben herrschte der Bodenbau und hinzu trat die bereits erwähnte Eisenindustrie. Viele Spuren dieser eisenzeitlichen »Katanga-Funde« weisen schließlich nach dem Kivu-See und Rwanda, nach jenem Gebiet, wo mehrere Schmelzplätze in Verbindung mit der sogenannten »Bodendellen-Keramik« gefunden wurden.

## Lunda: das Reich des Mwata Yamwo und der Lukokescha

Als ein fremder Jäger kam Ilunga Kibinda aus dem Osten und ließ sich im Gebiet der Lunda bei dem Stammeshäuptling Kunde nieder. Dieser hatte zwei Söhne, Kinguli und Kinyama und eine Tochter namens Luedji. Kibinda, der fremde Jäger, heiratete die Tochter. Kunde durchbrach die bisher geltende vaterrechtliche Norm in der Thronfolge und bestimmte seine Tochter zur Nachfolgerin. Dadurch sahen sich die beiden Brüder enterbt. Ilunga Kibinda und Luedji wurden dagegen die Begründer der ersten Lunda-Dynastie. Die beiden Brüder verließen daraufhin ihre Heimat und nahmen ihre Anhänger mit sich. Mit Hilfe der Portugiesen schuf Kinguli das Mbangala-Reich am Kuango im Westen – dies geschah in der Zeit zwischen 1605 und 1609 –, und Kinyama, der zweite Bruder, der nach Süden gezogen war, machte im Gebiet der Sambesi-Kongo-Wasserscheide große Eroberungen. Seine Nachfolger dehnten das eroberte Gebiet vor allem auf die Cokwe- und Luenaländer aus, ferner auf die Länder am Mweru und auf Teile Katangas. Das 17. Jahrhundert brachte einen weiteren Gebietszuwachs zwischen dem Lualaba und dem Tanganyika. Das 19. Jahrhundert sah die Luba-Lunda-Dynastie auf dem Gipfel ihrer Macht.

Wieder begegnen wir einer Reihe uns bereits vertrauter Elemente aus höfischem Bereich: Der König ein Gott und oberster Medizinmann des Reiches. Mwata Yamwo ist sein Titel; Kwata Kazembe bei den Ostlunda, einem Ableger des Lundareiches im Gebiet südlich des Merusees (die Westlunda wohnen am oberen Kasai); Erbarmring *(lucano)* als Kroninsignie; Löwe und Leopard sind als Königstiere auch Seelensitze verstorbener Herrscher; Tötungs- und Speiseverbote für Löwe und Leopard; kultische Bedeutung schwarzer Rinder (Ostlunda); Königin-Mutter (Lukokescha) als Mitregentin des Königs. Sie war zumeist nicht die leibliche Mutter des Königs und genoß völlige Liebesfreiheit; Geschwisterheirat (Bruder-Schwester-Heirat); die Verwandten des Königs bilden den Adel und haben die Verwaltung in Händen; vier Erzbeamte als oberste Würdenträger des Staates (neben der Lukokescha) und zahlreiche andere untergeordnete Beamte mit genau abgegrenztem Pflichtenkreis; Lukokescha und die vier Erzbeamten (Reichsräte) bilden den engeren Rat des Königs; feudaler Lehnsstaat; der König ißt und trinkt im geheimen; oder es wird seine Nahrungsaufnahme von einem besonderen Zeremoniell begleitet; er verbirgt sich dem gewöhnlichen Volke; er darf mit bloßen Füßen nicht die Erde berühren und muß daher auf den Schultern eines Sklaven oder in einer Sänfte *(tipoya)* getragen werden; Hofkapelle und Leibgarde; nach dem Tode eines Herrschers wird eine neue Residenz (»großes Lager«) bezogen; kultischer Charakter der eisernen Doppelglocke; sakraler Königsmord; Vollzug des Mordes durch die Schwestergeliebte oder zur Zeit der Trockenheit (Regenzauber!); Ineinandergreifen von Krönungs- und Bestattungsriten; verschiedene Reichs-

Abb. 86 Während der Herrscher des Landes, Mwata Yamwo, sich in einer Sänfte tragen ließ, ritten die Großen des Landes, die Kilolo, auf den Schultern eines Sklaven

Abb. 87 Mwata Yamwo. Als Gottkönig und oberster Medizinmann trug der Herrscher diesen Titel im Lundareich zwischen den Flüssen Kwango und Lubilasch (Kongo)

und Würdesymbole außer dem »*lucano*«, dem wichtigsten Machtsymbol der Lunda; Muschelbrustschmuck *(pande)* des Königs; heilige Königstrommel; Verlöschen und Neuanzündung des heiligen Staatsfeuers; Hüttenaufbahrung und Wache bei der verwesenden Leiche des Königs; Bergung des abgefallenen Schädels und dessen Verpackung in ein rotes Tuch; Übergabe des Schädels an den Nachfolger; Verheimlichung des Königstodes vor dem Volk; gesonderte Bestattung der Königsleiche im Fluß; Menschenopfer an die Ahnengeister; Vereinigung des Schädels mit den Ahnen; Vorstellung vom Leichenwurm, der sich in einen Löwen verwandelt (Fanany-Mythe); Königsschädel in Verbindung mit dem Ahnenkult; die Zähne, Finger- und Zehennägel sowie die Haare des verstorbenen Königs werden gesondert aufbewahrt.

Nach *H. Baumann* sind die negriden Lunda mit pygmoiden und sogar »australoiden« Typen stark durchsetzt. Nur ihre Herrscherschicht, die nicht Lunda- sondern Luba-Ursprungs war, besaß gewisse »europid« bzw. »äthiopid« anmutende Elemente, die nach Nordosten (Zwischenseengebiet?) hinwiesen. Unterdessen wurde ein Großteil des negriden Lundavölkerkonglomerates von den sehr expansiven Cokwe aufgesogen. Im allgemeinen sind die Nachfahren des alten Lundareiches (Lunda: Schinsche, Minungo, Holo, Bondo) ausgezeichnete Jäger und nur mangelhafte Feldbauern. Mit dem Untergang des Reiches sind auch nahezu alle mit ihm verbundenen traditionellen Herrschaftselemente verschwunden, ein Zeichen dafür – abgesehen von aller nachfolgenden Demokratisierung – mit welch einer dünnen Herrscherschicht alle diese Einrichtungen verbunden gewesen waren.

Das Kubareich

Unter dem Sammelnamen Kuba werden 18 im Kubareich befindliche Ethnien zu einer Einheit zusammengefaßt, die das hügelige Land zwischen den Flüssen Sankuru, Kasai und dem Unterlauf des Lulua bewohnt. Das zahlenmäßig stärkste Ethnos stammt aus dem Raum um Stanleypool und aus dem Gebiet der Lulua-Luba und aus der Mongoregion. Die historische Entwicklung des Kubareiches ist mit der politischen Geschichte der Bushong gleichzusetzen und wird von *J. Vansina* in vier Perioden eingeteilt: 1. Die formative Periode, das frühe Reich (± 1558 – ± 1630); 2. Die Blütezeit (1630 bis 1680); 3. Die Stabilisationsperiode (1680–1835); 4. Die Zeit der Akkulturation. Die erste, durch zahlreiche Wanderungen der einzelnen ethnischen Gruppen gekennzeichnete Periode wurde wirtschaftlich durch Fischfang, Jagd und Sammelwirtschaft bestimmt; im Westen pflanzten die Kuba in einem nur geringen Ausmaß Bananen und im Südosten die Hirse. Man kannte das Eisen (Zeremonialschwerter und Wurfmesser) und übte die Raphiaweberei. Matrilineare Gesellschaftsgliederung, Teilung des Dorfes durch eine Straße in zwei Hälften mit eigenen Würdenträgern, Dorfhäuptlingen und Ältestenrat waren weitere Elemente der sogenannten formativen Periode. Die sich um 1600 anbahnende Vormachtstellung der Bushong sollte bald die weitere Geschichte der Kuba bestimmen und insbesondere für die Blütezeit von wesentlicher Bedeutung sein. »In dieser Periode« – 1630–1680 – »von 50 Jahren« – schreibt *Angelika Stritzl* – »setzte eine Revolution in allen Lebensbereichen ein. Teils durch Einflüsse aus der Kwangoregion, vielfach aber durch eigene Schöpfungen entwickelte sich die Kubakultur, wie sie noch heute in den Grundzügen erhalten ist. Durch den Aufschwung der Landwirtschaft stieg die Bevölkerung. Shyaam plante eine Hauptstadt, die erstmals eine Bevölkerungskonzentration brachte. Ein bedeutender Aufschwung war auf dem

Abb. 88  Holzstatue des Königs Kata-Mbula (1800–1810) der Kuba (Shongo) mit Trommel und Schwert im Schneidersitz

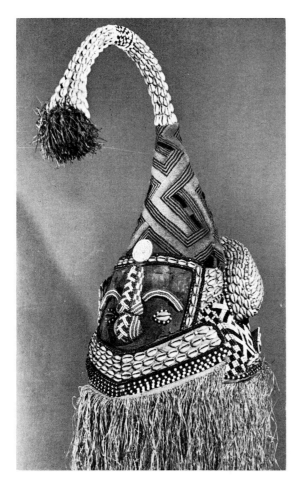

Abb. 89  Eine Kopfmaske der Kuba, deren konischer Aufsatz mit einem Raphiaplüschstoff überzogen ist. Die übrigen Teile aus Raphiastoff sind reich mit Perlen und Kauris bestickt

Abb. 90  Gestickter Raphiaplüsch der Kuba aus dem Bast der Raphiapalme (R. vinifera). Das Raphiagewebe wird von den Frauen mit geometrischen und ornamentartigen Mustern bestickt

Kunst- und Handwerkssektor zu verzeichnen. Neue Webtechniken kamen von der Kwangoregion und von den Pende übernahmen sie die Plüschstickerei. Neue Muster und Stilformen entstanden auch in der Schnitzerei. Shyaam war der erste König, von dem eine Porträtstatue geschnitzt wurde.«

*H. Himmelheber* zählt diese Porträtsstatuen der Kubakönige zu den »Freifiguren«. Es sind dies im gegebenen Falle »halbmeter hohe sitzende Figuren mit übergeschlagenen Beinen. Einer jeden ist ein bestimmtes Kennzeichen für den betreffenden König angeschnitzt, zum Beispiel ein Papagei oder eine kleine Frauengestalt, weil der betreffende König eine Sklavin geheiratet hatte. – Nach Torday wurde die älteste Figur um 1600 gemacht, und zwar befahl der König selbst, sein Porträt zu schnitzen.« Die Kunst der Kuba verfolgt in erster Linie dekorative Zwecke. Sie hat hier besonders das Ziel, »Gegenstände zu verzieren, die einem profanen Zweck dienen, und nur selten wird ihr die Aufgabe zuteil, ein selbständiges Kunstwerk wie Maske oder Figur zu schaffen«. Der reiche Dekor erschöpft sich vor allem an den vielen Palmweinbechern, hölzernen Büchsen und Schachteln, aber auch an den kunstvoll gestickten Raphiaplüschen, wobei die von *H. Baumann* charakterisierten

Abb. 91 Dem Konkurrenzkampf mit der Importware vermochte das heimische Kunsthandwerk nicht standzuhalten. Die heute für den Touristenhandel gestickten Plüsche sind vom künstlerischen Standpunkt aus in keiner Weise mit den voreuropäischen Erzeugnissen zu vergleichen

Schlingbandmotive (Flechtbandmuster) an erster Stelle genannt zu werden verdienen. *H. Baumann* brachte, wie erinnerlich, diese charakteristische Ornamentik »mit der vom 4. bis 10. Jahrhundert nachchristlichen lebendigen christlich-nubisch-koptisch-abessinischen Kulturfamilie« in Zusammenhang. Sein Hinweis auf die Möglichkeit einer Verbindung dieser Ornamentik mit der früheisenzeitlichen Bodendellen-Keramik und einem sakralen Königtum soll dabei nicht unerwähnt bleiben. Die Namen berühmter Schmiede haben sich bei den Kuba bis heute erhalten.

Diese Entwicklung förderte naturgemäß auch den Handel. »Die Handelsbeziehungen reichten vom Kwango und Lukenie bis zum Kasai und Nordkatanga. Von den Pende und Lunda kam über die Bieeng die Initiation zu den zentralen Kuba. Mboong a Leeng, der Nachfolger von Shyaam, verband damit die Schaffung eines stehenden Heeres, indem er alle zwei bis drei Jahre für alle Burschen des Landes in der Hauptstadt die Initiationsfeier abhalten ließ, an die sich eine Militärdienstzeit anschloß. Die Initianten waren in Gruppen geteilt, an deren Spitze Prinzen standen, die für ihre Gruppe verantwortlich waren. Dadurch wurde einerseits die Nobilität in der Hauptstadt konzentriert und ihre Aktivitäten wurden kontrollierbar, andererseits hatte der König ständig ein größeres Heer zur Verfügung als jedes revoltierende Dorf aufstellen konnte. Mboong a Leeng ließ sich von jedem Klan im Lande eine Frau geben und steigerte dadurch das königliche Prestige und die Einkünfte. Früher stellten nur die wahlberechtigten Klans die Königsfrauen. Die Gefahr einer Spaltung durch Erbfolgekriege war schon in der vorigen Periode weitgehend ausgeschaltet worden und jetzt ließ er alle Verwandten überwachen. Shyaam hatte eine entscheidende Neuordnung eingeführt. Anregungen dazu hatte er von den Mbun gebracht. Er schuf zahlreiche neue Staatsämter, die den Söhnen der Könige als seine stärksten Stützen übertragen wurden. Dadurch, daß nun alle hohen Ämter von seiner Familie besetzt waren, stärkte er seine Position gegenüber dem Rat der Gründerklans. Eine Hofetikette wurde entwickelt und die Pflichten und Rechte aller Beamten genau geregelt. Seit Shyaam wurden alle Könige als Stellvertreter Gottes auf Erden betrachtet und damit alle Züge des sakralen Königtums übernommen.« (*A. Stritzl*)

Ohne nennenswerte Neuerungen verlief die 3. Periode, doch verstärkten sich die Spannungen innerhalb der Königsfamilie, was schließlich zum Bürgerkrieg in der folgenden Periode führen sollte. Das Eingreifen der Europäer beschleunigte den Untergang des Reiches.

# X.
# FRÜHE KULTUREN IN DER BENUE-TSCHADSEE-REGION

Sowohl die Nok-Figurenkultur im Raume des Niger-Benue-Zusammenflusses als auch die Sao-Kultur im Tschadseegebiet gehören bereits der Eisenzeit an. Die im Dezember 1960 von *Bernard Fagg* durchgeführten Grabungsarbeiten in Taruga südöstlich von Abuja (Nordnigerien) erbrachten den Beweis für das Vorhandensein von Eisenbearbeitung. Die Begleitfunde an Holzkohle ermöglichten mit Hilfe der Radiokarbonmethode den Zeitansatz 280 v. Chr. ± 120 Jahre. Als Vermittler könnten die Libyer (Garamanten?), die den Kontakt mit den Karthagern und später mit den Römern besaßen, in Frage kommen, aber auch an Meroë im Osten wäre als Herkunftsland zu denken. Die auf eine alte Eisennutzung hinweisenden Funde in der Nähe der Mündung des Bahr-el-Ghazal in die Djourab-Senke nordöstlich des Tschadsees zeigen wohl zusammen mit den Begleitfunden starke Anklänge an Meroë, doch besitzen wir keine Gewißheit darüber, ob es sich hier bloß um importiertes Eisen handelt oder um eine Eisengewinnung an Ort und Stelle.

## Die Nok-Kultur

Von nahezu 20 Fundplätzen liegen bis heute Funde an figuraler Terrakotta-Plastik und anderen Gegenständen im Raume des Niger-Benue-Zusammenflusses in Nordnigerien vor. Die hier gefundenen Terrakottaköpfe sowie Teile von Terrakottafiguren zeigen zwar verschiedene Stilarten, aber an ihrer »in Afrika beheimateten Darstellungsweise« ist nicht zu zweifeln. Unter den verschiedenen Terrakottafunden zeigen insbesondere die Fragmente einer Figur aus Katsina Ala den einstmals hohen Entwicklungsstand der Terrakottakunst in diesem Raume. Es handelt sich um Teile einer sitzenden Figur von rund 76 cm Sitzhöhe. Nach *B. Fagg* wäre mit dem Beginn dieser Kultur um die Mitte des 1. vorchristlichen Jahrtausends zu rechnen und ihr Ende in die Zeit des 2. Jahrhunderts n. Chr. anzusetzen. Weitere Ausgrabungen (1966 und 1968) in Taruga ergaben die Gewißheit, daß hier Eisen nicht nur verarbeitet, sondern auch an Ort und Stelle gewonnen wurde und zwar nach *B. Fagg* zwei bis drei Jahrhunderte hindurch.

Die archäologischen Schichten zeigen große steinerne Äxte, aber auch Beweise für Eisengewinnung und Eisenverarbeitung, nämlich Schlacken und Blasebalgdüsen sowie eiserne Fertigprodukte. Zwei Eisenäxte erinnerten noch lebhaft an ihre Vorfahren aus Stein. Unter den Steinäxten und -beilen befanden sich einige sehr kleine Exemplare. Sie dienten offenbar dem Holzschnitzer bei der Arbeit, denn außer den Plastiken aus Ton gab es noch sicher auch solche aus Holz. Die großen Äxte besaßen vermutlich die Funktion, als Hacken beim Pflanzbau verwendet zu werden. Daß es

Abb. 92 (links)   Eine teilweise rekonstruierte Terrakottafigur aus Katsina Ala (*Frank Willett* 1967)

Abb. 93 (Seite 177, links oben)   Terrakottakopf eines Elefanten mit typischen Merkmalen des Nok-Stils aus der Agwazo-Mine Odegi (Nigeria)

Abb. 94 (Seite 177, rechts oben)   Terrakottakopf aus Katsina Ala (Nigeria). Er stellt nach *Frank Willett* ein gutes Beispiel für die Auffassung des menschlichen Kopfes als eines zylinderförmigen oder konischen Gebildes dar

Abb. 95 (S. 177, links unten)   Lenden und Beine einer knienden Frauenfigur aus Terrakotta, deren Bruchstücke in einer Tiefe von etwa 12 m beim Zinnabbau in Nok gefunden wurden

Abb. 96 (S. 177, rechts unten)   Einen Affen darstellende Terrakottaplastik

einen solchen gab, dafür geben die steinernen Mahlsteine ein Zeugnis, während die Funde von Palmnußkernen die Anwesenheit der Ölpalme in diesem Raume zur Zeit der Nok-Kultur vermuten lassen könnten, es sei denn, Palmnüsse wären aus dem Süden eingehandelt worden. Die Töpferware für den Hausgebrauch zeigt zumeist eine kugelgestaltige Ware mit nach außen gebogenen Rändern. Die Töpfe sind schwer und grob, jedoch gut gebrannt. Stücke gebrannten Lehms mit Abdrücken von Bind- bzw. Flechtwerk könnten als Reste von aus Lehm errichteten Kegeldachhäusern gedeutet werden, wie sie auch noch heute in dieser Gegend üblich sind. Manche an den Terrakottaköpfen erkennbare Details der Frisuren erinnern an die Haartracht rezenter Bergheiden in den Rückzugsgebieten. Seitdem *B. Fagg* auf bestimmte Ähnlichkeiten zwischen der Nok-Figurenkunst und der Kunst von Ife und Yoruba hingewiesen hat, neigt man dazu, einen Zusammenhang zwischen beiden »Kunstschulen« anzunehmen. Darüber hinaus erweisen sich auch ganz bestimmte Stilelemente der westafrikanischen Kunst, wie z. B. die typischen Augenformen oder die schwungvoll aufgeblähten Nasenflügel, bereits in der Nok-Figurenkunst wurzelhaft verankert.

## Die Sao-Kultur

Zahlreiche Legenden im Umkreis des Tschadsees erzählen von einem Volk der Riesen, Sao genannt, welche die Erbauer jener mit Befestigungsmauern umgebenen Dörfer und Städte gewesen sein sollen, die man auf künstlichen und natürlichen Hügeln entlang der Flüsse angelegt hatte. In

diesen Siedlungen fanden *Jean-Paul Lebeuf* und seine Mitarbeiter zahlreiche kleine und auch bis zu 40 cm hohe Figuren von Mensch und Tier aus gebranntem Ton, Schmuckstücke aus Stein, Kupfer und Bronze, verschiedene Proben des Wachsausschmelzverfahrens oder Gußes in verlorener Form, viele tausend Topfscherben, darunter solche mit einem Dekor, der auch noch heute bei den Kotoko, den mutmaßlichen Nachfahren der Sao, üblich ist. Die Kultur der Sao, die also den Bronzeguß und eine hochentwickelte Töpferei kannte, wurde von den einwandernden Sao spätestens im 10. Jahrhundert begründet und von den nach dem Zusammenbruch der christlichen Reiche Nubiens in die Tschadsee-Ebene einströmenden Arabern im 15. Jahrhundert zerstört. Sowohl aus dem an die Niloten im Oberen Nilgebiet erinnernden »Riesen-Wuchs« der Sao als auch aus den Funden glaubte man auf einen Zusammenhang der Sao mit den Bewohnern des oberen Nilgebietes (Nubien) schließen zu dürfen, wobei Darfur und Kordofan ohne Zweifel eine Mittlerrolle gespielt haben könnten. Auch wäre an Einflüsse aus dem Norden, aus dem Mittelmeergebiet zu denken.

## XI.
## DAS ALTE REICH BORNU

Als führendes Ethnos im alten Reiche Kanem-Bornu treten uns die heute im SW des Tschadsees siedelnden, etwa 1,5 Millionen zählenden Kanuri entgegen. Als den Kanuri verwandte Ethnien sind ferner noch die Buduma, Kanembu, Kotoko, Mandara und Manga zu nennen. Von der großen Bedeutung, die einst vor allem die Kanuri durch den gewinnbringenden Karawanenhandel im Reiche besaßen, haben die Berichte von *Leo Africanus* (1492–1526), *Ibn Battuta* (geb. 1304 in Tanger), *Dixon Denham* (1786–1828), *Heinrich Barth* (1821–1865), *Gerhard Rohlfs* (1831–1896), und *Gustav Nachtigal* (1834–1885) erzählt. Im besonderen aber hat sich *H. Barth* durch die Entdeckung einer Reihe arabisch geschriebener Quellen und ihre kritische Würdigung größte Verdienste um die Geschichte des Reiches Bornu erworben. Sie beginnt mit der Einsetzung der Saif- oder Sef-Dynastie vermutlich schon im 8. Jahrhundert n. Chr. Diese Dynastie herrschte zunächst in Kanem und später dann in Bornu bis zum Jahre 1846, blieb also rund tausend Jahre an der Macht, ein für eine einzige Dynastie ganz ungewöhnlich langer Zeitraum. »Bereits im 13. Jahrhundert dehnte sich das Reich Bornu im Norden bis nach Fezzan aus« – schreibt *Adolf von Duisburg*, die Geschichte des Reiches kurz charakterisierend – »und Beziehungen mit Tunis wurden angeknüpft. Im Osten erreichte es den Nil, und im Süden schob es sich fast bis zum Mandara-Gebirge vor. Gewaltige Eroberungskriege müssen geführt worden sein, darauf läßt u. a. der Name des damals regierenden Königs Dúnama Dibbalámi schließen, denn sein Name bedeutet so viel wie ›Besitzer der Kraft‹ und ›Sohn des Kampfes‹. Wenn auch in den darauffolgenden zwei Jahrhunderten innere und äußere Kämpfe den Zusammenhalt des gewaltigen Reiches Bornu stark bedroht haben, so beweist doch die Tatsache, daß sich Mitte des 16. Jahrhunderts das alte Reich abermals zu gewaltiger Macht in politischer und wirtschaftlicher Hinsicht entwickelte, wie fest und gut das Fundament des Staates durch seine Bewohner, die Kanuri, organisiert war. Zu dieser Zeit erweiterten sich die Landesgrenzen vor allem nach Westen, Nordwesten und Süden. Das Gebiet der Tuareg, Aïr, wurde erreicht, die fruchtbare Haussalandschaft südlich Katsena, Kano, erobert und in Verwaltung genommen, auch die Marghi-Stämme in den südlichen Grenzlanden wurden unterworfen. Ferner kamen Wandala, Logone und Baghirmi unter den Einfluß Bornus und blieben diesem bis vor einem Menschenalter tributpflichtig. ... Gesandte des Bornuherrschers hielten politische Verbindung mit den fremden Staaten; rührige Lehrer und Händler ließen sich in den meisten größeren Orten, vor allem in den Hauptstädten, nieder und sorgten für Verbreitung der hochangesehenen Bornusitten und -kultur. So kam es auch, daß das Kanuri als Sprache der fremdstämmigen Gebildeten und als Verständigungsmittel im Handelsverkehr angenommen wurde und stellenweise noch heute diese Geltung hat – trotz des allmählich einsetzenden Verfalls des Reiches, der mit dem Ansturm der fanatischen Fulbe 1808 begann, eine

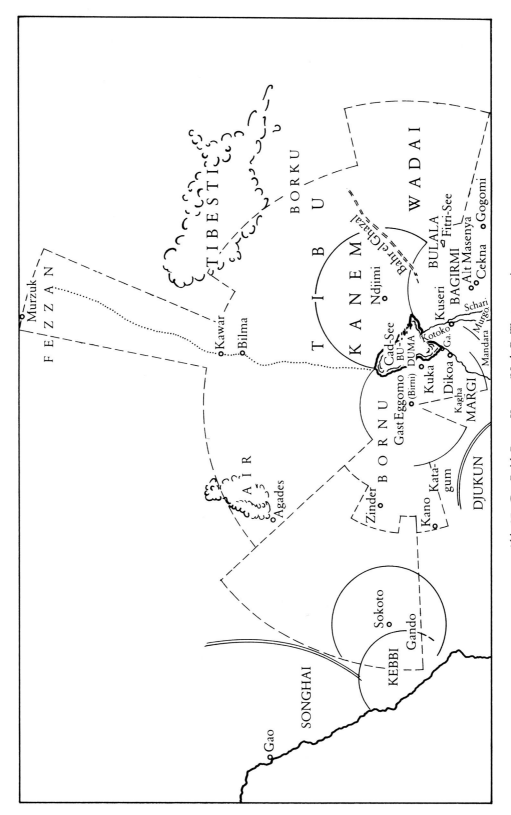

Abb. 97 Das Reich Bornu-Kanem (Nach *D. Westermann*)

Zeitlang dann, um die Mitte des 19. Jahrhunderts, in den Kernlanden um den Tschadsee zum Stillstand kam und mit der Eroberung des alten Bornureiches durch den ostsudanischen Soldatenführer Rabeh – Ende des 19. Jahrhunderts – seinen tiefsten Stand erreichte. *Nach* dieser Zeit hörte das Reich Bornu auf, ein selbständiger Staat zu sein, denn die Verteilung des Gebietes unter die drei Kolonialmächte Deutschland, England und Frankreich setzte ein, und Bornu mußte sich der europäischen Oberhoheit fügen.«

## Handel und Handelsstraßen

Wenn auch den Kanuri der Vorrang im Handwerk und den Hausa der Vorrang im Handel gebührt, so verdanken dennoch die Kanuri weitgehend dem Handel ihre große Macht und den Einfluß, den sie auf die Geschicke des Bornureiches ausgeübt haben. Seit alters her war das Tschadseegebiet ein wichtiger und zentral gelegener Knotenpunkt des Handels, gewissermaßen die »Drehscheibe« oder der Umschlagplatz für die nach den vier Weltrichtungen führenden Handels- und Karawanenstraßen. Von Kano kommend führte eine Straße von West nach Ost, die über Kanem, Baghirmi, Wadai, Darfur, Kordofan nach dem Sennar führte und zugleich eine der wichtigsten Straßen ostwestlicher Kulturbeziehungen im Sudan gewesen war, und eine andere nicht minder wichtige Straße verband das Tschadseegebiet mit dem Norden, mit Fezzan und Tripolis. Auf dieser uralten Wüstenstraße brachten schwerbepackte Kamele die begehrten Güter aus dem Norden, während auf der Ostwest-Straße Esel und Tragochsen als Transporttiere dienten. *G. Nachtigal* widmete in seinem berühmten Reisebericht ein eigenes Kapitel den Handels- und Marktverhältnissen in Kuka, der seinerzeitigen Hauptstadt des Bornureiches. Vor allem war es der große Montagmarkt, der *G. Nachtigal* mit Staunen erfüllte und den er als das großartigste Schauspiel empfand. Schon vor Sonnenaufgang trafen die ersten Händler auf dem Marktplatz ein und bezogen ihre vorbestimmten Plätze und ebenso die ferner wohnenden Schoa-Araber und Kanembu. Ein jeder hatte seinen gewohnten Stand. Dort lagen große Mengen an Viehfutter, Nutz- und Brennholz aufgestapelt, daneben Matten aus Dumpalmengesträpp; an der Mittellinie des Marktes gegen Westen zu lagen die Verkaufsstellen für Pferde, Rinder und Esel. Größter Beliebtheit erfreuten sich die Pferde, die teils als Reitpferd und Statussymbol, teils als Packtiere für Reisen nach Adamaua, Massenja, Kano, Zinder und anderen Städten hier gekauft wurden. Schlachtkühe und Ochsen waren als Lasttiere besonders gefragt. Der Frauenmarkt bot die verschiedensten Früchte des Landes an, Getreide, Erdnüsse, Sesam, Zwiebeln, Kürbisse, Melonen und Wassermelonen, Datteln aus Kawar und Kanem, Bilma-Salz und Pfeffer, zuweilen Tomaten, getrocknete und zerstoßene Baumblätter und Kräuter, Bohnen und was sonst noch das Land an Eßbarem bot. Die im Haushalt reichlich Verwendung findenden, mit Linien verzierten gelb und braun gefärbten Kalebassen fanden einen reißenden Absatz. In großen Mengen wurden die verschiedensten Arten des Flaschenkürbis (*lagenaria vulgaris*) in Stadt und Umgebung gezogen, denn der Flaschenkürbis eignet sich in besonderer Weise für die Herstellung von Trinkschalen und Gefäßen. Daneben aber gab es auch aus dem waldreichen Süden stammende, oft kunstvoll aus hartem Holz geschnitzte, schwarz gebeizte Speiseschüsseln jeglicher Größe und die leicht zerbrechliche Ware der verschiedensten Tongefäße. Selbstredend durften auch die Korbwaren nicht fehlen. Mehr gegen die Mitte des Marktes zu nahmen die Lederarbeiter einen

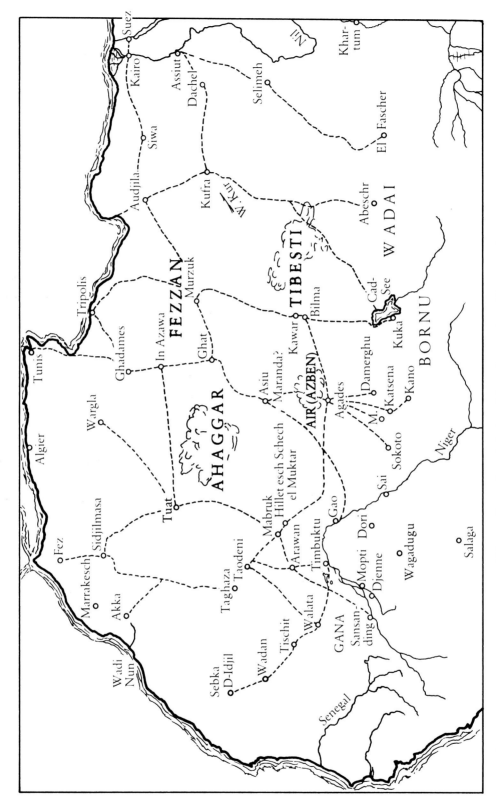

Abb. 98  Transsaharanische Handelsstraßen (Nach *D. Westermann*)

großen Platz für sich in Anspruch. Angeboten wurde sowohl schlechtes, meist rot gefärbtes Bornu-Leder als auch ausgezeichnet gegerbtes, rot oder gelb gefärbtes Leder der Hausa-Leute, bunt gemusterte runde oder längliche Kissenüberzüge, Satteltaschen für Schriftstücke und Bücher, viereckige, zylinderförmige und dreieckige Amulett-Behälter aus Leder sowie lederne Überzüge für Sattelgestelle, ferner verschiedenerlei Pferdegeschirr, zierliche mit Seide bestickte Schuhe, Lederbüchsen aus Kamelhaut zum Aufbewahren von Butter, graufarbige, quadratische Säcke aus Kamelleder für den Lastentransport. Arme Frauen und Kinder tauschten Trinkwasser und Erdnüsse gegen einige Kaurimuscheln ein. Seiler drehten ihre Seile aus Palmfasermaterial und boten diese den Vorübergehenden an. Makler drängten sich durch die Menge und riefen mit Stentorstimme die Preise für die aus Nordafrika stammenden Burnusse, für die kostbaren Toben aus Kano und Nife, für die weißen Bornugewänder aus Dibelan oder Mahmudi und für die vereinzelten Stücke aus Samt und Seide aus. In den Buden der Trödler – wahre »ethnographische Museen« – lagen die verschiedensten Erzeugnisse aus aller Herren Ländern beisammen: europäischer Musselin zur Erzeugung von Turbanen, rote Mützen aus Tunis, grobes rotes Tuch aus Europa zu Wattepanzern, ein abgeschabter, silber- oder goldbestickter tripolitanischer Sattelüberzug aus Samt, ein Paar mit Straußenfedern geschmückte Sandalen, eine Depeschentasche aus Kano, ein Kaftan aus Stambul, ein Panzerhemd aus Kleinasien, ein Überrock aus dem Hedschas oder ein Kopfschmuck aus Messing für Pferde, wie er in Bornu üblich war. Ferner bot der Markt arabische Umschlagtücher für Männer, Frauenschals aus Bornu, den Hausaländern oder aus Ägypten, welche den ganzen Körper der Frau zu verhüllen bzw. einzuwickeln vermochten, rote aus Tripolis stammende Seide, ägyptische Turbane und seidenbestickte Frauenhemden, Gürtel aus Marokko, Schwerter mit Klingen aus Solingen, Datteln vom Nil, Fläschchen mit Rosenwasser, Riechhölzer, Kohol zum Färben der Augenbrauen, europäische Flaschen, Trinkgläser, Tassen und Porzellanteller, Teekannen, zerbrochene Uhren, Kupferkessel, Glasperlenschnüre, echte und nachgemachte Korallen, Bernstein, Achatschnüre, Ringe mit Blutjaspis, Elfenbein, Olivenholz, Porzellanperlen und Sandelholz, Nägel und Hufeisen, arabische Steigbügel, europäische Seife und Papier, Messer, Scheren und Handspiegel sowie zahllose Näh- und Stopfnadeln.

Marktinspektor und Marktpolizei sorgten für einen geregelten Marktbetrieb. Am Rande des Marktes sah *G. Nachtigal* die Künste der Schreiner, Drechsler und Zimmerleute, die Arbeiten der Goldschmiede wie auch der Gold- und Silberarbeiter. Unter diesen hatte der Schmied an Ort und Stelle seinen kleinen Amboß aufgestellt und ein Lehrling handhabte das Schlauchgebläse aus Ziegenfell. Beile, Nasenringe, für Kamele und andere Lasttiere, Steigbügel, rohe Pferdegebisse, Eisenketten, Lanzenspitzen und Messer, Wurfeisen u. a. m. waren die Produkte.

Garköche sorgten für die hungrigen Mägen der vielen Marktbesucher. Die Nordseite des Marktes wurde von den Kanembu eingenommen, welche aus ihrer Heimat Rinder mit lyraförmig geschwungenen Hörnern, getrocknete Fische vom Tschadsee, gereinigte und ungereinigte Baumwolle, Indigo, gesäuerte Milch mit darin schwimmender frischer Butter, Matten und buntgefärbte Streifen der Dumpalmenblätter zu den feineren Korbflechtereien, Natron von den Ufern und Inseln des Tschadsees, Peitschen aus Hippopotamushaut sowie ramsnasige, lang- und kurzhaarige Schafe von bemerkenswerter Fettleibigkeit zum Verkauf auf dem Markt mitgebracht hatten.

Westlich von ihnen warteten die Manga mit ihren Erzeugnissen auf: Korb- und Mattengeflechte geringerer Güte und unreines Salz, das sie aus dem Erdboden oder auch aus vegetabilischer Asche gewonnen hatten.

Abb. 99   Kamelkarawane der Tubu von Tibesti bei ihrer Ankunft in Gatrun (Fezzan)

Auf der Südseite des Marktes hielten die Sklavenhändler ihre Ware feil. Sklaven aus den verschiedensten südlich von den Sudanstaaten gelegenen Heidenländern warteten dort auf ihr weiteres Schicksal. »Neben kleinen Kindern« – schreibt G. Nachtigal – »die der zärtlichen Sorge einer liebenden Mutter entrissen wurden, bevor sie das Bild derselben in ihre Erinnerung aufnehmen konnten, sitzen lebensmüde Greise; zwischen häßlichen Weibern, denen die fahle Haut um die fleischlosen Knochen schlottert, und die in Arbeit und Elend stumpf geworden sind, blicken frische junge Mädchen mit den vollen, prallen Formen der ersten Jugendblüte, in kokettem Kopfputz, sauber gewaschen und in Butter erglänzend, hoffnungsvoll in die Zukunft.«

Westlich des Sklavenmarktes hausten die Schoa (Araber) mit ihren Buckelrindern und Ackerbauprodukten. Schon in der Nacht trafen die Schoa aus ihren südwestlich und südlich von Kuka gelegenen, oft mehrere Tagereisen entfernten Sitzen auf dem Markte ein und die aufgehende Sonne sah bereits in langen Reihen Sack an Sack mit Duchu *(pennisetum zyphoideum)*, Durra *(sorghum vulgare)*, Weizen, Gerste und Reis aufgestellt. »Weizen und Gerste sind spärlich vertreten« – berichtet G. Nachtigal – »und werden mehr von Nicht-Arabern in der Nähe der Hauptstadt kultiviert, doch von den Negerzerealien, besonders von Duchu, kommt eine solche Menge allwöchentlich zu Markt, daß sich fast die Hälfte aller Hausstände Kukas bis zum Markttag der nächsten Woche damit ver-

Abb. 100   Salzgewinnung der Kanuri in der Saline von Fachi (bei Bilma)

sorgen kann.« Hinter den Getreidesäcken und inmitten der gefesselten Lasttiere saßen die Eigentümer mit ihren Frauen und Töchtern, die selbst wiederum flüssige Butter und Honig anzubieten hatten.

Eine ungeheure Typenmannigfaltigkeit unter den Kanuri ließ G. *Nachtigal* auf recht heterogene Einflüsse schließen, denen die Kanuri im Verlauf ihrer Geschichte ausgesetzt gewesen waren. Verwirrend war auch die Mannigfaltigkeit der vielen Fremden und Sklaven, die auf dem Markte zusammengekommen waren, so etwa die Buduma mit ihrem Angebot an Natron und Peitschen aus Hippopotamushaut, die Fulbe mit ihren Rindern und die Musgufrauen, die zu G. *Nachtigals* Zeiten noch in den »rüsselförmig vorgezerrten Lippen« fast talergroße Knochenplatten als Lippenschmuck trugen.

Für eine vortreffliche Marktordnung war Vorsorge getroffen. Auktionäre überwachten die Verkaufsstellen der Kamele und Pferde sowie den Kauf und Verkauf von Baumwollwaren. Als gängige Werteinheiten galten um das Jahr 1870 der österreichische Mariatheresientaler und Muschelgeld als Scheidemünze. Vordem bestand das gangbarste Kaufmittel in Baumwollstreifen von fünf bis sechs Zentimeter Breite und drei bis vier Meter Länge, *gabag* genannt. Dieses »Baumwollgeld« hatte ein noch älteres Wertmaß, nämlich eine bestimmte Gewichtsmenge Kupfer, *rotl* genannt, verdrängt. »In der Erinnerung an die Zeit der früheren Kupferwährung« – schreibt *G. Nachtigal* – »nannte man die Bruchteile des Talers, welche 32 Muscheln umfassen, *rotl* (d. h. Pfunde) und fixierte von Zeit zu Zeit durch königliches Dekret die Zahl der in einem Taler enthaltenen *rotl*.« Zur Zeit der Anwesenheit *G. Nachtigals* (1870) in Kuka zerfiel der Taler in 120 bis 130 *rotl*, hatte also den Wert von etwa 4000 Kauri-Muscheln bzw. Schnecken.

Die aus dem Norden kommenden Kaufleute gaben ihre Waren an die einheimischen Händler weiter. Große Mengen bezogen die Großhändler, die in Kuka wohnten, kleinere Mengen übernahmen jene Händler, die mit einigen Packpferden, Ochsen oder Eseln in die Nachbarländer und in die entfernteren Provinzen reisten. Bescheidener kaufte der Hausierer ein, der seine Waren auf dem Kopfe trug und die kleinen Marktplätze und Ortschaften besuchte. Der Detailhändler kaufte Waren nur für den Tagesbedarf ein und breitete diese auf dem Markt auf einer Matte in kleinsten Mengen vor sich aus.

Die Ausfuhr beschränkte sich zu *G. Nachtigals* Zeiten nahezu ausschließlich auf Sklaven, Straußenfedern und Elfenbein; alle anderen Landesprodukte kamen der hohen Transportspesen wegen nicht in Frage. Obwohl die Sklaverei im Jahre 1807 in England, 1817 in Spanien, 1823 in Portugal und 1865 in Nordamerika verboten wurde, führte trotzdem während des Aufenthaltes *G. Nachtigals* in Bornu die erste der nach Norden ziehenden Karawanen 1400 Sklaven mit sich. Von diesen – meinte *G. Nachtigal* – wird wahrscheinlich ungefähr ein Drittel nach Ghat und ein zweites nach Ägypten geführt worden sein, während das letzte den Bedarf Tripolitaniens gedeckt haben wird.

## Hof, Regierung und Kriegsmacht des Scheichs

Frühzeitig gelangte der Islam nach Kanem-Bornu. Unter Umme Jilma wurde am Hofe des Bornureiches der Islam in der zweiten Hälfte des 11. Jahrhunderts eingeführt. Von da ab waren bis zuletzt die Könige der Saif- oder Sef-Dynastie Muslims. In dieser frühen Zeit war noch Ndjimi nordöstlich vom Tschadsee die Hauptstadt des Landes. Die Königin-Mutter (Magira) und die amtlich älteste Schwester des Königs (Magaram) waren neben dem König die einflußreichsten Amtspersonen. Nach *Ibn Battuta* zeigte sich der König (Idris) niemals dem Volk, auch sprach er nicht mit ihm, es sei denn hinter einem Vorhang. Infolge der Einführung des Islams setzten sich auch in zunehmendem Maße muslimische Sitten und Gesetze durch und nicht zuletzt verdankte Bornu, ähnlich wie das Songhaireich diesem Umstand seine Macht und Größe. Es kamen Gelehrte aus Kairo und dem Maghreb und vermutlich auch aus Spanien nach Bornu, wodurch die Bindung an Nordafrika eine wesentliche Stärkung erfuhr.

Nach einer schweren Niederlage der aufständischen Bulala vermochte Mai Ali Ghadji (1472 bis 1504) die innere Ordnung des Reiches unter großen Schwierigkeiten wieder herzustellen. Er errichtete seine Residenz in Gasr Eggomo (Ngazargamu) und schränkte die Befugnisse der unterdessen recht selbstherrlich gewordenen Mitglieder des Staatsrates (Nokena) ein. Die Königin-Mutter regierte indessen in Gambaru. Bis in das 19. Jahrhundert hinein regierten die Kanuri-Herrscher in ihrer von einer festen Mauer beschirmten Hauptstadt. Die Verwaltungsmuster Ägyptens und anderer muslimisch-orientalischer Länder machten Schule und die Herrscher waren weitgehend auf den eigenen persönlichen Machtausbau bedacht.

Abb. 101 Dorf der Musgu(m) am Logone. *H. Baumann* sah im besonderen in der Musgu-Architektur die Restbestände einer ehemals weit über den inneren Sudan verbreiteten Hochkultur

Als *G. Nachtigal* in Kuka weilte, wurde täglich im Palast des Königs die Ratsversammlung (Nokena) abgehalten. Dieselbe setzte sich zunächst aus den Mitgliedern der königlichen Familie zusammen, d. h. den Brüdern und Söhnen des Scheichs (Königs) und dann aus den Ratsherren, die zum Teil freigeborene Vertreter verschiedener Bevölkerungsgruppen und zum Teil Kriegshauptleute von Sklavenursprung waren. Unter dem Lärm von Trommeln, Pfeifen, Posaunen und Hörnern und in Begleitung einiger seiner Brüder, Söhne und fettleibigen Eunuchen erschien der von den Höflingen als »Löwe« oder »Siegreiche« gepriesene König in der Versammlung. Unter einem Redeschwall demütiger Begrüßungen hockten sich alle Anwesenden im Schneidersitz nieder, das Gesicht vornüber zu Boden geneigt. Je nach seiner Würde hatte ein jeder seinen angestammten Platz entweder näher oder entfernter dem König.

Wie in vielen anderen afrikanischen Reichen genossen die Brüder des Herrschers auch in Bornu nur ein beschränktes Ansehen, denn nur allzuleicht neigten sie zu Aufruhr und Bruderzwist. Aus diesem Grunde waren sie auch am Hofe und in der Hauptstadt zu einer untergeordneten Rolle verurteilt. Nur wenige erfreuten sich der Achtung und des Vertrauens des Herrschers. Oft wurden die Söhne des Herrschers mit der Verwaltung von Ethnien, Distrikten und Ortschaften oder mit der Führung kriegerischer Unternehmungen betraut. Die eigentlichen Ratgeber des Herrschers setzten sich in der Nokena aus freigeborenen Vertretern der Kanuri, Kanembu, Tubu und Araber zusammen. *G. Nachtigal* nannte die ganze Nokena nur den Schatten einer früheren aristokratischen Reichsverfassung, die gegen Ende des 19. Jahrhunderts keine tatsächliche Bedeutungs mehr besaß. Die Institution stammte noch aus der Zeit – meinte *G. Nachtigal* – in der sich die herrschenden Familien ihres nördlichen Ursprungs bewußt gewesen waren und die Könige in ihrer Eigenschaft als *primi inter pares* neben sich die mächtigsten Edelleute als Ratgeber zu dulden vermochten, entsprechend der Sitten der Wüstenbewohner, seien es Araber, Berber oder Tubu. »Jetzt galt nur der Wille des Herrschers und der Einfluß der Günstlinge. Freilich hatten die freien Kokenawa (Räte) das Bewußtsein ihrer freien Herkunft den Sklaven des Scheichs gegenüber, doch dieser trug der edlen Geburt keine Rechnung, und der Freie beugte sich vor dem Sklaven, wenn derselbe höher in der Gunst des Herrschers stand.« (*G. Nachtigal*) Zwar hatten die meisten Hof- und Verwaltungsämter aus früherer Zeit noch ihren Bestand, ihre Rangordnung und Bedeutung jedoch hatten mittlerweile erhebliche Veränderungen erlitten. Ihre Titel waren geblieben, ihre Macht war jedoch nur Schein. Die meisten Hofämter befanden sich fast immer in Händen von Sklaven, zu denen der Herrscher ein ungleich größeres Vertrauen hatte als zu seinen eigenen Verwandten und freien Stammesgenossen. Aus diesem Grunde wurde auch die Verteidigung des Reiches vorzugsweise Sklaven anvertraut. Die zahlreiche Verwandtschaft von Brüdern, Söhnen und Kindern der Söhne und Töchter wurde für gewöhnlich mit Ämtern weit entfernt vom Regierungssitz betraut.

Der mächtigste Beamte im alten Bornureich war der Kagamma oder Kegamma, der höchste Kriegshauptmann des Landes. Auch er war ursprünglich ein Sklave. Seine Bestrebungen waren in der Hauptsache gegen die Heidenländer im Süden gerichtet. Um 1870 war dieser Titel bereits mehr oder weniger in Vergessenheit geraten. Auf den Kagamma folgte nach *G. Nachtigal* in der Macht der Jerima (Yerima). Er war der Sohn einer Prinzessin, nach *D. Westermann* hingegen, der den Yerima unter den wichtigen Amtsträgern an vierter Stelle reihte, ein Sohn oder Bruder des Herrschers. Ihm waren wichtige Verwaltungsaufgaben anvertraut. *G. Nachtigal* nannte dagegen den Jerima als einen der unbedeutendsten Beamten, von dessen Existenz viele überhaupt keine Ahnung hatten. Der äußerste Nordwesten war der Verwaltung des Digma anvertraut. Als dritten in der alten Bornu-Hierarchie nannte *G. Nachtigal* den Thronfolger, Sohn oder Bruder des Königs, der damals den bereits selten gewordenen Titel Tschiroma (Ciroma) führte. Nach *D. Westermann* war er der Gouverneur des Bezirkes zwischen Eggomo und Munio. Der Galadima oder Galtima, Reichskanzler und Gouverneur von Nguru (*D. Westermann*) besaß nach *G. Nachtigal* in Bornu in der Beamten-Hierarchie eine Ausnahmestellung. »Er war schon frühzeitig mehr ein Vasallenfürst als ein Beamter und befehligte im Westen des eigentlichen Bornu südöstlich von Zinder, im Gebiet von Bundi, in Katagum und in der Landschaft Bedde und residierte, wie heutigen Tags, zu Nguru in Bundi. Er erscheint nicht häufig am Hofe des Lehnsherrn, muß jedoch von Zeit zu Zeit seine Aufwartung machen und verweilt dann einige Monate in der Hauptstadt.« Außer diesen vier wichtigsten Amtsträgern nannte *G. Nachtigal* noch zahlreiche andere Würdenträger, doch wichtiger als diese waren die Beamten des »innersten Hauses des Herrschers, die Eunuchen«. Den höchsten Rang unter ihnen nahm der Juroma ein, der die Frauen, Sklavinnen und Kinder in der Residenz zu beaufsichtigen und sich um die auf den etwaigen Kriegszügen oder Reisen des Herrschers mitgenommenen Frauen zu kümmern hatte. Mistrema, der zweite im Range, war der eigentliche Befehlshaber der Frauenabteilung und Gouverneur sämtlicher nichterwachsener Prinzen und Prinzessinnen. Dem Mala als drittem in der Reihe oblag die Aufsicht über den Königspalast und alles Leblose in ihm. Er war der Bewahrer des königlichen Hausschatzes und hatte auch die Geschenke des Königs den fremden Gästen zu überreichen. Der vierte im Range mit dem Titel Schitima war eigentlich nur ein Gehilfe oder Adjutant des Juroma. Von den bedeutenden Frauen am Hofe des Königs nannte *G. Nachtigal* auch die Magira oder Königin-Mutter, doch war ihr Einfluß bei weitem nicht so groß wie dies damals noch in Baghirmi, Wadai und Darfur der Fall gewesen war. Ihre politische Rolle war in Bornu bereits ausgespielt. Gumso war der Titel der ersten Frau des Herrschers, ohne daß aber mit diesem Titel ein offizielles Amt verbunden gewesen war, und auch die Schwestern des Scheichs nahmen keine offiziellen Stellungen ein. Sie führten jedoch einen ebenso leichtsinnigen Lebenswandel, den *G. Nachtigal* später auch bei den jungen Prinzessinnen der östlichen Nachbarstaaten Bornus beobachten konnte.

## Splitterstämme und Bergheiden

An die tausend Jahre regierte die Sef-Dynastie und durch mehr als tausend Jahre wurde die Kulturgeschichte des zentraltschadischen Massivs von den sich auf der von West nach Ost führenden Handelsstraße abspielenden historischen Ereignissen weitgehend mitbestimmt. Diese Straße verband eine Kette bedeutender afrikanischer Staaten: Darfur, Wadai, Kanem, Baghirmi und Bornu. Ethnien, die vergeblich Eroberern und Staatengründern einen verzweifelten Widerstand geleistet hatten, zogen sich in die Berge zurück, währenddessen in den weiten Ebenen der Islam siegreich seinen Einzug hielt. Die meisten Einwanderer aus dem Hadjerai-Gebiet und auch sonstwo behaupten, aus dem Osten gekommen zu sein. Eine solche Herkunft gilt offenbar als vornehm. Der Islam hatte den Osten zur »sakralen Himmelsrichtung« gemacht, meinte *Peter Fuchs*, ob es nun die Fundj sind, die Anfang des 16. Jahrhunderts aus Darfur nach Wadai gekommen waren oder die Dadjo, deren Heimat gleichfalls ursprünglich in Darfur gelegen war. Ihres mohammedanischen Glaubens wegen von den Wadai als gleichberechtigt betrachtet, konnten sie auf den Schutz der Berge verzichten und in der

Abb. 102  Typische Dorfsiedlung im Tschad-Wadai-Gebiet während der Regenzeit. Hervorstechendes Merkmal: das Kegeldachhaus (mit seinen zahlreichen Varianten)

Ebene bleiben. Gegen sie wurden keine Sklavenjagden unternommen. Die dem Bornu-Reiche stets aufsässigen Bulala hatten ihren Ursprung am Fitri-See. Kuka, Bideyat, Goran und viele andere ethnische Splitter bedeuten eine Vielfalt ohnegleichen, die weder »alt« noch einheitlich und auch nicht typisch bezeichnet werden kann. Ähnliche Verhältnisse herrschen auch in anderen Gebieten des Sudan, wo es zu zahlreichen sozialen Überschichtungen und erzwungenen Migrationen gekommen war.

Gleichartige ökologische und historische Situationen (Gebirge als Rückzugsgebiet, Einflüsse von seiten überlegenerer Kulturen) haben bei den Hadjerai und vielen anderen »Berglern« des Sudan zu einander ähnlichen kulturellen Manifestationen geführt, ohne daß damit an einen genetisch zusammengehörigen Kulturkomplex oder »Kulturkreis« gedacht werden müßte. Zahlreiche Übereinstimmungen bei unter ähnlichen Voraussetzungen lebenden Splitterstämmen vom Senegal bis Kordofan hatten zur Aufstellung einer »altnigritischen« oder »altsudanischen Kultur« durch *Bernhard Ankermann* (1904) geführt, die mit der eigentlichen Negerrasse verbunden gedacht wurde und sich in abgelegenen Gebieten, besonders gut in den Inselberglandschaften des Sudan, weniger schon im zentralen Ostafrika und im Nordkongowald erhalten haben soll. Diese Splitterstämme weisen nach *H. Baumann* »alle eine eigenartige vaterrechtliche Großfamilienorganisation auf, in der der Älteste der natürliche Führer ist. Die jungen Männer ziehen nicht vom Ältesten weg, sondern bauen ihr Haus und ihren Haushalt in Form von burgartigen Behausungen als wabenartiges Gebilde oder in Form einer Einzelbehausung, aber doch durch den Zaun oder die Mauern mit den anderen Hütten im Gehöft verbunden, an die Kernwohnung des führenden Vaters oder Vaterbruders an. In dieser Großfamilie gilt nicht der älteste Sohn schlechthin als Erbe und Nachfolger, sondern der älteste Sohn des älteren Bruders einer ganzen Brüderreihe. Gerade dieses Seniorat ist so überaus bezeichnend, ebenso die Macht der Gemeinschaftsidee. Nah verbunden mit dieser enggeknüpften Großfamilialgemeinschaft ist der entwickelte Ahnenkult chthonischer Prägung und der sehr intensiv betriebene Feldbau, bei dem Grabstöcke und Pflanzenscheite und der daraus entwickelte Spaten neben der gradstieligen Hacke mit dem eingedornten Blatt die Hauptrolle spielen. Die daneben im Sudan häufig benutzte Krummhacke mit aufgetülltem Blatt muß dagegen den jungsudanischen Kulturen zugezählt werden. Das besonders Charakteristische an diesem Feldbau ist aber die fast ausschließliche Belastung des Mannes mit den wichtigsten Arbeiten. Bestimmte Eigenarten dieser Feldbauern, besonders im Sudan, lassen allerdings starke hochkulturliche Einwirkungen vermuten, wie solche auch in der Architektur usw. der »Altsudaner zu spüren sind ...« Noch zahlreiche andere Kulturelemente wurden früher diesem »Kulturkreis« zugerechnet, wie z. B. das Penisfutteral, Baststoffe und Blätterbüschel als Frauenkleidung, Ohr-, Nasen- und Lippendurchbohrung, Ausschlagen der vier unteren Schneidezähne als Initiationsritus, Kegeldachhaus, Pfahlrostbetten, die große Bedeutung des Schmiedes und der Eisengeräte im Kult u. a. m. Die eben erwähnten »hochkulturlichen Einwirkungen« auf die Altnigritier oder Altsudaner stammen nach *H. Baumann* aus dem Bereiche der sogenannten »neu-« oder »jungsudanischen Kulturen«, die »an die quer durch den Sudan gelagerten Großstaatengebilde« gebunden sind und deutliche »Beziehungen ... zu den älteren orientalischen Kulturen, z. B. Arabiens, Syriens, des Zweistromlandes und vor allem Indiens« zeigen. Über das »Wie« und das »Wann« war sich freilich *H. Baumann* in seiner »Völkerkunde Afrikas« (1940) noch nicht im klaren, wohl aber hat er seit dem Erscheinen dieses kulturhistorischen Standardwerkes selbst viel zu einer weiteren Klärung dieser schwierigen historischen Fragen beigetragen. »Die neusudanischen Kulturwellen« – schrieb *H. Baumann* in seiner »Völkerkunde« – »scheinen in den schon in vorislamischer Zeit wurzelnden Reichen Ghana, Melle und später Songhai besonders ihr Sammelbecken gefunden zu haben. Die Wolof, Nord-Mandingo, Mossi, Dagomba, Gurma, Songhai, Hausa, Nupe, Kanuri und die ältere kulturtragende Schicht (vor der Islamisierung) in Bagirmi, Wadai und Darfur, sowie die amharische und kuschitische Großstaatenkultur Abessiniens gehören in diesen Bereich der neusudanischen Kultur. Oberguinea von der Elfenbeinküste (Baule) bis zum Niger (mit Aschanti, Dahome, Joruba, Benin usw.) unterlag mit seiner altnigritisch- westafrikanischen Grundlage aufs stärkste den neusudanischen Kulturen. Auch die ursprünglich (ost-)hamitisch-viehzüchterischen Ful haben sich zum größten Teil neben dem Islam auch die neusudanische oder altmediterrane Städte- oder Hofkultur angeeignet. Viele altnigritische Stämme haben schon teilweise neusudanische Elemente übernommen, die ihren Kulturtypus auffällig zerreißen. Die Mischung geht oft bis in grundlegende Dinge, so daß es verständlich erscheint, wenn *B. Ankermann* beim damaligen Wissensstand in seiner »sudanischen« Kultur noch Alt- und Jungsudanisches zusammen sah.« Über den Komplex des sakralen Königtums hinaus brachte *H. Baumann* mit den neu- oder jungsudanischen Kulturen in Zusammenhang die Vollkleidung, ein hochentwickeltes, vielfach im Dienste des Monarchen stehendes Kunstgewerbe, zahlreiche kunstgewerbliche Verfeinerungen in der Kleidung (Sticken, Durchbrechen, Färben, Applizieren usw.), höfisches Zeremonial, an ägyptische Vorbilder gemahnende Bestattungsbräuche u. a. m. Oft wird bei dieser Kulturengruppe simplifizierend auch von einer »Königskultur« gesprochen. An die Stelle einer idealtypischen Summierung einzelner Kulturelemente, die sich für die Aufstellung von Kulturkreisen und Kulturschichten offenkundig als notwendig erwiesen, ist die historische Forschung im engeren Sinne getreten, die bei ihrer Analyse bemüht ist, anhand ihres Quellenmaterials dem tatsächlichen Ablauf des Kulturgeschehens gerecht zu werden, d. h. für eine Folge von Kulturerscheinungen an einem bestimmten Ort den positiven Nachweis zu erbringen.

Die für die »Altsudaner« oder »Altnigritier« von *H. Baumann* geschilderte Situation trifft u. a. auch auf die »Bergheiden« (Kirdi) im Zentralsudan zu, so etwa in den unzugänglichen Bergmassiven und Hochländern Adamauas und Nigeriens. Geschützt vor den Kanuri, Fulbe und Arabern wohnen die Bata mit zahlreichen Unterstämmen an den Westhängen des Mandaragebirges und südlich des Benue bis zu den Tschamba. Viele unter ihnen flohen unter dem Druck der Fulbe und Kanuri

Abb. 103 Der Matakam-Schmied betätigt hinter einer Schutzwand oben am Ofen den Blasebalg

in das Gebirge. Alle diese Gruppen und Grüppchen sind Bauern, die an den Berghängen oft kunstvoll angelegte und mauergeschützte Terrassenfelder bebauen. Kegeldachrundhäuser und Bienenkorbhütten bilden die Behausung. Manche dieser Splittergruppen haben sich sogar noch die Kunst des Gusses in verlorener Form zu wahren gewußt, so etwa die Kapsiki. Auch hat sich bei den Matakam im Mandaragebirge, einige hundert km südlich vom Tschadsee, die Kunst der Eisengewinnung bzw. das »Eisenkochen«, wie die Kirdi es nennen, bis in die Gegenwart herein zu behaupten vermocht. »Von dem Zeitpunkt an«, – schreibt *Ulrich Braukämper* – »als sich im Tschadsee-Gebiet das Reich der Kanem-Bornu gefestigt hatte und seine Aktionen nach Süden ausdehnte, datiert offenbar ein verstärkter Rückzug altnigritischer Splitterstämme in das Mandara-Gebirge. Die Feldzüge des Königs Idris Alooma gegen die Margi zu Beginn des 16. Jahrhunderts sind ein erstes schriftlich dokumentiertes Zeugnis für die militärische Präsenz Bornus in diesem Gebiet. – Es gibt kaum eine Gruppe im Mandara, die ihr heutiges Wohngebiet mit dem ihrer Vorväter gleichsetzt. Fast immer künden die Traditionen von einer fernen Herkunft. Die Matakam sind nach ihren Aussagen vor 4 oder 5 Jahrhunderten von Osten eingewandert und fanden den nördlichen Teil des Gebirges unbewohnt vor ... Teile der Margi waren bereits vor Begründung Adamauas unter dem Einfluß Bornus ›kanurifiziert‹ worden.«

Als *René Gardi* und *Paul Hinderling* im Jahre 1953 die Matakam besuchten, fanden sie dort eine »uralte Eisenkultur« vor. Als Erz verwendeten die Matakam ein Eisenoxyd, Magnetit, das als graues Pulver aus dem Flußsand ausgewaschen wurde. In Gegensatz zu den gewöhnlichen afrikanischen zylindrischen Rennöfen, die an der Basis ihre Windlöcher haben, wo oft auch die Schalengebläse angesetzt werden, betätigen die Schmiede der Matakam hinter einer Schutzwand oben am Ofen den Blasebalg. Eine etwa zwei Meter lange Tonröhre leitet die von oben eingepumpte Luft durch die glühende Holzkohle auf den Grund des Ofens. Zwar steigert die in der Tonröhre durch die Holzkohlenglut erhitzte Luft die Reduktionstemperatur, doch reicht diese trotzdem nicht aus, einen echten Schmelzvorgang einzuleiten. Es handelt sich vielmehr um ein Sintereisen, das aus der auf dem Boden des Ofens sich absetzenden Luppe, einem rohen ungeschmolzenen, stark mit Schlacke vermengten Eisenklumpen, nachträglich von den Schmieden in Form kleiner Eisenbrocken herausgelesen wird. »Die herausgeklaubten Eisenbrocken« – schreibt *R. Gardi* – »werden in der Schmiede der Matakam mit einem ›zweihändigen‹ Steinhammer auf einem steinernen Amboß kalt gehämmert, flachgeschlagen und zertrümmert, dann in der Esse zusammengeschweißt und weiter bearbeitet. Diese Eisenstücke sind gut schmiedbar, weil sie bei der niederen Ofentemperatur sehr wenig Kohlenstoff aufgenommen haben, also nicht hart und spröd geworden sind. Nach und nach entsteht dann ein vierkantiger Eisenbarren etwa von der Länge einer Blockflöte ... Und nun macht man aus diesen Eisenbarren je nach den Wünschen der Klienten Messer, Ackergeräte, Sicheln oder Waffen und Schmuck. Das Metall wird immer wieder in der glühenden Holzkohle erhitzt und ›aufgekohlt‹, so daß es den richtigen Kohlenstoffgehalt erhält, und es wird in einer dünnen Lehmbrühe abgeschreckt. Das Eisen verwandelt sich in Stahl!«

Wenn auch die Hadjerai nach der Aussage von *P. Fuchs* gegenwärtig die Metallbearbeitung nicht (oder nicht mehr?) beherrschen und auf die aus dem Osten stammenden und mit den arabischen Nomaden eingewanderten Schmiedegruppen angewiesen sind, so ist doch damit zu rechnen, daß es bereits vor der arabischen Einwanderung Schmiede in Wadai gab, die dann später der Konkurrenz der Araber-Schmiede nicht mehr gewachsen waren. Ähnlich wie im gesamten hamitischen Bereich

Abb. 104 Ofen der Fali, der Sukur und Matakam im südlichen Tschadraum sowie der Duru in Adamaua (Aus *Renate Wente-Lukas*, 1972)

sind auch bei den Arabern die Schmiede verachtet. Im Gegensatz hiezu nimmt der Schmied bei den Matakam eine ganz besondere Stellung ein. »Er ist der Leiter des Ritualwesens«, – heißt es bei *R. Gardi* – »er ist der Zauberer und ausführender Priester. Wohl gibt es in der Sozialordnung der Matakam noch die verschiedenen ›Meister‹, zum Beispiel den Bi Lde, den Meister über die Herden und Leiter der Zeremonien beim Stierfest, aber der Schmied ist der Wahrsager und Schicksalsdeuter; er bestimmt, wann Opfer zu bringen sind; er ist der Leiter der Totenzeremonien, und er bestattet. Der Schmied versteht sich auf Weissagungen und deutet die Träume, welche einem die Eidechsen erzählen, und die des Nachts in die Ohren kriechen, und es ist wieder der Schmied, der bei bösen Zeichen dieser Träume bestimmt, wo oder wie Blut oder Bier zu opfern sei. – Die Familie des Schmiedes steht außerhalb der anderen Familien. Niemand ißt mit einem Schmied aus der gleichen Schüssel; niemand, der nicht zur Zunft gehört, betritt sein Haus, niemand setzt sich neben ihn auf den gleichen Stein.«

Ist dieses sonderbare Verhalten als Verachtung, Scheu, Verehrung oder Furcht zu deuten? *P. Hinderling* vermutete, daß bei den Matakam die Schmiede Fremdlinge wären, Zugezogene aus den südlichen Teilen der Mandara-Berge, welche als tüchtige Handwerker die Macht an sich gerissen hätten. Aber damit ist die Frage der Sonderstellung der Schmiede nicht geklärt, sie ist von der Gesamtfrage der Kulturgeschichte des Eisens in Afrika nicht zu lösen. Tatsache aber bleibt, daß das Eisen in Afrika zutiefst mit dem Begriff des Nigritiertums verbunden ist und seine Wertschätzung in Wirtschaft, Kult und Brauch bei den Schwarzafrikanern immer wieder in Erscheinung tritt.

Die Frauen der Schmiede genießen bei den Matakam gleichfalls eine Sonderstellung. Sie sind die Hebammen, und nur sie dürfen die eigenartigen Seelenkrüglein für die Verstorbenen töpfern. Diese

Abb. 105 Ahnen oder Seelenkrüglein, in dem nach dem Glauben der Matakam die Seele verstorbener Eltern oder Großeltern ihre Bleibe nimmt. Auf diese Weise leben die Ahnenseelen in der Nähe ihrer Kinder weiter

dem Kult geweihten Krüge werden auch in den Gehöften der Schmiede gebrannt. Man ist überzeugt, daß die Seele den toten Körper überlebt und daß die Ahnenseelen in der Nähe ihrer Kinder weiterleben.

Weit reicht das Gedächtnis an die Ahnen gewiß nicht zurück. Und wenn einmal die Eltern verstorben sind, dann hat man auch die Ahnenkrüge der Großeltern und Urgroßeltern vergessen. Ihre Krüge werden zerschlagen, die Scherben über die Felsen verstreut und die darin einst wohnenden Seelen haben kein eigenes Heim mehr. Sie nehmen die Gestalt eines bestimmten Vogels an, hoch droben in den Bergen, und man jagt ihn nicht. Im Vorratsraum *(whuzep)* in der Nähe des großen Speichers, wo auch die Waffen, Festkleider und sonstiges wertvolles Gut aufbewahrt werden, stehen die Ahnenkrüge. Sie sind von anthropomorpher Gestalt, Mann, Frau und auch Kind, das etwa von einer Schlange gebissen wurde. In den Krügen wohnen die Seelen der Toten. Es war der Schmied, der sie eingefangen und in den Seelenkrug gebracht hatte, nachdem sie sich eine Zeit lang nach dem

Abb. 106  Eine mit dem Ahnenkult in Verbindung stehende gewisse Wiedergeburtsidee drückt sich darin aus, daß die Seelen in den Ahnenkrüglein darauf warten, allenfalls in einem Kinde wiedergeboren zu werden

Tode ihres ehemaligen Besitzers »irgendwo« herumgetrieben hatten. Jetzt warten sie, allenfalls in einem Kinde wiedergeboren zu werden.

Außer dem Ahnenkult und dem Glauben an ein Weiterleben nach dem Tode gibt es bei den Matakam auch den Glauben an einen Himmelsgott *(dzikile),* der das Schicksal des Menschen bestimmt und auch Schöpferqualitäten hat. Von allem Merkwürdigen und Unerklärlichen heißt es, Dzikile hätte es gemacht. Nach *R. Gardi* bzw. *P. Hinderling* kennen die Matakam sieben Himmel. »Im obersten sitzt der Gott namens Iokodai, der über die Vögel herrscht. Er ist von schwarzer Hautfarbe, und Hamadia« – ein Schmied und Gewährsmann *P. Hinderling's* – »weiß nicht genau, ob er verheiratet ist. – Im nächsten Himmel ist Mpalama zu Hause, der für die Fruchtbarkeit der Felder sorgt. Dieser Gott gleicht ganz einem Matakam, und seine Frau ist die Beschützerin der Früchte, welche die Frauen auf der Erde pflanzen. Mbulom, der drittoberste Gott, ist ebenfalls verheiratet. Er leitet die Wege der Flüsse, deshalb sind seine Häuser aus Flußsand gebaut. – Ein Stockwerk tiefer wohnt Ldowa, der Herr der wilden Tiere; es hängt von seiner Gnade ab, ob ein Jäger sein Wild erwischt oder nicht. Die Frau des Ldowa ist die Hüterin der Fische. – Nduzoma, der Bewohner des nächsten Himmels, ist der Herr über die Haustiere, sorgt also für die Fruchtbarkeit der Hühner, Ziegen, Schafe und Kühe. Merkwürdigerweise ist er dicht behaart wie ein Schaf und trägt noch ein rotes Kleid. – Und nun kommt erst Dzikile dran, der wichtigste Gott, denn er ist der Kommandant aller Gottheiten, er schickt seine Frauen oder Knaben auf die Erde, um seine Aufträge zu erfüllen. Er sorgt, neben dem Kommando über das Schicksal der Menschen, besonders auch für die Kriechtiere, die giftigen Schlangen, Skorpione und Eidechsen. Seine Frauen und Söhne sind vor allem die Krankheitsdämonen. Dzikile ist also Schöpfer und Zerstörer und wohl auch Erhalter in einer Person. – Girfek ist der Bewohner des untersten Himmels, Girfek heißt Firmament. Er bereitet das Wasser zu, das auf die Erde fällt. – Dzikile hat um sich seine Jünglinge geschart, die Golahr Dzikile (Jünglinge Gottes), die Todesengel, welche in seinem Auftrag schlechte Leute töten. Besonders im Dezember und März schickt Dzikile seine Boten auf die Erde hinunter, und als Folge davon sterben die Menschen an Lungenentzündung und Hirnhautentzündung. Beim nächsten Vollmond aber gehen sie wieder in den Himmel zurück, weil die Menschen, wenn die Regenzeit neu beginnt und sie mit dem Acker und mit dem Korn beschäftigt sind, nicht mehr Zeit haben, so viel zu sündigen. – Andere Engel, die sieben Frauen Dzikiles, sind dafür da, die Frauen zu bestrafen. Die erste heißt Madama, der Schnupfen, die zweite ist Gimbelde, das Kopfweh; es folgen Momal, das Seitenstechen, Chodemdzai, das Magenweh, Ndav, die Herzkrankheiten und noch zwei weitere Plagegeister.«

In welch einem Ausmaß an diesem religiösen Weltbild der Matakam etwa islamische Vorstellungen mitgewirkt haben, wird im einzelnen bei einer religionsgeschichtlichen Analyse kaum mit Sicherheit festgestellt werden können. Ein Synkretismus liegt jedoch offensichtlich vor, ein Synkretismus, der an verschiedenen Orten seine individuelle Ausprägung erfährt. Der hierarchische Stufenhimmel der Matakam könnte immerhin von den acht paradiesischen Stockwerken des Islam seine Anregungen empfangen haben, auch die Schicksalsbestimmung des Menschen durch Dzikile sowie die »Todesengel« könnten auf einen ähnlichen Ursprung deuten. Doch es ist schwer, konkrete Beweise hiefür vorzubringen.

Eine nicht minder große Vielfalt an Vorstellungen kreist um die Zeremonien der Totenfeiern. Sie gipfeln aber alle in der großen Aufmerksamkeit, die man seinen Toten widmet und denen man sich das ganze Leben hindurch verpflichtet fühlt. Bei den Matakam leitet die älteste Tochter, die Dum

Ldangala, gemeinsam mit dem Schmied und seinem Vetter die Totenzeremonien des Vaters, sie wäscht und ölt den Leichnam und ruft den Trommler ins Haus, damit er allen Leuten über Land den Tod verkünde und sie ist auch dabei, wenn der Schmied den Leichnam in Ziegenhäute oder gar in das Fell eines am gleichen Tage geopferten Stieres einbindet. Und wenn der Schmied den Leichnam auf die Schulter nimmt, um ihn im Grabe zu bestatten, führt sie die Totentänze an. Nach einem Jahr übernimmt der jüngste Sohn den Hof des Vaters. Sterbende Frauen aber trägt man ins Freie, denn keine andere Frau würde das Haus des Witwers betreten oder gar bei ihm bleiben, einfach aus Furcht vor der Rache der Toten.

Abb. 107 Nachdem der Leichnam gewaschen und geölt und schließlich vom Schmied in Ziegenhäute oder in das Fell eines Stieres eingenäht wurde, wird er auf den Schultern eines Schmiedes zu Grabe getragen (Matakam)

Abb. 108 Sudanischer Trittwebstuhl bei den Mende in Sierra Leone

Abb. 109 Webgerät (ohne mechanische Vorrichtung) in Foumban, Kamerun

Von den Kapsiki weiß *R. Gardi* eine Totenfeier zu berichten, die in gewisser Hinsicht an die Bestattungsbräuche sakraler Könige erinnert. »Der Tote sitzt auf den Schultern eines Schmiedes,« – heißt es bei *R. Gardi* – »der ihn an den Händen festhält, damit er nicht herunterfalle. Der Leichnam ist reich geschmückt, in blaue Bänder eingewickelt und eingenäht, er trägt eine seltsame Krone mit farbigen Mustern und eingesteckten Federn, das Gesicht ist ebenfalls eingebunden, weißes Baumwolltuch hält wie ein Verband den Unterkiefer fest, und nur die Nasenspitze und die toten Augen sind sichtbar. Rote Bänder, blaue Bänder sind kreuz und quer um die Brust gewickelt, weiße Bänder spiralförmig über die blauen Beinkleider gewunden. Messer, Bogen, Köcher mit Pfeilen und ein Schwert sind dem Leichnam angehängt. Mit dem Toten auf der Schulter tanzt der Schmied, und wenn er vor Erschöpfung zusammenzubrechen droht, ist ein anderer Schmied zur Stelle, der ihn von der Last befreit, um sodann mit dem Toten weiter zu tanzen. Unter wildem, dämonenabwehrenden Gelärme der Schmiedegruppe und einiger Burschen wird schließlich der Leichnam zum Tanz- und Opferplatz des Dorfes gebracht und hier beginnt der Totentanz von neuem, diesmal unter Teilnahme zahlreicher klagender, weinender, tanzender und schwitzender, rot geölter, nackter Frauen. Dann hört mit einem Male das Lärmen auf, der Schmied geht mit dem Leichnam auf dem Rücken eilends über die Felder zum Begräbnisplatz, während die übrigen Festteilnehmer sich nach Hause begeben.«

Die auf dem Trittwebstuhl oder auch auf noch älteren Webeeinrichtungen gewobenen Bänder dienen bei den Doayo, einem unbedeutenden kleinen Ethnos südlich des Benue, ähnlich wie bei anderen Bergheiden keinem anderen Zweck, als mit diesen Bändern den Leichnam zu umwickeln. Je reicher und mächtiger ein Mann war, um so mehr Bänder werden verwendet. *R. Gardi* sah in Nordkamerun bei verschiedenen Ethnien alte Webeinrichtungen mit einer horizontal fest montierten Kette, wie dies auch bei der Raphiaweberei üblich ist. Doch ist hier die Kette weitaus kürzer. Die Kettfäden beim Baumwollwebstuhl sind nach *R. Gardi* zwischen zwei Stöcken zehn bis zwanzig Meter lang ausgespannt, und der Weber rutscht mit seiner Webeinrichtung, die auf zwei Astgabeln liegt, der Kette entlang vorwärts. Die Kette ist also hier unbeweglich, und der Webapparat wird mit fortschreitender Arbeit verschoben. Das Webgeschirr, das bei dem kulturgeschichtlich jüngeren Trittwebstuhl eine wichtige Rolle spielt, fehlt bei der älteren Webeinrichtung. Der Weber hängt nach der Beschreibung *R. Gardi's* beim Einziehen jeden zweiten Kettfaden in eine Schnurschlinge (Litzenstab) und verwendet zum Anschlagen des Schußfadens bloß ein Holzschwert. Die Bänder werden aus sehr grob gesponnenen und auf einfachste Weise gefärbten Baumwollgarn hergestellt. Der Doayo verwendet beim Färben seines Garns eine bestimmte Wurzel, zerkleinert und zerquetscht sie auf einem Stein und kocht den Brei mit Wasser verdünnt, bis eine blutig rote Brühe entsteht. In diese Brühe taucht er sein grob gesponnenes Garn. »Löst er in seinem Kruge ein Stück weißes Natronsalz vom Tschadsee auf, das ihm die Händler aus jenem fernen Lande bringen, verwandelt sich die rote Farbe augenblicklich in Gelb. Das Blau liefert ihm der Indigostrauch, vermischt entsteht grün, und aus einer bestimmten Erde braut er sich das Braunschwarz.« ... weiß *R. Gardi* zu berichten.

Solche ältere Webeinrichtungen bzw. Webgeräte, die sich sehr deutlich von dem Trittwebstuhl islamisierter Ethnien im Sudan unterscheiden, fand *R. Gardi* nicht nur bei den Koma, sondern auch bei den Voko, dann vor allem bei den Doayo und einmal auch bei den Matakam an den obersten Hängen des Upai, des höchsten Berges im Mandaragebirge. Dort sagten ihm die Leute, daß der Trittwebstuhl, also die bereits verbesserte Webeinrichtung, bei den Matakam von den Fulbe stammen dürfte. Wilde oder auf den Äckern gepflanzte Baumwolle liefert das Material für die Weber.

Abb. 110
Baumwollmarkt in Runga (Salamat-Tschad)

Die Matakam aber pflanzen nicht nur Hirse als ihre wichtigste Feldfrucht, sondern halten auch Rinder. Es heißt auch, daß es Matakam gäbe, die Rinderherden besäßen und die Tiere züchteten. Doch handelt es sich dann sicherlich nur um einen Ausnahmefall. Wohl aber hält der Familienvater, der Bab-gay, in seinem alleinstehenden, aus mehreren Rundhäusern bestehenden Familiengehöft in einem eigenen Stall einen kleinen Stier, den er persönlich betreut und füttert. Nach dreijähriger Gefangenschaft und Mästung wird im Verlauf einer vom Bi Lde, dem »Meister des Stieres«, geleiteten Zeremonie der Stier am Tage des Stierfestes zu Ehren der Ahnen getötet. Die Haut des Stieres dient zum Bespannen der großen Trommeln, die bei den Totenfesten eine große Rolle spielen. Es ist dies das große Marayfest, das alle Hausväter eines Klans begehen. Dieser tritt uns als eine lokale, exogame Gruppe und als eine politische, soziale wie kultische Einheit bei den Matakam entgegen. Die für die Hochflächen des Mandaragebirges so charakteristischen granitenen Inselberge begünstigen den Hang zu Abgeschiedenheit und Eigenbrötelei der Bergler außerordentlich. Das aus etwa sechzig Inselbergen bestehende Land der Matakam wird nach *P. Hinderling* von ebenso vielen Klanen bewohnt, so daß praktisch ein jeder Klan einen solchen Inselberg für sich in Anspruch nimmt. Ein jeder Mann sieht sich daher auch gezwungen, von einem andern Berg sich seine Frau zu holen, will er nicht gegen Sitte und Recht verstoßen. Die Matakam sind Individualisten, daher besitzt auch das Klanhaupt keine große Macht, wohl aber hat es als Hauptvertreter der Lebenden gegenüber den Toten (Ahnen) des Klans seine große sakrale Bedeutung. Seine Stellung darf in erster Linie als sakral bewertet werden. Die Heiratsverbindungen der Klane untereinander bilden das festigende Band unter ihnen. Oft ist auch ein Klan mit der exogamen, patrilinearen Linie *(goale)* als einer ideologisch-traditionellen und sozialen Einheit identisch. Eine solche patrilineare Linie ist jedoch eine verwandtschaftliche und nicht eine lokale Gruppe. Sie bezieht sich auf alle Nachkommen eines bestimmten namentlich bekannten Stammvaters. Während sein Name wohl allen Mitgliedern der Linie geläufig ist, reicht die Kenntnis der Namen der Ahnen in der Regel kaum über drei Vorfahren der väterlichen Linie hinaus. Der Familienvater leitet den Anbau der Hirse und ist an allen Arbeiten beteiligt und verteilt zur täglichen Nahrung aus seinem Speicher die Hirse. Er bringt die Opfer den Familienahnen dar, auch liegt bei ihm das politische wie soziale Entscheidungsrecht. Er ist der Herr im Hause.

# XII.
# AUF DEN SPUREN GUSTAV NACHTIGALS

Bagirmi

Für die Ethnohistorie eines Landes bedeutet die Tatsache, daß in den islamischen Staaten zumeist Chroniken neben mündlichen Traditionen vorhanden sind, einen großen Gewinn. Dies war auch bei den vornehmen und freien Bagirmi der Fall, die *G. Nachtigal* von der Geschichte ihres Landes, seitdem es ein mohammedanischer Staat geworden war, vieles zu berichten wußten. Bis zu einem gewissen Maß waren ihre Berichte zugleich auch ein Stück Familiengeschichte. *G. Nachtigal* gelang es, mit Hilfe eines besonders kenntnisreichen Chronisten namens Alifa eine Regentenreihe aufzustellen, welche die Zeit zwischen 1522 mit Birni Besse und 1858 mit Abd el-Qadir umfaßte.

Im 15. Jahrhundert war Bagirmi bereits von zahlreichen Einwanderern besetzt, so etwa von den nomadischen und halbnomadischen Fulbe, die den Bulala des Fitri-Gebietes tributpflichtig waren, oder auch von nomadischen Ethnien arabischer Herkunft wie etwa den Assala, Debaba, Asela, Dekakire und Chozzam. Daneben gab es am Batschikam, einem Nebenfluß des Schari, noch eine Reihe anderer Ethnien, vermutlich negrider Herkunft. Ende des 15. bzw. Anfang des 16. Jahrhunderts kamen aus dem Osten, vermutlich aus Kenga, die Gründer des Bagirmi-Reiches. Kenga war zu *G. Nachtigal's* Zeiten noch heidnisch und wurde von den Bagirmi mit einer gewissen Verehrung betrachtet und behandelt. Ein in Kenga aufbewahrtes Stammesheiligtum der Bagirmi, eine alte Familienlanze (*njinga mbanga* = Königslanze), wurde von dort nach Massenja gebracht. Obwohl in ihrem Heidentum verblieben, erfreuten sich die Kenga-Leute bei den muslimischen Herrschern Bagirmis gewisser Privilegien. So wenn z. B Kenga-Abgesandte am Hofe von Massenja erschienen, brauchten sie nicht vor dem König ihre Waffen abzulegen, den Oberkörper zu entblößen und auf die Erde niederzuhocken, so wie es die Sitte am Hofe des Bagirmi-Königs verlangte. Birni Besse (1522–1536) war der erste König der Bagirmi. Er schlug die Bulala zurück und übernahm die Schutzherrschaft über die ihm befreundeten Fellata (Fulbe). Auch unter den späteren Herrschern wurden die Bulala wiederholt besiegt. Diese versuchten mehrmals, die Herrschaft wieder an sich zu reißen, aber ohne Erfolg. Unter Abdalla (1568–1608) wurden die Frauen des königlichen Haushaltes zu einflußreichen Persönlichkeiten am Hofe ernannt, auch führte Abdalla die Würde einer Magira, einer Königin-Mutter, am Hofe ein.

Zu den Hofsitten der Bagirmi-Könige gehörte es u. a., daß der König mit möglichst leiser Stimme sprach, daß er sein Antlitz verhüllte und daß er nur unter dem Schutz eines mächtigen Sonnenschirms aus purpurroter Seide in der Öffentlichkeit erschien und sich von zwölf Trägern der königlichen Straußenfederinsignie begleiten ließ. Dieses wichtige Emblem ostsudanischer Herrscher bestand in

Bagirmi aus einer mit rotem Stoff überzogenen Scheibe, deren bogenförmiger Rand mit einer Reihe schwarzer Straußenfedern besetzt gewesen war, und an einer kurzen Stange getragen wurde. Ähnlich wie in Bornu umgaben auch in Bagirmi den König zahlreiche Fußsoldaten, mit Flinten, Wurfeisen, Lanzen, Speeren und Schilden bewaffnet, und Reiter mit mehr oder weniger vollständigen Wattepanzern für sich und ihre Pferde ausgerüstet.

Die Baumwollpanzer reichen nach Westen über Bornu in die Hausa- und Tschautscholänder und ostwärts über die großen Sudanstaaten bis zum Nilgebiet. »Mit Wollpanzern rüstete schon Ptolomäus seine Reiter zum Kriege gegen die Aethiopier aus« – meinte *Willy Schilde* (1929). »*Hartmann* findet Andeutungen dafür auf meroïtischen Denkmälern ... *Passarge* nennt auch Haussa und Bornu als Fabrikationsländer. Erstere führten Wattepanzer *(liffide)* und Kettenpanzer *(sulke)* in Nupe ein.

Nach *H. Barth* sind es die dicken Pferdedecken, die in Kuka als *libbedi* bezeichnet werden. *Leo Africanus* meldet Panzerhemden und Kupferhelme aus Sonrhai. Schon im Altertum können sie ihren Weg nach Westen angetreten haben. Andererseits ist sicher auch der Islam bei der Verbreitung beteiligt.« In diesem Zusammenhang verdienen auch die in den älteren ethnographischen Sammlungen befindlichen Hauben aus großen weißen Zylinderperlen von den Nuern im Oberen Nilgebiet genannt zu werden. Sie wurden schon von *Georg Schweinfurth* und *R. Hartmann* beschrieben und erinnern in gewisser Hinsicht an die zirkassischen Kettenhelme. Die offenbar nicht unbedeutende Eisenindustrie Bagirmis – *G. Nachtigal* stellte zahlreiche Schmelzöfen (Rennöfen) in der Umgebung Gurgaras fest – fand in zahlreichen Hand- oder Wurfeisen, Lanzen, Speeren und Dolchmessern einen lebendigen Ausdruck.

Der König führte nach *G. Nachtigal* den Titel Mbanga *(mbang)* und hatte alle Gewalt in Händen, ohne daß es einen Schimmer von einer Ratsversammlung oder einer anderen Kontrolle gab. An Macht und Ansehen dem König am nächsten stand die Magira oder Königin-Mutter. Ihr folgte in der Hierarchie der älteste Sohn und vermutlicher Nachfolger mit dem Titel Tschiroma. Seine Brüder, deren Titel die Namen der von ihnen verwalteten Provinzen trugen und denen sie ihre Einnahmen verdankten, besaßen keinerlei Einfluß im Staate. »Damit sie keine Verschwörungen anzetteln und sich nicht beifallen lassen können, nach der Herrschaft zu streben, so ist die erste Sorge des zur Regierung gelangten Herrschers, seine Brüder durch Verstümmlung unfähig zur Ausübung der königlichen Gewalt zu machen, denn in Bagirmi, wie in den meisten der übrigen Sudan-Länder, erfordert die Sitte ebensowohl die physische, als die intellektuelle Integrität des Königs. Man hat zu dieser Verstümmlung, wie in Wadai, die Blendung gewählt, verfährt jedoch menschlicher als in dem Nachbarlande, indem man die grausame Operation auf *ein* Auge beschränkt. Sind die Prinzen auf diese Weise unschädlich gemacht, so laufen sie bei Hofe wie fünfte Räder am Wagen herum und niemand kümmert sich um sie.« *(G. Nachtigal)*

Unter den vielen Frauen des Königs hatten nicht wenige in früherer Zeit einen großen Einfluß zu erlangen vermocht. Die rangmäßig höherstehenden Frauen wurden mit Verwaltungsbezirken belehnt. Unter den Prinzessinnen (Meiram oder Meram) führte nur eine den Titel Tschukkotma und pflegte eine Schwester oder eine Tochter des Königs zu sein. Sie galt als das Oberhaupt aller Frauen und Mädchen aus königlichem Blut. Eine Unzahl von Würdenträgern und Beamten umgab auch hier den König, die alle hier einzeln zu nennen, zu weit führen würde, wobei nicht unerwähnt bleiben soll, daß – wie in den islamischen Staaten üblich – der damaligen Staatsräson gehorchend, die höchsten Würden und wichtigsten Ämter in der Regel Sklaven übertragen wurden und auch die zahlreichen

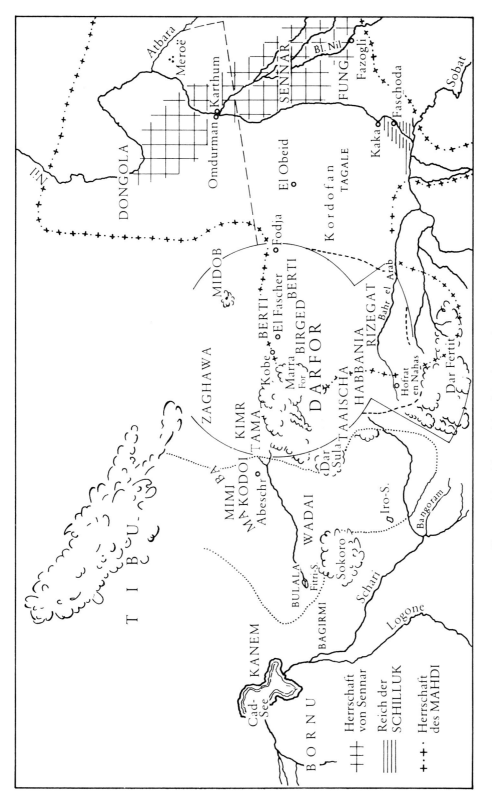

Abb. 111 Die Reiche Wadai und Darfur (Nach D. Westermann)

Eunuchen am Hofe des Königs eine hervorragende Rolle spielten. Nicht bloß in der Verwaltung, Justiz oder Religion machte sich der Islam geltend, selbstredend auch in der Kleidersitte. Die Bagirmi-Männer tragen wie in Bornu Toben und Beinkleider; erstere sind entweder weiß oder im Lande dunkelblau (Indigo) gefärbt. Die schwarzblaue Tobe aus Kano konnten sich nur Begüterte leisten. Am Hofe des Königs ist es Vorschrift, ohne Waffen und mit entblößtem Oberkörper vor dem Herrscher zu erscheinen, deshalb zieht der Besucher beim Eingang in die Wohnung des Herrschers sein Gewand von den Schultern und befestigt es an der Taille. Vor dem König kniet er nieder, beugt den Oberkörper nach vorne und schlägt die Handflächen leise aneinander.

Die Bevölkerung des eigentlichen Bagirmi setzte sich nach *H. Barth* und *G. Nachtigal* aus Bagirmi, Arabern, Bornu-Leuten, Kuka, Bulala und Fellata zusammen. Dazu kommen noch die Busso und

Abb. 112 Haube der Nuer aus großen weißen Zylinderperlen im Oberen Nilgebiet. Sie erinnert in gewisser Hinsicht an zirkassische Kettenhelme

Sarua, Sokoro, Bua, Sara, Manna, Mbu und viele andere Ethnien. Die religiösen Vorstellungen dieser Vielzahl von Ethnien kreisen nach den Ausführungen G. Nachtigal's um eine Gewittergottheit, die als »Höchstes Wesen« in den Wolken thront, dessen Stimme der Donner und dessen Name meist identisch mit dem Namen für Gewitter ist. Diesem Gotte opfert man an einem heiligen Pfahl Kriegs- und Jagdtrophäen, Merissa (Hirse), Hühner und Ziegen. Dieser heilige Pfahl steht neben der Wohnung in einer besonderen kleinen Hütte, die Frauen und Kinder nicht betreten dürfen. Von einem Weiterleben nach dem Tode schien man nichts zu wissen, doch die Art, in der sie ihre Toten, besonders die Häuptlinge, bestatten, – meinte G. Nachtigal – spräche für die unbewußte Annahme einer Fortexistenz. Die meisten bestatteten ihre Toten in einem Nischengrab, nachdem man dem Leichnam vorne die Hände zusammengebunden, ihn in Gewänder eingewickelt und mit schmalen Baumwollstreifen verschnürt hatte. Zu Häupten und Füßen des Toten legte man eine geschlachtete Ziege, dazu kamen Gefäße mit Honig und Hirse (Merissa) und auf den Mund legte man eine kleine Kürbisschale voll Perlen und Kaurimuscheln.

## Wadai

Den Kern der Bevölkerung von Wadai – schreibt G. Nachtigal – »bilden die einheimischen freien Stämme, welche in Dar-Maba konzentrirt sind. Zu ihnen kommen die eingewanderten afrikanischen Stämme, dann die zahlreichen arabischen Elemente – Kamelhirten im Norden, Rinderhirten im Süden – und endlich die Heidenstämme im Süden und die Teda Abteilungen im Norden.« Sehr zum Unterschied von Bornu war Wadai bis in das 15. oder 16. Jahrhundert ein heidnisch regierter Staat mit einer heidnischen Bevölkerung. Und auch die aus dem Osten (Dar-Fur) stammenden Tundjer, welche die herrschende Dynastie stellten, waren Heiden. Diese Tundjer werden von G. Nachtigal als hellfarbig geschildert, ihre Sprache ist das Arabische, und sowohl in Wadai als auch in Bornu werden sie als wirkliche Araber angesehen.

Der Begründer des Reiches war Abd el Kerim, ein Araber, (1635–55) und mit ihm kam der Islam in das Land. Wiederum ist es G. Nachtigal, dem wir wertvolle Nachrichten über Regierung, Volksleben und Handel des Reiches verdanken. Seinem Bericht zufolge ist der Thronfolger stets der älteste Sohn aus vollberechtigter Ehe oder der nächste männliche Verwandte des verstorbenen Sultans. Ferner mußte der Sultan im Vollbesitze seiner Sinnesorgane sein und durfte keinerlei körperliche Gebrechen haben, auch hatte er in den Augen des Volkes ein religiöses Vorbild zu sein. Stets war der Sultan weiß gekleidet, er speiste im geheimen und seine Gerichte beschränkten sich auf Reis und Weizen; der Genuß von Negerhirse war ihm verboten, auch mußte er sich des Genusses von Durra- oder Duchu-Bier enthalten. Speisereste des Sultans wurden vergraben. Nur Freitag, wenn er die Moschee besuchte und Gericht hielt, zeigte sich der Sultan dem Volke, sonst blieb er den profanen Blicken seiner Untertanen verborgen. Auch in Wadai war die Regierungsgewalt des Herrschers an den Besitz bestimmter Insignien gebunden. Diese bestanden aus Straußenfederwedeln, die wie Standarten dem König vorangetragen wurden, aus großen Pauken (*nuhas*), aus dem königlichen Straußenfederfächer, dem aus roter, gelber und grüner Seide gefertigten Sonnenschirm und aus dem Familien-Koran.

Bei Audienzen hatten sich die Besucher nur kriechend oder auf den Knien rutschend dem Herrscher zu nähern, sie mußten ihr Antlitz zur Erde neigen und dabei leise in die Hände klatschen. Es war auch Vorschrift, gleichzeitig dem König ein langes Leben, Glück und Frieden zu wünschen. In früherer Zeit mußte der Kniende seinen Körper noch nach beiden Seiten, erst einmal nach rechts und dann nach links neigen, bis seine Schläfe den Boden berührte.

Nicht selten wußte die Königin-Mutter auf Regierung und Politik einen nicht gelinden Einfluß auszuüben und auch die oberste Prinzessin, für gewöhnlich eine Schwester des regierenden Sultans, mit dem Titel einer »Meiram«, war nicht ohne Einfluß auf die Regierungsgeschäfte. Die vier Provinzen des Reiches wurden von je einem Würdenträger (Kemakil) verwaltet. Diese Würdenträger vermochten auch im Rahmen der ihnen zustehenden Gerichtsbarkeit über Tod und Leben zu entscheiden. Ihrer Macht entzogen waren jedoch die Schmiede, die allein der Autorität des sogenannten »Schmiedesultans« unterstanden sowie alle Personen königlichen Geblütes, die allein dem Urteilsspruch des Königs sich zu fügen hatten.

Der »König der Schmiede« (Sultan el-Haddadin) war ein mit den Emblemen des Sultans ausgestatteter Schattenkönig ohne wirkliche Macht. Ihm oblag in späterer Zeit auch die Blendung der Prinzen, die nicht an die Macht gelangen konnten. Seine Frauen hießen, wie die des Herrschers, Habbabat und die Töchter Meiram, und er genoß das Vorrecht, vor dem Sultan unbedeckten Hauptes, mit dem Burnus bekleidet, zu erscheinen und auf einem Teppich zu sitzen. Ihm als Schmiedesultan

Abb. 113 Wattepanzerreiter aus Bornu. Die Pferde waren von einem bis an die Fußgelenke reichenden Wattepanzer derart eingehüllt, daß nur die Augen und die Ohren der Pferde zu sehen waren

waren alle Schmiede unterstellt, deren oberster Richter er auch war. Er hatte die Aufgabe, wöchentlich den Kopf des Sultans zu rasieren und den Leichnam des verstorbenen Sultans für die Bestattung vorzubereiten. Er hatte für den Sultan die Schmiedesteuer einzuziehen, die in der Ablieferung von Spaten, Beilen, Messern, Lanzen und Ketten bestand. Ihre Zahl belief sich bei jedem dieser Gegenstände auf einige tausend Stück. Ähnlich wie in Bornu, in Wadai und Dar-Fur und bei vielen anderen negriden Ethnien, wie z. B. bei den Bergheiden in Adamaua, bildeten die Schmiede eine endogame Gruppe, d. h. sie durften nur untereinander heiraten, auch wäre es niemand eingefallen, mit einem Schmied gemeinsam eine Mahlzeit einzunehmen. »Schmied!« geschimpft zu werden, galt als eine tödliche Beleidigung.

Die Heerführer (Aqade) stellten Freigeborene, Sklaven oder auch Eunuchen. Sie übten die Verwaltung und die Rechtspflege aus, oft gemeinsam mit dem Kemakil. Dazu kam eine Unzahl hierarchisch gegliederter Hofbeamter mit je einer bestimmten Funktion; die Leibgarde des Königs nicht zu vergessen. In der ansehnlichen Wehrmacht spielte zu *G. Nachtigal's* Zeiten die etwa 5000 bis 6000 Mann starke Reiterei eine besondere Rolle. Von den 5000 bis 6000 Pferden waren über ein Drittel mit Wattepanzern ausgestattet und ihre Reiter trugen vielfach stählerne Panzer. Das Fußvolk verfügte über eine Stärke von 56 000 bis 60 000 Mann. Ausführlich beschrieb *G. Nachtigal* die Panzer. Diese, d. h. die Watte- und Kettenpanzer wurden unter der Tobe getragen. Die schweren Reiter hatten ein dickwattiertes gestepptes Gewand mit einem Überzug aus Tuch. Die als Kopfschutz dienenden Mützen bestanden aus Eisendraht und einer wattierten, über den Nacken herabreichenden Unterlage. Von diesem »Helm« ausgehende Eisenstäbe schützten das Gesicht. Die Pferde waren von einem bis an die Fußgelenke reichenden Wattepanzer derart eingehüllt, daß nur die Augen und die Ohren der Pferde zu sehen waren.

Unter den Jahresfesten wäre besonders das Neujahrsfest hervorzuheben. Tags zuvor wurden alle Feuer im Dorfe ausgelöscht. Selbst die alte Asche wurde aus den Häusern entfernt. Zu Beginn des neuen Jahres zündete man im Hause des »Altenrates« (*dschemma*) ein neues Feuer an, von dem dann ein jeder ein brennendes Holzscheit mit nach Hause nahm. Das Feuer wurde von Frauen mittels Feuerbohrern erzeugt. Der Neufeuerbohrung voran war ein Festtag gegangen und ein allgemeines Bad im Sinne eines Reinigungsritus, und am Neujahrstag selbst wurde um so mehr gegessen. Gegen Abend kamen die Nurti, die Altersklassen der jungen Männer bis zum achtzehnten Lebensjahr zusammen, um sich mit den Nurti des Nachbardorfes in einem Scheinkampf mit Holzbränden zu messen.

## Nuba und Hadjerai

Ähnlich wie unter dem Sammelnamen »Kirdi« bei den Muslims die Heidenstämme Adamauas gemeint sind und unter dem Begriff »Nuba« die Bergbewohner in den Nubabergen Südkordofans verstanden werden, ist auch der Name »Hadjerai« eine arabische Sammelbezeichnung für die negriden Bergbewohner des zentral-tschadischen Massivs. Der Name wird von arabisch *hadjar* (Fels) abgeleitet und bedeutet so viel wie »Bewohner der Felsen« (*P. Fuchs*).

Kirdi, Nuba und Hadjerai leben unter ähnlichen ökologischen Bedingungen. Sie erklären nach *P. Fuchs* die dreigeteilte Wirtschaftsführung, »wobei die verschiedenen Bodenverhältnisse auf dem Berg und im Busch die Art der Anbaupflanzen bestimmen. Auch die typische Art der Siedlungsgemeinschaft, die Lineage-Gehöftgruppe, ist durch die beschränkten Möglichkeiten des Siedlungsgeländes bedingt, das nach dem Gesichtspunkt der vorteilhaftesten Verteidigungsmöglichkeit ausgewählt wird. Bergkuppen und Steilhänge werden daher bevorzugt. In einem derartigen Terrain lassen sich nur selten geschlossene Stammessiedlungen errichten. Die Anzahl der Gehöfte, die auf einem abgeflachten Stück errichtet werden kann, ist beschränkt. Es liegt nahe, daß eine eng verwandte Gruppe an dieser Stelle dichtgedrängt nebeneinander siedelt. Der Abstand zur nächsten Lineage-Gehöft-Gruppe hängt von der Beschaffenheit des Geländes ab. Diese drei sudanischen Bergethnien waren aber auch einander ähnelnden historischen Ereignissen ausgesetzt. Sie gerieten unter den Einfluß sudanischer Großstaaten, die selbst wiederum untereinander große Ähnlichkeiten aufweisen, wobei die Annahme naheliegt, daß diese »Bergler« bestimmte Kulturelemente übernommen und in der Folgezeit auch beibehalten haben, die letzten Endes durch einen engeren Kontakt mit einem vorislamischen sakralen Königtum zu erklären sind.

Die Nuba gelten als die größten Sudanesen. Zum Unterschied von der stark mit Negerblut durchmischten arabischsprechenden Bevölkerung in der Ebene haben sich die auf den einzelnen Inselbergen hausenden Berg-Nuba nur wenig mit der stark hamitisch bzw. semitisch beeinflußten Bevölkerung der Nachbargebiete bastardiert (*Otto Reche*). Eine außerordentlich große Zersplitterung analog den Verhältnissen bei den Kirdi ist für sie bezeichnend. Oft lebt auf engstem Raume eine Unzahl von Dialekten nebeneinander, wohl als Folge arabischer Bedrängung und der durch diese ausgelösten zahllosen Wanderungen. Unter diesem Gesichtspunkt stellen auch die Nubaberge wie das Mandaragebirge in Adamaua ein typisches Rückzugsgebiet negrider Ethnien dar. Ihre an die Berghänge einzeln oder in Gruppen angelegten Gehöfte, bestehend aus mehreren Kegeldachhäusern und Getreidespeichern, tragen z. T. Befestigungscharakter. Die Bergnuba sind tüchtige Ackerbauern (Hirse, Erdnüsse und Sesam); im Süden werden auch Schweine, Rinder und Schafe gezüchtet. Doch spielen die Herden keineswegs eine etwa so große Rolle wie bei den Niloten. Die Männer hüten das Vieh und melken die Kühe. Die Männer verrichten auch alle schwere Feldarbeit. Die Frauen säen, sammeln Holz, töpfern, verzieren die Wände ihrer Häuser, mahlen Mehl und kochen. Jagd und Fischfang werden überall betrieben. Da keinerlei totemistische Speiseverbote bestehen, werden auch alle Tierarten gegessen. Töpferei und Schmiedehandwerk zeigen einen beachtlichen Stand der Entwicklung. Einen großen Einfluß im politischen und sozialen Leben haben die Regenmacher, mutmaßlich die Nachfahren alter Priesterkönige. Sie sind die Inkarnationen mächtiger verstorbener Regenmacher, und ihre Regenzeremonien, bei denen auch Regensteine in Verwendung stehen, erinnern in manchem an solche der Niloten. Diese Regenzeremonien stehen mit dem Ahnenkult in inniger Beziehung.

So benützen z. B. die Acoli, eine Untergruppe der Schilluk zwischen Berg- und Victoria-Nil und Asua, künstlich zurechtgearbeitete Steine (Artefakte) aber auch Kristalle oder unregelmäßig belassene Quarzstücke bei ihrem Regenzauber. Die Acoli finden diese Steinchen in den Flußbetten. Wenn einer einen solchen Stein fand, mußte er ihn sogleich dem Regenhäuptling oder Regenpriester bringen, wollte er nicht an Wassersucht (!) erkranken. Junge Regenpriester vermieden womöglich die Berührung mit einem solchen Stein, aus Furcht, die Zeugungskraft zu verlieren. Jeder einflußreiche Acoli-Priester (Regenpriester) besaß zwei bis drei besondere Töpfe mit je zehn bis zwanzig solcher Regensteine bzw. Kristalle. Sollte Regen herbeigezaubert werden, besprengte oder wusch der Regenpriester diese Steine mit Wasser oder er salbte sie mit Öl. Wollte er aber den Regen vertreiben, dann legte er – ähnlich wie die Mbugwe in Ostafrika dies taten – die Steine in die Sonne oder er warf sie in die Feuerglut. Der Charakter eines Analogiezaubers ist dabei ganz offenkundig. Die Acoli kannten aber auch roh zugerichtete Quarzstücke, die wie phallische Embleme aussahen.

Der Kult von Geistern (Ahnengeistern), verschiedene Riten und Seelenkulte in Verein mit dem Glauben an einen Urahnen, der oft mit einem Himmels-Regengott eine innige Verbindung eingegangen ist, bestimmen das religiöse Leben des seiner Erde zutiefst verhafteten nubischen Bauern. Heiratsbräuche und die Stellung der Frau in der Ehe zeigen beachtenswerte mutterrechtliche Tendenzen bei den Nuba im Süden, während der Norden vaterrechtlich ausgerichtet ist.

Auch die Hadjerai-Ethnien zeigen eine große kulturelle und sprachliche Mannigfaltigkeit. Sie bewohnen im zentralen Tschad im Norden die Bergmassive Abu Telfan und Gera sowie deren Ausläufer und im Süden die Berge um Melfi sowie östlich und südlich davon. Auch sie sind also »Bergler«. Alles Land, auf dem die Hadjerai siedeln, gehört dem jeweiligen Stammes-Erdherrn, der das Nutzungsrecht am Boden an die einzelnen Verwandtengruppen verteilt. Er, der Erdherr, der früher einmal auch Priester des Stammesheiligtums und Häuptlings gewesen war, ist zum lebenden Symbol der Einheit des Stammesgebietes geworden. Durch die Inbesitznahme des Landes steht der Erdherr in kultischer Verbindung mit den lokalen Geistern, und es ist daher auch nicht möglich, einen Erdherrn zu enteignen. Trotz Islam, Christentum und koloniale Verwaltung vermochten sich die Erdherren bis in die Gegenwart herein zu erhalten und zu behaupten. Die französische Kolonialverwaltung aber setzte sich über diese Erdherren hinweg und ernannte neue, nicht-traditionelle Autoritäten, die »Chefs des Cantons« und die »Chefs des Villages«. Diese neuen Funktionäre vermochten zwar den traditionellen Häuptling (Erdherrn) seiner politischen und richterlichen Funktionen zu berauben, als Kultpriester aber waren die Erdherren nicht zu ersetzen.

Ein jeder Stamm bewohnte früher einen Berg. An der Feldarbeit nehmen, ähnlich wie bei den Berg-Nuba, beide Geschlechter teil, die Männer am Anbau der Hirse, die Frauen an der Pflege der Erdnüsse, Sesam u. a. m. Im Gegensatz zu den Matakam aber sind die Schmiede (Haddad) in Wadai Fremde, die mit den Arabern nach Afrika gekommen sein wollen.

*P. Fuchs* hat sich sehr eingehend mit der Eisengewinnung im nördlichen Tschad beschäftigt und zählt in Wadai drei Schmiedegruppen auf: 1. Die Schmiede der Zaghaua, *miro* genannt, die vermutlich den Schmieden von Ennedi anzuschließen sind, 2. die eigentlichen Haddad, die Schmiede der Araber von Wadai und Dar-Fur und 3. die Birgid (Murgi), die in Wadai die Erzlager von Kokoro nutzen. Kokoro war nach *P. Fuchs* im Wadaireich ein »Zentrum der Eisengewinnung und Eisenverarbeitung«. *El Tunsy* schreibt verächtlich über die Birgid als ein Volk von Schmieden und Jägern und *MacMichael* brachte die Birgid mit den vermutlich aus dem Niltal stammenden Bewohnern des Djebel Midob in Verbindung. Oft sind die Schmiede auch Holzschnitzer und sind sehr geschickt in der Erzeugung von Holzmörsern und -schüsseln und Holzstielen (Schäften), die für ihre Beile und Erdhacken notwendig sind. Auch verstehen sie sich gut auf die Verarbeitung von Leder. Ähnlich wie bei den Matakam sind die Schmiedefrauen als Töpferinnen tätig. Die Schmiede sind in hohem Grade auf ihr Handwerk spezialisiert.

Gelegentlich weiß der Schmied bei den Ethnien des nördlichen Tschadgebietes in der Eigenschaft eines »Spielmannes« in Begleitung von Trommel und Bogenharfe auch zum Tanze aufzuspielen oder Preislieder auf die anwesenden tanzenden Männer und Frauen zu singen. Weit in der Welt herumgekommen, vermag der Schmied in seinen Liedern auch viel von dieser zu berichten. Stets ist der

Schmied von »Geheimnissen« umwittert; sie sind politischer und magisch-religiöser Natur. Er dient Königen und Fürsten als Ratgeber, Spion, Zubringer und Kuppler. »Es gibt deshalb auch kaum eine Intrige«, – meint P. Fuchs – »in die nicht auch ein Schmied mit verwickelt ist. Im magischen Bereich wird der Schmied tätig, wenn er Amulette herstellt oder das Orakel befragt.« Immer wieder begegnet man einer ambivalenten Stellung des Schmiedes. Die Schmiede stehen gewissermaßen »außerhalb der Gesellschaft« und bilden eine endogame Gruppe. Die Verachtung der Schmiede ist aber in der Regel zugleich auch mit Angst vor dem Schmied verbunden. Es wird sich ein jeder scheuen, einen Schmied anzugreifen oder ihn gar töten zu wollen. Ihr handwerkliches Können, ihr »Mitwissertum bei den delikatesten politischen und privaten Beziehungen« und nicht zuletzt ihr Vertrautsein mit den magischen Praktiken sichert den Schmieden ihre Ausnahmestellung im Rahmen der Gesellschaft.

Die Qualität der Schmiedeproduktion ist verschieden. Je weiter man nach Norden kommt, desto geringer ist ihre Qualität, d. h. nach *P. Fuchs,* die beste Qualität an Schmiedeprodukten findet man im südlichen Wadai und in Kanem, die schlechteste in Tibesti. Dies gilt auch für den im Tschadgebiet überall bekannten Gelbguß bzw. dem Wachsausschmelzverfahren. Die Technik der Eisengewinnung mit dem Rennofen war bis 1953 auch in Ennedi bekannt und nach Traditionen und Funden zu schließen, kannte man früher auch im Djurab (Borku), in Unianga (Borku) und in Gubon (Tibesti) die Eisengewinnung. Dabei steht im ganzen Tschadgebiet, von Tibesti bis an den Schari, das meist paarweise angeordnete Schlauchgebläse mit Düsen aus Ton in Verwendung, während sonst in der Regel das Schalengebläse üblich ist.

In seinem Bemühen, den lokalen Befund einer Eisengewinnung in Ennedi »historisch zu vertiefen«, wies *P. Fuchs* auf die prähistorischen Befunde und Datierungsversuche vor allem von *Bailloud, Huard, Mauny* und *Arkell* hin, die für eine zweitausendjährige Geschichte der Eisengewinnung in Ennedi eingetreten sind. In Zusammenhang damit sind die Funde in der Gegend von Koro Koro im Djurab, südlich von Borku von besonderem Interesse. »In einem Gebiet«, – schreibt *P. Fuchs* – unter Bezug auf *Mauny* (1963) – »das an der Mündung des Bahr el Ghazal in das Becken von Djurab-Bodele gelegen ist, fand man bei dem Brunnen Tungur eine Schlackenschicht von 150 Meter Länge und 10 Meter Höhe, dazu zahlreiche Reste von Rennöfen und Düsen aus Ton, wie sie auch von den Schmieden in Ennedi beim Betrieb des Rennofens verwendet werden. Ähnliche Funde wurden (nach *Huard* 1964) auch in der weiteren Umgebung von Tungur bei Bahali und Bochianga gemacht. Zweifellos bestand in Djurab ein bedeutendes Zentrum der Eisengewinnung, das seine Entstehung den örtlichen Erzvorkommen und der vormals günstigen Lage am Bahr el Ghazal verdankt, der mindestens bei in das zehnte Jahrhundert vom Tschadsee her schiffbar gewesen ist... Aber noch im 13. Jahrhundert muß der Djurab genügend Holz geliefert haben, um die Ziegel einer Karawanserei zu brennen, deren Ruinen heute in einem völlig der Wüste anheimgefallenen Gebiet liegen... Es ist durchaus (nach *Mauny* 1963) möglich, daß dieses Verhüttungszentrum mit dem Wadaireich der Tundjer in Verbindung gestanden hat, wie dies die lokalen Traditionen behaupten. Interessant ist weiterhin, daß die im Djurab gefundene Keramik (nach *Mauny* 1963) teilweise von christlich-nubischem Typ ist, und Ähnlichkeiten mit jener von Ain Farah in Dar-Fur aufweist. Beziehungen mit dem Osten haben also schon lange vor den Tundjern bestanden, die bekanntlich erst im 16. Jahrhundert aus Dar-Fur nach Wadai eingewandert sind.«

Eine von der in Ennedi geübten Praxis der Eisengewinnung abweichende Technik berichtet *Russegger* (1843/49) aus dem nördlichen Kordofan, wo anstelle der Rennöfen in Schmelzgruben

(Grubenofen) mit Hilfe von Schlauch- und Tonschalengebläsen die Erzbrocken zum Schmelzen gebracht wurden. In einem zweiten Arbeitsgang erfolgte das Ausschmelzen der »Luppe«, bis man auf diesem Wege zum reinen Eisen gelangte.

Zum Unterschied vieler anderer sudanischer Splittergruppen (»Altnigritier«, »Altsudaner«), die, wie wir bereits sahen, dem Manismus huldigen, gibt es nach P. *Fuchs* bei den Hadjerai keinen Ahnenkult im eigentlichen Sinne, wenn man zwischen »Totenkult« und »Ahnenkult« einen Unterschied macht. Bei ersterem handelt es sich um die einem vor kurzem Verstorbenen zugedachten Rituale und kultische Handlungen, um sich vor Verfolgung oder Wiederkehr eines Toten zu schützen, ihn zu versöhnen oder zu ehren. Der Ahnenkult bezieht sich dagegen auf eine Reihe von vorhergegangenen Generationen, die noch im Gedächtnis der Nachfahren verblieben sind. Er beruht auf der Vorstellung eines Weiterlebens nach dem Tode und bezeugt innige Verbundenheit der Lebenden mit den Toten.

Ähnlich wie bei den Matakam wird der Tote auch bei den Hadjerai mit Baumwollstreifen (*gabak*) umwickelt. Es handelt sich dabei um etwa 10 cm breite Baumwollstreifen, die auf dem sudanischen Männertrittwebstuhl hergestellt werden. »Man bindet die Ellbogen zusammen« – heißt es bei *P. Fuchs* – »und legt die Hände flach auf das Gesicht. Dann wird der ganze Körper mit *gabak*-Streifen umwickelt. Aus demselben Material näht man ein Leichentuch. Ist der Tote eingewickelt, kommt er auf das Leichentuch (oder auch auf eine Matte), unter den Kopf legt man seine alten Kleider, dann schlägt man das Tuch zusammen und näht es mit *gabak*-Streifen zu. Nur die Füße schauen heraus, sie werden mit Sandalen oder mit Schuhen bekleidet. Das indigofarbene Festgewand des Verstorbenen wird seitlich aufgeschnitten, so daß man ein Tuch erhält, das um das Leichentuch gewickelt und mit einem Baumwollfaden zugenäht wird. Darüber kommen wieder weiße *gabak*-Streifen, sie werden so gewickelt, daß ein weiß-blaues Streifenmuster entsteht, ähnlich den Hüfttüchern der Frauen. Gelegentlich wird auch eine Verzierung aus roten Lederstreifen angebracht, bei einer Frau noch ein bunter Seidenschal aufgelegt.« Dann wird der Leichnam in einem Nischengrab bestattet. Grabbeigaben, wie etwa Wasserbehälter aus Flaschenkürbis oder mit Kauri geschmückte Kalebassen werden nach Möglichkeit zerschlagen. Ein Tongefäß, dessen Boden abgeschlagen wurde, und ein schöner aufrechtstehender Stein kennzeichnen das Grab. Ein rasierter Kopf und ein Gürtel aus *gabak*-Streifen um die Hüften gelten bei den Frauen als Trauerzeichen. Im Laufschritt wird die Leiche zum Begräbnisort gebracht, so wie bei den Kapsiki.

Die Seelenvorstellungen der Hadjerai kreisen um eine Art »Schattenseele«. Diese (*nirli*) manifestiert sich materiell im sichtbaren Schatten. Ein Schatten ist immer vorhanden, solange »nirli« vorhanden ist. Dieses *nirli* hält sich nach dem Tode eines Menschen in der unmittelbaren Nähe der Familie des Verstorbenen auf. Erst nach den vollzogenen Totenopfern begeben sich die »Schattenseelen« in das »Land der Toten«, das irgendwo im Busch im Westen liegt, nie aber im Dorfe selbst.

Viel mehr als von Totenkult und Schattenseelen, ganz zu schweigen von einem Ahnenkult, wird das Leben der Hadjerai von den Margai beherrscht. Diese Margai sind Dämonen, Naturgeister, die auf hohen oder besonders markanten Felsen ihre Heimstätte haben, aber auch in großen alten Bäumen, im Wirbelsturm, in Flüssen und Seen (im Boden der in der Trockenheit wasserlosen Flußbetten). In allem, das groß, mächtig, stark und eindrucksvoll ist, wohnen nach P. *Fuchs* die Margai. Sie bieten sich aber auch als Vermittler zwischen Gott und den Menschen an. »Gott« (*ra bung*) im Himmel hat die Margai wie alles auf Erden geschaffen.

Die Vorstellungen von »Gott« sind außerordentlich komplex und nur schwer mit Begriffen der abendländischen Welt wiederzugeben. Am ehesten ist »Gott« in seinen Manifestationen zu erkennen. Die wichtigste ist der Regen. Ohne Regen bleibt die Erde unfruchtbar und tot. Wird ein Mensch vom Blitz erschlagen, sagt man, »Gott« hätte ihn getötet bzw. für ein besonderes Vergehen bestraft. Auch der Donner kann töten. Schließlich manifestiert sich »Gott« in den von ihm geschaffenen Geistern.

Die Frage, in welch einem Ausmaß dieser Vorstellungskomplex mit der Begriffswelt von einem »Höchsten Wesen« der Religionsethnologen im Sinne einer Schöpfer- und Himmelsgottheit zur Deckung gebracht werden kann, ist eine der vielen schwierigen Fragen der Religionsgeschichte und Religionsethnologie. In der Frage des Widerstreites des Islam mit den Stammesreligionen ist es tatsächlich, um mit *Ulrich Braukämper* (1970) zu sprechen, »nicht immer zu entscheiden, ob die nicht islamischen Bestandteile ihre Wurzeln in den lokalen Stammesreligionen haben oder ob sie als Relikte aus den maghrebinischen oder altarabischen Heiligtümern mit dem Islam verbreitet wurden.« Es ist auch die Frage, ob der Vorstellung von einer »Otiosen Himmelsgottheit« bei den Afrikanern, d. h. von einem »Höchsten Wesen, das »nach dem Schöpfungsakt vom Weltgeschehen Abstand nahm«, angesichts der Mannigfaltigkeit der Vorstellung des Hochgottes bei den Heiden ein primärer Charakter zugesprochen werden kann. Zum Beispiel ruft nach *U. Braukämper* ein Familienoberhaupt der den Hadjerai kulturell nahestehenden Matakam den Hochgott beim Ahnenopfer als den höchsten aller Ahnen an »oder der Dorfälteste bei den Zirkumzisionsfeiern der Doayo wendet sich in einem Gebet an »Betu«, der alles erschaffen hat. Seine Wesensmerkmale treten in einer gewaltigen Vielfalt von Ausprägungen hervor: die Mofu setzen ihn mit dem Himmel gleich, die Tikar glauben, daß er im Wasser lebt und den Feldern Fruchtbarkeit gibt, bei den Vere, Camba, Mumuye, Djibu und Tigong hat er nach *C. K. Meek* in der Sonne Gestalt angenommen, bei den Gbaya ist er die große Seele, die sich von den Seelen der Menschen nur graduell unterscheidet. Häufig ist der Hochgott verstanden als gestaltlos allgegenwärtiges Wesen. Offenbar nur selten verbindet sich mit ihm eine anthropomorphe Vorstellung. Im Prinzip ist jede Gottesvorstellung in den Stammesreligionen ureigenste Sache des Individuums. – Obgleich auch der islamische Gott etwa im Vergleich zum christlichen abstrakt ist und nur in der Formulierung der göttlichen Attribute anthropomorphe Anklänge bekommt, gewinnt doch der Afrikaner mit Allah zum ersten Mal die Idee eines persönlichen Gottes, der nicht nur über die atmosphärischen und vegetativen Prozesse gebietet, sondern unmittelbar auf das Leben des einzelnen Einfluß nimmt.« Die weit verbreitete Vorstellung von einer otiosen Himmelsgottheit, die sich nach der Schöpfung oder zu einem anderen Zeitpunkt aus einem vitalen Verhältnis zu Menschen und Welt gelöst hat und daher auch im Kult gar keine oder nur eine sehr geringe Rolle spielt, könnte u. U. auch eine Erklärung in einer Konfrontation von Hochreligion (Islam, Christentum) und Stammesreligion finden.

Kein Mensch könne nach *P. Fuchs* bei den Hadjerai ohne die Hilfe der Geister zu Gott vordringen. Daher sind auch alle Kultbräuche der Menschen auf die Geister *(margai)* ausgerichtet. Der religiöse Horizont der meisten Hadjerai reicht über die Sphäre der Geister nicht hinaus. »Gott« steht den Menschen viel zu fern. Dem Homo religiosus unter den Hadjerai mögen jedoch christlich-islamische Vorstellungen mancherlei Impulse zum Weiterdenken vermittelt haben. Der Homo faber begnügt sich mit den Geistern. Es gibt gute und böse, mächtige und weniger mächtige *margai* und der Mensch hat die Möglichkeit, sich mit ihnen zu verbinden. Ihre Zahl ist unüberschaubar. Ein Altar wird errichtet, auf dem sich dann irgendein *margai* niederläßt. Hat man Pech, ist es ein böser; aussuchen kann man ihn nicht. Nicht der Mensch wählt den *margai*, sondern der *margai* den Menschen

(*P. Fuchs*). Die *margai*-Mensch-Beziehungen werden vererbt. Übernimmt ein Erbe das Gehöft, übernimmt er damit auch die *margai*-Beziehungen des verstorbenen Gehöftbesitzers. Sind alle Familienmitglieder ausgestorben, und opfert niemand dem *margai* mehr, kehrt dieser in die Natur zurück. Als *margai*-Altäre erscheinen kleine auf einem Steinwall errichtete Strohhütten oder auf einer Holzplattform errichtete Miniaturhütten, konisch geformte Steine, beliebige mit Sand gefüllte Tongefäße, Felsblöcke von außergewöhnlicher, meist anthropomorpher Form oder ein großer Baum. Bei jedem *margai* befinden sich Gefäße für das geopferte Hirsebier und ein jeder neue Altar muß mit einem Ziegen- und Hühneropfer eingeweiht werden.

Vieles im *margai*-Ritual ähnelt dem Ahnenkult. Der aus den Mitgliedern des »Häuptlingsklans« von den Klanältesten des Dorfverbandes gewählte *mosgo sido*, der Erdherr und Stammeshäuptling, ist gleichzeitig der *margai*-Priester und erinnert in dieser Funktion an ein »sakrales Häuptlingstum«. Meist ist es der Sohn oder der Bruder des verstorbenen *mosgo sido*. Nach zwei Jahren Probezeit erhält er seine Würdezeichen. Diese sind nach *P. Fuchs* eine Mütze aus weißem *gabak*, ein Armreifen aus Messing (am rechten Arm), ein Armreifen aus Kupfer (am linken Arm). Der *mosgo sido* von Mukulu-Podjusu trägt zusätzlich einen Armring aus Eisen (links), um seine Oberhoheit über die anderen *margai*-Priester von Mulu zu demonstrieren. Zum dritten hat er einen Fächer aus den Schwanzhaaren der Giraffe. Die folgenden Insignien beschafft sich der *mosgo sido* selber: ein indigofarbenes Festgewand aus *gabak* mit weißen Stickereien, ein kurzes Schwert, einen am oberen Ende gegabelten Stock, eine Trommel, die von einem Häuptling zum anderen vererbt wird. Während bei der älteren Fassung, wie etwa bei den Djonkor, die drei Autoritäten Häuptling, Priester und Erdherr in einer einzigen Person vereinigt sind, führten jüngere Entwicklungen, wie z. B. bei den Kenga, zu einer Aufsplitterung der drei Autoritätsbereiche, d. h. zu rivalisierenden Gruppen. Der eingewanderte, den Stammeshäuptling stellende Klan, stellt dem Häuptling auch die Lineageältesten als Würdenträger zur Seite, den Anführer im Kriege und den Träger der heiligen *margai*-Lanze. Seine Würde vererbt sich auf den ältesten Sohn. Die autochthonen, politisch zwar entmachteten, im kultischen Leben aber immer noch tonangebenden Klane, stellen den obersten Erdherrn, der auch das Priesteramt für den *margai* des Berges versieht, dem der mythische Ahne der Autochthonen einst entstiegen war. Doch ist der Stammeshäuptling infolge seiner zahlreichen Anhängerschaft dem Erdherrn an Reichtum und kriegerischer Stärke überlegen, der oberste Erdherr dagegen hat die kultische Macht in Händen und ist Besitzer des von den ältesten Landesbewohnern übernommenen Landes und stellt somit auch die kultischen Beziehungen zu den lokalen Geistern her.

Bei wichtigen Fragen an einen *margai* spielen Frauen als Medien eine bedeutende Rolle. Reichlicher Biergenuß und stundenlanges Tanzen lassen die Medien in einen Trancezustand geraten. In diesem Zustand verkünden sie die Antwort des *margai*. Die durch ein Orakel oder durch die Medien zum Ausdruck gebrachten Opferwünsche der *margai* müssen unter allen Umständen erfüllt werden, weil sie sich sonst durch Krankheit, Mißernten, Naturkatastrophen und Tod rächen würden.

## Zande und Mangbetu

»Ausläufer sudanischen Lebens« nannte *D. Westermann* die Staatsvölker der Zande und Mangbetu, deren Heimat in den von Regenwäldern (an den Flüssen) durchmischten Savannen zwischen

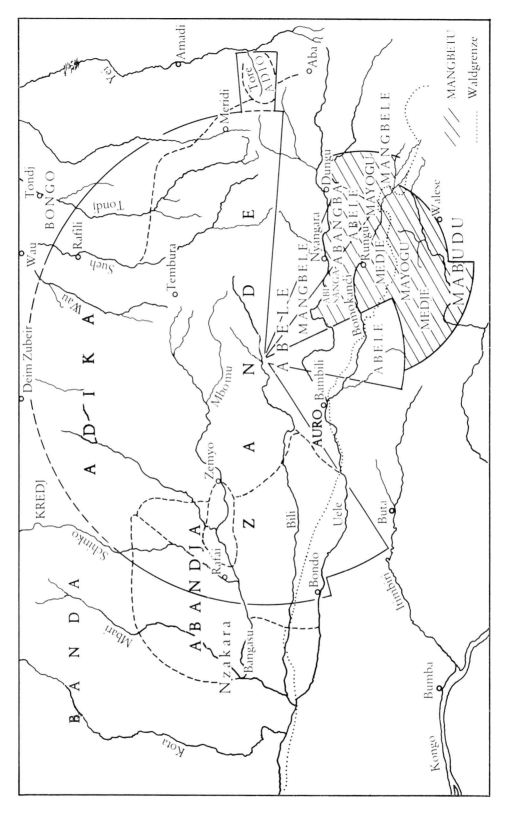

Abb. 114  Die Herrschaft der Zande und Mangbetu (Nach *D. Westermann*)

dem Mbomu und Uelle bzw. zwischen mittlerem Uelle und mittlerem Bomokandi liegt. Unter der Führung zweier bedeutender Persönlichkeiten (Gura und Bandja) gelang es den Zande, einer verhältnismäßig dünnen Erobererschicht, im vorigen Jahrhundert weite Gebiete zwischen den beiden Flüssen Mbomu und Uelle zu erobern, die dort ansässigen Bevölkerungen zu unterjochen und dieser ihre Sprache aufzudrängen. Ihre Herkunft weist nach dem Nordwesten, nach dem Sudan. Dort hätten sie, ihrer Überlieferung zufolge, an einem großen, stillen See mit Inseln bei weißen, reich bekleideten Leuten gewohnt. *D. Westermann* meinte, man könne dabei an den Tschadsee denken.

Die kluge Politik der Vongurahäuptlinge vermochte aus den bodenständigen Häuptlingen willfährige Werkzeuge ihrer Herrschaftspläne zu machen und sie ihrem Machtbereich einzugliedern. Die ehrgeizigen Söhne und Brüder der Vongurahäuptlinge sorgten für die weitere Ausdehnung der Zandeherrschaft; erst südlich des Uelle zwischen Bomokandi und Rubi erlahmte ihre Kraft im Regenwald. Zahlreiche Nachbarvölker erweisen sich in einem hohen Grade azandeisiert. Obwohl die Zande keine eigentlichen Kroninsignien kannten, so scheinen doch die großen hölzernen Gongs in Büffelgestalt bei den einflußreichen Häuptlingen eine solche Funktion besessen zu haben; wir erinnern uns an die große Bedeutung der Königstrommeln in Dar-Fur und anderen Reichen des Sudan.

Das Zande-Völkerkonglomerat, geeint durch eine gleiche Sprache und eine gleiche politische Organisation, besteht durchaus aus Pflanzern. In einem großen Ausmaß nehmen die Männer an der Feldarbeit teil. Am Waldrand tritt außerdem noch die Jagd stärker in Erscheinung. Gehalten werden Ziegen und Hühner. Rinderzucht fehlt. Die Nähe des Regenwaldes macht sich durch Ölpalme und Banane bemerkbar; ähnlich spielen auch Maniok und Batate eine Rolle. Die Charakterpflanze ist aber trotz allem die Hirse (Sorghum, Pennisetum, Eleusine), wobei die Zande besonders die Eleusine schätzen. Außerdem gewinnt der Mais zunehmend an Bedeutung, während Araber und Mahdisten in bescheidenem Ausmaß den Reis eingeführt haben. Sowohl die Eroberer als auch die Unterworfenen haben Vaterrecht, Klanwesen und Totemismus. Es herrscht Klanexogamie, d. h. Heiraten innerhalb des Klans sind verboten, doch sind alle diese alten Vorschriften heute in Auflösung begriffen und geraten in Vergessenheit. Nur die Vongura (Häuptlingsfamilien) hielten sich nicht an die alten Gebote. Ähnlich wie etwa in Wadai erfreuten sich auch hier die Töchter der Häuptlinge großer Liebesfreiheit.

Auch bei den Mangbetu im Südosten der Zande scheint die Oberschicht aus dem Nordwesten zu stammen. *D. Westermann* hält es für sicher, »daß bei den unter dem Sammelnamen Mangbetu zusammengefaßten Stämmen die Staatswerdung durch eine fremde, und zwar sudanische, Einwanderung vor sich ging, die aus dem Konglomerat unverbundener Gruppen eine politische Einheit entstehen ließ.« *G. Schweinfurth* (1878) traf das Reich auf dem Höhepunkt seiner Macht an, als er König Munsa besuchte und von diesem Herrscher ein glänzendes Porträt entwarf: »Ein imposanter Federhut beschattete das Haupt und saß über 1,5 Fuß hoch auf der Höhe des Scheitels, indem derselbe, wie es die Monbuttumode vorschreibt, den oberen Teil des Chignons deckte. Dieser Hut bestand aus einem schmalen Zylinder von feinem Rohrgeflecht und war außer mit drei Etagen von roten Papageifedern besetzt, große Federbüschel derselben Art krönten die Spitze. Einen Schirm hatte der Hut nicht, wohl aber war vorn über dem Scheitel nach Art der Schirmwehr am Normannenhelme das erwähnte halbmondartige Gebilde aus Kupfer angebracht. Die durchbohrten Ohrmuscheln trugen fingerdicke Kupferstäbe. Am ganzen Leibe war der König mit der landesüblichen

Abb. 114  König Munsa der Mangbetu in seinem vollen Ornat

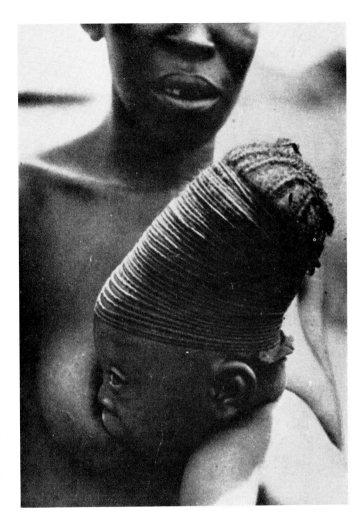

Abb. 116 Schädeldeformation bei den Mangbetu. Schon in frühester Kindheit wird der Kopf mit Schnüren umwickelt, um ihm die gewünschte, dem Schönheitsideal entsprechende Form zu geben

Schminke von Farbholz eingerieben, welche seinen ursprünglich hellbraunen Körper die antike Färbung pompejanischer Hallen verlieh. Seine einzige Kleidung, gleichfalls durch nichts von der allgemeinen Mode des Landes abweichend, nur von ausgesuchter Eleganz und Feinheit, bestand in einem großen Stück aufs sorgfältigste verarbeiteter Feigenrinde, welche mit demselben Farbstoff imprägniert war, der als Schminke diente, und umhüllte in äußerst kunstvollem Faltenwurfe den halben Körper, Kniehosen und Leibrock zugleich darstellend. Fingerdicke stielrunde Riemen von Büffelhaut, welche im Schoße zu einem kolossalen Knoten verschlungen waren und an den Enden schwere Kupferkugeln trugen, hielten als Gürtel das schönbesäumte Rindenzeug an den Hüften zusammen. Um den Hals hing ein feingegliederter Kupferschmuck, der einen Strahlenkranz über die ganze Brust warf, und an den nackten Armen waren sonderbare, mit Ringen beschlagene Zylinder befestigt, ähnlich den Trommelschlägeln, welche ein Tambour an sich trägt. An den Gliedmaßen des Unterarms und des Schienbeins wanden sich spiralige Kupferringe hinauf, und unter dem Knie hatte man je drei glänzend hornartige, aus Hippopotamushaut geschnittene und gleichfalls kupferbeschlagene Ringe befestigt. In der Rechten schwang Munsa als Scepter seiner Würde den sichelförmigen Monbuttusäbel, an diesem Platze eine Luxuswaffe von purem, lauterm Kupfer.«

## XIII.
## ALTÄGYPTEN IN SCHWARZAFRIKA

Zahlreiche Einzelzüge des höfischen Lebens bei den Djukun in Nordnigerien vom 17. bis 19. Jahrhundert zeigen große Ähnlichkeiten mit entsprechenden Einrichtungen bei den Yoruba, Hausa, Nupe und bei den Bewohnern von Bornu. Es war *M. D. W. Jeffreys* gewesen, der auf die ganz wesentlichen Parallelen in der Kultur der Bini, Yoruba, Igala, Igbo und Jukun (Djukun) hingewiesen hat. Dies könnte auf eine gemeinsame Wurzel schließen lassen. Unter den verschiedenen Autoren, die an Altägypten dachten, wäre an erster Stelle *C. K. Meek* zu nennen, der dabei u. a. an einen in Nordnigerien üblichen Waffenkult dachte (Wurfeisen, vom Himmel herabgefallene Eisenspeere, heilige Schwerter, Messer, Dolche u. a. m.), der auch ein charakteristisches Merkmal altägyptischer Kultur gewesen sein soll, ferner dachte *C. K. Meek* an die Mädchenbeschneidung und an die Bestattungsbräuche der Jukun-Häuptlinge, die in schiffsähnlichen Särgen bestattet wurden, wobei vielleicht der Gedanke an die Totenschiffe der alten Ägypter nahelag. Als weitere Parallelen führte *C. K. Meek* die westafrikanische Bogenharfe an, Mumifizierung, Glaserzeugung, Langhornrind und bestimmte Seelenvorstellungen, ja *C. K. Meek* ging sogar soweit, ägyptische Goldsucher in Westafrika schon um 500 v. Chr. zu vermuten. *C. K. Meek* dachte an ganz besonders enge Beziehungen zwischen Jukun, Yoruba und Schilluk im oberen Niltal, auch wies er auf Verbindungen mit frühen Hausastaaten hin, die im 8. und 9. Jahrhundert mit den Kopten im oberen Niltal bestanden haben sollen.

Immer wieder lockte die Frage eines »altägyptischen Kultureinflusses auf Negerafrika« die kulturhistorische Forschung an, so daß die Frage bis heute nicht zur Ruhe kommen konnte. Tatsächlich sind die vielen angeführten Ähnlichkeiten, Parallelen und Übereinstimmungen so groß, daß man meinen könnte, jeder Zweifel an Zusammenhänge müßte ausgeschlossen sein. Trotzdem sind wir im einzelnen immer noch auf Hypothesen angewiesen.

Zu den verschiedenen Parallelen zwischen Altägypten und Schwarzafrika gehört auch die künstliche Schädelverlängerung oder Schädeldeformation. Da sich diese Sitte zumeist auf die herrschende Schichte einer Bevölkerung beschränkt, tritt die Möglichkeit eines fremden Kultureinflusses noch viel klarer in Erscheinung. Die ältesten uns bekannten deformierten Schädel in Afrika stammen aus der Periode des ägyptischen Ketzerkönigs Echnaton, aus der Zeit um 1370 v. Chr. Die rezente Verbreitung dieser Sitte erstreckt sich einerseits über Algerien und Tunis, andererseits über West-, Zentralafrika und Angola und tritt bezeichnenderweise gerade dort in Erscheinung, wo auch andere, an Altägypten gemahnende Kulturelemente sich bemerkbar machen. So zum Beispiel im Ituri-Gebiet in der demokratischen Republik Kongo bei den Mangbetu. Man beginnt dort nach *P. P. Schebesta* mit dem Modellieren des Köpfchens schon im Säuglingsalter. Um das Köpfchen wird Schnur an Schnur dicht aneinandergereiht gewunden. So erscheint es wie in einen Helm gepreßt und kann sich nur in der Längsrichtung entwickeln. Wird hier durch Bandagierung die Wachstumsrichtung des Kopfes bestimmt, so geschieht dies anderswo – zum Beispiel in Nigerien oder in Kamerun – durch Massieren des Kopfes. In allen Fällen aber steht man unter dem Eindruck eines Schönheitsideals, das einer herrschenden Schichte abgesehen wurde oder überhaupt sich nur auf diese beschränkt.

Ähnliches gilt, wie wir bereits sahen, auch für die Mumifizierung (vgl. Kapitel IV). Sie wird in der Regel nur Häuptlingen oder Königen zuteil. Es ist kaum ein Zufall, daß wir gerade in den nach dem mediterranen Raum (Weißafrika) und nach Ägypten weisenden Hochkulturen Afrikas den verschiedenen Formen einer Mumifizierung des Leichnams begegnen. Der Gedanke der Leinenumhüllung des Leichnams, um eine Berührung mit der Erde zu vermeiden, hat jedoch in manchen Gebieten Schwarzafrikas eine recht sonderbare, geradezu hypertrophe Entwicklung eingeschlagen, wie etwa an der Loangoküste Westafrikas oder bei den Bwende nördlich vom Kongofluß im Kataraktgebiet. Hier wurde noch im Jahre 1927 nach einer langwierigen Trocknung die Leiche in eine Unmenge Zeug und Matten zu einer riesigen grotesken Menschengestalt, die als »*niombo*« bezeichnet wird, eingekleidet und unter großen Festlichkeiten zu Grabe getragen. In ähnlicher Weise umwickelte man auch im 17. und 18. Jahrhundert den Leichnam des Herrschers von Loango, bis ein riesiger Stoffballen in Form einer Schmetterlingspuppe entstand, und auch die Mumie der Kongo-Könige mag in alter Zeit in riesige Stoffmengen gehüllt so lange über der Erde geruht haben, bis sie vom Nachfolger bestattet wurde. In diesen Komplex von Bestattungsbräuchen gehört auch die in Schwarzafrika weit verbreitete Sitte, den Leichnam des Verstorbenen in Rinderhäute einzunähen (»Bestattung des Häuptlings in der Rinderhaut«). Obwohl der rechteckige Holzsarg in Angola nach *B. Heintze* von den Europäern übernommen wurde und der Sarg in Angola nirgends zum traditionellen Bestattungsbrauch gehörte, so darf dies nicht verallgemeinert werden. So fiel zum Beispiel *P. P. Schebesta* bei den Nkundugräbern im Iturigebiet die Ähnlichkeit der kleinen Lehmfiguren, die das tägliche Leben veranschaulichen sollten, mit den »*uschebte*« der alten Ägypter auf, auch wurden nach *P. P. Schebesta* südwestlich von Bokuma »die Toten in Särgen bestattet, in deren Deckplatten Menschenfiguren in Lebensgröße eingeschnitten sind, ein Umstand, der wieder nach Altägypten hinweist.«

Wenn im alten Königreich Kongo während der Zeit der Räucherung der Königsleiche im Palast eine Figur aufgestellt wurde, die den verstorbenen Herrscher darzustellen hatte, so werden wir dabei an die altägyptischen Porträtstatuen erinnert, die sich in der Grabkammer neben der Mumie befinden. Die Ibibio in Nigerien errichteten im Verlauf der Bestattungsfeierlichkeiten eine kleine Hütte,

Abb. 117  Nachdem der Niombo, die in große Mengen Zeuge und Matten eingehüllte Leiche, fertig eingekleidet ist, werden die Geschenke zur Begräbnisfeier herbeigebracht (Bwende, Kongo)

die *P. A. Talbot* als das »Ka-Haus« bezeichnete, in dem sich sozusagen die »Seele« des Verstorbenen aufhielt. In diesem »Ka-Haus« wurde eine Figur aus feinstem Ton aufgestellt, die den verstorbenen Häuptling, angetan mit seinen besten Kleidern und den Hut auf dem Kopfe, in einem Lehnstuhl sitzend wiedergab. Jeden Morgen wurde der Figur ein Opfer dargebracht. Daß die nach dem Tode vom Körper frei gewordene Seele ein geschnitztes Ahnenbild sich erwählt, ist uns von der religiösen Kunst der Schwarzafrikaner her geläufig. Die Seele geht eine Verbindung mit der Figur ein, als wäre diese ein lebender Körper, und die Verwandten sprechen mit dieser Figur, als wäre sie der lebende Ahne.

Überraschend ist auch in der Kunst der Afrikaner eine Reihe stilistischer Eigenheiten, die uns an die Kunstwerke der alten Ägypter erinnern. Dazu gehört unter anderem das so häufig vertretene Bartmotiv, obwohl ein echter Bart bei den Negriden zu den Seltenheiten gehört. Aus der Fülle der Beispiele sei in diesem Zusammenhang auf einen aus dem Lualaba-Kassai-Gebiet stammenden »Fetisch« hingewiesen, der deutlich den in Altägypten einst üblichen künstlichen Kinnbart trägt. In der den langgestreckten Leib bedeckenden Tatauierung wollte *M. Küsters* sogar eine altägyptische Mumienwickelung angedeutet wissen. *Sibiti* heißt ein solcher »Fetisch« mit Leibtatauierung und künstlichem Kinnbart als Würdezeichen. Aus Holz geschnitzte »Ahnenbilder« wie dieser »Fetisch« haben auch die Ladi und Bembe im Norden der Bwende. Außerdem besitzen sie Zeugidole, die eine überraschende Ähnlichkeit mit dem »niombo« der Bwende aufweisen, nur daß sie weitaus kleiner sind. Erinnert sei schließlich an die Porträtstatuen der verstorbenen Kuba-Könige (Buschongo), die in ihrer ruhenden monumentalen Starrheit denjenigen von Pharaonen gleichen. Zahlreiche Beispiele afrikanischer Kunst erinnern, wie gesagt, an ägyptische Vorbilder, ohne aber daß man im einzelnen sagen könnte, wie und auf welche Weise sich solche Stilelemente bis auf den heutigen Tag zu erhalten vermochten und ob solch Parallelen doch nicht am Ende als unabhängige eigenständige Entwicklungen aufzufassen sind. Abgesehen aber von dem in der Kunst üblichen Bartmotiv ist der geflochtene und angebundene Bart als Würdezeichen gleichfalls einer Reihe negrider und äthiopider Ethnien eigen. Ein Beispiel aus jüngerer Zeit: Anläßlich seines dreißigjährigen Regierungsjubiläums trug bei den Krönungsfeierlichkeiten König Tito Gafabusa Winyi IV. von Bunyoro nach alter Sitte Krone und einen Bart aus weißem Affenhaar und den historischen Krönungsmantel aus Feigenbaumrinde (Baststoff). Auch von Rumanika in Karagwe, gleichfalls einem ehemaligen Himaherrscher im Zwischenseengebiet, wird berichtet, daß er beim Neumondfest einen mit einem Perlenband befestigten Bart getragen habe. Als der Maler Ernst Vollbehr den Herrscher des Bamumlandes König Njoya in Kamerun porträtieren sollte, erschien dieser eines Tages vor dem Zelt des Malers, um für ein Vorder- und Seitenansichtporträt Modell zu stehen und verlangte von diesem, er solle ihn, wenn er auch keinen Bart besäße, doch mit einem Schnurrbart malen. Auch bei den Bamumkönigen spielte der Bart eine imponierende Rolle. Aus diesem Grunde wurden auch die meisten Herrscher auf der »Stammtafel der Bamumkönige« von dem Hofkünstler Ibrahim Njoya, mit einem Bart ausgestattet. Bei vielen afrikanischen Holzschnitzereien ist ganz deutlich zu sehen, daß es sich bei diesen nicht um einen natürlichen sondern um einen künstlichen und angebundenen Bart handelt, nicht anders als etwa *P. P. Schebesta* es von einem Ndakamann im Ituriwald in Wort und Bild zeigte.

Niemand denkt heute ernstlich daran, bei allen diesen Erscheinungen einen direkten altägyptischen Einfluß anzunehmen. Das große Tor, durch das der »pharaonische Gedanke« in Schwarzafrika Einzug hielt, war nicht Altägypten, sondern, wie bereits an zahlreichen Beispielen gezeigt werden konnte, Napata – Meroë bzw. die christlichen Nachfolgestaaten Nobatia, Makuria und Alodia. *A. J. Arkell* wies als einer der ersten auf die Wahrscheinlichkeit hin, daß zahlreiche Parallelen zwischen Dar-Fur und Kush (Meroë) durch eine Gründung der nach der Zerstörung ihrer Stadt emigrierten meroïtischen Königsfamilie erklärt werden könnten. Es wäre auch mit der Möglichkeit zu rechnen, meinte *A. J. Arkell* weiter, daß die Tumagera, die einige Königreiche im Westen von Dar-Fur gegründet hatten und von denen sich das historische Tungur herleitet, Sprossen der meroïtischen Königsfamilie gewesen waren. Hypothetisch könnte auch weiter angenommen werden, daß in der Folgezeit noch andere Königreiche auf analoge Weise auf der großen, von Ost nach West und umgekehrt führenden Handels- und Kulturstraße zwischen Wüste und Wald, wie etwa das Reich der Jukun (Djukun) im nördlichen Nigeria, entstanden sind. Soweit die Hypothese von *A. J. Arkell*. Unterdessen konnten sowohl von prähistorischer als auch von historischer Seite genügend viele Beweise herangebracht werden, die eine Jahrhunderte lang währende kontinuierliche Verbindung zwischen Ost und West mit aller Deutlichkeit zeigen, so daß an dieser Tatsache wohl kaum mehr gezweifelt werden darf. Wohl aber scheinen aufgrund neuerer Kenntnisse in Zusammenhang mit Ursprung und Verbreitung der sogenannten Boden-Dellen-Keramik erst vom christlichen Nubien (Nobatia, Makuria, Alodia) aus die entscheidenden Impulse ausgegangen zu sein, die vermutlich auch wesentlich zur Verbreitung des sakralen Königsgedankens mit beigetragen haben.

Ein ganzer Komplex charakteristischer Elemente höfischer Kultur fand auf diese Weise in zahllosen, kaum jemals näher überprüfbaren Einzelaktionen seine Verbreitung und zwar auf einer Kulturbahn, deren Gefälle im wesentlichen von Nord nach Süd und von Ost nach West verlief. Diese Einzelelemente, gewissermaßen die übrig gebliebenen Mosaiksteinchen eines faszinierenden Kulturgemäldes, geben uns die Möglichkeit, an die Rekonstruktion eines Geschichts- und Kulturbildes heranzugehen, dessen Wurzeln bis nach Altägypten reichen. Den Wegweiser dieser Bemühungen bietet uns die Verbreitung der Boden-Dellen-Keramik, die uns, ausgehend vom nubisch-abessinischen Raum, über das Zwischenseegebiet in die Kuba-, Luba- und Lundaländer bis an den Kongo führt, und von da nach Süden bis in das Reich des Monomotapa. Über Dar Fur und die mittelsudanischen Reiche wirkten die meroïtischen und später christlich-nubischen Impulse auf die »Staaten« im Nigerbogen, in Oberguinea und im Westsudan. Alle diese staatlichen Gebilde standen zumindest durch den Handel untereinander in Verbindung und tauschten gegenseitig ihre Gedanken und Warengüter aus. Künstler und Handwerker arbeiteten an einer Kunst, welche der Macht und der Verherrlichung des Königtums diente. Bei aller Unterschiedlichkeit in den Einzelheiten könnte man bei diesen Staaten von einem in sich zusammengehörigen Kulturgebilde sprechen, ohne dieses aber in ein bestimmtes Modell pressen zu müssen. Als charakteristisch für diesen »höfischen Komplex« können u. a. angeführt werden: Priesterkönigtum mit rituellem Königsmord, besondere Stellung der Frauen am Hofe des Königs (Königin-Mutter, Königin-Schwester), »mutterrechtliche« Erbfolgesitten (Söhne der Schwester werden bei der Wahl bevorzugt), Bruder-Schwester-Ehe im Königshaus, bestimmte Hoheitszeichen (u. a. der künstliche Bart), Mumifizierung, Reliquienkult, Heiligkeit des Rindes, Begräbnishöhlen u. a. m. Es handelt sich um einen Komplex von Erscheinungen, die vorzugsweise das Leben des Königs betreffen und das seiner Höflinge, so daß man in der Kulturhistorie auch von einer »Königskultur« sprach und damit den gesamten Komplex dieser Sitten und Gebräuche meinte.

## Jukun

Jukun (Djukun, Kororofa) bietet mit seinen engen Beziehungen zu den Yoruba, den Hausaländern, zu Nupe und Bornu das Musterbeispiel eines sakralen Königtums und erreichte im 17. Jahrhundert den Höhepunkt seiner Entwicklung. *D. Westermann* nannte Jukun das »Land des magischen Herrschers«, und auf *C. K. Meek* sich stützend, beschrieb er die Grundzüge des Reiches folgendermaßen: »Der König (Aku Uka) von Djukun war ein geheiligtes Wesen, dessen Leben und Taten sich in vorgeschriebenen und streng beobachteten Grenzen bewegten. Seine vornehmste Aufgabe war nicht, als Krieger sein Volk in den Kampf zu führen oder durch weise Verwaltung seines Landes sich auszuzeichnen; es kam nicht darauf an, daß er eine große Persönlichkeit war, er wurde vielmehr angesehen als der lebende Behälter, aus dem die Kräfte strömten, die der Erde Fruchtbarkeit und den Samen Gedeihen sichern und damit dem Volk Leben und Wohlsein geben. Der Erhaltung dieser Kräfte dienten die Zeremonien, die seinen Tages- und Jahreslauf bestimmten. Hier genügt die Hervorhebung einiger Hauptzüge.

Der König erschien selten in der Öffentlichkeit. Sein nackter Fuß durfte nicht den Erdboden berühren, denn die Folge wäre das Verdorren der Feldfrüchte gewesen, er durfte auch nichts von der Erde aufheben. Fiel er vom Pferde, so wurde er in früherer Zeit getötet. Niemand durfte sich auf seine Matte setzen oder darauf treten. Das Essen wurde ihm gereicht unter dem für eine Opferspeise an die Gottheit üblichen Zeremoniell. Nieste der König, so schlugen die anwesenden Männer unter Beifallsgemurmel die Schenkel. In feierlicher Anrede nannte man ihn mit Anspielung auf seine Fruchtbarkeitskräfte ›unser Guineakorn, unsere Erdnüsse‹. Bei der Krönung sagte der Führer der Königssippe zu ihm: ›Heute haben wir dir das Haus deines Vaters gegeben. Die ganze Welt ist dein. Du bist unser Korn und unsere Bohnen, unsere Geister und Götter. Fortan hast du weder Vater noch Mutter, aber du bist Vater und Mutter aller. Folge in den Fußstapfen deiner Vorväter und tue niemand Übles, daß dein Volk bei dir bleibe und du in Gesundheit das Ende deiner Regierung erreichest.‹

Der Neugekrönte mußte dreimal um einen Hügel laufen und wurde dabei von den Großen mit Stößen und Faustschlägen behandelt. Er mußte ferner einen Sklaven töten, nach anderem Bericht ihn verwunden, und die Tötung geschah dann von einem anderen.

Die Gewalt des Königs war absolut, aber es war dafür gesorgt, daß sie nicht unerträglich wurde. Ein Rat der Adligen mit dem Abo oder Hauptminister an der Spitze fühlte sich mitverantwortlich und konnte, wenn die Launen des Herrschers dem Lande zu schaden drohten oder etwa Mißwachs oder ein anderes nationales Unglück eintrat, ihm leicht eine Verfehlung in seinen unübersehbaren magischen Pflichten nachweisen und damit seinen Übermut dämpfen. Der Abo war erster Ratgeber, hatte stets Zutritt zum König, durfte ihn warnen und konnte ihn durch längere Abwesenheit vom Hof in arge Verlegenheit bringen. Er war häufig auch Oberbefehlshaber des Heeres. Der Abo hatte den Abo Zike als Gehilfen und Stellvertreter, und ebenso stand dem zweithöchsten Beamten, dem Kinda, ein Kinda Zike zur Seite. Der Kinda war Mitglied des Rates, achtete auf Innehaltung der königlichen Zeremonien, half dem Abo in der Rechtsprechung, sorgte für die Instandhaltung der Stadtmauer und der Einfriedung um das Königsgehöft und war auch einer der Heerführer. Er war immer ein Mitglied des Königshauses und wurde, amtlich, als jüngerer Bruder des Königs angesehen.

Zur persönlichen Bedienung des Königs und der Führung seines Hofhaltes gehörten der Verwalter der Güter, der Oberkoch und Oberschlächter, der Aufseher über das Königsgehöft und der über die Königsfrauen.

Zwei weitere Würdenträger waren der Ku Ve und der Nani To, die beide als Zeremonienmeister bei der Einsetzung und Beerdigung des Königs wirkten. Wichtige Ämter hatten auch zwei Frauen: die Angwu Tsi, Witwe eines früheren Königs, war das weibliche Gegenstück zum König, wurde Frau des Königs genannt, ohne aber mit ihm eheliche Beziehungen zu haben. Sie hatte ihre eigene Hofhaltung und wurde wie der König ›unser Korn‹, ›unsere Bohnen‹ angeredet.

Die älteste Prinzessin des Königshauses mit dem Titel Angwu Kaku, Tochter eines früheren Königs, war die amtliche Schwester des Königs. Ihr allein ist der Zutritt zu gewissen Gemächern des Palastes gestattet, und sie muß des Königs Schlafräume mit frischem Sand bestreuen. Sie steht auch einem besonderen Kult vor, der ihrer eigenen, des Königs und des Volkes Wohlfahrt dient.

Ebenso hat die Hauptfrau des Königs amtlichen Charakter. Sie wird aus der Zahl der Witwen des verstorbenen Königs genommen und ihm erst bei der Krönungsfeier zugestellt. Sie hebt den neuen Herrscher vom Pferde und führt ihn in seine Hütte, wo sie ihn entkleidet und ihm ein Hüfttuch anlegt. In dieser Nacht schläft er bei ihr, aber später hat sie keinen geschlechtlichen Umgang mit ihm. Früher wurde sie wie die Königinmutter in Yoruba am Begräbnistag des Königs getötet.

Der König selber wurde in älterer Zeit nach siebenjähriger Regierung am Erntefest erschlagen.«

# XIV.
# HAUSA: HANDEL UND HANDWERK

Die Hausa im nordwestlichen Nigerien und den angrenzenden Gebieten des Niger zählen über fünf Millionen Menschen und ihre Sprache hat als Handels- und Verkehrssprache insbesondere im Sudan eine weite Verbreitung gefunden. Als ihre nächsten Sprachverwandten kommen die Kotoko, die Mubi und Musgu im Tschadseebecken in Frage und zahlreiche Lehnworte aus dem Arabischen, dem Kanuri in Bornu und zuletzt aus dem Englischen spiegeln bei den Hausa eine bewegte Kulturgeschichte wider. Als eifrige Muslims und tüchtige Händler haben sie sogar in Algerien, Libyen und Fezzan, in Khartum und in den Häfen des Roten Meeres ihre Handelsniederlassungen. Weit mehr noch als die Fulbe haben sich die Hausa mit den Negern vermischt, so daß sie heute den Negriden in hohem Maße ähneln ohne aber eigentliche Neger zu sein. Ähnlich wie die Yoruba wohnten auch die Hausa bereits in voreuropäischer Zeit in großen befestigten Städten, wie zum Beispiel Kano, Sokoto, Zaria, Gobir, Katsina u. a. m., die zugleich Verwaltungszentren einst mächtiger Stadtstaaten waren. Ihre heidnischen Verwandten, wie etwa die Maguzawa im Südosten, leben in kleinen Dörfern als Pflanzer und Sammler. Zu Beginn des 19. Jahrhunderts wurden die Hausastaaten durch die Fulbe erobert, doch erwiesen sich die Hausa im wirtschaftlichen und kulturellen Leben weiterhin als führend. Ihre Erzeugnisse eines hochstehenden Handwerks wie z. B. die Indigofärberei, Töpfer-, Seiler-, Web-, Flecht- und Kunstschmiedearbeiten sowie zahlreiche kunstgewerbliche Verfeinerungen in der Kleidung erfreuten sich einer großen Verbreitung und Beliebtheit.

Im Gegensatz zu den am Westufer des Tschadsees siedelnden Kanuri im Lande Bornu entwickelten die Hausa kein einheitliches Herrschaftssystem; die Herrscher der verschiedenen unabhängigen Städte bzw. Stadtstaaten waren eher Rivalen und keine Verbündete. Der reiche Gewinn am Fernhandel tat ein übriges hinzu, den Machthunger zu verstärken. An dem Beginn dieser Entwicklung sehen wir sieben echte Hausa-Staaten: Birma, Gobir, Daura, Kano, Katsina, Rano und Zaria. Bayagidda, von dem es heißt, daß er der Sohn einer Prinzessin aus Bornu gewesen wäre, wird als »Gründer-Heros« gepriesen, als dessen Enkel sich alle nachfolgenden Herrscher verstanden. Später treten dann sieben unechte Hausastaaten in Erscheinung: Kebbi, Kamfara, Gwari, Jukun, Nupe, Yauri und Ilorin (Yoruba). Sie wurden als »Barbaren-Staaten« bezeichnet, die sich in mancherlei Hinsicht nur oberflächlich Hausa-Art angeeignet hätten. Ständiger Zuzug an Bevölkerungsteilen aus dem Norden (Berber, Tuareg) und Osten trugen wesentlich zum Aufbau der Hausa-Städte bei, ein Umstand, der auch im kulturellen Leben seinen Niederschlag gefunden hat.

Vermutlich brachten die aus dem Westen kommenden Mande-Händler auch den Islam in das Land; sie wurden von den Hausa Wangara genannt, die mit dem berühmten Händler- und Handwerker-Ethnos der Dyula (Dioula) in der Republik Elfenbeinküste und Obervolta identisch sind.

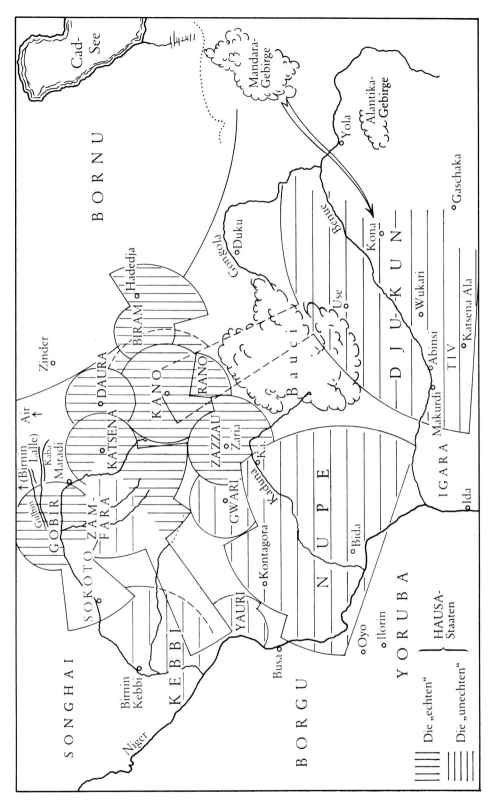

Abb. 118 Die Hausa-Staaten (Nach *D. Westermann*)

Die Dyula sind als Händler so berühmt, daß der Begriff »Dyula« im frankophonen Westafrika oft synonym für »Händler« gebraucht wird. Diese Wangara – schreibt *D. Westermann* – »bildeten unter den damals noch rückständigen Hausa eine wohlhabende, islamisch gebildete Aristokratie mit gehobener Lebenshaltung und haben zur Entstehung des modernen Hausa-Typs nicht wenig beigetragen. Sie schufen sich eigene Gemeinwesen. Ihre größten Niederlassungen mit dem Vorort Katsena-Laka oder Yandoto befanden sich südlich und südwestlich vom heutigen Katsena, die Anfänge dieser im Sudan nicht seltenen Handelskolonisation mögen ins 12. Jahrhundert zurückgehen.«

Als ersten König von Kano nennt die »Kano-Chronik« Bagoda, einen Nachkommen des Gründer-Heros und Schlangentöters Bayagidda (Bayadjidda), der wahrscheinlich Führer einer Berbergruppe gewesen war. Er regierte etwa um 1000 n. Chr. Mit der Unterwerfung der noch unabhängigen Heidenstämme setzte auch der Sklavenhandel ein. Aus Bornu bezog man Eisenhelme, Ketten- und Wattepanzer und mit Jukun tauschte man Pferde gegen Sklaven ein. Von Anfang an war man in Kano wie in allen anderen Hausastaaten am lokalen wie am Fernhandel auf das lebhafteste interessiert; mit den Karawanen aus dem Norden kamen auch die ersten Kamele in das Land. Die Städte wurden immer mehr zu Zentren des Handels und des Handwerks in Textilien, Leder und Metallen und zu Anziehungspunkten für Gelehrte und für Fremde. Orientalische Hofsitten setzten sich in Kano zunehmend durch und der mächtig aufstrebende Islam drängte das Heidentum in die Defensive. Gegen Ende des 15. Jahrhunderts stand Kano auf dem Gipfel seiner Macht.

Den größten Einfluß aber auf die Hausastaaten übte Bornu aus. Von dort her bezog man neue Ideen und erwartete auch von Bornu die Lösung der immer dringlicher werdenden Verwaltungsprobleme. Bald nach 1450 kamen einige Fulani-Priester mit ihren heiligen Büchern aus Mali in das Hausaland und leiteten damit den Beginn des bis zum heutigen Tage andauernden Fulbe-Einfluß ein. Das ständig zunehmende Interesse am Handel förderte zugleich die Uneinigkeit der Städte untereinander und bedrohte ihre Unabhängigkeit bis es schließlich den Fulbe unter Osman dan Fodio seit 1804 von Gobir, dem nördlichsten der Hausastaaten, aus gelang, die einzelnen Hausastaaten nach und nach zu erobern. Nach Osmans Tod (1817) zerfiel jedoch das Reich in zwei Teile: in einen östlichen (Sokoto) und einen westlichen Teil (Gwandu). Trotzdem stellten im kulturellen und wirtschaftlichen Leben die Hausa weiterhin die führenden Kräfte.

### Indigofärberei

Als die wichtigsten Erzeugerstädte der bei den Tuareg üblichen, dunkelblauen, glänzenden und stark abfärbenden Stoffe sowie zum Teil auch der aus ihnen gefertigten Kleidungsstücke gelten die Orte Kano und Kora. Von diesen Orten haben nach *Ludwig G. A. Zöhrer* auch die häufigsten Kleidungsstücke ihren Namen erhalten: Tamskano und Tankora d. h. »die von Kano« und »die von Kora«. Auf den schönen Glanz, das starke Abfärben und zum Teil auch auf die Streifenmusterung, die bei den handgewebten Stoffen durch das Zusammennähen der schmalen Baumwollbänder entsteht, legen die Tuareg aller Gegenden beim Einkauf den größten Wert. »Der Haupthandel von Kano« – schrieb *H. Barth* – »besteht in einheimischen Fabrikaten, besonders in Baumwollenzeugen, die in der Stadt selbst oder den umherliegenden kleineren Ortschaften der Provinz aus einheimischer Baumwolle gewebt und mit selbstgezogenem Indigo gefärbt werden.« Toben sowie kunstvoll aus Baumwolle und Seide gewebte Umschlagtücher für wohlhabende Frauen und Männer waren die wichtigsten Produkte. »Es ist der große Vortheil von Kano« – heißt es weiter – »daß Handel und Manufaktur Hand in Hand gehn und daß fast jede Familie ihren Antheil daran hat. Es ist etwas wahrhaft Großartiges in diesem Industriezweige. Während er sich im Norden bis nach Mursuk und Rhat, ja selbst bis Tripoli verbreitet, erreicht er im Westen nicht nur Timbuktu, sondern selbst die Küsten des Atlantischen Oceans; gegen Osten erstreckt er sich über ganz Bornu, obwohl er dort mit der eigenen Manufaktur der Eingeborenen in Berührung kommt.«

Die Hausa sind Jäger, Fischer, Baumeister, Strohdecker, Fleischer, Gerber, Lederhandwerker, Sattler, Weber, Färber, Holzschnitzer, Schmiede, Messing- und Silberschmiede, Kalabassen-Erzeuger, Töpfer, Trommler, Musikanten, Barden, Barbiere und Wundärzte, Schneider, Sticker, Wäscher, Lastenträger, Vertreter, Händler im Lokal- und Fernhandel, Zuckerbäcker, Korb- und Mattenflechter, Medizinbereiter u. v. a. m., kurzum: sie sind ein ungemein fleißiges und rühriges Volk. Ihre zahlreichen Handelsniederlassungen in Nordafrika und am Senegal, im Süden an der Küste und ostwärts in Bagirmi und Wadai zeugen für ihre weitreichenden Handelsverbindungen. Auf diese Weise fanden ihre Erzeugnisse eines hochstehenden Handwerks, einschließlich Verfeinerungen an der Kleidung in Form von Stickereien, Durchbrechen und Applizieren, eine weite Verbreitung. Und nicht zuletzt erwiesen sich ihre Städte als Mittler mediterraner Kulturgüter nach Schwarzafrika.

Weit verbreitet ist die Indigofärberei; sie reicht in Afrika von den Mittelmeerländern über den Sudan bis zu den Guinealändern und die Färbegruben in Kano, im Süden des Tschadsees, am Niger, in Norddahomey oder sonstwo im Sudan gleichen einander wie ein Ei dem anderen. Mit Indigo gefärbte Kleider und später auch Mumienbinden waren schon um 2500 v. Chr. in Ägypten bekannt. In Westasien bauen die Araber Indigo an. Es ist umstritten, ob man nicht unabhängig voneinander an verschiedenen Stellen der Erde zur Erfindung der Indigofärberei gelangte und nicht nur Indien allein der einzige Ausgangspunkt wäre.

Sowohl *Siegfried Passarge* als auch *P. Staudinger* haben uns eine eingehende Schilderung der Indigofärberei in den Hausaländern gegeben. »Das Hauptfärbemittel, den Indigo« – schreibt *P. Staudinger* – »findet man in vielen Orten des Landes angebaut. Die Blätter und Stengel werden durch Aufgießen von Wasser und Stehenlassen in Tongefäßen in Gärung gebracht; oft fügen die Eingeborenen aber auch noch Blätter anderer Gewächse sowie, wie sich die Leute ausdrücken, Schmutz hinzu, womit sie Erde oder Staub meinen. Einigemal roch die gärende Masse, als ob Tiermist zugesetzt worden wäre. Die ganze Färbereianlage befindet sich in einem abgelegenen Teil der Stadt auf einem erhöhten Platz, wo sechs bis zwanzig, mitunter auch vierzig große Töpfe in den Boden hineingearbeitet sind. Diese Gefäße haben eine glatte, glasurähnliche Innenfläche; ob dies durch Brennen oder ähnliches Zementieren mit Ton hergestellt wird, kann ich nicht genau angeben.« (Nach *M. G. Smith* würde es sich bei der Glasur um eine Zementmasse aus alter Indigofarbe, Kuhdung, Asche und Pferdehaar handeln). »Geflochtene Deckel schließen die gärende Masse von der Außenluft ab. Nach vorhergegangener Extrahierung schöpfen Arbeiter die obere Flüssigkeit ab und gießen sie in verschiedenen Verdünnungen in die benachbarten Töpfe. Die zu färbenden Kleidungsstücke werden dann hineingelegt und die Gefäße mit Strohmatten zugedeckt. Die ganze Anlage gehört meist einem Herrn, dem Färbermeister, Er hat eine Anzahl Gesellen, die mit langen Stangen die Stoffe und die Masse umrühren. Gefärbt werden Garne, Streifen und ganze Gewänder. Je nach Stärke der Lösung oder Länge der Zeit, während der die zu färbenden Gegenstände in der Brühe liegen, wird das Blau heller oder dunkler. Durch wiederholte Färbung können die Leute ein schönes Blauschwarz hervorbringen. Den metallischen Appreturglanz stellt man durch andauerndes Klopfen mit breiten glatten Holzschlegeln her. Allerdings färbt in der ersten Zeit das Blau am Körper ab, und die Hausa tragen dann gern noch ein weißes Gewand darunter, das dadurch eine himmelblaue Schattierung erhält. Doch läßt dieses Abfärben bald nach; die Farbe scheint dann lediglich echt zu sein. Außerdem verstehen die Eingeborenen noch schön rot zu färben. Auch orange- und ockerfarbige Gewänder habe ich öfters gesehen.« Dazu führen wir noch *R. Gardi* als Ergänzung an: »Im Sudan wird der Indigofarbstoff meistens aus einem Schmetterlingsblütler gewonnen (*Lonchocarpus cyanescens*). Es ist eine Lianenart, die auch angepflanzt wird. Daß es sich um eine Liane handelt, ist nicht ohne weiteres ersichtlich, da sie, im freien Gelände angepflanzt, keine Gelegenheit zum Klettern findet. Sie entwickelt sich dann in Form eines Strauches, von dem nur die jungen Zweige verwendet werden. – In Poli (Nordkamerun) brachten meine Färber jeweils etwa pfundschwere, zylinderförmige oder einem Brötchen gleichende luftgetrocknete Farbklumpen, die faserig anzusehen und anzufühlen waren. Sie werden auf die folgende Weise hergestellt: Die jungen Zweige der Indigopflanzen werden im Mörser zerstampft und zerquetscht, bis ein Brei entsteht, aus dem man die Klumpen formen kann. Sie werden dann an der Sonne getrocknet, die Farbe ist also auf diese primitive Weise konserviert und wird auf den Märkten den Färbern angeboten. Nun ist aber dieses Indigo in Wasser gar nicht löslich. Es muß zum Färben in eine lösliche Form gebracht werden, indem man aus der Pflanze die reduzierte Form des Indigo freisetzt. Die Chemiker nennen diesen Vorgang Verküpen. Der Name Küpe kommt von einer alten Bezeichnung für ein Holzgefäß, den Kübel, in dem man das Indigo vergären ließ. – Meine Färber verwendeten nun aber keine Kübel, sondern setzten die Farben in großen Löchern an, die in lehmhaltigen Boden gegraben worden waren. Sie haben eine Tiefe von etwa zwei Metern und einen Durchmesser von rund einem Meter. Die Wände sind sorgfältig mit Lehm ausgestrichen. In neuerer Zeit sind die Färbelöcher meistens mit Zement ausgekleidet. Eine solche Grube faßt rund tausendfünfhundert Liter Wasser, in die etwa fünfzehn bis zwanzig Kilogramm der getrockneten Indigomasse gebracht werden, außerdem noch ein paar Handvoll Pottasche europäischer Herkunft. (Früher hat man bestimmte Holzarten verbrannt und die Asche ausgelaugt.) Nun läßt man die Brühe, die bald einmal bräunlich wird, also gar nicht etwa indigoblau – während einiger Tage gären ... Es wird kalt gefärbt. Die Konzentration der Farbbrühe ist schwach; wenn der Kunde eine intensive Färbung verlangt, hat der Färber Tücher und Garne während ein bis zwei Stunden immer wieder einzutauchen, herauszuziehen und wieder einzutauchen. Zum Trocknen legt man die Tücher auf der Erde aus, legt sie über Mauern oder hängt sie an ausgespannte Schnüre, und erst jetzt an der Luft, wird die Farbbrühe oxydiert; in den Gewebefasern setzt sich der blaue Indigofarbstoff fest... Nach dem Trocknen werden die Tücher zusammengefaltet und dann auf Holzbalken mit Holzschlegeln fast brettig geschlagen, so daß sie dann aussehen wie mit dem heißen Eisen geplättet. Durch das Schlagen entsteht der intensive Glanz, den viele ganz besonders lieben.«

Künstliche Farbstoffe und der rege Import von Textilien haben zur Verdrängung zahlreicher einst kunstvoll geübter Techniken geführt, und es besteht die Gefahr, daß die letzten Erinnerungen an die gekonnten Techniken verloren gehen werden. Dazu gehören u. a. verschiedene primitive Stoffmusterungen wie zum Beispiel die Reservierung durch Falten (Faltenreservierung), wie etwa bei den Mobali im Kongo, an der Elfenbeinküste, am Benue und an anderen Orten. Der zu musternde Stoff wird dabei in bestimmte Falten gelegt, fest zusammengepreßt und auf diese Weise zusammen-

Abb. 119 Gara-Färberin in Freetown, Sierra Leone. Das Wort Gara stammt aus der Mandingosprache. Die Frau ist eben dabei, das industriell hergestellte Baumwollgewebe aus dem Indigo-Farbbad herauszuholen. Im Hintergrund die mit Reserven umwickelten Stoffe

gehalten. Beim Färben vermag die Farbe dann nur an den Kanten anzugreifen. Bei der Reservierung durch Nähen *(tritik)*, ein Verfahren, das zum Beispiel auch in Sierra Leone und an der Elfenbeinküste (Baule und Diula) geübt wird, werden die Falten entweder durch Nähstiche fixiert oder es wird der Faden in gewünschten Linien oder Figuren mit der Nadel in den Stoff eingezogen und dann der Stoff möglichst eng zusammengeschoben. Auf diese Weise entstehen bereits kompliziertere Muster als durch das Falten allein. Ein anderes Verfahren besteht darin, daß ein eingerollter oder zusammengefalteter Stoff stellenweise mit Bast, Garn, Schnur, Bändern oder auch Plastikfolien fest umwickelt wird. Bei dieser Reservierung durch Umwickeln verhindert einerseits das enge Aneinanderpressen der Stoffteile ein Eindringen der Farbe, anderseits decken die Umwicklungen die einzelnen Stoffpartien im Sinne von Schablonen ab. Der aus dem Malaiischen stammende Name *plangi* bezeichnet ein Reservierungsverfahren, das in Sierra Leone, Nordliberia, Vei, Kru und Bamum (Kamerun), bei den Baule und Diula (Elfenbeinküste) und bei den Kuba (Kongo) geübt wird und aus dem Abbinden einzelner Stoffpartien besteht, so daß diese dann knopf- oder kegelartig vorstehen. Es werden also Stoffpartien mit Reserven umgeben. Schablonenreserven sind aus Kamerun bekannt. Pasten- und Wachsreserven (Sierra Leone, Soninke und Bambara, Elfenbeinküste, Tschadseegebiet, Nigeria [Yoruba], Altägypten), gemeinhin unter dem Namen *batik* bekannt, bestehen aus einer Musterung mit flüssigen Reserven. Wachs- oder Reiskleister werden mit der Hand (mit Federn oder Gießbüchsen oder mit Hilfe von Stempeln auf den Stoff aufgetragen. Nach dem Färben kann die Reserve ausgeklopft oder mit heißem Wasser entfernt werden. Fadenreservierungen (malai. *ikat*) sind aus Abessinien, Kamerun und von den Bambara bekanntgeworden. Die Fäden werden vor dem Weben im Muster eingefärbt. Man spannt sie auf Rahmen und reserviert sie durch bündelweises Umwickeln. Je nachdem, ob Kett- oder Eintragsfäden bzw. beide Fadensysteme so behandelt werden, wird von Ketten-, Eintrags- oder Doppelikat gesprochen. Schließlich wären noch die Musterung mit Beizreserven anzuführen (Negativreserven), wie sie etwa bei den Bambara (Westsudan) bekannt war. Auf braungefärbten Stoffen werden mit Schlamm Ornamente vorgezeichnet und dann mit einer ätzenden einheimischen Seifenart nachgezogen. Beim Auswaschen verschwindet sowohl die Schlammzeichnung als auch die unter der Zeichnung haftende braune Farbe.

Besonders waren es die Höfe der Fürsten gewesen, in denen sich lange Zeit hindurch in Oberguinea und in Nigerien ein sehr reiches handwerkliches Treiben zu erhalten vermochte, das in seinen kunstgewerblichen Techniken an süd- und vorderasiatische, aber auch an mittelländische Vorbilder erinnert. Kraftzentren solchen kunsthandwerklichen Könnens waren ohne Zweifel u. a. die Mande (Soninke, Malinke, Bambara und Djula), deren Stammesmitglieder als Händler und Kolonisten die Länder bis nach Nordwestnigerien und bis an die atlantischen Küsten durchzogen und an vielen Staatenbildungen des Westsudans maßgebend beteiligt waren. Ägyptische Grabfunde zeigen indische Importware, in Form von Gewebefragmenten aus Baumwolle, die sowohl ein Wachsbatikverfahren mit aufgestempelten Reserven als auch eine Negativreservierung mit Hilfe von Beizen, teilweise kombiniert mit Batik und Druck, erkennen lassen. Indische Stoffe wurden vom 12. Jahrhundert an in Ägypten eingeführt. Intensitätszentren dieser kunsthandwerklichen Techniken in rezenter Zeit bilden jedoch ohne Zweifel Indien und Indonesien, ohne daß wir im einzelnen heute noch sagen könnten, auf welchem Wege diese Techniken nach Afrika gelangten und die Anregung zu zahlreichen Neubildungen gaben. Vermutlich aber wurden diese Impulse von Nordafrika aus dann nach Schwarzafrika weitergeleitet, nicht zuletzt vielleicht durch arabische Vermittlung.

Abb. 120, 121 und 122 Hausa-Färberei. Kano und Kora sind die wichtigsten Produktionszentren indigogefärbter Stoffe. Daher führen die Stoffe den Namen: Tamskano und Tankora, d. h. »die von Kano« und »die von Kora«. Die Stoffe sind im Sudan weithin bekannt und berühmt

Zu den bereits erwähnten kunstvollen Verfeinerungen in der Textilkunst zählen u. a. die wertvollen Stickereien der Männer. In diesem Zusammenhang sei an die reichbestickten Toben der Kanuri in Bornu und der Hausa erinnert, die in Schnitt und Ornament byzantinisch-orientalischen Vorbildern gleichen. Besonders sei hier auf das sogenannte Riemen- oder Schlingbandornament und auf seine »Abkürzungen« verwiesen, das, wie wir bereits gesehen haben, in Nordostafrika im Gebiet koptischer, christlich-nubischer und äthiopischer Kulturgestaltung seinen Ausstrahlungsherd besitzt und offenbar zusammen mit der so oft bereits zitierten »Boden-Dellen-Keramik« (dimplebased-Keramik) von hier aus seinen Weg in der Zeit zwischen 400 bis 1000 in weite Teile Afrikas genommen hat. Zunächst sind Süd-Kongo, Angola, Süd-Rhodesien und Nordostafrika als Schwerpunkte der Verbreitung dieser Ornamentik zu nennen, die *H. Baumann* zum Gegenstand einer eigenen Untersuchung machte. Ein weiterer Niederschlag dieser Zierkunst liegt in Nigerien bei Hausa, bei den Yoruba und in Benin, bei Ethnien, die in ihrer höfischen Kunst zu Weltruhm gelangten. Über Bornu und Hausa drang diese »Ornamentfamilie« bis Südnigeria, Dahomey und Ghana vor und in Ife und Benin erlangte sie in der dortigen Bronzekultur seit dem 15. Jahrhundert eine ganz besondere Entfaltung. Bis zu den Kisi in Sierra Leone drangen die letzten Ausstrahlungen dieser bedeutsamen Zierkunst vor.

## Lederhandwerk

Berühmt sind die von Nordafrika her (Berber) beeinflußten Lederarbeiten der Hausa. Besonders in Nupe, Bornu und bei den eben genannten Hausa ist die nordafrikanische Feinlederarbeit in allen ihren Spielarten vertreten und hat auch bei den Tuareg eine willige Aufnahme gefunden. Lederarbeit ist bei den Tuareg Frauenarbeit und die Beschäftigung mit Leder und dessen Zubereitung nimmt den größten Teil des Lebens einer Targi-Frau in Anspruch. Im Gegensatz zu der kunstvollen Metallarbeit der Schmiedekaste bearbeiten bei den Tuareg die Frauen aller Stände, Adelige, Vasallen und Sklavinnen, das Leder. Enthaaren der Felle, Gerben sowie die Verarbeitung der gegerbten Haut zu Kleidungsstücken und Gebrauchs- und Ziergegenständen in großer Zahl ist ausschließlich eine Angelegenheit der Frauen.

Das abgezogene Fell wird zunächst von allen anhaftenden Fleisch- und Fetteilen befreit und dann an der Sonne getrocknet. »Nach der Sonnentrocknung« – berichtet *L. G. A. Zöhrer* – »wird es in Wasser eingeweicht und darauf die Innenseite der Haut mit der in kleine Stücke gebrochenen Pflanze ›Taschkat‹ *(pergularia tomentosa,* arab. *selaha)* eingerieben. Dazu werden entweder die milchhaltigen Stengel oder auch die Fruchtschoten dieser Schlingpflanzenart verwendet. Nach dem Einreiben mit ›Taschkat‹ wird die Haut luftdicht abgeschlossen, meistens in den Sand eingegraben, und nach zwei Tagen lassen sich bereits die Haare leicht von der Haut entfernen. Ist dieser Enthaarungsprozeß vollendet, so kann zum eigentlichen Gerben geschritten werden. Die haarlose Haut ›Elem makar‹ kommt in ein Gefäß mit Wasser, dem gut zerriebene ›Takormest‹ reichlich zugesetzt sind. ›Takormest‹ sind die Galläpfel der ›Tabarakat‹ *(tamarix aphylla,* arab. *ethel),* doch kann auch die Frucht des ›Absegh‹ *(accacia radiana,* arab. *talah,* oder *accacia arabica?)* sowie auch ›Ebelequen‹, die Frucht des Ag'ar' *(maerua crassifolia* oder *rigida,* arab. *atil)* anstelle von ›Takormest‹ verwendet werden. – In diesem Gerbbad knetet man die Haut ein bis zwei Tage lang gut durch, damit der Gerbstoff möglichst alle Teile gleichmäßig durchdringt, worauf die Haut im Schatten zum Trocknen aufgehängt wird. Bevor die Haut aber noch völlig trocken und steif wird, muß sie abgenommen werden und wird dann mit der Hand durchgewalkt oder mit einem Stock geklopft, um sie geschmeidig zu machen. Die nun völlig trockene Haut wird hierauf gut eingefettet, nochmals im Sand eingegraben, der mit Wasser fast zu einem Brei angerührt wurde, und darin noch einen Tag liegen gelassen. Bei Anbruch des folgenden Tages, ›noch vor Aufgang der Sonne‹, muß die Haut dem feuchten Sand entnommen und langsam an der Luft (nicht in der Sonne) getrocknet werden, also im Schatten.«

Aus Schafhäuten wird das große mit Ockererde und neuerdings mit aus Europa eingeführten Anilinfarben gefärbte Zeltdach der Tuareg hergestellt; das Fell der langhaarigen Ziegen oder kurzhaarigen Schafe des Hoggar liefert das Material für die verschiedenen Wassersäcke, Packtaschen, Sattelsäcke, Lederbekleidungsstücke, Kamelzaumzeug u. a. m. Dazu kommt noch eine Unzahl von Polstern und Kissen aus Leder, die gleich den Kamelsatteltaschen mit reichem Dekor versehen sind. Sowohl für die Hausa als auch für die Tuareg ist das Färben des weichen Schaf- oder Ziegenleders mit roten, gelben, braunroten, schwarzen oder grünen Farben aus Körnern, Wurzeln, Eisenoxyd und anderen Materialien, sowie das Aufnähen oder Aufkleben und Besticken von Mustern, das Ausschneiden der Lederoberfläche und das Flechten von Lederstreifen höchst charakteristisch und findet sich an Zaum- und Sattelzeug, Pferdedecken, Amulettaschen, Schwertscheiden, Stiefeln, Sandalen, Köchern, Kissen und anderem mehr. Auf die große Ähnlichkeit der Ledersandalen mit jenen in Ägypten zur Zeit des mittleren Reiches hat bereits *L. G. A. Zöhrer* hingewiesen, auch der Hinweis auf die »Ledermäntel« der Libyer zur Zeit des mittleren Reiches soll nicht unerwähnt bleiben.

## Zinn und Bronze

Höchst charakteristisch für die Hausaländer sind auch die verschiedenen Techniken des Zinn- und Bronzegusses, des Punzens, der Silberdrahtherstellung und der Glaserzeugung. Lange bevor englische Zinnminengesellschaften in den Nigerbenueländern nach Zinn zu schürfen begannen, hatten dort Schwarzafrikaner Zinn geschmolzen und als Rohzinn in Form von Stäben weiter verhandelt. Bereits *O. Dapper* (1670) sprach von Zinn als Ausfuhrprodukt an der Westküste Afrikas und *Gerhard Rohlfs* erwähnte einen Ort Rirue in Sokoto, wo von den Einheimischen Zinn gewonnen wurde. Riruwei, offenkundig mit Rirue identisch, liegt nach *Vischer-Staudinger* in der westlichen Ecke der Provinz Bautchi und 40 km südlich von diesem Riruwei liegt ein zweites Riruwei, von den Eingeborenen auch Riruwei Kano genannt. Wie der Name schon sagt, hatten sich die Hausa aus Kano dieser Zinngruben bemächtigt, und es ist sehr wahrscheinlich, daß durch die Hausahändler Zinn aus den Bautchiländern bis an den Nil und nach Aschanti und Benin, nach Timbuktu und selbst bis nach Tripolis verhandelt wurde. »Am Niger finden sich Gefäße aus Messing, Blechkrüge und Schalen, von z. T. bedeutender Größe und mit sehr sauber gestanzten Mustern versehen« – schreibt *S. Passarge*. Im Innern sind sie mit Zinn ausgegossen. *S. Passarge* hielt sie zwar für »orientalische Kunstprodukte«, doch besteht kein Zweifel darüber, daß sie aus den Hausaländern und vor allem aus Nupe stammten.

Nupe wird uns von *L. Frobenius* als das Erzeugerland von baumwollenen Plüschstoffen mit einem Ornamentenschatz beschrieben, der seine koptisch-nubische Herkunft nicht verleugnen kann. Unter den Ornamenten begegnen wir auch dem uns bereits vertrauten »Riemen oder Schlingbandornament«, das sich nahezu auf allen Nupe- und Hausakleidern und zahlreichen Bronzetreibarbeiten wiederfindet. Vor allem war Bida durch seine Bronzetreibarbeiten berühmt. Solche gab es aber auch in Kano und Katsena und in anderen Hausastädten zu jener Zeit, als noch von einer Blüte der Handwerkskunst gesprochen werden darf. Überall, wo man solche Bronzearbeiter bei ihrer Arbeit sah, wurden sie als »Nupeleute« angesprochen. Ihre hochentwickelte Ornamentierkunst versuchte sich an der Darstellung von Spiralen und Doppelspiralen, Wellen, Ranken, Beeren, ja sogar Tauben, dem beliebten Motiv altchristlicher Kunst, an Blüten und an anderem mehr. Persische, byzantinische und koptische Motive trafen sich in diesem Kunstgewerbe, das sich in der Herstellung von Speiseschüsseln, Wasserkannen, Büchsen für Bleiglanz zum Färben der Augenlider, von Kolaschalen, Tintenfässern, Löffeln aus Messing und Bronze versuchte. Viele dieser in der Technik des »Gusses in verlorener Form« hergestellten Gußstücke, die durch Erhitzen und Hämmern nachträglich noch bearbeitet wurden, waren innen mit Zinn ausgegossen.

## Glas in Bida

Auf *Vischer-Staudinger* sich berufend, verwies *S. Passarge* auf die in Bida (Nigerien) beheimatete Glasindustrie der Hausa, die in der Herstellung von Glasringen einen hohen Stand kunsthandwerklichen Könnens verriet. »Diese Ringe« – schrieb *S. Passarge* – »haben 7 bis 10 cm im Durchmesser, sind meist dreikantig, einfarbig blau, grün, roth, weiss oder sehr bunt mit hübscher, vielfarbiger Fludialstruktur geziert. Dieser Industriezweig wird von einer bestimmten Anzahl Familien ausgeübt, welche Massaga (nupe) heißen. Sie sollen zwar Nupe sein, bilden anscheinend aber eine Kaste, da sich ihre Kunst innerhalb ihrer Familie vererbt... Denn obwohl sie öffentlich auf dem Markte arbeiten, erfordert das Handwerk anscheinend doch so viel technische Kniffe, daß man es vom bloßen Zusehen nicht lernen kann. – Das Material dieser Massaga sind europäische Bierflaschen – *kollaba* –, die Färbemittel bunte Glasperlen, das Handwerkszeug zwei Eisenstäbe nebst Blasebalg und Holzkohle. Auf die glühenden Kohlen wird ein Stück Glas gelegt und, wenn es weich geworden, mit einem Bleistiftdicken, Unterarmlangen Eisenstab – *madoschi* (nup.) – aufgespießt und über der Glut des Feuers in rotierende Bewegung gesetzt. Das weiche Glas wird in Folge der Centrifugalkraft zu einem Ring ausgezogen. Mit einem zweiten gleichen Eisenstab werden sich bildende Vorsprünge durch Streichen geglättet und durch geschicktes Andrücken an den Glasring eine kantige Form desselben erzielt. Soll der Ring gefärbt werden, so werden in die weiche Glasmasse Glasperlen gedrückt, und diese bilden beim Schmelzen eine farbige Fluidalstruktur oder färben nach völligem Schmelzen das Glas diffus. So kann man die vielfältigsten Farbeneffekte erzeugen, z. B. den Ring zuerst blau färben und dann rothe und weisse Perlen auf blauem Grunde bilden. Durch Nachlassen der Gluth giebt man dem Ringe schliesslich Zeit, allmählich und ohne zu springen abzukühlen.« Nach *S. Passarge* hätte man diese Ringe vor dem Jahre 1860 aus Pottasche gemacht (Kaliumcarbonat) und diese hätten eine schmutzig rote Farbe gehabt. Die Pottasche wurde aus kieselsäurereichen Gräsern gewonnen. Sowohl die Glasringe als auch die steinernen Armringe der Tuareg wurden ausschließlich zwischen dem Bizeps und Deltoideus am rechten Oberarm getragen, so daß es naheliegend erscheinen kann, diese beiden Ringarten in Zusammenhang zu bringen und die Glasringe als die Nachfahren der Steinringe

Abb. 123  Eine byzantinisch-orientalische Ornamentik mit pflanzlichen Motiven ist für die Treib- und Punzmetallarbeiten der alten Nupe-Kunst charakteristisch.

anzusehen. Neuerdings werden von den Glasmachern in Bida neben den berühmt gewordenen nahtlosen Glasringen auch Perlen und kleine Glasschlangen erzeugt.

Als sich *R. Gardi* über die Herkunft der Glasmacher erkundigte, hieß es, sie stammten aus dem Osten und ihre Stationen wären das Bornu-Land am Tschad und dann Kano gewesen, ehe sie sich endgültig in Bida niedergelassen hatten. Es spricht auch sonst manches für eine nordafrikanische Herkunft der Glasmacherkunst. Glas wurde – abgesehen von Altägypten – in Marokko bereits im 11. Jahrhundert hergestellt. Nach *Idrisi* (12. Jahrhundert) war der Palast des Herrschers im alten Ganareich mit verschiedenen Skulpturen, Malereien und Glasfenstern ausgestattet, womit nicht gesagt sein muß, daß diese Kunstwerke lokalen Ursprungs waren. Ist doch bereits zu dieser Zeit mit zahlreichen Importen aus den Mittelmeerländern zu rechnen, abgesehen davon, daß gewiß auch Handwerker und Künstler aus dem Norden an den Hof des Herrschers berufen wurden, um hier die entsprechenden Bauten samt Inneneinrichtung durchzuführen. Auch ist mit einem beträchtlichen Import nordafrikanischer Glasperlen zu rechnen. Von *Jakut* (12./13. Jahrhundert) wissen wir, daß blaue Glasperlen als Tauschobjekt über Gana nach den Goldländern des Guinearaumes gelangten. Bereits bei ihrer ersten Ankunft in Benin (1485) fanden die Portugiesen hier die vieldiskutierten blauen, rotgeäderten Akoriperlen vor, die sie dann später nach der Goldküste weiterverhandelten.

Bida in Nigerien ist der einzige Ort in Schwarzafrika, wo solche nahtlose Glasringe heute noch hergestellt werden. Das von *Carl Arriens* gemalte Aquarell »Glasschmelzer (Massaga) in Bida«, das im Verlauf der dritten Reiseperiode der Deutschen Inner-Afrikanischen Forschungs-Expedition in den Jahren 1910 bis 1912« entstand, entspricht genau den Verhältnissen, die etwa 50 Jahre später *R. Gardi* sehen und fotografieren konnte. Was *L. Frobenius* seinerzeit berichtet hatte, sollte 50 Jahre später noch seine Gültigkeit haben. Bei allem Vertrautsein mit den Glasmachern von Bida gelang es jedoch *R. Gardi* trotzdem nicht, dem Geheimnis der Glaserzeugung bei den Bida-Leuten auf die Spur zu kommen, denn diese vermieden es konsequent, den weißen Gästen die Kunst des »Glas-Kochens« zu zeigen. Nur Ungenaues wußte *R. Gardi* von fremder Seite in Erfahrung zu bringen: »Man erhitzt während vieler Stunden im Ofen ein Gemisch von Quarzsand, Kalk und Natron, das vom Nordende des Tschadsees stammt. Durch rasches Abschrecken entsteht schließlich eine Glasschmelze, die in der Aufsicht dunkelbraun bis schwarz erscheint, in der Durchsicht, gegen die Sonne gehalten, aber fast glasklar wirkt.« Erwerben konnte *R. Gardi* wohl einige Ringe aus solchem Natronglas, das die Leute »*bikini*« nannten.

Die Produkte der Massaga, die bunten Perlen und die eleganten Glasringe, finden einen regen Absatz. *R. Gardi* sah die aus Bida stammenden Ringe und Perlen auf dem Markte von Lagos und am Rande des Flugplatzes von Kano wurden sie ihm von Hausahändlern angeboten. Er fand sie in Agades und am Handgelenk einer Schönen in Djanet inmitten der Sahara.

## Architektur

Nur wenig oder kaum etwas wissen wir über das Siedeln und Wohnen der Neolithiker, jener Frühbauern, die von Ägypten aus ihren Weg nach dem Westen nahmen. Ihre Gehöfte und Dörfer mögen einst von steinernen Umfassungsmauern eingefriedet gewesen sein, die vermutlich durch Dornhecken als Schutz vor wilden Tieren oder Feinden eine Verstärkung erfuhren. Nach *K. Dittmer* könne man noch in Rückzugsgebieten den Spuren solcher jungsteinzeitlichen, aus Steinen gebauten »Verteidigungsdörfer« begegnen, auch meinte er, daß mit der Einführung des Eisens sich das strohgedeckte Kegeldachhaus auf Kosten des älteren Flachdachhauses durchzusetzen begann. Aus Sicherheitsgründen aber baute man oft in die Erde hinein, oder man wohnte in natürlichen Höhlen. »Einige Höhlen, die von den Bambara als alte Wohnstätten verehrt werden«, – schreibt *Herta Haselberger* – »konnte *G. Dieterlen* noch im Jahre 1951 in der Umgebung von Ségou (Mali) besuchen. Diese tiefen Wohnlöcher waren angeblich miteinander verbunden und formten so unterirdische Dörfer. Mehreren alten Bambarafamilien sind sogar noch die Namen der unterirdischen Dörfer bekannt, aus denen ihre Vorfahren gekommen sein sollen.« Traditionen von Erdlochwohnungen in früherer Zeit sind gar nicht so selten. So berichtet u. a. auch der arabische Geograph *Jakut* (12./13. Jahrhundert), daß die Bewohner des Goldlandes at-Tibr im Süden des Maghreb in »Verstecken und Höhlen unter der Erde« lebten. In ähnlicher Weise spricht auch *B. Springer* (1508) in der Legende zu einem Holzschnitt von Hans Burgkmair d. Ä., daß die Behausung der »Mohren« in Gennea (Guinea) unter der Erde lag. *H. Haselberger* vermutete wohl mit gutem Recht, daß das in den Boden versenkte Haus, »das heute noch, zumindest in besonderen Fällen, von Sisala, Bobo, Fing, Kassena, Loro, Lobi (Haute Volta), Kulango (Côte d'Ivoire) und anderen altertümlichen Savannenvölkern, aber auch von einzelnen Diolagruppen (Sénégal) gebaut wird, beziehungsweise gebaut wurde« als die letzte Erinnerung an eine Siedlungsweise »unter der Erde« aufzufassen wäre. In diesen Zusammenhang gehört die unterirdische, von *L. Frobenius* »Kreuzkellergewölbe« genannte Wohngrube bei den Kabylen und im Nigerbogen mit einbezogen zu werden. Auch Grotten, Felsspalten und natürliche Höhlen dienten den Westafrikanern in den Homborribergen, in den Felswänden von Mandiagara (Mali) und Borodougou (Haute Volta) sowie bei den Moba (Togo) einst als Wohnung, aber auch in Marokko, Tunesien und Tripolitanien, besonders in der Gegend von Matmata und im Dschebel Nafusa, sind regelrechte Höhlenstädte anzutreffen.

Es besteht kein Zweifel darüber, daß die ersten Anregungen zu der im Sudan so charakteristischen »Lehmarchitektur«, vom Mittelmeerraum ausgegangen sind, daß aber der Höhepunkt des Bauens durch die entscheidenden Impulse von seiten der arabischen Architektur erklommen wurde. Die Berber sind keine großen Städtebauer, wohl aber haben die Araber, nachdem sie die griechischen und römischen Städte in Nordafrika zerstört hatten, ihrer traditionellen Bauweise entsprechend, neue Städte gegründet. Und auch die Araber waren es gewesen, die das für die Lehmarchitektur so typische Lehmkastenhaus mit Flachdach und rechteckigem bis quadratischen Grundriß nach Zinder, Sokoto, Kano, Bida und vielen anderen Kultur- und Handelszentren der Hausa verpflanzten. Das Lehmkastenhaus bestimmt den heute sudanischen Städtecharakter und hat von seiten des nach dem Süden vordringenden Islam immer wieder neue Anregungen empfangen. Zugleich mit Lehmkastenhaus und Islam verbreitete sich der Moscheenbau mit seinen konischen Lehmtürmen und mächtigen Streben. Der nahezu überall anzutreffende Lehm wurde zum bestimmenden Bau- und Werkstoff im Sudan. Lehmburgen oder Gehöfte mit Lehmmauern, Lehmkastenhäuser, tönerne Herde und irdene Kastenbetten, Tontopftrommeln und Tonschalengebläse, Bienenwohnungen aus Ton, tönere Getreideurnen, Lehmspeichertürme und Begräbnisurnen sind die Zeugen dieses »Lehmkomplexes«. Auch das zylindrische Kegeldachhaus der Savannenbauern mit seinen zahlreichen Varianten erhielt von der Lehmarchitektur und ihrem typischen Dekor mancherlei Anregung. So hatte zum Beispiel die Begegnung der beiden Architekturformen Lehmkastenhaus und zylindrisches Kegeldachhaus bei

den Nankanse, Bobo, Senufo, Tamberma, Sola, Teilen der Grussi und Lobi die zusammengebauten Lehmburgen mit Flachdach zur Folge. Die ursprünglichen Umzäunungen aus Matten oder Steinwällen wurden durch Lehmmauern ersetzt, wobei die runden Häuser zugleich miteinander verbunden wurden (*Julius Glück*). Diese den Mitgliedern einer Großfamilie Schutz und Schirm bietende »Burg« könnte als eine örtliche Nachbildung »feudaler Burgen« des Nordens aufgefaßt werden. Auch die Lehmkegelbauten der Musgu im Tschadseegebiet verdanken ihre Entstehung der Begegnung von Lehmkasten- und Kegeldachhaus. Die sehr schlank und elegant wirkenden, bis 5 m hohen Lehmkegel tragen als Wasserschutz einen Überzug aus Lehm und Dung, und die gerippten Vorsprünge haben die Aufgabe, eine Erosionswirkung des Regens zu verhindern. Abgesehen von diesen unter den städtischen Einflüssen entstandenen lokalen Sonderformen der Lehmarchitektur haben wir es in den Dörfern mit bäuerlichem Lebensstil auf weite Strecken hin mit einem Vorherrschen des für die Savannenbauern so typischen zylindrischen Kegeldachhauses zu tun.

## Die Hausa als Händler

Die Sprache der etwa fünfundeinhalb Millionen zählenden Hausa stellt eine der wichtigsten Handelssprachen in Afrika dar. Sie wurde von den islamischen Hausahändlern von Nordnigeria bis an die Küsten Oberguineas, von Kamerun bis an die Elfenbeinküste verbreitet. Im ganzen mittleren Sudan wird Hausa verstanden. Hausaniederlassungen trifft man aber auch in Algerien, Libyen und im Fessan, in Khartum und in Häfen des Roten Meeres an. Die Hausa sind, wie wir bereits sahen, ein überaus rühriges Pflanzer-, Händler- und Handwerker-Ethnos, das noch bis 1900 für den Eigengebrauch Eisen und Zinn zu schmelzen verstand. Entscheidende Impulse erhielten die Hausa vom Islam, der im 14. und 15. Jahrhundert die Hausaländer erreichte.

Die vermutlich gegen Ende des 19. Jahrhunderts entstandene Kano-Chronik eines unbekannten Chronisten vermittelt uns unter vielem anderen einen guten Einblick in die Entwicklung des Handels bei den Hausa. Wie üblich ging auch hier dem eigentlichen Marktwesen der auf kleine Gruppen sich beschränkende Geschenk-Tausch voran und mit der Gründung eines auch auf den Fern- beziehungsweise Karawanenhandel eingerichteten Marktes ist erst nach der Einführung des Islams (1370) zu rechnen. Die Gründung eines solchen Marktes wird einem aus Bornu stammenden Vornehmen namens Dagaci zwischen 1438 und 1452 zugeschrieben. Um 1134, wenn nicht schon vorher, hatte man mit dem Bau einer Stadtmauer um Kano begonnen; um 1410 stehen Kettenpanzer, Baumwollpanzer und Eisenhelme in Verwendung. Musketen und Eunuchen gelangen aus Bornu nach Kano und um 1440 werden Kolanüsse aus Zaria eingeführt. Sie stellen von da ab einen wichtigen Handelsartikel dar. Anfangs war die Kolanuß nur den Reichen vorbehalten, mit der Zeit aber wurde sie durch den zunehmend bedeutender werdenden Handel auch für die ärmeren Bevölkerungsschichten erschwinglich. Eigene Kolakarawanen sorgten für einen steten Nachschub. Um 1450 erscheinen die ersten Kamele auf dem Markt von Karabka, und um 1450 ist Salz in Kano keine Seltenheit mehr.

Abb. 124 (links oben) Die Djingereibermoschee in Timbuktu (Mali). Das im 16. Jahrhundert entstandene Minarett ist aus mehreren übereinanderstehenden Pyramiden aufgebaut
Abb. 125 (links unten) Straßenbild in Djénné (Mali)

Die Märkte finden immer mehr Zugang aus aller Herren Ländern. Kaufleute kommen aus Gwanja (Zaberma) nach Katsina, zahlreiche Beriberi- und Araber-Kolonien siedeln sich im Schutz der neu errichteten Stadtmauer in Kano an und ein neuer Markt wird gegründet. Der zunehmend intensiver werdende Handel mit Bornu und die sich mehrenden Kontakte mit den Ethnien in der Wüste haben einen gesteigerten Warenumsatz zur Folge. Stoffe, Salz, Metallwaren, wie etwa Pfeilspitzen und Messer, dienen als Wertmesser bei kleineren Umsätzen und Tauschaktionen, Sklaven und Pferde, wenn es um größere Transaktionen geht. In der Zeit zwischen 1703 bis 1731 gelangen erstmals Kaurischnecken als Wertmesser in das Hausaland und bald darauf folgen Silbermünzen, wie etwa die berühmten Mariatheresientaler. Mit dem Aufkommen solcher Wertmesser war eine weitere Expansion des Marktwesens verbunden. Jega und Kano werden Haupthandelsplätze der Hausa, bedeutende Treffpunkte des Fern- beziehungsweise Karawanenhandels. Der Aufschwung der gewerblichen Tätigkeiten findet in der Bildung von Gilden und Zünften einen lebhaften Ausdruck; ihre Funktionäre haben über Preis und Qualität des Warenangebotes zu wachen und dafür Sorge zu tragen, daß die Söhne das Handwerk ihrer Väter weiterhin pflegen. Hausierer, Vermittler und Agenten erscheinen dagegen weniger an eine Vererbung ihres Berufes gebunden.

Wenn auch das Marktwesen im allgemeinen seine örtlichen Besonderheiten besitzt, so hat es doch seine festgefügte Ordnung, die durch eine Reihe Marktaufseher gewährleistet wird. Diese haben über die Einhaltung bestimmter rechtlicher Vorschriften zu wachen. Die Märkte sind aber auch Mittelpunkte des gesellschaftlichen und politischen Lebens. Sie stellen regelmäßig wiederkehrende, an bestimmte Orte und bestimmte rechtliche Vorschriften gebundene Zusammenkünfte verschiedener Gruppen zum Zwecke des Warenaustausches dar. In den heute üblichen entwickelteren Formen des Warenkaufs mit eingeschalteten Wertmessern haben diese Märkte selbstredend weit über die Hausaländer in Afrika ihre große Bedeutung. Mit den Dingen des kleinen täglichen Bedarfs befassen sich in erster Linie die Frauenmärke, die im besonderen für Westafrika typisch sind. Die Einhaltung bestimmter Marktzyklen beziehungsweise Marktwochen ist sowohl für große als auch für kleine Märkte bezeichnend. In den großen Städten ist aus Gründen des Bedarfes der tägliche Markt die Regel. Die Märkte können entfernt von jeder Siedlung an verkehrsgeographisch besonders günstigen Plätzen oder an der Grenze eines Dorf- oder Stammesgebietes liegen (Grenzmarkthandel) oder auch, wie etwa bei den Hausa in der Regel in einer Stadt entlang der großen Handelsstraßen. Selbstredend haben die modernen Kommunikationsmittel zu zahlreichen Umstellungen und Neugründungen Anlaß gegeben.

Die Tätigkeit der Hausafrauen beschränkt sich im wesentlichen auf die Hausarbeit, während dagegen die Hauptlast der Feldarbeit auf den Schultern der Männer liegt. Die Frauen sind mit Kinderpflege, Nahrungszubereitung, Weben und Spinnen und mit der Haltung von Kleinvieh beschäftigt, doch produzieren sie im Rahmen eines bescheidenen Lokalhandels auch für den Tausch. Die Männer kümmern sich dagegen um den Anbau der Handelsfrüchte, sie sind Händler und Handwerker und üben daneben auch noch verschiedene andere Berufe aus, so etwa als Preissänger, Barbier, Schmied, Färber und Weber. Die Lohnarbeit gewinnt jedoch in Stadt und Land auch bei den Hausa zunehmend an Bedeutung.

Viel zu wenig beachtet, kulturgeschichtlich jedoch von großem Interesse, sind auch die bei den Hausa unter der Decke eines auf Gewinn ausgerichteten Handels die erhalten gebliebenen Formen eines traditionellen Schenkens. Das Sich-gegenseitig-Beschenken tritt besonders bei Familienfesten in

Erscheinung, wie etwa bei Geburt eines Kindes, bei Namengebung, Beschneidung und auch bei Hochzeit und Tod oder auch bei den bestimmten Anlässen einer freundschaftlichen oder verwandtschaftlichen Anteilnahme. Die islamischen Feste, wie zum Beispiel Id-el-Fitr, Id-el-Kabir oder am zehnten Tag des Muharram, des ersten Monat im islamischen Jahr, geben reichlich Gelegenheit zum Schenken und Beschenktwerden. Verteilung von Getreide am Ende der Fastenzeit und Getreideabgaben bei der Ernte sind üblich, ferner religiöse Almosenspenden der Buße und Versöhnung wegen. Koranschulen und ihre Lehrer sind von den Spenden ihrer Gläubigen weitgehend abhängig, auch ist die Sitte erwähnenswert, eine Braut ihrem künftigen Gatten ohne Ablöse (Brautpreis) einzig und allein zu Ehren des Propheten zu überlassen. In allen diesen Fällen treten nichtkommerzielle Erwägungen und Beweggründe zum Verteilen von Geschenken in Erscheinung. Es sind dies vor allem Geschenke, die aus religiösen Gründen oder solchen verwandtschaftlicher Natur gespendet werden und auch die brauchmäßig üblichen Geschenke vor der Heirat sind keinem kommerziellen Hintergedanken entsprungen. Sie sind als gemeinschaftsbindende Handlungen anzusehen und können sich sowohl auf eine Verteilung bestimmter Güter wie auch auf Dienstleistungen beziehen.

Das traditionelle und emotional betonte Schenken gleicht einer sozialen Verpflichtung und hat mit dem Streben nach Gewinn nichts zu tun. Solche Geschenkhandlungen bestimmen auch nicht das Ausmaß oder den Termin einer entsprechenden Gegenleistung. Sie beziehen sich dagegen nicht selten auf nichtmaterielle Güter wie etwa auf politischen Schutz, Sühne oder verwandtschaftliche Bindung.

Das emotionale Schenken bei den Hausa wirkt sich auf das Streben nach Reichtum aus. Mit der Anreicherung von Gütern nehmen in ihrem System auch die sozialen Verpflichtungen zu. Nur wenn der reiche Hausa bereit zum Schenken ist, vermag er seine soziale Rolle mit Anstand und Würde in der Gesellschaft zu spielen. Die brauchmäßige Bereitschaft zum Schenken rechtfertigt erst ein Streben nach Reichtum und Gewinn. Die Bereitschaft zum Schenken bestimmt den Status und das Prestige des Reichen. Seine Freigebigkeit darf mit der Bewunderung der Armen rechnen. Vorislamisches Verhalten und die vom Islam geforderte Freigebigkeit ergänzen sich hier auf eine sehr glückliche Weise. Geizhälse genießen kein Ansehen bei den Hausa, denn sie verletzen die vorgeschriebene Norm auf das gröblichste.

Die bei den Hausa üblichen Preis- und Lobgesänge auf Reiche bringen auf institutionalisierte Weise ein solches Verhalten zum Ausdruck. Auch kommt die vom Islam geforderte Mildtätigkeit in den religiösen Abgaben zum Tragen. Durch religiöse und brauchtumsmäßig vorgeschriebene Forderungen fühlt sich der muslimische Hausahändler in einem hohen Maße angefeuert und kein erhoffter Profit kann ihm zu groß oder zu klein erscheinen, um nicht mit dem Aufwand aller verfügbaren Energie einen von ihm begonnenen Kaufhandel erfolgreich zu Ende zu führen. Er wird im gegebenen Falle auch keine Form des Tauschhandels für unangebracht empfinden. Von solch einer Einstellung erfüllt, sind die Hausa unermüdliche Händler; sie sind auch bereit, große Risiken für eine sich ihnen bietende Gewinnchance einzugehen. Dies gilt sowohl für die Händler in der Stadt als auch auf dem Lande.

## XV.
## IFE, DIE HEILIGE STADT DER YORUBA

Sowohl die Traditionen der Bini (Edo) als auch die der Yoruba stimmen darin überein, daß beide Ethnien nahe Verwandte wären. Für beide Gruppen ist auch Ife *die* heilige Stadt, im Südwesten Nigeriens mit dem Sitz des Oni Ife, des religiösen Oberhauptes aller Yoruba. Es heißt, daß nach einer Periode der Unsicherheit und Anarchie die Leute aus Benin Oduduwa, den Oni von Ife, gebeten hätten, einen Herrscher zu senden. Daraufhin sandte ihnen Oduduwa seinen Sohn Oramiyan. Dies mag um 1200 n. Chr. der Fall gewesen sein. Oramiyan wählte sich eine Tochter des Landes zur Frau und diese gebar ihm einen Sohn namens Eweka. Dieser folgte seinem Vater in der Regierung und Oramiyan kehrte wieder nach Ife zurück und gründete von dort aus das Königreich Oyo.

Eweka war also der erste aus Ife stammende Oba in Benin, von dem die mündliche Überlieferung berichtet. Gleich Eweka hielten auch die späteren Könige von Benin die Bindung mit Ife aufrecht. Sie erhielten die Insignien ihrer Macht vom Oni in Ife und der Kopf eines jeden verstorbenen Oba wurde nach Ife, in die Heimat der Vorfahren der Dynastie gebracht. Auch weist alles darauf hin, daß es erst unter den Königen (Oba's) der Ife-Dynastie zu jener komplizierten Hierarchie in Benin gekommen war, die in den sakralen Königtümern üblich ist. Erst das Jahr 1485 bringt uns die ersten Schriftquellen über das Reich von Benin.

### Benin

Oberste Autoritäts- und Machtperson war der Oba. Auch wenn er als »Gottkönig« erschien, war seine Machtstellung keine absolute. Nicht der König war ein Gott, auch nicht seine Person, sondern sein Amt galt als heilig. Als Träger dieses Amtes genoß der König (Oba) die Verehrung. Er galt als Vertreter des Staates vor seinem Volk, und als Repräsentant seiner Vorgänger (Ahnen) verfügte er auch über gewisse übernatürliche Kräfte. Er opferte den Ahnen bei den Staatszeremonien und war gleichzeitig Mittelpunkt einer großen Anzahl von Riten. Als Vertreter der Ahnen verband sich sein persönliches Wohlergehen auf das engste mit dem Gedeihen des Staates. Niemals wurde vom Tode eines Oba gesprochen und alljährlich wurden im Rahmen einer Staatsfeier seine Kräfte erneuert. Von einem heiligen Königsmord ist in den Überlieferungen nicht die Rede. Bei dieser kräfteerneuernden Jahresfeier wurden auch die Titel der den Oba huldigenden Fürsten erneuert, und wer dem Hofe ferne blieb, galt als Rebell. Nur zweimal im Jahre zeigte sich der Oba seinem Volke, und innerhalb des Palastes durfte man den Oba nur nach Ablegung einer rituellen Waschung besuchen.

Die Verwaltung des Staates und der Stadt Benin erfolgte durch verschiedene Körperschaften. Größere Städte und bedeutende Orte wurden von den Enigie regiert, die aufgrund ihrer Bluts- und

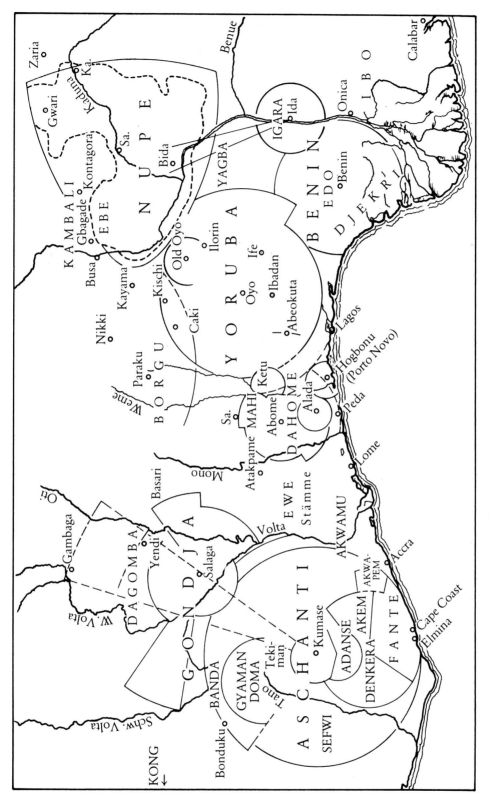

Abb. 126 Großstaaten zwischen Goldküste und Niger (Nach D. Westermann)

Affinalverwandtschaft zur königlichen Dynastie in ihr Amt eingesetzt wurden. In Benin selbst unterschieden sich zunächst die Mitglieder der Palastgruppen mit ihren bestimmten Funktionen von den von der inneren Palastorganisation unabhängigen Würdenträgern. Die einzelnen Palastgruppen besaßen spezifische Aufgaben wie zum Beispiel die Verwaltung des Palastes und die Versorgung des Hofes mit Nahrungsmitteln und Gebrauchsgegenständen und waren zumeist dem Oba loyal gesinnte Staatsbeamte. Die große innenpolitische Bedeutung lag jedoch bei der zweiten Gruppe, bei den Uzama und Eghaevbo n'ore. Erstere überwachten den Oba als dessen Königsmacher, letztere nahmen in vielen Fällen als Volksrat an allen wichtigen Entscheidungen des Staates teil. Die vollziehende Gewalt im Staatsleben lag aber prinzipiell in den Händen des Oba. Er war allein dazu berufen, politische Entscheidungen von weittragender Bedeutung zu fällen. Die Eghaevbo n'oro spielten mit ihrem Vorstand, dem Iyase, die Rolle traditioneller Gegenspieler des Oba und sorgten für einen gewissen Ausgleich der bestehenden Machtverhältnisse. Zu diesen vielen Titel-, Würdenträgern und Funktionären kamen noch die Gilden der Handwerker, die nicht nur dem Hof allein verpflichtet waren und schließlich die Hofchronisten und Priester des Oba.

Unter Ewuare, dem zwölften Oba der Ife-Dynastie, der nach *J. U. Egharevba*, dem verdienstvollen Historiker seines Volkes, um 1440 die Regierung übernahm und den Beinamen »Der Große« erhielt, erstreckte sich das Reich Benin im Norden bis an das Ekiti-Gebiet und im Osten bis zum Niger. Unter seiner Regierung blühte der Handel mit den Yoruba, den Nupe und den Hausa. Unter den verschiedenen Handelsartikeln spielten besonders Achate eine große Rolle, die dem arabischen Geographen *Al Bakri* (11. Jahrhundert) zufolge im Gebiet zwischen Tademekket und Gadames gefunden wurden und auf dem Wege des transsaharischen Handels zu den Hausa und Nupe gelangten. Die Achatindustrie hatte besonders in Bida einen großen Aufschwung genommen und warf einen großen Gewinn ab. Besonders verlangte Benin nach den von den Nupe bearbeiteten Edelsteinen, die von Yoruba-Händlern auch nach Ilorin gebracht wurden. In dieser Stadt entstand gleichfalls eine Industrie zur Bearbeitung der importierten Achate und Kunstperlen. Der Einkauf der Achate wurde vom Oba überwacht. Wurden in der vorportugiesischen Zeit die wertvollen Achate und Kunstperlen von Norden nach Süden verhandelt, so nahmen später die von den Europäern auf dem Seeweg nach Benin gebrachten Kunstperlen den umgekehrten Weg in Richtung auf das Hinterland Benins. Seit der Zeit Ewekas I. (um 1200 n. Chr.) spielten die Achate in der höfischen Zeremonialkleidung eine große Rolle. Als Würde- und Rangabzeichen erregten die Achate bis in das 17. Jahrhundert die Aufmerksamkeit vieler europäischer Besucher. Jaspis haben O. *Dapper* und D. *van Nyendael* besonders gewürdigt. Neben diesen Achaten besaß der Handel mit Kupfer aus dem Norden eine große Bedeutung; beide Güter waren für den Königshof bestimmt. Unter Ewuare wurde *ododo* (rotes Tuch) von den Yoruba eingeführt, nach dem nicht nur in Benin, sondern später auch an der Goldküste eine große Nachfrage bestand. Zu rechnen ist auch damit, daß einzelne Waren, die von den Portugiesen gegen Nahrungsmittel an der Küste eingetauscht wurden, bis in die Metropole Benin gelangten. Doch ist erst vom Jahre 1485 an mit einer direkten Verbindung Benins mit den Portugiesen zu rechnen. Diese erfolgte unter dem Oba Ozolua dem Eroberer, wie ihn die Bini nennen.

Ozolua n'Ibaromi (Ozolua der Eroberer, um 1540) hatte alle Mühe, das mittlerweile in Unordnung geratene Reich wieder zu festigen und die rebellischen Städte unter die Oberhoheit Benins zu bringen. In diese Zeit fallen die ersten Verhandlungen des Portugiesen João d'Aveiro mit Ozo-

Abb. 127  Beninbronze: Würdenträger aus Benin
mit Brustkreuz (Malteserkreuz) aus dem späten 16. Jahrhundert

lua. Die zeitgenössischen portugiesischen Berichte lassen auf einen freundlichen Empfang der Europäer in Benin schließen, auch wurde João d'Aveiro bei seiner Rückkehr sogar von einem Beauftragten des Oba begleitet. Man war auf beiden Seiten an einem regen Handelsaustausch interessiert, auch dachten die Portugiesen an eine Christianisierung des Landes. Zwar blieben die ersten Missionsversuche erfolglos, dagegen blühte der Handel mit Pfeffer, Sklaven und Elfenbein. Unter den einheimischen Pfefferarten war roter Pfeffer *(eniendo)* in nahezu unbegrenzten Mengen erhältlich, schwarzer Pfeffer war dagegen unverkäuflich, da er in den religiösen Riten der Bini eine besondere Rolle spielte. Elfenbein als Monopol des Königs (Oba) durfte ohne Zustimmung desselben nicht gehandelt werden, auch sorgten die zahlreichen Kriegszüge für ein reichliches Angebot an Sklaven.

Die Entstehung zahlreicher neuer Handelsplätze an der Küste war die natürliche Folge dieser regen Handelstätigkeit. Gegen Kupfer- oder Bronze-Manillas tauschten die Portugiesen in Benin und in anderen unterworfenen Gebieten wie Ijebu und in den Dörfern am Escravos und Forcados-Fluß Sklaven ein. Am Forcados erhielten die Portugiesen nach dem Bericht von *D. P. Pereira* blaue »Muscheln mit roten Streifen«, welche die Einheimischen *coris* nannten. Die Sklaven und »Muscheln« wurden nach der Goldküste gebracht, wo eine rege Nachfrage nach beiden bestand und man Gold für sie erhielt. Diese blauen Glasperlen verschiedener Größen stammten vermutlich aus Ife; vermutlich war Ife das Produktionszentrum der an der Goldküste so überaus beliebten Glasperlen gewesen. Auch brachten arabische Kaufleute blaue Glasperlen venezianischer Herkunft auf dem Wege des Karawanenhandels nach dem Süden. Diese blauen Glasperlen *(ugo)* erfreuten sich einer besonderen Beliebtheit im Gebiet der Itsekiri, wo bei den Krönungsfeierlichkeiten große Glasperlen getragen wurden und gleich den Achaten als Würdezeichen eine wichtige Rolle spielten.

»Das Angebot an Sklaven« – schreibt *Mechthild Jungwirth* – »wurde durch die ständigen Kriege Ozoluas und seiner Fürsten, Auruanrans und Esigies, eingebracht. Er durften keine Bini als Sklaven verkauft werden, obwohl es in Benin Sklaven gab. Sie könnten grundsätzlich in zwei Gruppen geteilt werden: in Sklaven des Oba und in Sklaven der Würdenträger. Beide Gruppen (Männer und Frauen) verrichteten die Feldarbeit und die übrigen manuellen Dienste für ihre Herren. Zusammengesetzt war diese Klasse aus Kriegsgefangenen und Schuldnern. Die Anzahl letzterer war von den Kriegszügen nicht abhängig, blieb aber immer in der Minderheit. Da es sich meistens um Bini handelte, war ein Verkauf dieser nicht möglich. Für den Verkauf an Europäer war die Verteilung der Gefangenen wichtig. Der Oba erhielt die größte Zahl von Gefangenen, der Rest wurde je nach Rang unter den Generälen Iyase, Ezomo etc. verteilt. Jenen standen die Sklaven zur persönlichen Verfügung, für den Verkauf benötigten sie die Erlaubnis des Oba.« ... »Da nur der Oba, niemals die Würdenträger den Krieg erklären konnte und er selbst seine Sklaven nie verkaufte, stand es nicht in seinem Interesse, Kriege zu führen, um Kriegsgefangene zum Verkauf zu erhalten. Ein Prestigeanzeiger für den Oba als Persönlichkeit war die Zahl der Frauen und Sklaven, welche für seinen privaten Wohlstand sorgten. Um die europäischen Artikel zu erlangen, welche ebenfalls das Prestige eines Mannes erhöhten, benötigte der König keine Sklaven. Er profitierte allerdings von dem Verkauf der Sklaven durch die Würdenträger. Jene mußten dem König ›Steuern‹ zahlen. Der unkontrollierte Verkauf von Menschen begann erst gegen Ende des 18. Jahrhunderts. Zu besonderen Exzessen sollte es erst im 19. Jahrhundert nach dem Verbot des Sklavenhandels kommen. Zur Zeit der ersten portugiesischen Handelsverbindungen war der Handel vom Oba streng kontrolliert.«

Groß war der Wunsch der Bini nach Metallgegenständen verschiedener Art, doch wurden die europäischen Kupfergegenstände nicht zum Gießen von Bronzekunstwerken verwendet. Als Herkunftsorte des notwendigen Materials zur Herstellung der Ife-Bronzen nannte *R. Mauny* unter Bezugnahme auf *Ibn Battuta* die Fundstätte von Azelik oder Takedda (zwischen Goa und Air im Sudan), wo noch im Mittelalter eine Kupfermine im Betrieb gewesen war. Auch bestand in Benin Nachfrage nach Zinn, das vom Bautchi-Plateau her angeliefert wurde. Die Hauptabnehmer für Zinn mögen aber die großen Hausa-Städte, ferner Aschantiland und Timbuktu gewesen sein. Für sicher hielt es *M. Jungwirth*, »daß zur Zeit der Portugiesen und der späten europäischen Kaufleute den Bini mehr Metall, hauptsächlich in Form von Manillas, zur Verfügung stand. Um die Mitte des 15. Jahrhunderts bezogen die Portugiesen Manillas aus Venedig und gegen Ende des Jahrhunderts von deutschen Firmen. Im 16. Jahrhundert lieferte das Handelshaus der Fugger in Antwerpen an den dortigen portugiesischen Handelsvertreter Messingmanillas. Im 17. Jahrhundert brachten die Portugiesen Manillas aus Angola. In Luanda wurde das Kupfer aus Katanga, welches auf den Inlandrouten an die Küste gebracht wurde, verarbeitet.« Oba Esigie (um 1510) war nahe daran, sich ein Haus aus Kupfer zu erbauen – so groß war der Reichtum an Kupfer in Benin. Zu dieser Zeit war auch den europäischen Kaufleuten zur Abwickelung ihrer Handelsgeschäfte im Stadtteil Iwebo eine eigene

Abb. 128  Mit Schlingbandmotiven und dem Trixtergott Eshu verziertes Brett
für das Ifa-Orakel

Unterkunft eingeräumt worden und Uwangue, der Vorstand des Iwebo-Stadtteiles, hatte dort für das Wohlbefinden der Kaufleute Sorge zu tragen. Auch scheint Esigie den Missionsbestrebungen der Portugiesen nicht abgeneigt gewesen zu sein, hatte doch schon sein Vater Ozolua seinen Sohn Esigie von christlichen Missionaren unterrichten lassen.

Die engen religiösen Beziehungen, welche die Bini mit den Yoruba verbinden, drücken sich auch in der anerkannten spirituellen Vormachtstellung des Oni von Ife gegenüber dem Oba von Benin aus. Dazu gehört die Benachrichtigung des Oni in Ife von der Einsetzung eines Oba in Benin, wie die Überreichung symbolischer Geschenke alljährlich beim Igue-Fest. Auch wurden »auf den Wangen des Oba von den Mundwinkeln aus je drei Linien eingeritzt, um ihn an seine Herkunft zu erinnern! Diese Linien decken sich mit der Zeichnung der Backen auf den alten Ife-Bronzen.« (*M. Jungwirth*) Ein Bronzekopf, der den Kopf des verstorbenen Oba darstellen sollte, wurde nach Ife gebracht, wie es auch bei den Bini Brauch gewesen war, die Köpfe der unterworfenen Fürsten in Bronze zu gießen und diese in Benin aufzubewahren.

## Bronzen aus Ife

Die im Jahre 1910 von *L. Frobenius* in Ife ausgegrabenen Porträt-Terrakottaköpfe – darunter der berühmte Bronzekopf mit einer Krone aus dem, dem Meergott Olokun geweihten Hain und viele andere wichtige Funde – hatten in der Fachwelt das größte Aufsehen erregt. *L. Frobenius* hielt weiland diese Funde für die restlichen Zeugen einer im 13. Jahrhundert v. Chr. gegründeten griechischen Kolonie an der afrikanischen Atlantikküste und den prächtigen Olokun-Kopf mit der Krone für eine Abbildung des griechischen Poseidon. Wenn auch für diese kühnen Behauptungen keine wirklichen Beweise vorliegen, so wirkten sie dennoch auf die Fachwelt in hohem Maße anregend und befruchtend, wenn nicht auch provozierend.

Bei der Aushebung einer Baugrube in Ife im Jahre 1938 entdeckte man wiederum eine Reihe von Bronzeplastiken. Es handelt sich dabei um Köpfe von natürlicher Größe und natürlichem Aussehen, also offensichtlich wiederum um Porträtköpfe wie bei den Funden von *L. Frobenius* im Jahre 1910. Lange bevor man aber diese Entdeckungen in Ife machte, waren die im Zuge einer Strafexpedition gegen Benin im Jahre 1897 vorgefundenen Bronze- und Elfenbeinarbeiten zu Weltberühmtheit gelangt. Merkwürdigerweise waren die bronzenen Reliefplatten und viele anderen Kunstwerke damals bereits ihrer Funktion beraubt gewesen, lagen aber glücklicherweise in den königlichen Magazinen aufgestapelt. »Die Engländer nahmen eine große Anzahl, wohl an dreitausend, mit. *Felix von Luschan*, damaliger Leiter der Afrikaabteilung des Berliner Völkerkundemuseums, erkannte sofort das Außergewöhnliche dieser Kunst und kaufte, was er bekommen konnte, für Berlin auf, das mit seinen 594 von 2400 bekannten Beninstücken bis zum Zweiten Weltkrieg die weitaus größte Beninsammlung besaß. Während des Krieges wurden dann 413 Stück dieser Sammlung, die bis dahin in Dahlem magaziniert gewesen waren, auf ein Gut nach Schlesien ausgelagert und sind seither verschollen. Dasjenige Drittel, das im Berliner Museum für Völkerkunde ausgestellt gewesen war, also wohl die besten Stücke, blieb erhalten. Die größten Beninsammlungen sind jetzt in der Reihenfolge ihrer Bedeutung im Pitt Rivers Museum in Oxford, im Britischen Museum in London, in Hamburg, Dresden, Berlin« – und auch das Wiener Museum für Völkerkunde besitzt eine sehr bedeutende Sammlung Beniner Kostbarkeiten.

Es unterliegt heute keinem Zweifel mehr, daß die Mehrzahl der Terrakotta- und Bronzeplatten Darstellungen von Onis oder Obas (Gottkönigen) gewesen war. »Nirgendwo tritt die Vorstellung von der Göttlichkeit des Königtums augenfälliger in Erscheinung als gerade in Afrika« – schreibt *Frank Willett*. »Es ist typisch, daß man annimmt, der Gottkönig bedürfe keiner Nahrung, und vielfach meint man, es sei für ihn gefährlich, in der Öffentlichkeit den Mund zu öffnen. *Johnson* zum Beispiel bemerkt, daß der König von Oyo gewöhnlich den *iru kere*, seinen Kuhschwanz-Fliegenwedel, der das Zeichen seiner Macht ist ›wenn er spricht, vor den Mund‹ hält, ›denn es gilt als Verstoß gegen die gute Sitte, ihn vor aller Welt den Mund öffnen zu sehen‹. In Ife pflegte der Oni nur zweimal im Jahr in der Öffentlichkeit zu erscheinen: es war dies bei den Festen Orishalas und Oguns, und bei diesen Gelegenheiten trug er eine Krone mit Fransen aus Schmuckkügelchen, die sein Gesicht bedeckten. Heutzutage läßt sich der Oni immer häufiger in der Öffentlichkeit sehen, doch selbst noch Oni Ademiluyi, der im Jahre 1931 starb, pflegte jedesmal seinen Mund mit einem Fächer zu bedecken, wenn er öffentlich Kola zu sich nahm.«

Die an den Hälsen der Bronzeköpfe befindlichen Löcher lassen vermuten, daß die Köpfe an geschnitzten hölzernen Rumpfen angebracht und diese Figuren im Mittelpunkt bestimmter Bestattungsfeierlichkeiten gestanden waren. Vorher fertigte man nach *F. Willett* diese *ako*-Figuren aus Stroh oder Flechtwerk an. In Benin bestehen diese Figuren aus rotem Tuch. »Aufrecht getragen und an jedem Arm von einem Träger gestützt, wirkt die Gestalt in ihrem Häuptlingsschmuck trotz aller Stilisierung bemerkenswert lebendig. *Ako* findet sich auch in Onitsha, einer Ibostadt am Niger, die, wenn man die Gliederung ihrer Häuptlingsschaft betrachtet, weitgehend den Einfluß Benins verrät. Auch Owo zeigt, obwohl es eine Yorubastadt ist, deutliche Zeichen Beninschen Einflusses, so daß *ako* wahrscheinlich in Benin seinen Ursprung hat. Es handelt sich dabei freilich nur um die augenfälligste Ausprägung eines Brauches, der in den Wäldern Nigerias weit verbreitet ist. In Ife selbst werden zum Beispiel beim Tode eines Jägers Nachbestattungsfiguren am Wegrand aufgesetzt und dort dem Verfall überlassen. Man hat daher durchaus Grund zu der Annahme, daß die Bronzeköpfe aus Ife ihrerseits in ähnlicher Weise als Oberteil von Gedächtnisfiguren Verwendung fanden, die man bei Nachbestattungszeremonien benutzte« (*F. Willett*). Trotz weitgehender Stilisierung weisen die Köpfe auf eine gewisse Familienähnlichkeit hin, so daß sie als Darstellungen von Mitgliedern der königlichen Familie angesehen werden können.

Zahlreiche Funde von Terrakottafiguren, Steinskulpturen, Bruchstücken von Glasschmelztiegeln sowie charakteristischen Zügen der Architektur Ifes, wie etwa die Fußböden aus Gefäßscherben, fand man auch im weiteren Umkreis von Ife – ein Hinweis des kulturellen Einflusses von Ife auf seine Umgebung. Ife, heißt es auch in der Überlieferung, wäre die Stelle gewesen, »von der aus die Yoruba sich bald nach Erschaffung der Welt ausgebreitet hätten« (*F. Willett*). Pflasterungen beziehungsweise Bodenbeläge aus hochkant in die Erde gesteckten Scherben sowie Impluvien sind in Yoruba weit verbreitet.

Die verschiedenen Bronze- und Terrakottaplastiken lassen Rückschlüsse auf die einstmals herrschende Kleidersitte zu. Demnach bestand die Kleidung aus gesäumtem Tuch, einschließlich Stickereien und schmalen Schärpen. Große Bedeutung besaß der Perlenschmuck (rote Steine in großer Vielfalt, blaue Glasperlen), dazu kamen zahlreiche Armbänder aus Glas, Metall oder Elfenbein. Sie besaßen oft auch die Funktion von Rang- und Würdezeichen. Ife besaß eine eigene Glasperlenproduktion. Zahlreiche Bruchstücke von Schmelztiegeln in Gestalt kesselförmiger Gefäße aus einer weißen Masse wurden in den Städten gefunden. Innen und außen waren die für gewöhnlich dicken Wände mit Glas überzogen. Lange Zeit jedoch vor dem Jahre 1830 war die Glaserzeugung in Ife bereits eingestellt worden.

Ohne Zweifel hat die Ife-Kunst ihre Anregungen von seiten der Nok-Kultur erfahren (vgl. Kapitel X). Ihre Fundstätten liegen in einem breiten Streifen über Nordnigerien hin verstreut. Der afrikanische Charakter der Nok-Figurenkunst ist unverkennbar: zylindrischer Holzklotz als Urform im Sinne der Pfahlplastik. Ihre Plastiken offenbaren eine beträchtliche Mannigfaltigkeit in Stil und Behandlung. Zu den charakteristischen Merkmalen der tönernen Nok-Plastiken gehört die Tatsache, daß die zylindrischen oder konischen Köpfe in einem ungewöhnlichen Winkel auf einem weiteren, den Hals bildenden Zylinder sitzen und daß die Darstellung der Augen in einem hohen Maße an die Augen der modernen yorubischen *gelede*-Masken erinnert. In erster Linie machte *Bernhard Fagg* auf die zahlreichen Ähnlichkeiten zwischen der »Nok-Figurenkunst« und der heutigen Holzschnitzerkunst in Südnigerien aufmerksam. Diese Nok-Figuren müssen nahezu Lebensgröße besessen haben, wenn sie nicht sogar noch größer waren. Auch scheinen sämtliche ausgegrabenen Köpfe von Vollplastiken herzustammen, und es scheint vielleicht nicht allzuweit hergeholt zu sein, wenn man die ausgegrabenen Bruchstücke als ehemaligen Gedächtnisfiguren zugehörig betrachtet, wie man solches bei den benachbarten Dakakari auch heute noch beobachten kann. Viele Stilvarianten und viele Stilmerkmale kehren in der Bildnerei Ifes wieder, und man ist geneigt, in der »Nok-Kultur« jene Wurzel zu erblicken, aus der nach *F. Willett* alle bildnerischen Überlieferungen Westafrikas hervorgegangen sind.

## Benin und der Ogané

*Josef Marquart*, der sich sehr eingehend mit der »Beninsammlung des Reichsmuseums für Völkerkunde in Leiden« beschäftigt hat und viele Geschichtsquellen zur Erhellung dieser Sammlung zusammentrug, zitiert unter anderen den portugiesischen Geschichtsschreiber *João de Barros* (1496 bis 1570), dem so recht das zeitgenössische Kolorit anhaftet, wenn er von dem Priesterkönig Ogané (Erzpriester Johannes oder Oni von Ife) berichtet: »Unter den vielen Dingen, welche der König Dom Joam (João II 1481–1495) vom Gesandten des Königs von Beny (Benin) und ebenso von Joam Afonso Daveiro erfuhr, von welchen ihm die Bewohner jener Gegenden erzählten, war auch, daß es im Osten des Königs von Benij in einer zwanzigmonatlichen Reise, die nach der Berechnung derselben und (unter Veranschlagung) des geringen Weges, den sie zurücklegen (d. h. ihrer kleinen Tagmärsche), bis 250 *legoas* der Unsrigen sein mochten, einen König gab, den mächtigsten jener Gegenden, welchen sie Ogané nannten, welcher bei den heidnischen Fürsten der Gegenden von Benij in so großer Verehrung gehalten wurde, wie bei uns die Päpste. Diesem schickten aus sehr alter Gewohnheit die Könige von Benij, wenn sie eben zur Regierung kamen, ihre Gesandten mit großen Geschenken, indem sie ihm anzeigten, wie sie durch den Hingang des Herrn Soundso in jenem Königreiche Benij nachgefolgt waren, wobei sie ihn baten, er möge sie für bestätigt halten. Zum Zeichen dieser Bestätigung überwies ihnen jener Fürst Ogané einen Pilgerstab und eine Kopfbedeckung nach Art der spanischen Sturmhauben, das Ganze aus glänzendem Messing, anstatt Szepter und Krone (sc. für ihren Herrn); und ebenso sandte er ihm (dem König von Benin) ein Kreuz vom selben Messing, um es am Halse zu tragen wie eine gottesdienstliche heilige Sache, nach Art der (Kreuze) welche die Komture des Ordens von St. Johann tragen, ohne welche Kleinodien das Volk meinte daß sie nicht rechtmäßig regierten noch sich wahre Könige nennen könnten. Und in der ganzen Zeit, welche dieser Gesandte am Hofe dieses Ogané verbrachte, ward dieser (Ogané) wie eine gottesdienstliche Sache niemals von ihm gesehen, außer durch einen Vorhang von Seide, hinter den er stets gesetzt war. Und zur Zeit, da man den Gesandten abfertigte, zeigte man ihm von innerhalb der Vorhänge einen Fuss, zum Zeichen dass er dort drinnen war und die Kleinodien verlieh, die er überbrachte, welchem Fusse sie Ehrfurcht erwiesen wie einer heiligen Sache. Und zu gleicher Zeit war als eine Art Belohnung für die Mühe einer so grossen Reise dem Gesandten ein kleines Kreuz gegeben von der Gestalt dessen, das er für den König überbrachte, das sie ihm um den Hals legten: mit diesem blieb er frei und befreit von jeder Dienstbarkeit und privilegiert in dem Lande von wo er gebürtig war, in der Weise wie bei uns die Komture. – Da ich dies wusste, (ergab sich), um es mit grösserer Wahrheit schreiben zu können – obwohl es der König Dom Joam (II) zu seiner Zeit wohl untersucht hatte – (als nachträgliche Bestätigung, dass) im Jahre 1540, als in dies Königreich (Portugal) gewisse Gesandte des Königs kamen, einer von ihnen, der ein Mann von 70 Jahren sein mochte, eines von diesen Kreuzen trug, und als ich ihn nach der Ursache desselben frug, antwortete er entsprechend dem oben Geschriebenen.« *J. de Barros* vermutete in dem Fürsten Ogané den Erzpriester Johannes, und es war dies die irrige Schlußfolgerung, die schließlich die Portugiesen zur Entdeckung des Kaps der Guten Hoffnung und zur Entdeckung des Seeweges nach Indien führen sollte.

Nie wieder wird nach dem letzten Besuch eines Bini-Gesandten in Portugal seit 1540 von einem Ogané berichtet und auch die holländischen Quellen schweigen darüber, abgesehen davon, daß sie nicht, wie die Portugiesen, nach einem Erzpriester Johannes suchten. Daß das Kreuz durch christliche Missionare in Benin eingeführt wurde, liegt nahe. »Amangbugbe« – schreibt *M. Jungwirth* – »das christliche Kreuz, wurde unter Esigie in Benin bekannt, während andere Kreuze Ewuare (1440) und früheren Königen zugesprochen werden. Das christliche Kreuz und der Rosenkranz sind in den Aruosa ›Kirchen‹ noch heute zu finden. Die tragenden Elemente der ehemaligen christlichen Kirchen sind heute aber Edo Symbole. Es ist interessant, daß auch nur ein Teil des europäischen Malteserkreuzes als Kreuz angesprochen wurde. Zum Beispiel wurde Aba, welches vom Chief Ihaza am Hinterkopf und den Ogbelaka auf der Brust getragen wird, als Teil eines Kreuzes bezeichnet. Aba wurde unter Ewuare eingeführt, weil Orakel den Überfall von bösen Geistern vorausgesagt haben. Aba sollte zum Schutze gegen diese getragen werden. Die Stadt soll in der Tat von Geistern in Form einer Epidemie überfallen worden sein, da aber der Oba und sein Gefolge Aba getragen haben, konnten die Geister ihnen keinen Schaden zufügen. Chief Ihaza meinte, Aba würde heute dazu getragen, daß böse Geister den Oba von seinem Gefolge nicht unterscheiden können und der Oba werde auf diese Weise beschützt. *Melzian* führt das Fasten (*Agwe*) und das Tragen des Kreuzzeichens auf das Christentum zurück. Sicher ist, daß die Verwendung von Kreuzen unter Esigie zunahm.«

*K. Dittmer*, der in dem äthiopischen *kalatscha* eine ursprüngliche Herrschaftsinsignie sakraler Herrscher vermutete und diese mit dem Stirnschmuck der Königskronen von Alt-Ife verglich, sah in einem in die Sammlung Egerton gelangten Elfenbein-Pokal das »anschauliche Beweisstück für eine Beziehung zwischen Nigerien und Nordostafrika« ... »die offenbar noch bis in die christliche Zeit aufrecht erhalten wurde«. (Gemeint ist damit das nubische Christentum.) Und weiter heißt es dann in einer Anmerkung bei *K. Dittmer*: »In Benin – dessen Hofkunst ja von Yoruba aus begründet worden war – fanden die Engländer bei der Eroberung einen in die Sammlung Egerton gelangten Elfenbein-Pokal vor, der in seiner Ornamentierung ein Flechtband in einer für die Yoruba-Benin-Kunst, aber auch für Abessinien typischen Form mit Darstellungen des in Abessinien ebenfalls beliebten Jerusalemer Kreuzes und von Engeln vereint. Wäre dieses Stück ohne Herkunftsnachweis im Kunsthandel aufgetaucht, würde man es auch heute noch unbedenklich in eine Abessinien-Sammlung einreihen. Ferner besitzt das Hamburgische Museum für Völkerkunde in seiner Benin-Sammlung ein Bronzekreuz in Gestalt des Malteserkreuzes. Von portugiesischen Missionaren kann es kaum gebracht worden sein, da diese die lateinische Kreuzform benutzten. Dagegen war das Malteserkreuz in der abessinischen Kirchenkunst sehr beliebt und ist dort mit den frühesten erhalten gebliebenen Stücken seit Beginn des 14. Jh. nachzuweisen, in der koptischen Kunst bereits seit dem 5. Jh. und in der nubischen (Faras) aus dem 6. Jh. Das läßt an den Bericht denken, den 1486 der Benin-Gesandte am portugiesischen Hof gab. Danach erhalte jeder Benin-Herrscher (der späteren Dynastie) seine Insignien – darunter ein Bronzekreuz – von einem wie ein Papst verehrten und in der Art eines unsichtbar bleibenden Hohepriesters weit im Osten herrschenden Oberherrn (ogane). Gesandtschaften zu ihm hätten eine Reise von 20 Monaten zurückzulegen.«

Gegen Ende der Regierung Esigies werden die Beziehungen der Portugiesen zu Benin zunehmend kühler. Offenbar hängt dies mit dem Mißlingen der Mission von 1538 zusammen. Nach den Berichten der Missionare Michel Magno, Antonio und Francisco hatte der getaufte König Orhogbua jegliche Missionstätigkeit in seinem Lande verboten. Dies war der einzige Oba, der die Taufe empfangen hatte. Aber auch als Christ hatte der Oba die Pflicht, die »heidnischen« Begräbnisriten und Staatszeremonien durchzuführen, und die Entsendung eines Botschafters im Jahre 1540 dürfte nach *A. F. C. Ryder* der Grund gewesen sein, dem portugiesischen König die Mißhandlung der Missionare und das Scheitern der Mission zu erklären. Hinzu kam noch, daß Orhogbua den Versuch unternahm, den stark zurückgehenden Handel mit den Portugiesen wieder flott zu machen. Oba Orhogbua war ein Sohn Esigies und sein Regierungsantritt reicht in die Zeit um 1540. Schon sein Vater hatte aufgehört, den Portugiesen Menschen für ihre Besitzungen in Südamerika zu liefern und auch sonst zeigte sich Benin viel zu gut organisiert, um in allem den Portugiesen ein willfähriges Werkzeug zu sein. Auch störten die Portugiesen die vielen protokollarischen Vorschriften, um zum Oba zu gelangen. »Bei der Ankunft im Hafen« – schreibt *M. Jungwirth* – »trafen die fremden Kaufleute mit den einheimischen Würdenträgern an Bord der Schiffe zusammen. Wollten die Fremden an Land, hatten sie den Würdenträgern ›Steuern‹ oder ›Zoll‹ zu zahlen. Endlich an Land, wurden sie in das Haus des Ohen Olokun geführt. Dort fand eine zeremonielle Fußwaschung statt. Dann erst durften die Kaufleute Gwato verlassen und nach Benin reisen. In Benin wiederholte sich dieselbe Zeremonie im Palast des Ezomo. Hatte man den Ezomo zum Feind, hatte man ihm nicht genug Geschenke gebracht, war es möglich, daß der Ezomo ein Zusammentreffen mit dem Oba verhindern konnte. Dem Uwangue und Eribo (gleichfalls Würdenträgern) mußten ebenfalls Geschenke überreicht werden. Wie man erkennt, war das Protokoll in Benin weitaus langwieriger als zum Beispiel an der Goldküste oder im Itsekiri-Reich.«

Die Rückkehr zur Tradition

Unter Ehengbuda (um 1565), der seinem Vater Orhogbua in der Regierung folgte, wurde jeglicher christlicher und europäischer Einfluß abgelehnt. Man kehrte zu den alten Gewohnheiten wieder zurück. Als Zauberer erlangte Ehengbuda fast einen ebenso legendären Ruf wie Ewuare. Sein Hauptinteresse galt der Reorganisation der Hofhierarchie, im besonderen einer solchen der Palastverwaltung. Die Einführung zahlreicher neuer Titel war die Folge.

Einen guten Einblick in die damaligen Wirtschaftsverhältnisse Benins erhalten wir durch die englischen Kaufleute Welsh und Ingram, die in den Jahren 1588/89 Benin besuchten. Sie berichteten als erste von einem lokalen Baumwollanbau, der zu Ehengbudas Zeiten bereits ein beträchtliches Ausmaß erreicht haben mußte. Schon die Portugiesen hatten aus Benin stammende Baumwollstoffe nach der Goldküste exportiert und dabei guten Gewinn erzielt. Welsh brachte Baumwolltextilien bis nach England. Auch wurden den Kaufleuten einheimische Baststoffe angeboten. Als weitere Handelsartikel werden von Welsh Matten, Körbe, Elfenbeinlöffel und Keramik genannt. Kauris und Manillas waren die Währung. Gegen englische Leinen- und Wollstoffe, verschiedene Eisengegenstände, Manillas, Glasperlen und Korallen tauschten die Kaufleute Pfeffer, Elfenbein, Bast- und Baumwollstoffe ein. Die Dolmetscher wurden für ihre Dienste mit Textilien abgegolten und der Fürst von Gwato erhielt Textilien als Geschenk. Textilien galten für einige Auserwählte als eine ausgezeichnete Bezahlung und wurden hauptsächlich des Prestiges wegen in Benin getragen. Ein ganz kleiner Teil davon wurde zu sehr hohen Preisen weiter veräußert. Auch waren die Manillas, Eisengegenstände und Glasperlen nur für einen kleinen Verbraucherkreis bestimmt. Alle Metalle waren Monopol des Königs und konnten nur mit seiner Erlaubnis einer weiteren Verwendung zugeführt werden. Gegenstände aus Metall wurden zum Teil umgearbeitet und durften von den Würdenträgern nur dann benutzt werden, wenn der König die Erlaubnis dazu gab. Auch durfte ein Schwert nur im Auftrag des Königs geschmiedet werden. Was aber auf direktem Wege an Metall in Form von Geschenken in die Hände der Würdenträger gelangte, ist nicht abzuschätzen. Schließlich hing es von Farbe und Qualität der eingeführten und einheimischen Glasperlen ab, in welcher Weise diese ihre weitere Verbreitung erfuhren. Die *Akpolu* oder schwarzen Glasperlen aus Bida konnten zum Beispiel ohne besondere Erlaubnis am Markt gekauft und verkauft werden, Achate dagegen, blaue Glasperlen und später auch Korallen wurden von den Iwebo für den Oba sichergestellt und verwaltet. Mit Ausnahme der Korallen stammten alle Edelsteine von den Nupe- und Yoruba-Händlern, die sie aus dem Norden nach Benin brachten. Bei den importierten »Steinen« handelte es sich aufgrund späterer Quellen hauptsächlich um Korallen und rote Glasperlen. Da die Korallen nur in einem begrenzten Ausmaß erhältlich und dementsprechend teuer waren, wurden sie bald als ein »Prestigeanzeiger« betrachtet.

Eine der frühesten Beschreibungen Benins durch die Holländer verdanken wir einer Persönlichkeit, die sich hinter den Initialen *D. R.* verbirgt und noch mit keinem konkreten Namen verbunden werden konnte. *D. R.* gab uns eine ausgezeichnete Beschreibung dieser großen Stadt, die in dem berühmten Werk von *Pieter de Marees* über die Goldküste im Jahre 1605 erschien. Als dieser *D. R.* um 1600 als einer der ersten Holländer den Boden Benins betrat, beeindruckte ihn die Stadt gewaltig. Drei verschiedene, bereits von dem Portugiesen *D. P. Pereira* hundert Jahre früher

Abb. 129   Stadtbild von Benin nach O. *Dapper* (1670)

Abb. 130 Bronzeplatte: Portugiesischer Kaufmann mit Manillageld in den Händen, einer aus Europa eingeführten Kupfergeldart

erwähnte Wallgräben umgaben Benin und machten die Stadt zu einem gewaltigen Bollwerk gegen ihre Feinde. Der erste und zweite Graben entstand unter Oba Oguola um 1280 und 1290 n. Chr. und der dritte wurde inmitten der Stadt auf Befehl von Oba Ewuare gegraben. In ähnlicher Weise waren auch die anderen Dörfer und Städte befestigt. Durch ständig bewachte Holztore gelangte man auf breiten und geraden Straßen in die Stadt. Torwächter hatten die Aufgabe, das Gepäck aller Reisenden zu überprüfen und abends die Tore zu schließen. Wenn auch die fremden Kaufleute gut versorgt waren, so war doch unter dem Oba Ehengbuda im Gegensatz zu Esigie die Bewegungsfreiheit der fremden Kaufleute beschränkt. Esigie war den Europäern gegenüber weitaus weniger zu-

Abb. 131 Bronzeplatte: Darstellung eines Europäers. Die bereits von *D. P. Pereira* (1505) erwähnten Manillas (Geldringe) aus Messing oder Kupfer sind auf der Bronzeplatte als eine Art Vignette dargestellt

rückhaltend und gestattete ihnen weitaus mehr Freiheiten, als dies unter Ehengbuda der Fall gewesen war. Nach *D. R.* befand sich im Palast des Oba auch ein Pferdestall. Pferde waren ein Prestigesymbol, doch spricht kein früherer Bericht von Pferden. Schwerter, Lanzen und Schilde, dazu Bogen mit vergifteten Pfeilen gehörten zur Kriegsausrüstung. Gewehre, um 1600 zunächst nur ein Prestigesymbol und auf einige nur wenige Auserwählte beschränkt, wurden erst hundert Jahre später auch im Kriege verwendet.

Daß bei *D. R.* die Bronzeplatten beziehungsweise der Bronze- oder Messingguß (Guß in verlorener Form oder Wachsausschmelzverfahren) in der Beschreibung keine Erwähnung finden, ist sicherlich erstaunlich und vielleicht mit *M. Jungwirth* damit zu erklären, daß *D. R.* jene Teile des Palastes, wo der Bronzeguß stattfand, beziehungsweise jene Wohnhäuser der Würdenträger, in denen Bronzegegenstände aufbewahrt wurden, nie betreten und auch die Altäre und Heiligtümer nie zu Gesicht bekommen hat. Erst unter einem späteren König als etwa unter Ehengbuda genossen die Fremden eine größere Bewegungsfreiheit, um etwa bis zu den inneren Gemächern des Palastes vordringen zu dürfen. Knapp vierzig Jahre nach dem Besuch von *D. R.* in Benin berichtet ein anderer Holländer über den Zweck dieser Bronzeplatten (*M. Jungwirth*). Nach *O. Dapper* (1670) ruhte das mit Palmblättern gedeckte Dach des Königspalastes auf hölzernen Säulen, die von unten nach oben mit Bronzeplatten bedeckt waren. Die auf den Platten dargestellten Reliefs zeigten unter anderem handeltreibende Portugiesen mit ihren Waffen (Armbrust und Bolzen sowie Feuerwaffen), sowie portugiesische Kleider aus dem 16. Jahrhundert, ferner Würdenträger im Glanze ihrer verschiedenen Embleme, Jagdleoparden und Musikanten, die als »Hofkapelle« mit Rasseln, Blasinstrumenten und Trommeln den König begleiteten sowie den König selber hoch zu Roß im Damensitz, begleitet von Sklaven, die über ihm Schirme als Sonnenschutz hielten. Die vielen Details an den Bronzeplatten vermitteln dem Beschauer eine lebendige Vorstellung von dem damaligen Hofleben und stellen eine wertvolle Ergänzung zu den zeitgenössischen Schriftquellen dar, die im übrigen jedoch von *O. Dapper* an bis zu der bereits erwähnten Strafexpedition der Engländer im Jahre 1897 die Bronzeplatten mit keinem Wort mehr erwähnen.

Von Oba Ohuan (ungefähr 1606), dem Sohn und Nachfolger des großen Ehengbuda, heißt es, er wäre eigentlich als Mädchen geboren und erst später durch Medizinen zu einem Manne geworden. Nach *J. U. Egharevba* (1960) war Ohuan ein hübscher und mädchenhaft aussehender Knabe, den die Leute daher für ein Mädchen hielten. Als Frau wäre Ohuan angesichts der strengen patrilinearen Erbfolge wegen in Benin niemals zur Regierung gelangt. Vermutlich wurden infolge des femininen Aussehen Ohuans seine Führerqualitäten in Zweifel gezogen. Normalerweise übernahm der Sohn die Herrschaft, wenn aber ein solcher fehlte, ein Bruder des verstorbenen Herrschers. Die Wahl mußte vom Uzama, dem »Königsmacher«, vorgenommen werden. Der Kronprinz aber hielt sich von seiner Pubertät an in Uselu, in der Residenz der Königinmutter, außerhalb von Benin auf.

Bei *O. Dapper* heißt es von einem Oba im 17. Jahrhundert: »In der Stadt Groß Benin hat der König / zur Beherrschung des Reiches / unter anderen / drei Oberreichsräthe / welche die Portugalier Fiador nennen / verordnet. Diese seynd die Obersten des Landes nächst dem Könige; dan über sie ist niemand / als der Feldmarschalck / der dem Könige der allernächste ... Ihre Amts oder Stahtsnamen sind Ongogue, Ossade und Arribo.« Es spricht für *O. Dapper* als einer verläßlichen Quelle (wenn auch sekundärer Natur), daß er uns nicht nur die Funktion der Würdenträger beschrieb, sondern als erster europäischer Autor auch die Titel erwähnte. Seine Aussagen über die Hierarchie am Hofe zeigen uns, daß die Rangordnung der Würdenträger und der Palastgruppen im 17. Jahrhundert die gleiche wie die rezente war. Der Iyase steht dem Oba nach *M. Jungwirth* am nächsten. »Jenen bezeichnet *O. Dapper* im Zusammenhang mit der Beschreibung seiner Funktion als ›Feldmarschalck‹ Owe-Asseri oder Siasséré. Er ist der höchste General und bei Feldzügen ›bekommt keiner etwas von der Beute / als der Feldmarschalck allein.‹ Neben dieser Funktion ist er der Führer der Eghaevbo n'ore und übernimmt die Verwaltung des Reiches, solange kein neuer Oba eingesetzt ist. Diese Regelung führte aber verschiedentlich zu Auseinandersetzungen mit dem Oba. ›Ongogue‹ ist mit Onogie gleichzusetzen. *Dapper* sagt damit allerdings wenig aus, da Onogie der erbliche Titel von Dorf-

Abb. 132  Terrakottakopf aus Ife (Nigeria)

fürsten ist. O. *Dappers* Quelle kann ihn zu dem Schluß geführt haben, ein Onogie hätte eine wichtige Funktion, da der Onogie von Gwato und anderen Dörfern am Forcados eine wichtige Rolle beim Handel spielte. Die Bemerkung, die ›Reichsräthe‹ wären von den Portugiesen ›Fiador‹ genannt worden, könnte die Erklärung für dieses Mißverständnis sein.« (*M. Jungwirth*)

Die Beschreibung der Stadt Benin durch O. *Dapper* zeigt, daß sich das Aussehen dieser Stadt seit dem Besuch des uns nur von den Initialen *D. R.* her bekannten Autors (um 1600) kaum verändert hatte. O. *Dapper* beschreibt uns auch die mit »Missinge« (Messinge) überzogenen Holzsäulen im Palast, »darauf ihre Kriegsthaten und Feldschlachten seynd abgebildet«, ein Zeichen dafür, daß der Informant O. *Dappers* »offensichtlich im Gegensatz zur Zeit von Oba Ehengbuda freien Zugang zum Palast gehabt haben mußte, um die Bronzen auf den Altären beschreiben zu können. Die Erwähnung und Zeichnung von Bronzevögeln auf Türmen geht auf *D. R.* zurück. Ob es tatsächlich solche Vögel gegeben hat und welche Funktion sie gehabt haben, war keinem meiner« – d. h. *M. Jungwirths* – »Bini Informanten bekannt. Die Existenz von Türmen (auch wenn sie heute nicht mehr zu sehen sind) ist nicht zu leugnen. Der Zeichner hielt sich eng an den Text O. *Dappers* und hat einige wichtige Details festgehalten. Betrachtet man die Darstellung des Gefolges des Oba, erkennt man die buckligen Hofnarren. Ein Hinweis auf die Verwachsungen eines Hofnarrs ist in der Erzählung um Oba Ozolua zu finden. Zahme Leoparden wurden am Hofe gehalten, wie der Bericht von Missionaren beweist. Sie machten 1652 mit den Leoparden unliebsame Bekanntschaft, nachdem die Missionare eine Zeremonie am Hofe des Königs zu stören versucht haben. Auf derselben Illustration wird weit im Hintergrund das ›Haus für alte und junge Königinnen‹ gezeigt. Der Lage nach wird mit diesem der Palast der Königinmutter in Uselu gemeint gewesen sein.«

Auch die Handelsorganisation hatte sich seit Beginn des 17. Jahrhunderts nur wenig geändert, wohl aber verlagerte sich das Schwergewicht des Handels von der Stadt Benin auf die Ortschaften am Fermoso, Escravos und Forcados. Die Oberaufsicht über den gesamten Handel behielt der Oba für sich. Nach O. *Dapper* mußte die Ankunft eines jeden Schiffes sofort dem König gemeldet werden, worauf einige seiner Würdenträger mit zwanzig oder dreißig Kaufleuten zum Hafen hin entsandt wurden. Nach dem üblichen Austausch von Höflichkeiten und Geschenken begann man sogleich mit dem Handel. Verboten aber war den europäischen Kaufleuten, ihre Waren auf direktem Wege den Bini anzubieten, sondern sie mußten sich der königlichen Mittelsmänner beim Verkauf bedienen. Mit dem Aufschwung des Handels entwickelten sich auch neue Handelsplätze vornehmlich an der Küste und entlang der schiffbaren Flüsse. Parallel mit dem Handel nahm die Bedeutung des Itsekiri-Reiches zu. Während um die Mitte des 16. Jahrhunderts das Interesse der Portugiesen am Handel mit Benin merklich erlahmte, hielt man den Handel mit den Itsekiri-Leuten (Ouwerre) im Süden von Benin weiterhin aufrecht. Auch waren die Portugiesen mit ihren Missionsversuchen in Ode-Itsekiri (Klein-Warri) erfolgreich gewesen. »Um 1570 tauften Priester von São Thomé den Kronprinzen. Eine Kapelle wurde gebaut. Ihre Lage in Ode-Itsekiri ist bis heute bekannt und an ihrer Stelle wurde in den letzten Jahren zur Erinnerung eine neue Kapelle erbaut. Die Kaufleute von São Thomé hatten in Ode-Itsekiri ein festes Grundstück, welches bis heute Samtome genannt wird. Durch den Handel wurde das Königreich immer wohlhabender und begann die jährlichen Tribute an den Oba von Benin als ›Geschenk‹ zu betrachten. Die Verbindung mit den Portugiesen, welche sehr auf diesen Kontakt bedacht waren, um die stärker werdende Konkurrenz der Holländer zu beschränken, wurde immer enger« (*M. Jungwirth*).

Dagegen endeten die neuerlichen Versuche der Missionare, in Benin festen Fuß zu fassen, mit einem Mißerfolg. Als 1651 die Missionare nach Benin kamen, wurden sie zunächst vom Oba Ahenzae (um 1640) freundlich empfangen, doch bald schlug diese Stimmung um, und man bedeutete ihnen, nach Ughoton zurückzukehren. Doch die Missionare widersetzten sich diesem Befehl mit dem Wissen, daß dieser Befehl nicht vom Oba aus gegangen war und versuchten daraufhin, den Kontakt mit diesem aufzunehmen. Als die Missionare aber öffentlich eine heidnische Zeremonie verurteilten, bei der Menschen geopfert werden sollten, wurden sie von den empörten Würdenträgern und von einem wütenden Mob aus dem Palast vertrieben, ohne daß der Oba imstande gewesen wäre, diese Ausweisung zu verhindern.

Auch die folgenden Obas vermochten nicht, den zunehmenden Verfall des Reiches aufzuhalten; Korruption und innere Wirren beschleunigten diese Entwicklung. Als *D. van Nyendael* im Jahre 1699 Benin besuchte, war diese ehemals so bedeutende Stadt seiner Meinung nach ein Dorf geworden. Der Palast des damaligen Oba Ewuakpe (um 1696) und die Hofetikette hatten sich jedoch zu behaupten vermocht. »Der Besucher stand vor dem Oba weit entfernt und konnte nur über drei Würdenträger mit dem König sprechen ... Hinter und neben dem Thron des Oba befand sich der Altar, welcher laut *D. van Nyendael* mit Elfenbein dekoriert war. Beim Besuch *D. van Nyendaels* waren drei Würdenträger und ein Schwertträger anwesend. Die drei Würdenträger, deren Titel der Holländer nicht festhielt, sollen neben dem König die höchsten Staatsfunktionäre gewesen sein.« Vermutlich handelte es sich um die drei Würdenträger Iyase, Ueangue und Eribo. »Die Würdezeichen unterlagen bis heute nur einer geringen Veränderung« – meint *M. Jungwirth*. »Aus der Beschreibung der ›coral‹ geht hervor, daß es der Jaspis *Dappers* gewesen sein muß. Auch das ›Korallenfest‹ *Nyendaels* läßt sich bis in den heutigen Bini Festkalender verfolgen. Menschenopfer, welche mit diesen Festen verbunden waren, wurden von mehreren europäischen Besuchern erwähnt. *Brun* (1624) berichtete lakonisch, Benin habe keine Sklaven zu verkaufen, da diese für Opferzwecke zurückbehalten werden. *Merolla* (1692) teilt ebenfalls mit, daß Menschenopfer durchgeführt wurden. Als die Padres Francis da Romano und Philip da Figuar Benin gegen Ende des Jahrhunderts besuchten, beobachteten sie eine Zeremonie zu Ehren der Ahnen. Es wurden damals fünf Menschen getötet, während laut ihrem Bericht zu 300 geopfert wurden. Die Padres störten, wie bereits einmal ihre Vorgänger, die Zeremonie, beschimpften den König und wurden daraufhin verprügelt und drei Monate gefangen gehalten. Sie kamen weniger glimpflich davon als ihre Vorgänger. Nicht einmal der König sympathisierte mit ihnen, jegliches Interesse am Christentum war ausgelöscht.«

Dies störte aber nicht den Fortgang der Handelsbeziehungen. Es wurden weiterhin Baumwollstoffe aus Benin nach der Goldküste ausgeführt, desgleichen wurden Benin-Pfeffer, Elfenbein und Leopardenfelle angeboten. Akori-Perlen und Achate fanden gegen Textilien, Eisen, Kunstperlen, Kauris, Manillas, Spiegel und Alkohol an der Goldküste reißenden Absatz. Seit Beginn des 17. Jahrhunderts hatte sich an den Handelsgewohnheiten wenig geändert. »Nach wie vor mußten die europäischen Kaufleute bei ihrer Ankunft den afrikanischen Kaufleuten und Stadtfürsten Zölle zahlen. Gekauft und verkauft durfte nur mit der Erlaubnis des Oba werden. Um die Erlaubnis zu umgehen, hat sich ein Piratentum auf den Flüssen Fermoso und Escravos entwickelt. Die Piraten wurden von den zeitgenössischen Autoren *usa* genannt. Möglicherweise waren die *Usa* zum größten Teil keine Bini, sondern eingewanderte Ijaw, welche sich am Handel unter dem geringsten Aufwand beteiligen wollten« (*M. Jungwirth*).

Abb. 133
Terrakottakopf
aus Ife

Alte Handelsplätze wurden aufgelassen, neue gegründet. Von den holländischen waren Arebo und Boedoe die wichtigsten. Der alte, einst so bedeutende Hafen von Gwato verlor an Bedeutung. Doch standen alle Häfen unter der Oberhoheit Benins und die Einkünfte am Handel kamen nach wie vor Benin zugute. Nur ein einziges, Benin tributpflichtiges Gebiet vermochte sich durch den Handel von Benin unabhängig zu machen: Awerri. Im Jahre 1897 erfolgte der Zusammenbruch des Reiches von Benin.

## Yoruba

Der Name Yoruba galt ursprünglich nur für die Leute des Königreiches Oyo. Heute verbindet man mit dem Begriff Yoruba eine Vielzahl von Ethnien, welche dieselbe Sprache sprechen und mit rund sechs Millionen Menschen den Westen der Republik Nigeria bevölkern. Ihren Ursprung leiten die Yoruba gleichfalls von Ife ab.

Ein Spezifikum der Yoruba sind ihre Städte. Ibadan hat etwa 750 000 Einwohner und sieben andere Städte, abgesehen von Lagos, zählen über 100 000 Menschen. Solange sich die Yoruba zurückerinnern können, wohnten sie in Städten. Bereits im Jahre 1505 beschrieben die Portugiesen Ijebu Ode als eine große Stadt. Zu dieser Zeit besaßen vermutlich die Hauptstädte der verschiedenen Königreiche eine Einwohnerzahl zwischen 20 000 und 50 000 Menschen. Jedenfalls waren die Yoruba bereits in vorkolonialer Zeit das am meisten verstädterte Volk in Afrika.

Die Städte der Yoruba haben einen ländlichen Charakter; dadurch unterscheiden sie sich von den Städten im Westen. Ibadan wird zum Beispiel ein »Stadt-Dorf« genannt, denn es hat das Aussehen einer Stadt und die Struktur eines Dorfes. Die Bewohner der Städte sind zum größten Teil – in Ibadan zum Beispiel etwa 70% – Yams- und Maniok-Bauern, hinzu kommen Handwerker, Händler und andere Spezialberufe. Weit im Umkreis der Stadt liegen die Felder. Sind diese allzu weit von der Stadt entfernt, errichtet man Landhäuser auf den Äckern. Das Leben der Bauern bewegt sich auf diese Weise zwischen ihrem Haus (Gehöft) in der Stadt und dem Hause auf dem Lande. Manche Bauern kommen sogar nur zu den religiösen Feiern in die Stadt. Nur die Häuptlinge verbringen ihr Leben ständig in der Stadt und auch der König (Oba) hat dort im Zentrum seinen Palast mit zahlreichen Impluvialbauten und Innenhöfen. Alle Familienfeste, wie z. B. Hochzeit und Tod, werden im städtischen Bereiche abgehalten. Schulen auf dem Lande, verbesserte Kommunikationsmöglichkeiten sowie eine zunehmende Differenzierung des Berufswesens und der sozialen Schichtung und nicht zuletzt auch die Lockerung der verwandtschaftlichen Bindungen, haben selbstredend zu weitgehenden Veränderungen des traditionellen Stadtbildes mit beigetragen.

Reich entwickelt ist ihr Götterkult. Die Yoruba behaupteten, über 400 anthropomorph gedachte Gottheiten (*orisha*) zu besitzen. Die Zahl der Anhänger traditioneller Kulte schwankt zwischen 20 und 6% in den Städten, doch nehmen sowohl Christen wie Muslims lebendigen Anteil an den traditionellen religiösen Jahresfesten. Olorun (d. h. Besitzer des Himmels) ist der oberste Gott. Er ist der Schöpfer der Welt, doch sind ihm weder Altäre noch Priester geweiht. Er stellt also eine otiose Himmelsgottheit dar, die den Menschen weit entrückt ist. Weitaus näher steht den Menschen dagegen der Donnergott Shango, ein mythischer Alafin (Oba oder König) von Oyo und der Trickstergott Eshu, der durch seine Streiche Unruhe unter den Menschen stiftet. Ogun ist der Eisen- und Kriegsgott. Alle Götter haben ihre eigenen Altäre, Priester und Kulte, abgesehen von den vielen den Ahnen und den Geistern des Landes geweihten Kultstädten. Eine wichtige Rolle im Kultleben spielt auch das aus Ife stammende Ifa-Orakel. Bei diesem werden 16 Palmnüsse geworfen und aus der Lage derselben wird auf die Zukunft geschlossen. Für eine jede der 256 möglichen Positionen weiß der Babalawo (Wahrsager) eine langwierige Erklärung.

## XVI.
## DIE KUNST DER SCHWARZAFRIKANER

Den imponierenden Felsbildergalerien Nord-, Zentral- und Südafrikas steht eine nicht minder imponierende traditionelle Kunstübung der Schwarzafrikaner gegenüber. Während die Felsbilderkunst Jahrhunderte, ja Jahrtausende zu überdauern vermochte, blieb von der traditionellen Volkskunst der Schwarzafrikaner zu unserem Leidwesen nur ein Bruchteil bis auf den heutigen Tag uns erhalten. Klima und Termitenfraß, Einbrüche von seiten kriegerischer Hirtennomaden sowie das anfängliche Unverständnis der Hochreligionen für eine heidnisch-religiöse Kunstausübung haben zu einem nahezu völligen Zusammenbruch der traditionellen Kunst in Afrika mit beigetragen. Trotz alledem aber blieb uns ein nicht unbedeutender Rest erhalten, der unsere Bewunderung verdient und uns nur ahnen läßt, *was* Negerafrika im Verlauf seiner vieltausendjährigen Geschichte an Volkskunst geboten hat.

Wie alle Kunst in Afrika, ist auch die der Neger zweckbestimmt. Es sind weniger die ästhetischen Gesichtspunkte, die der Völkerkundler als Wertmaßstab ins Treffen führt, als viel mehr die funktionalen Aspekte, d. h. vorab die religiösen und repräsentativen Aufgaben, welche der Volkskunst im Gesellschaftsleben zugedacht sind. Mit der Erschütterung der traditionellen religiösen, politischen und wirtschaftlichen Grundlagen der afrikanischen Lebenshaltung war auch der Volkskunst der Nährboden genommen, von dem sie ihre Kräfte bezog. Die Frage, in welch einem Ausmaß eine sogenannte »angewandte Kunst« im Sinne eines lokalen, für den Tourismus arbeitenden Kunsthandwerks imstande ist, einzelne traditionelle Stilelemente und Techniken vor dem völligen Vergessen zu bewahren, gewinnt zunehmend an Bedeutung und zeitigte bereits eine Reihe praktischer Erfolge ... so auch in Afrika.

Die von *H. Baumann*, *H. Himmelheber*, *E. Leuzinger* und anderen Forschern unternommenen Versuche einer Gliederung der afrikanischen Kunst haben eine Unmenge von Stilen und Stilvarianten ergeben. *E. Leuzinger* spricht von rund tausend Stilen, welche die Afrikaner entwickelt hätten.

Aber das sind bloß Zahlen, Vermutungen, denn – wie gesagt – uns ist nur ein kümmerlicher Rest verblieben und allem anderen haben wir nachzutrauern. Eine jede Gliederung afrikanischer Stilprovinzen ist als ein mehr oder weniger geglückter Versuch zu werten. So auch die im folgenden wiedergegebene, im wesentlichen heute übliche Gliederung afrikanischer Stilprovinzen:

1. Westsudan: Bambara, Dogon, Mossi, Bobo, Senufo.
2. Westatlantische Küstenländer: Bidjogo, Mende, Kissi, Dan, Kran.
3. Ostatlantische Küstenländer: Elfenbeinküste mit Baule, Guro, Ebrie und Krinjabo; Ghana, Togo, Dahomey; Frühkulturen von Nigeria mit Nok, Ife, Benin, Esie; Nigeria seit hundert Jahren mit

Yoruba, Ibeji; die Waldstämme von Südostnigeria mit den Ijo, Ibo, Ibibio, Ekoi; Nordnigeria mit den Jukun, Chamba, Tiv, Afo, Mama, Koro und anderen Stämmen.
4. Kamerun und ehemalig Französisch-Äquatorialafrika: Sao Kultur, Adamaua und Ubangi-Schari, Kameruner Grasland mit Bamiléké und Bamum, Waldland von Westkamerun mit den Duala, Pangwe, Ambete, Gabun-Stämmen, Kuju, Bembe.
5. Kongo mit Niederkongo (Kongo), Südwestkongo (Jaka, Suku, Mbala, Muana), Zentralkongo (Kuba, Salampasu), Südostkongo (Songe, Tschokwe, Linda, Luba), Nordkongo (Mbole, Babua), Nordwestgruppe oder Kongo-Ubangi-Region.
6. Ostafrika mit Südostsudan (Niloten, Nordostbantu), Zwischenseegebiet (Himastaaten), Kenia und Tanganyika, Äthiopien, Küstenzone Ostafrikas (Suaheli), Kondegruppe.
7. Südostafrika (Simbabwe, Rotse).

Abgesehen von diesen lokalen Stilgruppen beziehungsweise Stilprovinzen läßt sich die Kunst der Schwarzafrikaner in drei große Gruppen scheiden: in eine religiöse Kunst, die zumeist dem Ahnendienst und Zauberglauben gewidmet ist, eine Hofkunst oder Aulik, die der Repräsentation des Herrschers dient, und eine Art Souvenirkunst, die im modernen Tourismus ihren Mäzen gefunden hat.

## Ahnenfiguren

Unter der Vielzahl figürlicher Darstellungen, denen die verschiedensten Funktionen zugedacht sind, nehmen die Ahnenfiguren eine besondere Stelle ein. Es handelt sich hier in der Regel um Holzfiguren, die dem Geist oder der Seele eines Verstorbenen als Ersatz für seinen irdischen Körper angeboten werden. Man spricht mit diesen Figuren, holt sich Trost und Rat bei ihnen und versucht den die Figur bewohnenden Geist oder die Seele durch Opfer günstig zu stimmen. Ist man doch von der steten Furcht erfüllt, der Geist oder die Seele könnte sich für alle im Leben erlittene Unbill an den Hinterbliebenen rächen wollen. Diese Ahnenfiguren sind auch aus dem Verlangen heraus zu verstehen, seine verstorbenen Familienangehörigen möglichst ständig in der Nähe zu wissen und sie an dem Leben der Familie unmittelbar teilnehmen zu lassen.

Verwandt mit der Ahnenfigur ist der Ahnenpfahl, eine meist auf dem Grabe aufgestellte rohe Pfahlplastik, die den Toten darzustellen hat. In der älteren Literatur werden solche Ahnenbildnisse (Ahnenfigur und Ahnenpfahl) auch »Götzen« oder »Fetische« geheißen. Nach *Valentim Fernandes* (um 1500) machten sich die Küstenbewohner in Sierra Leone von allen Toten ein Andenken, sowohl von den reichen wie von den armen. Für die einfachen Leute und Sklaven genügte eine »Kugel aus Holz«, bei angesehenen und reichen Leuten war man bestrebt, einen diesen ähnlichen »Götzen« anzufertigen. Diese Ahnenbildnisse stellte man in einem mit Stroh gedeckten Hause auf und alljährlich wurden diesen Götzen Hühner- oder Ziegenopfer dargebracht, je nach dem Ansehen der Person. Die hier angedeutete Porträtähnlichkeit bezieht sich allerdings nicht auf eine Ähnlichkeit des Gesichtes als viel mehr auf bestimmte Embleme, Hoheitszeichen, Schmuck, Tatauierung und auf bestimmte Eigentümlichkeiten des Verstorbenen, an denen dieser identifiziert werden kann, wie es auch sonst bei der rezenten Figurenkunst der Senufo und unzähliger anderer Ethnien üblich ist.

Alles Außergewöhnliche in der Natur kann eine günstige, aber auch eine unheilvolle Bedeutung besitzen. Dies ist auch bei der Geburt von Zwillingen der Fall. Eine solche wird oft gerne gesehen, sie

 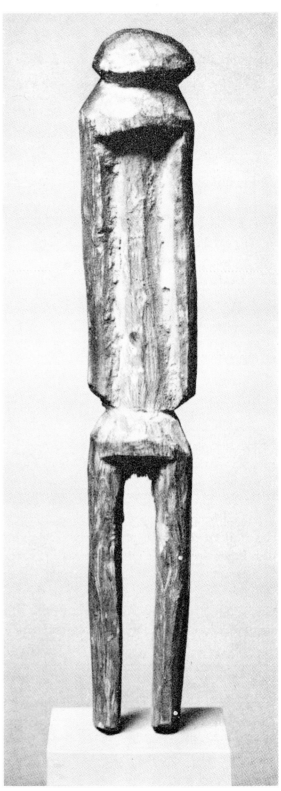

Abb. 134  Pfahlplastik: Ahnenfigur der Moba (N.-Toga)      Abb. 135  Ahnenfigur von den Cokwe (Angola)

kann aber auch, wie etwa bei den Buschmännern in Südafrika, eine unheilvolle Bedeutung haben. In diesem Falle wird einer der beiden Zwillinge aus magischer Furcht getötet. Eine aus einer Kalebasse und aus Fellstücken hergestellte Puppe ersetzte bei den Nyamwezi in Ostafrika den getöteten Zwilling und wurde wie der lebende Zwilling behandelt. Limba und Loko in Sierra Leone opferten sogar einer solchen Zwillingspuppe. Die berühmtesten unter den Zwillingsfiguren oder -puppen sind aber doch die nach dem Zwillingsgott Ibedji benannten Figuren der Yoruba. Fast immer sind die beiden Figuren beisammen zu sehen, auch sind sie in den Häusern der Yoruba viel häufiger anzutreffen als es dort Zwillinge gibt.

Jungen Frauen zu Kindersegen zu verhelfen, ist eine Aufgabe sogenannter Fruchtbarkeitspuppen, wie sie bei den Bergheiden (Kirdi) in Nordkamerun anzutreffen sind. Diese Puppen werden häufig von Frauen und Mädchen auf dem Rücken getragen, als ob sie echte Kinder wären. Es handelt sich dabei um rohgeschnitzte, mit Glasperlen, Münzen und ausgeschossenen Patronenhülsen reich behangene Holzpuppen, von denen sich die Besitzerinnen nur schwer zu trennen vermögen.

Schier unüberschaubar ist die Zahl der verschiedenen Zauber- und Fetischfiguren, unter denen die bereits erwähnten Spiegel- und Nagelfetische zu größter Berühmtheit gelangten. Darstellungen von Götterfiguren finden wir fast nur in Gebieten archaiischer Hochkulturen, wie etwa bei den Yoruba. Hier haben wir es mit einem wohlorganisierten Götterpantheon zu tun, das sogar den Ahnenkult in den Hintergrund abzudrängen vermochte. An der Spitze der Götter (*orisha*) steht Olorun oder Olodumare, der Himmelsgott. Er schuf alle anderen Gottheiten und nimmt wie Nyame bei den Aschanti eine Sonderstellung ein. Von einer figürlichen Darstellung dieser Gottheit ist nirgendwo die Rede. Doch gibt es neben Olorun eine zweite Himmelsgottheit namens Obatalla oder Oschalla, die als Reiter dargestellt wird. Olorun genießt keinen eigenen Kult, auch erhält er keine Opfer, er ist eine otiose Himmelsgottheit, die an den Menschen keinen weiteren Anteil nimmt. Mutter der Erde und Stammutter der Yoruba ist die Odua (Odudua oder Oduduwa). Sie regierte als erste auf Erden als König von Ife und auch der Oni von Ife führt seinen Ursprung auf sie zurück. Die genaue Anzahl der yorubischen Götter ist unbekannt; sie reicht weit über 400 hinaus. Der populärste Gott der Yoruba ist jedoch Schango, der Donnergott. Er wird in der Kunst als Widder dargestellt oder als Reiter auf einem Pferd. In der Hand hält er den Donnerkeil. Seine Frauen sind Flußgottheiten. Steinkeile, Rasseln, Ledertaschen, Tanzkeulen mit angeschnitzten Köpfen sind seine Abzeichen, die man auf den Toren zu den Fürstengehöften und Tempeln abgebildet sehen kann. Die Könige von Oyo (Alafin) leiten ihre Herkunft von diesem Gotte ab. Bei den Totenfeiern treten die Egun-Masken auf; sie kommen zusammen mit Egun aus dem Totenreich zu den Menschen. Seit dem Ende des vorigen Jahrhunderts aber sind diese Egun-Masken bereits zu einem Souvenirartikel herabgesunken, denn sie werden von den Fon in Dahomey auf oberflächliche Weise nachgeschnitzt und als »Lagos-Masken« an die Weißen verkauft. Der Trickstergott Edshu, Götterbote und eng befreundet mit dem Wahrsagegott Ifa, tritt gerne auf den mit Flechtbändern verzierten Holzbrettern des Ifa-Orakels in Erscheinung. Diese sowie die von geschnitzten Reitern oder von Frauenfiguren getragenen Ifa-Schalen bilden eine Besonderheit der yorubischen Schnitzkunst. »Ifa ist eine wahrsagende Gottheit, die noch über dem Himmelsgott steht. Die Bretter dienen einem Orakel, in dem die Verbindung zur übersinnlichen Welt mittels der heiligen Zahl vier hergestellt wird: mit vier Würfen von vier mal vier Palmkernen, die sich an vier mal vier Götter richten innerhalb der vier Himmelsrichtungen, die das viereckige Ifabrett versinnbildlicht. In den Schalen werden die Palmkerne – Ifa

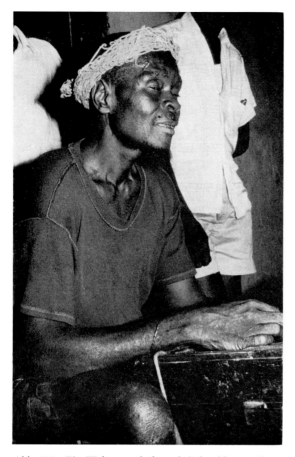

Abb. 136 Ein Wahrsager befragt bei den Timne (Sierra Leone) das Spiegelorakel (»Bergspiegel«)

Abb. 137 Die Wahrsagerin Demo Sisseh in Regent bei Freetown (Sierra Leone) bedient sich eines dem Ifa-Orakel ähnlichen Wurforakels. Aus der Lage der Kauri wurde die Zukunft abgelesen

heißt Palmkern – aufbewahrt. Will man das Orakel befragen, so wird Mehl auf das flache Brett gestreut. Die Kerne werden mit der rechten Hand in die Luft geworfen und mit der linken aufgefangen. Je nachdem ob die Linke eine gerade oder ungerade Zahl von Kernen fängt, werden in das Mehl zwei parallele Striche oder nur einer gezogen. Es ergeben sich Reihen von Strichen und Strichpaaren, aus denen Bezüge zu vier Gottheiten abgeleitet werden. Das Orakel offenbart also Verbindungen mit der Götterwelt, die sich im Leben der Menschen auswirken. Das Orakel wird jeden Morgen vom Ifa-Priester des Dorfes angerufen, um zu erfahren, wie der Tag verlaufen wird, und ebenso vor wichtigen Unternehmungen« (*H. Himmelheber*). Gott Edshu brachte das Ifa-Orakel zu den Menschen; er wird stets im Profil, sehr füllig, unbekleidet, geschlechtslos, mit langem Zopf und stets etwas im Munde haltend, zum Beispiel mit einer Tabakspfeife, dargestellt.

Einige der Yoruba-Götter werden im ganzen Lande verehrt und darüber hinaus in benachbarten Ländern, andere wiederum haben nur eine lokale Bedeutung. Anhänger und Verehrer einer jeden Gottheit bezeichnen sich als deren Kinder. Für gewöhnlich verehrt man die Gottheit seines Vaters, mitunter aber auch die Gottheiten beider Eltern. Zeitlebens fühlen sich die Mitglieder einer Sippe beziehungsweise eines Klans mit ihrer Klangottheit verbunden. Die meisten Schnitzwerke der Yorubakünstler aber beziehen sich auf den Schango- und Egun-Kult oder auf das Ifa-Orakel.

Maskenwesen

Auch in Afrika ist das Maskenwesen von Totenkult und Geheimbund nicht zu trennen. Oft wird die Maske als eine Personifizierung des Toten selber aufgefaßt, auch trägt sie häufig den Namen eines verstorbenen Verwandten, der in der Maske wieder zum Leben erwachte. Außer ihrer Funktion als Totenmaske und Geisterschreck bei den Leichenfeiern spielt sie eine wichtige Rolle im Rahmen der Initiationsfeierlichkeiten sowie bei Tänzen, welche die Fruchtbarkeit der Frauen und der Felder fördern sollen. Sie tritt im Geheimbund als Rächer- und Richtermaske auf und dient oft auch der bloßen Unterhaltung. Im allgemeinen aber stellen die Masken Ahnengeister, Tote oder dämonische Wesen (Naturgeister) dar.

In dem »Masken-Register« von *H. Himmelheber* werden unter den »Masken-Funktionen« Maske und Ahne, Amtsträgermasken, Masken bei Beerdigung und Beschneidung, Maskenbund, Masken bei Feldbestellung, Masken und Geheimbünde, Masken und Hexen, Jugendbünde, Jugendlager, Kranke

Abb. 138 Maskentänzer vor dem alten Königspalast in Foumban (Kamerun). Zu Ehren der Toten wurden bei den Totenfeiern oft Maskentänze aufgeführt

Abb. 139  Kopfaufsatz (Maske) der Kurumba (Obervolta), die bei Totenfeierlichkeiten von jungen Männern getragen wurde

und Krieg, ferner Richtermasken und Friedensstiftermasken, Schauspielermasken und Schreckmasken, Masken und Tote, Vergnügungsmasken, Wächtermasken und schließlich Masken als Zauberer und Wahrsager angeführt; an sich schon ein Hinweis auf die »Funktions-Breite« der Maske. Außer der »großen Maske« der Dogon (Nord-Obervolta und Zentral-Mali), die den Mittelpunkt des Sigui-Kultes bildet und als Sitz der Seele des Urahnen der Dogon aufgefaßt wird, gibt es bei diesem Ethnos noch eine Unmenge anderer Masken, die dem Totenkult gewidmet sind. Manche dieser Masken tragen gewaltige Kopfaufsätze von sinnbildhafter Bedeutung. Einer nicht geringeren Hochschätzung als die »Dogon-Kunst« erfreuen sich in Sammlerkreisen die sogenannten Tjiwara-Masken der Bambara (Mali), das sind Kopfaufsätze in Antilopengestalt, die sich junge Leute auf dem Kopf befestigen und damit paarweise auf den Äckern tanzen, um diesen Kraft und Fruchtbarkeit zu vermitteln. Zu großer Berühmtheit gelangten auch die Antilopenmasken der Kurumba (Obervolta), die bei den Totenfesten von den jungen Männern getragen werden. Große Kopfaufsatzmasken schnitzen die Bobo in Obervolta. Nach dem Glauben der Leute wählen sich die Seelen der Verstorbenen bestimmte Tiere als Wohnort aus, wie etwa die Eule, die in den Masken zur Darstellung gelangt und in den an Eulenaugen erinnernden Augenformen der Maske ein charakteristisches Stilelement vermittelt. Diese Masken gelten als fruchtbarkeitsfördernd und geisterabwehrend. Die Masken der Guro und Baule an der Elfenbeinküste, verwandt mit jenen der Senufo, wurden unterdessen ein beliebtes Sammelobjekt, und ebenso die imponierenden Masken der Baga, nachdem die religiösen Grundlagen der Schnitzkunst weitgehend verloren gegangen waren und jetzt diese Masken fast nur mehr für die Fremden geschnitzt werden. Der Hang zum Stilisieren tritt besonders in den schräg auf dem Kopfe getragenen Büffelmasken der Baule in Erscheinung. Man glaubt von ihnen, daß sie Hexen und Dämonen verzehren könnten.

Ein sehr ergiebiges Maskengebiet stellt auch der breite Regenwaldstreifen dar, der von den Mangrovensümpfen des Nigerdeltas über den Bereich des Kreuzflusses über die Idjo, Ibo und Ibibio bis zu den Ekoi hin sich erstreckt. In den Gebieten dieser Waldstämme hat sich das Maskenwesen in besonderem Maße entwickelt und erhalten können. Regen Anteil daran hat das hier herrschende Geheimbundwesen, das sich verschiedener Masken mit einem beweglichen Unterkiefer, wie etwa in Alt-Kalabar, oder mit Tierhaut überzogener doppelgesichtiger Kopfaufsätze mit Januscharakter bedient (Ekoi). Hölzerne Kopfaufsätze, welche die Träger ins Riesenhafte erhöhen, waren auch bei den Totenfeierlichkeiten im Kameruner Grasland üblich. Die große Kunstfreudigkeit dieses Gebietes ist so berühmt, daß man sogar von einer »Graslandkunst« spricht. Insbesondere entwickelte sich das Bamumland unter seinem kunstsinnigen König Njoya zu einem Zentrum höfischer Kunst (Aulik), von der noch später die Rede sein wird. Großes Rätselraten haben die »weißen Masken« vom Ogowe (Gabun) ausgelöst. Es sind dies die naturalistischen und nur wenig stilisierten Frauenmasken, die mit ihren schmalen Sehschlitzen, den bogenförmigen, leicht reliefartig hervortretenden Augenbrauen auf weißem Grund einen geisterhaften Anblick gewähren. Unter anderem werden diese Masken auch als aus der Totenwelt zurückgekehrte Frauen gedeutet. Meister der Maskenschnitzkunst waren auch die Pende in Südostkongo, die Tschokwe in Südostangola und die Kuba im Kasai-Sankurugebiet. Die Masken gelten vielfach als Schutzherren der Geheimbünde und werden im besonderen bei den Reifefeiern und zur Abwehr von Dämonen getragen.

### Werkstoffe der Figuren- und Maskenschnitzerei

Für die meisten Figuren und Masken ist Holz der natürlich gegebene Werkstoff. Man fertigt aus Holz und Bastfasern die Masken an, aus Pflanzenfasern das so wichtige Maskengewand, das in der Regel von den Sammlern übersehen wurde, und aus Holz sind nahezu stets die verschiedenen Figuren geschnitzt. Dechsel (Querbeil), Messer, Stichel und Meißel sind die Werkzeuge, deren sich der Holzschnitzer bei der Arbeit bedient und die es ihm ermöglichen, seinen Vorstellungen sichtbaren Ausdruck zu verleihen. Das Schleifen mit Steinsplittern und kieselsäurehältigen Blättern – Hobel, Säge und Feile führten erst die Weißen ein –, das Polieren und Glänzen mit Rotholz, die Behandlung des Holzes mit Rauch und Blättersäften, das Bemalen, mit Haut Überziehen oder mit Perlen Besticken, das Anbringen von Goldblech- oder Aluminiumfolien, von Silberblech und Stanniol sind zusätzliche Verschönerungen, die man dem Holze zugedacht hat. Die Holzschnitzkunst ist in der Regel die Domäne des Mannes. Dieser schnitzt zum Beispiel bei den Südostbantu die schönen Milchgefäße, deren gefällige, mit Brandmustern verzierten Formen heute freilich nur noch in den verschiedenen Völkerkundemuseen und Privatsammlungen zu finden sind, die hölzernen Sitzschemel und Nackenstützen, die Trommeln, hölzernen Becher, Deckelgefäße, Spazierstöcke, Löffeln, Schüsseln und vieles andere mehr. Kunstvolle Zier (Gravierungen, Bemalung und Kaurischmuck) findet man oft an den Kalebassen oder Kürbisgefäßen, die, schmucklos und in profaner Einfachheit, bei Masai, Fulbe und anderen Hirtenethnien einen nicht hinwegzudenkenden Gebrauchsgegenstand für den Alltag bedeuten.

Das Elfenbein, ursprünglich ein Sinnbild der Kraft und ein Monopol des Königs, ist ein von der Hofkunst (Aulik) besonders bevorzugtes Material. Spitzenleistungen auf dem Gebiete der Elfenbeinschnitzerei brachten das alte Benin und Yoruba hervor. Man denke an die doppelt durchbrochenen Armringe, an die imposanten Panther-Darstellungen mit Kupfereinlagen, an die Anhängermasken aus Elfenbein und an die mit Reliefdarstellungen übersäten Elefantenstoßzähne, welche in den Bronzeköpfen der Könige und Königinnenmütter auf den Altären der Yoruba staken. Erinnert sei ferner an die elfenbeinernen Glocken und Signalhörner, die oft auch auf den Bronzeplatten dargestellt wurden sowie an die kunstvollen Pende-Miniaturmasken, welche die Novizen nach einem erfolgreichen Abschluß der Busch-Schule als Abzeichen und magisches Schutzmittel an einer Schnur am Halse trugen. Erinnert sei auch an die Elfenbeinarbeiten der Luba, welche Nackenstützen, Hörner und Figuren kunstvoll zu schnitzen verstanden.

In diesem Zusammenhang sei auch der »afro-portugiesischen« beziehungsweise »afro-europäischen« Elfenbeinkunst gedacht. Es handelt sich dabei um einen Misch-Stil afrikanischer und europäischer (portugiesischer) Stilelemente, deren erste Produkte bereits im 15. Jahrhundert Europa erreichten. Erst im Jahre 1959 prägte W. B. Fagg für diese Kunstarbeiten den Begriff: Afro-portugiesisches Elfenbein. Diese Kunstwerke wurden auf Bestellung der Portugiesen von afrikanischen Kunsthandwerkern angefertigt und dürfen als die Vorläufer einer modernen Souvenir- oder Andenkenkunst angesprochen werden. Da jedoch nicht nur Portugiesen, sondern auch Flamen, Engländer, Spanier und Holländer als Auftraggeber dieser Kunst in Frage kommen, schlug *Nikola Suwald* vor, diesen Begriff der Elfenbeinkunst auf »afro-europäisch« auszuweiten. Demnach wären unter den »afro-europäischen Elfenbeinarbeiten« jene Schnitzereien zu verstehen, »die ab dem

15. Jahrhundert entlang der afrikanischen Westküste durch einheimische Künstler für Käufer aus verschiedenen europäischen Nationen hergestellt wurden und als Beginn der afrikanischen Souvenirkunst zu gelten haben« (*N. Suwald*). Während die Auswahl der Motive bei dieser Kunst im wesentlichen europäischen Einfluß zeigt, sind Motivgestaltung und Arbeitstechnik afrikanischen Ursprungs. Die Arbeiten selbst beziehen sich auf die Herstellung von Gefäßen (Salzfässer), Blashörnern, Löffeln, Gabeln, Pulverhörnern und reliefierten Elefantenzähnen.

Frühzeitig gelangten diese Kunstwerke in die Kuriositätenkabinette europäischer Herrscher und von da erst in neuerer Zeit in die verschiedenen Völkerkundemuseen. In Unkenntnis ihrer wahren Herkunft wurden diese Kunstwerke als »türkisch«, »indianisch«, »gotisch«, »merowingisch« oder »altdeutsch« bezeichnet. Nach der Entdeckung der Beninkunst im Jahr 1897 glaubte man, sie allesamt der Benin-Kunst einverleiben zu können. Erst *Willy Foy* und *Siegfried Wolf* werteten sie als Arbeiten westafrikanischer Handwerker und ließen die Frage einer engeren Herkunft offen.

Für *W. B. Fagg* kamen drei Ursprungsgebiete in Frage: Das Gebiet um Freetown mit der alten portugiesischen Handelsstation Mitombo, das Küstengebiet von Loango und der Kongomündung und die Sklavenküste mit Lagos und Porto Novo, eventuell Whydah. Bereits *Valentim Fernandes* beziehungsweise *Alvaro Velho* wies um 1500 auf jene wunderbaren Elfenbeinschnitzereien, elfenbeinernen Salzfässer und Löffel hin, die von den Stämmen der »Serra Lyoa« erzeugt wurden, wobei unter diesen die Sherbro (Bullom) und Temne gemeint waren. In ähnlicher Weise rühmte auch *D. P. Pereira* die Ethnien als besonders geschickte Elfenbeinschnitzer. In einem Zollbuch der portugiesischen Casa de Guiné aus dem Jahre 1504/05 werden nach *F. C. Ryder* Elfenbeinschnitzereien und »Palmmatten« immer zusammen erwähnt, wobei unter den letzteren wohl Raphiaplüsche zu vermuten sind. *F. C. Ryder* schloß daraus, daß im 15. und 16. Jahrhundert nur die Bewohner der Küste von Sierra Leone die Produzenten gewesen sein könnten. Den ältesten Bericht über Elfenbeinschnitzereien in Benin verdanken wir *James Welsh* aus dem Jahre 1588, worin es heißt, daß die Leute von Benin auch viele hübsche, zarte Matten und Körbe und merkwürdig gearbeitete elfenbeinerne Löffel erzeugen, die mit verschiedenen großen Vögeln und vierfüßigen Tieren verziert sind. Offenbar wurden *J. Welsh*, wie *N. Suwald* meint, solche und ähnliche Produkte als Handelsartikel angeboten, während er die Fülle der am Königshof üblichen Elfenbeinarbeiten wie etwa die elfenbeinernen Masken als Gürtelanhänger, Armmanschetten, Armringe, Stab- oder Fliegenwedelgriffe, Zepter, Glocken, Hörner, Menschen- und Tierfiguren, Dosen und Kästchen, Becher und Löffeln nicht unbedingt gesehen haben mußte. Schließlich erwähnt *S. Braun* aus dem zweiten Jahrzehnt des 17. Jahrhunderts das Vorkommen afro-europäischer Elfenbeinschnitzereien an der Loangoküste.

Dem Elfenbein ist die Bearbeitung von Knochen und Zahn, von Muschel- und Eischale anzuschließen. Zähne der Feliden (Löwen und Panther) und Elefanten werden gerne von großen Jägern, Königen und Fürsten als Symbole der Macht und Kraft getragen. Auch die Knochen und Wirbel von Schlangen, Fischen und Elefanten, desgleichen Elefanten- und Giraffenhaar, finden im Schmuck häufig Verwendung. Die weiße, aus dem Boden der Conusschnecke geschliffene Scheibe (»Pande«) ist in Rhodesien, Kongo, Angola und in Ostafrika ein sehr charakteristisches Häuptlingssymbol, und die im Indischen Ozean beheimatete Kaurischnecke hat als Schmuck und Zahlungsmittel in Schwarzafrika eine sehr weite Verbreitung gefunden. Eine Spezialität der Khoisaniden (Buschmänner und Hottentotten) bilden die geschliffenen Straußenperlenketten (auch Muschelscheibchenketten), die schon von den frühesten Reisenden für Buschmänner und Hottentotten als charakteri-

Abb. 140  Ein aus Elfenbein geschnitztes »Salzfaß«, ein Beispiel für »afro-europäische Elfenbeinarbeiten« (Westafrika)

Abb. 141  Ein aus Elfenbein geschnitztes Armband in Gestalt zweier ineinander steckender Röhren (Benin)

stisch angesehen wurden und ein begehrter Tauschartikel waren. Die Vorliebe für einen solchen Straußeneischalenschmuck in Ost-, besonders aber in Südafrika bei Khoisaniden und auch bei Bantu war die Voraussetzung für jene überaus günstige Aufnahme der aus Europa massenhaft importierten Glasperlen Gablonzer Herkunft, die insbesondere im Schmuckwesen der Ost- und Südostbantu reichlich verwendet wurden.

Stein – so heißt es oft – wird in der Negerkunst nur selten verarbeitet; dies gälte auch mit wenigen Ausnahmen für die Figuralkunst und für die Architektur. Näher zugesehen, stimmt das nicht ganz. *F. Willett* widmete in seinem Ife-Buch ein eigenes Kapitel den Steinskulpturen. Eine etwa fünf Meter hohe, mit spiralköpfigen Eisennägeln beschlagene Steinsäule aus Gneisgranit in Ife gilt als Wanderstab oder Keule des großen Kriegers und Helden Oronmiyon, des Sohnes des Eisengottes Ogun der Yoruba. Ähnliche »Stäbe« wurden auch in Idi Ogun, im Haupttheiligtum Oguns, im Zentrum der Stadt Ife und an vielen anderen Plätzen gefunden, wobei aber keiner dieser Monolithen weniger als 1.20 m Höhe mißt. Diese Monolithen erinnern von Ferne an die megalithischen Steinsetzungen in Südäthiopien.

In Anlehnung an die Gedankengänge *A. E. Jensens* sah *G. P. Murdock* in solchen Steinsetzungen megalithischer Art die Spuren von aus dem Hochland von Äthiopien ausstrahlender Völkerwellen europider, beziehungsweise »kaukasischer« Herkunft. Sie wurden von ihm als »megalithische Kuschiten« bezeichnet, die vor allem als die ursprünglichen Erbauer der »quer durch den Sudan vom Westen bis Äthiopien und von dort nach Ostafrika, in Nord- und Süd-Rhodesien bis nach Transvaal hinein« verbreiteten künstlichen Terrassen angesehen werden müßten. *A. Jensen* vertrat auch die Meinung, daß der Terrassenfeldbau einst viel weiter in Afrika verbreitet gewesen war als heute und daß nach der Befriedigung ihrer Länder viele Bergvölker die Terrassenanlagen verließen und sich in den Tälern und Ebenen zum Rodungsbau entschlossen. Als typische Merkmale für diese Kulturen Afrikas sahen *A. Jensen* und ähnlich *G. P. Murdock* die künstlichen Terrassen an, oft auch verbunden mit einer künstlichen Wasserführung, ferner den auf diesen Terrassenfeldern intensiv betriebenen Feldbau, die Gründüngung sowie die Verwendung von Viehmist, menschlichen Fäkalien und Küchenabfällen, wie dies zum Beispiel bei den nilotischen Berg-Suk, bei Keyu, Kipsigi und Nandi-Stämmen im Nordosten des Viktoriasees und bei den Dschagga und Pare der Fall ist. *A. Jensen* verweist in diesem Zusammenhang auf die »stein-terrassierten Berge des Mandara-Gebirges«, auf die terrassierten Hänge bei den Angas und Dogon und den Kabre in Nord-Togo hin. Die allermeisten »Terrassen-Bauern« verfügen auch über »megalithische Denkmale aus unbearbeiteten Steinen. Es handelt sich vor allem um Versammlungsplätze, Grab- und Kult-Menhire oder Sitzsteine. Bei Stämmen des westlichen Adamaua-Berglandes, aus dem östlichen Bautschi-Plateau und aus Äthiopien sind vereinzelt auch Kult-Dolmen oder dolmenartige Sitzsteine erwähnt. Gegabelte und ungegabelte Holz-Pfosten – im Westsudan Lehmkegel – ersetzen zuweilen Menhire und haben die gleiche Funktion wie diese« (*A. Jensen*). So etwa bei den Konso in Südäthiopien sowie bei den Terrassen-Bauern in den Nuba- und Mandara-Bergen, in Adamaua, Togo und dem Ober-Volta-Gebiet. »Einzelmenhire« – heißt es weiter bei *A. Jensen* – »kommen als Grab- und Kultsteine vor. Die Sitten, Menhire auf alle Gräber oder auf diejenigen angesehener Männer zu setzen, ist bei Terrassen-Völkern Süd-Äthiopiens und des Mandara-Gebirges verbreitet. Sie ist auch von Bergstämmen Nord-Nigeriens und aus dem Atakora-Gebirge im nördlichen Togo von den Yaobou berichtet. Steine, Pfähle oder Lehmkegel repräsentieren den Gründer-Ahn, die Ahnen im allgemeinen oder Schutzgeister für das Gehöft.« – Der Mangel an geeigneten prähistorischen Unterlagen gestattet noch keine Zuordnung dieser steinernen Denkmale zu einer bestimmten Kulturschicht oder Kultur, geschweige denn zu einem bestimmten Ethnos oder einer Gruppe von Ethnien.

In neuerer Zeit mehren sich im Zeichen einer gesteigerten systematischen Ausgräbertätigkeit auch die Steinbilderfunde in Ife und weiterer Umgebung und es zeigt sich bereits, daß mit sehr intensiven Ausstrahlungen Ifescher Steinbildhauerei gerechnet werden muß. Weicher Talgschiefer und Gneisgranit boten sich als geeignete Werkstoffe an. *L. Frobenius* gab bereits im Jahre 1912 eine sehr eingehende Beschreibung von den von ihm im Jahre 1910 in Ife entdeckten Altertümern. Unter den verschiedenen Steinfiguren nimmt bei *L. Frobenius* die »Steinstatue des Idena« eine Sonderstellung ein. »Idena stand ... in einer Art arg mitgenommener kleiner Hütte, deren Dach ihn völlig verhüllte. Es ist eine Granitfigur, die ca. 90 cm aus der Erde emporsteigt. Ob noch Füße im Erdreich stehen, konnte ich nicht feststellen. Dieser Idena ist ... mit über dem Leib gefalteten Händen, mit Schurzgewand, mit reichen Troddeln an der Linken dargestellt. An den Armen hat er Ringe, um den Hals einen krausenartigen Schmuck. Das Interessanteste am Idena ist jedenfalls der Kopf, der schon abgeschlagen, und nur locker aufgesetzt war, als ich ihn das erstemal sah. Die Physiognomie mit den dicken Lippen und der breiten Nase hat etwas Negerhaftes. Die Ohren sind groß ... Die Haare sind sämtlich aus Eisenstiften hergestellt, die in kleine Löcher des Kopfes eingelassen sind ... Hinter der Granitfigur stehen unter dem Laub überhängender Bäume noch andere Skulpturen ... Eine ist wohlerhalten, es ist offenbar die Nachbildung eines Elefantenzahnes, der aus einem vierkantigen gröberen Klotz emporragt. Eine ähnliche Skulptur repräsentiert den Oranja ... Die Eingeborenen selbst erklären diese Steine übrigens nicht als Elefantenzähne, sondern als ›Stöcke‹, ›Zepter‹ der Götter. Der vorliegende ist ›der Stab des Idena‹, der gewaltige ... im Südwesten der Stadt emporragende der ›Stab des Oranja‹«.

Der nächste Fundplatz, den *L. Frobenius* beschrieb, war der »Monumenten-Park des Oni«. Dort entdeckte der Forscher unter anderem einen Block in Tropfen- oder Zwiebelform aus Eisen. »Die Höhe des Blockes beträgt 75, sein größter Umfang 104 cm, also ein tüchtiges Stück und ein bedeutendes Werk, wenn wir bedenken, daß es aus Eisen besteht. Der Volksmund spricht auch hier von einem Steinmonument, obgleich es aus Metall hergestellt ist. Die Legende sagt: dieser Stein sei der Ambos des alten Schmiedes Lade. Lade war der tüchtigste Schmied der Vergangenheit. Als er starb, verwandelte Ogun all sein Werkzeug in Stein. Der Stein im Onipalast ist der Ambos Lades und heißt: Ogun-Lade. Er wurde durch einen Regen aus der Erde gespült, als der erste Koran gerade in das Land gebracht wurde. So sagt die Legende«.

Selbstredend stehen diese alten Skulpturen und Figuren längst nicht mehr an ihrem alten Platz. »Vor etwa dreißig Jahren begann man, Altertümer aus vielen der Haine – wie dem Iwinrin-Hain – zur sicheren Aufbewahrung in den Palast zu bringen, und seitdem hat man nicht aufgehört, Stück für Stück zusammenzutragen. Eine sehr große Hilfe bedeutete dabei das nunmehr bestehende Museum (in Ife), denn in den im Wald gelegenen Götterhainen sind die Kunstwerke nicht sehr sicher. Später brachte man dann auch die Steinskulpturen aus dem Ore-Hain aus Sicherheitsgründen im Museum unter« *(F. Willett).* Ein zweites mächtiges Fundgebiet von Steinskulpturen liegt am Nordrand des Yorubagebietes in Esie. Die Zahl der dort gemachten Funde wird zwischen 800 und 2000 angegeben, jedenfalls eine Zahl, die auf verschiedene Bildhauer verschiedener Herkunft schließen läßt. Man vermutet, daß etwa Flüchtlinge aus Alt-Oyo diese Figuren nach Esie gebracht hätten. Figuren gleichen Stils fanden sich in Ofaro, Effon, Alaya, Ijara und in Ife selbst, doch ist man über den Ursprung aller dieser Steinfiguren noch im ungewissen. Drei Steinköpfe aus dem nördlichen Yorubaland brachte *L. Frobenius* nach Europa.

Als die »bemerkenswertesten Steinskulpturen« nennt jedoch *F. Willett* jene »kunstvollen Quarzstühle oder vielmehr -schemel«, die *L. Frobenius* als Hocker beschrieb. »Es sind das kurze Säulchen von etwa 35 bis 60 cm« aus Quarz oder Granit, mit einem seitlichen Henkel und im ganzen hockerförmig gestaltet. Auch gibt es Terrakotta- und Bronzedarstellungen von diesen Hockern, wobei eine solche Bronzedarstellung dem 13. Jahrhundert zugeschrieben wurde. *Bernard* und *William Fagg* sprachen die Vermutung aus, daß die Urform jener »Schemel«, »Hocker«, »Stühle« oder »Quarzsitze« in einem schachtelartigen oder ladenförmigen Behälter zu suchen wäre, der auch auf bronzenen Reliefplatten häufig dargestellt wurde. In Ife und Benin dienten solche Behälter sowohl zur Aufbewahrung von Kultgegenständen als auch als Schemel und in Benin werden nach *F. Willett* »während gewisser Zeremonien, bei denen der Herrscher als Gottkönig in Erscheinung tritt, dem Oba in einer solchen Lade ›Gaben aus Ife‹ gebracht«.

Aufgrund gewisser Ähnlichkeiten der Nok-Figurenkunst (vgl. Kapitel X) und jener von Ife und Yoruba neigt man heute dazu, Zusammenhänge zwischen beiden Kunstgebieten zu sehen, wobei die Nok-Kultur der Ausgangspunkt aller Kunstimpulse gewesen wäre. Man ist ferner geneigt, in der Nok-Bildnerei gleichsam die »Grundformen« zu suchen, die dann später in vielfach abgewandelter Weise in den Kunstprodukten von Esie und Ife, jedoch auch bei den *nomoli*-Figuren aus Sierra-Leone wiederkehren. Bei diesen *nomoli (nomori)* oder *pomdo* handelt es sich um Steinfiguren oder -köpfe aus dem Mende- und Kisi-Land in Sierra Leone.

»Bisher galten *nomoli* oder *pomdo* ›prähistorisch‹« – schreibt *K. Dittmer* – »in dem Sinne, daß ihre Verfertiger unbekannt waren und die rezenten Mende und Kisi zumeist verneinen, daß sie solche Figuren herstellen können. Als Datierungen wurden Epochen ›vor einigen Generationen‹ über ›vor einigen Jahrhunderten‹ bis zu Zeiten eines vermuteten ›altägyptischen Einflusses‹ genannt. Schon von den ersten Sammlern, die als Kaufleute oder Missionare in Sierra Leone ansässig waren, wurde schon richtig gemeldet, daß die Figuren zumeist bei Farmarbeiten ausgegraben wurden.« In den frühen portugiesischen Quellen wird von Steinfiguren *(nomoli?)* mit Ausnahme von *Valentim Fernandes* keine Erwähnung getan, offenbar aus dem Grunde, weil sich die Erzeugerstätten der Steinfiguren nicht unmittelbar an der Küste befanden und die Produktion derselben ausschließlich im Dienste des Kultlebens der Einheimischen stand. Von einem Angebot an Steinfiguren im Handel mit den Portugiesen kann wohl damals kaum die Rede sein. Als Fundgebiete für die *nomoli* kommen nach *K. Dittmer* im Mende- und Temne-Land in Frage: Das »Hinterland von Sherbro zwischen Boom- und Kittam-River bis zum Mano ab 20 km von der Küste entfernt. Andere Stilgruppen finden sich im Kisi-Land von Nordost-Sierra-Leone und vor allem in Guinée«. Im Gegensatz hierzu ist in den portugiesischen Quellen schon um 1500 von einer entwickelten Produktion von Elfenbeinschnitzereien im Sinne einer afro-europäischen Kunst die Rede. Begreiflicherweise: Elfenbeinarbeiten eigneten sich für weit besser als Warenangebot an Portugiesen als etwa Steinfiguren.

Die in den Reisfeldern von den Eingeborenen gefundenen *nomoli* gelten als »kraftgeladen« und als Sitze eines helfenden Geistes; sie werden zumeist unter einem Schutzdach aufgestellt oder zu Hause aufgehoben. Stilanalytische und vergleichende Studien *K. Dittmers* verlegen die »Frühphase des *nomoli*-Stiles« in die Zeit zwischen dem 13. und 14. Jahrhundert. Eine sehr naturgetreue

Wiedergabe der Gesichtszüge mit zum Teil äthiopidem Rassentypus erinnert an die Bronzeköpfe von Ife. Die »Verfallsphase«, beginnend mit dem Untergang des Bullom- (Sherbro-)Reiches gegen Ende des 16. Jahrhunderts, ist durch rohe Figuren und Gesichter mit starker Vorkieferigkeit, tief eingesattelte flache und breite Nasen mit geblähten Nüstern sowie froschartige Glotzaugen ausgezeichnet. Mitunter fehlen den Figuren die Beine und oft sind in der Bauchgegend oder am Scheitel des Kopfes Löcher eingepickt, die zur Aufnahme von Medizinen dienten. Bei älteren Stücken wurden sie erst nachträglich von den Findern eingearbeitet. Mit dem Eindringen der Mende vom Ende des 17. bis zur Mitte des 18. Jahrhunderts endete die Verfallphase der Steinbearbeitung. Diese historischen Ereignisse trennten die nahe miteinander verwandten Bullom und Kisi voneinander mit dem Ergebnis, daß der Kisi-Stil der *nomoli* oder *pomdo* (Kisi) eine Sonderentwicklung nahm, die in Richtung auf die im Hinterland übliche traditionelle Holzschnitzkunst führte. Eine weitere Stilentwicklung bei den Kisi nannte *K. Dittmer* den »grinsenden Stil«, der sich vor allem in der Darstellung von Herrschern und Kriegern ergeht. »Bewaffnung, Kleidung und Verwendung des Reitpferdes erweisen die Dargestellten als Angehörige einer feudalen Reiterkrieger-Erobererschicht. Ihre Herkunft muß gemäß einiger Beziehungen zum Mande-Kulturkreis mit der kriegerischen Expansion der mittelalterlichen Mande-Reiche – insbesondere nach deren Bedrängnis durch die Songhai – in Beziehung stehen«. *K. Dittmer* weist in diesem Zusammenhang auf das Eindringen der Manes (Sumbas) ab dem Jahre 1564, die als gefürchtete berittene Kriegerscharen von Mande-Herkunft die autochthonen Kisi unterjochten. (Auch der Begriff »Manes-Stil« wäre für den »grinsenden Kisi-*pomdo*-Stil« angebracht.) »Alle Gesichter dieses Stils weisen einen außerordentlich breiten, zähnefletschenden Mund mit nach oben gezogenem Mundwinkel auf« – schreibt *K. Dittmer*. Daher der Name »grinsender Stil«. Einen dritten »*pomdo*-Stil« nennt *K. Dittmer* den »Guinée-Stil«. Auch dieser Stil ist mit den Mande verbunden und wird durch gerade in zwei halbkreisförmige Brauen auslaufende Nasenrücken charakterisiert.

Alle frühesten Stilphasen der Steinfiguren weisen nach *K. Dittmer* sowohl untereinander als auch mit den Stilprovinzen Nigerias (Yoruba, Benin, Kamerun, Nupe, Nok) »engere verwandtschaftliche Beziehungen« auf und bestätigen somit, »daß nicht nur 1. die Stile Nigerias untereinander in engen Beziehungen stehen, auf eine gemeinsame Wurzel zurückgehen und ihr Beginn einige Jahrhunderte vor die Begründung der Benin-Hofkunst (Anfang des 14. Jahrhunderts) zurückdatiert werden muß; sondern auch daß 2. der nigerianische Kunstkreis einst weiter nach Westen ausstrahlte, bis zu den Königreichen westatlantischer und Mande-Zunge. Die kunsthistorischen Übereinstimmungen bestätigen ferner die neueren Ergebnisse historischer und ethnologischer Forschungen, wonach auch die sakralen Königtümer – deren Hofkünstler ja zumindest die Prototypen der Kunstwerke geschaffen hatten – Westafrikas untereinander eng verwandt sind und mit den ähnlich geprägten Königtümern anderer afrikanischer Gebiete von einem gemeinsamen Herkunftsgebiet, Nubien mit seinem »kuschitischen« Königtum, abstammen«. Wie erinnerlich, äußerte *F. Willett* im Prinzip ähnliche Gedanken.

Damit nicht genug: Aus Simbabwe, der »Metropole im Süden«, wurde ein Vogel (Adler?) aus Seifenstein »in kraftvollem, vereinfachtem Pfahlstil« gefunden, auch ist von Steinschalen mit Reliefbildern, Flechtband und Ranke die Rede. Aus Talkschiefer verfertigten die Ababde in Nordostafrika kleine Kochtöpfe, die sie auf ihren Kamelritten stets bei sich führten, ihrer Unzerbrechlichkeit wegen; auch rauchten sie, ähnlich wie die Nama-Hottentotten in Südafrika, aus knieförmig

Abb. 142  Nomoli (Mende) bzw. Pomdo (Kisi) der Kisi (Ost-Sierra Leone und Liberia), aus Steatit (Talk- oder Talk-Chloritschiefer) gearbeitet

gebogenen Zylinderröhren, die aus Talkschiefer, Chloritschiefer, Speckstein und ähnlichen Gesteinsarten geschnitzt wurden. Die Erfinder dieses primitiven »Rauchapparates«, meinte *G. Schweinfurth,* wären die Bischarin in Nordostafrika gewesen. Über die schön geschliffenen Steinringe der Tuareg weiß uns *R. Gardi* zu berichten. Sie wurden mit Vorliebe als Schmuck am Oberarm von den Männern getragen, waren zugleich aber auch ein Schutzmittel gegen die bösen Geister. Der Schmied war es, der diese Steinringe aus einem grünlichen Schiefer hergestellt hatte, der aus einem Steinbruch des Air-Berglandes stammte. Dieser Schiefer ist so weich, daß man ihn mit jedem Eisenblech, an dem man mit einer Feile einige Kerben angebracht hatte, zersägen konnte. Es entstehen Quadrate von etwa 12 cm Seitenlänge, die nun mit einem Dechsel roh rundgehauen werden. »Dann wird mit dem gleichen Werkzeug von beiden Seiten her eine tiefe Furche eingehauen. Sobald sich die beiden Furchen erreichen, fällt natürlich der Kern heraus, es ist ein roher Ring entstanden, den man *Maraba* nennt. Möchte man flache Ringe, sägt man diesen dicken Ring *Maraba* entzwei, es entstehen zwei Ringe«. Soll ein Ring mit einem kreisrunden Profil entstehen, dann wird »er mit einem etwas feineren Dechsel und dann mit einer weichen Feile bearbeitet. Wie das ja oft der Fall ist, verwendet der Handwerker seine Füße als Schraubstock. Nach und nach bekommt nun der Ring seine endgültige Form, und aus dem sichern Gefühl des Handwerkers heraus wird er vollkommen kreisrund, wenn er kein Pfuscher ist... Früher hat man sicher Ringe ohne die Hilfe europäischer Feilen hergestellt. Man arbeitete damals mit noch kleinern Dachsbeilen und sicher sorgfältiger, und man polierte damals die Ringe vermutlich mit Sand und Asche, statt sich der viel bequemeren Feile zu bedienen«.

Schließlich wären noch die von *R. Verly* im Noqui-Gebirge (Nordangola) entdeckten und aus weichem Seifenstein gearbeiteten Grabfiguren vornehmer Bakongo-Familien zu erwähnen. Diese Figuren unterscheiden sich jedoch stilistisch in keiner Weise von den Holzfiguren der Ba-Kongo. Vier solcher Steatit-Figuren brachten Missionare bereits gegen Ende des 17. Jahrhunderts in das Museum Pigorini in Rom. Ihr Zug ins Monumentale, ein ernster und gesammelter Ausdruck sowie eine höchst ungewöhnliche Kopf- und Sitzstellung, die vermutlich der Vorschrift des damals gültigen Hofzeremonials entsprach, und eine mit stilisierten Leopardenzähnen oder Klauen verzierte Mütze weisen diese Grabwächter (*mintandi*) als typische Vertreter einer Hofkunst aus, wie bereits *E. Leuzinger* vermerkte.

Eine reiche Fundgrube bietet die afrikanische Lehmplastik dem Kunstforscher. Auf die reichen Funde der höfischen Terrakottaplastik in Ife und Yoruba wurde bereits verwiesen, ebenso auf die zahlreichen Funde von Nok in Nigeria und ebenso auf die Funde der Sao im Tschadseegebiet. Aber nicht bloß die Vergangenheit vermag sich einer bedeutenden Lehmplastik zu rühmen, auch die Gegenwart hat einige Proben guter Keramikkunst aufzuweisen, wenn freilich nicht mehr in der alten Güte. Als kleine Kunstwerke können die Ahnenkrüge und Gesichtsurnen der Djen, Yoruba, Aschanti, Matakam in den Mandarabergen und der Mangbetu bezeichnet werden, anthropomorph gestaltete Krüge und Gefäße. Der Glaube, daß die Ahnenseelen in der Nähe ihrer Kinder sich aufhalten, und daß diese sich glücklich schätzen, sie in ihrer Nähe als Schutz zu wissen, ist auch durchaus bei den Kirdi (Heiden) in den Mandarabergen lebendig. »Stirbt der Vater« – berichtet *R. Gardi* –, dann wird sein ältester Sohn Hüter des Vray, des seltsamen Seelenkruges. Der Topf als Symbol des Körpers enthält nun die Seele des Verstorbenen. Die älteste Tochter hütet den Vray der Mutter. Bei bestimmten Gelegenheiten, beim Erntefest und in gewissen Gegenden auch beim Ochsenfest, opfert man den Ahnen, schüttet Bier in die Ahnenkrüglein oder bringt ihnen Blut, Fleisch oder Hirse. Er-

Abb. 143   Eine Schmiedefrau der Matakam beim Töpfern eines Ahnenkrügleins
(N-Kamerun)

krankt ein Familienmitglied, soll ein neues Haus gegründet werden, erhofft man Kinder, dann wird dem Vray geopfert, und wehe den Kindern, die ihre Ahnen schlecht hüten, sie nicht betreuen und ihnen nicht regelmäßig opfern! Ihnen werden die Tiere verlaufen, oder das Haus wird abbrennen. . . . Die Ahnenkrüge der Großeltern und Urgroßeltern werden nicht mehr aufbewahrt, wenn bereits beide Eltern gestorben sind. Man zerstört sie, zerstreut die Trümmer in den Felsen; damit hat die Macht der Seele aufgehört. Sie ist beileibe nicht tot, sondern wird nur die Gestalt eines bestimmten Vogels annehmen, der oben auf den Bergen wohnt und nicht gejagt wird. – Wird ein Vray durch Ungeschicklichkeit zertrümmert, muß man sofort den Boden des Topfes retten, dann so rasch wie möglich beim Schmied einen neuen bestellen, dort hinein ein Stück des Halses des zerbrochenen Topfes gleiten lassen, und damit ist die Sache wieder gerettet und die Seele umgezogen«.

Die Schöpferin dieser seltsamen Kunstwerke ist die Frau des Schmiedes; sie ist Töpferin und Hebamme in einer Person. Die Töpferei ist in der Regel eine Angelegenheit der Frau, nur die Arbeit an der Töpferscheibe, die in Schwarzafrika eigentlich fehlt, wird dem Manne zugedacht. So in Nordafrika, in Ägypten, bei den Hausa und Bakongo. Ein Bambussplitter, ein entkörnter Maiskolben, ein glatter Kiesel, ein paar scharf zugeschliffene Stücke vom Flaschenkürbis können oder müssen einer Töpferin genügen. Die üblichen einfachen Töpfertechniken sind auch in Schwarzafrika verbreitet. So wird zum Beispiel der Topf entweder aus dem vollen, kompakten Tonklumpen heraus geknetet und die Wände werden innen und außen glatt verstrichen, oder es wird die Gefäßwand aus Wulsten spiralförmig aufgebaut und dann geglättet, der Brand ist der offene Feld- oder Grasbrand, d. h. über die aufgeschichteten Töpfe wird Gras und Holz getan und dieses angezündet.

Vor allem im westlichen und zentralen Sudan ist die Töpferei mit dem Schmiedehandwerk kombiniert. Der Mann ist der Schmied und seine Frau die Töpferin, wie etwa bei den Kirdi. Eine Kombination der Töpferei mit Weberei und Lederbearbeitung kommt im Sudan nur sehr vereinzelt vor. Auch die Griots, fahrende Sänger und Musikanten, beziehungsweise ihre Frauen haben in der Regel mit der Töpferei nichts zu tun. Die Kombination von Töpferei, Jägerei und Gerberei ist jedoch für Äthiopien typisch und besitzt ein kastenförmiges Gepräge, d. h. diese kombinierte Beschäftigung bleibt einer bestimmten Art Kaste vorbehalten. Eigene Töpfergruppen, die sich nur mit Töpferei in Form eines eigenen Handwerks befassen, gehören zu den Ausnahmen und nur in ganz seltenen Fällen übt ein Mann allein die Töpferei aus. Analog zur Stellung der Hofkünstler (Schnitzer, Gießer usw.) etwa in Benin haben sich auch an anderen Orten jene Töpfer eine sehr geachtete Stellung zu schaffen gewußt, die vorwiegend oder ausschließlich für den Bedarf des Königs an Töpferwaren aufzukommen haben. Dies war zum Beispiel in den nördlichen Zwischenseenreichen der Fall gewesen. Die »königlichen Töpfer«, die in Uganda für den König töpferten, führten besondere Titel oder besaßen besondere Privilegien. In Aschanti waren es weibliche Töpfer, welche die »Familientöpfe« für den König anzufertigen hatten und sich gleichfalls bestimmter Privilegien erfreuten. Das Töpferhandwerk war so geachtet, daß selbst Angehörige des Königshauses, wie etwa die Königinmutter und ihre Töchter sich nicht scheuten, die Töpferei höchst persönlich auszuüben.

## Graslandkunst

Bis in den alten Mittelmeerraum trieb *Annemarie Schweeger-Hefel* ihre weitausholenden kulturhistorischen Vergleiche vor, wenn sie etwa bestimmte Gefäße aus Kamerun mit etruskischer Keramik aus dem 8. und 7. vorchristlichen Jahrhundert verglich und Zusammenhänge vermutete. Auch war die Überraschung *B. Ankermanns* gewiß nicht geheuchelt, als er, von Bali kommend, in den Jahren 1909 und 1910 zweimal Fumban besuchte und beim Betreten eines der Herrenhäuser meinte, sich plötzlich in einem regelrechten römischen Atrium zu befinden, mit einem Impluvium in der Mitte und einem von Holzsäulen getragenen, sich von allen Seiten nach innen senkenden Dach. Aber alle diese Ähnlichkeiten oder Parallelen können auch auf Zufall beruhen und ganz unabhängig voneinander entstanden sein. Die im Bamum-Museum in Fumban ausgestellten Tonfiguren wecken Erinnerungen an die »Nok-Figuren-Kunst«, die tönernen Janusköpfe verführen zusammen mit dem Impluvium leicht dazu, an »Zusammenhänge« mit dem alten Mittelmeerraum zu denken. Bei allen diesen gedanklichen Konstruktionen scheint es dann auch nicht allzu sehr gewagt, an eine Verbindung der Bamum-Könige mit den legendären Sao oder So zu glauben. Dann aber wird Adamaua im Norden des Bamumlandes zu einer Zwischenstation der Bamumkönige auf ihrer Wanderung nach dem Grasland Kameruns. Es waren die Tikar, die aus dem Norden gekommen waren und den ersten König der Bamum, nämlich Nsare, stellten. Den Tikar verdanken die Bamum die Kenntnis des Gelbgusses und wir wissen, daß auch die Sao einst Meister des Gelbgusses gewesen waren. Sie bearbeiteten auch das Gold. Bestimmte Bestattungsbräuche, wie zum Beispiel die Urnenbestattung, hatten Bamum und Sao gemeinsam. Die Zahl der Keramikfunde *J. P. Lebeuf's* übersteigt bei weitem die Zahl der anderen archäologischen Fundobjekte und erstreckt sich auf Totenurnen, Trinkgefäße, Kochtöpfe, Näpfe, Spielzeuge allerlei Art, Schmuckstücke, Tabakspfeifen, Fragmente von Spindeln und Gewichte für Fischernetze, Tierdarstellungen, Masken und Figuren, Kultgegenstände und Opferteller, ornamentierte Ziegeln, auf Pfeifen, Schellen und anderes mehr. Manche dieser Funde von den Sao erinnern an die Graslandkunst. Eine stilistische Hypertrophierung der Augen und des Mundes – besonders charakteristisch für die Graslandkunst – tritt auch in der Kunst der Sao in Erscheinung. Einzelne Regionen haben ihre bestimmten Stileigenheiten. Charakteristisch für das

Abb. 144 Keramikfiguren im »Musée des Arts et Traditions Bamum« (Foumban, Kamerun)

Abb. 145  Teilansicht des berühmten perlenbestickten Thrones König Njoyas mit Erinnerungsstücken des Herrschers im Palast-Museum zu Foumban (Kamerun)

Gebiet des Zusammenflusses des Schari und Logone und für das in der Nähe gelegene Mifigué ist nach *J. P. Lebeuf* die starke Betonung des bis zum Exzess vergrößerten Mundes und der Augen. Es gibt da alle Varianten von nur wenig geöffneten beziehungsweise halbgeschlossenen bis zu weit aufgerissenen Augen und Munddarstellungen mit stark hervortretenden Lippen, zwischen denen ein riesiger, immer zahnloser Mund gleich dem Maul eines wasserspeienden Frosches sich zeigt; und weiter gibt es alle Übergänge von verlängerten Köpfen bis zu voluminösen Stirnen wie die von Wasserköpfen. Die verschiedenen Furchen und Streifen auf den Gesichtern sind vermutlich als übertrieben starke Tatauierungen zu deuten.

Ein Großteil der »Kameruner Graslandkunst« (Bamum, Tikar, Bamiléké) darf der sogenannten

Abb. 146 Häuptlingsstuhl mit der doppelköpfigen Schlange, dem königlichen Emblem des Bamumlandes

Hofkunst oder Aulik zugerechnet werden. Die Künstler waren in der Regel Angestellte des Königs, stellten also eine Art »Hofkünstler« dar. Bestimmte Symbole, wie etwa die doppelköpfige Bamumschlange, Doppelglocke und Spinne als Orakeltier waren typisch für den Dekor der Graslandkunst. Es waren dies königliche Motive und durften ohne ausdrückliche Bewilligung des Königs in der Kunst nicht verwendet werden, keinesfalls jedoch in der profanen Kunst.

Das Eindringen von Christentum und Islam war auch für die Kunstentwicklung des Bamumlandes von weitreichenden Folgen begleitet. Die parallel mit der kolonialen Durchdringung zunehmende Nachfrage nach Ethnographica beziehungsweise nach Werken der afrikanischen Kunst beantwortete der erfindungsreiche König Njoya (1889–1933) in Fumban mit einer Intensivierung des Kunsthandwerkbetriebes an seinem Königshof. Der größte Teil der in den deutschen Völkerkunde-Museen bewahrten Schätze Kameruner Graslandkunst stammt aus der Zeit vor dem ersten Weltkrieg. Zu den repräsentativen Pflichten eines afrikanischen Königs gehörte es, Geschenke zu verteilen und schließlich mußten auch die Geschenke der Militärs, der Beamten, Kaufleute und hochgestellter Besucher mit einem Gegengeschenk beantwortet werden. Die Nachfrage nach Graslandkunst wurde zunehmend größer und damit war der Beginn ihrer Profanierung gegeben. Ein jeder Palastbrand und eine jede Sammelexpedition sowie der zunehmende Fremdenstrom trugen zu dieser Entwicklung bei.

In der engen Bindung des Kunsthandwerks an den Königshof war König Njoya dem Beispiel seiner Vorfahren gefolgt; die Intensivierung des kunsthandwerklichen Betriebes, um der ständig zunehmenden Nachfrage an kunsthandwerklichen Erzeugnissen gerecht zu werden, ist seiner persönlichen Initiative zuzuschreiben und endete schließlich in der Preisgabe der ursprünglich religiösen und höfischen Symbole an die profane Kunst. Es ist symptomatisch für die Gesamtentwicklung der Bamumkunst, daß sich König Njoya unter dem Druck von Christentum und Islam schließlich veranlaßt sah, selbst das bisher nur dem König vorbehaltene Emblem der doppelköpfigen Bamumschlange dem Gebrauch der profanen Kunst zu überlassen. Seit dieser Zeit erscheint das Motiv auf zahllosen Zier- und Gußstücken, Schnitzereien und anderem Gerät. Die doppelköpfige Schlange, die Bamumschlange, ist zum Symbol des Bamumlandes schlechthin geworden. Ähnliches gilt für die Verwendung des Spinnen-, Chamäleon- und Eidechsenmotivs. Dazu kommt der Frosch (Kröte) als ein beliebtes Motiv im Kunsthandwerk des Bamumlandes.

Abb. 147  Alter Königspalast in Foumban (Kamerun). Anstelle dieses Palastes ließ König Njoya in der Zeit nach 1916 nach eigenen Plänen einen neuen Palast aus gebrannten Ziegeln errichten

Die persönliche Vorliebe Njoyas für Architektur gab unter anderem den Anlaß für die Entstehung der geschnitzten Türfüllungen unter Beibehaltung traditioneller Motive, sowie für zahlreiche flache Holzreliefs mit Darstellungen historischer Natur, und der Übertritt König Njoyas zum Islam gab schließlich auch dem Hausahandwerk die Möglichkeit, dem Eindringen arabischer Stilelemente Tür und Tor zu öffnen. Die Indigopflanzungen schufen die Voraussetzungen für gefärbte Garne und Stoffe und schließlich ließ Njoya Webmuster sammeln, um damit die lokale Webmanufaktur anzuregen und zu bereichern. Die Aufgeschlossenheit König Njoyas und seiner Nachfolger gegenüber europäischen Vorbildern und die Bestrebungen, diese nachzuahmen beziehungsweise eigenem Wesen anzupassen, die Zunahme des Fremdenverkehrs und das intensive Bemühen französischer Institutionen, dem Bamum-Kunstgewerbe durch Ausstellungen in Duala, Jaunde und anderen Orten neue Absatzmöglichkeiten zu erschließen sowie durch verschiedene Hilfsmaßnahmen die Beschaffung von Materialien (Holz, Baumwolle, Kupfer usw.) zu erleichtern, konnten naturgemäß für die weitere Entwicklung des Bamum-Kunsthandwerkes nicht ohne Folgen bleiben. Hinzu kamen die Auswirkungen der Gründung von Kunstschulen und schließlich die Anlage einer »Künstlerstraße« in Foumban mit allen ihren Werkstätten- und Ausstellungsbetrieben einer lebhaft sich entwickelnden Souvenir-Kunstindustrie. War früher der König der Mäzen, der die Entwicklung der Hofkunst bestimmte, trat jetzt, nachdem kaum mehr die politischen und religiösen Voraussetzungen für ein echtes Weiterleben der traditionellen Künste gegeben waren, der Tourist an seine Stelle und nahm Einfluß auf die weitere Entwicklung einer Art afro-europäischen Kunstgewerbes. Traditionelle Stilelemente offenbarten sich in neuem Gewand, freilich nicht immer zu ihrem Vorteil. Ihr langsamer aber steter Verfall war die unabwendbare Folge dieser Entwicklung.

Einen nicht geringen Einfluß auf den Kunsthandwerk-Betrieb in Foumban übte Ibrahim Njoya aus, ein Mitglied der Königs- beziehungsweise Sultansfamilie Njoya. Zahlreiche Vorlagen für die kunstvollen Reliefschnitzereien gehen auf diesen Meister zurück. Unter anderem ist er der Schöpfer einiger Stammtafeln der Bamumkönige, von denen ich eine im Jahre 1959 erwerben konnte. Das interessante Blatt erinnert in seiner Starrheit und in der Anordnung der Zeichnung an die Kunst von Byzanz. Bei näherer Betrachtung entdeckt man jedoch zahlreiche Stilelemente der Graslandkunst. Es ist mit europäischen Farben auf Zeichenpapier gemalt und zeigt die Porträts von achtzehn Herrschern, die von einem rechteckigen Rahmen mit stilisierten Motiven der Spinne und der Bamumschlange umgeben sind. Die Darstellung der Herrscher beginnt links unten in der Ecke und schreitet im Sinne des Uhrzeigers fort. Im Zentrum des Bildes ist der regierende Sultan, die schwarze Majestät Seïdou Njoya abgebildet. Seïdou Njoya sitzt auf dem berühmten Perlenthron, vor sich ein Fulbeschwert auf den Boden gestützt. Darunter sieht man König Njoya die Bamum die von ihm erfundene Bamumschrift lehren. In je zwei zu beiden Seiten der zwei Herrscher angeordneten Quadraten werden die Themen Markt, Rückkehr von der Jagd, Arbeit auf dem Felde und Tanz behandelt, und kleine, in der Bamumschrift abgefaßte Legenden geben zu den einzelnen dargestellten Personen und Bildern eine kurze Erklärung.

*Alfred Schmitt* (München) unterzog sich der Mühe, eine Übersetzung dieser Legenden zu geben. Als der erste der Bamum-Könige wird Nsha're genannt. Er wurde König im Jahre 1394, regierte 24 Jahre und starb im Jahre 1418. Die Regierungszahlen beziehungsweise -zeiten sind nicht wörtlich zu nehmen, geben jedoch immerhin einige wichtige Anhaltspunkte. »Nsha're« – heißt es in der Bamum-Tradition nach *Henri Martin* – »war von sehr kleinem Wuchs, er hatte einen vorstehenden

Abb. 148 Tönerne Häuptlingspfeifen im Häuptlingspalast zu Maigot im Bamumland (Kamerun)
Abb. 149 Solche Tabakspfeifen, deren Rohre mit Wimpeln geschmückt waren, gehörten auch zu den Würdezeichen des König Njoyas

Bauch, seine Augen funkelten wie die eines Panthers. Er war ein sehr schlauer Krieger. Er war schwarz und hatte kurze Beine; er war sehr mutig, aber er konnte nicht schnell laufen. Er tanzte gerne, trank viel Wein. Er war wohltätig«. Von den nächsten acht Herrschern werden außer Regierungszeiten keine näheren Angaben geboten. Von Kuo'tu, dem zehnten Herrscher verlautet, daß er im Jahre 1672 zur Herrschaft gelangte, 85 Jahre regierte und 400 Kinder zeugte. Er war ein friedlicher Mann und starb im Jahre 1757. Er wird bei *H. Martin* beziehungsweise I. Njoya als mittelgroß, dick, behaart, mit langer Nase und länglichem Gesicht beschrieben. Er war pausbäckig; seine Haut war weder schwarz noch hell. Er wird als sanftmütig geschildert und tötete nicht. Seine Regierung war gut und friedlich. Ihm wird die Einführung der »Königstrommel« zugeschrieben. – Als nächster gelangte Mbuembue im Jahre 1757 zur Herrschaft und regierte 57 Jahre. Er ergriff den »Speer des Krieges« – heißt es –, kämpfte und vergrößerte das Reich bis zum Mbaam- und Nun-Fluß. Er grub einen Wallgraben um die Stadt (Foumban) und beherrschte das Land, hatte jedoch nur 31 Kinder. Mbuembue wird in der Beschreibung durch I. Njoya, die von *II. Martin* übersetzt wurde, eine große Aufmerksamkeit gewidmet. Nach *H. Martin* war dieser Herrscher sehr groß, er überragte alle Bamum, er hatte einen riesigen Kopf und einen Auswuchs auf beiden Seiten der Stirne. Er hatte große, starke und rote Augen, die wie die eines Löwen funkelten. Er besaß eine riesige Nase, die auf seine Lippen herabfiel. Diese waren schmal und sein Bart war dicht. Er war pausbackig und besaß große Ohren, mandelförmige Augen und einen langen Hals. Brust und Rücken waren breit, er war behaart, hielt sich aufrecht, hatte einen flachen Bauch, einen hohlen Nabel, lange Arme, starke Waden, so lange Zehen, daß, wenn er den Fuß aufsetzte, die Sohle den Boden nicht berührte, seine Fußstapfen waren leicht erkennbar. Seine Kraft war der eines Löwen gleich, keiner konnte ihn im Laufe besiegen, er war mutiger als ein Löwe, seine Stimme war rauh wie die eines Löwen. Wenn er im Hofe seines Palastes sprach, hörten ihn die Leute von Njilum, wie wenn er ganz nahe wäre. Er war arthritisch (gichtisch); wenn er sich mit jemandem unterhielt, lag er auf seinem Bett; aber wenn er sich manchmal erhob, flüchteten alle aus Furcht vor diesem Riesen. Oft, wenn einer gerügt wurde, verging dieser vor Furcht. Seine Großzügigkeit wunderte jene, denen sie zuteil wurde. Aber er war auch grausam. Unter allen Königen der Bamum, von Nsha're bis zu den heutigen Zeiten, hat man nie einen ähnlichen König gesehen wie Mbuembue.

Offenkundig sind in der Beschreibung Mbuembues durch I. Njoya Züge angedeutet, die in der Maskenschnitzerei der Bamumleute eine große Rolle spielen. Dazu gehören neben einer bedeutenden Körpergröße die aufgeblasenen Backen eines Bläsers – ein Motiv, das auch bei Kuotu bereits angedeutet wurde –, große und mandelförmige Augen, mächtige Bärte, kunstvolle Frisuren beziehungsweise Kopfputze u. a. m. Stilelemente, die, wie gesagt, für die Bamumkunst charakteristisch sind und ohne Zweifel auch bei den Königsporträts eines I. Njoya eine recht bedeutende Rolle spielen. Der Vergleich mit dem Löwen (Stimme, Stärke usw.) gemahnt an die in den Preisliedern gebräuchlichen Redewendungen.

Gbètnkom kam im Jahre 1814 zur Herrschaft und starb im Jahre 1817. Er wird in der Übersetzung von *H. Martin* als klein, ziemlich hellhäutig und grausam beschrieben. Jedesmal, wenn er einem großen Menschen begegnete, ließ er ihn in zwei Stücke schneiden. Er gebärdete sich wie ein Wahnsinniger. Er ritt gerne.

Mfombienkuo gelangte im Jahre 1817 zur Herrschaft, starb jedoch nach acht Tagen. Ihm folgte Nguwuo und herrschte 52 Jahre und zeugte viele Kinder. Er war ein kluger Mann und vollbrachte

Abb. 150   Alte Kriegsglocken mit geschnitzten Menschenköpfen gehören wie die Doppelglocken zum ehernen Bestand des »Musée des Arts et Traditions Bamum« in Foumban (Kamerun)

Abb. 151 Holzgeschnitzte Wächterfigur im »Musée des Arts et Traditions Bamum« in Foumban (Kamerun)

Abb. 152 Mit den Samen des Tränengrases (*coix lacryma*) und mit Kauri bestickte Ahnenfigur aus Holz, die das Vorbild zu den Maskottchen der Souvenirkunst gab

viele Taten. Er starb im Jahre 1869. Nach *A. Schmitt* war Nguwuo schon unter Mbuembue Führer der königlichen Leibwache. Gegen dessen Nachfolger entstand unter den Leibwächtern eine Verschwörung. Sie schossen ihn während eines Spazierrittes aus dem Hinterhalt mit ihren Speeren vom Pferde, erschlugen ein paar Tage später auch sein einziges, noch unmündiges Kind, den Mfombienkuo sowie seine beiden noch letzten lebenden Brüder und hoben Nguwuo auf den Thron. Er weigerte sich allerdings zunächst die Herrschaft zu übernehmen, denn es ginge nicht an, sagte er, daß ein Sklave König würde. Tatsächlich hat ihn auch nach längerer Regierungszeit zuletzt ein Sproß der königlichen Familie, Nsa'ngu, Sohn von Mbuembues Tochter Ngungure, durch einen bewaffneten Aufstand aus dem Lande vertrieben.

Auf Nsa'ngu folgte König Njoya Ibrahim im Jahre 1889 und regierte 44 Jahre. Er war ein Mann, der die Kultur der Bamum, der Fulbe und der Europäer zu vereinigen begann. Er zeugte 152 Kinder. Er verschwand 1933. – König Njoya wurde von den Franzosen am 3. April 1931 nach Jaunde ins Exil gebracht. Es war vorgesehen, daß er dort 5 Jahre bleiben sollte. Aufgrund der unausgesetzten Bitten seiner Untertanen erhielt er schon nach zwei Jahren die Erlaubnis zur Rückkehr, starb aber ganz plötzlich in der Nacht, ehe die Heimreise beginnen sollte (30. Mai 1933), »und nicht alle Bamumleute glaubten an einen natürlichen Tod«.

Als eine historische Schatzkammer der Bamum-Herrscher darf das Palast-Museum in Foumban angesprochen werden. Dort steht der berühmte Perlenthron König Njoyas, und wenn auch heute das Original des Thrones sich im Berliner Museum für Völkerkunde befindet, so übt die von König Njoya seinerzeit persönlich in Auftrag gegebene Kopie des prunkvollen Thrones mit der doppelköpfigen Schlange einen tiefen Eindruck auf den Besucher aus. Der Thronsessel im Berliner Völkerkunde-Museum ist ein Geschenk Njoyas an Kaiser Wilhelm II. Laut Museumskatalog stehen die beiden hinteren Figuren in halber Höhe des Sessels auf der gewundenen Schlange. Beide Stücke sind aus Holz geschnitzt, mit rotem Stoff überzogen und mit roten, dunkelblauen, hellblauen, weißen, schwarzen, gelben und rosa Perlen sowie Kaurischnecken benäht.

Die Bamumschlange versinnbildet die Kraft des Herrschers und der Perlenthron ist der »König« unter allen Hockern und Stühlen. Die Notabeln, Häuptlinge, Häuptlingsmütter und selbstverständlich der König oder Sultan an erster Stelle verfügen über ihre eigenen, recht kunstvoll geschnitzten Stühle, die mit einem sehr eifersüchtig überwachten Rangritual verbunden sind. Das Stuhl-Zeremoniell ist zum Beispiel bei den Baleng – oder war es zumindest –, aber auch sonst im Lande der Bamiléké im Grasland, einschließlich bei den Bamum und Tikar, sehr genau geregelt. So saß der Chef der Baleng auf einem Leopardenstuhl. Leopard, Pythonschlange und Elefant sind im Grasland Königs- oder Häuptlingstiere; sie alle symbolisieren die Kraft des Herrschers. Stühle mit vier Füßen sind ausschließlich hochgestellten Notabeln vorbehalten, Stühle mit drei Füßen sind das Vorrecht von Würdenträgern geringeren Grades. Die Bänke sind für die gewöhnlichen Leute bestimmt.

Nahezu alle von *Margaret Littlewood* zusammengestellten Insignien oder Würdezeichen aus Bafussam haben ein analoges Beispiel in der Schatzkammer des Sultanspalastes in Foumban. So auch die Schädel der Ahnenhäuplinge. Der Kult der Königsahnenschädel stand bei den Bamum in besonderen Ehren. Bei Einsetzung eines neuen Königs hatte der Schädel seines Vorgängers zur Stelle zu sein. Wenn nicht, dann besaßen die Krönungsfeierlichkeiten einen argen Schönheitsfehler, der für den neuen König unter Umständen sogar gefährlich werden konnte. Im Verlauf der Krönungszeremonien mußte der neugewählte König den Schädel seines Vorgängers in Händen halten, um auf

Abb. 153 Perlenbestickte Schmuckkalebasse, die für Geschenkzwecke angefertigt wurde

diese Weise die Kontinuität der Machtübernahme zu bekunden. Und nicht nur dieses. Es sollten auf diese Weise alle in dem Schädel befindlichen magischen Kräfte auf den neuen König übergehen, eine Vorstellung, die auch mit den anderen Emblemen des Königtums verbunden ist.

Dem König wird auch die Macht über die Elemente zugeschrieben. Weit verbreitet war unter den Bamumleuten der Glaube, daß sich der König oder Häuptling in einen Leoparden, in eine Schlange, in einen Elefanten oder auch in einen Büffel verwandeln könne. Der König oder der Häuptling wurde diesen Tieren gleichgesetzt und nicht zuletzt spielten diese Tiere in der Hofkunst oder Aulik eine bedeutende Rolle. Alle im Lande erlegten Leoparden mußten früher dem König abgeliefert werden, alles Elfenbein im Lande gehörte einst ihm. Die Kraft des Königs wird in den Preisgesängen mit der eines Löwen verglichen und sein Mut mit dem Mute eines Elefanten. Es gehörte zum Ansehen eines Königs, sich Löwen oder Leoparden im Zwinger zu halten.

Auch das Bamumland hat seine dem Gedächtnis der Ahnen geweihten Monolithen in der Residenz des Königs oder des Häuptlings beziehungsweise an den Grenzen seines Herrschaftsgebietes. Bei den Bafussam wurden die Ahnensteine eines besiegten Unterhäuptlings in die Residenz des Siegers gebracht. Zu den wichtigsten Kultgegenständen gehört die eiserne Doppelglocke als Königsinsignie. Ihre Bedeutung als Königsinsignie erstreckt sich aber nicht nur auf das Grasland, sondern die Ver-

Abb. 154   Ausstellungs- und Verkaufsraum in der Künstlerstraße zu Foumban (Kamerun)

breitung dieses Königssymbols reicht von den Guinealändern, einschließlich Benin und Yoruba, über Kamerun und die Kongoreiche bis nach Südrhodesien (Simbabwe) herein. Vermutlich haben die Portugiesen mit zu dieser weiten Verbreitung beigetragen. Eine solche eiserne Doppelglocke hat im Hofritual und im Totenkult eine wichtige Funktion. Die durch einen Bügel miteinander verbundenen schmiedeeisernen Glocken werden mit Stäben angeschlagen und finden, abgesehen von ihrem kultischen Charakter, auch Verwendung in der Hofmusik des Sultans in Foumban bei festlichen Gelegenheiten. Der Griff der einfachen Glocken (ohne Klöppel) endigt für gewöhnlich in schön geschnitzte Köpfe aus Holz. Die Glocken werden wie die Doppelglocken, mit Stäben geschlagen. Ähnlich wie die hervorragend geschnitzten Häuptlingsstühle verfügen die Königstrommeln über einen reichen Dekor. Dieser erschöpft sich unter anderem in der Darstellung von Leoparden, Doppelglocken, Spinnen, Ahnenmasken und -figuren. Wie in alten Zeiten stehen die Königs- oder Sultanstrommeln in einer Vorhalle des Palastes des Herrschers, während die Schatzkammer desselben die Trommeln seiner Vorgänger sorgsam bewahrt. Von nicht geringerem Dekor begleitet sind die zahlreichen Pfeifenköpfe aus Keramik und Messing, ehemals wichtige Häuptlingsinsignien. Bereits unter König Njoya hypertrophierten diese Häuptlingspfeifen in Dekor und Größe. Sie scheinen frühzeitig zu einem besonders beliebten Objekt der Souvenirkunst geworden zu sein; dementspre-

Abb. 155 Mit Perlen und Samen des Tränengrases besticktes Maskottchen, ein typisches Beispiel für moderne Souvenirkunst (Größe etwa 10 cm)

Abb. 156 Gelbgießer in der Künstlerstraße bedient den Ofen mit seinem Schalengebläse. Die Gußformen liegen zum Trocknen auf der Brüstung

chend ist auch das Angebot der mit überreichem Dekor bedachten Tabakspfeifen in der »Künstlerstraße« besonders groß. Fast rivalisieren sie an Zahl mit den phantasievoll ausgestatteten Masken aus Messingguß oder Guß in verlorener Form. Zu den sorgsam gehegten Schätzen im Palast-Museum (Schatzkammer) gehört unter anderem die Trophäen-Kalebasse mit den Unterkiefern zahlreicher erschlagener Feinde, ferner die mit verschiedenen Zaubermitteln und Medizinen oder auch Reliquien verstorbener Herrscher angefüllten Häuptlingstaschen aus Raphiabast, die alten Maskenkostüme verschiedener Geheimgesellschaften, Kleider, Schmuck und Ziergegenstände, Elfenbeinhörner, mit Perlen bestickte Kalebassen, Leopardenfelle und Pytonhäute, die in der Bamumschrift verfaßten und besonders wertvollen Bücher König Njoyas, seine von ihm höchst persönlich gesammelten Webemuster und nicht zuletzt eine Maismühle, die gleichfalls als eine seiner vielen Erfindungen gepriesen wird.

Metalle (Silber, Gold, Kupfer, Eisen) in Kunst und Kunsthandwerk

Besonders wird in den islamischen beziehungsweise in den unter arabischem Einfluß stehenden Ländern Silber für Schmuck verwendet; so unter anderem an der Ostküste Afrikas. *Franz Stuhlmann* nannte die Silber- und Goldarbeiten in Ostafrika »meist recht primitiv«. Feine Silberketten als Halsschmuck der Frauen, schlichte Fingerringe aus Silber mit einem aufgelöteten Geldstück, kleine silberne, entweder zylindrisch oder viereckig flache Amulettaschen mit bescheidener Strich- oder Punktornamentik, silberne Armringe und riesige Fußringe mit Scharnieren und Dornverschluß sind hier die Produkte arabischer und negrider Silberschmiede. Auf höherer Stufe stehen die sehr seltenen »Lamu-Arbeiten«, silbernen Dosen und Silberteller mit eingestanzter strenger Linienornamentik, in Silbergrund eingelegten Goldplättchen, Rosetten, Punktreihen und Rankenwerk. Längst aber ist auch in Ostafrika die alte Lamukunst verloren gegangen, die ihre persische Herkunft nicht verleugnet. Runde Armringe, flache Silberringe für den Oberarm, runde Fußringe, Nasenringe, Pflöcke für Nase und Ohren war der gängigste Gold- und Silberschmuck reicher arabischer und indischer Frauen. *H. Baumann* verwies in diesem Zusammenhang auf die Scheiden der Maskatdolche aus Silberfiligran hin, auf die mit Metallfäden durchwirkten Gürtel, auf die silbernen Hülsen an den Patronengürteln der Sultansarmee und auf die silbernen Pulverhörner. Silber verdrängte das aus dem Sennar stammende Gold in Abessinien und auch in den alten Goldländern nördlich der Goldküste bahnte sich eine ähnliche Erscheinung an. Besonders erreichte in Abessinien die Silberschmiedekunst einen hohen Stand der Entwicklung, wenn wir zum Beispiel an die ziselierten oder flachgetriebenen Silberplatten für die mit violettem Samt ausgestatteten Prunkschilde der Vornehmen denken oder an die Silbereinlagen in den Messinggriffen und an den Endknäufen der Schwertscheiden. Die Silberfiligranarbeiten in Abessinien blicken sicherlich auf ein hohes Alter zurück. Araber, Armenier, Griechen und Nubier zeigen sich in einem besonderen Maße dieser Kunst verbunden; stets wird nach alter Gewohnheit auf Bestellung gearbeitet. Auch die Hausaschmiede halten sich in den Sudanländern bei der Anfertigung von Silberschmuck für die Frauen an arabische und indische Formen der Silberschmiedekunst. Als Rohmaterial für die Silberarbeiten dienten oft Mariatheresientaler, die umgeschmolzen, ausgehämmert und zu Draht gezogen wurden. Das Silberdrahtziehen finden wir von Ostliberia bis nach Nordadamaua hin verbreitet. Als kleine »Wunderwerke der Schmiede« darf auch der Schmuck der Tuareg-Männer und -Frauen bezeichnet werden, wobei die Verwendung von Silber weitgehend dominiert. Umgeschmolzene Silbermünzen liefern auch hier das Material für die Armspangen, Ringe, Schmuckanhänger, Ohrgehänge, Brustkreuze und anderen Schmuck. Alle Metalle müssen in die Sahara eingeführt werden. Deshalb sammeln die Schmiede alle nur erreichbaren Metallabfälle wie zum Beispiel alte Autobestandteile, Blechbüchsen, Kanister, Messerklingen, Geschoßhülsen und anderes mehr, um dann aus diesen Resten oft erst nach langen Wanderungen kunstvolle Schlösser, Pinzettenbestecke, Werkzeuge und andere Gebrauchsgegenstände zu schmieden.

Frühe Eroberungszüge der Araber richteten sich schon im 8. und 9. Jahrhundert gegen die Länder der Schwarzen mit ihrem sagenhaften Goldvorkommen, nachdem die Araber bereits im 7. nachchristlichen Jahrhundert ein reges Interesse an dem Goldhandel mit Westafrika bekundet hatten. Der um 800 verstorbene arabische Geograph *Al Fasari* nannte Gana das »Land des Goldes«, wenn

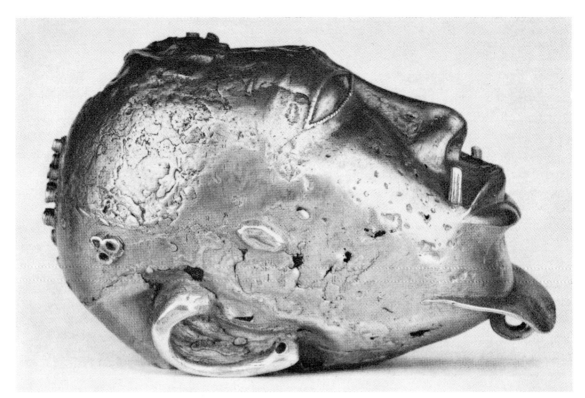

Abb. 157  1,5 kg schwerer Goldkopf aus dem Schatz des Königs Kofi Kalkali (Ashanti, Ghana), vermutlich die Darstellung eines getöteten Gegners

Abb. 158  Ein Goldgewicht, das zum Wägen des Goldstaubes diente

er auch über das Land selbst keine konkreten Vorstellungen gehabt haben dürfte. Dieses alte »Goldland Gana« ist eine auf Berber oder Berbermischlinge (Sarakole) um 300 n. Chr. zurückgehende Reichsgründung im Westsudan. Die heute nicht mehr bestehende Stadt, auch Ganata genannt, lag in der Nähe von Kumbi Saleh, etwa 45 km südöstlich von Nema, an der äußersten Grenze des von Negern bewohnten Gebietes. Seine Blüte erlebte das Reich um die Mitte des 9. Jahrhunderts, in einer Zeit, aus der wir auch die ersten Berichte arabischer Geographen über Gana besitzen. Die Stadt war ein bedeutender Handelsplatz, wo Gold und Sklaven gegen Salz, Kupfer, Textilien, Messingwaren, Korallen, Glasperlen, Datteln, Feigen und Pferde eingetauscht wurden.

Nach *Al Bakri* (11. Jahrhundert) trug der König von Gana Halsketten und Armbänder wie eine Frau. »Auf dem Kopf hat er mehrere vergoldete Hauben, gefüttert mit sehr feinem Baumwollstoff. Wenn der König Audienzen gibt, sitzt er in einem Pavillion, um welchen zehn Pferde mit goldenen Schabracken aufgestellt sind. Hinter ihm stehen zehn Knaben mit Lederschilden und goldgeschmückten Schwertern. Rechts von ihm stehen die Söhne der Fürsten des Landes, herrlich gekleidet und mit eingeflochtenem Gold im Haar. – Auf der Erde vor dem König sitzt der Gouverneur und rundherum die Minister. – Das Tor des Pavillions wird von Hunden einer ausgezeichneten Rasse bewacht, welche niemals den Ort verlassen, wo der König ist. Sie tragen Halsbänder aus Gold und Silber, besetzt mit goldenen und silbernen Schellen. ... Bei der Einfuhr ins Land gebührt dem König von jeder Eselslast Salz, ein Golddinar und bei der Ausfuhr zwei Dinar; von einer Last Kupfer stehen ihm fünf Metikal (ca. 23 gr) zu, und einer Last (anderer) Waren zehn Metikal (ca. 46 gr). ... Das beste Gold in seinen Ländern kommt aus der Stadt Gharou, welche ca. 18 Tagereisen von der Hauptstadt entfernt ist. Man geht durch Gebiete, die von Schwarzen bewohnt sind. ... Alles außergewöhnliche Gold aus den Minen seiner Länder gehört dem König, aber er überläßt den Goldstaub den Leuten. Ohne diese Maßnahme hätte es so viel Gold gegeben, daß dieses fast wertlos geworden wäre ... Man sagt, daß der König einen außergewöhnlichen riesigen Goldblock besitze«. *Ibn Haukal* (10. Jahrhundert) nannte den König von Gana den reichsten König der Erde. *Idrisi* (12. Jahrhundert) gibt für den Goldklumpen, einen Bestandteil des Kronschatzes der Ganakönige, ein Gewicht von etwa 30 livres an, das einem Gewicht von etwa 15 kg entspricht. *Idrisi* weiß dazu noch zu erzählen, daß man ein Loch in den Goldklumpen gebohrt habe, um ihn am Thron des Königs befestigen zu können.

Einen ähnlichen Goldschatz stellt auch die etwa 1,5 kg schwere Goldmaske des Aschanti-Königs Kofi Kalkalli dar. Es handelt sich bei diesem Stück vermutlich um die Trophäenmaske eines besiegten Feindes, welche der Sieger an seinem Thron befestigt hatte. Bei den den Aschanti verwandten Baule sah *H. Himmelheber* im modernen Ghana (Goldküste), das mit dem alten Gana nicht identisch ist, kleine etwa 5 cm hohe aus Gold gegossene Masken; von den südlich von den Baule wohnenden Ethnien fotografierte *H. Himmelheber* auf einer Ausstellung in Abidjan einen ganzen Goldschatz von Masken und Tierfiguren, »die zumeist nur aus gewundenen Wachsfäden, ohne eine massive Unterlagen, hergestellt waren«. Die kleinen Goldmasken werden als die Köpfe erschlagener Feinde oder gefangen genommener feindlicher Häuptlinge gedeutet und wurden an dem Schwert des Siegers befestigt.

Der große Goldreichtum und alle die mit ihm verbundenen Kostbarkeiten gelangen aber so recht in einer Schilderung von *T. Edward Bowdich* zum Ausdruck, der einen Empfang beim König von Aschanti im Jahre 1817 beschrieb: »Die Caboceer's (Häuptlinge) sowohl, als ihre vornehmsten

Officiere und Diener, trugen Ashantee-Kleider von fremder, kostbarer Seide, aus allen möglichen Farben und Mustern; sie waren unglaublich groß und schwer, und wurden, gerade wie die Römische Toga, über die Schulter geworfen getragen. Ihre Schläfe umgab ein kleines, seidenes Netz, und an künstlich gearbeiteten Halsbändern von massivem Golde hingen theuer erkaufte Maurische Zaubersprüche in kleinen viereckigen Gehäusen von Gold, Silber und seltsamer Stickerey. Einige trugen auch Halsbänder, die bis in die Mitte des Körpers herab reichten, von Agries-Steinen. Ein Band von Gold und Perlen umgab das Knie, von dem einige ähnliche Schnuren herab hingen. Kleine goldene Reifen, woran Goldmünzen, Ringe und Thiergestalten hingen, lagen fest um die Knöchel. Ihre Sandalen waren von rothem, grünem und feinem weißen Leder; Armbänder und unbearbeitete Stücke Gold, die so schwer waren, daß sie die Hand auf einen Knaben, der sich gewöhnlich durch Schönheit auszeichnete, stützen mußten, hingen von ihrem linken Armgelenke herab. Goldene und silberne Röhre und Bambusstäbe blendeten das Auge von allen Seiten. Wolfs- und Widderköpfe, dem Leben nachgebildet, aus Gold gegossen, hingen von den aus Gold gearbeiteten Griffen der Schwerter herab, die in großer Menge rings um sie herumgetragen wurden; die Klingen hatten die Gestalt von runden Sicheln, und waren durch Blut verrostet; die Scheiden waren von Leopardenhäuten oder der Haut eines Fisches, die wie Chagrin aussah. Die großen Trommeln, die ein Mann auf dem Kopfe trug und zwey andere schlugen, waren von den Schenkelknochen ihrer Feinde umgeben und mit ihren Schedeln geschmückt. Auf den auf dem Boden stehenden und mit Leopardenhaut bezogenen Pauken kratzte man mit nassen Fingern. Die Handgelenke der Tambours waren mit Schellen und wunderlich geformten Stücken Eisen behangen, welche, während sie schlugen, laut klingelten. Kleinere Trommeln hingen an Streifen rothen Zeuges vom Halse herab; die Hörner (Zähne von jungen Elephanten) waren, am Mundstücke, mit Gold und den Kinnladen menschlicher Schlachtopfer geschmückt. Die Kriegsmützen von Adlerfedern ragten aus dem Hintergrunde hervor, und große Fächer von Schwungfedern des Straußes bewegten sich um die Vornehmsten, während, gleich hinter ihren Stühlen von schwarzem Holze und mit eingelegter Arbeit von Elfenbein und Gold in erhabener Arbeit, ihre schönsten Jünglinge standen, mit breiten Gürteln von Leopardenhaut, mit Muschelschalen bedeckt, und voll kleiner Messer in goldenen und silbernen Scheiden, deren Griffe von blauem Achat waren. Patronentaschen von Elephantenleder, auf gleiche Weise verziert, hingen auf die Erde herab; ein großes Schwert mit goldenem Griffe, an der linken Schulter befestiget, und seidene Schärpen und Roßschweife, gewöhnlich von weißer Farbe, hingen von den Armen und Westen herab. Ihre langen Dänischen Musketen waren in kleinen Zwischenräumen mit goldenen Reifen, so wie die Schäfte mit Muscheln verziert. Schön gewachsene Mädchen standen mit silbernen Becken hinter den Stühlen einiger Personen. Ihre Tragsessel, auf die mühevollste Weise mit eingelegter Arbeit und zwey daran befestigten Schellen versehen, lagen, wie wir sehen konnten, auf den Köpfen ihrer Lieblinge, und Schaaren kleiner Knaben saßen rings um und schwenkten seltsam geschmückte Elephantenschweife. Die Krieger saßen auf dem Boden dabey, und so dicht an einander, daß wir nicht durch konnten, ohne auf ihre Füße zu treten, was ihnen jedoch völlig gleichgültig zu seyn schien. Ihre Mützen waren von Pangolin und Leopardenhaut, von denen die Schwänze hinten herab hingen. Zu Patrontaschen dienten kleine Kürbisse, die mit Leoparden- und Schweinshaut überzogen waren, und die Gehänge waren mit rothen Muscheln und kleinen ehernen Schellen dicht an einander behangen. An Hüften und Schultern bemerkten wir eine Menge Messer; eiserne Ketten und Halsbänder zeichneten die Kühnsten aus, stolzer auf diesen Vorzug, als auf Gold. Ihre Muske-

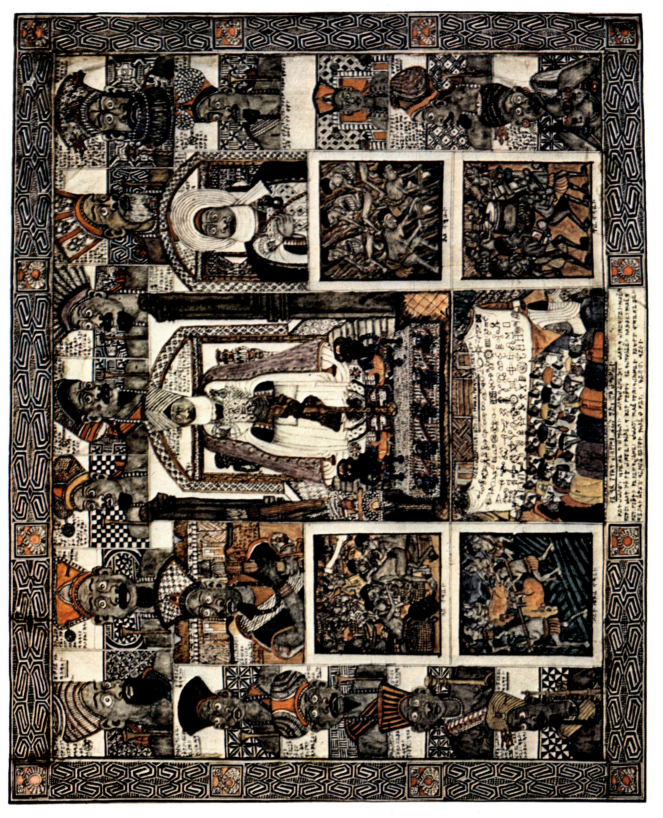

Stammestafel der Bamum-Könige

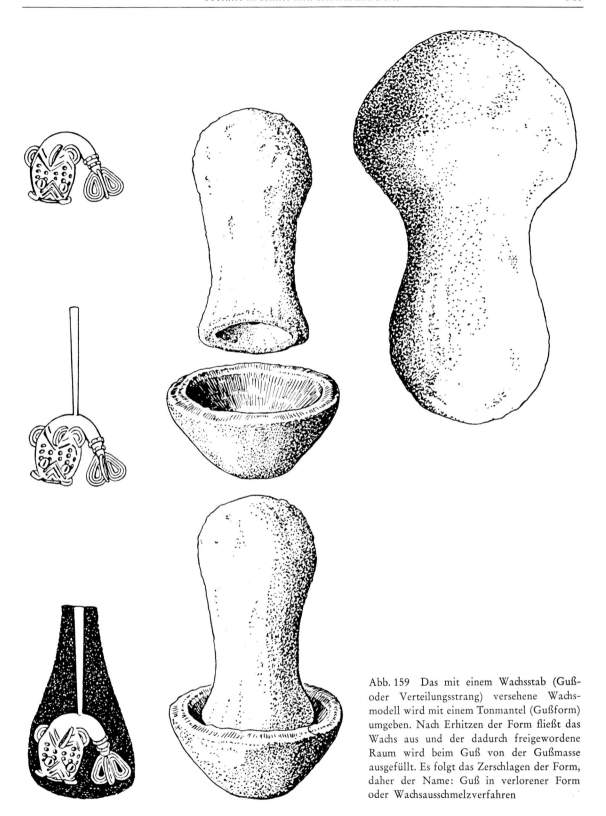

Abb. 159 Das mit einem Wachsstab (Guß- oder Verteilungsstrang) versehene Wachsmodell wird mit einem Tonmantel (Gußform) umgeben. Nach Erhitzen der Form fließt das Wachs aus und der dadurch freigewordene Raum wird beim Guß von der Gußmasse ausgefüllt. Es folgt das Zerschlagen der Form, daher der Name: Guß in verlorener Form oder Wachsausschmelzverfahren

ten hatten, so wie die Schlösser, einen Überzug von Leopardenhaut. Die Seiten ihrer Gesichter waren mit langen Strichen von weißer Farbe auf seltsame Weise bemahlt und ihre Arme gestreift, so daß es wie eine Rüstung aussah.

Plötzlich wurden wir durch den Anblick von Mauren, die ganz anders gekleidet waren, überrascht, siebzehn an der Zahl, die alle vornehm zu seyn schienen; denn sie hatten Mäntel von weißem Atlas, reich verziert durch Stickerey. Hemden und Beinkleider waren von Seide, und ein sehr großer Turban von weißem Musselin war mit einer Kante von verschiedenfarbigen Steinen besetzt. Ihre Begleiter trugen rothe Mützen und Turbans, und lange weiße Hemden hingen über ihre weiten Hosen herab; die der Gemeinen waren von dunkelblauem Zeuge. Langsam erhoben sie, als wir vorüber gingen, ihre Augen vom Boden, und sahen höchst boshaft und hämisch auf uns.

Das fortdauernde Blasen der Hörner, ein betäubendes Wirbeln der Trommeln und das vollere Concert in den Zwischenräumen, verkündete, daß wir uns dem Könige näherten; schon gingen wir vor den Haupt-Officieren seines Hofstaates vorüber. Der Kammerherr, der Goldhorn-Bläser, der Capitän der Bothen, der Befehlshaber bey den königlichen Hinrichtungen, der über Kauf und Verkauf gesetzte Capitän, der Aufseher über den königlichen Begräbnißplatz, das Oberhaupt der Musiker, saßen da umgeben von einem Gefolge und einem Glanze, der von der Würde und Wichtigkeit ihrer Ämter zeugte. Hinter dem Koche standen eine Menge kleiner Gerichte, die mit Leopardenfellen zugedeckt waren, und eine große Menge massives Silbergeschirr war vor ihm ausgestellt: Punschnäpfe, Schwenkkessel, Kaffehkannen, Deckelkrüge und ein sehr großes Gefäß mit schweren Griffen und Klauenfüßen, welches wahrscheinlich Weihrauch enthielt. Auf einem dieser Gefäße bemerkte ich eine Portugiesische Inschrift, und überhaupt schienen sie mir alle von dieser Arbeit zu seyn. Der Nachrichter, ein Mann von ungeheurer Größe, trug ein massiv goldenes Beil auf der Brust; den Armensünder-Stuhl trug man ihm vor, mit geronnenem Blute und Fett gleichsam überdeckt. Des Königs vier Dolmetscher umgab eine Pracht, die alles schon Gesehene übertraf, und ihre besondern Insignien, goldene Bambusstäbe, oben in Bündeln, wie Fascen, zusammen gebunden, umgaben sie ringsum. Der Schatzmeister vermehrte die Pracht seines Anzuges noch durch die Auslegung seines ganzen Geschirres; Schüsseln, Büchsen, Wagschalen und Gewichte waren alle von gediegenem Golde.

Ein Verzug von einigen Minuten, während wir uns einzeln nahten, des Königs Hand anzufassen, erlaubte uns, ihn genau zu betrachten. Seine Haltung zog meine ganze Aufmerksamkeit an sich. Angeborne Würde bey Fürsten, die wir so gern Barbaren nennen, schien mir der Aufmerksamkeit doppelt werth. Seine Manieren waren seinem Stande angemessen, und doch zugleich auch herablassend. Ungeachtet sein Erstaunen groß zu seyn schien, verlor er doch auch nicht einen Augenblick die Haltung eines Monarchen. Er schien etwa acht und dreyßig Jahre alt zu seyn, zur Corpulenz geneigt und von wohlwollendem Wesen. Um seine Schläfe trug er ein Stirnband von rothen Korallenkugeln; ein Halsband von goldenen Mispel-Schalen (cock-spur shells), die am breitesten Ende aufgereihet waren, und über seine rechte Schulter eine rothe seidene Schnur, woran drey in Gold gefaßte Saphies hingen. Seine Armbänder waren das reichste Gemisch von Korallen und Gold und seine Finger mit Ringen bedeckt. Sein Kleid war von dunkelgrüner Seide. Ein ausgezacktes Diadem war zierlich mit weißer Farbe auf seine Stirn gemahlt, so wie eine Art von Epauletts auf jeder Schulter, und ein anderer Zierrath, gleich einer völlig aufgeblühten Rose, wo ein Blatt sich über das andere erhob, bedeckte ihm fast die ganze Brust. Seine Kniebänder bestanden aus rothen Korallen, und seine Knöchelbänder aus einem goldenen Schmucke der feinsten Arbeit, woran kleine Trommeln, Becken, Stühle, Schwerter, Flinten und Vögel dicht an einander hingen. Seine Sandalen von weichem weißen Leder hatten Querbänder von erhabener Arbeit, mit Saphies in kleinen goldenen und silbernen Einfassungen. Er saß auf einem niederigen, reich mit Gold verzierten Stuhle, und hatte ein paar goldene Castagnetten an seinen Fingern und Daumen, durch deren Zusammenschlagen er Stillschweigen geboth. Die Gürtel der Wachen hinter seinem Stuhle waren mit Gold reich besetzt, und mit Zierrathen, die menschlichen Kinnladen glichen, und zwar von demselben Metalle bedeckt. Die Elephantenschweife, die wie eine kleine Wolke ihn umwogten, funkelten von Gold, und große Federbüsche schwenkte man dazwischen. Sein Eunuch führte den Vorsitz über diese Dienerschaft, und trug ein einziges Stück massiven Goldes um den Hals. Der königliche Thron, mit Gold fast bedeckt, stand unter einem glänzenden Schirme, von welchem aus Gold, von der Dicke des Pergamentes, verfertigte Trommeln, Becken, Hörner und verschiedene andere musikalische Instrumente herunterhingen. Ebenso hingen große Reifen an scharlachenem Tuche von den Staatsschwertern herab, deren Scheiden sowohl, als die Griffe, ebenso eingefaßt waren; Beile, auf ähnliche Art verziert, hingen dazwischen. Die Brust der Oorah's und Anderer vom Gefolge war mit großen Sternen, Stühlen, Halbmonden und Kapseln der Baumwollstaude, Alles von Gold, verziert« *(T. Edward Bowdich*, 1826).

Die Akan-Stämme (Aschanti, Anyi) sind offenbar die einzigen unter den Afrikanern, die schon im Mittelalter den Goldguß kannten. Auch wissen wir, daß die Goldschmiede am Hofe der Akan-Könige eine Art Bruderschaft (Innung) bildeten und die Kunst des Goldgusses innerhalb ihrer Familien weitervererbten. Auch besaßen sie das Recht, außerhalb des Königshofes Goldschmuck zu tragen. Bei diesem Goldguß handelt es sich um ein Verfahren, das mit dem Wachsausschmelzverfahren (Guß in verlorener Form) identisch ist. Dieses gelangte, wie wir bereits sahen, in Yoruba-Ife zu höchster Vollendung.

In dieser Technik wurden auch die berühmten Goldgewichte gegossen. Es sind dies Miniaturdarstellungen von Menschen, Tieren und Pflanzen, von Geräten und geometrischen Gebilden, die einst im Goldhandel zum Wägen des Goldstaubes dienten, gegenwärtig aber zu einem beliebten Sammelobjekt geworden sind. Die auf den Goldgewichten zur Darstellung gelangten Motive machen sie zu »Dokumenten zum Teil erloschener Züge der Akan-Kultur«.

Nachdem der Goldhandel von den nordafrikanisch-arabischen Völkern auf die Portugiesen und Holländer übergegangen war und das Schwergewicht sich vom Transsaharahandel auf den Küstenhandel verlagert hatte, wuchs damit auch die Bedeutung der Küstenstämme im Goldhandel mit den Europäern. Unter den oft recht phantasievollen Nachrichten der arabischen Geographen ist mitunter von einem »Pflanzengold« die Rede. So heißt es zum Beispiel bei *Ibn al Fakih* (9./10. Jahrhundert): In den Ganaländern wächst das Gold wie Rüben im Sande und wird bei Sonnenaufgang gepflückt. Und auch sonst wußten die Araber über das Goldvorkommen nur wenig Konkretes, denn die Schwarzen hatten wenig Ursache, den fremden Händlern ihre Bezugsquellen preiszugeben. »Als die ersten europäischen Prospektoren gegen Ende des 19. Jahrhunderts das Land auf der Suche nach Gold zu durchstreifen begannen«, – schreibt *Brigitte Menzel* – »entdeckten sie, daß alle fündigen Stellen wabenartig mit Gruben durchsetzt waren. Da aber die Gruben weder verschalt, noch Hilfsmittel zur Senkung des Grundwasserstandes bekannt waren, konnten nur Lagerstätten in relativer Nähe der Oberfläche ausgebeutet werden. Gold aus Gestein scheint kaum gewonnen zu sein«. Zumeist begnügte man sich mit dem Waschen von Erde und Sand aus Flußbetten, von Uferrändern und mit dem Sammeln des besonders nach Regenfällen an der Oberfläche sichtbar werdenden Goldes (»Waschgold«).

Die Verwendung von Waagen und Gewichten zum Wägen von Goldstaub geht auf fremden Einfluß zurück. »Ein portugiesischer Bericht aus dem Jahre 1594 beschreibt« – nach *B. Menzel* – »Mandingas am Gambia, die zum Wiegen von Goldstaub sehr empfindliche Waagen und würfelförmige Messinggewichte verwendeten, und von der Guineaküste berichtete *Marees* 1602, daß von den Einheimischen Metallgewichte und Waagen mit rundlichen Schalen gebraucht wurden. Im Ashanti-Gebiet gelten vielfach die unmittelbaren Nachbarn, vor allem Denkyira und Techiman, als Erfinder der Gewichte«. Alle diese Gewichte werden bei den Aschanti als *abrammoo* bezeichnet, wobei es gleichgültig erscheint, ob es sich um ein Metallgewicht, also um einen Messingguß, handelt, oder um Samen, Schneckengehäuse, Knochen und ähnlichem mehr. »Solange Goldstaub als Währungsform in Ghana kursierte, benötigte jeder Erwachsene, der in irgendeiner Weise mit dem Handel zu tun hatte, einen Satz von Gewichten und das notwendige Zubehör; Anzahl, Größe und Ausführung richteten sich nach seinen wirtschaftlichen Verhältnissen. Samen und sonstige Naturgewichte konnten ohne Kosten beschafft werden; Metallgewichte, Waagen und alles Zubehör dagegen wurden von Goldschmieden hergestellt und verkauft« *(B. Menzel).*

Die Hilfsmittel, Werkzeuge und sonstiges Inventar eines Goldschmiedes entsprechen im wesentlichen jenen eines Gelbgießers, so sehr auch die von ihnen verwendeten Rohstoffe verschieden sein mögen. Es sind dies der Schmelzofen und das Gebläse, Hammer, Amboß, Zange und Spatel. Lehm, Holzkohle, Gold beziehungsweise Messing (Bronze) stellen das Material bei der Arbeit.

Der Höhepunkt der Technik des »Gusses in verlorener Form« scheint in Ghana im 18. und 19. Jahrhundert erreicht worden zu sein. Eingeführte Messinggeräte, große Mengen von Barren und Manillas aus Messing lieferten das Rohmaterial für die vielen Goldgewichte. Massive oder um einen Kern modellierte Plastiken aus Bienenwachs sowie schrumpffeste Gegenstände, wie etwa Samen, Früchte mit fester Schale, Käfer, Krebse und anderes mehr dienten als Modelle, um welche die Form aus Lehm in einzelnen aufeinanderfolgenden Schichten gebildet wurde.

Der »Gelbguß« ist von der Hofkunst oder Aulik des Sudan nicht zu trennen und hat bei den Kran und Dan, bei den Aschanti und Baule sowie bei den Mossi, Senufo und Kameruner Grasländlern bedeutende Zentren dieses handwerklichen Kunstzweiges hervorgerufen, ohne Zweifel bei den Yoruba und Bini aber den Höhepunkt der Entwicklung erfahren. Bei diesem Gelb- oder Bronzeguß handelt es sich nur selten um eine Legierung von Kupfer und Zinn. Das Wort Bronze hat hier eine erweiterte Bedeutung, denn es handelt sich nach *Siegfried Wolf* bei den westafrikanischen Bronzen der Hauptsache nach um gießbare Kupferlegierungen, denen oft Zink und Blei beigemischt sind. Zinn kann mitunter sogar gänzlich fehlen. Abgesehen von den lokalen Besonderheiten besteht das Gußverfahren darin, daß zunächst aus Bienenwachs ein Modell hergestellt wird, das in allen Einzelheiten genau dem beabsichtigten Gießling entspricht. »Bei Vollgüssen besteht das Modell vollständig aus Bienenwachs, bei Hohlgüssen aus einem Tonkern, der mit Wachs umkleidet wird. Nun wird aus Wachs dem Modell ein trichterartiges Gebilde mit Verteilungssträngen angesetzt und alles bis auf die Einguß&shy;öffnungen mit Schichten von Ton ummantelt. Beim anschließenden Erhitzen und ›Backen‹ fließt das Wachs aus. Wird dann flüssiges Metall eingegossen, so verteilt es sich und füllt den Raum, den vorher das Wachs einnahm. Jedes Modell ist bei diesem Verfahren nur einmal verwendbar, deshalb gleicht kein Guß dem anderen völlig« *(S. Wolf).* Die Technik des

Bronzegusses wurde wahrscheinlich weder in Ife noch in Benin oder sonstwo in Westafrika erfunden, sondern die Herkunft derselben weist über das Tschadseegebiet (Sao) hinweg nach dem Osten (Nubien).

Schließlich noch das Eisen. Neger und Eisen stehen miteinander in enger Beziehung, und es hat gewichtige Stimmen gegeben, welche meinten, der Schwarzafrikaner hätte unabhängig von anderen Ethnien die Kunst der Eisengewinnung selbständig erfunden. Ob nun die Kenntnis der Eisengewinnung aus Nordafrika oder aus Ostafrika (Meroë–Nubien) zu den Negern gelangte, es ändert nichts an der Tatsache, daß wir in Schwarzafrika gar nicht so selten einer Art »Schmiedekönigtum« begegnen und daß das Eisen in Kult und Brauchtum des Negers tief verwurzelt ist. Das geht aus der hohen Stellung der Schmiede hervor, die besonders im Gebiet der großen Bantustaaten im Raum zwischen Ogowe im Westen und Rhodesien im Südosten sowie in Uganda–Rwanda im Nordosten in Erscheinung tritt. Aber auch bei den Mangbetu, sowie im Zentral- und Westsudan, hat sich der Schmied nach *H. Baumann* eine hohe Stellung als Medizinmann, Notabler oder gar König, mindestens aber als wichtige Person in Geheimbünden verschaffen können. Schmiede und sakrales Königtum zeigen sich in mancherlei Hinsicht miteinander eng verbunden. »Die Schmiede Loangos« – führt *H. Baumann* als weitere Beispiele dazu an – »waren Staatspriester und bewahrten die königlichen Staatsfeuer als Reichsschmiede (*Pechuel–Lösche*). Dem 4. König der Kuba wurde die Schmiedekunst im Traum offenbart, und mehrere Könige alter Zeiten waren Schmiede *(E. Torday)*, wo wie bei den Lamba in Zambia (nach *Doke*) Häuptlinge das Schmiedehandwerk erlernten. Bei den Ila kam das Eisen aus dem Gebiet eines Teilstammes, der von den Luba abstammte, also einem der schnitzfreudigsten Völker mit alten Reichstraditionen, und nur bei einem Häuptling dieser Gruppe erscheint Plastik (nach *Smith-Dale*). Von den westlichen Luba-Kalonji wird erzählt, daß die Eisenarbeit von Schmiedehäuptlingen aus Norden oder Nordosten eingeführt wurde (*Van Bulck*), vielleicht von den Songye, wo der Schmied gleich nach dem Häuptling rangiert (*van Overbergh*) oder von den Sengere am Leopold II-See, wo Häuptlinge in der Regel Schmiede sind. Bei den Ost-Kongo bildeten neben den Pygmäen die Schmiede offenbar ein altes Substrat: beide hatten das Recht, bei der Krönung der Fürsten in alter Zeit zu helfen (nach *Mertens*) usw. ... Wenn von den Tutsi-Häuptlingen in Rwanda erzählt wird, daß der Mwami (König) in einer seiner wichtigsten Funktionen ein Schmied ist, weshalb er auf Eisenhämmern schläft (Kagama), dann wird hier sicher eine Vor-Tutsi-Vorstellung tradiert. *Schuhmacher*, der gleichfalls den Schmiedehammer zu den wichtigsten heiligen Geräten des Königs rechnet, interpretiert: ›Weil seine Ahnen Schmiede waren und er zu gewissen Zeiten eine Schmiedetracht rituell schmieden muß‹. – Der Schmied in Ufipa heißt ›mwami‹, also wie der König in den Hima-Tustsi-Reichen des Zwischenseegebietes. ... Der Mwami ist ein Ritenexperte, denn das Ritual bei der Eisenarbeit ist sehr umfangreich. Seine Macht ruht in einem Korb (ntangala), der auf den Sohn vererbt wird«.

# XVII.
# DIE ERFORSCHUNG AFRIKAS BIS ZUR ENTDECKUNG DES SEEWEGES NACH INDIEN

## Altertum

Gewöhnlich wird die Puntfahrt der Königin Hatschepsut (etwa 1493/2 v. Chr.) als eine der ältesten Forschungsreisen der alten Ägypter in Afrika angesehen, obwohl offenkundig schon lange vorher rege Beziehungen mit dem Weihrauchlande Punt bestanden hatten. So gelangten zum Beispiel unter dem zweiten Pharao der 5. Dynastie, König Sahurê, auf dem Wege direkter Handelsbeziehungen mit Punt 80 000 Maß Myrrhen, wahrscheinlich 6000 Gewichte Ellektrum (eine Legierung aus Gold und Silber) und 2600 Stäbe von einer kostbaren Holzart, vermutlich Ebenholz, nach Ägypten. Wie rege bereits der Handel zur Zeit der 5. (2470–2320) und 6. Dynastie (2320–2160) gewesen sein mochte, erzählt eine Grabinschrift in Aswân von einem gewissen Chnumhotep, der sich rühmt, elfmal nach Punt gereist zu sein. Die berühmteste Puntfahrt ist aber doch jene der Königin Hatschepsut, die in einer der Pfeilerhallen ihres Totentempels von Dêr el-bahri eine von ihr ausgesandte Expedition so ausführlich in Bild und Wort geschildert hat, »daß« – wie *Walther Wolf* schrieb – »wir uns, wenn wir heute betrachtend davor stehen, unwillkürlich an die Reiseschilderungen eines modernen Berichterstatters erinnert fühlen«.

Lange hat man über die Lage Punts herumgerätselt und ist heute zu der Überzeugung gelangt, daß man dieses Land, nicht zuletzt aus tiergeographischen Gründen, an der Küste des Somalilandes suchen müsse. »Diese Ortsbestimmung hat neuerdings eine Bestätigung erfahren, seit man erkannt hat, daß der ägyptische Ortsname Pwn.t in dem von dem alexandrinischen Geographen *Ptolemaios* (etwa 85 bis 160 n. Chr.) und im Periplus maris Erythraei (60 bis 90 n. Chr.) genannten Hafen Opône und in der auf den modernen Karten verzeichneten, 160 Kilometer südlich vom Kap Guardafui gelegenen Bucht von Hafun fortlebt«.

»Die ›Wohlgerüche von Punt‹, die Aromata der Griechen, waren es, die die Ägypter veranlaßten, Handelsfahrten dorthin zu unternehmen« – schreibt *W. Wolf*. »Da war vor allem der Weihrauchbaum, eine Boswellia-Art, deren eingetrockneter Wundbalsam in Form von Harzkörnern gesammelt wurde und beim Verbrennen einen aromatisch-narkotischen Duft verbreitete. Die Ägypter, wie übrigens auch die Babylonier, Perser, Griechen und Römer, verwendeten diesen Weihrauch als Räuchermittel im Kult; über den antiken Kaiserkult gelangte er im 5. Jahrhundert n. Chr. auch in den christlichen Gottesdienst. Aus ihm gewann man zudem das balsamisch riechende Weihrauchöl, das kostbarste der vielen von den Ägyptern verwendeten Öle. Da war ferner der Balsambaum (*Commiphora opobalsamum*), dessen Gummiharz, die Myrrhe, gleichfalls von balsamischem Duft zur Einbalsamierung und als Mittel gegen Schlangenbiß und Skorpionstich benutzt wurde und überdies das Myrrhenöl lieferte. Zu diesen Wohlgerüchen traten weitere ›Wunderdinge‹ in Gestalt von Drogen, Mineralien, Farbstoffen, aber auch Gold, Ebenholz und Elfenbein, Leopardenfelle und Straußenfedern«.

Ausgerüstet wurden die Puntexpeditionen in der Nähe des heutigen Kusêr am Roten Meer, wohin schon seit alter Zeit ein Karawanenweg vom Niltal aus über das Gebirge zum Wâdi Gasûs führte. Von dort aus ging die Seereise nach Punt während der Sommermonate, während die Rückfahrt der Windverhältnisse wegen in den Oktober bis Dezember erfolgte. »Nachdem die ägyptische Flotte an der Küste von Punt festgemacht und ihre Ladung gelöscht hat« – interpretiert *W. Wolf* die Bilddarstellung der Hatschepsut-Expedition – »geht der Gesandte mit einem Landungskorps an Land, um dem Fürstenpaar von Punt seine Aufwartung zu machen und ihm die mitgebrachten Geschenke zu überreichen: Schmuck und Waffen in einem hübschen Kasten. Dazu tauscht man Begrüßungsreden aus. Die Puntleute wohnen in bienenkorbähnlichen Pfahlbauten. Unter Palmen und Laubbäumen liegen die Erzeugnisse des Landes zur Verladung bereit: Rinder, Ebenholz, Elfenbein, Tierfelle, Harz, Gummi, Straußenfedern, Weihrauch und anderes mehr. Auch ganze Weihrauchbäume werden verladen, plante die Königin doch, sie auf den Terrassen ihres Totentempels wieder einzupflanzen, um Anun zu Ehren ein künstliches Punt zu schaffen. Giraffen und Geparden sollen den thebanischen Tierpark bereichern. Paviane und Meerkatzen, von den Matrosen an Bord gebracht, klettern in den Masten herum. Dann tritt die Flotte die Heimfahrt an«.

Nicht nur nach dem Südosten, auch nach dem Süden drangen die Ägypter, weit über Nubien hinaus ausgreifend, auf Erkundungs- und Forschungsfahrten vor. Ein gutes Zeugnis für derartige Unternehmungen bietet der berühmte Brief des Königs Pepi II. aus der VI. Dynastie (2360 v. Chr.) an seinen Truppenführer Herchuf, den Gaufürsten von Elefantine. In diesem Schreiben des achtjährigen Königs – er gelangte in einem Altar von sechs Jahren auf den Königsthron – heißt es unter anderem: »Du hast in diesem Deinem Briefe gesagt, daß Du einen Zwerg der Gottestänzer aus dem Lande der Horizontbewohner mitgebracht hast, ein Gegenstück des Zwerges, den der Siegler des Gottes Bawerdjed zur Zeit des Asosi aus Punt geholt hat. Du hast zu meiner Majestät gesagt, daß niemals einer wie er durch irgend jemand anders mitgebracht worden ist, der vordem das Land Jam bereist hat. Wahrlich, Du verstehst ja zu tun, was Dein Herr wünscht und lobt. Wenn Du Tag und Nacht verbringst, indem Du Dich sorgst, das zu tun, was Dein Herr wünscht, lobt und befiehlt, wird Seine Majestät Deine zahlreichen und trefflichen Wünsche erfüllen, so daß es (noch) dem Sohne Deines Sohnes zum Nutzen gereicht. ... Komme sogleich stromab zur Residenz, laß (alles stehen und liegen), bringe diesen Zwerg mit Dir, den Du aus dem Lande der Horizontbewohner geholt hast, lebendig, heil und gesund, für die Gottestänze, zur Erheiterung und zur Herzensfreude des Königs Pepi II. Wenn er mit Dir ins Schiff steigt, stelle zuverlässige Leute bereit, die hinter ihm sind neben dem Schiff. Paß auf, daß er nicht ins Wasser fällt. Wenn er nachts schläft, nimm zuverlässige Leute, die hinter ihm in seiner Kabine schlafen. Kontrolliere zehnmal die Nacht. Meine Majestät wünscht diesen Zwerg zu sehen mehr als die Erzeugnisse des Sinai und von Punt. Wenn Du zur Residenz gelangst und dieser Zwerg ist lebend, heil und gesund bei Dir, dann wird meine Majestät Dich sehr belohnen«. Es ist dies die älteste und bekannt gewordene Dokumentation eines Pygmäen, die *P. M. Gusinde* wieder in Erinnerung brachte.

Den erfolgreichen Kriegszügen der Ägypter seit Thutmosis III. gegen Süd, Ost und Nordost waren selbstredend zahlreiche Erkundungen voraus gegangen. Bis nach Syrien und in das Zweistromland war man vorgedrungen und um 1400 v. Chr. bemächtigten sich die Pharaonen auch des goldreichen Nubien. Ramses dem Großen ist um 1282 die Erschließung des reichen Goldlandes Akita in der Nubischen Wüste zuzuschreiben. Dies geht aus der Inschrift der Kubân-Stele Ramses II. (1292–1225) hervor, die von dem Goldland Akita im äußersten Osten des großen Wâdi el-Allâki etwa auf dem Breitengrad von Wâdi Halfa in Richtung auf das Rote Meer zu berichtet. Das Wâdi el-Allâki besaß auch Kupferminen und wurde nach *Richard Hennig* wohl schon im 4. Jahrtausend v. Chr. ausgebeutet. »Noch heute wird hier Gold gewonnen, doch ist der einstige hohe Reichtum dieser wie der meisten nubischen Minen erschöpft« – schreibt W. *Wolf*. Vor ihrer Erschließung durch den Pharao waren die Goldminen nur schwer erreichbar; durch den Bau eines Brunnens wurde die Reise wesentlich erleichtert. Bis gegen Ende des Mittelalters ist uns die regelmäßige Ausbeute des Goldes im Wâdi Allâki durch islamische Geographen verbürgt. Zur Zeit des Geographen *Al Jakubi* (9. Jahrhundert) war Wâdi Allâki ein Zentrum der Goldproduktion und des Goldhandels. Von zahlreichen Einzelheiten über die Art und Weise der Goldgewinnung weiß uns auch *Idrisi*, der bedeutendste arabische Geograph des 12. Jahrhunderts, zu berichten. Herrschte in Westafrika die Vorstellung von »Goldpflanzen«, glaubte man hier in Nubien, daß das Gold ein vom Himmel gefallener Stoff wäre, der sich durch sein Gefunkel im Sand besonders in mondlosen Nächten den Suchern verriet. Der goldhaltige Sand wurde in Holzschüsseln gewaschen, das Gold nach dem Waschen mit Quecksilber versetzt und geschmolzen. Offenkundig wurde zur Zeit *Idrisi*'s die Goldgewinnung nicht mehr von schwarzen Sklaven, sondern von ortsansässigen Leuten betrieben. Weiteres Material über die nubische Goldgewinnung im Mittelalter finden wir bei den arabischen Geographen *Al Harani* (13. Jahrhundert), Abul Feda (13./14. Jahrhundert) und *Al Makrisi* (14./15. Jahrhundert).

Von einer phönizischen Umseglung Afrikas im Auftrage des Pharao Necho (etwa 596–594 v. Chr.) weiß uns der griechische Geschichtsschreiber *Herodot* (etwa 484–424) zu erzählen: »Libyen allein zeigt schon, daß es rings von Meer umflossen wird, abgesehen von dem Stück, das an Asien angrenzt. Soviel wir wissen, ist der Ägypterkönig Necho der erste gewesen, der den Beweis dafür erbracht hat. Als er nämlich aufhörte, an dem Kanal zu graben, der vom Nil ins Rote Meer führt, sandte er plötzlich Männer zu Schiffe aus, und erteilte ihnen den Befehl, zurück durch die Säulen des Herakles zu fahren, bis sie in das nördliche Meer (Mittelmeer) und so nach Ägypten zurück gelangten. Und die Phönizier brachen auf und segelten aus dem Indischen Ozean in das Meer nach Süden. Sobald es aber Herbst wurde, gingen sie an Land und bestellten das Feld, wo sie immer gerade in Libyen waren, und warteten die Ernte ab. Und wenn sie das Korn geerntet hatten, fuhren sie weiter, so daß sie, nachdem zwei Jahre verstrichen waren, im dritten Jahr die Säulen des Herakles kreuzten und nach Ägypten zurückkamen. Und sie erzählten, was ich selbst freilich nicht glauben kann, aber vielleicht glaubt es ein anderer: daß sie bei der Umfahrung Libyens die Sonne zur Rechten gehabt hätten«. Trotz Kritik im einzelnen hielt *Richard Hennig* die Erzählung im allgemeinen für durchaus glaubhaft, und dies um so mehr, als sich *Herodot*'s Nachrichten bislang immer als gut und verläßlich erwiesen haben. »Auch solche« – meint R. *Hennig* – »die man ehedem als ganz unglaubhaft ansah, haben sich eigentlich durchweg als im großen und ganzen richtig herausgestellt und eine Ehrenrettung erfahren. Es liegt kein Grund vor, der Nachricht über Necho's Expedition eine Ausnahmestellung einzuräumen«.

Eine der »bedeutungsvollsten erdkundlichen Entdeckungsfahrten des Altertums« nannte *R. Hennig* die Seereise des karthagischen Suffeten und Seereisenden Hanno zum »Götterwagen« um 525 v. Chr. Der vermutlich von Hanno selbst verfaßte Reisebericht wurde als Inschrift im Kronos- (Baals?) Tempel zu Karthago aufbewahrt. Der Bericht lautet (nach *R. Hennig*): »1. Es gefiel den Karthagern, den Hanno außerhalb der Säulen des Herakles Schiffahrt treiben und libyophönizische Niederlassungen gründen zu lassen. Und er fuhr ab mit 60 Fünfzigruderern und einer Menge von 30000 Männern und Weibern, Mundvorrat und sonstigem Zubehör. 2. Nachdem wir abgefahren waren und die Säulen überwunden hatten, gründeten wir die erste Stadt, die wir Thymiatherion nannten; eine große Ebene lag unterhalb von ihr. 3. Von hier fuhren wir gegen Westen und kamen nach Soloeis, einem Vorgebirge Libyens (Kap Ghir oder Kap Cantin), das von Bäumen starrte. 4. Dort errichteten wir dem Poseidon einen Altar und fuhren dann einen halben Tag wieder ostwärts, bis wir zu einem nicht weit vom Meer gelegenen Sumpfe kamen, der von dichtem, hohem Schilf erfüllt war. Hier gab es Elefanten und sehr viel anderes weidendes Getier. 5. Nachdem wir einen Tag über den Sumpf hinaus gekommen waren, bevölkerten wir mit neuen Bewohnern Seeplätze, die Karikon, Teichos, Akra, Melitte und Arambys genannt wurden. 6. Von hier fortfahrend gelangten wir an den großen Lixos-Fluß (Wadi-Draa), der Libyen entströmt. An ihm weideten lixitische Nomaden ihr Vieh. Bei ihnen verweilten wir einige Tage, als ob wir ihnen befreundet wären. 7. Jenseits von ihnen hausen wilde Äthiopen, die ein von wilden Tieren erfülltes Land bewohnen. Dieses ist von hohen Bergen unterbrochen, denen der Fluß Lixos entspringen soll. In den Bergschluchten aber sollen Menschen von verschiedener Gestalt wohnen, Troglodyten, denen die Lixiten nachsagten, sie seien im Lauf schneller als die Pferde. 8. Wir nahmen Dolmetscher von den Lixiten mit und fuhren dann zwei Tage lang südwärts an wüstem Land vorbei, dann wieder einen Tag ostwärts. Dort, im Überbleibsel einer Meeresbucht, fanden wir eine kleine Insel von 5 Stadien Umfang. Wir siedelten auf ihr Kolonisten an und nannten sie Kerne«. (Dazu eine Anmerkung von *R. Hennig*: Kernes Lage ist nicht bekannt. Die Insel ist verlandet. Wahrscheinlich ist sie südlich des Kap Juby am Seger-el-Hamra zu sehen. Andre halten die Insel Fedallah an der marokkanischen Nordwestküste für Kerne. Hanno dürfte zwischen Ende Oktober und Ende Januar dort geweilt haben.) »Wir folgerten aus unserer Fahrt, daß es Karthago gerade gegenüber liegt, denn die Fahrt von Karthago zu den Säulen war gleich derjenigen von den Säulen nach Kerne. 9. Von hier kamen wir vorbei an einem großen Fluß, namens Chretes (Chremetes ? = Sakhiet el Hamra), zu einem See. Dieser See weist drei Inseln auf, die größer als Kerne sind. Eine Tagfahrt von ihnen entfernt erreichten wir den Ausgang des Sees, über dem sich ansehnliche Berge erhoben. Diese waren von Waldmenschen bewohnt, die mit Tierfellen bekleidet waren und uns durch Steinwerfen hinderten, die Tiefe zu verlassen. 10. Von hier weiter fahrend gelangten wir an einen großen, breiten Fluß, der voll von Krokodilen und Flußpferden war. Dann kehrten wir um und gelangten nach Kerne zurück. 11. Wieder fuhren wir 12 Tage lang südwärts und folgten der Küste. Überall bewohnten sie Äthiopen, die aber flohen und uns nicht erwarteten. Auch die Lixiten, die uns begleiteten, verstanden ihre Sprache nicht. 12. Am letzten Tage stießen wir auf hohe, waldbedeckte Berge (Sierra Leone?). Das Holz der Bäume war wohlriechend und von mancherlei Art. 13. Zwei Tage lang umfuhren wir diese Berge und gelangten dann an einen ungeheueren Meerbusen, dessen andre Seite auf dem Festland eine Ebene einnimmt. Nachts erblickten wir von Zeit zu Zeit überall aufleuchtende Feuer, bald mehr, bald weniger. 14. Wir nahmen Wasser ein und fuhren an der Küste 5 Tage lang weiter, bis wir in eine große Bucht kamen, die nach Aussage unsrer Dolmetscher Westhorn hieß. In ihr befand sich eine große Insel und auf der Insel ein Salzsee, in dem eine andre Insel lag. Zu dieser begaben wir uns und sahen tagsüber nichts als Wälder, nachts aber viele brennende Feuer. Wir hörten Töne von Flöten und Zymbeln, Trommelgeräusch und ungeheures Geschrei. Da erfaßte uns Schrecken, und die Seher geboten uns die Insel zu verlassen. 15. Schnell weiter fahrend kamen wir an einer feurigen, von Wohlgerüchen erfüllten Gegend vorbei, aus der sich gefüllte, feurige Bäche ins Meer ergossen. Das Land war vor Hitze nicht zu betreten. 16. Rasch begaben wir uns daher, von Furcht erfaßt, auch von dort weg. Während einer Fahrt von 4 Tagen erblickten wir nachts das Land von Flammen erfüllt. Mitten darin befand sich ein hohes Feuer, größer als die übrigen, das anscheinend bis zu den Sternen hinaufreichte. Es war dies, wie sich bei Tage zeigte, ein gewaltiger Berg, Götterwagen genannt. 17. Von hier fuhren wir 3 Tage lang an Feuerbächen vorbei und kamen an eine Bucht, die Südhorn genannt ist. 18. Auf der Rückseite des Busens war eine Insel, jener ersten ähnlich. Denn sie wies einen See auf, und in ihm befand sich eine andre Insel, die von Waldmenschen bewohnt war. Es waren aber noch viel mehr Weiber da mit zottigen Körpern, die unsere Dolmetscher Gorillas nannten. Wir verfolgten die Männer, konnten aber keinen fangen, denn sie alle flohen, kletterten über steile Abhänge und verteidigten sich mit Steinen. Drei Weiber fingen wir, die aber bissen, die Anführer zerkratzten und nicht folgen wollten. Wir töteten sie und brachten ihre abgezogenen Häute nach Karthago. Und weiter fuhren wir nicht, da es an Vorräten mangelte«.

Trotz einiger Unklarheiten ist man heute gewillt, den in einer griechischen Übersetzung vorliegenden Reisebericht als authentisch zu betrachten. Die beiden wichtigsten Fragen, welchem Zeitalter die Fahrt des Hanno angehört, sowie die Frage, bis zu welchem Punkt der afrikanischen Westküste sich Hannos Fahrt erstreckte, wurden viel diskutiert. *R. Hennig's* Überzeugung dürfte wohl am ehesten der heute allgemein herrschenden Auffassung entsprechen, daß die Seereise um etwa 525 v. Chr. erfolgte und daß der offensichtlich von Hanno beobachtete Vulkanausbruch sich auf den Kamerunberg (»Götterwagen«, »Götterberg«) beziehen müsse.

Der berühmte Bericht *Herodot's* über Kambyses' Feldzug gegen Äthiopien um 524 v. Chr. ist im einzelnen wohl mit Fragezeichen zu versehen, die Geschichtlichkeit des Ereignisses ist dagegen schwerlich anzuzweifeln. Auch in diesem Falle halten wir uns an *R. Hennig* und zitieren nach ihm den Bericht von *Herodot* (III, 17–26): »17. Darauf trug sich Kambyses mit drei verschiedenen Kriegszügen: gegen die Karchedonier (Karthager), die Ammonier und die langlebigen Äthiopier, die da wohnen in Libyen am südlichen Meer. So beschloß er, seine Schiffsflotte gegen die Karchedonier zu senden, einen Teil des Fußvolkes gegen die Ammonier, gegen die Äthiopier aber zuerst Kundschafter. Diese sollten nach dem Tisch der Sonne sehen, der bei den Äthiopiern sein soll, ob es sich wirklich so verhielte, und dabei das übrige auskundschaften. Zum Vorwand aber sollten sie dem König Geschenke bringen. ... 19. (Es folgt eine etwas wunderlich-unverständliche Geschichte vom »Tisch der Sonne«.) Als nun Kambyses beschlossen hatte, Spione hinzusenden, ließ er alsbald zu sich einige Ichtyophagen aus Elephantine holen, die der äthiopischen Sprache kundig waren. (Es folgt eine Erklärung, warum aus dem Feldzug gegen Karthago nichts wurde, da die Phönizier sich weigerten, die Flotte gegen ihre Tochterstadt zu führen, »denn Gewalt wollte Kambyses den Phöniziern nicht antun, weil sie sich freiwillig den Persern ergeben hatten und die ganze Seemacht von den Phöniziern abhing«.) ... 20. Als nun die Ichtyophagen aus Elephantine zu Kambyses kamen, sandte er sie zu den Äthiopiern und trug ihnen auf, was sie sagen sollten, und als Geschenk sollten sie ein Purpurkleid und eine goldene Halskette, Armbänder, ein Myrrhenkästchen aus Alabaster und ein kleines Faß Palmwein mitnehmen. Die Äthiopier aber, zu denen Kambyses schickte, sollen die größten und schönsten von allen Menschen sein, und sie sollen ganz andere Sitten und Bräuche wie die übrigen Menschen haben, so zum Beispiel auch für ihr Königreich: wen sie nämlich unter ihren Bürgern für den größten halten und dessen Kraft der Größe entspricht, der muß ihr Herrscher sein. ... Der Äthiopier merkte, daß sie als Spione ins Land gekommen waren, und sprach zu ihnen: ›Der Perserkönig hat euch mit diesen Geschenken nicht gesandt, weil ihm daran gelegen ist, mein Gastfreund zu werden, und ihr redet daher nicht die Wahrheit. Vielmehr seid ihr als Spione in mein Land gekommen. Jener ist kein rechtschaffener Mann, denn wenn er es wäre, würde ihn nicht nach einem anderen Land als nach seinem eigenen gelüsten‹« ... (Es folgt ein langes Gespräch zwischen König und Kundschaftern, zum Teil von ganz eigentümlicher Art.) 23. Und nach der Quelle zeigte er ihnen das Gefängnis; in ihm waren alle Gefangenen mit Goldketten gefesselt. Denn Erz ist bei diesen Äthiopen das allerseltenste und teuerste Metall. ... 25. Als die Kundschafter alles besichtigt hatten, kehrten sie zurück. Und als sie ihren Bericht erstattet hatten, geriet Kambyses in Zorn und führte einen Feldzug gegen die Äthiopier, hatte aber für keinen Vorrat an Lebensmitteln gesorgt und auch nicht bedacht, daß er bis ans Ende der Welt ziehen wollte, sondern sogleich nachdem er die Ichtyophagen vernommen hatte, ging er wie ein rasender, unvernünftiger Mensch darauf los. ... Als er mit seinem Zuge bis Theben gekommen war, sonderte er 50 000 Mann von seinem Heere ab und befahl ihnen, die Ammonier zu unterjochen und das Orakel des Zeus zu verbrennen. Er selbst aber zog mit dem übrigen Heer gegen die Äthiopier. Bevor aber das Heer den fünften Teil des Marsches zurückgelegt hatte, waren schon alle Lebensmittel aufgezehrt. Da aßen sie die Lasttiere, die jedoch auch bald aufgegessen waren. ... Kambyses aber nahm keine Vernunft an und zog immer weiter. So lange die Leute noch etwas im Boden fanden, fristeten sie ihr Dasein durch Gras und Kräuter. Als sie aber in die Wüste gelangten, da begingen sie eine furchtbare Tat: von je zehn Mann losten sie einen aus und verzehrten ihn. Als Kambyses dies hörte, fürchtete er, sie möchten sich alle gegenseitig auffressen, ließ ab vom Zuge gegen die Ähtiopen, kehrte um und kam wieder nach Theben, nachdem er einen großen Teil seines Heeres verloren hatte. ... 26. Die aber, die zum Feldzug gegen die Ammonier ausgesandt waren, zogen nach dem Abmarsch aus Theben immer weiter und hatten Wegkundige bei sich. Gewiß ist, daß sie zum Orte Oasis noch gekommen sind, der von Samiern aus dem Stamm Aischrionis bewohnt wird und von Theben sieben Tagemärsche durch lauter Wüste entfernt sein soll. Diese Gegend heißt: Insel der Seligen. Bis in dieses Gebiet sollen sie also gekommen sein. Von dort an aber weiß niemand etwas über sie zu sagen, mit Ausnahme der Ammonier selbst und derer, die es von ihnen gehört haben, denn sie sind nicht bis zu den Ammoniern gekommen und auch nicht zurückgekehrt. Die Ammonier aber berichten, jene seien, als sie von Oasis durch die Wüste gegen sie zogen, bis etwa zur Mitte zwischen ihnen und Oasis gelangt, und als sie dort ihr Frühmahl einnahmen, habe sich ein großer, starker Südwind erhoben, der Sandwirbel mit sich führte und sie verschüttete, und auf diese Weise seien sie zu Grunde gegangen«.

*R. Hennig* hat unter Hinweis auf die von *H. Schäfer* interpretierte Stele von Dongola mit der Siegesinschrift des Äthiopierkönigs Nastesen (525 bis 517 v. Chr.), auf der sich dieser seiner kriegerischen Leistungen, Beutezüge und Thronbesteigung rühmt, den weitgehend unvollkommenen Bericht von *Herodot* zu ergänzen vermocht. *Herodot* schilderte nur einen Teil des gesamten Feldzuges, »und offensichtlich nicht einmal den wichtigsten«, denn der Feldzug spielte sich auch am und auf dem

Nil ab und nicht nur in der nubischen Wüste. Vermutlich sah sich Kambyses durch die Niederlage der Hauptabteilung seines Heeres, von der die Stele von Dongola berichtet, gezwungen, den Rückzug anzutreten. Immerhin dürfte der Feldzug des Kambyses zur Unterwerfung eines Teiles von Äthiopien mit beigetragen haben, wenn auch das Hauptunternehmen gegen die Äthiopier gescheitert war. Die Stele aber in dem weiten Raum »zwischen Charga und Siwa« aufzufinden, wo der Untergang der persischen Heeresabteilung im Wüstensturm erfolgte, sollte *Hans Joachim von der Esch* vorbehalten bleiben.

Der Feldzug des römischen Feldherrn Petronius (23/22 v. Chr.) gegen die Äthiopier wurde bereits im 4. Kapitel erwähnt. Darüber weiß *Strabo* zu berichten: »Da ein Teil der Heeresmacht aus Ägypten abgezogen war und unter Aelius Gallus mit den Arabern Krieg führte, hatten die Äthiopen aus Übermut Theben und die Wachen von drei Kohorten in Syene angegriffen, Syene, Elephantine und Philae überrumpelt, die Einwohner in die Sklaverei geführt und die Bildsäulen des Kaisers niedergerissen. Da zog Petronius mit kaum 10 000 Fußsoldaten und 3000 Reitern gegen 30 000 Mann zu Felde und zwang sie, vorerst nach Pselchis, einer äthiopischen Stadt, zu flüchten. ... (Es folgt eine für die Römer siegreiche Schlacht.) ... Unter den Gefangenen waren auch die Anführer der Königin Kandake, die in jüngster Zeit über Äthiopien herrschte, ein mannhaftes Weib, auf einem Auge blind. Diese alle nahm er gefangen, indem er auf Flößen und Schiffen heranfuhr, schickte sie sogleich nach Alexandrien und nahm dann Pselchis. Von Pselchis kam er nach Premis, einer von Natur festen Stadt, wo er an den Sandhügeln vorbeikam, durch die des Kambyses Heer im Wüstensturm verschüttet worden war (?). Er erstürmte die Stadt und brach dann gegen Napata auf. Dies war der Herrschersitz der Kandake, und ihr Sohn befand sich daselbst. Sie selbst weilte in einem Nachbarort. Er nahm Napata ein, aus dem jedoch ihr Sohn entwichen war, und zerstörte es. Mit Sklaven und Beute marschierte er zurück, weil er das weite Land für unwegsam hielt. Premis dagegen befestigte er noch mehr, legte eine Besatzung hinein mit Nahrung für 400 Mann auf zwei Jahre und kehrte dann nach Alexandrien zurück. ... Inzwischen zog Kandake mit vielen tausend Mann gegen die Festung. Petronius aber brachte Hilfe, gelangte früher in die Festung und stattete sie mit noch besseren Befestigungen aus. (Friedensschluß.) Sie schickten wieder Gesandte; er aber hieß sie, sich an den Kaiser zu wenden. Da sie sagten, sie wüßten nicht, wer der Kaiser sei, noch, wohin man zu ihm gehen müsse, gab er ihnen Begleiter mit. Sie kamen nach Samos, weil der Kaiser sich hier aufhielt, um von dort nach Syrien zu gehen, da er den Tiberius nach Armenien gesandt hatte. Als sie erlangt hatten, was sie begehrten, erließ er ihnen auch die Kriegskosten«.

Auch die Römer dürften in Äthiopien nicht viel weiter gekommen sein als ein halbes Jahrtausend zuvor die Perser unter Kambyses.

Um 20 v. Chr. wird unter Cornelius Balbus auch das Land der Garamanten (das heutige Fezzan) von den römischen Waffen bezwungen. Die Ruinen der berühmten Hauptstadt Garama liegen nordöstlich von Murzuk bei Djerma.

*Lucius Annaeus Seneca* (gest. Rom 65 n. Chr.) und *Plinius d. Ä.* (23 bis 79 n. Chr.) berichten über die Entdeckung der Nilsümpfe um 60 n. Chr., von jener erstaunlichen Leistung zweier Centurionen, »die Kaiser Nero zur Erforschung der Nilquellen ausgesandt hatte, da er neben anderen Tugenden die Wahrheit vor allem liebte«. Die Verläßlichkeit ihres Berichtes, meint *R. Hennig*, kann um so weniger bezweifelt werden, »als die Erwähnung der unabsehbaren und auf keine Weise zu überwindenden schwimmenden Pflanzenanhäufungen allzu charakteristisch auf die wirklichen Verhältnisse am ›No-See‹ (Nilsümpfe) an der Einmündung des Gazellenflusses (Bahr-el-Ghasal) in den Nilsee Mokren el-Bohur paßt, wo verfilzte Gras- und Pflanzenmassen von mehreren Metern Dicke und oft kilometerweiter Ausdehnung jedes Vorwärtskommen auf dem Fluß unmöglich machen«. In seinen Ausführungen hebt *R. Hennig* mit gutem Recht besonders jene Stelle bei *Plinius* hervor, wo vom südlichen Randgebiet der Nilquelle die Rede ist: »Zwischen den Sümpfen, aus denen der Nil entspringt, soll nach einigen Nachrichten ein Pygmäenvolk wohnen«.

Dieses Wissen von den Pygmäen »muß aber schon lange vor Kaiser Nero's und Plinius' Zeit bekannt gewesen sein«, meinte *R. Hennig,* »denn eine der merkwürdigsten, unendlich oft erörterten, auch in *Goethe's* ›Klassischer Walpurgisnacht‹ anklingenden, uralten Sagen des Altertums muß notwendig damit in Zusammenhang stehen: die Geschichte vom Kampf zwischen Pygmäen und Kranichen. Diese Geschichte geht bereits auf *Homer* zurück.

> »So wie Geschrei von Kranichen unter dem Himmel,
> welche, nachdem sie dem Winter entflohn und unendlichem Regen,
> Dort mit Geschrei hinziehn an Okeanos' strömende Fluten,
> Kleiner Pygmäen Geschlecht mit Mord und Verderben bedrohend,
> Und aus dämmernder Luft zum schrecklichen Kampfe herannahn.
> (Ilias III, 3–7)«

Wie sollte wohl *Homer,* 400 bis 500 Jahre vor *Aristoteles* und über 2500 Jahre vor *Schweinfurth,* von diesen geographischen Tatsachen Kenntnis gehabt haben? – stellte sich *R. Hennig* die verständliche Frage. Vermutlich hatte *Homer* sein Wissen über die Pygmäen von den Ägyptern bezogen, und in diesem Zusammenhang sei an den berühmten Brief des jugendlichen Königs Pepi II. aus der VI. Dynastie (2360 v.Chr.) an seinen Truppenführer Herchuf, den Gaufürsten von Elephantine, erinnert.

Die erste Schriftquelle, die sich ausführlich mit dem Handel an der ostafrikanischen Küste beschäftigt, ist, wie wir bereits wissen, der »Periplus des Erythräischen Meeres«. Es handelt sich hier um eine vermutlich aus dem ersten nachchristlichen Jahrhundert stammende Handels- und Segelanweisung, die nach Art eines Schiffsjournals wahrscheinlich von einem in Myos Hormos (Kosseir) oder Berenike beheimateten ägyptischen Kaufmann abgefaßt wurde. Während zur Zeit *Strabo's* (63 v. Chr.–23 n.Chr.) südlich vom Kap Guardafui die Küste Ostafrikas der antiken Welt noch gänzlich unbekannt gewesen zu sein scheint, hatte man gegen Ende des 1.Jahrhunderts bereits Kenntnis beziehungsweise Kunde bis zu einem Ort, Rhapta geheißen. Nach *Claudius Ptolemäus* (ca. 100 bis 180 n.Chr.) soll ein gewisser Dioskoros um 100 n.Chr. noch über Rhapta hinaus nach einem Vorgebirge namens Prason gelangt sein, das »angeblich 5000 Stadien (1000 km) südlicher lag« *(R. Hennig).* Nach *Bernhard Struck* wäre Prasum das Kap Delgado gewesen, das Vorgebirge Rhapta eine Küstenspitze östlich von Daressalam und der gleichnamige Fluß der Kingani. »Dieses Prasum promontorium« – schreibt *R. Hennig* – »blieb für fast einundeinhalb Jahrtausende der südlichste, mit Namen bekannte Punkt der Erde. Darüber hinaus waren die Kenntnisse so nebelhaft, daß selbst ein *Ptolomäus* glaubte, die ostafarikanische Küste wende sich weiter südlich nach Südosten und Osten, um schließlich eine zusammenhängende Landbrücke mit Ostasien zu bilden, die den Indischen Ozean zum Binnenmeer machte«.

Über die Einführung des Christentums in Axum um 340 in Abessinien hat gleichfalls *R. Hennig* die bisher bekannt gewordenen Schriftquellen zusammengetragen. Unter anderem ist in einer phantastisch anmutenden Geschichte von zwei christlichen Knaben die Rede, welche der Zufall nach Abessinien verschlagen hatte und die schließlich nach mannigfachen Schicksalen vom Bischof Athanasius in Alexandrien (295–373) dazu auserkoren wurden, das Christentum in Abessinien einzuführen. »Versuche, dem Christentum in Axum Eingang zu verschaffen,« – schreibt *R. Hennig* – »sind voraussichtlich schon im 3. Jahrhundert gemacht worden und nicht ganz ergebnislos geblieben, wenn auch die Fabel völlig unglaubhaft ist, daß schon der Apostel Matthäus in Abessinien als Glaubensbote gewirkt und daselbst den Märtyrertod gefunden habe. Frumentius aber verhalf erst der christlichen Lehre zu einem so vollkommenen Siege, daß König Aezanes um 356 die christliche Religion zur Staatsreligion erhob«. Abessinien ist in derselben Zeit wie das römische Reich christlich geworden, es ist »– mit einer einmaligen Unterbrechung im Mittelalter – bereits seit einundeinhalb Jahrtausenden ein christlicher Staat geblieben und hat alle Angriffe des Islam – zuletzt noch in Gestalt des Mahdistensturms 1889 – siegreich abgewehrt, so daß es lange gar in den Ruf kommen konnte, das sagenhaft geheimnisvolle Reich des christlichen Priesterkönigs Johannes zu sein«.

Von *Kosmas,* dem Indienfahrer *(Indikopleustes),* einem weitgereisten, vermutlich aus Alexandrien stammenden Kaufmann, erhalten wir eines der vielen Beispiele für den aus Afrika so oft berichteten stummen Tauschhandel in frühester Zeit. »Im fernsten Äthiopien« – heißt es in der »Topographie christiana« von *Kosmas Indikopleustes* – »gibt es eine weihraucherzeugende Gegend mitten im Lande. Die Bewohner des Landes Barbaria, die nahe dabei wohnen, kommen in das Binnenland, um Handel zu treiben, und sie bringen von dort die meisten Gewürze, Weihrauch, Kassia (Zimt), Kalamus und vieles andere und schaffen es übers Meer nach Adulis, ins Homeritenland, ins diesseitige Indien (Arabien und nach Persien). . . . Vom Lande Barbaria ist das Homeritenland nicht weit entfernt, denn zwischen ihnen liegt das Meer, dessen letzter Teil darüber hinaus der den Namen Zingion führende Ozean ist, höchstens zwei Tagereisen weit. Das Sasu genannte Land (SO-Somaliland?) selbst liegt nahe am Ozean, wie der Ozean auch dem Weihrauchlande benachbart ist; es besitzt viele Goldbergwerke. – In mehrjährigen Pausen sendet dorthin der König von Axum mit Hilfe des Herrschers von Agau (am Tanasee) Leute, um Gold einzuhandeln. Ihnen schließen sich viele andre Händler an, so daß über 500 Mann beisammen sind. Sie bringen Rinder, Salz und Eisen dorthin. Sobald sie aber in jene Gegenden kommen, schlagen sie ihr Lager an einem bestimmten Ort auf. Dann schleppen sie Dornbüsche herbei, errichten daraus eine große Hecke und halten sich darin auf. Die Rinder schlachten sie, hängen einige Fleischstücke davon an die Dornen und befestigen auch Salz und Eisen daran. Dann kommen die Eingeborenen herbei und bringen Goldklümpchen, die sie *tangcharan* nennen, legen ein, zwei oder noch mehr Goldhäufchen auf das Rindfleisch, das Salz oder Eisen und bleiben dann in der Ferne stehen. Dann kommt der Besitzer des Stieres herbei und nimmt, wenn das Angebot ihn befriedigt, das Gold weg. Darnach nähert sich jener und holt sich das Fleisch, das Salz oder das Eisen. Falls er aber nicht zufriedengestellt ist, läßt er das Gold liegen, und wenn jener kommt und sieht, daß er es nicht genommen hat, so legt er entweder neues hinzu oder er nimmt sein Gold an sich und entfernt sich. So spielt sich dort der Handel ab, weil die Sprachen verschieden sind und sie fast gar keine Dolmetscher haben«.

## Mittelalter

Abgesehen von *Herodot's* Nachrichten (5. Jahrhundert v. Chr.) über die Sahara, vorab über die Garamanten, sowie von den Nachrichten der Römer sind es vor allem die Eroberungszüge arabischer Einwanderer entlang der Mittelmeerküste im 7. und 11. Jahrhundert gewesen, die in geographischer und ethnographischer Hinsicht sehr wesentlich zur Erweiterung der Kenntnisse des saharischen Raumes jener Zeiten beigetragen haben. Die erste arabische Welle bezwang im Jahre 641 Ägypten, erreichte 647 Tripolis, 670 Tunesien, 681 die Atlantikküste und gelangte 711 nach Spanien. Im Zuge dieser Ereignisse wurden die Byzantiner aus Nordafrika vertrieben und die Aussicht auf Beute veranlaßte mehrere Berberstämme, sich mit den Arabern zu verbünden, den Islam anzunehmen und sich unter arabischer Führung sogar an dem Einfall in Spanien zu beteiligen. 643 hatten die Araber den Fezzan erobert. Die zweite große arabische Einwandererwelle um 1050 führte letztlin zur Arabisierung zahlreicher Berbergruppen und zu einer kontinuierlichen Verdrängung des alten Berberelementes, das zum Teil seine Rettung in der Wüste suchte.

Mit dem Aufstieg des Islam zur Weltmacht im 8. Jahrhundert setzen die Berichte der islamischen Reisenden, Kaufleute, Regierungsbeamten und Geographen über Afrika ein. Die Eroberungszüge der Araber sowie die angebahnten Handelsbeziehungen hatten ohne Zweifel entsprechende Erkundungen zur Voraussetzung gehabt. Weitere und vertiefte Forschungen erwiesen sich als notwendig, um die Herrschaft zu festigen.

Als wohl der bedeutendste Geschichtsschreiber und Geograph des 10. Jahrhunderts ist *Mas'udi* zu nennen; er war der erste unter den islamischen Geographen, der Schwarzafrika aus persönlichem Augenschein kannte und die ostafrikanische Küste zwischen 916 und 926 bereiste. *Ibn Haukal's* (10. Jahrhundert) Erwähnung eines hellhäutigen, blauäugigen Menschentyps mit rötlichem Haar in Zawila (Fezzan) darf wohl im Sinne eines alten cromagniden Bevölkerungssubstrats in Nordafrika verstanden werden, von dem bereits im 1. Kapitel die Rede war. *Al Bakri* (11. Jahrhundert) beschrieb als erster unter den islamischen Geographen den Gesichtsschleier *(litham)* berberischer Wüstenethnien, ein um den Oberschädel und die untere Gesichtshälfte geschlungener Stoffstreifen, der die Aufgabe hat, Nase und Mund vor den Sandstürmen der Wüste zu schützen. *Al Bakri* war es auch gewesen, der zum erstenmal die Herstellung von Baumwollgeweben im Becken des oberen Senegal erwähnte. Nicht zuletzt auch der mohammedanischen Kleidersitte wegen (Vollkleidung) hat sich die Baumwollweberei unter islamischem Einfluß sehr rasch verbreitet. Waren im Westen in erster Linie die Tukulor, Fulani (Fulbe), Soninke und Manding Träger und Verbreiter einer sehr lebhaften Baumwollindustrie, so waren es die Hausa, die sich in der Zentralsahara der Erzeugung und des Handels mit Textilien angenommen hatten. Milch und in Streifen geschnittenes Dörrfleisch, gestampft und mit geschmolzenem Fett oder zerlassener Butter übergossen, bildeten nebst Datteln, Dura und Gerste den Hauptanteil in der Ernährung der Wüstenethnien. »Südlich von Zawila« – schreibt *Karl Schubarth-Engelschall* – »liegt die halbzerstörte Stadt Dāwud am Fuße des Tantana-Gebirges. Interessantes berichtet *al-Idrisi* über die Bevölkerung dieser Stadt, die aus Schwarzen besteht, die in Schmutz und Elend leben. Sie besitzen nur wenige Kamele, die den Besten unter ihnen Nahrung liefern in Form von Milch und an der Sonne getrockneten Fleisches. Die Mehrzahl der Menschen ernährt sich jedoch von der Wurzel einer Pflanze, die sie *Agrastus* nennen und die identisch

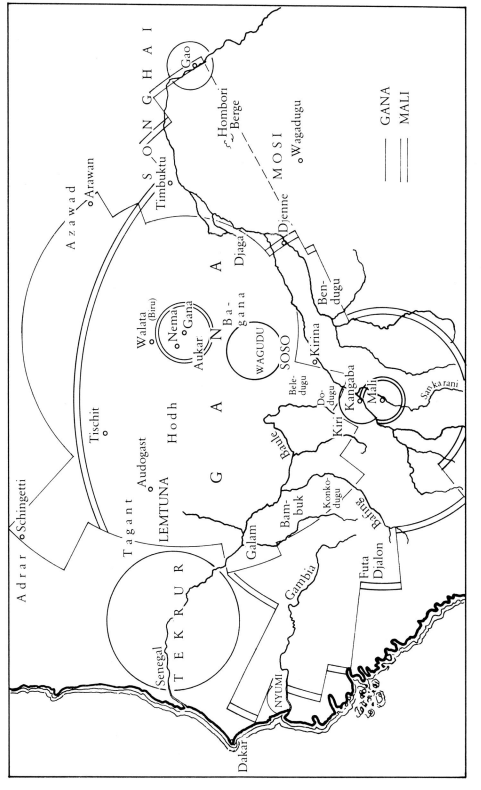

Abb. 160 Die Reiche Gana und Mali (Nach *D. Westermann*).

ist mit dem Hundsgras, das die Araber *an-naǧil* nennen. Diese Pflanze gedeiht vor allem im sandigen Gelände. Nach *P. Ascherson*, der die botanischen Ergebnisse der *Rohlf*schen Kufra-Expedition zusammengestellt hat, ist die Pflanze *an-naǧil* (*Dactylus officinalis* bzw. *Cynodon dactylon*) im ganzen mittleren Nordafrika verbreitet und kommt auch in algerischen und ägyptischen Oasen vor. Der Autor erwähnt die Pflanze nur als Unkraut und Futtergras, jedoch nicht als Lieferant menschlicher Nahrung. Die Wurzeln des Krautes werden ausgegraben, getrocknet und mit einem Stein zermahlen. Das auf diese Weise gewonnene Mehl wird zu Brot verbacken. Als Brennmaterialien dienen Kamelmist und einige Dornensträucher, da Holz rar ist«.

Nomadisierende Ethnien mit Kamel- und Kleinviehzucht sowie Pflanzenbau betreibende Gruppen bevölkerten die Sahara. Angebaut wurden Dura und Gerste. Begreiflicherweise aber widmeten die islamischen Geographen ihre Aufmerksamkeit in erster Linie den Städten, die an den großen Transsahara-Handelsstraßen lagen. In der Zeit zwischen dem 8. und dem 10. Jahrhundert führte nach *K. Schubarth-Engelschall* eine Hauptroute von Ägypten entlang der nordafrikanischen Küste bis Fez, von da südwärts über Sidschilmasa, Tamdalt, Audagast, nach dem alten Goldland Gana. Andere Routen gingen von Audschala beziehungsweise Wadan, Zawila nach Kuwar; ferner von Tripolis über Gadames, Hoggar nach Tadmakka. Und noch eine andere Route von Sidschilmasa über Tuwat, Hoggar nach Tadmakka. In der Zeit zwischen dem 11. und dem 13. Jahrhundert kam noch eine von Fez über Marrakesch nach Tamdalt und weiter über Audagast nach Gana führende Route hinzu. Aus diesen Handelsstraßen allein ist die große Bedeutung von Sidschilmasa als Handelsplatz zu ersehen. Diese Stadt wurde von den Händlern aufgesucht, um hier das eingetauschte Gold zur Münze schlagen zu lassen, wie uns *Al-Masudi* im 10. Jahrhundert ausdrücklich versichert.

Die beste Beschreibung von Sidschilmasa aber verdanken wir nach *K. Schubarth-Engelschall* dem islamischen Geographen *Al-Bakri*: »Er beschreibt die beträchtliche Größe der Stadt, die Schönheit ihrer Gebäude, die Vielzahl von Gärten und die Stattlichkeit der Mauern und Tore. *Al-Bakri* erwähnt den großen Reichtum an Datteln, Weintrauben und anderen Früchten. Die Trauben werden am Weinstock im Schatten zu Rosinen getrocknet, die man *zillī* (›schattige‹) nennt. Trauben, die schon der Sonne ausgesetzt waren, werden auch an der Sonne getrocknet. Der Weizen *(qamh)* ist von chinesischer Sorte und hat äußerst kleine Körner. Nach *al-Bakri* genügt eine Aussaat, um drei Jahre hintereinander ernten zu können. Infolge der großen Hitze in der Gegend von Siǧilmasa werden die Körner vor der Ernte sehr trocken, und ein Teil fällt in Erdrisse und beginnt zu keimen. So kann man sich während des zweiten und dritten Jahres auf die Bodenbearbeitung beschränken, ohne vorher säen zu müssen. Das Wasser zur Bewässerung der Felder wird, wie *al-Bakri* schreibt, aus dem Fluß in Sammelbecken geleitet, wie es sonst zur Bewässerung von Gärten geschieht. Das Wasser in der Stadt und in den Brunnen ist brackig«. Das Klima der Stadt wird als gesund geschildert und soll auch frei von Fliegen sein. Auch gäbe es keine Elephantiasis unter der Bevölkerung, ja die Krankheit stagniere sogar, wenn ein mit Elephantiasis Behafteter in die Stadt käme. Üblich war der Gesichtsschleier *(niqāb)*, eine Sitte, die so streng gehandhabt wurde, daß einer, wenn er sich gelegentlich unverhüllt zeigte, selbst von seinen nächsten Verwandten nicht erkannt wurde.

Als eine ganz besondere Eigenheit erwähnte *Al-Bakri*, daß die Bewohner von Sidschilmasa Hunde mästeten, schlachteten und aßen. *Barbara Frank* hat sich mit dieser Sitte eingehend beschäftigt und gelangte zu dem Ergebnis, daß das Hundeessen und -opfern in erster Linie im westafrikanischen Pflanzergebiet (West- und Zentralsudan, Oberguinea und Kongobecken) verbreitet wäre und früher eine noch viel größere Verbreitung besessen haben dürfte. Da auch ein Teil der nordafrikanischen Berber Hunde ißt, hielt es *B. Frank* für wahrscheinlich, daß schon in der alten Berberkultur der Hund eine ähnliche Rolle spielte wie noch heute südlich der Sahara. Das Hundeessen ist ursprünglich als eine Kulthandlung aufzufassen, auch ist der Hund ein wichtiges Opfertier bei Initiation und Begräbnis. Die negative Einstellung des Islam dem Hund gegenüber – vielleicht in Reaktion auf eine ältere Vorstellungswelt – hat zum Verschwinden der ursprünglich religiösen Bedeutung des Hundes mit beigetragen.

*Al-Bakri* hat aber auch der Handelsstadt Audagast seine Aufmerksamkeit gewidmet und einen ausführlichen Bericht über sie gegeben. Die Bevölkerung setzte sich aus Berbern (Zanata) und Arabern zusammen, die in der Umgebung der Stadt Dattelpflanzungen besaßen. Künstliche Bewässerungsanlagen ermöglichten den Anbau von Weizen, doch konnten nur die Reichen und die Herrscher sich Weizen als Nahrung leisten; das gewöhnliche Volk mußte sich mit der Dura begnügen. Gerühmt wurde von *Al-Bakri* der Reichtum an Dattel- und Hennabäumen. Es gab viele Rinder und Schafe, und ein lebhafter Handel kennzeichnete die Stadt. Das Gold von Audagast galt als das beste und reinste der ganzen Welt, und da es in Audagast kein Silber gab, war Goldstaub die Handelswährung. Es stammte wohl aus Gana, denn Audagast lag an der Haupthandelsroute zwischen den »Goldländern« und dem Maghreb. Kupferschmuck und bunte Mäntel (Kleider) wurden gegen Gold eingetauscht.

Sowohl *Ibn Battuta* (geb. 1304 in Tanger) als auch *Ibn Chaldun* (geb. 1332 in Tunis) unternahmen für die damalige Zeit unerhört weite Reisen in Asien und Afrika. Unter anderem fuhr *Ibn Battuta*, von Mekka kommend, im Jahre 1331 entlang der Küste des Roten Meeres nach Aden, von wo aus er zu Schiff die ostafrikanische Küste erreichte. Von Zeila reiste er über Mokadischu und Mombasa nach Kilwa und segelte dann wieder nördlich nach Zafar. Eine zweite weite Reise in der Zeit zwischen 1351 und 1353 führte den ruhelosen Forscher in die afrikanischen Negerländer, wobei er Timbuktu und Mali besuchte.

Mali, neben Songhai im Nigerbogen (8. bis 16. Jahrhundert) einst der bedeutendste Großstaat des westlichen Sudan, war von Anfang an eine Gründung der negriden Mali oder Malinke im 13. Jahrhundert. *D. Westermann* nannte Mali die »Hochblüte des westsudanischen Lebens«. In aller Welt bekannt wurde Mali durch die prunkvolle Pilgerfahrt seines Kaisers Kankan Musa (1312–35) oder Mansa Musa, der im Jahre 1324 oder 1326 über Walata, Tuat und Kairo nach Mekka reiste und durch seine geradezu verschwenderischen Almosenspenden Ruhm und Ansehen gewann. »Er soll« – so heißt es bei *D. Westermann* – »in Ägypten so viel Gold ausgegeben haben, daß dessen Preis erheblich fiel und noch nicht wieder seinen früheren Wert erreicht hatte, als der Reisende El Omari sich zwölf Jahre später dort aufhielt. Musas Auftreten in Ägypten hatte auch einen starken Zustrom ägyptischer Kaufleute in den Westsudan zur Folge«. . . . »Das Reich Mali erlangte unter Mansa Musa eine reiche wirtschaftliche und kulturelle Blüte, die seinen Namen bis nach Europa trug. Mit Ägypten, Mekka und dem Sultan von Fez unterhielt der Herrscher freundschaftliche Beziehungen. Nach *Makrizi* (1364–1442) schickte um 1300 der Mali-König eine Gesandtschaft von zwei Ful an den Herrscher von Bornu. Auf den Landkarten des 14. Jahrhunderts erscheint wiederholt der Name Mali, 1339 als rex Melli, 1367 als Mali, und auf dem katalanischen Atlas Karls V. von Frankreich ist ein verschleierter Kamelreiter (Tuareg) abgebildet, der auf einen auf einem Thron sitzenden Fürsten zureitet. Der Fürst hält in der einen Hand ein Zepter, in der anderen einen Goldklumpen, den er

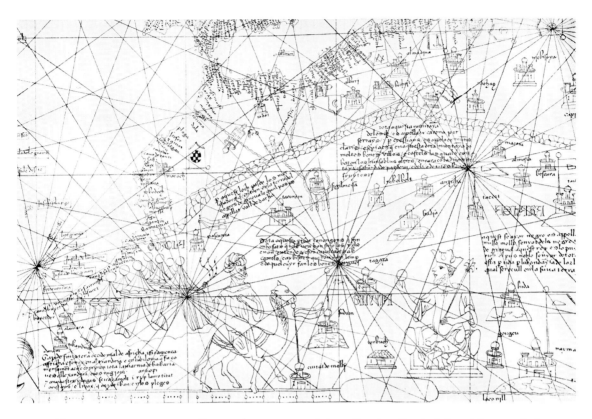

Abb. 161  Mansa Musa von Mali, Herr der Neger von Guinea (Aus dem Katalanischen Atlas von 1375).

dem Reiter anbietet. Darüber steht: ›Dieser Negerfürst wird genannt Musa Mali, Herr der Neger von Guinea‹. Zum letztenmal findet sich der Name Musa Mali auf einer Landkarte vom Jahre 1502«.

Diente in Audogast Goldstaub an Geldes statt, so war es hier das Salz, wofür man alles haben konnte. Eine aus Taghaza stammende Kamelladung Salz hatte nach *Ibn Battuta* am Niger den Wert von sechs oder sieben erwachsenen Sklaven. Nach Gold gierten die Weißen, nach Salz dagegen die Schwarzen. Salz galt im Sudan, aber auch in vielen anderen Ländern Afrikas als eine Kostbarkeit. »Große Salzablagerungen« – schreibt *D. Westermann* – »finden sich unmittelbar an der westlichen Karawanenstraße in Taghaza und weiter südlich in Taodeni, ebenso westlich von Taodeni in Sebka-d'Idjil. Von Taghaza gibt *Ibn Battuta* ein Kulturbild aus dem 14. Jahrhundert. ›Es ist‹, sagt er, ›ein wenig anziehender Ort, dessen Häuser und Moscheen aus Salzblöcken gebaut und mit Kamelhäuten gedeckt sind. Es gibt dort keine Bäume, nur Sand. Im Sande ist eine Salzmine, in der das Salz in dicken Platten ausgegraben wird. Die einzigen Bewohner des Ortes sind Messufa-Sklaven, die in den Minen arbeiten. Sie leben von Datteln, die aus Dara und Sidjilmasa eingeführt werden, von Kamelfleisch und Hirse aus den Negerländern‹«. Dem Salz von Taghaza und Taodeni könnte das Natron-Salz vom Nordufer des Tschadsee zur Seite gestellt werden, das zwar nicht der menschlichen Ernährung dient, aber als Viehsalz im mittleren Sudan bis tief in den Süden von Kamerun und Ubangi-Schari und gelegentlich auch als ein Allheilmittel gegen alle möglichen Beschwerden eine große Beliebtheit besitzt.

## Chinesische Quellen

Daß auch die Chinesen eine Zeitlang lebhaftes Interesse am Handel mit den ostafrikanischen Küstenländern bekundeten, haben wir bereits vermerkt. Eine chinesische Quelle aus dem 9. Jahrhundert (Yu-Yang-tsa-tsu des *Tuan Cheng-Shih*) beschreibt das Land Po-pa-li und dessen Bewohner. Nach *Freemann* sollte diese Beschreibung auf die Masai passen, eine Vermutung, die wenig Wahrscheinlichkeit für sich hat; *Hirth* nahm an, daß die Beschreibung für die Stadt Berbera am Golf von Aden gelte. Ein anderer chinesischer Bericht aus dem Jahre 1060 (der Hsing Tang-shu des *On-Yang-Hsin*) bringt zunächst eine Kurzfassung des vorhergehenden Berichtes und erwähnt überdies einen Ort Ma-lin an der Ostküste Afrikas. Dieser Ort wurde mit Malindi gleichgesetzt. *Chao Ju Kua* (1226) bringt eine Beschreibung der ostafrikanischen Küste und zählt, gestützt auf älteren Quellen, eine Reihe von Exportartikeln des Landes Po-pa-li und der Insel Sansibar auf. Der Außenhandel der Chinesen lag in den Händen des Staates. *Chao Ju Kua* war Beauftragter des chinesischen Außenhandels der Provinz Fukien. Bis zum 15. Jahrhundert liefen die chinesischen Handelsflotten die ostafrikanische Küste an. Als aber China seine Außenpolitik änderte und seine Interessen den zentralasiatischen Ländern zugewandt waren, verschwanden auch die chinesischen Dschunken aus dem Indischen Ozean.

## Der Seeweg nach Indien

Die Sage von dem Reich eines unerhört reichen und mächtigen Priesterkönigs Johannes weit irgendwo in legendärer »indischer Ferne« beschäftigte Jahrhunderte hindurch die Phantasie der europäischen Menschheit. Wenn man auch zur Zeit des europäischen Weltreisenden *Marco Polo* (1254–1324) dieses sagenhafte Reich nirgendwo in Asien zu entdecken vermochte, so hielt sich dessen ungehindert die Legende zähe am Leben. Im ganzen 15. Jahrhundert ging die Suche nach dem legendären Erzpriester Johannes weiter. Geradezu beherrscht von dieser Idee zeigten sich die portugiesischen Entdecker. Nach *R. Hennig* wäre etwa um 1230 erstmalig eine Kunde von dem schwarzen Ketzerchristentum im tiefen Afrika in die christliche Welt Vorderasiens und Europas gelangt, und es ist kaum anzunehmen, daß der Papst schon im 12. Jahrhundert mit dem Negus in Äthiopien in Verbindung gestanden war. Erst seit dem Jahre 1267 liegen ernsthafte Versuche vor, Mönche der Bettlerorden als Missionare in Abessinien einzusetzen, um die abtrünnigen Christen in den Schoß der katholischen Kirche zurückzuführen und dem immer weiter vordringenden Islam Einhalt zu gebieten. Doch blieben alle Bekehrungsversuche erfolglos. Auch noch im 14. Jahrhundert waren die Verbindungen zwischen Rom und Abessinien recht locker. »Gerade deshalb, weil das zweifellos christliche Reich im inneren Afrika dauernd so unzugänglich für alle Einflüsse blieb,« – meinte *R. Hennig* – »wob sich um das Land und seinen Herrscher immer dichter der Schleier, der es als das alleinige und echte Land des Priesterkönigs Johannes erscheinen ließ«. Es hieß auch, ein von Westen nach Osten fließender Strom im Süden der Sahara – gemeint war offenkundig der Niger, von dem man zunächst nur den Oberlauf kannte – führe auf direktem Wege nach dem Reich des Erzpriesters Johannes. Erst im späten Mittelalter trat der Niger in das Blickfeld der Europäer. In den geographischen Kenntnissen von Afrika waren die Muslims den Christen bei weitem überlegen. Allerdings gelangte der Islam auf seinem Siegeszug durch Afrika erst seit dem 11. Jahrhundert in eine nähere

Berührung mit den Ländern am Senegal, dem Gambia und dem Niger, doch bildete schon frühzeitig ein sehr lebhafter Karawanenverkehr die Brücke zwischen diesen Stromgebieten und Ägypten.

Seit dem 13. Jahrhundert bestehen einzelne Versuche, christliche Missionare in diese Gebiete zu entsenden. Doch blieben auch hier ihre Bemühungen im wesentlichen ohne Erfolg. Im Jahre 1134 schloß Pisa und im Jahre 1160 Florenz mit Marokko einen Handelsvertrag ab, und um 1300 hatte sich Timbuktu zu einer führenden Handelsstadt entwickelt; sie ist auf der Katalanischen Weltkarte von 1375 unter dem Namen Tenbuch zu finden.

Entscheidend aber für die weitere Entwicklung war die Gründung einer Seefahrerschule und einer Sternwarte in Sagres (Algarve) durch Heinrich den Seefahrer, den vierten Sohn Johannes I. im Jahre 1417. Ab 1418 wurden Schiffe zur Erforschung der Westküste Afrikas ausgesandt. Sie gelangten zunächst bis an die Mündungen der beiden Flüsse Senegal und Gambia. Langsam und vorsichtig tasteten sich die Portugiesen entlang der westafrikanischen Küste nach dem Süden vor. Im Jahre 1434 gelang Gil Eannes die Umsegelung von Kap Bojador, 1441 erreichte Nuno Tristão das Kap Blanco, 1447 kam Lancarote bis zum Senegal und in demselben Jahr wurde das Kap Verde von Diniz Fernandes umsegelt. Als Heinrich der Seefahrer in Sagres 1460 starb, waren die Portugiesen bis in die Gegend der Bissagos-Inseln vorgedrungen. Aber erst im Jahre 1471 sollten die beiden portugiesischen Seefahrer João de Santarém und Pedro de Escobar als erste Europäer die Gestade der Goldküste betreten. Im Jahre 1482 wurde mit dem Bau der portugiesischen Festung Elmina (Goldküste) begonnen.

Zu den wichtigsten portugiesischen Chronisten jener Zeit, welche die Berichte von Augenzeugen gesammelt und aufgezeichnet haben, gehört *Gomes Eannes de Azurara*, in der Literatur kurz *Azurara* genannt. Im Jahre 1452 wurde er von König Affonso V. beauftragt, die Entdeckungsfahrten der portugiesischen Seeleute aufzuzeichnen. Die Chronik *Azuraras* beginnt mit der Umschiffung von Kap Bojador durch Gil Eannes und endet mit dem Jahre 1448, als man bereits südlich bis zum Rio Grande vorgedrungen war.

Das erste schriftliche Dokument in *Azuraras* Bericht sind die Aufzeichnungen des Venezianers *Alvise da Ca'da Mosto* ( = Cadamosto, 1426(?)–1483). Ihm verdanken wir wertvolles zeitgenössisches Material über das Wolof-Reich des Königs Budomel nördlich von Kap Verde sowie für uns wichtige Beobachtungen über die Bewohner Gambias und der Kap Verdischen Inseln zur Zeit um die Mitte des 15. Jahrhunderts. Obwohl *Cadamosto* in erster Linie ein Kaufmann war, bekundete er dennoch ein lebhaftes Interesse für die Bräuche und Lebensgewohnheiten der Eingeborenen. Die Bewohner des Hinterlandes von Kap Blanco trugen damals weiße, rotgesäumte Mäntel und Turbane nach maurischer Art, und als Nomaden besaßen sie viele Kamele, auf denen sie Messing und Silber von den europäischen Handelsstationen an der Küste nach Timbuktu und in das Land der Schwarzen brachten. Die Leute lebten von Datteln, Gerste und Kamelmilch. Goldstaub, Pferde und Sklaven waren die wichtigsten Handelsgüter. Daneben wurde mit Wachs, Elfenbein und Häuten gehandelt.

Im Norden des Senegal wohnten die Azanaghi ( = Sanhaja, Tuareg) als Nachbarn der Araber, im Süden des Flusses lebten die Schwarzen. Der Senegal bildete die Grenze zwischen den »Weißen« und den »Schwarzen«. Als die Azanaghi zum ersten Mal die Segelschiffe der Portugiesen sahen, hielten sie diese für große Seevögel mit weißen Schwingen, andere hielten sie für große Fische oder gar für ein Gespenst, das ihnen große Angst einflößte. Diese Angst war gar nicht so unbegründet, denn das Verschwinden vieler Leute wurde mit diesen Schiffen in Verbindung gebracht.

Sechs Tagereisen von der Oase Wadan (Hoden) entfernt lag im Landesinneren der Ort Taghasa, wo große Mengen Steinsalz abgebaut wurden, wie dies auch die arabischen Geographen berichtet haben. Jedes Jahr brachten große Kamelkarawanen, die den Arabern und Azanaghi gehörten, Salz nach Timbuktu, von wo es dann nach Mali (Melle), dem »Kaiserreich der Schwarzen«, weiterbefördert wurde. Mit dem eingetauschten Gold kehrten die Händler so bald als möglich zurück, denn die Weide war in Mali für die Kamele nicht günstig. Riesengroß war das Verlangen nach Salz; nicht genug konnte man davon haben. Die weitere Verteilung des Salzes erfolgte durch Träger. Auch *Cadamosto* berichtete von einem stummen Tauschhandel mit Salz gegen Gold. Die Versuche des Negerkönigs von Mali, einige Neger gefangen zu nehmen, mit denen man diesen stummen Tauschhandel betrieb, um vermutlich Näheres über das Goldvorkommen in Erfahrung zu bringen, schlugen jedesmal fehl. Jedenfalls schilderte *Cadamosto* diese Neger als furchterregend. Außer Gold werden auch Kauri, die vermutlich von Kairo aus nach Westafrika gebracht wurden, als Wertmaß erwähnt.

*Cadamosto* zufolge besaßen die Azanaghi keine Religion, auch unterstanden sie keinem König in europäischem Sinne. Nur den reichen Leuten brachte man Ehrfurcht entgegen.

Senegalaufwärts segelte *Cadamosto* in das Land der Schwarzen, das seiner Meinung nach am Eingange zum Königreich Äthiopien liegen mußte. Das Tiefland zu beiden Seiten des Flusses war von den Zilofi (= Jalof oder Wolof) bewohnt. Ihr Königtum war nicht erblich, auch war die Stellung des Herrschers nicht gesichert, denn er blieb nur so lange an der Macht, als es seinen Untertanen gefiel. Das Volk selbst war sehr arm. Es wohnte in aus Stroh errichteten Hütten infolge des Mangels an Steinen und Lehm im Lande. Das Dorf Biswororo, in dem *Cadamosto* im Jahre 1455 einige Wochen verbrachte, bestand aus 40 bis 50 Strohhütten, die kreisförmig angeordnet waren. Sie waren von einem hölzernen Palisadenzaun umgeben, an dem sich zwei Eingänge befanden. Auch die einzelnen Gehöfte besaßen einen Zaun. Größere, stadtähnliche Siedlungen gab es nicht, sondern bloß Dörfer. Ähnlich schildert auch *Diogo Gomez*, der im Jahre 1458 den Gambia aufwärts gesegelt war, die Dörfer. Die Wolof werden von beiden Autoren als seßhafte Bodenbauern beschrieben, während die nördlich des Senegal wohnhaften maurischen Ethnien zumeist Nomaden waren, die in Zelten hausten. O. *Dapper* (1670) beschrieb die Häuser der Jalofer (Wolof) als kleine runde Hütten, die oben spitz zuliefen; nach *Le Maire* (1695), der die Küste zwischen den Mündungen des Senegal und Gambia besuchte, waren die Häuser, einschließlich die des Königs, aus Stroh gebaut. Sie betrugen vier Schritte im Durchmesser, und eine von fünf oder sechs Gabelstützen gehaltene Art Kuppel bildete das Dach. Dach und Wände waren aus Stroh geflochten. Die Häuser hatten weder Türen noch Fenster und durch ein kleines Loch gelangte man, auf allen vieren kriechend, in das Innere. In der raucherfüllten Hütte lag auch die Feuerstelle. Der Boden bestand aus bloßem Sand. Geschlafen wurde auf einem auf Gabelstützen ruhendem Rost, der aus nebeneinanderliegenden und miteinander verbundenen Stecken (Palmrippen) gebildet war. Die Vornehmen hatten darüber eine Matte als Matratze gebreitet.

Der König besaß kein festes Einkommen, erhielt aber viele Geschenke, zum Beispiel Pferde, die Seltenheitswert besaßen und daher Statussymbole waren. Auch brachte der Verkauf von Sklaven dem König beträchtliche Einnahmen.

Als Kleidung erwähnte *Cadamosto* kurze, hosenähnliche Bekleidungsstücke aus Ziegenhaut, während sich Häuptlinge der Baumwollkleidung bedienten. Sie bestanden aus baumwollenen Streifen,

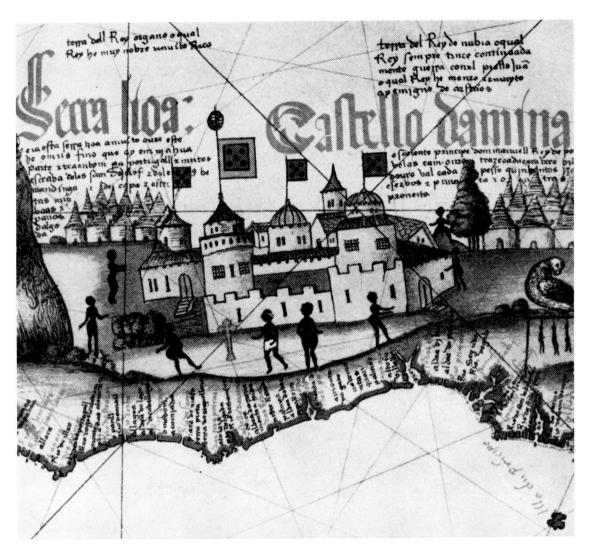

Abb. 162 Alte Ansicht von Elmina

welche die Frauen gewebt und wie im Sudan aneinandergenäht hatten. Die aus solchen Baumwollstoffen gefertigten Oberkleider reichten bis zur halben Hüfte und besaßen Ärmel bis zum Ellenbogen. Die Hosen band man über dem Oberkleid fest und ließ sie bis an die Knöchel reichen. Stark gerafft, boten sie den Anblick von Säcken. Die Frauen begnügten sich mit einem von einem Gürtel festgehaltenen Baumwolltuch um die Oberschenkel.

Gleich den Azanaghi waren auch die Schwarzen in den Augen eines *Cadamosto* große Lügner und Betrüger, doch rühmte er ihre Gastfreundschaft. Auch die Schwarzen waren – wie schon ihre Kleidung verrät – Muslims, doch nicht so glaubensstreng wie etwa die weißen Berber (Mauren), auch schienen sie *Cadamosto* dem Christentum nicht abgeneigt zu sein. Dem König, den Häuptlingen und den gewöhnlichen Leuten war keine bestimmte Anzahl Frauen vorgeschrieben, ein jeder hatte eben so viel als er erhalten konnte. Begreiflicherweise besaß der König die meisten Frauen, die in den verschiedenen Dörfern wohnten. Sie hatten die Pflicht, wenn er sie besuchte, ihn und sein Gefolge mit Nahrung zu versorgen.

Ständig gab es Krieg mit den Nachbarn. Runde Hautschilde und mit Widerhaken versehene Speere waren die gebräuchlichsten Waffen. Mitunter gab es einige maurische Waffen (»Türkensäbel«) aus Eisen. Das Eisen bezog man aus dem benachbarten Königreich Gambra, selbst wußte man keines zu erzeugen. Der Verkehr auf den Flüssen erfolgte auf Einbäumen, die auch beim Fischen Verwendung fanden.

König Budomel, dessen Gast *Cadamosto* gewesen war, verfügte über ein Gefolge von 200 bis 300 Leuten. Zu seiner eigentlichen Residenz gelangte der Besucher, sobald er sieben große abgeschlossene Vorhöfe mit einem schattenspendenden Baum in der Mitte durchschritten hatte. Auf diese Vorhöfe waren die Mitglieder seines Gefolges, ihrem Rang entsprechend verteilt. Die Höchstgestellten waren dem König am nächsten. Die Weißen und die Priester der Azanaghi besaßen das Privileg, ungehindert die einzelnen Höfe betreten zu dürfen. Budomel, der König, zeigte sich nur je eine Stunde am Abend und am Morgen im hintersten Hof, wo auch seine Schlafstelle war. Nur den beiden höchsten Würdenträgern seines Gefolges war das Betreten dieses Raumes gestattet. Der im Vorhof sich dem König nähernde Bittsteller warf sich, nur mit einem Schamschurz bekleidet, zu Boden. Den Kopf zur Erde geneigt, bewarf sich der Bittsteller mit Sand und rutschte auf den Knieen auf den König zu. *Cadamosto* meinte bei diesem Anblick, man könne Gott keine größere Ehrerbietung entgegenbringen als diesem Herrscher, und führte diese Unterwürfigkeit auf die entsetzliche Angst zurück, welche die Leute angesichts ihres Herrschers befiel.

*Azurara*, dem wir diese Aufzeichnungen nach dem Bericht *Cadamostos* verdanken, hatte in der Eigenschaft eines Hofchronisten und Kustos der königlichen Archive in Torre do Tombo die Möglichkeit, in eine große Anzahl von Dokumenten Einsicht zu nehmen, die mit der Zeit verloren gegangen sind. Es besteht kein Zweifel darüber, daß er auch die offiziellen Instruktionen an die Leiter der verschiedenen Expeditionen kennen gelernt und mit den Expeditionsleitern gesprochen hatte.

Während *Cadamosto* unter anderem über seine eigenen Abenteuer und Beobachtungen am Gambia (Senegal) und auch über die Fahrt des Pedro da Sintra (1461/62) nach Sierra Leone und der Pfefferküste berichtete, stützte sich der aus Mähren stammende Verleger, Drucker, Schriftsteller, Übersetzer und Handelsagent *Valentim Fernandes* (1506–1507) auf die mündlichen Mitteilungen eines Alvaro Velho, der als Verfasser des »Roteiro« gilt. Als die dritte wichtige Quelle über Sierra Leone ist *Duarte Pacheco Pereira* (1505–1508) zu nennen, dem wir im »Esmeraldo de situ orbis« einen umfangreichen Bericht über die Entdeckungen an der afrikanischen Küste verdanken. Von diesen drei Quellen ist *Valentim Fernandes* beziehungsweise Alvaro Velho ethnographisch die ergiebigste. Sowohl *V. Fernandes* als auch *Cadamosto* berichten, daß die Einheimischen (Bullom und Temne) nackt gingen und einige von ihnen zu den Karavellen der Portugiesen in Kähnen (Einbäumen) kamen. Die Leute waren mit »spießähnlichen Hölzern«, mit kurzen Messern, Bogen und vergifteten Pfeilen bewaffnet. Zwei unter ihnen trugen runde Schilde. Die Ohren der Leute waren durchbohrt, bei einigen auch die Nasen. Nach *D. P. Pereira* bestand der größte Teil der Bewohner Sierra Leones aus Bulooes (Bullom). Sie gingen nackt und trugen ein baumwollenes Lendentuch. Von durchbohrten Ohren und Nasen ist zwar bei *D. P. Pereira* nicht die Rede, doch vertritt *D. P. Pereira* die gleiche Meinung wie *V. Fernandes*, daß die Bullom sehr kriegerisch gewesen waren und kannibalistischen Sitten huldigten. *D. P. Pereira* berichtet, daß die Bewohner ihre Zähne feilten; davon ist im Bericht des *V. Fernandes* nicht die Rede. Auch hielt *D. P. Pereira* die Bullom für schlecht, weil sie mit vergifteten Pfeilen schossen. Über Götter- und Idolverehrung sowie über

Zauberei bei den Küstenbewohnern sind sich *D. P. Pereira* und *V. Fernandes* einig. Darüber hinaus berichtet *D. P. Pereira* über Hexerei, Orakel und Omina. Ferner wird von diesem Autor die Beschneidung erwähnt, während *V. Fernandes* und *Cadamosto* kein Wort darüber verlieren. *D. P. Pereira* erzählt von »wilden Männern«, *V. Fernandes* von einem menschenähnlichen Tier, während wir bei *Cadamosto* keine Andeutung darüber finden. Über den Hausbau gehen die Meinungen in den Quellen auseinander. Nach *V. Fernandes* sind die Häuser der Armen aus Holz gebaut und mit Stroh oder Binsen gedeckt. Die Häuser der Reichen sind »gewölbt« und von »gebrannten Steinen«, Kreide oder weißem Ton. Es sind dies die besten Häuser in ganz Guinea. *D. P. Pereira* spricht dagegen nur von strohgedeckten Hütten. *Cadamosto* sagt nichts darüber, auch nichts über den Handel. Dagegen erwähnen *V. Fernandes* und *D. P. Pereira* einen Handel mit Gold und Eisen. Übereinstimmung herrscht wieder bei *D. P. Pereira* und *V. Fernandes* darüber, daß es in dem Lande eine sehr feine Elfenbeinschnitzerei gäbe. Die Leute vermochten alles, was man bei ihnen bestellte, zu machen. Sie sind sehr gute Handwerker und erzeugen sehr schöne Matten. Nach *D. P. Pereira* wurden in diesem Lande Halsketten aus Elfenbein viel feiner erzeugt als in den anderen Ländern. Sie stellen auch sehr schöne Matten aus Palmblättern her und nennen sie »bicas«. *V. Fernandes* fügt hinzu, daß die Männer Baumwolle weben und *D. P. Pereira* berichtet von Baumwolltüchern.

Im Jahre 1482 landete Diogo de Azambuja mit 700 Mann bei Elmina an der Goldküste und errichtete dort die Festung São Jorge da Mina. *Ruy de Pina* (1440–1525), Sekretär und Chronist am königlichen Hof zu Portugal, berichtet in seiner Chronik über Johannes II. über dieses wichtige Ereignis. Ebenso *João de Barros* (1496–1570), von 1522 bis 1525 Kommandant des Kastells São Jorge da Mina. Obwohl *J. de Barros* erst viele Jahre nach seinem Aufenthalt an der Goldküste den Bericht niederschrieb, kann er dennoch als ein zuverlässiger Autor bezeichnet werden.

Das historische Treffen zwischen Diogo de Azambuja, dem Kommandeur der portugiesischen Flotte, und dem einheimischen König Caramansas nahm nach *J. de Barros* folgenden Verlauf: Nach der Messe am Tage des heiligen Sebastians versammelte Azambuja seine Männer, um Caramansas zu erwarten. Während die Kapitäne in Seidengewändern erschienen waren, saß Diogo de Azambuja, mit einem kurzen gold- und edelsteinbesetzten Brokatmantel bekleidet, auf einem hohen Stuhl, um Caramansas und sein Gefolge zu erwarten. Unter ungeheurem Gelärme von Kesseltrommeln, Trompeten, Glocken und anderen Instrumenten erschien endlich der König mit seinen Leuten. Diese waren mit Schurzen aus Affenfellen oder Palmblättern bekleidet, während die Häuptlinge gemusterte Tücher trugen, die von den Portugiesen stammten. Alle Männer waren bewaffnet, die einen mit Speeren und Schilden, die anderen mit Bogen und Köchern und viele unter ihnen trugen anstelle von Helmen mit Tierzähnen besetzte Affenfelle. Pagen begleiteten als Stuhlträger die reich mit Goldschmuck geschmückten Edelleute, und in ihrer Mitte schritt Caramansas, der König. Seine Arme und Beine waren von Goldringen bedeckt, um den Hals trug er einen Kragen mit Glöckchen und an seinem geflochtenen Bart waren Goldbarren befestigt. Gemessenen Schrittes ging der König an dem aufgestellten Spalier der Portugiesen vorbei, ohne den Blick zur Seite zu wenden, bis er schließlich Azambuja erreichte. Dieser war mittlerweile von seinem Stuhl aufgestanden, um den König zu begrüßen. »Caramansas nahm die Hand des Flottenkommandanten« – heißt es dann bei *J. de Barros* – »gab sie wieder frei, schnalzte mit den Fingern und sagte: *bere, bere*, das so viel wie Frieden, Frieden bedeutet. Dieses Schnalzen mit den Fingern ist unter jenen Leuten ein Zeichen größter Höflichkeit«. Nachdem auch die Leute des Caramansas auf ähnliche Weise den Flottenkommandanten begrüßt hatten, versuchte dieser in einer Ansprache zunächst den König für das Christentum zu gewinnen. Wenn Caramansas sich taufen ließe – hieß es – würde der König von Portugal ihn als Freund und Bruder anerkennen und ihm in allen Nöten gegen seine Feinde Beistand leisten. Nach einigen Bedenken gab Caramansas schließlich die Erlaubnis zum Bau einer Festung, ohne aber auf das Ansinnen, sich taufen zu lassen, einzugehen. Dagegen beschwor er die Portugiesen, Frieden zu halten und bei der Wahrheit zu bleiben. Bereits am nächsten Tage begannen die Portugiesen mit dem Bau der Festung. Sie brachen Steine von den in der Nähe liegenden Felsen. Dies aber rief die Empörung der Bevölkerung hervor, denn gerade diese Felsen waren ihnen als Wohnort eines Gottes heilig. Sie konnten diese Beleidigung nicht ertragen und griffen zu den Waffen, außerdem fühlten sie sich um ein ihnen zustehendes Geschenk betrogen. Das kluge Verhalten Azambujas in dieser gefährlichen Situation trug dann wesentlich zur Entschärfung der gespannten Lage bei, und die Portugiesen konnten weiter bauen.

Dieses offenbar historische Ereignis ist der erste, wenn auch sehr bescheidene Hinweis auf die Religion der damaligen Küstenbewohner in der Gegend von Elmina. Viel später erwähnt *Wilhelm Johann Müller*, in den Jahren 1661 bis 1669 Prediger der Dänisch-Afrikanischen Compagnie im dänischen Fort Friedrichsburg nahe dem heutigen Cape Coast, einen ähnlich großen Felsen an der Küste, der als Wohnsitz einer Lokalgottheit galt. Das ganze Land Fetu war voll solcher heiliger Felsen und Klippen, und als einmal *W. J. Müller* sich auf einem solchen Felsen niederließ, um auszuruhen, riefen seine Begleiter, er solle sich vorsehen, daß ihm kein Leid durch eine solche Arglosigkeit geschehe. Der fromme Pastor aber gab den Leuten zu verstehen, daß er als Christ und Diener Gottes von ihren Fetischen nichts zu befürchten hätte.

Als eine der frühesten und zugleich wichtigsten Quellen der gesamten Guineaküste bis zum Beginn des 18. Jahrhunderts ist jedoch der Holländer *Pieter de Marees* (1605) zu nennen. Dieser entstammte einem südholländischen Geschlecht der Maretz. Seine Reise an die Goldküste fand Ende des Jahres 1600 von Texel aus statt und führte über die Kanarischen Inseln die Elfenbeinküste entlang zur Goldküste. Nach längerem Aufenthalt an mehreren ihrer Ankerplätze gelangte *P. de Marees* über den Golf von Benin bis zum Kap Lopo Gonsalves. Von hier aus trat *P. de Marees* anfangs 1602 die Rückfahrt nach Holland an. Die kulturgeschichtlich außerordentlich wertvollen Illustrationen zu seinem Buche »Description et recit historial dv riche royavme d'or de Gvnea« (Amsterdam 1605) hat der Autor an Ort und Stelle gezeichnet und wurden in Kupfer gestochen.

Sowohl in der Kleidung der Männer als auch in der der Frauen macht sich der portugiesische Einfluß bemerkbar. Ein um den Körper geschlungenes Manteltuch und eine barettähnliche Kopfbedeckung sowie leinerne Schurze waren für die Edelleute typisch, während die aus dem Innern des Landes stammende Kaufleute auf dem Kopfe eine Haube aus Hundsfell und um die Hüften ein Tuch aus Leinen oder Baumwolle trugen. Die gewöhnlichen Leute (Sklaven und Bauern) gingen nahezu nackt. In ähnlicher Weise waren die begüterten Frauen, insbesondere die auf der Festung Mina bei den Portugiesen wohnten, durch reichen Schmuck, kunstvolle Frisuren und reichliche Leinen- und Baumwollkleidung ausgezeichnet.

Abgesehen von dem Markt von Cape Coast, den uns *P. de Marees* ausführlich beschrieb, gab es zu Beginn des 17. Jahrhunderts in der Küstenregion bereits eine Unmenge von Marktplätzen, die der Überseehandel mit den Portugiesen und Holländern hervorgerufen hatte. Zu Zeiten *D. P. Pereiras* war Cabo do Corco (Cape Coast) noch ein kleines Dorf, das sich aber um die Mitte des 17. Jahr-

Abb. 163  Markt in Cabo Corso, eine große Meile östlich von der Festung Mina. Ein großer Handelsplatz (Nach *Pieter de Marees* 1605). »A. Das Haus oder das Gehöft des Kapitäns oder Obersten dieses Ortes. B. Hütte oder Speicher, wo der Kapitän seine Hirse (Korn) aufbewahrt. C. Der Bananas- oder Obstmarkt mit dem Platz, wo man auch Fleisch verkauft. D. Verkaufsstand für Palmwein, den die Bauern zum Markt bringen. E. Der Hühnermarkt. F. Der Fischmarkt oder Fischstand. G. Der Holzmarkt. H. Der Reis- oder Hirsemarkt. I. Die Wasserverkäufer. K. Platz für die Zuckerrohr-Händler. L. Hier wird Leintuch nach Klaftern ausgemessen. Auch mißt man hier das von den Bauern auf den Schiffen der Holländer gekaufte Leinen nach. M. Frauen aus der Festung Mina verkauften ihr selbstgebackenes Brot – Kankies – auf dem Markt. N. Opfertisch für ihren Fetisch (Gott). O. Holländer, die auf dem Markt etwas kaufen wollen. P. Bewaffnete Wache des Kapitäns. Q. Weg zum Meer. R. Weg zur Festung Mina. S. Weg nach Foetu und anderen Orten im Innern des Landes.«

hunderts bereits zu einem wichtigen Handelszentrum entwickelt hatte, in dem englische Kaufleute wie John Lok, William Towerson, Gainsh und Robert Baker ihre Waren gut an den Mann bringen konnten. Cape Coast, auf der Hälfte des Weges zwischen Cap Tres Punctas und Accra gelegen, besaß im 17. Jahrhundert gute Verbindungen mit den goldproduzierenden Ländern wie etwa Aschanti, Assin, Wassaw und Akim. Hier, in Cape Coast wurde täglich der Markt abgehalten. Daneben fanden aber an der Goldküste auch periodische Märkte innerhalb eines bestimmten Marktgebietes statt, die dann im Rahmen einer sechstägigen Marktwoche so angeordnet waren, daß ein Markt mit einem anderen desselben Marktgebietes nicht zusammenfiel. Zu den wichtigsten Nutzpflanzen, die auf Cape Coast angeboten wurden, gehören Hirse, Fonio und Sorghum, ferner Reis, Mais und Yams sowie Maniok, Bataten, Pfeffer, Bohnen, Bananen, Kokosnüsse, Palmwein, Zuckerrohr, Ananas und Ingwer. Eine Reihe von ihnen, wie zum Beispiel der Maniok und der Mais, wurden erst in jüngerer Zeit eingeführt. So wurde der Mais bis zum Jahre 1784 zunächst nur von einigen Küstenvölkern, wie den Fanti und Efutu, für die Europäer und einige wenige Einheimische angebaut, nahm dann aber ab der zweiten Hälfte des 17. Jahrhunderts immer mehr an Bedeutung zu. Ähnlich wie heute

Abb. 164  Schiffahrt mit ihren Booten (Nach *Pieter de Marees* 1605). »Ihre Boote nennen sie Ehem, von den Portugiesen Almadia genannt und von den Holländern Canoes. Sie werden aus einem Baumstamm gehauen nach Art der Ingados, wie sie in Brasilien und St. Thomas verwendet werden oder auch als Phragros in Ostindien. A. Sieben bis acht Personen können in einem solchen Einbaum hintereinander sitzen, in der Quere nur einer. Man sitzt auf kleinen runden Stühlen aus Holz, der Oberkörper ragt über den Rand des Nachens. Die Ruder haben die Gestalt einer Schaufel und sind aus einem besonders harten Holz geschnitzt. Ein Steuermann gibt der Fahrt die Richtung. Er besitzt eine große Erfahrung, die den Holländern mangelt, so daß sie auf diesen Einbäumen oft kentern und ins Wasser fallen. Gewöhnlich sind diese Boote 16 Schuh lang und 1,5 oder 2 Schuh breit. B. Sie besitzen auch eine andere Art von Einbäumen, die sie im Krieg verwenden oder auch für Viehtransporte. Zur Not kann man auf dem Bug ein paar Geschütze aufstellen, auch kann man einen Mastbaum mit Stricken und Segeln aufrichten. Diese Einbäume sind bisweilen an die 35 Schuh lang, 5 Schuh breit und 3 Schuh hoch. Hinten sind sie eben und breit und haben eine Ruderbank. Alles ist aus Holz geschnitzt. Viele solche Einbäume werden auf dem Cabo de tres Punctas gebaut, da dort die dazu notwendigen großen Bäume wachsen, die oft 16, 17 oder 18 Klafter im Umfang haben. Sie werden häufig von den Portugiesen verwendet, die darauf von einer Festung zur anderen fahren und sie für Lebensmitteltransporte benützen. C. Mitunter gebrauchen sie auch die Schwarzen und versehen sie mit Segeln und Stricken, die sie aus Binsen oder Stroh machen, was sie von den Portugiesen gelernt haben. Die kleinen Nachen werden viel zu Anta erzeugt, da dort das dazu notwendige Holz in reichen Mengen vorhanden ist. Die Eingeborenen leben dort zumeist von den Erträgnissen des Kanubaus.«

auf vielen Märkten Westafrikas dem Marktbesucher auch gekochte Speisen (gebratene Bananen, Erdnüsse, Mais, gekochter Reis mit Bohnen und anderes mehr) angeboten werden, war auch ein von den Frauen gebackenes Maisgericht, welches *kangues* oder *kaantje* genannt wurde, ein fester Bestandteil des Marktangebotes. »Es diente als Nahrungsmittel der Bevölkerung der Goldküste, als Reiseproviant und zur Ernährung der europäischen Kaufleute. Letztere sahen im Maisbrot ein Substitut des heimischen Weizenbrotes und dürften ständige Abnehmer des Maisbrotes gewesen sein. . . . Heute gehört eine Speise aus Mais zu den wichtigsten Bestandteilen des Speisezettels eines jeden Heimes an der Küste. Diese Maisspeise wird von den Akan-Völkern *Dokon* genannt, gleichzeitig ist sie aber unter dem Namen *Kenky* bekannt. Sie wird heute in ähnlicher Weise hergestellt wie *Kaantje* im

17. Jahrhundert. Der Unterschied ist, daß der Teig in Blätter gewickelt wird, um mit diesen gekocht zu werden. Gebackener Mais wird heute erstaunlicherweise *Abodoo* und nicht *Kenky* genannt. Das Weizenbrot wird dagegen von den Akan-Völkern mit *Panno* bezeichnet. Letzteres ist eine klare Ableitung von dem portugiesischen Wort *Pao* (= Brot). Hier ist die Herkunft nicht nur durch die Teigart, sondern auch durch den Namen deutlich zu erkennen. Allerdings wird das Weizenbrot von manchen Personen auch *Bodobodo genannt«* (*Joseph B. Amissah*). Beide Arten der Zubereitung scheinen im 17. Jahrhundert an der Goldküste vor allem in der Nachbarschaft der europäischen Festungen bekannt gewesen zu sein: der gekochte und der gebackene Brotteig, wobei die erstere Zubereitungsart ohne Zweifel die kulturgeschichtlich ältere im Lande war. Es spricht vieles dafür, daß das Backen der teigigen Masse, wie es uns von *P. de Marees, M. Hemmersam, W. J. Müller* und *O. Dapper* berichtet wird, durch die Europäer angeregt wurde, während die bei *S. Braun* geschildere Art der Zubereitung – Kochen beziehungsweise Dämpfen des in ein Baumblatt eingewickelten Teiges –, *Kankty* genannt, sich ursprünglich auf Yams und später auch Maniok, also Knollenfrüchte bezogen haben dürfte.

Da die meisten Küstenvölker Westafrikas in der Regel Lagunen- und Flußfischerei betreiben, ist um so mehr *P. de Marees* zu danken, daß er der Meeresfischerei der Goldküste seine besondere Aufmerksamkeit schenkte. Die Einbäume, welche die Fischer verwendeten, waren aus einem Baumstamm gehauen und sieben bis acht Personen konnten in einem solchen Einbaum hintereinander auf kleinen hölzernen Stühlen sitzen. Die schaufelförmigen Ruder waren aus besonders hartem Holz geschnitzt und ein Steuermann gab dem Boot die Richtung. Dieser besaß eine große Erfahrung, die den Holländern mangelte, so daß sie mit diesen Einbäumen oft kenterten und ins Wasser fielen. Gewöhnlich waren diese Boote 16 Schuh (Fuß) lang und 1,5 oder 2 Schuh breit. Sie besaßen aber auch noch eine andere Art von Einbäumen, die sie im Krieg oder für Viehtransporte verwendeten. Zur Not konnte man – so meint *R. de Marees* – auf dem Bug ein paar Geschütze aufstellen, auch konnte man einen Mastbaum mit Stricken und Segeln errichten. Diese Einbäume waren bisweilen an die 35 Schuh lang, 5 Schuh breit und 3 Schuh hoch. Hinten waren sie eben und breit und hatten eine Ruderbank. Alles war aus Holz geschnitzt. Viele solcher Einbäume wurden auf dem Cabo de tres Punctas gebaut, da dort die dazu notwendigen großen Bäume wuchsen, die oft 16, 17 oder 18 Klafter im Umfang hatten. Sie wurden häufig von den Portugiesen verwendet, die darauf von einer Festung zur anderen fuhren und sie für Lebensmitteltransporte benutzten. Die Segel wurden von den Schwarzen aus Binsen oder Stroh hergestellt, was sie nach *P. de Marees* von den Portugiesen gelernt haben sollen. Beim Fischen wurden Netze, Angeln und Harpunen verwendet.

Eingeführt wurden von den Holländern große Mengen schlesischer Leinwand. Der Verbrauch war bei den Eingeborenen sehr groß, da diese mittlerweile sich zu kleiden gelernt hatten und nun das meiste Gold für Kleider ausgegeben wurde. Eingeführt wurden ferner große Mengen verschiedener Becken (Schüsseln), kleine und große Pfannen, kleine runde Becher und anderes mehr. Ein Großteil dieser Kupferwaren wurde nach dem Innern des Landes weitergehandelt. Trotz dieser riesigen Einfuhr, meinte *P. de Marees*, fände man nicht viel altes Kupferwerk im Lande, woraus man den Schluß ziehen müsse, daß ein großes Volk weiter im Landesinnern wohne, welches die Kupferwaren aufkaufe und verbrauche. Auch führe man viel Eisen ein. Eingeführt wurden Wolltücher, rote, blaue, gelbe und grüne. Davon machten die Eingeborenen ihre Leibgürtel, an die sie Messer, Beutel, Dolche und verschiedene andere Dinge hängten. Die Holländer brachten Kupfer- und Messingringe für Arme und Beine, Armbänder aus Zinn, zahlreiche Messer und große Mengen venetianischer Glasperlen von verschiedener Farbe. Aber auch viel unnützes Zeug wurde eingeführt, so zum Beispiel zerbrechliche Tontrompeten und Steigbügel, für die die Eingeborenen keine Verwendung hatten, Brillen, die auf die breiten Nasen der Eingeborenen nicht paßten, Schlüssel, die zuguterletzt als Schmuck dienten und anderes mehr.

Ein von *Thurstan Shaw* im Jahre 1942 sehr sorgfältig ausgegrabener und beschriebener Abfallhügel beim Dorfe Dawu (Akuapin, Ghana) ergab die günstige Gelegenheit, eine Überschneidung urgeschichtlichen beziehungsweise frühgeschichtlichen Quellenmaterials mit völkerkundlichem feststellen zu können und so die Möglichkeit einer gegenseitigen Bestätigung, Ergänzung und Interpretation zu haben. Der angeschnittene Hügel wurde von *Th. Shaw* in drei Horizonte (A–C) gegliedert. Funde europäischer Handelsperlen aus der Zeit des ausgehenden 15. Jahrhunderts und Bruchstücke tönerner Tabakspfeifen boten *Th. Shaw* die wichtigsten Anhaltspunkte für eine Datierung der Kulturhorizonte. Die in dem Abfallhügel gemachten Funde tönerner Tabakspfeifen ließen unter anderem auch einen Rohransatz erkennen, der in einem spitzen Winkel zu der Achse des Pfeifenkopfes stand. Es handelte sich also um Pfeifenköpfe wie sie uns in ähnlicher Weise von *Michael Hemmersam* (1642–1645) und *Otto Friedrich von der Gröben* (1682–83) beschrieben wurden, nicht aber von *P. de Marees* (1600–1602), so daß daraus geschlossen werden konnte, daß sich das Tabakrauchen an der Goldküste erst in der Zeit nach der Anwesenheit *P. de Marees* vollends durchgesetzt, und daß man bald darauf mit einer eigenen Produktion tönerner Pfeifenköpfe im Lande selbst begonnen hatte. Nach *P. C. Ozanne* wäre mit einer Einführung des Tabakrauchens in Ghana aus zwei Richtungen zu rechnen, zunächst mit einer Einführung aus dem Norden im frühen 17. Jahrhundert, nachdem das Rauchen schon früher in Senegambien sich durchgesetzt hatte. (Aus Sierra Leone wird uns das Tabakrauchen schon aus dem Jahre 1607 von einem englischen Kaufmann namens William Finch berichtet; nach dessen Worten müßte diese Sitte zu seiner Zeit in Sierra Leone bereits eine weite Verbreitung gefunden haben.) Unabhängig von dieser nördlichen Herkunft wäre auch nach *P. C. Ozanne* mit einer Einführung des Tabakrauchens durch die Europäer im Raume von Accra etwa um das Jahr 1640 zu rechnen. Es ist dies ungefähr die gleiche Zeit, in der wir die erste Erwähnung des Tabakrauchens an der Goldküste bei *M. Hemmersam* fanden. Sie bezog sich auf die Verhältnisse im Raume von Elmina (1471 von Portugiesen gegründet, Baubeginn der Festung 1482, 1637 niederländisch, 1872 britisch) westlich von Cape Coast beziehungsweise auf den Raum von Kap Tres Puntas. Nach *O. F. von der Gröben* hatte sich um 1683 auf Kap Tres Puntas das Rauchen bei den Eingeborenen so weit eingebürgert, »daß sie die Pfeiffe nie aus dem Munde lassen«.

Unter den verschiedenen Fundgegenständen aus Knochen, Muschel und Elfenbein in dem erwähnten Abfallhügel von Dawu fanden sich zwei- und mehrzinkige Kämme, die einen Vergleich mit dem Bericht von *P. de Marees* gestatten. In einer Abbildung seines Reisewerkes zeigt dieser die Frau des Königs in ihrem Festtagskleid. In der Öffentlichkeit erschien sie mit vielen Ketten oder Perlen um den Hals, mit zierlich aufgebundenem Haar, in dem kleine Kämme staken, die zum Zeichen der Ehrerbietung aus- und eingesteckt wurden. An dem einen Arm trug sie einen goldenen Reifen oder ein Armband, in der anderen hielt sie einen Wedel, um damit die Fliegen abzuwehren. In dem Text der zeitgenössischen deutschen Ausgabe der Gebrüder *De Bry* heißt es dazu: »Zu dem haben sie auch längliche Kämme, von zweyen Zähnen oder Zacken, eines Fingers lang, die stecken sie in das Haar auff den Kopff, daß sie sich damit reiben oder kratzen mögen, wan sie etwan von Läusen gepeinigt werden, wiewol sie dieselbiges auch zur Reverenz und Ehrerbietung wissen zu brauchen. Dan wann sie einen grüssen oder einen guten Tag wünschen und mit den Fingern zusammen klipfen, ziehen sie mit der anderen Hand den Kamm aus dem Haar und stecken ihn wieder hineyn, welches sie thun zur Erebietung anstadt des Naygens oder Kniebiegens«.

Mit der Thronbesteigung Johann II. im Jahre 1481 traten in zunehmendem Maße handelspolitische Interessen in den Vordergrund. Der Handel mit Pfeffer, Elfenbein, Gold und Sklaven an der westafrikanischen Küste im Austausch gegen Glasperlen, europäische Waffen, Stoffe u. a. m. hatte einen reichen Gewinn abgeworfen und es tauchte nun der Gedanke auf, auf dem »Seeweg nach Indien«, der einer Umschiffung Afrikas gleichkam, Indien zu erreichen. Diogo Cão segelte in zwei Reisen, 1482/83 und 1484/86 der Guineaküste entlang nach dem Süden, entdeckte die Mündung des Kongo und fuhr sogar noch mehr als 200 leguas über das Königreich Kongo hinaus. Die Berichte über dieses Reich gaben der Hoffnung, das Reich des Erzpriesters Johannes am Ende doch zu finden, neue Nahrung und man glaubte auf dem besten Wege dorthin zu sein. Ein Jahr später, das heißt gegen Ende Juli, Anfang August 1487, verließ Bartolomëu Diaz Lissabon, um auf dem Seeweg Indien zu erreichen. In Angra dos Vaqueiros (Rinderbucht), der heutigen Fish-Bay, erfolgte die erste Landung und damit das erste Zusammentreffen mit den Eingeborenen jenseits des Kap, des Südendes der Alten Welt. Das Land war voller Rinderherden, die von Hirten, vermutlich Hottentotten, gehütet wurden. Eine zweite Landung fand nach *Günther Hamann* vermutlich in der östlich anschließenden Mossel-Bay statt und zwar kurz vor dem 3. Februar 1488. Auf einer der Inseln, die der Algoa-Bay vorgelagert sind, wurde von den Portugiesen noch ein Steinkreuz errichtet, am Großen Fish-Fluß aber sah sich Diaz auf Drängen der Mannschaft gezwungen, seine »Indien-Fahrt« abzubrechen und die Rückreise anzutreten. Die Entdeckung des Kaps der Guten Hoffnung war das letzte große Ereignis dieser Reise, ehe nach 16 Monaten und 17 Tagen Abwesenheit von der Heimat Anfang Dezember des Jahres 1488 die Rückkehr erfolgte. Bartolomëu Diaz hatte den Weg nach Indien gefunden, doch Vasco da Gama, dessen Ruhm weit den eines Diaz überstrahlte, war es gewesen, der im Auftrag König Manuels das große Projekt der Portugiesen verwirklichen sollte.

Am 8. Juli 1497 verließ Vasco da Gama die Heimat. Die Erfahrungen und Ratschläge eines Bartolomëu Diaz sich zunutze machend, bog Vasco da Gama nach *G. Hamann* »bei den Kap-Verdeschen Inseln in einem weiten Bogen in den Atlantischen Ozean hinaus und kehrte erst unmittelbar bei Kap der Guten Hoffnung wieder an den Kontinent zurück. Damit war die bis dahin traditionelle Küstenroute des 15. Jahrhunderts aufgegeben zugunsten einer zwar kühn wirkenden, jedoch lange nicht so beschwerlichen Fahrt über die offenen Gewässer des Weltmeeres. Denn das Ausfahren aller Festlandsvorsprünge und Buchten, wie es bis dahin entlang den afrikanischen Gestaden üblich gewesen war, wurde nun durch einen Direktvorstoß auf jene Stelle hin ersetzt, von der man seit Diaz wußte, daß hinter ihr ein Einbiegen in den ersehnten Indischen Ozean möglich ist und damit endgültig ein freier Weg nach Asien zu erhoffen sei«.

Am 1. November 1497 gelangte man in die St. Helena-Bay und nahm den ersten Kontakt mit den Eingeborenen, vermutlich den Hottentotten, auf. Hieß es noch bei *J. de Barros*: »Die Leute, die Bartolomëu Dias in der Flesh Bay antraf«, waren »Neger mit krausem Haar... wie die von Guinea« (nach *Miklos Szalay*), so heißt es jetzt von den Bewohnern der St. Helena-Bay (5. bis 16. Nov. 1497): » In selbigem Lande wohnen Menschen von brauner Farbe«. Kleine Statur (bezogen auf einen

Mann, den man einfing): »selbiger war klein von Gestalt und glich sich mit dem Sancho Mexia« (= ein Fahrtteilnehmer). *Fernão Lopez de Castanheda* (1565), kein Augenzeuge, sondern wie *J. de Barros* ein Historiker, schrieb von den Bewohnern, sie sind »von kleinem Leib, heslich von Angesicht und von sehr brauner Farb«. Von der Kleidung heißt es bei Vasco da Gama beziehungsweise in der Ausgabe von *Franz Hümmerich* (1898): »In selbigem Lande wohnen Menschen von brauner Farbe, die ... mit Fellen bekleidet gehen und über ihren Geschlechtsteilen Scheiden tragen«. Und weiter erzählt A. Velho, der das Bordtagebuch Vasco da Gamas schrieb, er habe, als er am 6. November an Land ging, u. a. auch »die Scheide, die einer von ihnen am Geschlechtsteil trug« für ›einen Pfennig‹ abgetauscht« (nach *M. Szalay*). *F. L. Castanheda* (1565): »Ihre Kleidung ist von etlichen Thierheuten gemacht / und sind auf der fransössischen Cappen (= Umhang) art gemacht / Umb jre scham haben sie eine art von hölssenen schindeln (= Scheiden) / die sind von schöner arbeit«. Über den Schmuck der Hottentotten in der St. Helena Bay heißt es im Bordtagebuch Vasco da Gamas: »Am Sonntag kamen etwa vierzig oder fünfzig von ihnen und wir gingen, nachdem wir gegessen hatten an Land und tauschten gegen Heller, die wir mitnahmen, Muscheln ein, die sie am Ohr trugen, die versilbert schienen, und Fuchsschwänze, die sie an Stöcken befestigt trugen, womit sie sich das Gesicht wedelten... Kupfer schien uns deshalb hoch bei ihnen im Wert zu stehen, weil sie selber Ketten von Kupferperlen im Ohr trugen«.

Am 16. November 1497 verließ Vasco da Gama die St. Helena Bucht, lief am 25. November die Mossel-Bay an und ging dort für 13 Tage vor Anker. Auch hier war der Kontakt mit den Eingeborenen zuerst freundlich, endete aber in Zwistigkeiten. Man nahm Frischwasser an Bord und tauschte von den Hottentotten Vieh ein. Zehn Jahre vorher hatte B. Diaz ein Ähnliches getan. Dazu lesen wir bei Vasco da Gama beziehungsweise *F. Hümmerich*: »Am folgenden Freitag während wir noch in besagter Bucht von S. Braz (= Mossel) lagen, kamen ungefähr neunzig Schwarze von der Art wie in der S. Helena Bucht«. Und *J. D. Barros*: Die Leute, die Vasco da Gama in der Mossel Bay antraf, waren »Neger mit krausem Haar«. (Daß aber die Hottentotten mit Negern nicht identisch sind, braucht hier nicht mehr näher begründet zu werden.) Dem Bordtagebuch zufolge wartete Vasco da Gama den Eingeborenen Schellen und rote Mützen auf und bekam dafür Ringe aus Elfenbein, welche jene am Arm trugen. (*F. Hümmerich*)

Auf Neuland dagegen bewegten sich Vasco da Gamas Forschungen im Gebiet zwischen Rio Infante (Großer Fish-Fluß) einerseits und dem Gebiet im Süden Sofalas andererseits. »Jener östliche Teil der Gestade des Kaplandes sowie die gesamten Gestade Natals und des südlichen Portugiesisch-Ostafrikas (Moçambique) wurden von Diaz nicht mehr gesehen, und sie waren auch den die Ostküste Afrikas von Norden herbeifahrenden arabischen Seeleuten nicht bekannt – hinter Sofala endete deren Weltbild«.

Die erste Begegnung mit einem ostafrikanischen Bantu-Ethnos erfolgte am 10./11. Jänner des Jahres 1498, als sich Vasco da Gama infolge Trinkwassermangels gezwungen sah, nordöstlich der Delagoa-Bay an Land zu gehen, um frisches Wasser und Nahrungsmittel an Bord zu nehmen. Die erste Fühlungnahme mit den Eingeborenen verlief auch hier auf sehr freundschaftliche, ja vertrauliche Weise. Der Verfasser des Roteiro (Bordtagebuchs), A. Velho, schilderte eingehend die Ereignisse und gab als ausgezeichneter Beobachter, als welcher er sich auch später in Sierra Leone erweisen sollte, zahlreiche ethnographische Details zum besten. Diese erwiesen sich als sehr wertvolle Indizien für die ethnohistorische Forschung.

Nach einem fünftägigen Aufenthalt des Geschwaders Vasco da Gamas ging die Fahrt weiter in Richtung auf Norden. Das Mündungsgebiet des Sambesi war die nächste Etappe. Hier begegneten die Portugiesen zum ersten Mal arabischen Kaufleuten, die mit den Eingeborenen Handel trieben; diese wirkten, »als hätten sie eine richtige Freude über das Eintreffen der neuartigen Fremdlinge aus dem Süden« (G. Hamann). Nicht so die Araber beziehungsweise Mischlinge zwischen Negern und »Mauren« (Arabern), die sich nicht nur durch ihre hellere Hautfarbe und Kleidung, wie gefärbte Tücher und Mützen, Baumwollstoffe, Kamelhaarstoffe, Seidentücher und dergleichen, sondern auch durch ihr ziemlich blasiertes und verwöhntes Betragen von den Einheimischen unterschieden. Sie waren kaum irgendwie zu beeindrucken und »schienen rein auf Nichts Wert zu legen, was die Portugiesen ihnen beflissen vorlegten. ... Die seit Monaten in unwirtlichen Teilen des Erdballs weilenden Seefahrer wußten nunmehr, daß sie hier die ersten Zeugen einer Zivilisation vor sich hatten, welche der europäischen ebenbürtig war, einer Zivilisation, in deren südlichstes Ausstrahlungsfeld man nun erstmalig von der Südseite der Erde vorgestoßen war« (G. Hamann).

Ohne es zu wissen, war Vasco da Gama an der damals so bedeutenden Handelsstadt Sofala vorbeigesegelt; sie wurde erst im Verlauf der zweiten Reise am 10. Juni 1502 von ihm angelaufen. Als man aber Anfang März 1498 Moçambique erreichte, erhielt man auch »zum ersten Male deutlichere Nachrichten über das so lange Zeit geduldig gesuchte Reich des Erzpriesters Johannes (Prestes Joham), dem abessinischen Teil Nordostafrikas. Die Freude der Portugiesen war groß, als ihnen die Mauren (d. i. stets das Wort für Araber) von jenem sagenhaften Herrscher erzählten, der nur in langwierigen Reisen auf Kamelpfaden erreichbar sei«.

Am 7. April 1498 lief das Geschwader Vasco da Gamas in die Hafengewässer von Mombasa ein, nachdem man nächtlicherweise an den wichtigen Handelsstädten Quiloa (Kilwa) und Sansibar vorübergesegelt war, und von dem benachbarten Melinde gelangte man nach einer glücklichen, 23 Tage währenden Überquerung des Arabischen Meeres um den 17./18. Mai an die Gestade der Malabar-Küste, nach Calicut. Das Mißtrauen und der Argwohn, den die arabischen Handelsherren gegenüber den portugiesischen Seefahrern an den Tag legten, war nicht unbegründet, mußten sie doch fürchten, die Kontrolle über den Handel im indisch-arabischen Raum zu verlieren.

Der entscheidende Zugriff der Portugiesen ließ auch nicht lange auf sich warten. Gut vorbereitet stach am 25. März 1505 ein großer Flottenverband unter dem Oberbefehl Francisco d'Almeidas in See. Er hatte die Aufgabe, auf der Hinreise die ostafrikanischen Handelsstädte an der Küste, vor allem aber die Handelsmetropolen Kilwa und Mobasa zu erobern. Dank der Initiative süddeutscher Handelshäuser war es in mehrjährigen Verhandlungen, die vornehmlich von einem Beauftragten und Verwandten der Welser namens Lukas Rem mit König Manuel von Portugal geführt wurden, gelungen, drei deutsche Handelsschiffe der portugiesischen Flotte anzuschließen. Die Schiffe der Deutschen waren die größten, die bisher von Europa nach Indien gesegelt waren, ja eines davon war Flagg- und Audienzschiff des ersten Vizekönigs für die indischen Reiche Portugals. Auf einem der beiden anderen Schiffe, nämlich auf der »Leonhard«, machte ein aus Vils, unweit von Füssen, stammender Deutscher namens *Balthasar Springer* die Reise mit. Ihm verdanken wir einen tagebuchartigen Reisebericht. Auf dem zweiten Schiff, der »Rafael«, fuhr *Hans Mayr*, seines Zeichens ein Faktoreischreiber, der mit seinem ausgezeichneten Augenzeugenbericht von jener Fahrt, wie wir bereits in Kapitel VII gesehen haben, einen wertvollen Beitrag zur Kulturgeschichte Ostafrikas geboten hat.

# XVIII
## DIE BUSCHMANN-HOTTENTOTTEN-FRAGE

*B. Springers* Reisebericht erschien bald nach seiner Rückkehr (1506) in verschiedenen Ausgaben und Sprachen. Möglicherweise lagen nach *Erich Woldan* für die verschiedenen Redaktionen des Reiseberichtes Originalskizzen von *B. Springer* selbst oder einem seiner Reisebegleiter vor. Aus einem Brief Konrad Peutingers vom 7. April 1507 kann geschlossen werden, daß *B. Springer* eine Sammlung ethnographischer Gegenstände mit heimgebracht hat, die möglicherweise als Vorlage bei der Anfertigung der Holzschnitte zur Verfügung standen. Jedenfalls gehören die 15 in *B. Springers* »Merfart« (1509) veröffentlichten Holzschnitte sowie der vermutlich nach den Angaben *B. Springers* von Hans Burgkmair d. Ä. gezeichnete 2,30 m lange Bilderbogen von sechs friesartig aneinandergereihten Holzschnitten und ebenso sein Einblattholzschnitt »In Allago« zu den frühesten völkerkundlichen Bilddokumenten des Zeitalters der Entdeckungen. Während die Aufzeichnungen *B. Springers* über den Guinearaum einen nur geringen Quellenwert besitzen, da sie in den meisten Fällen nicht auf eigener Beobachtung beruhen, bieten uns seine Nachrichten über Südafrika, insbesondere über die Hottentotten, wertvolle Ergänzungen zu dem bereits erwähnten Tagebuchbericht der Reise Vasco da Gamas. *B. Springers* Beobachtungen beziehen sich auf die Bewohner der Algoabucht (11. bis 13. Juni 1506), auf die Hottentotten in der St. Franciscobucht, wohin das Schiff Leonhard auf seiner Fahrt in Richtung Kap am 20. Juni 1506 wieder zurückgetrieben wurde und wegen Schlechtwetters bis zum 26. Juni vor Anker bleiben mußte, und schließlich auf die Hottentotten in der Mosselbucht (1. Juli 1506).

Alle gesammelten Eindrücke von den Hottentotten beruhen bei *B. Springer* auf eigener Beobachtung. Mit gutem Recht bezeichnete *Franz Schulze*, der *Balthasar Springer's* »Indienfahrt 1505/06« eine sehr eingehende Untersuchung gewidmet hat, *Springer's* Darstellung der kapländischen Eingeborenen (Hottentotten) als die erste, die in deutscher Sprache erschienen ist, wenn auch *B. Springer* nicht der erste war, der die Hottentotten kennen lernte und sie in einer Reisebeschreibung charakterisierte. Vor ihm waren es B. Diaz (1488) und Vasco da Gama (1497), die auf ihrer Suche nach dem Seeweg nach Indien mit den Hottentotten in Berührung kamen.

*B. Springer* nannte die Bewohner der verschiedenen Buchten »Schwarze« oder »Mohren« und ein halbwildes Volk. Sie gaben für eine kleine Schale oder für ein Messer einen Ochsen oder ein Schaf. Sie besaßen viel Vieh, und ihre »schnalzende Red« verrät sie als Khoisanide. Als »Schwarze« oder »Mohren« werden die Hottentotten auch noch von späteren Reisenden, wie zum Beispiel von *Albrecht Herport* (1669), *Johann Albrecht von Mandelslo* (1639) oder *Christian Burckhardt* (1675) bezeichnet, und *Cornelius de Houtman* (1595) nennt die Hottentotten *Saphres* (»*Kaffern*«), wie dies später auch *Thomas Herbert* (1626) tut. Dieser Name erinnert an den aus dem arabischen *kafir*

(»ungläubig«) abgeleiteten Namen »Kaffern«. *O. Dapper* (1670) gibt dem Kapitel, in dem von den Hottentotten die Rede ist, die Überschrift: *Die Kafferey oder das Land der Kaffer oder Hottentoten.* »Das Land Kafrarien oder wie es Marmol schreibet, die Queferrie, wird von den Kaffern also genennet; welches des Landes eingebohrene seynd, und von den Holländern Hottentotten oder Hottentosen, ihrer anstoßenden und ungeschickten Sprache wegen, gemeiniglich zu benahmet werden«. *Bernhard Struck* schrieb zu diesem Thema: »Auf die Anwendung der Bezeichnung ›Kaffern‹ auf nicht unterworfene Binnenstämme ist kaum Gewicht zu legen, *Herbert* nennt überhaupt alle Hottentotten ›Kaffern‹ und auf den Afrikakarten der holländischen Anstalten des 17. Jahrhunderts wurde ganz Südafrika vom nördlichen Deutsch-Südwestafrika (Cimbebasia) bis Sofala, vom Kap ins Innere bis ausschließlich Monomotapa als ›Caffaria‹ bezeichnet; nur in den Cape Records (S. 415) findet sich die Beschränkung, daß ›opregte Kaffers‹ erst jenseits des alten GriQua folgten; ob auch damit schon echte *Kaffern* oder doch *Bantu* (*Betschuanen*) gemeint sein können, und dies also deren erste Erwähnung im Inneren der heutigen Kapkolonie wäre, ist freilich nie entschieden worden«.

Der Bekleidungsfrage wird in allen frühen Reisebeschreibungen eine große Aufmerksamkeit gewidmet. So auch *B. Springer*. Es heißt bei ihm, die Frauen »nemmen auf ir häupter für schlair schaffell oder ander thieren«. Mit dieser kulturgeschichtlich nicht uninteressanten Stelle befaßte sich bereits *Fr. Schulze* und meinte, diese Kopfbedeckung scheine vom Sittenkodex gefordert worden zu sein, wenn sie *B. Springer* etwa mit einem Schleier verglich. *M. Szalay* verstand unter dieser Kopfbedeckung »eine Kappe oder ein Stück Fell, das nach Art eines Kopftuches, oben spitz, getragen wurde. ... Von einem Stück Fell als Kopfbedeckung wird auch 1614 aus der Tafel Bay berichtet. – Außer *Feyo* berichten auch *Copland* (1612) und *Withington* (1612) aus der Tafel Bay von Mützen oder Kappen. Sie sprechen über eng an dem Kopf anliegenden Fellmützen, die aber nur einzelne und nicht alle Leute tragen«. Betrachten wir den Holzschnitt Burgkmair's d. Ä. etwas genauer, dann können wir in der mützenartigen Kopfbedeckung der Hottentottin ebensogut auch ein schleierartiges Gebilde erblicken, besonders dann, wenn wir dieses mit dem über der Stirne aufgerollten Lederschleier der alten Herero-Frauentracht vergleichen. Die dreizipfelige Ledermütze der Herero-Frauen besaß bekanntlich vorne über der Stirne einen aufgerollten Schleier aus feingegerbtem Ziegenleder. Von einer Identität der beiden Mützenformen kann natürlich nicht die Rede sein. Charakteristisch erscheint die Spitzform, die wir allerdings in Burgkmaier's Zeichnung vergeblich suchen werden. Spätere Autoren sprechen immer wieder von dieser Spitzform, so schreibt zum Beispiel *Johann Schreyer* (1669–1677): »Auff dem Haupte tragen sie eine rauhe unten weite und oben spitzig zulauffende lederne Mütze, wird mit einen rauhen Riemen umb das Haupt gebunden«. *Johann Georg Böving* (1708) berichtet: »Das Haupt war bedecket mit einer oben zu spitzigen ledernen Mütze«; *Peter Kolb* (1705–1713) und *Otto Friedrich Menzel* (1733–1740) erwähnen ebenfalls die Spitze der Mütze; wir finden sie auf den Abbildungen bei *O. Dapper, Daniel Parthey* (1677, 1686) und *P. Guy Tachard* (1686) wieder. »Auf dem Kopfe tragen sie« – berichtet *O. Dapper* – »auch eine hohe und weite Mütze, von einem Schafen-, Dachs- oder Robbenfelle gemacht, welche sie mit einem breiten Riemen von Schaffellen um den Kopf zubinden.« *Johann Wilhelm Vogel* (1679 und 1688) und *Carl Friedrich Behrens* (1723) erwähnen ähnlich wie *B. Springer* nur ein Stück Schaffell, das die Hottentottenfrauen sich als Mütze auf den Kopf legen. Man könnte da wieder mehr an den »Schleier« denken, wie dies auch *Werner Jopp* in seiner Dissertation (1960) getan hat.

Einer tatsächlichen Diskrepanz zwischen Beschreibung und Abbildung begegnen wir jedoch bei

*B. Springer* in der Darstellung des Penisfutterals. Hier wurde dieses von H. Burgkmair in einen Fellschurz umgedeutet. In einem anonymen Bericht aus dem Jahre 1504, den *W. Jopp* anführt, heißt es über die Kleidung der südafrikanischen Eingeborenen: »gand auch nacket, dan das sy schayden aus bast zu Iren scham machen«. Und bei *B. Springer* lesen wir: »und gat alles nacket sunder die scham bedecken sie mit hultzen oder ledernen scheiden«. ... »Ir etlich haben auch von fellen der thyre Kleidung umb sich hangen geleicher gestaldt wie mann inn unsern landen kurtz mäntel tregt«. Fell*schurze* der Männer werden von den frühen Reisenden nicht berichtet, und der von H. Burgkmair abgebildete Fellschurz muß als seine Erfindung angesprochen werden. Spätere Reisende erwähnen jedoch Fellschurze der Männer, so daß *W. Jopps* Annahme gerechtfertigt erscheint, dieser Fellschurz wäre erst später in den Kulturbesitz der Hottentotten aufgenommen worden. In früher Zeit war jedoch nur das Penisfutteral oder die Penistasche zur Verhüllung der Scham der Männer bei den Hottentotten üblich. Phallustaschen für Männer sind auch auf manchen Felsmalereien Südafrikas zu entdecken. In der Zeit zwischen 1497 und 1652 läßt sich anhand der Schrift- und Bildquellen nach *M. Szalay* ein dreifacher Wandel in der Schambekleidung der Hottentottenmänner feststellen: 1.) 1497–1506: Penisfutteral, 2.) 1595–1620: lose vor den Genitalien herabhängender Kleintierschwanz. 3.) 1620–1652: ein Stück Fell, in der gleichen Weise angebracht wie der Tierschwanz. »Die Antwort auf die Frage, wie die Kap-Hottentotten vor der europäischen Beeinflussung gekleidet waren, fällt also differenzierter aus, als es etwa *Schapera* (1930) angenommen hat« – meinte dazu *M. Szalay*. Bei den Namaqua-Hottentotten scheint sich jedoch die Sitte des Penisfutterals noch länger erhalten zu haben, wenn wir dem Bericht und der Abbildung bei *Francois Leguat* (1708), den Abbildungen bei *P. Guy Tachard* (1686) und *Chevalier de Chaumont* (1687) Glauben schenken wollen. Dazu lesen wir außerdem noch bei *O. Dapper*: »Die Mannsbilder haben ein Schürztuch von Elefantenzähnen sehr künstlich gemacht, vor ihrer Scham gebunden.« Und *J. Schreyer* weiß zu vermelden: »Ein stücklein Rauch-Fell von einer Wilden-Katzen oder Fuchs, mit einen ledern Riemen umb die Länden gebunden, bedecket die Schaam. Etliche Nationen, als die Numiqui (Namaqua), brauchen für die Felle ein ausgehöltes Stücklein Eylfenbein«. Nach *W. Jopp* haben solche »elfenbeinerne Platten« auch *Van Meerhof, Claudius* und *De Smit* bei den Namaquas beobachtet.

Der Kulturhistoriker *H. Baumann* sah in diesem Penisfutteral ein altes Buschmann-Hottentottenerbe und rechnete auch das Hochbinden des Penis dazu, das uns auch *B. Springer* von den Knäblein der Hottentotten berichtet. »Den yungen knäblin binden sy ire schwentzlin über sich.« Wie ersichtlich, hat H. Burgkmair diese Sitte auf seinen Holzschnitten festgehalten. Die entsprechende Abbildung in *B. Springer's* »Merfart«, die auch eine andere Künstlerhand verrät, zeigt jedoch diese Sitte nicht. Anstelle dessen zeichnete der Maler einen Lederschurz. In seiner Quellenanalyse schrieb *M. Szalay* dazu: »Ein sehr interessantes und nur einmal notiertes Phänomen ist das Hochbinden des Penis bei Knaben (1506). Kleinschmidt (1966) dürfte nicht unrecht haben, wenn sie sagt, daß dies wahrscheinlich aus medizinischen Gründen nach der Hodenexstirbation geschah«.

Dieser widmete *M. Szalay* in seiner Quellenanalyse eine große Bedeutung, nicht zuletzt aus dem Grunde, daß sie mehrmals angezweifelt wurde. »Die aus der zweiten Hälfte des 17. Jahrhunderts häufig berichtete (cf. *Jopp*, 1960), in der ersten Hälfte des 19. Jahrhunderts jedoch nicht mehr vorfindbare Praktik (*Fritsch*, 1872), den einen Testikulum zu entfernen, wird in der Zeit vor Ankunft der Holländer einige Male belegt: 1605, 1612, 1620, 1626, 1639, 1644 – immer für die Tafel Bay. – Als fehlend wird der Hoden angegeben (1639, 1644). Die Zeit der Operation wird von *Withington*

(1612), *Beaulieu* (1620), *Mandelslo* (1639) und *Th. Herbert* (1626) im Knaben- bzw. Kleinkindalter festgesetzt. *Andersen* (1644) verlegt sie dagegen unmittelbar nach der Geburt. – Nach *Th. Herbert* und einem anonymen Autor (1605) war die Monorchie kein allgemeines, für jeden Mann charakteristisches Merkmal. Der anonyme Autor will nur einige, *Th. Herbert* dagegen die meisten Männer mit nur einem Testikulus beobachtet haben. Die anderen Autoren machen keine Einschränkung; nach ihrer Formulierung soll der Brauch allgemeinen Charakter gehabt haben«. Vermutlich handelte es sich bei dieser Hodenexstirpation (Monorchie) um einen Initiationsritus, der im Jünglingsalter erfolgte. Als weitere Eigenheiten wurden unter anderem den Hottentotten zuerkannt das Ablösen eines Fingergliedes als Zeichen der Trauer, das Tragen des Netzes oder der Därme geschlachteter Tiere um Hals und Beine, eine Sitte, die offenkundig auch von H. Burgkmair abgebildet wurde sowie die viel diskutierte Verlängerung der labia minora, in der Literatur als »Hottentottenschürze« bezeichnet.

Wenn auch *B. Springer* selbst von einem Halsschmuck aus rohen und gedörrten Viehdärmen nichts berichtet und die zeitlich vor *B. Springer* liegenden Quellen darüber schweigen, muß *B. Springer* dennoch davon Kenntnis gehabt und diese H. Burgkmair mitgeteilt haben. Anders ließe sich der von H. Burgkmair an sechs Stellen wiedergegebene bandförmige Halsschmuck nicht erklären. Dieser »läßt in seiner Darstellungsweise deutlich erkennen, daß es sich hierbei um getrocknete Darmstreifen handelte, ein für die Hottentotten bezeichnendes Schmuckelement, das durch viele spätere Quellen belegbar ist« (*R. Kleinschmidt*). Während zum Beispiel noch *O. Dapper* (1670) und *Walter Schultze* (1676) darüber zu berichten wissen, versicherte *P. Kolb* (1719) ausdrücklich, daß er niemals einem Hottentotten mit einem solchen Schmuck begegnet wäre, obwohl er doch etliche tausend Hottentotten gesehen hatte.

Gleichfalls im Text bei *B. Springer* nicht ausdrücklich erwähnt, doch auf den beiden Holzschnitten Burgkmairs zu sehen, sind die einhenkeligen Gefäße (vermutlich aus Ton), die von den Frauen an Hüftriemen getragen wurden. In den Illustrationen zur »Merfart« *B. Springer's* trägt die Hottentottin zwei solche Gefäße an der linken Hüfte. Spätere Reisende wie zum Beispiel *G. P. Tachard* (1686), *Georg Meister* (1692) und *P. Kolb* (1719) bestätigen die älteren Quellen. Nach *J. Schreyer* (1681) »... hangelt auf dem Rücken ein viereckichter lederner Sack, unten mit ledern Quasten gezieret, und neben denselben ein Topff, ein Holtz oder Eysen zum Wurtzelgraben, bißweilen auch ein Kind und ander Geräthe mehr. ... Ihr Hausrath ist ein oder zwey irdene Töpffe, welche sie mit den Händen, und zwar ieder vor sich zu machen pflegen, aus Leimen, lassen solche in der Sonnen hart werden«. Irdene Töpfe wurden nach *Renate Kleinschmidt* von den Hottentotten auch als Trommeln bei festlichen Anlässen verwendet. Nach *P. Kolb's* sehr ausführlicher Beschreibung der Töpferei wurde am oberen Rand der Gefäße ein durch zwei Löcher gezogener Riemen zum Tragen befestigt. Töpferei war früher einmal wohl allen Hottentotten bekannt, ein Umstand, der wenig zum rezenten Nomadentum der Hottentotten passen will. Es ist damit zu rechnen, daß diese aufgegeben wurde, als die Europäer begannen, Töpfe und anderes Geschirr in großen Mengen einzuführen. Als *L. Schultze* im Namaland weilte (1907), wurde die Töpferei nicht mehr geübt. In Form und Ausführung war die Töpferei ähnlich jener der Kap-Buschmänner, und wenn wir *Van Riebeeck* (1652–1662) glauben wollen, waren deren Töpfe so hart gebrannt, daß sie als Schmelztiegel hätten dienen können. Jedenfalls war *B. Springer* der erste, der uns auf dem Wege seiner Abbildungen Kunde von der Töpferei der Hottentotten gab.

Ebenso wenig passend zu dem rezenten Rinderzüchternomadentum scheint uns die Kunst der Kupfer- und Eisenschmelze zu sein. Nach *M. Szalay* besaßen die Hottentotten am Kap bereits Kupfer vor der europäischen Kontaktnahme und es ist sehr wahrscheinlich, »daß das Kupfer von den Hottentotten selbst geschmolzen und nicht von den Bantu eingehandelt wurde. Wenn letzteres der Fall war – was doch nicht ganz ausgeschlossen werden kann – so bedeutet das die Existenz eines weitreichenden Handelsverkehrs, der das Kupfer aus dem weit entfernten Bantu-Gebiet im Norden, bzw. Nordosten nach Süden brachte. Nachweislich bestand ein solches Handelsnetz zwischen den Hottentotten im Kapland und den Vorposten der Bantu im 18. Jahrhundert (*Harinck*, 1970). Allerdings saßen damals die Hottentotten und Bantu direkt nebeneinander, während sie um 1500 herum ... noch weit voneinander getrennt waren.« Jedenfalls war bereits Vasco da Gama in der St. Helena Bay Hottentotten begegnet, die an den Ohren Ketten von Kupferperlen trugen. *Otto Friedrich Menzel* (1785) erwähnt wohl, daß die Namaqua Kupfer zu schmelzen verstanden, gibt jedoch keine nähere Beschreibung darüber. In ähnlicher Ungewißheit sind wir, in welchem Ausmaß die Hottentotten Eisen zu gewinnen verstanden. *P. Kolb* (1719) ist der einzige, der behauptete, daß die Hottentotten die Kenntnis des Eisenschmelzens besitzen. *O. F. Menzel* (1785) hielt dies für eine »Kolbische Erzehlung«, *W. Jopp* nannte diese Nachricht doch zumindest wahrscheinlich.

In Gegensatz zu der rezenten Siedlungsweise der Hottentotten, die sich in der Kralsiedlung beziehungsweise in einem Runddorf mit fünf bis dreißig und auch noch mehr bienenkorbartigen Mattenhütten manifestiert, sprechen *B. Springer* und nach ihm einige andere frühe Autoren, wie zum Beispiel *Cornelius de Houtman* (1595) oder *Thomas Herbert* (1626), ausdrücklich von einer »Behausung unter der Erde«. Auch heißt es in der ersten anonymen deutschen Quelle aus dem Jahre 1504 vom Kapland: »Und hat man noch kein statt und dorff darin gesehen«. Trotz eifrigen Suchens fanden die Leute *C. de Houtman's* keine Wohnung der Hottentotten, auch bekamen sie keine Hottentottenfrau zu Gesicht. *Th. Herbert* betont ausdrücklich, die Hottentotten hätten keine Hütten. Höhlen und Gruben wären ihre bevorzugten Wohnplätze oder auch verlassene Löwenhöhlen. *Jürgen Andersen* (1644) vergleicht jedoch ihre kleinen Hütten (!) mit den Schweinekoben in seiner Heimat – *Andersen* stammte aus Schlesien –, oder es bilden Höhlen oder in den Berg gegrabene Löcher die Wohnung der Hottentotten, wo sie unter der Löwenplage leiden. *W. Jopp* zitiert *Johann Paul Wurffbain* (1686), der von den Wohnungen der Hottentotten berichtet, daß sie sich bis zu zwei Meilen von der Küste entfernt im Lande befänden, »umb der Kälte zu entgehen«. *Schuten Wouter* (1658, 1665) betont dagegen ausdrücklich, daß die Hottentotten keine eigenen Häuser haben und nachts in Büschen, Höhlen oder Gruben sich verkriechen oder wie das Vieh ohne Häuser, Kleider usw. leben. Interessant in diesem Zusammenhang erscheint uns der Hinweis von *W. Jopp* auf ältere Berichte (*Elias Hesse*, 1690; *P. Kolb*, 1719; *David Tappe*, 1704), wonach die Hottentotten in der Mitte ihres Hüttenbodens eine Grube ausgehoben hätten, etwa einen halben Schuh tief, in der sie nachts oder bei Kälte ein Feuer unterhalten. Für einen jeden Bewohner in der Hütte ist eine Grube vorgesehen, die ihm als Schlafstelle dient.

Nach all diesen Berichten ist wohl mit *F. Schulze* anzunehmen, die ersten Reisenden, die sich doch in der Regel nur für kurze Zeit an der Küste aufgehalten hätten, um hier Frischwasser und Frischfleisch aufzunehmen, hätten nur die an die Küste herangeeilten Hottentotten kennen gelernt und ihre Siedlungen gar nicht zu Gesicht bekommen. Die in den älteren Berichten gebrachten Hinweise auf Erdgruben, Löcher usw. würden auf gelegentlich benützte Schlafgruben deuten, die man in älterer Zeit sogar in den Hütten selbst noch beibehalten hatte. Freilich werden diese Schlafgruben in den Hütten später nicht mehr erwähnt, sobald der Hüttenbau einen höheren Grad der Vollkommenheit erreicht hatte. Man könnte vielleicht aber auch den Gedanken vertreten, daß die »Behausung unter der Erde« die frühere Form des Hauses bei den Hottentotten gewesen wäre und die Kuppel- oder Bienenkorbhütte, die typische Wohnform rezenter Viehzüchternomaden, eine spätere Erwerbung bedeute.

Während die frühen Autoren nur von »Mohren« sprechen und erst viel später der Name Hottentotten auftaucht – so etwa bei *J. Andersen* (1669), der zwei verschiedene Ethnien nennt: Sulthaniman (die Bewohner der Saldanha Bay) und Hottentotzman (die Bewohner der Tafelbucht), sehen wir bei *J. Schreyer* (1669–1677) bereits den ernsthaften Versuch einer ethnischen Gliederung. Ihm zufolge wohnten fünfzig Meilen nördlich des Kaps die Numiquae (Namaquas ?), nahe bei ihnen die Leute des Kapitäns Goamoa (Gonnamoa) und des Odasva (Oedasoa) sowie die Großen und Kleinen Gregriquas (Griquas). Ebenso zählt *O. Dapper*, dem außer den vor ihm erschienenen Publikationen auch das Tagebuch *Van Riebeeck's* (1652–1662) und vermutlich auch verschiedene handschriftliche und mündliche Berichte von Reisenden der Ostindischen Kompagnie zur Verfügung standen, eine Reihe von verschiedenen Ethnien auf: zunächst die auf dem Kap lebenden Gorachauker, Groinhaiker oder Kapmänner, Goringhaikoner oder Wassermänner, die Kochoker oder Saldanharer 18 Meilen nordwestlich vom Vorgebirge der Guten Hoffnung, die Großen und Kleinen Kariguriker und Hosaer in den Tälern bei der Saldanhabucht. Als weiter im Innern lebend werden die Kainauker (Chainouquas) angeführt, ferner die ihnen benachbarten Koboner, deren langes schwarzes Haar über den Rücken bis zur Erde gereicht haben soll und die vermutlich Neger (Ambo ?) waren, die Sonker (Soncker), die in vielem an Buschmänner erinnern, dann die Namaker (Namaquas), die 80 oder 90 Meilen ostnordöstlich vom Kap der Guten Hoffnung gelebt haben sollen und fast als halbe Riesen geschildert werden und mit den Portugiesen in Monomotapa, Kortada und Bellugarin eifrig Handel trieben, und schließlich die halbwilden Heusaker und Hankunker und die Brigaudiner (Brigaudier), die noch weiter landeinwärts als die Namaker lebten.

Es wäre ein müßiges Beginnen, die Namen weiterer Hottentotten-Ethnien aufzuzählen, die alle längst schon ausgestorben sind, aber diese kleine Liste zeigt schon, wie außerordentlich schwierig es ist, wenn nicht unmöglich, diese Vielzahl zersplitterter Gruppen als eine genetisch zusammengehörige Einheit zu erfassen. Ständige Umgruppierungen sind für diese nomadischen Rinderzüchter bezeichnend und der Versuch der Gleichsetzung eines bestimmten Ethnos mit den Bewohnern einer bestimmten Smithfield- oder Wilton-Station muß erst recht als ein nahezu aussichtsloses Beginnen bezeichnet werden. Später als die am Kap lebenden Hottentotten gerieten die Namaquas in das Blickfeld der Europäer. *W. Jopp* bringt von ihnen eine auf *Mc Call George Theal* (1897) und *Eduard Moritz* (1938) zurückgehende interessante Notiz, die vielleicht ein Indiz für die umstrittene Herkunftsfrage der Hottentotten bietet oder die Grundlage für eine noch so schwache Herkunftshypothese. »Die Hottentottin Eva erzählte am Kap zum ersten Male von dem Stamm der Namaquas. Die Angehörigen dieses Stammes sollten langes Haar und weiße Haut haben und in Steinhäusern wohnen. Andere Hottentotten behaupteten, im Lande der Namaqua gäbe es Gold und Edelsteine im Überfluß« – heißt es bei *W. Jopp*, der diese Aussagen jedoch für eine reine Erfindung hielt mit der Begründung, daß sich die Namaquas kaum von den Kap-Hottentotten unterschieden. Auch dieses müßte erst begründet werden. Jedenfalls hatte *Van Riebeeck*, der 1662 das Kapland verließ, in seinen »Instruktionen für den Kommandanten« unter anderem die Namaquas in seine Liste aufgenommen, von denen man freilich nur vage, auf mündlichen Mitteilungen beruhende Vorstellungen besaß. Vielleicht waren diese »legendären Namaquas« tatsächlich mit Leuten in Verbindung gestanden, die solchen oder ähnlichen Vorstellungen entsprachen: wir denken an den Kulturraum von Simbabwe. Eva war ein 15- bis 16jähriges Hottentottenmädchen, war in *Van Riebeecks* Hause aufgewachsen und hatte dort das Holländische erlernt. Gewiß war es der sagenhafte Goldreichtum im Lande der Namaker, der *Van Riebeeck* aufhorchen ließ und der Verdacht liegt nahe, daß die Hottentottin-Eva *Van Riebeeck* einfach das erzählte, was er gerne hören wollte. Vielleicht liegt aber doch ein Körnchen Wahrheit in der Sache. Oder sollte auch *O. Dapper* getäuscht worden sein, denn dieser erzählt von den Namakern, daß ihre Frauen wie die Sonkerinnen, »vor das stechen der Sonne, an einem Stock über dem Kopfe, Sonnenschirme von Straußenfedern tragen«, er weist ferner auf die Verzierung der Felle mit vielen gläsernen Kambaischen Korallen hin, »welche sie von den Portugaliern in Monomotapa, Kortada, Belugarin, und anderwärts vor Vieh eintauschen«. Wir erinnern an den Goldreichtum im Lande der Namaker und zitieren *Cornelis de Houtman* (1595), der unter anderem von etlichen goldenen Ringen an den Fingern bei den Hottentotten an der Baie Aquada de Sambras (Still- oder St. Sebastian-Bai) spricht. Wir erinnern weiter an die arabischen Lehnworte in der Namasprache, worauf *Carl Meinhof* ausdrücklich hingewiesen hat, und schließlich an die Tatsache, daß Hottentotten und Herero genau so wie im arabischen Schifferkalender einen Monat nach den Plejaden benennen. Im Namaqualande erkennt man an den Sternen, wann die Zeit gekommen ist, bestimmte Wurzeln auszugraben und nach *L. Schultze* war das Erscheinen der Plejaden um die Wende des Juni und Juli für die Buschmänner des Auob-Distriktes das Zeichen, nach den Tsama-Feldern zu gehen. Deshalb wird auch bei den Hottentotten der siebente Monat um die Wende des Juni und Juli nach dem Siebengestirn (Plejaden) benannt, denn das Erscheinen der Plejaden ist für die Wanderungen der Tsama (Kürbisart) suchenden Eingeborenen von großer Bedeutung. *Gustav Fritsch* berichtet, daß das Auf- und Untergehen der Plejaden den Hottentotten die Jahreszeiten bezeichne. Missionar *Schmidt*, der in den Jahren 1737 bis 1744 unter den Hessequa, einem Kap-Hottentotten Ethnos, gearbeitet hatte, erzählt, daß die Eingeborenen bei der Wiederkehr der Plejaden ein Fest gefeiert hätten. Sobald nämlich diese Sterne über dem östlichen Horizont erschienen, nahmen die Mütter ihre Kleinen in die Arme und liefen nach irgend einer Anhöhe, von wo aus sie ihren Kindern die Plejaden zeigten und sie lehrten, ihre kleinen Händchen nach den Sternen auszustrecken. Die Leute aus dem Kral versammelten sich zum Tanze und sangen nach altem Brauch: O Tiqua, unser Vater zu unseren Häuptern, gib uns Regen, gib, daß die Früchte und Zwiebeln reifen und daß wir genügend Nahrung haben. Sende uns ein gutes Jahr! Nach *I. Schapera* ist Tiqua mit Tsui Goab gleichzusetzen und die an ihn gerichteten Gebete zeigen ihn als eine Regengottheit

Abb. 165 In Allago. (Ausschnitt aus dem 2,30 m langen Bilderbogen von sechs friesartig aneinandergereihten Holzschnitten von *Hans Burgkmair* d. Ä. 1508). »Das Land Allago reicht bis Arabia (= Ostküste Afrikas). In dem Land, in dem ein Königreich Sofala heißt, geht das Volk wie unten angezeigt: man hüllt sich in Häute und Tierpelze. Die Männer tragen hölzerne oder lederne Köcher oder Scheiden über ihrer Scham. Die Frauen bedecken sich mit einem Stück Pelz und tragen auf ihrem Kopf ein Schaffell oder ein Fell von einem anderen Tier. Den Knaben bindet man den Penis nach oben. Manche Männer tragen ihr Haar mit Pech verpicht. Ihre Wohnung liegt unter der Erde; es gibt dort viele Rinder, große Schafe und andere Tiere. Das Volk hat eine schnalzende Sprache. An Stelle von Geld nimmt man für seine Waren Eisen. Die Leute tragen weiße Stäbe. Ihre Waffen sind lange Speere und Wurfsteine. Sie tragen weite Leder (= Sandalen) an den Füßen.«

und Bringer der Feldfrucht. Über ein Regenfest berichtet uns Miß *Hoernle* aus jüngerer Zeit. So rufen auch die Nama alljährlich bei der großen Regenzeremonie Tsui Goab an. Das Regenfest war das wichtigste Fest der Nama-Hottentotten.

Zur Feier dieses Festes versammelte sich der ganze Stamm beim Häuptling. Womöglich wurde die Zeremonie an den Ufern eines Flusses abgehalten, und wenn ein solcher nicht in der Nähe war, dann grub man einen Graben, um einen solchen Flußlauf anzudeuten. Wenn die alten Leute sagten, daß die Sommerregen fällig waren (ungefähr November–Dezember), dann teilten sie dem Häuptling mit, daß die Zeit zur Abhaltung des Jahresfestes gekommen war. Der Häuptling gab diese Botschaft an die entfernt wohnenden Familien weiter und bestimmte Zeit und Ort des Festes. Nach bestem Können steuerte eine jede Familie zu dieser Feier bei. Alle brachten Milch, und die es vermochten, auch einige trächtige Muttertiere, eine Kuh oder ein Mutterschaf. Auf dem Festplatze wurde eine Hütte errichtet, vor allem zur Bequemlichkeit der Männer, Feuer wurden entzündet, um auf ihnen das Fleisch für das Fest zu kochen. Außerdem zündete man noch ein besonderes Feuer am Ufer des Flusses an. Die Tiere wurden geschlachtet und sorgfältig ausgenommen; die mit aller Sorgfalt herausgeschnittene Gebärmutter hob man bis nach dem Feste auf. Die meiste Zeit wurde mit Essen verbracht, bis alles aufgegessen war. Sobald das Feuer am Flußufer brannte und man eine Rinne zum Fluß hin gegraben hatte, nahmen die Stammesältesten, die sich auf das Weissagen verstanden, die Gebärmutter, hielten diese über das Feuer und durchbohrten sie mit Stöcken, so daß das Gebärmutterwasser durch das Feuer in die Rinne floß. Gleichzeitig goß man eine Menge Milch in das Feuer, auch warf man das Fett der Opfertiere hinein. Inzwischen versammelte sich das ganze Volk zum großen Stammestanz, um Tsui Goab anzurufen, daß er Regen in Menge schicke und fettes Gras wachsen lasse, so daß sie genügend in diesem Jahre zu essen hätten.

Offenkundig standen die Plejaden in Verbindung mit den Regen- und Jahresfesten bei den Hottentotten, und es liegt nahe, diese Feste mit den Regenopferzeremonien im Raume von Simbabwe zu vergleichen. Auch hier wurde der Zeitpunkt des Festes von den Sternen abgelesen und von den Priestern bestimmt. Dieses erste Regenopfer wurde in jedem Jahre und zur gleichen Zeit gefeiert. Ein zweites Regenopfer wurde bei anhaltender Dürre oder auch bei übermäßigem Regen dargebracht. Ähnliche Regenopferzeremonien vermochten *L. Frobenius* und seine Mitarbeiter bei allen Randvölkern des Simbabwe-Raumes, so bei den Stämmen am Limpopo und den Waremba im Süden, den Batonga und den Wataware, die im Norden vom Sambesi wohnen, aufzuzeichnen, und es erscheint vielleicht nicht zu gewagt, auch die Regenkultzeremonien der Hottentotten in diesem Zusammenhang zu sehen.

Schon im Jahre 1952 verwies *S. L. Washburn* im Zusammenhang mit der Frage der Entlehnung der Schnalzlaute der Zulu aus dem Hottentottischen auf die zahlreichen Skelettfunde in einer der Mapungubwe-Kulturen zu Mapungubwe oder Greefswald am Limpopo in Transvaal. Unter den fünf Kulturschichten auf dem Hügel zeigten die ausgegrabenen Skelette von K 2 eine homogene »Boskop- oder Hottentottenbevölkerung«, die physisch offensichtlich mit den Bewohnern der Küstenhöhlen Südafrikas verwandt waren. Es waren richtige Vertreter eines vornegerischen Typs, mit dem sich, wie *A. Galloway* betonte, Bantu sprechende Leute niemals vermischt hatten. Die Aussagen des Anthropologen wurden von archäologischer Seite bestätigt. Nur auf der Oberfläche von K 2 fand man eine Schichte, die auf Bantu-Ursprung weist. Keine Bantu-Kultur, keine Bantu-Skelette fand man jedoch in den tieferen Schichten. Wenn auch in neuerer Zeit von archäologischer Seite, insbesondere von *R. Inskeep* schwere Bedenken gegen die Ausgrabungsergebnisse *G. A. Gardners* und seine »Hottentottenthese« erhoben wurden, so mögen diese Bedenken im einzelnen vom Standpunkt des Archäologen zutreffend sein, doch kranken sie im vorliegenden Fall an dem Umstand, daß man sich allzusehr an den ethnischen Begriff »Hottentotten« hält, der im Grunde genommen, wie wir bereits gesehen haben, eine künstlich vorgenommene und letzten Endes unstatthafte Verallgemeinerung bedeutet. Niemand wird behaupten wollen, daß die in historischer und in rezenter Zeit faßbaren »Hottentotten«-Ethnien eines Ursprunges und in ihrer Gesamtheit stets Viehzüchter gewesen waren, sondern wir haben es bei diesen »Hottentotten«-Ethnien, mit den Ausläufern einer Entwicklung zu tun, die im Laufe der Geschichte von den verschiedensten Seiten ihre Impulse empfing, denen anhand einzelner Indizien nachgegangen werden kann. Zu diesen gehören zum Beispiel jene, die eine Berührung mit arabischen Elementen (arabische Lehnworte, Goldschmuck, Plejaden) vermuten lassen, die selbst wiederum nur im Kulturraum von Simbabwe und vermutlich in vorportugiesischer Zeit und keinesfalls in Südafrika selbst erfolgte; zu diesen Indizien gehören aber auch jene Regenzeremonienfeste, die im Kulturraum von Simbabwe eine so große Entfaltung erfuhren und auch noch im »Hottentotten«-Erbe nachzuweisen sind. Damit soll aber nicht mehr und nicht weniger gesagt sein, daß Ethnien khoisanider Rasse, der auch die rezenten Hottentotten angehören, frühe Träger einer »Simbabwe-Kultur«, aber, vom Standpunkt der Ethnohistorie aus gesehen, gewiß noch keine Hottentotten gewesen waren. Vieles spricht für eine gemischtwirtschaftliche Situation auch der »Hottentotten« in früherer Zeit.

## Buschmänner

Zwei Jahre nach dem Besuche *Johann Jakob Merkleins* (1653) in der Tafelbai, der uns eine der frühesten Beschreibungen der jungen Niederlassung *Van Riebeecks* gab, faßte dieser den Entschluß, »den Deutschen *Johann Wintervogel* in das Innere des Kaplandes zu senden, damit dieser nach Edelmetallen suche, aber auch Vieh von den Hottentotten eintausche. Im März 1655 verließ *Wintervogel* das Fort und zog 150 Meilen weit nach Norden. Er kehrte mit der Kunde zurück, daß er an der Saldanhabai einen Hottentottenstamm mit großen Viehherden angetroffen habe, außerdem brachte er die erste Nachricht von den Buschmännern in die Niederlassung. Edelmetalle hatte er jedoch keine gefunden« (*W. Jopp*). Seitdem ist immer häufiger von den Buschmännern als Viehräubern, die selbst kein Vieh besaßen und dieses von den Nachbarvölkern bezogen, die Rede. Sie überfielen die Krale der Hottentotten und die Viehherden der Siedler. »Seit 1693« – heißt es bei *W. Jopp* aufgrund der Angaben von *George McCall Theal* – »waren sie aus dem offenen Lande in die Berge zurückgedrängt worden. 1701 stahlen sie 51 Rinder von Gerrit Cloete und 137 Rinder am Vogelvlei-Posten. Im September des gleichen Jahres erbeuteten sie mehr als 200 Rinder von Henning Hüsing und 274 Rinder aus Hottentottenkralen. Im August 1715 stahlen die Buschmänner einem Farmer 700 Schafe, im Januar 1719 einem anderen 700 Stück Vieh«. Europäische Siedler und Hottentotten sahen in den Buschmännern ihren gemeinsamen Feind. Ursprünglich von *Van Riebeck* als »Vischmann« (Fischmänner) bezeichnet, bürgerte sich später für solche Gruppen der Name »Soaquas« beziehungsweise »Sonquas« ein und 1657 schrieb *Van Riebeeck* von den Buschmännern, daß diese »Sonqua« oder »Banditen« niemand untertan wären, sondern nur von ihren Pfeilen, Assageien und Viehdiebstählen lebten. Schließlich faßte *P. Kolb* (1719) diese in den Bergen lebenden kleinwüchsigen und sich von Wild, Wurzeln, wilden Früchten und Honig ernährenden ethnischen Gruppen unter dem Sammelnamen »Buschjes Mannes«, Strauchdiebe oder Räuber zusammen, wohl mit der Tendenz, sie für entartete oder degenerierte Gruppen der Hottentotten zu halten. Von humanbiologischen Erwägungen ausgehend, gelangte *L. Schultze-Jena* (1928) zu einer ähnlichen Ansicht, wonach die Buschmänner sich in Richtung auf eine Kümmerform entwickelt hätten, die heutigen Hottentotten jedoch die normale Weiterentwicklung der khoisaniden Stammform wären. Damit ist eines der vielen Buschmannprobleme angedeutet, wobei man sich aber darüber im klaren sein muß, daß die frühen Nachrichten über die »Buschmänner« nur einzelne Teile, Splitter oder Reste einer Gesamtheit betrafen, die mit dem von *H. Baumann* stammenden Begriff »Urbuschmanntum« oder »Kernbuschmanntum« umschrieben wurde. Dieser synthetische Begriff ist von der Ethnologie her allein nicht beweisbar und wird auch den gleichfalls außerordentlich komplexen historischen, urgeschichtlichen und auch humanbiologischen Fakten nicht gerecht.

Während *P. P. Schebesta* in den Buschmännern infolge ihrer langen Symbiose mit den Hottentotten und ihres Steppen- beziehungsweise Wüstenlebens in der Kalahari eine Sonderform der Pygmiden erblickt, glaubt er dennoch daran festhalten zu müssen, »daß die rassische und kulturelle Grundlage der Buschmänner und Bambuti die gleiche ist«. *P. M. Gusinde* neigt hingegen der Ansicht zu, »daß diese Wüstenbewohner reichlich weit von der körperlichen Sonderform der zentralafrikanischen Pygmäen abstehen und, zufolge ihrer Körperhöhe, in die Gruppe der kleinen Rassen gehören, nicht in die der echten Pygmäen«. Auch *Rudolf Pöch* erblickte in den Pygmäen und Buschmännern keine nähere Rassenverwandtschaft und *Margarete Weninger* glaubte mehr die Unterschiede zwischen beiden afrikanischen Gruppen in der Kalahari und im Urwald betonen zu müssen als etwa bestehende Gemeinsamkeiten. Als Sondergruppen und selbständige Rassentypen sind aber Buschmänner und Pygmäen dem negriden Hauptrassenstamm zuzuordnen.

Beide Gruppen stellen die »Endstationen« einer sehr lange Zeit währenden getrennten Entwicklung dar, die jedoch in den Quellen nicht verfolgbar ist, so daß wir bloß auf Vermutungen angewiesen sind. Auf die Pygmäen fehlt zum Beispiel jeder urgeschichtliche Hinweis, sie sind eigentlich für den Urgeschichtler nicht existent, während für die Buschmänner in der Regel Wiltonium und Smithfieldium herangezogen werden, ohne jedoch den strengen Beweis einer Kontinuität zwischen Kulturschicht und Ethnos führen zu können. Ohne Zweifel besaßen die Vorfahren der Buschmänner dereinst eine viel größere Verbreitung als heute. Um die Mitte und gegen Ende des 17. Jahrhunderts hausten sie noch auf den Hochflächen südlich vom Oranje und Vaal in den schwer zugänglichen Teilen des Gebirges zwischen der inneren Hochebene und dem Küstenvorland, um schließlich, von Hottentotten, Bantu und Weißen bedrängt, als Fluchtziele die Trockengebiete der Namib und Kalahari und die Sumpfgebiete des Okawango wählen zu müssen. Im ganzen genommen stellen die Buschmänner weder sprachlich, kulturell noch somatisch eine homogene Einheit dar; sie bilden vielmehr ein Konglomerat verschiedener Rest- und Splittergruppen, deren primitive Lebensweise entwicklungsgeschichtlich gesehen einen »urtümlichen« Eindruck hinterläßt. Der ihnen von überlegenen Ethnien aufgezwungene Rückzug in die genannten Trockengebiete und Mangelräume war selbstredend von weittragenden Veränderungen des Kulturbesitzes begleitet, so daß sich auch ein *P. W. Schmidt* darüber im klaren war, daß diese Ereignisse eine Verarmung des materiellen Kulturbesitzes und einen Niedergang der sozial-ethischen und religiösen Ordnung zur Folge haben mußten.

Es ist ein Verdienst *Fritz Krauses* gewesen, sich eingehend mit diesem Thema beschäftigt zu haben. *F. Krause* wies darauf hin, daß die im Vergleich zu den Semang und Senoi auf Malakka offenbar weit höher entwickelte soziale Organisation der Buschmänner (ausgebildete Stammesorganisation mit erblichem Häuplingstum, organisierter Wirtschaftsbetrieb, wie er in einer Jagd mit ausgebildeten Jagdmethoden und komplizierten Fallensystemen zum Ausdruck kommt, organisierte und weitreichende Handelsreisen usw.) aus der wirtschaftlichen Struktur der rezenten Buschmänner nicht zu erklären ist. »Denn sie« – gemeint ist die höhere soziale Struktur – »kann in ihrer besonderen Art nur entstehen, wo größere Menschenmengen beisammen wohnen. Solche größere Menschenmengen setzen aber eine Wirtschaftsführung voraus, die ihre Existenz sichert. Die heutige Wirtschaftsführung der Buschmänner« – und zwar in der freien »Wildbahn« – »sichert aber nur die Existenz kleinster Lokalgruppen. Also bedingen wirtschaftliche und soziale Struktur der Buschmänner einander nicht gegenseitig wie bei den primär-primitiven Völkern. Da die soziale Struktur unmöglich aus der heutigen wirtschaftlich bedingten Zerstreuung des Volkes herausgewachsen ist, so muß die heutige Zerstreuung mit all ihren wirtschaftlichen und kulturellen Folgen sekundär sein, d. h. das Volk muß ehemals unter anderen wirtschaftlichen Bedingungen gelebt haben, die solche soziale Struktur ermölichten«.

# DIE VÖLKER AFRIKAS

## I. Steppenjäger

Die ersten Nachrichten über kleine, magere Wilde, die weder Hütten noch Vieh besitzen, im übrigen aber wie die Hottentotten gekleidet gehen und auch eine ähnliche Sprache sprechen wie diese, stammen von *Jan Wintervogel* (1655), der im Auftrage *Jan van Riebeecks* vom 15. März bis 3. April 1655 in das Innere des Kaplandes reiste, um dort nach Erz zu suchen. *Van Riebeeck* nannte diesen neuentdeckten Stamm »Visman« d. h. »Fischmänner«. Später wurden die »Buschmänner« unter dem Namen Sonquas oder Obiquas geführt, was soviel wie »Räuber«, »Mörder«, »Banditen« bedeutete, die sich von Samen, Honig, Schildkröten, Heuschrecken, Raupen und wilden Tieren ernährten und gelegentlich auch von Vieh, das sie ihren Nachbarn raubten. Der erste deutsche Reisende, der das Wort *Buschmann* erwähnte, war *Peter Kolb* (1719), der das Wort aus dem Holländischen (bosjesmans, bossiemans) übernommen hatte und gleichzeitig behauptete, daß es sich bei diesen Buschmännern um ausgestoßene Mitglieder einzelner Hottentottenethnien handelte, die sich in das Gebirge zurückgezogen hatten. Damit wird wohl ein Teil des »Buschmannproblems« angedeutet, aber nicht die Gesamtfrage gelöst, denn offenkundig handelt es sich bei den Buschmännern um Reste einer einst in Südafrika weit verbreiteten Bevölkerungsgruppe, die ihre nächsten Verwandten vermutlich in den einstigen Bewohnern der zahlreichen »Wilton«- und »Smithfield-Stationen« besaßen und auch in der Regel als die Träger der Felsbilderkunst, der sogenannten »Buschmannkunst«, in Frage kommen. Gewöhnlich werden die rezenten Buschmänner in drei Gruppen eingeteilt, und zwar in eine Nord-, Mittel- und Südgruppe. Die Nordgruppe mit den Auin, Kung, Okung, Heiom und Koroca verteilt sich auf einen Großteil der Omaheke im NO von Südwestafrika, auf Teile des Kaoko- und Otjimpoloveldes, östlich in das Betschuanaland und nördlich nach Angola reichend. Die »mittlere Gruppe« mit den Aikwe, Tannekwe, Hukwe, Tserekwe, Ohekwe sowie den Namib-Buschmännern verteilt sich auf einen beträchtlichen Teil des Betschuanalandes und auf die mittlere und nördliche Kalahari. Die »Südbuschmänner« oder »Kapbuschmänner« sind bereits ausgestorben. Khoisaniden (Hottentotten-Buschmänner) Rassenelementen begegnen wir auch bei verschiedenen ostafrikanischen Sammlern und Jägern, so zum Beispiel bei den *Hadza* (Kindiga) im »abflußlosen Gebiet« oder auch bei den *Sandawe*, die allerdings bereits Bodenbau und Viehzucht angenommen haben. Als negride Steppenjäger wären noch die *Bergdama* anzuführen, gleichfalls ein sehr altertümliches, in den Rückzugsgebieten Südwestafrikas lebendes Element.

Die Völker Afrikas

Die im Buche erwähnten Ethnien (Stämme) oder Völker wurden in der Übersicht »Die Völker Afrikas« kursiv gesetzt. Dem Leser ist es möglich, unter Zuhilfenahme des Registers, der Übersicht und der Karte auf raschem Wege sich darüber zu informieren, wo der gesuchte Stamm oder das Ethnos zu finden ist. Auch gewinnt er zugleich eine Vorstellung von den dem Ethnos (Stamm) benachbarten Gruppen. Die Verwendung weiterer Handbücher wie H. Baumann »Völkerkunde Afrikas« (1940), G. P. Murdock, »Africa« (1959), W. Hirschberg (Völkerkunde Afrikas« (1965) ermöglicht leicht eine genauere geographische Fixierung.

# LEGENDE ZU »VÖLKER AFRIKAS«

I. STEPPENJÄGER

*Buschmänner:*

1. Nördliche Gruppe (Großteil der Omaheke im NO von Südwestafrika, Teile des Kaoko- und Oschimpoloveldes, östlich in das Betschuanaland nach Angola reichend)
Auin oder Auen, Kung, Okung, Heiom oder Heikum, Koroca
2. Mittlere Gruppe (Beträchtlicher Teil von Betschuanaland, besonders in der mittleren und nördlichen Kalahari)
Aikwe oder Naron, Tannekwe, Hukwe, Tserekwe, Dukwe, Kabakwe, Ohekwe oder Matete, Machura, Hiechware
3. Namib-Buschmänner (Ganin, Geinin, Koma und Obanen)
4. Südliche Gruppe (Kapbuschmänner), ausgestorben.

*Hadza* oder *Kindiga* im abflußlosen Gebiet, Ostafrika (H.)
*Sandawe* (S.)
*Bergdama* (Südwestafrika: Erongogebirge, Khomashochland, Otaviberge, Waterberg, Kaokoveld).

II. URWALDJÄGER

*(Pygmäen, Bambuti):*

*Ituri Pygmäen* (Bambuti): Aka, Basua, Efe
*Westliche Pygmäen* (oder Twiden): (Gabun-Pygm., Ogowe-Pygm., (Kamerun-Pygm.), Lusambo-Tschofa-Pygm. im Kasaigebiet)
*Pygmiforme:*
Babinga an den Flüssen Sanga, Ilenga und Lobaje im Ubangigebiet.
Bachwa oder Bacwa oder Batoa nördl. des Leopold II. Sees bis an den Ikelemba.
Twa (Batwa), an den Hängen der Kivuvulkane, in Rwanda und Urundi, am Tanganjikasee westlich von Albertville und in den Bangweolosümpfen.

III. HIRTENNOMADEN

*Hottentotten* (abgesehen von den bereits ausgestorbenen »Kap-Hottentotten« und Ost-Hottentotten«, die in »Groß«- und »Klein-Nama« unterteilten Nama-Hottentotten)
*Hima* (Hema, Huma, Tussi, Tutsi und Hinda) im Zwischenseengebiet (Ostafrika)
*»Nilotohamiten«* mit den Karamojo, Nandi und Masai in Ostafrika
*Galla, Somal, Afar, Saho* und *Danakil* in Nordostafrika und die Bedja mit den Ababde, Beni Amer und Bischarin
*Tuareg* in der Zentralsahara
*Tubu* (Teda) mit den Bäle (Bideyat) und Dazagada (Anakaza in der Südostsahara
*Fulbe* (Fellani, Fellata, Filani, Foulah, Ful, Peul, Pullo)
F. Vom Senegal bis Adamaua in einzelnen Enklaven, geteilt in »Stadt-Ful« und »Viehzüchter-Ful« (Bororo) Wichtigste Verbreitungszentren: Senegaltal, Futa Toro, Futa Dschalon, Kita, Masina, Liptako, Sokoto, Bautschi, Adamaua
*Araber* zwischen Schari und Nil:
Vollnomaden (Abbala: Eigentümer von Kamelen)
Halbnomaden (Bakkara: Eigentümer von Rinderherden)
Seßhaft gewordene Bauern

*Herero* in Südwestafrika
*Niloten* (Schilluk, Dinka, Nuer und Barigruppe). Die Bari unterhalb Lado zu beiden Seiten des Bergnil gehören bereits den »Nilotohamiten« an.

IV. SAVANNENBAUERN

1. Altnigritier oder »Präniloten« im Nordostraum zwischen der Westgrenze Äthiopiens und dem Weißen Nil und Bergnil.
2. Sidamo-Konso-Gruppe in Süd-Äthiopien.
3. Amhara-Tigrinnier-Agau in Äthiopien
4. Fellachen (Ägypten)
5. Nubier (Ägypten)
6. Nuba in den Nubabergen Kordofans
7. Ethnien von Darfur, Wadai, Kanem und Bagirmi
8. Zande
9. Moru-Madi, Bongo-Mittu, Mundu-Ndogo und Banda im Westen und Südwesten des nilotischen Bahr-Ghazal-Gebietes
10. Sara-Logone-Schari-Gruppe
11. Bergstämme in Adamaua
12. Mbum und Baja in Kamerun
13. Wute in Kamerun
14. Kameruner Graslandethnien
15. Hausa in Nigerien
16. Benue-Tschad-Ethnien
17. Kwa-Völker
18. Bantuide im Raum zwischen Niger und Benue
19. Idomagruppe in Südnigerien
20. Nupe
21. Ostbantuide der Benue-Tschad-Ethnien
22. Senufo-Dogon-Lobi-Gruppe
23. Gurunsi-Mossi-Gurma-Gruppe
24. Djerma-, Kabre-, Somba- und Diula-Gruppe
25. Westsudangruppe
26. Senegambier
27. Mande-Fu
28. Nordostbantu
29. Ethnien des »abflußlosen Gebietes« (Ostafrika, Nord)
30. Uganda und das Zwischenseengebiet
31. Nyamwezi und ihre Nachbarn
32. Ostafrikanische Küstenbewohner
33. Rovumavölker
34. Njandjagruppe
35. Bemba-, Lamba-, Lala, Bisa-Gruppe
36. Ila, Toka-Tonga (Plateau-Tonga), Lenje
37. Rotse-Lui
38. Mbundu-Mbuella-Gruppe
39. Tschokwe, Luena
40. Ambundugruppe
41. Ambo
42. Venda-, Lemba-, Schona-Gruppe
43. Nguni-, Tonga-, Sotho-Tschwana-Gruppe (Südostbantu)

V. WALDLANDBAUERN

44. Kongo
45. Loango- (Fiote-, Vili-)Provinz
46. Luba-Lunda-Provinz
47. Kuba-Kasai-Gruppe

48. Kwango-Kwilu-Gruppe
49. Ogowe-Gruppe
50. Bangi-Jansi-Gruppe und Mongo-Kundu-Gruppe
51. Ubangi-Gruppe
52. Ituri-Waldneger, Momwu-Lese, Bali, Bira und Nachbarn
53. Rega-Simba-Gruppe
54. Pangwe
55. Ethnien des östlichen Kameruner Waldgebietes
56. Ethnien des westlichen Kameruner Waldgebietes
57. Ibo-Idio und die Ibibio-Gruppe im Nigerdelta
58. Joruba-, Edo- (Benin-)Gruppe
59. Ewe
60. Akan-Guang-Gruppe
61. Baule und Lagunenvölker an der Elfenbeinküste
62. Ethnien der westlichen Elfenbeinküste
63. Wald-Ethnien Liberias

VI. NORDAFRIKA: Berber und Beraber, Araber.

## II. Urwaldjäger

Auch hier verbirgt sich unter diesem Sammelnamen eine Reihe kleinwüchsiger Ethnien, doch diesmal in den Regenwaldgebieten Westafrikas. Die wichtigsten Gruppen sind die sogenannten Ituri-Pygmäen oder auch Bambuti *(Aka, Basua, Efe)*, die westlichen Pygmäen (oder Twiden) im Ogowebecken, ferner die Kamerun-Pygmäen und die Lusamba-Tschofa-Pygmäen im Kasaigebiet. Hinzu kommen noch die stark mit Negerelementen durchsetzten *Babinga* im Ubangigebiet, die *Bachwa* (Bacwa, Batoa) im Norden des Leopold II.-Sees und die *Twa* (Batwa) an den Hängen der Kiwuvulkane, in Rwanda und Burundi, am Tanganjikasee westlich von Albertville und in den Bangweolosümpfen.

## III. Hirtennomaden

Sie bilden weder rassisch, sprachlich noch kulturell eine Einheit, obwohl der Versuch unternommen wurde, sie in der sogenannten »Kultur der großviehzüchterischen (Ost-)Hamiten« zusammenzufassen. Als die wichtigsten Gruppen der in Halb- und Vollnomaden sich spaltenden Viehzüchterethnien gelten in Südafrika die *Hottentotten* mit ihren zahlreichen Unterstämmen, ferner die kulturgeschichtlich nicht unbedeutenden *Hima* oder *Tussi* und die historischen *Chwezi*, die zu den Nilotohamiten zählenden *Karamojo, Nandi (Kipsgi)* und *Suk* und *Masai* in Ostafrika, die *Galla, Somal, Afar, Soha* und *Danakil* in Nordostafrika sowie die dort lebenden *Bedja* (Bega) mit den *Ababde, Beni Amer* und *Bischarin*, die *Tuareg* und die *Tubu* (Teda) sowie *Bideyat* (Bäle) und *Anakaza* (Dazagada) als echte Wüstennomaden, die in einzelnen Enklaven vom Senegalgebiet bis nach Adamaua reichenden Rindernomaden *(Bororo)* fulbescher Herkunft, die *Araber* zwischen Schari und Nil (Sudan-Araber) mit den Abbala (Vollnomaden, Eigentümer von Kamelen), den *Bakkara* (Baggara: Halbnomaden, Eigentümer von Rinderherden) und bereits seßhaft gewordene Ethnien, die negriden *Herero* in Südwestafrika und schließlich die Niloten mit den *Schilluk (Acoli), Luo, Dinka, Nuer* und *Bari)*.

## IV. Savannenbauern

Zu dieser Gruppe gehört ein Großteil der Savannenbevölkerung, die in vielen Fällen, wo es die Umstände gestatten, neben Bodenbau (Hirse) auch Viehzucht betreiben, somit eine »Gemischtwirtschaft« wie sie für ein Bauerntum im allgemeinen typisch ist. Dieser Gruppe gehört eine Unzahl von Ethnien an, welche die verschiedensten Sprachen (Bantu- und Sudansprachen) sprechen und auch rassisch durchaus keine homogene Einheit bilden.

»Altnigritier« oder »Präniloten« (1) nannte *V. L. Grottanelli* die zwischen der Westgrenze Äthiopiens und dem Weißen Nil und Bergnil wohnenden Hirsebauern, zu denen unter anderen die Barea und Kunama, *Koma* und *Berta*, die nilotischen Didinga und Longarim und viele andere Gruppen oder Stämme zählen. Ethnographisch zu den Niloten werden auch die noch wenig erforschten *Fundj* (Fung) in Dar Fundj zwischen Weißem und Blauem Nil gezählt. Terrassenfelderkultur mit künstlicher Bewässerung und Mistdüngung, Totendenkmäler in Gestalt hölzerner und steinerner Stelen bei den Konso oder die Züge eines sakralen Königtums in Kaffa, Djandjero und Wollamo sind der Sidamo-Konso-Gruppe (2) eigen, die in den *Gimirra, Sidamo, Konso, Bako, Ometo, Maji, Kaffa, Gibe, Janjero* und anderen Ethnien ihre Vertreter in Südäthiopien hat und ihre von Nubien stammenden Kulturimpulse nicht verleugnet. Äthiopien (3) nimmt in der afrikanischen Kulturgeschichte eine Schlüsselstellung ein und hat bereits um 700 v. Chr. starke Kulturimpulse aus dem Jemen (Südwestarabien) erfahren. Das arabische Wort *Habaschat* oder *Habeschi*, d. h. Mischlinge, stellt eine mittelalterliche Bezeichnung für die Nachkommen dieser sabäisch-arabischen Einwanderer dar, die sich mit der ansässigen kuschitischen *Agau*-Bevölkerung vermischten. Nahe Verwandte der Habaschat sind die *Gurage* südlich des Awash zwischen Lake Zwai und dem nördlichen Omobogen. Gleichfalls Semiten sind auch die *Amhara* im Hochland von Äthiopien, deren älteste Sprache das *Geez*, heute nur mehr Kirchensprache, gewesen war. Ein weiteres semitisches Element in Äthiopien sind die Falascha, nicht zu verwechseln mit den Fellachen (4) (aus arab. »falaha«, d. h. das Feld bestellen), die neben Kopten, Beduinen, Berberinern, Türken, Armeniern, Levantinern und Europäern ein wichtiges, arabisch sprechendes Bevölkerungselement in Ägypten bilden. Die rezenten Nubier (5), im Laufe ihrer Geschichte stark mit Negerblut durchmischt, gliedern sich in Barabra, Anag (Nuba), Birked *(Birgid)* Nyima und Dilling. Die Birgid siedeln in Darfu ungefähr 13 ° nördl. Breite, 26 ° östl. Länge. In Gegensatz jedoch zu den Nubiern herrscht bei den *Berg-Nuba* (6) in den Nubabergen Südkordofans eindeutig der negride Typus vor. Geschichtlich bedeutsam sind die zahlreichen Ethnien von Darfur, Wadai, Kanem und Bagirmi (7), zu denen unter anderen die *Dagu, Fur,* Gimr, Tama, Masalit, Sila, Rungwa, Merarit, Mimi, Maba, *Mubi,* Lisi, *Kenga, Sokoro, Bagirmi Bulala, Hadjerai* und *Wadai* zählen. Diesen sind auch noch die historischen *Sao* (So) hinzuzurechnen. Die Zande (8) (*Azande,* Niam Niam) im nördlichen Kongo (Dem. Rep.), in der Zentralafrikanischen Republik und im Südwesten der Republik Sudan setzen sich aus den Azande, Adio, Abangba, Sere, Majogo, Mundu, Babukur, Kare, Babwa, Ngbele und aus den *Abarambo* in der Grassavanne des Uélle und Bomu zusammen. Ein wahres Völkerkonglomerat von Bodenbauern und Viehzüchtern bilden die Moru-Madi-, Bongo-Mittu- und Mundu-Ndogo-Gruppen (9) im W und SW des nilotischen Bahr-Ghazal-Gebietes und in ähnlicher Weise auch die Sara-, Logone- und Schari-Gruppe (10), zu denen unter anderen die *Kreisch,* Kara, Gula, Nduka, Ngama und *Sara* zählen, ferner die *Bua,* Fanjan, Gaberi, Kun, Somrai, *Musgu, Kotoko* und Masa. Gleich den Logone-Schari-Sumpf- und Savannenlandschaften kommen auch die Bergmassive und Hochländer in Adamaura und Nigeria als Rückzugsgebiete sudanischer Splitterstämme in Frage, die in ihrer Gesamtheit oft als Kirdi (Heiden) bezeichnet werden (11). Zu ihnen zählen die *Bata, Margi, Kapsiki,* Falli, *Matakam,* Gisiga, Dari, *Namtschi, Vere,* Kotopo, *Duru,* Dama, *Chamba, Daka,* Gude, *Laka,* Doayo, *Mofu* und *Voko.* Eine gewisse Mittlerrolle zwischen Wald und Savanne spielen die in einem breiten Streifen von Tibati bis zum Ubangizipfel wohnhaften *Baja* (12), während die Mbum in hohem Maße Fulbe-Einfluß ausgesetzt waren. Zur Mbum- und Baja-(Baya-)Gruppe zählen auch noch die Dek, Bangandu und Bofi. Die zwischen Mbam und Sanaga in Mittelkamerun seßhaften Wute (13) waren einst Träger des sakralen Königsgedankens. *Bamileké* ist der Sammelname für etwa 90 Chefferien in Mittelkamerun, wie etwa die *Baleng* und *Bafussam*; sie zählen wie die *Tikar, Mum* (Bamum), *Fia* und *Nen* zu den Kameruner Graslandvölkern (14), die durch ihr hochentwickeltes Kunsthandwerk zu besonderer Berühmtheit gelangten. Kano, Sokoto, Zaria (Saria) und Bautschi (Bauchi) sind die wichtigsten Hausazentren (15). Mit einzuschließen sind die früheren Bewohner der Staaten Daura (Daurawa), Gobir, Kano (Kanawa), Katsina (Katsenawa), Kebbi (Kebbanawa), Zamfara und Zaria (Zazzagawa). Als ihre heidnischen Verwandten im Südosten wären die *Maguzawa* zu nennen. Nördlich und südlich der Linie Sokoto-Kano-Maiduguri sind die Benue-Tschad- Völker anzusetzen (16). Zu ihnen zählen unter vielen anderen Ethnien, wie zum Beispiel die Auyokawa, Bede, Ngizim, Kerkeri, Bolewa, Tera, Beriberi, Jungur usw. die *Kanuri* im Südwesten des Tschadsees, die *Kanembu* am Westufer desselben, die *Manga* im NW der Kanuri, die *Mandara* nördlich und östlich des Mandaragebirges, die den Hona verwandten *Gabin* nördlich von Yola, die *Buduma*, nördlich von Kukawa und auf den Inseln des Tschadsees, die *Mumuje* nordöstlich von Lau und die *Angas* nördlich von Ibi am Benue. Von den Kwa-Völkern (17) wären die sprachlich mit den Nupe verwandten *Gwari* südlich und westlich von Kaduna und die *Koro* nördlich von Abinsi am Benue zu nennen. Zu den bantuiden Ethnien (18) im Raum zwischen Niger und Benue zählen außer Birom, Aten, Pjem, Jerawa, Katab, Kurama und vielen anderen Ethnien die *Jukun* (Kororofa) im Süden von Gombe, die Buji (Jerawa), die *Tiv* im Umkreis von Makurdi an beiden Ufern des Benue, die *Mama* südwestlich von Panjam und *Dekakari* nordwestlich der Kamuku. Die Idomagruppe in Südnigeria (19) ist durch die *Afo* östlich von Nasarwa und durch die Igara (Igala) im Westen der Idoma vertreten und die kulturgeschichtlich so wichtige Nupe-Gruppe (20) durch die *Nupe* selbst an beiden Ufern des Kaduna (Unterlauf und Mündung in den Niger) und durch die *Igbira* westlich und nördlich der Benuemündung in den Niger. Zu den Ostbantuiden der Benue-Tschad-Völker (21) zählen außer den *Djibu* (Jibu) im nordwestlichen Gashakadistrikt und im angrenzenden Teil von Nigeria und den Tigong (Tigon) im Osten des Kentugebietes und in Teilen des Gashakadistrikts die Galim, Ndoro, Zuande, Mambila, Kentu und Zumper. Die im N der Republik Elfenbeinküste, SW-Obervolta und S-Mali wohnhaften *Senufo*, berühmt durch ihr hochentwickeltes Kunsthandwerk, in Sammlerkreisen aber auch bekannt durch zahlreiche Fälschungen in letzter Zeit sowie die durch ihre mythologischen Überlieferungen und künstlerische Ahnenplastik bekanntgewordenen *Dogon* auf dem Plateau von Bandiagara und in der Gondoebene sind wohl die beiden repräsentativen Ethnien der Senufo-Dogon (Habe)-Lobi-Gruppe (22). Hinzu kommen noch die *Bobo* oder Bua (Bwa), die *Kulango* und *Lobi*, nördlich und südwestlich von Gaoua, Obervolta sowie die *Loron*-Lobi, ferner die Minianka, Wara, Nafana, Guin, Karaboro, Komono, Deforo, Dian, Dorosie und Tusjan. Die Gurunsi-Mossi-Gurma-Gruppe (23) hat als Angehörige unter anderen die Gurunsi oder *Grussi*, die *Kurumba* in NW-Obervolta und im östlichen Z-Mali mit den Zügen eines sakralen Königtums, die *Mossi* in den Becken der Volta-Flüsse, den Gebieten von Ouahigouya, Wagadugu und Koudougou (Obervolta). Hinzu kommen die Gurensi am unteren Roten Volta, nördlich von Gambaga mit den *Talensi* zwischen den Namnam und *Mamprusi* (Ghana), die *Mamprusi* nordöstlich des Weißen Volta (Ghana), die *Dagomba*, *Gurma* und *Moba* und noch weitere Ethnien, wie zum Beispiel die Birifor, Wala, Konkomba, Basari und andere mehr. Eine eigene Gruppe bilden auch die Djerma, *Kabre*, Somba und *Diula*, das bekannte, weit verstreute Händlervolk (24), die nebst vielen anderen Ethnien ihre Heimat im Süden des großen Nigerbogens haben. Die Westsudangruppe (25) ist durch die *Sonrhai* im Nigertal von Ansongo bis Mopti vertreten, durch die ihrer Kunst wegen berühmt gewordenen *Bambara* im Bagoé-, Baoulé- und Nigerbecken, zwischen Mopti und der Wassuluprovinz, im Süden der Sahel, den Gebieten von Sokolo und Nioro, ferner durch die Malinke

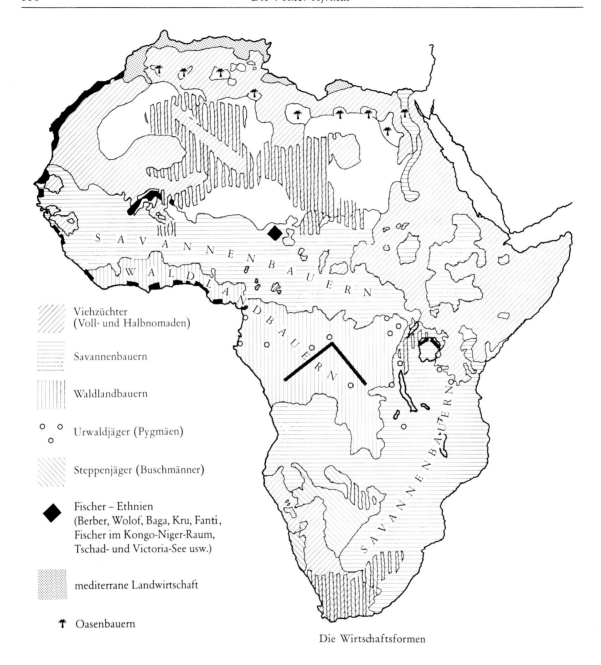

Die Wirtschaftsformen

(Manding des Westens, Mandingo, *Wangara*) in der Beledougou-Provinz, dem Bezirk von Satadougou und dem Gambiatal (Gambia und Senegal) und die *Soninke* in den Oasen Tichitt, Ouadan und Oualata, den Gebieten von Murdia und Gumbu, am Niger nördlich von Diafarabé nebst den Bozo an den Ufern des Niger, den Kasonke, Kagoro, Dialonke, Jalunka, Koranko, Konianke, Susu und anderen mehr. Die Senegambier (26) zählen unter anderen die *Baga* im Gebiet von Conakry und südlich von Boké zu den ihren, die Balante zu beiden Seiten von Portugiesisch Guinea und Senegal, ferner die *Bidjogo* auf den Bissagosinseln, die *Wolof* in ganz Senegal, die *Tukulor* in der

Fouta-Toro-Provinz in Senegal, dem Gebiet von Kayes in Mali und zu einigen Tausenden in Mauretanien und schließlich die Bulom *(Sherbro)*, Lima, Kissi und Timne, um nur die wichtigsten zu nennen. Und schließlich wäre als die letzte Gruppe der nordnigerianischen und westsudanischen Ethnienfülle die der Mande-Fu zu nennen (27). Ihr gehören unter anderen die Dan, die Gbandi, die *Guro* in den Bezirken von Daloa und Bouaflé (Elfflbeinküste) an, die Kono und Kpelle sowie die *Loko* im Norden Sierra Leones und die *Mende* im Süden. Auch die Toma und die Vay wären zu nennen.

Unsere Übersicht der afrikanischen Ethnien führt uns weiter zu den Nordostbantu (28), die für gewöhnlich zu den »hamitisierten Bantu« gerechnet werden. Auch der Terminus »Bantuhamiten« ist uns geläufig. Die nordöstlichen Bantu standen im besonderen unter dem Einfluß »osthamitischer« Hirtennomaden. Aus der großen Zahl ihrer Ethnien (Digo, Girjama, Nika, Pokomo, Teita, Taweta, Bantu-Kavirondo, Shambala u. a. m.) seien als charakteristische Vertreter dieser Gruppe die *Kikuyu* im Nairobidistrikt, Kiambu, Fort Hall und Nyeri, die *Kamba* in den Bezirken Machakos, Kitui und Thika, ferner die *Dschagga* an den Südhängen des Kilimandscharo und schließlich die *Pare* an den Südwesthängen der Pare Mountains genannt. Das abflußlose Gebiet hat als Rückzugsgebiet und als eine Art »althamitische Insel« das besondere Interesse der Ethnologen gefunden (29). Hier werden zu den »hamitisierten Bantu« die Irangi, Iramba, Issansu, Niaturu, *Mbugwe*, ein Ableger der Irangi, am Südende des Lake Manyara, die Gogo und Kaguru gezählt. Uganda und das Zwischenseengebiet (30) ist durch das Nebeneinander dreier Rassengruppen ausgezeichnet: der autochthonen pygmiformen Twa, der negriden Bodenbauern *(Hutu)* und der rinderzüchtenden, äthiopiden *Hima* oder *Tussi*. Dominant ist das negride Element. Die *Ganda* sind die Bewohner von Uganda, die Soga sind in Usoga zu Hause, die *Njoro* haben in Unyoro ihre Heimat. Weitere Ethnien sind Toro, Haja, Kerewe, Kara, Zinza, Nkole, Rwanda, *Rundi*, Konjo, *Ha* und zahlreiche andere, wobei der Stammesname vielfach nach dem Landesteil lautet, in dem das in Rede stehende Ethnos seinen Wohnsitz hat. *Nyamwezi* (31) wurden alle jene Leute in der Küstensprache genannt, die aus dem Westen, d. h. aus den zentralen Hochländern Ostafrikas, an die Küste kamen. Zu ihnen gehören die Sumbwa, *Sukuma* im Südwesten des Victoriasees, die Konongo, Kimbu und Bende. Hinzu kommen als Nachbarvölker die Shashi und Sonjo. Letztere bilden eine Enklave unter den Masai. Ferner wären noch zu nennen die Safwa und die *Fipa* zwischen Rukwa- und Tanganjikasee, die Pimbwe, Bena, Sangu, Mbunga, Ndamba und Pogoro. Unter den ostafrikanischen Küstenbewohnern (32) sind die *Suaheli* an erster Stelle zu nennen *(Zeng, Zingi)*, die weitgehend arabisiert erscheinen und auch von den Persern *(Schirasi)* manche Anregungen empfangen haben. Als eine »Insel mutterrechtlicher Tendenzen« werden oft die Rovumavölker (33) bezeichnet, die in den Makua, Lomwe, Makonde *(Konde)*, westlich von Lindi auf dem Makondeplateau und in den Yao und in den Mwera ihre Vertreter haben. Auch den Mitgliedern der Njandjagruppe (Njandja, Senga, Sena, Chewa, Chikunda, Chuabo, Njasa, Tumbuka und Zimba) im Süden und Südwesten der des Njassasees sind mutterrechtliche Tendenzen eigen (34). Diese mutterrechtlichen Tendenzen, zum Teil auch mit den Zügen eines sakralen Königtums ausgestattet, finden wir auch bei der Bemba-, Lamba, Lala-, Bisa-Gruppe (35) westlich und südlich des Tanganjikasees bis an den Sambesi reichend, wobei neben den *Bemba* im nordöstlichen Zambia zwischen dem Tanganjika-, Bangweolo- und Merusee und den *Lamba* im Süden des Luapulabogens noch die Lala, Bia, Senga, Unga, Holoholo und zahlreiche andere Ethnien erwähnenswert sind. Die Auseinandersetzungen eines »vaterrechtlichen Hirtentums« mit einem »mutterrechtlichen Pflanzertum« wurden von dem Kulturhistoriker *Hermann Baumann* als besonders typisch für die Ila, Toka-

Tonga (PlateauTonga) und Lenje angesehen (36). Neben den Lenje, Koba, Lukolwe und Maschascha sind die am mittleren Kafue wohnhaften *Ila* und die südlich der Ila zwischen Kafue und Sambesi ansässigen *Tonga* ohne Zweifel als die wichtigsten Ethnien dieser Gruppe anzusehen. Züge eines sakralen Königtums zeigen auch die Rotse-Lui (37) am oberen Sambesi. Ihnen anzugliedern sind die Maschi, Mbukuschu, Nkoja, ferner die *Subia* zwischen unterem Cuando und Sambesi und schließlich die Totela. Züge einzelner an die feudale Zeit der Lundareiche erinnernde Sittenreste finden wir im besonderen bei den Mbundu (*Ovimbundu*) einschließlich *Bieeng* und *Kalukembe*, im Rahmen der Mbundu-Mbwella-Gruppe (38). Dieser gehören außer den Mbundu auch die Mbwella (*Ambwela*) in Südangola zwischen Cuando und Cubango an, ferner die Ngangela, Ngonjelu, Mbande, Luimbi, Lukase, Ndombe, Ngumbi und Mbunda. Ein außerordentlich dynamisches Ethnos sind die *Tschokwe* (39) in Angola. Sie haben sich tief bis in das Gebiet der Mbundu, Ngangela und Mbuella hineingezwängt und sind in kleinen Enklaven bis zu den Ambo in Südwestafrika vorgestoßen. Ihnen sind die *Minungo* anzuschließen wie auch die *Luena* im Gebiet zwischen dem Luena und dem oberen Sambesi. Nördlich und südlich des Cuanza und Curo und gegen Osten zu bis an den oberen Kwango treffen wir die Ambundugruppe (40) an, die von den *Kimbundu* nördlich des Cuanza (Angola), durch die *Imbangala* (*Mbangala*) am oberen Kwango, durch die Libolo, Sele und Kisama, ferner durch die *Holo* nördlich der Imbangala und schließlich durch die Songe vertreten wird. *Shinje* (Schinsche) und *Bondo* sind den Kimbundu zuzurechnen. Charakteristische Elemente einer »sakralen Königskultur« sind bei den *Ambo* (41) nördlich der Etoschapfanne im südlichen Überschwemmungsgebiet des Kunene und des Okawango anzutreffen (*Kuanyama-Ambo*). Auch gehören zu den Ambo die Njanjeka und Kawangare. Zu Venda-, Lemba-, Shona-Gruppe zwischen Sambesi und Limpopo (42) zählen die Venda, die für die Geschichte des Simbabwe-Reiches so wichtigen *Karanga* (Makalanga) im Süden und Südwesten des *Maschona*landes, die *Rosswi* im Westen des *Maschona*landes, ferner die Sesuru, *Hera* (Schona), Korekore, Tschikunda, Tawara, Njika, Ndau und Tewe. Den Beschluß unserer Aufzählung der Savannen- oder Steppenbauern bildet die Nguni-, Tonga-, Sotho-Tschwana-Gruppe (43), kurz auch »Südostbantu« genannt. Zu ihr zählen die Nguni-Gruppe mit den Xosa, Tembu, Pondo, Figu, den *Zulu* (*Kaffern*) in Natal, den Swasi, Transvaal- Ndebele, Rhodesia-Ndebele und den Ngoni. Die Tonga-Ronga sind in den Tonga, Lenge, Ronga und Hlengwe vertreten, die Sotho-Tschwana (*Cwana, Betschuanen*) durch Tlhaping, Tlharo, Rolong, Kalahari, Hurutse, Fokeng, Ngwaketse, Kxatla, Kwena, Mangwato, Tauana, Sotho, Pedi, *Lobedu* im Süden des mittleren Limpopo und Tlokwa.

## V. Waldlandbauern

Die Zersplitterung und Isolierung im Regenwald ist groß und daher auch das Angebot zahlreicher Ethnien und auch an solchen, von denen kaum mehr als der Name bekannt ist. Trotz aller Tendenz zur Isolierung haben wir es auch in der Hyläa mit kulturgeschichtlich bedeutsamen Entwicklungen zu tun. An erster Stelle wäre hier das alte Königreich Kongo zu nennen, denn lange bevor Diogo Cão im Jahre 1482 das erste Mal an der Kongomündung die Hoheitsgebiete des alten Reiches betrat, war dieses bereits der Hort einer Hochkultur, die uns in vielem an jene des Monomotapareiches in Südrhodesien erinnert und die das Staunen der Portugiesen erregte. Zum Einflußbereich dieser

Kultur gehören die *Kongo* (Bakongo) am unteren Kongo bis zur Küste, die Muschikongo mit ihren zahlreichen Subethnien, die Maungo, Bamba, Mbata, Zombo, Muserongo, Kunji, Sundi, die *Bembe* am mittleren Niari, die *Bwende* am Kongo westlich von Stanley-Pool und die Kamba. Auch wären hier noch die historischen *Jaga*gruppen anzuführen, die aus der Geschichte des Kongoraumes nicht wegzudenken sind. (44) Eng an den Kongo schließt die Loango-(Fiote, Vili-) Provinz sich an, sowohl in ethnographischer als auch in historischer Hinsicht. Fiote, Kabinda und Jombe sind ihre wichtigsten Ethnien. (45) Die kulturgeschichtlich so bedeutsame Luba-Lunda-Provinz, (46) unter anderem auch ein wichtiges Zentrum höfischer und religiöser Kunst, umfaßt die Ethnien Tetela, Hamba, und Kusu, ferner die *Songe* am oberen Lomami zwischen den Flüssen Sankuru und Lualaba, die *Pende* westlich vom Kasai, etwa 6° südlicher Breite und die *Bena-Lulua* im Gebiet von Luluabourg, Kasai. Es folgen die Kete, vor allem aber die *Luba* im Süden der Mündung des Luvua in den Lualaba und am oberen Lomami, zwischen dem 6. und dem 10. Grad südl. Breite und die *Lunda* im Süden des Kongobeckens, im Nordosten Angolas und im äußersten Zambia und schließlich die Jeke. Die Kuba-Kasai-Gruppe(47) mit den *Kuba* (*Bushong*) zwischen Kasai, Lulua und Sankuru, 4. bis 6. Grad südl. Breite, den Schilele, Wongo, Bunda, Dinga, Sakata, Baie, Boma, Dia und Lesa, zeigt gleichfalls die Züge einer »Königskultur« die nach dem Norden weist. Die *Jaka* östlich vom Kwango, 6° südlicher Breite, ferner die *Mbala* im Nordosten der Jaka und die *Mpindi* (einschließlich *Suku*) südlich der Mbala zwischen dem Wamba und dem Kwilu können wohl, abgesehen von den Huana, Kwese und Lua, als die wichtigsten Ethnien der Kwango-Kwilu-Gruppe (48) angesehen werden. Es folgt die Ogowe-Gruppe (49) mit einer Überfülle an Ethnien, die für den Regenwald (Hyläa) so typisch ist. Aus dieser Fülle seien bloß die *Hungwe* (Kota) sowie die *Kota* selber östlich des Zusammenflusses des Livindo mit dem Ogowe, 14° östlicher Länge, die *Sangu* im Süden des Ogowe, die *Mbete,* westliche Nachbarn der Teke, und die *Teke* im Quellgebiet des Ogowe, zwischen dem 13. und dem 16. Grad östlicher Länge und dem 2. und 4. Grad südl. Breite genannt. Durch eine nicht geringe Vielzahl an Ethnien ist auch die Bangi-Jansi- und Mongo-Kundu-Gruppe (50) ausgezeichnet. Die Jansi wohnen im Mündungsgebiet zwischen Kasai und Kwilu und am mittleren Kwilu, die Bangi im Gebiet der Ubangi-Sangha-Mündung; es sind die Furu, Loi, Ngiri und Mongo zu nennen. Die *Kundu* wohnen östlich vom Leopold II. See, zwischen 0°–3° südlicher Breite und 19°–20° östlicher Länge. Ekonda, Titu, Bolia, Ipanga und Tumba sind weitere Stammesnamen. Die *Sengele* (Sengere), nördlich der Mündung des Kasai in den Kongo, im Westen des Leopold II. Sees und die *Mbole* zu beiden Seiten des Lomami, im Süden seiner Mündung in den Lualaba (Kongo) seien noch genannt, ohne damit auch im entferntesten an die Vielzahl der Ethnien heranzukommen. Die an den Flüssen wohnenden Stämme der Ubangi-Gruppe (51), wie zum Beispiel die Ngala, Poto und Soko, sind zumeist Bootsfahrer und Fischer, sonst spielen in der Ernährung der Regenwald-Ethnien Maniok und Banane die führende Rolle. Zu dieser Gruppe zählen die Bwaka, die *Bondjo* am linken Ufer des Ubangi nördlich des 2. Breitengrades, die Ndjembo, Ngbandi, und *Ngala* zwischen 19. und 21. Grad östlicher Länge, ferner die Lobala, Poto und Soko. Die Ituri-Waldneger, Wirtsvölker von Pygmäen, und die Gruppe der Momwu-Lese, Bali, Bira und ihrer Nachbarn (52) sind wiederum durch eine große Ethnien-Fülle ausgezeichnet, aus der unter anderen die *Mangbetu* im Gebiet zwischen Uelle im Norden und Bomokandi im Süden hervorragen sowie die *Ndaka* am Ituri. Dieser Provinz ist insbesondere die Banane als tägliche Nahrung des Menschen eigen. Außer Mangbetu und Ndaka wären auch noch die Medje, Lele, Popoi, Rumbi, Momwu, Lese, Bira und Bali anzuführen, um einige wenige von ihnen zu nennen. Über die Rega-

Simba-Gruppe (53) zwischen Lualaba und Kiwu-See hinweg führt uns der Weg der Übersicht wieder nach dem Westen und zwar nach Südkamerun zu den Pangwe (54). Es sind dies die Mangissa, Eton, Mwelle, Jaunde, Bene, Pfong, Bulu, Mwei, Ntum und die Fang, die als *Pangwe* das ganze Gebiet südlich der Ntum am Campo bis an den Ogowe im Süden als typische Waldlandbauern bewohnen. Ihre zahlreichen und über längere Zeiträume hin sich erstreckenden Wanderungen haben eine weitgehende Zersplitterung der im Regenwald ansässigen Ethnien verursacht, die in den beiden nächsten Provinzen, in den Ethnien des östlichen Kameruner Waldgebietes (55) und in den Ethnien des westlichen Kameruner Waldgebietes (56) so recht zum Ausdruck gelangt. Aus der Vielzahl dieser Ethnien seien hier bloß die *Ekoi* am Oberlauf des Cross-River, die *Duala* im Norden der Sanaga-Mündung und die *Bubi* auf Fernando-Póo hervorgehoben. Die Ibo-Idio und Ibibiogruppe im Nigerdelta (57) bildet gleichsam die Brücke zwischen den Cross-River-Leuten im Osten und den Edo und Itsekiri im Westen. Zu dieser Gruppe gehören die *Ibibio* in der Calabar-Küstenzone, die Jako, Mbembe, Orri und vor allem aber die *Ibo,* deren weitaus größter Teil im Osten des Niger ansässig ist und die *Idio* im Nigerdelta. Die Joruba, Edo und Ibo stellen sowohl zahlenmäßig als auch kulturell die bedeutendsten Ethnien in Südnigeria dar. Zu dieser kulturgeschichtlich so wichtigen Joruba-, Edo- (Benin-) Gruppe (58) zählen die *Joruba* (Yoruba), von Nordnigeria bis zur Küste, einschließlich die Bewohner der Städte Ibadan, Igbolo, Igbona, Ilorin und Oyo, die Ijebu und Ife, die *Ekiti* im Südosten von Ife, die *Egba* im Westen der Ijebu, die Bunu um Kabba, die Atakpame, die *Edo* (Bini), Benin, die Isoko, nördlich des Nigerdeltas, die Jekri oder Itsekiri um Warri und schließlich die Kukuruku nördlich von Warri. In den nördlichen Teilen des Ewe-Wohngebietes herrscht bereits die Savanne vor. Der Yams ist hier die traditionelle Nahrung. Zu der Ewe-Gruppe (59) zählen die *Ga* westlich des Volta, ferner die Adangme und Ewe im Osten des unteren Volta, die *Fon* als die östlichen Nachbarn der Ewe und schließlich die Adja, Mabi, Gun, Adele, die Togo-Restvölker und viele andere Ethnien. Wieder einen Hort alter Hochkultur stellt die Akan-Guang-Gruppe (60) dar, berühmt durch seinen Goldreichtum und seine Goldgewichte, die unterdessen ein beliebtes Sammelobjekt geworden sind. Die *Aschanti* (Asante) im Zentrum des südlichen Ghana um Kumasi sind wohl das bekannteste Ethnos, ihm folgen die Akim, Fanti, Sema und *Anyi* im Innern der östlichen Elfenbeinküste, schließlich die Brong und die Gonja. Die *Akwapim* werden den Akan zugerechnet. Die Baule (61) zwischen den Flüssen Bandama und Nzi, ein Sproß der Agni-(Anyi-)Völkergruppe, gehen auf die Mischung der im Verlauf von Thronstreitigkeiten um das Jahr 1370 unter Führung einer Frau (!) einwandernden Aschantiflüchtlinge mit der autochthonen Bevölkerung (Guro und Senufo) zurück. Wie bei den Akan herrscht auch bei ihnen das Mutterrecht. Als kunstsinniges Volk gliedern sich die *Baule* zusammen mit den Lagunenvölkern an der Elfenbeinküste in zahlreiche Ethnien, so in die Abe, Ari im Innern des Landes, in Abure, Assini, Adjukru, Alladjan, Avikam, Attje und *Ebrie* am Nordufer der Lagune Ebrié und schließlich die Mekjibo. Von den Ethnien der westlichen Elfenbeinküste (62) wären die Bakwe, Wobe, Bete und die *Kuka* im Westen des Bandama-Flusses zu nennen. Den Abschluß unserer Aufzählung der Schwarzafrikaner bilden die Waldethnien Liberias. (63) Auch als »Kru-Stämme Liberias« genannt setzen sie sich aus Bassa, De, Sikon, Grebo und den maskenfreudigen *Kran* in NO-Liberia und im Westen der Republik Elfenbeinküste zusammen, sowie den Sapo und den *Kru,* von Monrovia in Liberia bis zum unteren Bandama reichend.

# LITERATURVERZEICHNIS

## *I. Weiß- und Schwarzafrika*

*Almeida, Antonio de:* Bushmen and other Non-Bantu-Peoples of Angola. Johannesburg 1965.

*Baker, P. T. and J. S. Weiner* (eds.): The biology of human adaptability. Oxford 1966.

*Baumann, Hermann:* Völkerkunde Afrikas. Essen 1940.

*Briggs, L. C.:* The living races of the Sahara desert. Cambridge, Mass. 1958.

*Broom, R. and G. W. H. Schepers:* The South African fossil ape-men, the Australopithecinae. Transvaal Museum Mémoire no. 2. Pretoria 1946.

*Mc Burney, C. B. M.:* The stone Age of Northern Africa. Penguin Books. London 1960.

*Clark, Desmond J.:* The Prehistory of Africa. Southampton 1970.

ders.: The Prehistory of Southern Africa. Penguin Books. London 1959.

*Dart, Raymond A.:* The osteodontokratic culture of Australopithecus Africanus. 1957.

*Dupré, W.:* Die Babinga-Pygmäen. Annali del Pontificio Museo Missionario Etnologico. Vol. XXVI, Città del Vaticano 1962.

*Eickstedt, E.* Freiherr von: Die Träger der afrikanischen Kulturen. In: *H. A. Bernatzik* (Hg.): Afrika. Handbuch der angewandten Völkerkunde. Bd. I. Innsbruck 1947.

*Fischer, Eugen:* Die Rehobother Bastards. Jena 1913.

*Gusinde, Martin:* Die Kongo-Pygmäen in Geschichte und Gegenwart. Halle 1942.

ders.: Die Twiden. Pygmäen und Pygmoide im tropischen Afrika. Wien 1956.

ders.: Das Rassenbild der Buschmänner. In: Actes du IV. Congres International du Sciences Anthropologiques et Ethnologiques. Tome I. Vienne 1952.

*Heberer, G.:* (Hg.): Die Organisation der Organismen. 3 Bde., 3. Aufl. 1967–1971.

ders.: Die Abstammung des Menschen. 1961.

ders.: (Hg.): Menschliche Abstammungslehre. 1965

*Heberer, G., I. Schwidetzky* und *H. Walter:* Anthropologie. Das Fischer Lexikon. Fischer Bücherei 1970.

*Kohl-Larsen, Ludwig:* Wildbeuter in Ostafrika. Die Tindiga, ein Jäger- und Sammlervolk. Berlin 1958.

*Kurth, G.:* Anthropologie. Fischer Lexikon. Frankfurt 1959. Neubearbeitung: 1970.

*Leakey, L. S. B.:* Olduvai Gorge. Cambridge 1964.

*Lee, Richard B.* and *Irven Devore* (eds.): Man the hunter. Chicago 1968.

*Narr, Karl J.* (Hg.): Handbuch der Urgeschichte. Bd. I. Bern 1966.

*Reche, Otto:* Herkunft und Entstehung der Negerrassen. In: Beiträge zur Kolonialforschung. Bd. I. Berlin 1943.

*Schebesta, Paul:* Die Bambuti-Pygmäen vom Ituri. Geschichte, Geographie, Umwelt, Demographie und Anthropologie der Ituri-Bambuti (Belgisch-Kongo), Brüssel 1938.

*Schultze, L.:* Zur Kenntnis des Körpers der Hottentotten und Buschmänner. Jena 1928.

*Schwidetzky, Ilse*: Die neue Rassenkunde. Stuttgart 1962.

*Silberbauer, G. B.:* Bushmen Survey. Gaberones 1965.

*Singer, R.:* The Boskop »Race« Problem. MAN 1958.

*Tobias, P. V.:* Australopithecus, Homo Habilis, Tool-using and Tool-making. The South African Archaeological Bulletin, vol. XX, No 80, 1965.

*Turnbull, C. M.:* The forest people. New York 1962.

*Weiner, J. S.:* Entstehungsgeschichte des Menschen. In: Enzyklopädie der Natur. Bd. 19. Lausanne 1971.

## II. Felsbildergalerien

*Almásy, L. E.:* Récentes Explorations dans le Désert Libyque (1932–1936). Le Caire 1936.
ders.: Unbekannte Sahara. Leipzig 1942.
*Barth, Heinrich*: Reisen und Entdeckungen in Nord- und Zentralafrika in den Jahren 1848–1855. Gotha 1857/58.
*Baumann, Hermann*: Die Sonne im Mythus und Religion der Afrikaner. In: Afrikanistische Studien. Deutsche Akad. d. Wiss., Institut für Orientforschung, Veröffentlichung Nr. 26. Berlin 1955.
*Bleek, W. H. J.:* Rock Paintings in South Africa. London 1930.
*Breuil, H.:* The White Lady of the Brandberg. London 1955.
*Clark, J. Desmond*: The Prehistory of Africa. Southampton 1970.
*Dart, Raymond A.:* The Garamantes of Central Sahara. African Studies, 11, 1952.
*Engelmayer, Reinhold*: Die Felsgravierungen im Distrikt Sayala-Nubien. Teil I: Die Schiffsdarstellungen. Wien 1965.
*Frobenius, Leo und Hugo Obermaier*: Hadschra Maktuba. Die Felsbilder Kleinafrikas. München 1925.
Nachdruck der Ausgabe München 1925 mit einem Nachtrag von W. F. E. Resch, Graz 1956.
*Frobenius, Leo*: Madsimu Dsangara. Südafrikanische Felsbilderchronik. Berlin–Zürich 1931.
Nachdruck der Ausgabe Berlin–Zürich 1931 mit illustriertem Nachtrag und »Summary« in Englisch von H. Pager, Johannesburg. Graz 1962.
ders.: Ekade Ektab. Die Felsbilder Fezzans. Leipzig 1937.
Nachdruck der Ausgabe Leipzig 1937, mit einem Nachtrag von H. Rhotert. Stuttgart. Graz 1964.
*Fuchs, Peter*: Die Felsmalereien und Felsgravierungen in Tibesti, Borku und Ennedi. In: Archiv für Völkerkunde, Bd. XII, Wien 1957.
*Goodall, E. H., J. D. Clark, C. K. Cook and R. F. H. Summers*: The Prehistoric Rock Art of the Federation. Salisbury 1959.
*Graziosi, Paolo*: Arte rupestre della Libia. 2 Bde. Napoli 1942.
*Hirschberg, Walter*: Völkerkundliche Ergebnisse der südafrikanischen Reisen Rudolf Pöchs in den Jahren 1907 bis 1909. Wien 1936.
*Kohl-Larsen, L.:* Felsmalereien in Innerafrika. Stuttgart 1938.
*Lhote, Henri*: Die Felsbilder der Sahara. Entdeckung einer 8000jährigen Kultur. 3. Aufl. Würzburg–Wien 1958.
ders.: Die Felsbilderkunst Kleinafrikas und der Sahara. In: Kunst der Welt. Die Steinzeit. Baden-Baden 1960.

*Moszeik, O.:* Die Malereien der Buschmänner. Berlin 1910.
*Mukarowsky, Hans G.:* Das »Sonnenrind« der Ful'be. Linguistische Hinweise zur vorislamischen Geisterwelt der fulsprechenden Völkerschaften im westlichen Sudan. In: Wiener Zeitschrift für die Kunde des Morgenlandes, Bd. 54 (Festschrift Hermann Junker). Wien 1957.
*Narr, Karl J.* (Hg.): Handbuch der Urgeschichte, Bd. I. Bern 1966.
*Obermaier, Hugo*: Der Mensch der Vorzeit. Berlin 1912.
ders.: Das Alter der vorgeschichtlichen Felskunst Nordafrikas. In: Forschungen und Fortschritte. 8. Jg. Berlin 1932.
*Obermaier-Kühn*: Buschmannkunst. Berlin 1930.
*Pager, Harald:* Ndedema. A Documentation of the Rock Printings of the Ndedema Gorge. Graz 1971.
*Resch, Walther F. E.:* Die urgeschichtlichen Rinderdarstellungen in Nordafrika. Diss. Graz 1963.
ders.: Die Felsbilder Nubiens. Graz 1967.
*Rhotert, Hans*: Libysche Felsbilder. Ergebnisse der XI. und XII. deutschen innerafrikanischen Forschungs-Expedition (DIAFE) 1933/1934/1935. Darmstadt 1952.
*Scharff, Alexander*: Die frühen Felsbilderfunde in den ägyptischen Wüsten und ihr Verhältnis zu den vorgeschichtlichen Kulturen des Niltales. In: Paideuma, Bd. II, Heft 4/5. Frankfurt am Main 1942.
*Summers, R.* (ed.): Prehistoric rock art of the Federation of Rhodesia and Nyasaland. Salisbury 1959.
*Tongue, H.:* Bushman-Paintings. Oxford 1909.
*Tschudi, Jolantha*: Nordafrikanische Felsmalereien (Tassili und Ajjer), Origines. Instituto Italiano di Preistoria e Protostoria. Firenze 1955.
*Vaufrey, R.:* L'art rupestre nord-africain. Arch. de l'Institut de Paléontologie humaine. Mém. 20. Paris 1939.
*Werth, Emil*: Die afrikanischen Schafrassen und die Herkunft der Ammon Kultur. In: Zeitschrift für Ethnologie, Bd. 73. Berlin 1941.
*Willcox, A. R.:* Rock Paintings of the Drakensberg. London 1956.
*Wilman, M.:* The rock engravings of Griqualand West and Betschuanaland. 2. Aufl. Cape Town 1968.
*Winkler, Hans Alexander*: Völker und Völkerbewegungen im vorgeschichtlichen Oberägypten im Lichte neuerer Felsbilderfunde. Stuttgart 1937.
*Zelizko, J. V.:* Felsgravierungen der südafrikanischen Buschmänner. Leipzig 1925.
*Zyhlarz, Ernst*: Probleme afrikanischer Hirtenkultur (Erläuterungen zur sogenannten »Hamitenfrage«). In: Acta Praehistorica. Centro Argentino de Estudios Prehistóricos. Bd. I. Buenos Aires 1957.

### III. Nutzpflanzen und Haustiere

*Adametz, L.*: Herkunft und Wanderungen der Hamiten, erschlossen aus ihren Haustierrassen. In: Osten und Orient (Hg. von Geyer R. und Uebersberger), 1. Reihe, Bd. 2, Wien 1920.

*Arkell, A. J.:* The Historical Backround of Sudan Agriculture. In: J. D. Fothil (ed.). London 1948.

*Baumann, Hermann*: The division of work according to sex in African hoe-culture. Memor. 5. Internat. Inst. of African Languages and Cultures. London 1928.

ders.: Zur Morphologie der afrikanischen Ackergeräte. In: Koloniale Völkerkunde (Wiener Beiträge zur Kulturgeschichte und Linguistik), Jg. 6, 1944.

*Beck, W. G.*: Beiträge zur Kulturgeschichte der afrikanischen Feldarbeit. Stuttgart 1943.

*Bischop, J. H. R.*: Parent Stock and Derived Types of African Cattle. In: South African Journal of Science, Vol. XXXIII. Cape Town 1936.

*Boettger, C. R.*: Die Haustiere Afrikas. Ihre Herkunft, Bedeutung und Aussichten bei der weiteren wirtschaftlichen Erschließung des Kontinents. Jena 1958.

*Bohannan, P. and G. Dalton* (eds.): Markets in Africa. Evanston 1962.

*Burkill, J. H.*: Habits of Man and the Origins of the Cultivated Plants of the Old World. In: Proceedings of the Linnean Society of London. 164. 1953.

*Candolle, A. de*: Origin of Cultivated Plants. 2. Aufl. London 1904.

*Dale, I. R.*: The Indian origins of some African Cultivated Plants and African Cattle. Uganda Journal, Vol. 19, 1955.

*Dalziel, J. M.*: The Useful Plants of West Tropical Africa. London 1937.

*Dittmer, Kunz*: Die Wirtschaft der Naturvölker. In: Lehrbuch der Völkerkunde. Hg. von L. Adam und H. Trimborn. Stuttgart 1958. 4. Auflage Stuttgart 1971.

*Dyson, R. H.*: Archeology and the Domestication of Animals in the Old World. In: American Anthropologist, n. s. Vol. LV, New York, Lancaster and Menasha 1953.

*Fisher, Humphrey J.*: »He swalloweth the ground with fierceness and rage«: the horse in the Central Sudan. In: Journal of African History, XIII, 1972.

*Frank, Barbara*: Die Rolle des Hundes in afrikanischen Kulturen. Wiesbaden 1965.

*Fröhlich, W.*: Das afrikanische Marktwesen. In: Zeitschrift für Ethnologie, Bd. LVII, 1940.

*Hartmann, F.*: L'agriculture dans l'ancienne Egypte. Paris 1923.

*Herskovits, M. J.*: The cattle complex in East Africa. Menasha, Wisconsin 1926.

*Hirschberg, Walter*: Aufgaben und Ziele einer ethnologischen Marktforschung. In: Festschrift Leopold G. Scheidl zum 60. Geburtstag. Wien 1965.

*Hupperts, J.*: Viehhaltung und Stallwirtschaft bei den einheimischen Agrarkulturen in Afrika und Asien. In: Erdkunde 1951.

*Irvine, F. R.*: The Indigenous Food Plants of the West African Peoples. In: Journal of the New York Botanical Garden. 49, 1948.

ders.: A Textbook of West African Agriculture. 2. Auflage London 1953.

*Jeffreys, M. D. W.*: Maize and the Mande Myth. Current Anthropology. Vol. XII, 1971.

*Jones, W.*: Maniok in Africa. Stanford 1959.

*Kahl, Wilhelm*: Eingeborenenfischerei im westafrikanischen Küstenmeer und Lagunengebiet und ihre Ertragsfähigkeit. In: Beiträge zur Kolonialforschung, Bd. I. Berlin 1942.

*Kecskesi, Maria*: Der Jamsbau in Westafrika. Diss. Wien 1969.

*Keimer, L.*: Die Gartenpflanzen im alten Ägypten. Hamburg 1924.

*Koloß, Hans-Joachim*: Die Haustierhaltung in Westafrika. Eine völkerkundliche Untersuchung. Diss. Göttingen 1968.

*Kroll, H.*: Die Haustiere der Bantu. In: Zeitschrift für Ethnologie. Bd. 60, 1928.

*Limmonds, N. W. and K. Shepherd*: The Taxonomy and Origins of the Cultivated Bananas. In: Journal of the Linnean Society. Botany. Vol. LV. 1955.

*Lindblom, K. G.*: The use of oxen as pack and riding animals in Africa. In: Riksmusets Etnografiska Avdelning. No 10. Stockholm 1931.

*Mauny, R.:* Notes historiques autour des principales plantes cultivées d'Afrique occidentale. In: Bulletin de l'Institut Français d'Afrique Noire. Paris and Dakar 1953.

*Messerschmidt, H.*: Einheimische Rinderrassen in Afrika. In: Handbuch der Tierzüchtung (hg. von J. Hammond Johansson, I., Harring, F.). 3 Bde., 1. Halbband. Hamburg und Berlin 1961.

*Murdock, George Peter*: Africa. Its Peoples and Their Culture History. New York, Toronto, London 1959.

*Paton, D.*: Animals of Ancient Egypt. Princeton 1926.

*Phillips, R. W.*: Cattle. Scientific American 198, 1958.

*Reinhardt, L.*: Kulturgeschichte der Nutzpflanzen. 2 Bde. München 1911.

*Sadao Sakamoto and Katsuyoshi Fukui*: Collection and Preliminary Observation of Cultivated Cereals and Legumes in Ethiopia. Kyoto University. African Studies, Vol. VII.

*Sauer, C. O.:* Agricultural Origins and Dispersals. New York 1952.

*Schebesta, P. Paul*: Vollblutneger und Halbzwerge. Salzburg 1934.
*Schiemann, E.*: Entstehung der Kulturpflanzen. In: Handbuch der Vererbungswissenschaft. Bd. III. Berlin 1932.
*Simoons, F.*: The non-milking Area of Africa. Anthropos Vol. 49, 1954.
*Smeds, H.*: The Ensete planting culture of Eastern Sidamo, Ethiopia. In: Acta Geographica, 13. Helsinki 1955.
*Snowden, J. D.*: The Cultivated Races of Sorghum. London 1936.
*Staffe, A.*: Über den Ahnenkult und die Haustierhaltung bei den Bakosi nebst Bemerkungen über die Ursachen des Haustiererwerbes. In: Zeitschrift für Ethnologie Jg. 68, 1936.
ders.: Über Rasse und Herkunft der Haustiere der Urwaldbantu in Westkamerun. In: Forschungen und Fortschritte, Vol. 13, 1937.
ders.: Die Akklimatisation von Haustieren in den afrikanischen Tropen. Berlin 1944.
*Straube, Helmut*: Die traditionelle Landwirtschaft Afrikas in historischer Sicht. Internationales Afrika-Forum. 7. Jg., Heft 8, München 1971.
*Stuhlmann, Franz*: Beiträge zur Kulturgeschichte von Ostafrika. Berlin 1909.
*Sundström, Lars*: Ecology and Symbiosis: Niger Water Folk. Studia Ethnographica Upsaliensia, Vol. XXXV, Uppsala 1972.
*Tothill, J. D.* (ed.): Agriculture in the Sudan. London 1948.
*Wainwright, C. A.*: The Coming of the Banana to Uganda. The Uganda Journal, Vol. XVI, 1952.

## IV. Altägypten – Napata – Meroë

*Amborn, Hermann*: Die Problematik der Eisenverhüttung im Reich Meroë. In: Paideuma, Bd. XVI, 1970.
*Arkell, A. J.*: A History of the Sudan (2. Auflage). London 1961.
ders.: The Iron Age in the Sudan. In: Current Anthropology Vol. 7, 1966.
*Audrey, Richards I.* (ed.): East African Chiefs. A Study of political development in Some Uganda and Tanganyika Tribes. London 1960.
*Baumann, Hermann*: Die ethnologische Beurteilung einer vorgeschichtlichen Keramik in Mittelafrika. Festschrift für Ad. Jensen. Teil I. München 1964.
*Baumgartel, Elise J.*: The Cultures of Prehistoric Egypt. London 1955.
*Beattie, John*: Bunyoro. An african Kingdom. New York 1964.
*Bieber, Friedrich Julius*: Kaffa. Ein altkuschitisches Volkstum in Inner-Afrika. Anthropos. Ethnologische Bibliothek. Bd. I, Münster 1920, Bd. II Wien 1923.
*Breasted, J. H.*: Geschichte Ägyptens. Zürich 1954.
*Bruce, James*: Voyage en Nubie, et en Abyssinie. Traduit de l'Anglois par M. Castera. Paris 1791, Tome VIII.
*Dittmer, Kunz*: Zur Herkunft und Bedeutung der altyorubischen Kronen und des äthiopischen Kalatscha. In: Festschrift für Ad. Jensen. Bd. I. München 1964.
ders.: Zur Geschichte Afrikas. 4. Die ältere Geschichte Westafrikas und des Sudans. In: Saeculum, Bd. XVIII. 1967.
*Drost, Dietrich*: Mumifizierung in Afrika. Jahrbuch des Museums für Völkerkunde zu Leipzig. Bd. XX. Berlin 1964.
*Duchâteau, Armand*: Die Bedeutung der Königsfrauen im Zwischenseengebiet. Diss. Wien 1963.
*Farid, Sh.*: Excavations at Ballana 1958–1959. Cairo 1963.
*Frobenius, Hermann*: Die Heiden-Neger des ägyptischen Sudan. Berlin 1893.
*Frobenius, Leo*: Und Afrika sprach ... Bd. II und III. Berlin 1912/13.
ders.: Märchen aus Kordofan. Atlantis Bd. IV. Jena 1923.
ders.: Erlebte Erdteile. Bd. VI. Frankfurt/Main 1929.
ders.: Erythräa. Länder und Zeiten des heiligen Königsmordes. Berlin 1931.
*Gerster, Georg*: Nubien – Goldland am Nil. Zürich und Stuttgart 1964.
*Grühl, Max*: Zum Kaisergott Kaffa. Berlin 1938.
*Haberland, Eike*: Untersuchungen zum äthiopischen Königtum. In: Studien zur Kulturkunde. Bd. XVIII. Wiesbaden 1965.
*Hintze, Fritz* und *Ursula Hintze*: Alte Kulturen im Sudan. Leipzig 1966.
*Hirschberg, Walter*: Die Künstlerstraße. Wien 1962.
ders.: Gedanken zum Wesen und zur Verbreitung des Fanany-Glaubenskomplexes. In: Paideuma. Bd. XIII. 1967.
*Hofmayr, W.*: Die Schilluk. Mödling 1925.
*Huffman, Thomas N.*: The early iron age and the spread of the Bantu. The South African Archaeological Bulletin. Vol. XXV (Part I), 1970.
*Irstam, Tor*: The King of Ganda. Studies in the Instructions of Sacral Kingship in Africa. Stockholm 1944.
*Jensen, Adolf E.*: Altvölker Süd-Äthiopiens. Stuttgart 1959.
ders.: Beziehungen zwischen dem Alten Testament und der nilotischen Kultur in Afrika. In: Culture in History. Essays in Honor of Paul Radin. New York 1960.

*Kohl-Larsen, Ludwig:* Auf den Spuren des Vormenschen. 2 Bde. Stuttgart 1943.
*Kraus, P. Johann:* Die Anfänge des Christentums in Nubien. St. Gabriel bei Mödling 1930.
*Loeb, Edwin M.:* Staatsfeuer und Vestalinnen. In: Paideuma. Bd. VIII. 1962.
*Marquart, Jos.:* Die Benin-Sammlung des Reichsmuseums für Volkskunde in Leiden. Leiden 1913.
*Merker, M.:* Die Masai. 2. Aufl. Berlin 1910. Reprint 1968.
*Papadopoulos Theodore:* Africanobyzantina. Byzantine Influences on Negro-Sudanese Cultures. Athens 1966.
*Pogge, P.:* Im Reiche des Muata Jamwo. 1880.
*Riad, Mohamed:* The divine Kingship of the Shilluk and its Origin. In: Archiv für Völkerkunde, Bd. XIV. 1959.
*Roscoe, John:* The Northern Bantu. Cambridge 1915.
ders.: The Banyankole. Cambridge 1923.
*Schebesta, P. Paul:* Die Zimbabwe-Kultur in Afrika. In: Anthropos. Bd. XXI. 1926.
*Schilde, Willy:* Der Durchzug durchs Schilfmeer, die Symplegaden und die Ali-Baba-Höhle. In: Mitteilungsblatt der Gesellschaft für Völkerkunde. 1935.
*Shinnie, P. L.:* Meroë, a civilization of the Sudan. London 1967.
*Straube, Helmut:* Westkuschitische Völker Süd-Äthiopiens. Stuttgart 1963.
ders.: Die historischen Wurzeln der ostafrikanischen Bodendellen Keramik. In: Kölner ethnologische Mitteilungen. Bd. IV. 1965.
*Taqi, Hamid:* Das Tene Chiefship. Ein Beitrag zur Ethnographie der Themne. Diss. Wien 1968.
*Treitinger, Otto:* Die oströmische Kaiser- und Reichsidee nach ihrer Gestaltung im höfischen Zeremoniell. 2. Aufl. Darmstadt 1956.
*Trigger, B. G.:* The royal tombs at Questul and Ballana and their Meroitic antecedents. In: Journal of Egyptian Archaeology. Bd. 55. 1969.
*Vedder, Heinrich:* South West Africa in Early Times. London and Edinburgh 1966.
*Wagner, Günter:* Uganda. In: Afrika-Handbuch, hg. von H. A. Bernatzik. Bd. 2. Graz 1947.
*Wainwright, G. A.:* The coming of iron. In: Antiquity. Vol. 10. 1936.
ders.: Iron in Napatan and Meroitic Ages. In: Sudan Notes and Records. Vol. 26. 1945.
*Westermann, Diedrich:* Geschichte Afrikas. Köln 1952.
*Wieschhoff, Heinz:* Die afrikanischen Trommeln und ihre außerafrikanischen Beziehungen. Stuttgart 1933.
*Wolf, Walther:* Kulturgeschichte des Alten Ägypten. Stuttgart 1962.

## V. Sakrales Königtum

*Baumann, Hermann:* Afrikanische Plastik und sakrales Königtum. In: Bayerische Akademie der Wissenschaften. Phil. hist. Kl. Sitzungsberichte, Jg. 1968, Heft 5. München 1969.
*Bieber, Friedrich Julius:* Kaffa. 2 Bde. Münster 1920 u. Wien 1923.
*Decker, H. C.:* Die Jagazüge und das Königtum im mittleren Bantu-Gebiet. In: Zeitschrift für Ethnologie. 71. Jg. 1939.
*Duchâteau, Armand:* Die Bedeutung der Königsfrauen im Zwischenseengebiet. Diss. Wien 1963.
*Engnell, Iwan:* Divine Kingship. Uppsala 1945.
*Evans-Pritchard, E. E.:* The Divine Kingship of the Shilluk. Cambridge 1948.
*Frazer, J.:* The Golden Bough. London 1911.
*Friedrich, A.:* Afrikanische Priestertümer. Stuttgart 1939
*Frobenius, Leo:* Erythräa. Berlin-Zürich 1931.
*Hadfield, P.:* Traits of Divine Kingship in Africa. London 1949.
*Hofmayr, W.:* Die Schilluk. Wien 1925.
*Howell, P. P.* and *W. P. G. Thomson:* The Death of a Reth of the Shilluk and the Installation of his Successor. In: Sudan Notes and Records, Vol. XXVII. 1946.
*Ihle, A.:* Das alte Königreich Kongo. Leipzig 1929.
*Irstam, Tor:* The King of Ganda. Studies in the Institutions of Sacral Kingship in Africa. Lund 1944.
*Jensen, Ad. E.:* Altvölker Süd-Äthiopiens. Stuttgart 1959.
*Lagercrantz, Sture:* The sacral King in Africa. In: Ethnos. Vol. IX,1944.
*Loeb, Edwin M.:* In Feudal Africa. Bloomington 1962.
*Lopasic, A.:* Das sacrale Königtum in Ostafrika. Diss. Wien 1955.
*Meek, C. K.:* A Sudanese Kingdom. London 1931.
*Meyerowitz, E.:* The divine Kingship in Ghana and Ancient Egypt. London 1960.
*Oberg, K.:* The Kingdom of Ankole in Uganda. In: M. Fortes and E. E. Evans-Pritchard: African Political Systems. London–New York–Toronto 1955.
*Pogge, P.:* Im Reiche des Muata Yamwo. Berlin 1880.
*Seligman, C. G.:* Pagan Tribes of the Nilotic Sudan. London 1932.
*Westermann, D.:* Geschichte Afrikas. Köln 1952.

## VI. Metropolen im Norden

*Alvarez, P. Francisco:* Narrative of the Portuguese Embassy to Abyssinia during the years 1520–1527. Translated and edited by Lord Stanley of Alderley. London 1881.
*Bieber, Friedrich, Julius:* Kaffa. Bd. 1. Münster 1920; Bd. 2. Wien 1923.
*Bruce, J.:* Travels to discover the Sources of the Nile in the years 1768, 1769, 1770, 1771, 1772 and 1773. London 1790.
*Crawford, O. G. S.:* The Fung Kingdom of Sennar. Gloucester 1951.
*Dittmer, Kunz:* Zur Herkunft und Bedeutung altyorubischen Kronen und des äthiopischen Kalatscha. Festschrift für Ad. E. Jensen. München 1963.
*Evans-Pritchard, E. E.:* The divine Kingship of the Shilluk of the Nilotic Sudan. Cambridge 1948.
*Grühl, Max:* Zum Kaisergott von Kaffa. Berlin 1938.
*Haberland, Eike:* Galla Süd-Äthiopiens. Stuttgart 1963.
ders.: Untersuchungen zum äthiopischen Königtum. Wiesbaden 1965.
*Hofmayr, W.:* Die Schilluk. Wien 1925.
*Irstam, Tor:* The King of Ganda. Lund 1944.
*Jensen, Adolf E.:* Beziehungen zwischen dem Alten Testament und der Nilotischen Kultur in Afrika. In: Culture in histor. Essays in honor of Paul Radin. New York 1960.
ders.: Im Lande des Gada. Stuttgart 1936.
*Onneken, D.:* Die Königskultur Kaffas und der verwandten Königreiche. Frankfurt a. M. 1956.
*Riad, Mohamed:* The divine Kingship of the Shilluk and its Origin. In: Archiv für Völkerkunde, Bd. XIV.
*Roscoe, J.:* The Baganda. London 1911.
ders.: The northern Bantu. Cambridge 1915.
ders.: The Banyankole. Cambridge 1923.
ders.: The Bakitara or Banyoro. Cambridge 1923.
ders.: The Bagesu and other tribes of Uganda. Cambridge 1924.
*Schmidl, Marianne:* Die Mondkönige in Ostafrika. In: Congrès de l'Instit. Internat. des Langues et civilisations Africaines. Paris 1931.
*Seligman, C. G.:* Pagan Tribes of the Nilotic Sudan. London 1932.
*Straube, H.:* Westkuschitische Völker Süd-Äthiopiens. Stuttgart 1963.
*Trimingham, J. S.:* Islam in Ethiopia. London-New York–Toronto 1952.
*Wagner, Günter:* Uganda. In: H. A. Bernatzik (Hg.): Afrika. Handbuch der angewandten Völkerkunde. Bd. 2, Graz 1947.
*Westermann, D.:* The Shilluk People. Their Language and Folklore. Philadelphia 1912.

## VII. Eisenzeit in Ost-Afrika

*Baumann, Hermann:* Bemerkungen zur kultisch-mythischen Bedeutung der Aloe in Afrika. In: Mitteilungen der Anthropologischen Gesellschaft in Wien. Bd. 100, 1970.
*Burton, R. F.:* Zanzibar: City, Island and Coast. 2 Bde. London 1872.
*Chittick, H. N.:* The Shirazi Colonisation of East Africa. In: Journal of African History. Vol. VI. 1965.
ders.: The Coast of East Africa. In: Shinnie, P. L.: The African Iron Age. Oxford 1971.
*Cole, Sonja:* The Prehistory of East Africa. New York 1963.
*Duffy, J.:* Portugal in Africa. Harmondsworth (AP 3), 1962.
*Duyvendak, J. J. L.:* China's Discovery of Africa. London 1949.
*Fabricius, B.:* Der Periplus des Erythräischen Meeres von einem Unbekannten. Leipzig 1883.
*Freeman-Grenville, G. S. P.:* East African Coin Finds and their Historical Significance. In: Journal of African History, Vol. I. 1960.
ders.: The East African Coast. Selected Documents from the first to the earlier nineteenth century. Oxford. History of East Africa. Vol. I. Oxford 1962 (I).
ders.: The Medieval History of the Coast of Tanganyika. London 1962 (II.).
*Grottanelli, Vinigi L.:* Asiatic influences on Somali culture. In: Ethnos 1947.
*Hamann, Günther:* Die ersten Begegnungen zwischen Portugiesen und Eingeborenen an der Ostküste Afrikas. In: Mitteilungen der Anthropologischen Gesellschaft in Wien. Bd. 99, 1969.
*Hirschberg, Walter:* Die arabisch-persisch-indische Kultur an der Ostküste Afrikas. In: Mitteilungen der Anthropologischen Gesellschaft in Wien. Bd. 61. Wien 1931.
ders.: Monumenta Ethnographica. Frühe völkerkundliche Bilddokumente. Bd. I. Graz 1962.
*Hümmerich, Fr.:* Vasco da Gama und die Entdeckung des Seewegs nach Ostindien. München 1898.
ders.: Quellen und Untersuchungen zur Fahrt des ersten Deutschen nach dem portugiesischen Indien 1505/6. München 1918. In: Abhandlungen der Bayerischen Aka-

demie der Wissenschaften. Philosophisch-Philologische und Historische Klasse. Bd. XXX. München 1920.
ders.: Die erste deutsche Handelsfahrt nach Indien 1505/6. München und Berlin 1922.
ders.: Studien zum »Roteiro« der Entdeckungsfahrt Vasco da Gamas (1497/1499). Coimbra 1923.
*Ingramus, W. H.*: Zanzibar, its history and the people. London 1931.
*Kleinschmid, R.*: Balthasar Springer. Eine quellenkritische Untersuchung. Diss. Wien 1966.
*Klement-Kleinschmid, Sitta*: Die ostafrikanische Küste zu Beginn des 16. Jahrhunderts. Entworfen nach dem Tagebuchbericht Hans Mayers und ergänzt durch zeitgenössische Quellen. Diss. Wien 1972.
*Lagercrantz, Sture*: Becher aus Hörnern des Nashorns. In: Ethnologica, N. F. Bd. 2. 1960.
*Moser, Rupert*: Die historische und kulturelle Entwicklung der Suaheli. Ein Beitrag zur Ethnohistorie des ostafrikanischen Küstengebietes. Diss. Wien 1970.

*Oliver, R. and Mathew G.*: History of East Africa. 2 Bde. Oxford 1963.
*Raunig, Walter*: Die kulturellen Verhältnisse NO- und O-Afrikas im ersten nachchristlichen Jahrhundert. Entworfen an Hand des Periplus des erythräischen Meeres. Diss. Wien 1964.
*Shinnie, P. L.* (ed.): The African Iron Age. Oxford 1971.
*Stuhlmann, F.*: Beiträge zur Kulturgeschichte in Ostafrika. Berlin 1909.
ders.: Handwerk und Industrie in Ostafrika. Hamburg 1910.
*Sutton, J. E. G.*: The Interior of East Africa. In: P. L. Shinnie (ed.): The African Iron Age. Oxford 1971.
*Tahtawy, Hussein El*: Die Ausfuhrgüter der ostafrikanischen Küste im Mittelalter nach zeitgenössischen Berichten islamischer Autoren. Diss. Wien 1970.


*VIII. Das Reich des Monomotapa*


*Abraham, D. P.*: The Early Political History of the Kingdom of Monomotapa (850–1589). In: Historians in Tropical Africa. Salisbury 1960.
*Bent, J. T.*: The ruined cities of Mashonaland. London 1892.
*Caton-Thompson, G.*: The Zimbabwe-Culture. Oxford 1931.
*Fagan, Brian M.*: Zambia and Rhodesia. In: P. L. Shinnie: The African Iron Age. Oxford 1971.
*Fouché, L.*: Mapungubwe, ancient Bantu Civilisation on the Limpopo. 1937.
*Frobenius, Leo*: Erythräa. Berlin 1931.
*Hall, R. N.*: Great Zimbabwe. London 1905.
*Huffman, T. N.*: The Rise and Fall of Zimbabwe. Journal of African History. Vol. XIII. 1972.
*Iglauer, Erika*: Goldgewinnung und Goldhandel im Raum von Simbabwe in der portugiesischen Zeit von 1497–1840. Diss. Wien 1972.
*MacIver, Randall*: Medieval Rhodesia. London 1906.
*Robinson, K. R.*: The Archaeology of the Rozwi. In:

E. Stokes and R. Brown: The Zambesian Past. Manchester 1906.
*Schebesta, P. Paul*: Die Zimbabwe-Kultur in Afrika. In: Anthropos 1926.
ders.: Portugals Konquistamission in Südost-Afrika. In: Studia Instituti Missiologici Societatis Verbi Divini, Nr. 7. St. Augustin 1966.
*Summers, Roger*: Inyanga. Cambridge 1958.
ders.: Zimbabwe, a Rhodesia Mystery. Johannesburg 1963.
*Summers Roger, K. R. Robinson and Whitty*: Zimbabwe Excavations 1958. In: Occasional Papers of the National Museums, Nr. 23 A. Bulawayo 1961.
*Whitty, A.*: A Classification of Prehistoric Stone Buildings in Mashonaland, Southern Rhodesia. In: S. Afr. Archaeol. Bull. Vol. XIV. 1939.
*Wieschoff, H.*: The Zimbabwe-Monomotapa Culture. General Series in Anthropology. Vol. VIII. Menasha 1941.


*IX. Kongo-, Luba-, Lunda-Reiche*


*Balandier, Georges*: Daily life in the Kingdom of the Kongo. From the Sixteenth to the eighteenth Century. London 1968.
*Bastian, Adolf*: Die deutsche Expedition an der Loango-Küste. Jena 1874/75.

*Baumann, Hermann*: Lunda. Bei Bauern und Jägern in Inner-Angola. Berlin 1935.
*Birmingham, D.*: The Portuguese Conquest of Angola. London 1965.
ders.: Trade and Conflict in Angola. The Mbundu and

their Neighbours under the influence of the Portuguese 1483–1790. Oxford 1966.
*Cavazzi, J. A. de Montecucculo O. F. M. Cap.*: Historische Beschreibung der in den unteren occidentalischen Mohrenland liegenden drey Königreichen Congo, Matamba und Angola usw. München 1694.
*Cuvelier, J.*: L'ancien royaume du Congo ... Brugh et Paris 1946.
*Dapper, O.*: Umbständliche und eigentliche Beschreibung von Afrika. Amsterdam 1670.
*Decker, Hartmann C.*: Die Jagazüge und das Königtum im mittleren Bantugebiet. In: Zeitschrift f. Ethnologie Bd. 71. 1939.
*Duffy, J.*: Portugal in Africa. In: Penguin African Library A. P. 15. London 1962.
*Göhring, Heinz*: baLuba. In: Studia Ethnologica. Bd. 1. Meisenheim am Glan. 1970.
*Hamann, Günther*: Der Eintritt der südlichen Hemisphäre in die europäische Geschichte. Wien 1968.
*Hauenstein, Alfred*: Les Hannya. In: Studien zur Kulturkunde, Bd. 19. Wiesbaden 1967.
*Heintze, Beatrix*: Bestattung in Angola. Eine synchronisch-diachronische Analyse. In: Paideuma. Bd. XVIII. 1971.
*Hirschberg, Walter*: Monumenta Ethnographica. Bd. I. Schwarzafrika. Graz 1962.
ders.: Der Gottesname Nyambi im Lichte alter westafrikanischer Reiseberichte. In: Zeitschrift f. Ethnologie, Bd. 88. 1963.
ders.: Religionsethnologie und ethnohistorische Religionsforschung: Eine Gegenüberstellung. Wiener Ethnohistorische Blätter. Beiheft 1. Wien 1972.
*Höfer, Karl*: Das Glaubensleben der Bakongo im 16. bis 18. Jahrhundert. Diss. Wien 1969.
*Ihle, A.*: Das alte Königreich Kongo. Leipzig 1929.

*Laman, K.*: The Kongo: II (Religion, Magie etc.). In: Studia Ethnographica Upsaliensia. XII. 1962.
*Lopez, O.* und *F. Pigafetta*: Regnum Congo hoc est. Wahrhafte und eigentliche Beschreibung des Königreiches Kongo in Africa etc. Frankfurt am Mayn 1597.
*Nenquin, J.*: The Congo, Rwanda, and Burundi. In: P. L. Shinnie: The African Iron Age. Oxford 1971.
*Pechuel-Loesche, E.*: Volkskunde von Loango. Stuttgart 1907.
*Pina, Rui de*: Chronicle of John II. (1500). In: Hakluyt Society, 2 Bde. London 1942.
*Pogge, Paul*: Im Reiche des Muata Jamwo. Berlin 1880.
*Proyart* (Abbé): Histoire de Loango, Kakongo et autres royaumes d'Afrique redigée d'après les Mémoires de Préfets apostoliques de la mission française. Paris 1776.
*Ravenstein, E. G.*: The strange adventures of Andrew Battell of Leigh, in Angola and the adjoining regions. In: Hakluyt Society. London 1901.
*Schüller, Dietrich*: Beziehungen zwischen west- und westzentralafrikanischen Staaten von 1482 bis 1700. Eine ethnohistorische Untersuchung an Hand der Schlaginstrumente in Häuptlingskult und Kriegswesen auf Grund schriftlicher Quellen. Diss. Wien 1972.
*Stritzl, Angelika*: Raffiaplüsche aus dem Königreich Kongo. In: Wiener Ethnohistorische Blätter. Wien 1971.
*Suwald, Nikola*: Elfenbeinschnitzereien in Kongo und Loango vom 15.–18. Jahrhundert. Diss. Wien 1970.
*Vansina, Jan*: Kingdoms of the Savanna. Madison 1966.
*Verhulpen, Edmond*: Baluba et Balubaisés du Katanga. Antwerpen. 1936.
*Westermann, Diedrich*: Geschichte Afrikas. Köln 1952.
*Zucchelli, A.*: Merkwürdige Missions- und Reisebeschreibung nach Congo in Ethiopien. Frankfurt/Main 1715.

*X. Frühe Kulturen in der Benue-, Tschadsee-Region*

*Fagg, B. E. B.*: The Nok Culture in Prehistory. In: Journal of the Historical Society of Nigeria. I. 1959.
*Fuchs, Peter*: Die Völker der Südost-Sahara. Wien 1961.
*Lebeuf, J. P.*: La Civilisation du Tchad. Paris 1950.
ders.: Archéologic tchadienne. Paris 1962.

*Mauny, R.*: The Western Sudan. In: P. L. Shinnie: The African Iron Age. Oxford 1971.
*Willett, Frank*: Ife. Metropole afrikanischer Kunst. Bergisch Gladbach 1967.
ders.: Nigeria. In: P. L. Shinnie: The African Iron Age. Oxford 1971.

## XI. Das alte Reich Bornu

*Barth, Heinrich*: Reisen und Entdeckungen in Nord- und Centralafrika 1849–55. 5 Bde. Gotha 1857/58. (2. Bd. 1857).

*Braukämper, Ulrich:* Der Einfluß des Islam auf die Geschichte und die Kulturentwicklung Adamauas. Wiesbaden 1970.

*Denham*: Travels and Discoveries in Africa. 1827.

*Duisburg, Adolf von*: Im Lande des Ghegu von Bornu. Berlin 1942.

*Fuchs, Peter*: Kult und Autorität. Die Religion der Hadjerai. Berlin 1970.

*Gardi, René*: Mandara. Zürich 1953.

ders.: Der schwarze Hephaistos. Bern 1954.

ders.: Tschad. Zürich 1957.

ders.: Unter afrikanischen Handwerkern. Bern 1969.

*Hinderling, Paul*: Schmelzöfen und Eisenverarbeitung in Nord-Kamerun. In: Stahl und Eisen. Bd. 75. 1955.

*Nachtigal, Gustav*: Sahara und Sudan. 3 Bde. Berlin 1879–1889.

*Rohlfs, Gerhard*: Reise durch Nord-Afrika vom Mittelländischen Meere bis zum Busen von Guinea. 1865 bis 1867. 1. Hälfte: Von Tripoli nach Kuka (Fesan, Sahara. Bornu). Ergänzungsheft Nr. 25 zu Petermanns Geographische Mitteilungen. Gotha 1868.

ders.: Quer durch Afrika. Reise vom Mittelmeer nach dem Tschadsee und zum Golf von Guinea. 2 Bde. Leipzig 1874/75.

*Schilde, W.*: Ostwestliche Kulturbeziehungen im Sudan. In: memoriam Karl Weule. Leipzig 1929.

*Schultze, A.*: Das Sultanat Bornu, mit besonderer Berücksichtigung von Deutsch Bornu. Essen 1910.

*Wente-Lukas, Renate*: Eisen und Schmied im südlichen Tschadraum. In: Paideuma. Bd. XVIII. 1972.

*Westermann, D.*: Geschichte Afrikas. Köln 1952.

*Urvoy, Y.*: Histoire de l'Empire du Bornou. In: Mem. Inst. Franc. Afr. Noire (IFAN), Nr. 7. Paris 1949.

## XII. Auf den Spuren von Gustav Nachtigal

*Arkell, A. J.*: The iron age in the Sudan. In: Current Anthropology. 1966.

*Bailloud, G.*: Dans les tiroirs du Tchad. In: Nouvel Observateur, XIV.

*Barth, Heinrich*: Reisen und Entdeckungen in Nord- und Central-Afrika. 5 Bde. Gotha 1857/58.

*Baumann, Hermann*: Die materielle Kultur der Azande und Mangbetu. In: Baessler Archiv, Bd. XI. Berlin 1927.

*De Calonne*: Azande. Brüssel 1921.

*Carbou, H.*: La région du Tschad et du Quaddai. 2 Bde. Paris 1912.

*Evans-Pritchard, Edward*: Witchcraft, Oracles and Magic among the Azande. Oxford 1927.

ders.: The Azande: History and political institutions. London 1971.

*Fuchs, Peter*: Eisengewinnung und Schmiedetum im nördlichen Tschad. In: Baessler-Archiv. N. F. Bd. XVIII. 1970.

*Huard, P.*: Introduction et diffusion du fer au Tschad. In: The Journal of African History. Vol. VII.

*Rouvreur, Le A.*: Sahariens et saheliens du Tchad. Paris 1962.

*Mac Michael, H. A.*: The tribes of northern and central Kordofán. London 1912. (Reprint 1967)

ders.: A History of the Arabs in the Sudan. 2 Bde. Cambridge 1922.

*Mauny, R.*: Poteries engobées et peintes de tradition nilotique de région de Koro Toro (Tchad). In: Bulletin de l'Institut Française d'Afrique Noire, sér. B. XXV.

*Nachtigal, Gustav*: Sahara und Sudan. 3 Bde. Berlin-Leipzig 1879/89.

*Russegger, J.*: Reisen in Europa, Asien und Afrika. 3 Bde. Stuttgart 1843/49.

*Schilde, Willy*: Ost-westliche Kulturbeziehungen im Sudan. In Memoriam Karl Weule. Leipzig 1929.

*Schweinfurth, Georg*: Im Herzen von Afrika. Leipzig 1878.

*Tounsy, el Mohammed Ibn-Omar*: Voyage au Quadday. Trad. Perron. Paris 1851.

## XIII. Altägypten in Schwarzafrika

*Abdel-Rasoul, Kawthar*: Funeral Rites in Nigeria. In: Wiener Völkerkundliche Mitteilungen, Bd. IV. 1956.

*Balandier, Georges*: Daily Life in the Kingdom of the Kongo. London 1968.

*Baumann, Hermann*: Vaterrecht und Mutterrecht in Afrika. Zeitschr. f. Ethnologie, 58. Jg. 1926.

*Heintze, Beatrix*: Bestattung in Angola. – Eine synchronisch-diachronische Analyse. In: Paideuma. Bd. XVIII. 1971.

*Hirschberg, Walter*: Kultureinflüsse Meroës und Napatas auf Negerafrika. Wiener völkerkundliche Mitteilungen. Bd. III. 1955.

ders.: Altägyptischer Kultureinfluß in Negerafrika. In: Umschau 1959.
*Ihle, Alexander*: Das alte Königreich Kongo. Leipzig 1920.
*Jeffreys, M. D. W.*: The divine Umundri King. In: Africa, Vol. VIII. 1935.
*Küsters, M.*: Das Grab der Afrikaner. In: Anthropos XIV/XV, 1919/1920 und XVI/XVII, 1921–1922.
*Manker, Ernst*: Niombo. Die Totenbestattung der Babwende. In: Zeitschrift für Ethnologie. Jg. LXIV. 1932.
*Meek, C. K.*: The Northern Tribes of Nigeria. (2 Bde.). London 1925.

ders.: A Sudanese Kingdom. London 1931.
*Meyerovitz, Eva*: The divine Kingship in Ghana and ancient Egypt. London 1960.
*Schebesta, P. Paul*: Vollblutneger und Halbzwerge. Leipzig 1934.
*Seligman, D. G.*: Egyptian Influence in Negro Africa. Studies Presented to Griffith. London 1932.
ders.: Egypt and Negro Africa. Frazer Lecture. London 1934.
*Westermann, Diedrich*: Geschichte Afrikas. Köln 1952.
*Wolf, Walter*: Kulturgeschichte des Alten Ägypten. Stuttgart 1962.

## XIV. Hausa: Handel und Handwerk

*Barth, Heinrich*: Reisen und Entdeckungen in Nord- und Central-Afrika. Bd. II. Gotha 1857.
*Baumann, Hermann*: Die ethnologische Beurteilung einer vorgeschichtlichen Keramik in Mittelafrika. Festschrift für Ad. Jensen. Teil I. München 1964.
*Boser-Sarivaxévanis, Renée*: Les tissus de l'Afrique Occidentale. Basler Beiträge zur Ethnologie. Bd. 13. Basel 1972.
*Frobenius, Leo*: Und Afrika sprach... Bd. II. Berlin 1912.
*Gabus, Jean*: Völker der Wüste. Leben, Sitten und Handwerk der Saharastämme. Olten und Freiburg i. Br. o. J.
*Gardi, René*: Unter afrikanischen Handwerkern. Bern 1969.
*Krieger, K.*: Kola-Karawanen. Mitt. d. Inst. f. Orienforschung. 1954.
*Marquart, Jos.*: Die Benin-Sammlung des Reichsmuseums für Völkerkunde in Leiden. Leiden 1913.
*Nadel, S. F.*: A Black Byzantium. The Kingdom of Nupe in Nigeria. London 1951.

*Palmer, H. R.*: The Kano Chronicle. In: Journal of the Royal Anthropological Institute. Vol. 38. 1908.
*Passarge, Siegfried*: Adamaua. Bericht über die Expedition des Deutschen Kamerun-Komitees in den Jahren 1893/94. Berlin 1895.
*Smith, M. G.*: Exchange and Marketing among the Hausa. In: Paul Bohannan and George Dalton (ed.): Markets in Africa. 1962.
ders.: The Hausa of Northern Nigeria. In: James L. Gibbs, Jr.: Peoples of Africa. New York 1966.
*Staudinger, P.*: Im Herzen der Hausaländer. Oldenburg und Leipzig 1891.
*Sundström. Lars*: The Trade of Guinea. In: Studia Ethnographica Upsaliensia. Vol. XXIV. Lund 1965.
*Zöhrer, Ludwgi G. A.*: Die Tuareg der Sahara. Handel Religion und soziale Gliederung als Grundlage der wirtschaftlichen und handwerklichen Entwicklung. Archiv für Völkerkunde. Bd. XI. 1956.

## XV. Ife, die heilige Stadt der Yoruba

*Bascom, William*: The Yoruba of Southwestern Nigeria. New York 1969.
*Boahen, A. Adu*: Kingdoms of West Africa (ca. A. D. 500–1600). In: The Horizon History of Africa. New York o. J.
*Brasio, A.*: Monumenta Missionaria Africana. 9 Bde. Lissabon 1954.
*Egharevba, J. U.*: Short History of Benin. Ibadan 1960.
ders.: Benin Law and Custom. Benin 1949.
ders.: Bini Titles. Benin 1957.
ders.: The Origin of Benin. Benin 1964.
*Fagg, Bernard E. B.*: The Nok culture in prehistory. In: Journal of the Historical Society of Nigeria. I. 1959.

ders.: The Nok terracottas in West African art history. Actes du IVe Congrès Panafricain Préhistoire. Tervuren. Section III, 1962.
*Fagg, William B. and Frank Willet*: Ancient Ife, an ethnographical summary. Odu Bd. VIII, 1960. Nachdruck in: Actes du IVe Congrès Panafricain de Préhistoire, Tervuren, 1962, Section III.)
*Frobenius, Leo*: Und Afrika sprach... Bd. I. Auf den Trümmern der klassischen Atlantis. Berlin 1912.
*Himmelheber, Hans*: Negerkunst und Negerkünstler. Braunschweig 1960.
*Jungwirth, Mechthildis*: Benin in den Jahren 1485–1700. Ein Kultur- und Geschichtsbild. Wien 1968.

*Luschan, F. von*: Die Altertümer von Benin. 3 Bde. Berlin 1919.
*Marquart, J.*: Die Beninsammlung des Reichsmuseums für Völkerkunde in Leiden. Leiden 1913.
*Mauny, R.*: Akori Beads. In: Journal of the Historical Society of Nigeria. Vol. 1, 1958.
ders.: A Possible Source of Copper for the oldest Brass Heads of Ife. In: Journal of the Historical Society of Nigeria. Vol. II. 1962.
ders.: Perspective et limites de l'ethnohistoire en Afrique. IFAN 14 (B), 3/4, 1962.
*Melzian, H.*: Zum Festkalender von Benin. In: Afrikanistische Studien (ed. Lukas). Berlin 1955.
*Nyendael, David van*: In: Bosman, W.: A new and accurate description of the coast of Guinea. London 1705.
*Roth, H. Ling*: Great Benin: its customs, art and horrors. Halifax 1903.

*Ryder, A. F. C.*: An early trading voyage to the Forcados river. In: Journal of the Historical Society of Nigeria. Vol. I, No 4. 1959.
*Strieder, J.*: Negerkunst von Benin und Deutsches Metallexportgewerbe im 15. und 16. Jahrhundert. In: Zeitschrift f. Ethnologie. 1932.
*Struck, Bernhard*: Chronologie der Benin Altertümer. Zeitschrift für Ethnologie. 1923.
*Szeparowicz, Vilma*: Die Jekiri (Itsekiri). Ein Kulturbild vom Beginn des 16. Jahrhunderts bis zum Ende des 18. Jahrhunderts. Diss. Wien 1973.
*Talbot, P. A.*: The People of Southern Nigeria. 4. Bd. London 1926.
*Vansina, J.*: Long-Distance Trade Routes in Central Africa. In: Journal of African History. Vol. III. 1962.
*Willett, Frank*: Ife. Metropole afrikanischer Kunst. Bergisch Gladbach 1967.

## XVI. Die Kunst der Schwarzafrikaner

*Allison, Philip*: African Stone Sculpture. New York 1968.
*Ankermann, Bernhard*: Bericht über eine ethnographische Forschungsreise ins Grasland von Kamerun. In: Zeitschrift für Ethnologie 1910.
*Baumann, Hermann*: Afrikanisches Kunstgewerbe. In: H. Th. Bossert: Geschichte des Kunstgewerbes, Bd. II Zürich 1929.
ders.: Afrikanische Plastik und sakrales Königtum. Ein sozialer Aspekt traditioneller afrikanischer Kunst. In: Bayerische Akademie der Wissenschaften. Phil.-hist. Kl. Sitzungsberichte, Jg. 1968. München 1969.
*Baumann, H.* und *L. Vajda*: Bernhard Ankermanns völkerkundliche Aufzeichnungen im Grasland von Kamerun 1907–1909: In: Baessler-Archiv. N. F. Bd. VII.
*Bonny, Luala-M'bedy Leopold Joseph*: Die Bedeutung N-joyas für die Kulturgeschichte des Bamum-Landes. Diss. Wien 1962.
*Desplagnes, Louis*: Le Plateau Central Nigérien. Paris 1907.
*Dittmer, Kunz*: Hochkulturliche und außerafrikanische Einflüsse auf die afrikanische Kunst. tribus III, 1952.
ders.: Die Kunst der Naturvölker. In: Hürlimann: Das Atlantisbuch der Kunst. Zürich 1953.
ders.: Bedeutung, Datierung und Kulturhistorische Zusammenhänge der »prähistorischen« Steinfiguren aus Sierra Leone und Guinée. In: Baessler Archiv. N. F. Bd. XV. 1967.
*Drost, Dietrich*: Töpferei in Afrika. In: Jahrbuch des Museums für Völkerkunde zu Leipzig. Bd. XXV. Berlin 1968.
*Fagg, William*: The Sculpture of Africa. New York 1958.

*Fagg, W. B.*: Vergessene Negerkunst. Afro-portugiesische Elfenbeinarbeiten. Prag 1959.
ders.: Bildwerke aus Nigeria. München 1963.
*Foy, Willy*: Zur Frage nach der Herkunft einiger alter Jagdhörner: Portugal oder Benin? In: Abhandlungen und Berichte des Kgl. zoolog. und Anthrop.-Ethnograph. Mus. zu Dresden. Bd. IX. 1900.
*Frobenius, Leo*: Und Afrika sprach ... Bd. I. 1912.
*Gardi, René*: Mandara. Zürich 1953.
*Glück, Julius*: Die Kunst der Neger Afrikas. In: Kleine Kunstgeschichte der Vorzeit und der Naturvölker (Hg. Hans Weigert). Stuttgart 1956.
*Griaule, Marcel*: Masques Dogon. Paris 1938.
*Hakluyt, R.*: The Principal Navigations, Voyages and Discoveries of the English Nation. London 1599.
*Herrmann, Ferdinand*: Afrikanische Kunst. Aus dem Völkerkundemuseum der Portheim Stiftung. Berlin 1969.
*Himmelheber, Hans*: Negerkunst und Negerkünstler. Braunschweig 1960.
*Hirschberg, Walter*: Die Künstlerstraße. Wien 1962.
*Hirschberg, Walter* und *Armand Duchâteau*: Die Glaubensvorstellungen in Sierra Leone um 1500. In: Wiener Ethnohistorische Blätter, Heft 4. 1972.
*Howlett, Jacques*: Les Bamiléké. Presence Africaine. Paris 1953.
*Jensen, Adolf E.*: Im Lande des Gada. Wanderungen zwischen Volkstrümmern Südabessiniens. Stuttgart 1936.
*Krieger, Kurt*: Westafrikanische Plastik. 3 Bde. Museum für Völkerkunde Berlin. Berlin 1965–1969.
*Lebeuf, J. P.*: La Civilisation du Tchad. Paris 1950.
ders.: L'Art du Delta du Chari. In: Diop: Présence Africaine. Paris 1951.

ders.: Les Souverains du Logone-Birni. In: Bulletin de la Société de Etudes Camerounaises. 1955.
*Lecoq, R.*: L'Art Bamoum. In: Diop: Présence Africaine. Paris 1951.
*Leuzinger, Elsy*: Afrika: Kunst der Negervölker. In: »Kunst der Welt«. Baden-Baden 1959.
*Littlewood, M.*: Bamum and Bamileke. Ethnographic Survey. International African Institute. London 1954.
*Martin, H.*: Le Pays des Bamoum et le Sultan Njoya. In: Bulletin de la Société de Etudes Camerounaises. 1951.
ders.: Histoire et Coûtumes des Bamum, rédigées sous la direction du Sultan Njoya. In: Mémoires de l'Institut Français d'Afrique Noire, Centre du Cameroun. 1952.
*McCulloch, M.:* Tikar. Ethnographic Survey. International African Institute. 1954.
*Menzel, Brigitte*: Goldgewichte aus Ghana. Museum für Völkerkunde Berlin. Berlin 1968.
*Njoya, J. M.*: Le Sultanat du pays Bamum et son origine. In: Bulletin de la Société des Etudes Camerounaises. 1935.
*Partridge, Charles*: Cross River Natives. London 1905.
*Paul, Sigrid*: Afrikanische Puppen. Berlin 1970.

*Ryder, F. C.*: A note on the Afro-Portuguese ivory. In: Journal of African History. Vol. V. 1964.
*Schüller, Dietr.*: Beziehungen zwischen west- und westzentralafrikanischen Staaten von 1482–1700. Wien 1972.
*Schweeger-Hefel* und *Wilhelm Staude*: Die Kurumba von Lurun. Wien 1973.
*Stuhlmann, Franz*: Handwerk und Industrie in Ostafrika. In: Abhandlungen des Hamburgischen Kolonialinstituts. Bd. I. Hamburg 1910.
*Suwald, Nikola*: Elfenbeinschnitzereien im Kongo und Loango vom 15 bis 18. Jh. Diss. Wien 1970.
*Verly, R.: Les Mintadi*: La Statuaire de pierre du Bas-Congo. Louvain 1955.
*Willett, Frank*: Ife in the History of West African Sculpture. New York 1967.
*Wolf, Siegfried*: Afrikanische Elfenbeinlöffel des 16. Jh. im Museum für Völkerkunde, Dresden. In: Ethnologica, N. F. Bd. II. Köln 1960.
*Urvoy, J.*: Histoire de l'empire du Bornou. Mémoires de l'Institut d'Afrique, No 7. 1949.
*Zöhrer, Ludwig*: Die Metallarbeiten der Imohag (Tuareg) der Sahara. Beiträge zur Kolonial Forschung. Bd. IV. 1943.

*XVII. Die Erforschung Afrikas bis zur Entdeckung des Seeweges nach Indien*

*Breasted, J. H.*: Geschichte Ägyptens. Zürich 1954.
*Crone, J. R.*: The Voyages of Cadamosto (and other Documents on Western Africa in the second half of the 15th Century. 2nd series, no 80. Hakluyt Society. London 1937.
*Hamann, Günther*: Der Eintritt der südlichen Hemisphäre in die europäische Geschichte. Wien 1968.
ders.: Die ersten Begegnungen zwischen Portugiesen und Eingeborenen an der Ostküste Afrikas. In: Mitteilungen der Anthropologischen Gesellschaft in Wien. 1969.
*Hennig, Richard*: Terrae Incognitae. 2. Aufl. Bd. I. Leiden 1944..
*Hirschberg, Walter*: Monumenta Ethnographica Bd. I. Schwarzafrika. Graz 1962.
*Kleinschmid, Renate*: Balthasar Springer (Eine quellenkritische Untersuchung). In: Mitteilungen der Anthropologischen Gesellschaft in Wien. Bd. 96/97. 1967.

*Müller, Klaus E.*: Geschichte der antiken Ethnographie und ethnologischen Theorienbildung. In: Studien zur Kulturkunde. Bd. 29. Wiesbaden 1972.
*Peschel, Oscar*: Geschichte des Zeitalters der Entdeckungen. Stuttgart und Augsburg 1858.
*Plischke, Hans*: Von den Barbaren zu den Primitiven. Leipzig 1926.
*Schubarth-Engelschall, Karl*: Arabische Berichte muslimischer Reisender und Geographen des Mittelalters über die Völker der Sahara. In: Abhandlungen und Berichte des Staatlichen Museums für Völkerkunde Dresden, Bd. 27. Berlin 1967.
*Szalay, Miklós:* Die Kap-Hottentotten 1488–1652: Anhand der Schrift- und Bildquellen. Ethnologische Zeitschrift Zürich 1972.
*Wolf. Walter*: Kulturgeschichte des alten Ägypten. Stuttgart 1962.

*XVIII. Die Buschmann-Hottentotten-Frage*

*Baumann, Hermann*: Völkerkunde Afrikas. Essen 1940.
*Bleek, D.*: The Mantis and his friends. Cape Town 1923.
dies.: The Naron. Cambridge 1928.
dies.: The Bushmen of Central Angola. In: Bantu Studies, Bd. III. 1928.
*Brownlee, F.*: The Social Organization of the Kung (!Un) Bushmen of the North-Western Kalahari. In: Africa. XIV. 1943.
*Estermann, R. P. Ch.*: Quelques observations sur les Bushmans !Kung de l'Angola Méridionale. In: Anthropos 1946/49. Bd. 41/44.
*Francois, H. von*: Nama und Damara. Magdeburg 1896.

*Fritsch, G.*: Die Eingeborenen Südafrikas. Breslau 1872.
*Gusinde, Martin*: Von gelben und schwarzen Buschmännern. Graz 1962.
*Hahn, Th.*: Die Nama-Hottentotten. In: Globus. Bd. XII. 1867.
*Heinz, H. J.*: The Sozial Organization of the !Ko Bushmen. Diss. Johannesburg 1966.
*Hirschberg, Walter*: Gibt es eine Buschmannkultur? In: Zeitschrift für Ethnologie. Jg. 65. 1933.
ders.: Einige Bemerkungen zur Problematik der afrikanischen Wildbeuter. In: Paideuma. Bd. VIII. 1962.
ders.: Frühe Bildquellen von Kapländischen Eingeborenen. In: Festschrift Paul J. Schebesta. Studia Instituti Anthropos. Vol. 18. 1963.
*Hoernle, A. W.*: The Social Organization of the Nama Hottentots of South West Africa. In: American Anthropologist, Bd. 27. 1925.
*How, M. W.*: The Mountain Bushmen of Basutoland. Pretoria 1962.
*Kaufmann, H.*: Die Auin, In: Mitteilungen aus den deutschen Schutzgebieten. Bd. 23. 1910.
*Kleinschmid, Renate*: Balthasar Springer (Eine quellenkritische Untersuchung). In: Mitteilungen der Anthropologischen Gesellschaft in Wien. Bd. 96/97. 1967.
*Köhler, O.*: Sprachkritische Aspekte zur Hamitentheorie über die Herkunft der Hottentotten. In: Sociologus, Bd. X. Berlin 1960.
ders.: Tradition und Wandel bei den Kxoe-Buschmännern von Mutsiku. In: Sociologus, Bd. XVI. 1966.
*Kolb, Peter*: Caput Bonae Spei Hodiernum, das ist vollständige Beschreibung des afrikanischen Vorgebirges der guten Hoffnung. Nürnberg 1719.
*Lebzelter, V.*: Die Eingeborenenkulturen in Südwest- und Südafrika. Leipzig 1934.

*Marshall, L.*: The !Kung Bushmen of the Kalahari. In: James L. Gibbs: Peoples of Africa. New York 1965.
*Mirt, H.*: Die Namaqua 1657–1777. Ein Beitrag zur Ethnohistorie der Hottentotten. Diss. Wien 1964.
*Passarge, Siegfried*: die Buschmänner der Kalahari. Berlin 1907.
*Schapera, I.*: The Khoisan Peoples of South Africa – Bushmen and Hottentots. London 1930.
*Schinz, H.*: Deutsch-Südwest-Afrika. Leipzig 1891.
*Schreyer, J.*: Reise nach dem Kaplande und Beschreibung der Hottentotten 1669–1677. Neu herausgegeben Den Hag 1931.
*Schultze, L.*: Aus Namaland und Kalahari. Jena 1907.
*Silberbauer, G. B.*: Report to the Government of Bechuanaland on the Bushman Survey. Bechuanaland Government, Gaberones. 1965.
*Singer, R.* and *J. T. Stern*: On the Definition of »Hottentot« and »Bushman«. A Preliminary Report. In: American Journal of Physical Anthropology. Bd. 25.
*Sparrmann, A.*: A voyage to the Cape of Good Hope. 2 Bde. London 1875.
*Springer, Balthasar*: Die Merfart. o. J. (1509)
*Szalay, Miklós*: Die Kap-Hottentotten 1488–1652: Anhand der Schrift- und Bildquellen. Ethnologische Zeitschrift Zürich I/1972.
*Thomas, E. M.*: The harmless people: the Bushman of South West Africa. 1959.
*Vedder, H.*: Die Bergdama. 2 Bde. Hamburg 1923.
ders.: South West Africa in early times. London 1966.
*Wandres, C.*: Die Khoi-Khoin oder Nama. In: Rechtsverhältnisse von eingeborenen Völkern in Afrika und Ozeanien. (Hg. S. R. Steinmetz). Berlin 1903.
*Westphal, E. O. J.*: The linguistic prehistory of Southern Africa: Bush, Kwadi, Hottentot and Bantu linguistic relationship. In: Africa, Bd. 23. 1963.

# PERSONEN- UND SACHREGISTER

A-Gruppe 38
Abu Salih 83
Abul Feda 76, 312
Abu Zaya 119
Achat 246, 255
Achatindustrie 246
Adal 86, 87 (K)
Adler 139
»Adonisgärten« 47
Afalou-Bou-Rhummel 8
Afro-europäische Elfenbein-Kunst 274, 277 (Abb.)
Afro-portugiesische Elfenbein-Kunst 160, 274
Agni-Bank 87 (K)
Ahnenfiguren 164, 267, 268 (Abb.), 295 (Abb.)
Ahnenkrug 283, 284 (Abb.) s. auch Seelenkrug
Ahnenkult 191, 197, 211, 213, 215
Ahnenopfer 202
Ahnenpfahl 267
Ahnenstein 297
Akan-Kultur 307
Akoriperlen 238
Aksumitisches Reich 104
Al Bakri 75, 246, 303, 319, 321, 322
Al Bakui 124
Alcacova 140
Al Fasari 301
Al Harani 312
Al Jakubi 312
Aloa 71, 72, 81, 83, 86, 87 (K), 99
Alodia 71, 72, 81, 223
Aloe 122, 124
Al Makrisi 312
Almasy, L. F. 33
Altägypt. Kultureinfluß 29
Altenrat 209
»Altnigritier« 192
Altnigritischer Feldbau 191
Altnigritische Kultur 190
»Altsudaner« 192
Altsudanische Kultur 190
»Altvölker« 41
Altvölkerfrage 23
Alwa 99, 110
Alwah s. Aloa
Amara-West 66
Amber 122, 124
Amborn, H. 69, 70
Amharische und kuschitische Großstaatenkultur 191
Amharische Sprache 104
Amon 67
Amon-Re 27

Amratian 37
Amun von Napata 83
Anakaza 35
Andersen, J. 341, 342, 343
Ankermann, B. 190, 191, 285
Ankole 87 (K), 93, 97, 116, 117
Antilopenmaske 272 (Abb.)
Anubis 29
Apedemak 68, 70
Apis-Stier 26
Applikation 235
»Arabia, In« 125 (Abb.)
Archanthropinen 3
Architektur 134, 135
Arekanuß 129
Aristoteles 317
Arkell, A. J. 69, 76, 212, 223
Armreifen 276 (Abb.)
Arriens, Carl 238
Ashanti 87 (K)
Asmus, G. 47
Asselar 16, 18
Äthiopien 92, 103 ff.
Auanrhet 32 (Abb.)
Audagast 322
Aulik 164, 273, 288, 297, 308
Ausan 118
»Ausanatische Küste« 118
Ausleger Kanu 120
Australopithecus 2 (Abb.)
Australopithecinen 1, 2
Australopithecus africanus 1
Australopithecus robustus 1
Awerri 264
Axum 318
Azania 118
Azurara 325, 328

Backofen 128
Badari 42
Badari-Kultur 38, 41
Bagirmi 87 (K), 203 f., 206
Bailloud 212
Balbus, C. 316
Balsambaum 310
Bamum 87 (K)
Bamum-Museum 285
Bamumschlange 288, 289
Bamumschrift 290
Banane 49, 50, 52, 112
Bananenwein 52
Bantu-Kultur 346
Barawa 122, 124, 129
Barros, J. de 74, 75, 138, 140, 252, 253, 329, 335
Bart, künstlicher 222, 223

Barth, H. 27, 33, 179, 206, 228
Basler Mission 49
Baststoff 219, 255
Batik 232
Battell, A. 24, 156, 162
Baumann, H. 6, 7, 27, 45, 52, 53, 78, 79, 80, 81, 86, 124, 167, 170, 172, 190, 191, 192, 234, 266, 301, 309, 340, 348, 359
Baumwolle 69, 112, 124, 127, 200, 229, 255
»Baumwollgeld« 185
Baumwollgewebe 255, 319
Baumwollkleidung 326
Baumwollmarkt 201 (Abb.)
Baumwollpanzer 204
Beamtentum 138, 164, 167, 168, 174, 189, 204, 209, 224
Beaulieu 341
Begräbnishöhlen 223
Behrens, C. F. 339
Beizreserven 232
Bekleidung 339
Bemba 87 (K)
Bena Lulua (Shilange) 87 (K)
Benin 74 f., 244, 245, 246, 252 ff.
Benin-Kunst 275
Benin-Sammlung 250
Benin-Stadt 256 (Abb.)
Bent, J. T. 123
Bergbau 132
Bergspiegel 150
Bermudes, J. 162
Besessenheitskult 164, 215
Bestattung in der Rinderhaut 64, 221
Bestattungsbräuche 94, 192, 213, 220, 221, 222, 251
Bestattungsriten 96 ff., 161, 170, 221 (Abb.), 198 (Abb.), 200
Betel 129, 130
Bewässerung 53, 59, 114, 231, 322
Bibel 78
Biblische Motive 77 ff.
Bida 236, 238
Bienenkorbhütte 193, 343
Bienenwachs 124
Bier 42, 44
Bini (mit Benin) 86
Birma 226
Bischa 111
Bito 114, 116
Blasebalg 175
Blut 93
Bocarro, A. 135, 140
Bodenbau 44, 52 ff.

Bodendellen-Keramik 73 (Abb.), 79 ff., 118, 167, 173, 223, 234
Bogen, äthiopischer 70
Bogenhalter 164
Bogenharfe 220
Boma-Bolia, Sakata 87 (K)
Boot (genähtes) 120 (Abb.), 121 (Abb.)
Borgu 87 (K)
Bornu 179 ff., 228
Bornu-Kanem 87 (K)
Bos africanus 33
Bos brachyceros 33
Boscha 111
Boskopfrage 7
Böving, J. G. 339
Bowdich, T. E. 303, 307
Braukämper, U. 193, 214
Braun, S. 275, 333
Brautpreis 100
Breasted, J. H. 66
Broken Hill 3
Bronzeguß 178, 247 (Abb.)
Bronze- oder Messingguß 260
Bronzeköpfe 250
Bronzelampen 76, 76 (Abb.)
Bronzeplastiken 250
Bronzeplatten 258 (Abb.), 259 (Abb.), 260
Bronzetreibarbeiten 236
Broom, R. 1
Brot 42, 321, 333
Brot (Fladen) 52, 112
Bruce, J. 100
Bruder-Schwester-Ehe 223 s. auch Geschwisterheirat
Brun, S. 160, s. auch Braun, S.
Bubalus-Periode 27, 29
Buganda 118
Van Bulck, G. 309
Bullom- (Sherbro-) Reich 281
Bunyoro 114, 117
Burgkmair, H. d. Ä. 118, 338, 344
Burckhardt, Chr. 338
Burundi 87 (K)
Buschmannkunst 38 ff., 39 (Abb.)
Buschmannproblem 348, 351
Buschmannrevolver 7
Buschongoplüsche 159, s. auch Raphiaplüsche
Büstenreliquiar 150, 151
Butter 62, 63, 129
Butwa-Zimbabwe 87 (K)
Byzanz 104

C-Gruppenleute 38, 65
Ca'daMosto, A. da 325, 326, 327, 328, 329
Caltaniseta, Lucca da 145
Cão, D. 143, 147
Capsium 4, 27
Castanheda, F. L. de 334, 336
Cavazzi, G. A. 151, 155
Cesar, J. 134
Chaumont, Ch. de 340
»Chefs des Cantons« 211
»Chefs des Vilages« 211
Chelles-Acheul 2, 3
China-Handel 127, 128

Chilongo 156
Chnum 27
Christentum 70, 72, 73 ff., 83, 99, 104, 105 (Abb.), 112, 145, 165 (Abb.), 253, 288, 318, 324
Christianisierung 143, 144
Christlicher Einfluß 111, 147 (Abb.)
Christliche Kunst 76
Christlich-nubisch-koptisch-abessinische Kulturfamilie 173
»Chwezi-Empire« 114
Clark, D. J. 1, 17, 18, 38
Claudius 340
Coco-Jams 48, 49
Cokwe (Tschokwe) 87 (K)
Coleus 44
Copland 339
Coris (Glasperlen) 248
Cosmas Indicopleustes 50, 121
Couto, D. de 140
Cromagnide 3
Cromagnides Substrat 319

Dagomba 87 (K)
Dahomey (Fon) 87 (K)
Dapper, O. 24, 151, 156, 157, 158, 159, 162, 235, 246, 259, 260, 262, 326, 333, 339, 340, 343, 344
Darfur 86, 87 (K), 90, 92
Dart, R. A. 1, 2
Datierung 27
Dauerfeuer 88, s. auch Feuer
Daura 226
Daveiro, J. A. 74
Decker, H. C. 162
Denham, D. 179
Diaz, B. 334
Dieterlen, G. 239
Digitaria-Hirse 45
Dio Cassius 84
Diodor 93
Dittmer, K. 58, 70, 108, 110, 238, 253, 254, 280, 281
Djandjero 87 (K), 90, 96, 97, 99, 111 ff.
Djimma 111
Djourab-Senke 70, 175, 212
Djukum 87 (K)
Doke 309
Dolmen 278
Domestikation 27
Dongola 9
Doppelglocke 132, 158, 160 (Abb.), 163, 167, 288, 297, 298
Dornschäftung 53
Dorrah 122
Drachenblut 124
Drost, D. 94
Dualismus 170
Duchu 184
Duisburg, A. von 179
Düngung 278
Dura 44, 322

Edshu 264, 269, 270
Egharevba, J. U. 260
Egun 269
Egun-Masken 269
Ei 161

Eickstedt, Frh. v. 3, 8, 13, 15, 18, 19, 22, 35
Einbaum 333
Eisen 67, 69 ff., 80, 102, 118 ff., 123, 131, 165, 170, 195, 279, 309, 315
Eisenamulett 123
Eisenexport 128
Eisengewinnung 58, 69 ff., 80, 192 (Abb.), 211, 212, 309, 342
Eisenindustrie 167
»Eisenkochen« 193
Eisenkultur 193
Eisennutzung 175
Eisenwaffen 128
El-Bdari 33, 34
Elefant 28 (Abb.), 128, 296
Elefantengott 72 (Abb.)
Elfenbein 123, 186, 248, 274, 297
Elfenbeinschnitzerei 147 (Abb.), 160, 274, 280, 329
Elfenbeinring 161
Eleusine 43, 44
El Guettar 18
Elmenteita 15
Elmina 329
El Tahtawy Hussein 122, 123
El Tunsy 211
Emmer 41, 42
Engaruka 15
Engelmayer, R. 37
Ensete 44, 45, 51 (Abb.), 52
Entmannung 113
Erbfolge, patrilineare 260
Erdherr 46, 47, 211, 215
Erdnuß 45, 56 (Abb.)
Erzbeamte 167, 208
Erziehung (Mädchen) 164
Erzpriester Johannes s. Johannes
Esch, Hans Joachim v. d. 316
Esel 60, 181
Esie 279
Esmeraldo de situ orbis 328
Eunuchen (Amtsträger) 204
Eurafrikanische Steppenjäger-Kultur 6
Europide Merkmale 170

Fagan, B. M. 131
Fagg, B. 175, 252
Fagg, W. B. 274, 275
Fagg, B. und Fagg W. 280
Faltenreservierung 230
Familienendogamie 135
Fanany 96, 97, 113, 162, 170
Faras 254
Färben 200 s. auch Indigo
Fauresmith 3
Faustkeil 2
Federschmuck 108, 110
Feige 129
Feldbau s. Bodenbau
Feldbaugeräte 52 f.
»Feldbauerntum« 50
Feldbaufeste 45, 46, 47, 48
Fellkleidung 159, 340
Felsbilderkunst 25 ff.
Fernandes, V. 267, 275, 280, 328, 329
Fernandez, A. 96, 142
Fernhandel 228

Feterita 45
Fetisch 147, 163, 267
Fettsteiß 39
Feuer, hl. 88 ff., 102, 161, 209
Feuer, Staats- 100
Feuerhölzer 163
Feuerhüterin (Vestalin) 89
Feuernutzung 3
Feyo 339
Figuren, Gedächtnis, 251, 252
Fingerglied, Amputation 341
Fingerhirse 43
Fipa 87 (K)
Fischfang 61 (Abb.), 333
Fischtabu 108
Fladenbrot s. Brotfladen
Flaschenkürbis 63 (Abb.), 181
Flechtbandmotiv 254
Fliegenwedel 251
Florisbad 6, 7
Flußbegräbnis 170
Fonio 44, 45
Foy, W. 275
Frank, B. 322
Frau, Stellung der 135
Frauenmarkt 181, 242
Freemann 324
»Freifiguren« 173
Fritsch, G. 340, 344
Frobenius, H. 89
Frobenius, L. 15, 27, 33, 48, 74, 77, 88, 92, 95, 96, 98, 134, 235, 238, 239, 250, 279, 280, 346
Fruchtbarkeitspuppe 269
Frühbauerntum 33, 37, 42
Fuchs, P. 35, 36, 37, 189, 193, 210, 211, 212, 213, 214, 215
Fufu 49
Ful von Adamaua 87 (K)
Ful-Staaten 87 (K)
Fung 99
Funj (Fung) 87 (K)
Futa Djalon 87 (K)

Gabelpfosten 278
Gabelstock 215
Gallawanderungen 112
Galloway, A. 346
Gambles Gave 3, 15
Gana 76, 87 (K), 238, 301, 322
Ganata 303
Ganda 116
Gaoga 75
Gardi, R. 193, 197, 200, 230, 238, 283
Gardner, G. A. 347
Gebläse 69, 213
Geez 104
Gedi 124, 128
Geheimbundwesen 273
Geister, Natur- 213
Gelbguß 268 s. auch »Guß in verlorener Form« u. »Wachsausschmelzverfahren«
Geld 159, 185
Gelede-Masken 252
Gera 111
Gerberei 234 f.
Gerste 41, 42, 184

Gerster, G. 68, 72
Geschenkhandlungen 243
Geschwisterehe 84, 99, 167
Gesellschaftsformen 6
Gesichtsschleier 319, 321
Gesichtsurne 283
Getreidepflanzen 41 ff.
Gewittergottheit 207
Gewürze 129
Ghana (Walata) s. auch Gana
Gimirra 90
Glas 128, 150, 236, 238
Glaserzeugung 220
Glasperlen 238, 248, 255, 278
Glasperlenproduktion 251 f.
Glasringe 236
Glocken 156, 158, 293 (Abb.), 298
Glück, J. 241
Gobir 75, 226
Göhring, H. 164
Gold 122, 123, 286, 322
Goldarbeiten 183
Goldgewichte 202 (Abb.), 307
Goldgewinnung 140 ff., 307, 312
Goldguß 307
Goldhandel 121, 122, 128, 132, 140 ff., 301, 307, 312, 318
Goldketten 315
Goldland Akita 312
Goldland Gana 303
Goldmaske 302 (Abb.), 303
Goldminen 140, 142
Goldreichtum 303
Goldschatz 303
Goldschmied 307, 308
Goldschmuck 307
Goldstaub 308, 322
Goldwaage 308
Goma 111
Gomez, D. 326
Gong in Büffelgestalt 217
Gonja (Guang, Brong) 87 (K)
»Gottkönig« 244
Gottkönigtum 251 s. auch »Sakrales Königtum«
»Götze« 147, 150, 267
Gottesvorstellungen 197, 213, 214
Götterfiguren 269
Götterkult 265
Grabbeigaben 213
Grabfiguren 283
Grabröhre 98,
Grabstock 52, 53, 191
Grabstock mit Beschwerstein 6
Grabstockbau 112
Grabwächter 161, 283
Granatapfelbaum 129
»Graslandkunst« 273, 285 ff.
Graziosi, P. 27, 33
Gröben, O. F. von d. 334, 336
Grottanelli, V. L. 355
Grubenofen 123, 213
Guma 111
Gurma 87 (K)
Gusinde, P. M. 22, 23, 24, 348
Guß in verlorener Form 178, 193, 236, 300 (Abb.), 305 (Abb.), 307
Gwari 226

Haartracht 134
Haberland, E. 42, 75, 78, 104, 107
Hackbau 52
Hacke 52, 53, 191
Hadya 111
Halsschmuck (Viehdarm) 341
Hall, M. 123
Hamann, G. 126, 337, 355
»Hamitischer Kulturkreis« 15
Hamiten-Theorie 58
Handa-Kreuze 167
Handel 118, 121, 132, 142, 174, 181 ff., 241, 255, 262, 263, 310, 318, 333, 336
Handelsgüter 183, 127
Handelsorganisation 186
Handelssprache 241
Handelsstationen 134
Handelsstraßen 181 ff., 321
Hanno 313, 314
Harinck, G. 342
Hartmann, R. 204
Haselberger, H. 239
Hathor 26, 100
Haube (aus Zylinderperlen) 204
Häuptlingstum, sakrales 215
Hausastaaten 87 (K), 226
Hausastaaten, unechte 226
Hausbau 326
Haustiere 27, 59 ff., 129
Heinrich der Seefahrer 325 f.
Heintze, B. 151, 221
Hellenistische Einflüsse 103
Hemmersam, M. 333, 334, 336
Hennig, R. 312, 313, 314, 315, 316, 317, 318, 324
Herbert, Th. 338, 339, 341, 342
Herchuf 23, 24, 317
Herde, hl. 100
Herodot 25, 34, 36, 68, 95, 312, 314, 315
Herport, A. 338
Hesse, E. 342
Himmelheber, H. 164, 173, 266, 270, 271, 303
Himmelsgottheit 197, 264
Himmelskuh 102
Hinderling, P. 193, 197, 202
Hintze, F. 66, 70
Hintze, F. und U. 65, 72
Hirse 42, 45, 129
Hirseernte 44 (Abb.)
»Hirse-Seele« 47
Hirth 324
Hirtenbräuche s. Viehzüchterbräuche
Hirtenkriegertum 60
Hirtennomadismus 53, 59
Hochgott 214
Höchstes Wesen 207, 214
Hocker 166 (Abb.)
Hodenexstirpation 340, 341
Hoernle, Miß 346
Hofämter 188
Höfer, K. 144, 145, 147
Hofetikette 223, 263
Hofkapelle 167
Hofkunst (Aulik) 274, 283, 288, 297, 308
Hofmayr 100

Hofnarr 262
Hofritual 143, 203, 263, 303
Hofzeremonial 139, 156, 157, 162, 167, 174, 192
Hoheitszeichen s. Würdezeichen
Höhlenheiligtümer 132
Höhlenwohnungen 239
Hollis, A. C. 78
Holzschnitzkunst 274
Hommel, F. 78
Homer 317
Homo habilis 1
Honig 96
Hornell 119
»Hottentottenschürze« 8, 341
Hottentottenthese 347
Houtman, Corn. de 338, 342
Huard 212
Huhn 129
Hümmerich, F. 335
Hund 321
Hundeessen 321

Ibalaghen 18
Ibedji 269
Ibn Battuta 75, 124, 130, 179, 186, 249, 323
Ibn Chaldun 77, 322
Ibn Chordadbeh 122
Ibn al Fakih 122, 307
Ibn Haukal 122, 303, 319
Idena 279
»Idole« 147, 150
Idrisi 122, 123, 124, 130, 238, 303, 312, 319
Ifa 269
Ifabrett 73, 249 (Abb.)
Ifa-Orakel 265, 269, 270
Ife 279
Ife-Bronzen 249
Ife-Kunst 252
Igara-Idoma 87 (K)
Ihle, A. 143
Ikat 232
Ilede 132
Ilorin (Yoruba) 226
Impluvium 251, 265, 285, 286
»In Arabia« 118
Indigo 200, 206, 228 f., 229, 231 (Abb.)
Individualtotemismus 7
Ingombe-Ilede 87 (K)
Initiation 7, 174
Insignien 207, 215, s. Würdezeichen
Inskeep, R. 347
Inthronisation 110, 111, 113, 138, 139, 161
Irle, J. 63, 64
Irstam, T. 90
Ishango 18
Islam 99, 104, 111, 186, 191, 204, 207, 214, 226, 239, 241, 243, 288, 319, 322, 324
Islamischer Einfluß 78, 197
Issa 76
Itsekiri (Reich) 262

Jadin 145
Jugastaaten 87 (K)

Jägerdarstellung 34 (Abb.)
Jagdherr 7
Jagdriten 6
Jägerweihe 7
Jahresfeste 346
Jahresfeuer 88
Jakubi 124
Jakut 122, 124, 129, 238, 239
Jams 44, 45, 47, 48, 129
Januskopf 286
Jaspis 246
Jeffreys, M. D. W. 45, 220
Jenseitsglaube 197, 207, 213
Jensen, A. E. 52, 78, 97, 278
Johannes von Ephesus 72
Johannes (Erzpriester) 143, 252, 318, 324
Jopp, W. 339, 340, 342, 343, 344, 347
Jungsudanische Kulturen 191
Jungwirth, M. 248, 249, 253, 254, 259, 260, 262, 263
Jukum 87 (K), 226

Kabaka 86, 116, 117
Kaffa 87 (K), 90, 98, 99, 111
Kaffa-Djandjero-Wolamo 108 ff.
Kaffa-Krone 109 (Abb.)
Kaffee 44, 112
Kakamas 6
Kalatscha 106 (Abb.), 108, 110, 253
Kalebasse 181
Kalebasse, Schmuck- 297
Kalium-Argon-Methode 1
Methode 1
Kamanga-Tumbuka 87 (K)
Kambata 111
Kambyses 314, 315, 316
Kamel 60, 63, 128, 181, 228, 241
Kamelkarawane 10, 11 (Abb.), 184 (Abb.)
»Kamel-Periode« 30, 31, 60
Kamelreiter 57 (Abb.)
Kamfara 226
Kandake 68, 72 (Abb.), 84, 85 (Abb.), 316
Kanem 334 f.
Kano 226, 228
Kano-Chronik 228, 240
Kanopen 95
Karagwe 97, 116
Karawanenhandel 181
Kassawa 49
Kastenwesen 285
Kastration 100
Kasuini 122, 123, 124
Kat 44
Katsina 226
Katsina Ala 175
Kauri 242, 275, 326
Kaurigeld 255
Kauriwährung 128
Kebbi 226
Kegeldachhaus 176, 193, 210, 239, 241
Keramik 128, 132, 341
Keramikfiguren 286 (Abb.)
Kerma-Kultur 65
»Kernbuschmanntum« 348
Kenia-Capsium 3

Kettenpanzer 204, 209
Khami 132
Khartoum 16
Kilindi-Herrschaften 87 (K)
Kilunga-Schmuckscheibe 165
Kilwa 121, 122, 123, 127, 128, 129, 130, 134
Kisra-Legende 76, 77
Kisra-Chosrau 77
Kitara-Reich 114
Kitwara 93
Kiziba 116
Klanexogamie 202, 217
Klee 44
Kleidung 6, 127 f., 134, 159, 160, 206, 251, 258 (Abb.), 259 (Abb.), 319, 326, 335
Kleidung, Voll- 191
Kleinschmid, R. 340, 341
Kleinstaaten von NW-Kamerun 86
Klement-Kleinschmid S. 126, 127
Knollengewächse 47 ff.
Kohl-Larsen 90
Kokospalme 129
Kokos-Schöpflöffel 130 (Abb.)
Kokoswein 122
Kolb, P. 58, 339, 341, 342, 348, 351
Kongo (Reich) 87 (K), 88, 143ff., 155, 160
Kongo-König 145 (Abb.)
Kongo-Lunda 96
König = Gott 162
Königin-Mutter 84 ff., 99, 100, 108, 117, 135, 156, 162, 167, 186, 189, 203, 204, 208, 223, 262
Königin-Schwester 84 ff., 117, 135, 223
Königsahnenschädelkult 94, 170, 296
Königsgräber 161
Königsinsignien 92, 93, 94
Königskult 83
»Königskultur« 112, 113, 192, 223
Königsmedien 139, 162
Königsmord, hl. 88, 93 ff., 99, 100, 104 f., 139, 163, 167, 223
Königsmumie 161
Königspalast 116, 289 (Abb.)
Königsschwestern 86, 100, 156, 186, 204, 208, 225
Königssymbol 107
Königstiere 96, 296, 297
Königstochter 204
Königstod (Bestattung) 113
Königstrommel 90, 91 (Abb.), 92, 170, 292, 298
Königtum, sakrales 83 ff., 86 ff., 89, 99, 108, 110, 135, 162, 163, 173, 174, 191, 223, 224, 251, 281
Koptische Kirche 105 (Abb.)
Koptische Kunst 254
Korallen 255
Kordofan 87 (K), 92
Korn, Guinea- 45
Korn, Trockenzeit- 45
Kosmas Indikopleustes 318
Kraus, P. J. 83
Krause, F. 349
Kresse 44

Kreuz 252 f., 254
»Kreuzkellergewölbe« 239
Kreuzsymbol 69 (Abb.), 73, 74
Kriegselefanten 69
Kriegsglocke 158
Kriegswagen 31 (Abb.)
Krone 107, 108, 110
Kronenberg, A. 35
Kronengohaar
Kronschatz 303
Krönungszeremoniell 94, 161, 224, 296
Kuba 309
Kubakultur 170
Kuba-Portraitstatue 171 (Abb.)
Kuba-Reich 87 (K), 170
»Kuhblasen« 100, 102 (Abb.)
Kullo 111
Kunsthandwerk 132, 142, 160, 172, 191, 232, 288 f.
»Künstlerstraße« 290, 298 (Abb.), 300
Kunststile 266 ff.
Kupfer 123, 124, 165, 178, 246, 249, 335, 336
Kupfergewinnung 342
Kupferhelme 204
Kupferminen 37, 132, 312
Kupferschmuck 128, 219
Kupferwährung 186
Kuppelhütte 6, 343
Kuriositätenkabinett 160, 275
Kurth, G. 3, 8, 15
Kurzhornrind 59
Küstenhandel 118, 307
Küsters, M. 322
Kusch 65, 66, 93
Kuskus 42

Lagercrantz, St. 119
Laimbeckhoven 140
Lampen, Ton- 128
Lamu-Arbeiten 301
Langhornrind 59, 65, 116, 220
Lanugohaar 23
Lanze (Speer), hl. 103, 163, 203
Leakey, L. S. B. 1, 2
»Lebender Leichnam« 7
Lebeuf, J. P. 178, 286, 287
Lederarbeiten 234
Lederwaren 183
Leguat, F. 340
»Lehmarchitektur« 239, 241 (Abb.)
Lehmburgen 239, 241
Lehmkastenhaus 239, 240
Lehmkegel 278
»Lehmkomplex« 239
Lehmplastik 283
Leichendörre 161
Le Maire 326
Leo Africanus 75, 179, 204
Leopard 96, 161, 262, 296
Leuzinger, E. 266, 283, 297
Lhote, H. 27, 29, 30, 31, 33, 34, 37
Liebesfreiheit 189, 217
Limmu 111
Lineage-Gehöftgruppe 210 f.
Lippenteller 185
Litham 9 (Abb.), 319
Littlewood, M. 296

Livingstone, D. 140
Loanda 155
Loango 87 (K), 88, 96, 155, 156, 158, 160
Lokalhandel 118
Lopes, D. 158, 162
Lopez-Pigafetta 150
Löwe 94, 96, 97, 139, 162, 167, 297
Luba-Reich 87 (K), 162 ff.
Luba-Schnitzwerk 166 (Abb.)
Lucano (Erbarmring) 167, 170
Lukokescha 84, 167
Lunda (Reich) 87 (K), 163, 167 f.
Luschan, F. von 250

Machtsymbole s. Königssymbole
MacIver, R. 131
MacMichael 211
Madagaskar 96
Mädchenbeschneidung 220
Magaram 186
Magira 186, 189, 203, 204
Mais 42, 45
Maisbrot 332 f.
Makonda 156
Makorrah 83
Makrizi 322
Makuria 71
Mali (Melle) 87 (K), 322
Malindi 122, 324
Malteserkreuz 254
Manamatapa = Monomotapa
»Mandarata«-Schiff 119
Mande-Reiche 281
Mandelslo, J. A. von 338, 341
Mangbetu (Reich) 87 (K)
Mangelraum 41
Mani Kongo 143
Manila 248, 249, 255, 258 (Abb.), 259 (Abb.)
Maniok 48 (Abb.), 49 (Abb.), 49, 50 (Abb.)
Mapungubwe 132, 346
»Mararavi« (Reich) 87 (K)
Marco Polo 324
Marees, Pieter de 255, 308, 330, 333, 334
Margai 213, 215
Mariatheresientaler 185, 242, 301
Markt 241, 242, 331 (Abb.)
Marktordnung 183, 185
Marktwesen 181, 242, 330, 331
Marktwoche 242
Marquart, J. 74, 75, 252
Martin, H. 290, 292
Masken 271 (Abb.)
Maskenwesen 271 ff.
»Maskottchen« 299 (Abb.)
Mas'udi 122, 123, 319
Mathew 121
Matrilineale Deszendenz 156
Matrilineale Erbfolge 156
Matrilineale Gesellschaft 170
Mauch, K. 123
Mauny, R. 212, 249
Mayr, H. 126, 127, 129, 130, 337
Mazarira 135
Mbangala (= Jaga) 87 (K)
Mbum 87 (K)

Mbun 174
Mechta-el-Arbi 8
Medien 215
»Medizin« 150
Meek, C. K. 214, 220, 224
Meerhof, van 340
Megalithikum 278
Meidungsgebote 85
Meinhof, C. 27, 78, 344
Meiram 208
Meister, G. 341
Melken 62, 64, 100
Melindi 123, 124
Melle = Mali 322
Melzian 253
Menhir 278
Menschenopfer 170, 263
Menzel, Br. 307, 308
Menzel, O. F. 339, 342
Merimde 33, 42, 62
Merimde-Kultur 41
Merker, M. 78
Merklein, J. 347
Meroë 65 ff., 67 (Abb.), 83, 103, 175
Meroïtische Königin 72 (Abb.), 85 (Abb.)
Merolla 263
Mertens 309
Messingeinfuhr 308
Metall, Königsmonopol 255
Meyer, H. 92
Mikrolithen 4, 5
Milchnahrung 62, 63
Minenbetrieb 132
Mission 248, 250, 254, 262, 263
Mistdüngung 53, 108
Moçambique 122
Mohrenhirse 44, 129
Mokadischu 122, 123, 124, 128, 129, 130
Mombasa 122, 123, 127, 128
Monceaux, P. 23
Mondorotöpfe 95
Monolith 278
Monomotapa 92, 98, 131 ff., 134, 135, 138, 139, 140
Monomotapa-Kultur 79, 123, 134
Monomotapa-Reich 87 (K), 132, 162
Monorchie 341
Moritz, E. 343
Moschus 122
Moser, R. 120
»Moses-Mythus« 79
Mossi (Reich) 87 (K)
Moza 50
Mpemba 163
Mpororo 116
Muata Jambwo = Mwata Yamwo
Mukarowski, H. 26
Mukura (Reich) 86, 87 (K)
Mulope 163, 164
Müller, W. J. 330, 333
»Mumienbinde« 213, 221
»Mumienwickelung« 222
Mumifizierung 94, 96 (Abb.), 161, 220, 221, 223
Munsa, König 217 ff., 218 (Abb.)
Münzprägung 128

Murdock, G. P. 43, 44, 45, 278
Musa Mansa 322
Muschelgeld 185
Muschelscheiben-Schmuck 134, 141 (Abb.), 163, 165, 170
Musgu-Dorf 187 (Abb.)
Musikbogen 7
Musikinstrumente 158
Mutterbruder 86
Mutterrechtl. Erbfolge 164, 167, 223
»Mutterrechtl. Familie« 84
Mutterrechtl. Tendenzen 164, 211
Mutterrechtl. Thronfolge 83, 85
Muza (Mokko) 123
Mwata Kazembe 167
Mwata Yamwo 84, 162 (Abb.), 167
Myrrhe 310

Naberera-Schädel 6
Nabelschnur 86
Nachtigal, G. 33, 34, 179, 181, 183, 184, 185, 188, 189, 203 ff., 207
Nagelfetisch 150, 151 (Abb.), 269
Namasole 84, 86, 117
Namo (= Mbundu-) Staaten von Jaga-Herkunft 86
Napata 65 ff., 83, 88, 94, 103, 223, 316
Narr, K. J. 33
Nashorn 119
Negade I 37
Neufeuer 170, 209
Neujahrsfeste 88, 89, 139, 209
Neu- oder jungsudanische Kulturen 191
Neumondfest 139, 222
Neusudan. Kultur 191
Ngola-Ndongo (Reich) 87 (K)
Ngorongoro 15
Nilotische Kultur 78
Nischengrab 207, 213
Niombo 221, 222
Njoya, I. 290, 292, 298
Njoya, König 273, 288, 289, 290, 296
Nkhumbi-Mwila (Reich) 87 (K)
Nkole 88
Nobatia 71, 72, 223
Nok-Figurenkultur 175
Nok-Figurenkunst 176 (Abb.), 177 (Abb.), 252, 280, 286
Nok-Kultur 71, 176
Nokena 186, 188
Nomadismus 53, 56
Nomoli 280, 282 (Abb.)
Nomoli-Stilgruppen 281
Nubien in christl. Zeit 71 (Abb.)
Nupe 73, 87 (K), 226, 236
Nyame 269
Nyendael, D. van 246, 263
Nyikang 99, 100, 102, 103
Nyoro 93
Nzambi 144
Nzinga, A. 151, 154, 155, 162, 163 (Abb.), 165 (Abb.)

Oakhurst Shelter 6
Oba 244
Obatalla 269
Ochse, Trag- 181

Odua 269
Odudua 269
Oduduwa 269
Ofen, Schmelz- 194 (Abb.)
Ogane 74, 75, 252, 253
Ogun 265, 278
Oldoway 3, 15
Oldowayum-Kultur 2
Olodumare 269
Olokun-Kopf 250
Olorun 265, 269
Ölpalme 45, 176
Oni Ife 244
Orakel 7, 270 (Abb.)
Orangen 129
Oschalla 269
Otiose Himmelsgottheit 214, 265, 269
Overbergh, van 309
Ozanne, P. C. 334, 336

Palastanlage 135
Palastmuseum 296, 300
Palmwein 157
Pande (Muschelscheibe) 170, 275
Panzer 209
Panzerhemd 204
Paranthropus 1
Paranthropus-Gruppe 2
Parthe, D. 339
Passarge, S. 204, 229, 235, 236
Patriarchat 202
Pauke s. Trommel 207
Pebble-Kultur 1
Pechuel-Loesche, F. 161, 309
Penisfutteral 6, 334, 335, 340
Penis, Hochbinden 340
Penistasche 340
Pennisetum 44, 45
Pereira, D. P. 255, 275, 328, 329
Periplus d. Erythr. Meeres 118, 119, 310, 317
Perlenhaube (Ob. Nil) 206 (Abb.)
Perlenthron 287 (Abb.), 296
Perl-Hirse 45
Perlenschmuck 251
Peters, C. 123
Petronius 316
Pfahl, hl. 207
Pfahlplastik 267, 268 (Abb.)
Pfalz 107, 113
Pfeffer 248
Pfefferkornhaar 8, 23
Pfeifen, Häuptlings- 291 (Abb.)
Pfeifenköpfe 298
Pferd 30 (Abb.), 31, 39, 60, 67, 129, 181, 209, 259
Pferdedarstellungen 39
»Pferde-Periode« 29
Pflanzenbau s. Bodenbau 175, 181
Pflanzenmotive 81
Pflaster, Scherben- 251
Pflug 108, 112
Pflug (Altägypten) 53
Phallus-Schmuck 108
Phallustasche 340
Pina, Ruy de 144, 329
Piratentum 263
Piri 156

Plangi 232
Plejaden 344
Plinius 36, 84, 316, 317
Plüschstickerei 172
Plüschstoff, Baumwolle 235
Pöch, R. 38, 348
Pogge, P. 84
Pomdo 280
Portraitähnlichkeit 267
Portraitstatue 173, 221
Portrait-Terrakotta-Kopf 250
Portug. Kultureinfluß 107, 134
Porzellan 124
Porzellangefäße 128
Präanimismus 7
Presbyter Joam von Indien 75
Priester Johannes 74 (Abb.)
Priesterkönig 108, 223
Primigenius (Rind) 59
Primitivität, sekundäre 349
Proskynese 138, 208, 328
Ptolemaeus Claudius 120, 121, 310, 317
Punt 310, 311
Pythonschlange 296

Ragi 43
Rano 226
Raphiabaststoff 158
Raphiaplüsch 158, 160, 172 (Abb.), 173 (Abb.), 173
Raphiaweberei 170
Ratsversammlung 188
Rauchen 334
Räucherung d. Königsleiche 221
Raunig, W. 119
Reche, O. 16, 17, 210
Rechtspflege 209
Regenmacher 93, 210
Regenopfer 346
Regenpriester 210
Regenzauber 170, 210
Regenzeremonien 210, 346
Reichsinsignie (Trommel) 90
Reichskleinodien s. Würdezeichen
Reis 45, 129
Reisernte 46 (Abb.)
Reiterdarstellung 39
»Reiter-Periode« 30
Reliquie 150
Reliquienbehälter 154, 163
»Reliquienkasten« 151, 163 (Abb.)
Reliquienkult 223
Rennofen 193, 212 s. auch Schmelzofen
Reservierung durch Nähen 232
Reservierung durch Umwickeln 232
Reservierungsverfahren 230 f.
Riemen- oder Schlingbandornament 81, 234, 236
»Restvölker« 41
Rhapta 119
Rhinozeros-Horn 123
Rhodesische Kultur 162, 167
Rhotert, H, 27, 33
Riebeeck, van J. 341, 343, 344, 347, 351
Ribeiro, P. Chr. 144

Rind, hl. 28 (Abb.), 116, 223
Rind (schwarzes im Kult) 167
Rindenbaststoff 159
Rinderdarstellung 65
Rinderhaltung 202
Rinderherde (hl.) 92
»Rinderhirten« 59
»Rinderhirten-Periode« 29
Rinderkomplex 34
Rinderrassen 59
Rinderzucht 63
Rizinus 44
Robinson, K. R. 131
Roggen 42
Rohlfs, G. 179, 235
Roscoe, J. 90, 97
Rosenkranz 253
Rosenwasser 124, 130
»Roteiro« 125, 328
»Rotes-Meer-Motiv« 79
Rotholz 161, 219
Rotl 185, 186
Rotse-Luyi (Lozi), Reich 87 (K)
Rozwi-Staat 87 (K)
Rubuga 86
Rückzugsgebiet 41, 190, 210, 239
Rundi 93
»Rundkopfmenschen«-Periode 29
Russegger 212
Rwanda (Reich) 87 (K), 83, 97, 116
Ryder, A. F. C. 254, 275

Saba, Königin von 103
Sabäisch-arabische Einwanderung 103
Sahaba 18
Saldanha 3
Saldanha-Rhodesia-Gruppe 3
Salz 241, 323, 326
Salzgewinnung 185 (Abb.)
Salzhandel 10/11 (Abb.), 325
Sänfte 161
Sangoan 3
Sansibar 128
Santos, J. D. 138, 139, 140, 142
Sao (So), Reich 87 (K)
Sao-Kultur 175, 176 f.
Sarg 69, 151, 221
Schädeldeformation 219 (Abb.)
Schädelkasten 154
Schaf 27, 63, 129
Schäfer, H. 315
Schäftungsarten 53
Schalengebläse 165, 193, 213, 312
Schango 269
Schapera, I. 340, 344
Scharff, A. 29
Schattenseele 213
Schebesta, P. P. 22, 24, 50, 52, 84, 134, 135, 138, 139, 140, 220, 221, 222, 348
Schemel 163
Schenken 243
Schiffahrt 37, 128, 332 (Abb.), 333
Schiffsdarstellungen 37
Schild 110
Schilde, W. 90, 204
Schildpatt 123

Schirm 110, 203, 207
Schlafgrube 342, 343
Schlange, Doppelköpfige 296
Schlangenmotiv 81
Schlauchgebläse 213
Schleier 339
Schlingbandmotiv 79 (Abb.), 80 (Abb.), 81, 82 (Abb.), 173
Schmelzgrube 212
Schmelzofen 70, 80, 193, 204
Schmied 102, 173, 183, 193, 195, 198, 200, 208, 209, 211, 212, 285, 309
Schmiedehandwerk 285
Schmiedehäuptling 309
Schmiedekönig 208
Schmiedekönigtum 309
Schmidt, Missionar 304
Schmidt, P. W. 24, 348
Schmitt, A. 290, 296
Schnalzlaute 346
Schöpfer- und Himmelsgottheit 214
Schreyer, J. 339, 340, 341, 343
Schrift 69
Schubarth-Engelschall, K. 319, 321
Schultze-Jena, L. 348, 341, 344
Schultze, W. 341
Schulze, Fr. 338, 339, 342
»Schwarzafrika« 15
Schweeger, A. 47, 285
Schwein 42, 62
Schweinfurth, G. 204, 217, 283, 317
Schwesterehe 162, 135
Schwidetzki, I. 16, 18
Schwirrholz 7
Schuhmacher 309
Seelenkrug 195, 195 (Abb.), 196 (Abb.), 283
Seelenvogel 195
Seelenvorstellungen 213
Seelenwurm 96 ff.
Segel 333
Segu (Reich) 87 (K)
Selim El Assuan 83
Semitische u. ostkuschitische Staaten Äthiopiens 86
Seneca, L. A. 316
Senf 44
Seniorat 191
Sennar 99
Seth 29
Shangamira 134
Shango (Schango) 265
Shaw, Th. 334, 336
Shona-Staaten 87 (K)
Shungwaya (Staat) 87 (K)
Sichel 53
Sidamo 87 (K), 90, 96
Sidschilmasa 321
Sieber 301
Siedeln und Wohnen 190 (Abb.), 238
Silberdrahtziehen 301
Silberschmuck 301
Simbabwe 92, 96, 123, 131, 132, 135, 281, 346,
Simbabwe-Kultur 79, 95, 167
Simbabwe-Ruinen 136 (Abb.), 137 (Abb.)
Simbabwe-Specksteinvogel 141 (Abb.)

Singa 16
Singa-Schädel 6, 7
Sklaven als Amtsträger 204
Sklavenhandel 184, 228, 248
Smit, De 340
Smith, M. G. 229
Smithfieldium 4, 5, 38, 348
Smithfield C. 5
Smith-Dale 309
So s. Sao
Soba 99
Sofala 93, 121, 122, 123, 128, 134, 140, 142
Sokotra 124
Songe (Staat) 87 (K)
Songhai (Staat) 87 (K)
»Sonnenrind« 26
»Sonnenschaf« 27
Sonyo 144
Sorghum 42, 44, 45, 47, 48, 129
Souvenir 299 (Abb.)
»Souvenirkunst« 160, 275, 290
Spaten 53
Spelz 42
Speisegebote 107, 112, 159 (Abb.), 167, 207
Speise- und Trinkgebote für den König 156
Spiegelaberglauben 150
Spiegelfisch 150, 151, 154 (Abb.), 269
Spiegelzauber 150
Spinne 288
Springer, B. 118, 126, 127, 239, 337, 338, 339, 340, 341, 342
Staaten der Hausa und Ful 86
Staatsfeuer 89
Staatsorganisation 112 f.
Staatsrat 186
Stadt 265
Stadtanlage 135
Stadt-Dorf 265
Städtebau 127
Städte, ostafrikan. Küsten- 127
Stadtstaaten 226
Stammtafel 290
Staude, W. 46
Staudinger, P. 228
Steatopygie, 8
Steinarchitektur 132
Steinbildhauerei 279, 281
Steinfiguren 280
Steinpfeifen 283
Steinplastik 132, 278
Steinringe 283
Steinsetzungen 7
Stele von Dongola 315
Steppenjäger 351 ff.
Steppenjägerkultur 7
Steuern 248, 254, 263
Stier, hl. 100
Stickerei 234
Stilprovinzen (Kunst) 266 ff.
Strabo 45, 60, 69, 84, 316, 317
Straube, H. 78, 79, 80, 81, 90, 96, 97, 111, 112, 113, 114
Straußeneiperlenschmuck 6, 275, 278
Straußenfeder 186
Straußenfederinsignie 203, 207

Streitwagen 34, 35, 36
»Streitwagen-Periode« 29
Stritzl, A. 170, 174
Struck, B. 317, 339
Stuhl, Häuptlings- 288 (Abb.)
Stuhlmann, F. 129, 130, 301
Stuhlzeremonial 296
Summers, R. 131
Suwald, N. 274, 275
Szalay, M. 335, 336, 339, 340, 342

Tabakrauchen 336
Tabakspfeifen 300, 334, 336
Tachard, P. G. 339, 340, 341
Taghasa 326
Talbot, P. A. 222
Tamanrasset 18
Tamaya Mellet 18
Tanz 7, 158
Tappe, D. 342
Taro 48
Taruga 175
Taubenmotiv 69 (Abb.), 73, 76
Taufe 144
Tauschhandel 128
Tauschhandel, stummer 122, 142, 318, 326
Teff 42, 43, 43 (Abb.), 44, 45
Teke (Staat) 87 (K)
Tekrur (Staat) 87 (K)
Temne (Staat) 87 (K)
Terrakotta-Plastik 175, 176 f. (Abb.), 261 (Abb.), 264 (Abb.)
Terrassenanlagen 108, 112, 193, 278
»Teufel« 147
Textilien 127, 128, 319
Theal, McCall G. 343, 347
Thomann 142
Thompson, Miss C. 131
Thron 107, 110
Thronfolge 135
Thronkorb (Sänfte) 161
Thronsessel 157
Tikar-Bamum (Staat) 87 (K)
Tin Lalou 18
Tipoya (Tragkorb) 167
Tjiwara-Masken 273
Tobe 234
Tonfigur 286
Tonplastik 178
Tool-maker 3
Töpferei 128, 178, 285
Torday, E. 172, 309
Toro (Staat) 87 (K), 117
Totem. Verbote 167
Totenfeiern 197
Totenfigur 161
Totenfurcht 7
Totenkult 213, 273
Trauerzeichen 213
Transhumantes 56, 62
Tritik 232
Trittwebstuhl 200, 213
Trommel 89 ff., 91 (Abb.), 92, 110, 114, 163, 215
Tschudi, J. 27
Tsetse-Fliege 59
Tsui-Goab 346
Turnbull, C. M. 24

Turmbau zu Babel Motiv 79
Tyo 155

Uganda (Staat) 87 (K), 90, 92, 93
Uganda-Kultur 84
Uganda-Unyoro 96
Uha (Staat) 87 (K), 93, 97
Ujiji (Uha) 97
Unberührbarkeit des Königs 75
Unsichtbarkeit des Königs 75, 107, 139, 167, 186, 207, 251, 253
Unyamwezi (Staat) 87 (K)
Unyoro (Staat) 87 (K), 116
Upington 6
»Urbuschmanntum« 348
Urundi 92, 97, 116
Usindja 116

Vansina, J. 170
Vasco da Gama 125, 126, 335, 337
Vaterrechtliche Erbfolge 207
Vaterrechtliche Großfamilie 190 f.
Velho, A. 125, 126, 128, 130, 275, 328, 336
Verdienstzeichen 108
Verhulpen, E. 162, 163
Verly 154, 283
Verwaltung 112, 113, 117, 135, 164, 167, 174, 188, 189, 209, 244, 255
Vestalin 92 s. Feuerhüterin
Viehzucht 58 f., 62
Viehzüchterbräuche 64, 100, 116
Vielzeilgerste 42
Vier, hl. Zahl 269
Vierzeilengerste 42
Villafranchium 2
Vischer-Staudinger 235, 236
Vogel, J. W. 339

Wachsausschmelzverfahren 178, 300 (Abb.), 305 (Abb.), 307
Wächterfigur 294 (Abb.)
Wadai (Staat) 87 (K), 207 ff.
Wadi Allaki 312
Waffen 6, 203, 260
Waffenkult 220
Wagen 60
»Wagen-Periode« 29, 30
Wagner, G. 117
Wahrsager 270 (Abb.)
Wainright, C. A. 50, 69
Wak-Wak 122
Washburn, S. L. 346
Wattepanzer 209
Wattepanzerreiter 204, 208 (Abb.)
Webgerät 199 (Abb.), 200
Webstuhl 199 (Abb.), 200
Webtechnik 172
Wehrmacht 209
Weihrauch 130, 310, 311, 318
Wein 112
Weinhaus 159 (Abb.)
Weintrauben 321
»Weiße Dame« 29
Weizen 42, 45, 184, 322
Welsh, J. 275
Weninger, M. 348
Wertmesser 185, 242
Werth, E. 26, 27

Westermann, D. 93, 94, 99, 100, 116, 161, 188, 189, 215, 217, 224, 228, 323
Widderkult 26, 27
Widder mit der Sonnenscheibe 26 (Abb.)
Wiedergeburtsglaube 96 ff.
»Wiener Schule« 23
Wildbeuter 41
Willett, Fr. 251, 252, 278, 279, 280, 281
Wilton-Muschelhaufenleute 6
Wiltonium 4, 5, 39, 348
Windschirm 4 (Abb.), 6
Winkler, H. A. 33
Wintervogel, J. 347, 351
Withington 339, 341
Whitty, A. 131
Wohnformen 6, 342
Woldan, E. 338
Wolf, S. 275, 308
Wolf, W. 83, 84, 310, 311, 312
Wölfel, D. J. 60
Wolff, H. F. 23
Wolof (Staat) 325
Wolof-Serer (Staat) 87 (k)
Wouter, Sch. 342
Woyo 155
Würdenträger 168 (Abb.), 204, 225, 246, 247 (Abb.), 254, 260, 263, 306
Würdezeichen 103, 107, 108, 110, 113, 134, 144, 164, 167, 170, 203, 207, 215, 218, (Abb.), 222, 223, 246, 248, 251, 252, 253, 296, 297, 298
Wurffbain, J. P. 342

Yauri 226
Yoruba (Staat) 87 (K)

Zande (Staat) 87 (K)
Zandsch s. Zing
Zang s. Zing
Janj s. Zing
Zaria 226
Zebu 59, 129
Zauberspiegel 150
Zendsch s. Zing
Zeng s. Zing 123
Ziege 60, 63
»Zimbabwe-Kultur« 84
Zimbabwe (Staat) 87 (K)
Zingion 318
Zinn 249, 235
Zindsch s. Zing
Zing 120, 121
Zinga s. Nzinga
Zinjanthropus 1
Zitronen 129
Zöhrer, L. G. A. 228, 234, 235
Zollsystem 142
Zuckerrohr 112, 129
Zweizeilengerste 42
Zwerg 158, 311
Zwergrind 59
Zwernemann, J. 46, 48
Zwillingsfiguren 269
Zwischenseengebiet 92
Zwischenseenreiche 114, 162
Zyhlarz, E. 26

# STAMMESREGISTER

A'babde 281, 353, 355
Abangba 356
Abarambo 62, 356
Abbala 353, 355
Abe 362
Abessinier 15
Abure 362
Acoli 211, 355
Adangme 362
Adele 362
Adio 356
Adja 361
Adjukru 362
Afar 53, 62, 63, 103, 353, 355
Afo 267, 356
Agau 43, 356
Ägypter 35, 65, 83, 310, 311, 317
Ai-Khoe 5 (Abb.)
Aikwe 351, 353
Aka 22, 353, 355
Akan 45, 307, 362
Akan-Guang 354
Akim 362
Akwapim 79, 362
Aladjan 362
Alanen 8
»Altnigritier« 353, 355
Ambete 267
Ambo 58, 88, 89, 162, 353, 360
Ambo-Kwangama 98
Ambundu 143, 353, 359
Ambwela 143, 360
Amhara 18 (Abb.), 104, 110, 112, 356
Amhara-Tigrinnier-Agau 353
Ammonier 314, 315
Anakaza 353, 355
Anag 356
Anga 278, 357
Anyi 307, 362
Araber 12 (Abb.), 13, 13 (Abb.), 35, 45, 59, 62, 63, 77, 99, 118, 121, 122, 123, 126, 132, 140, 142, 188, 206, 207, 228, 239, 301, 307, 319, 322, 335, 353
Araber, Sudan- 53, 355
Ari 362
Armenier 301
Arussi 18 (Abb.)
Asante 362
Aschanti 79, 283, 303, 307, 308, 362
Asela 203
Assala 203
Assini 362
Assyrer 67, 70

Atakpame 362
Aten 357
Äthiopien 83
Äthiopier 314, 315, 316
Ätiopide 14 (Abb.), 15
Attje 362
Auen 353
Auin 351, 353
Auschisen 35
Auyokawa 357
Avikam 362
Azanaghi 326 f., 328
Azande 356
Azanghi (= Sanhaja, Tuareg) 325

Babinga 22, 353, 355
Babua 267
Babukur 356
Babwa 356
Babylonier 310
Bachwa 22, 353, 355
Bachwezi s. Chwezi
Bacwa 353, 355
Bafussam 357
Baga 273, 358
Baggara 63, 355
Bagirmi 203, 206, 356
Baie 361
Baja 356
Bakkara 353, 355
Bakke-Bakke 158
Bako 108, 356
Bakongo 144, 150, 155, 283, 285, 361
Bakwe 362
Balante 359
Bäle 57 (Abb.), 353, 355
Baleng 296, 357
Bali 360, 361
Bamba 361
Bambara 19, 93, 232, 239, 266, 273, 357
Bambuti 22, 353, 355
Bambutide 22
Bamiléké 267, 287, 296, 355
Bamum 94, 232, 267, 287, 296, 356 f.
Banda 353
Bangandu 356
Bangi 361
Bangi-Jansi u. Mongo-Kundu 354
Bantu 39, 132, 335
Bantuide 15, 22
Bantuide im Raum zwischen Niger und Benue 353
Bantu-Kavirondo 359
Bantu, Nordost- 52

Barabra 356
Barea 355
Bari 353, 355
Basari 357
Bassa 362
Basua 22, 353, 355
Bata 192, 356
Batoa 353, 355
Batongo 346
Batwa 353, 355
Baule 191, 232, 266, 273, 303, 308, 362
Baule und Lagunenvölker 354
Baya 95, 96, 356
Bede 357
Bedja 15, 53, 62, 63, 72, 90, 353, 355
Bega 355
Bellugarin 343
Bemba 98, 358
Bemba-, Lamba-, Lala-Bisa-Gruppe 353, 359
Bembe 222, 267, 359, 361
Bena 358
Bena-Lulua 79, 361
Bende 359
Bene 362
Beni Amer 90, 355
Beni Soleim 12
Benin 362
Benue-Tschad-Ethnien 353
Berber 13, 62, 239, 303, 322, 327
Berber und Beraber, Araber 353
Berber (Mauren) 326
Berberide 8, 13, 35, 37
Bergdama 89, 353
Bergstämme in Adamaua (Kirdi) 353
Beriberi 357
Berta 355
Bertat 62
Bete 362
Betschuanen 339, 360
Bia 359
Bidejat 190, 353, 354, 355
Bidjogo 266, 358
Bieeng 174, 360
Bini 220, 244, 248, 250, 253, 262, 263, 308, 360 f.
Bira 360, 362
Birgid 211, 356
Birifor 357
Birked 356
Birom 357
Bischarin 15, 283, 353, 355
Blemmyer 72
Bobo 239, 241, 266, 273, 357

Bofi 336
Bolewa 357
Bolia 361
Boma 361
Bondjo 95, 361
Bondo 170, 360
Bongo 356
Bongo-Mittu 353
Borana 17 (Abb.)
Bornu-Leute 206
Bororo 53, 58, 60, 353, 355
Boskop- oder Hottentotten 132, 346
»Boskop-Rasse« 6
Bozo 358
Brigaudier 343
Brigaudiner 343
Brong 362
Bua 207, 357
Bubi 78, 362
Buduma 19, 179, 185, 357
Buji 356
Bulala 19, 186, 190, 203, 206, 356
Bullom 275, 281, 328, 359
Buloer (Bullom) 328
Bulu 362
Bunda 361
Bunu 362
»Buschjes Mannes« 348
Buschmänner 2, 4 (Abb.), 5 (Abb.), 5, 6, 7, 8, 38, 39, 53, 269, 275, 343, 347 ff., 351
Buschongo 170, 322
Bussa 76
Busso 206
Bwende 96 (Abb.), 221, 222, 360
Bwa 356
Bwaka 361
Byzantiner 319

Camba 214
Chainouquas 343
Chamba 267, 356
Chewa 359
Chikunda 359
Chinesen 324
Chozzam 203
Chuabo 359
Chwezi 114, 116, 355
Cokwe 154, 170, 360
Cromagnide 8, 18
Cwana 52, 360

Dadjo 189
Dagomba 191, 357
Dagu 81, 356
Daka 48, 356
Dakakari 252
Dama 356
Dan 266, 308, 359
Danakil 103, 353
Dari 356
Dazagada 353, 355
De 362
Debaba 203
Deforo 357
Dek 356
Dekakiri 203, 357
Dia 361

Dialonke 358
Dian 357
Didinga 355
Digo 359
Dilling 356
Dime 42
Dinga 361
Dinka 19, 20 (Abb.), 21 (Abb.), 58, 61 (Abb.), 63, 93, 100, 353, 355
Diola 239
Dioula 226, 232, 357
Djandjero 108, 111
Djen 283
Djerma 357
Djerma-, Kabre-, Somba- und Diula-Gruppe 353
Djibu 214, 357
Djonkor 215
Djukum 76, 220, 224
Doayo 200, 214, 356
Dogon 96, 266, 273, 278, 357
Dorosie 357
Dschagga 278, 358
Duala 267, 362
Dukwe 353
Durru 95, 96, 356
Dyula 226, 228

Ebri 362
Ebrie 266
Edo (Bini) 244, 362
Efe 22, 353, 355
Egba 362
Egbo 45
Ekiti 362
Ekoi 267, 273, 362
Ekonda 361
Engländer 250, 274
Ethnien des abflußlosen Gebietes 353
Ethnien des östlichen Kameruner Waldgebietes 354
Ethnien des westlichen Kameruner Waldgebietes 354
Ethnien der westlichen Elfenbeinküste 354
Ethnien von Darfur, Wadai, Kanem und Bagirmi 353
Eton 362
Eurafrikanide 8
Europide 15
Ewe 354, 361

Falascha 356
Falli 356
Fang 361
Fanjan 356
Fanti 362
Fellachen 353, 356
Fellani 353
Fellata 203, 206, 353
Fia 49, 357
Filani 353
Fing 239
Fingu 360
Fiote 361
Fipa 93, 359
Fischmänner 348

Flamen 274
Fokeng 360
Fon 362
Foulah 353
Ful 15, 191, 353
Fulani 319
Fulbe 14 (Abb.), 26, 53, 54/55 (Abb.), 58, 60, 62, 63, 179, 185, 200, 203, 226, 228, 274, 353
Ful-Mauren 15
Fundj 62, 189, 356
Fung 100, 356
Fur 88, 356
Furu 361

Ga 45, 362
Gaberi 356
Gabin 95, 357
Gabun-Pygmäen 353
Gaetuler 25
Galim 357
Galla 15, 18 (Abb.), 53, 60, 62, 63, 78, 353, 355
Ganda 85, 88, 90, 359
Ganin 353
Garamanten 34, 35, 36, 37, 45, 317
Gbandi 359
Gbaya 214
Geez 104
Geinin 353
Gibe 108, 356
Gimira 108, 356
Gimr 356
Girjama 359
Gisiga 356
Gogo 359
Gonga 108, 110, 111
Gonja 361
Gonnamoa 343
Gorachauker 343
Goran 190
Goringhaikoner 343
Grebo 362
Gregriqua 343
Griechen 25, 301, 310
Griqua 343
Groinhaiker 343
»Groß«-Nama 353
Grussi 241, 357
Guanchen 8
Gude 356
Guin 357
Gula 356
Gun 362
Gurage 103, 356
Gurensi 357
Gurma 191, 357
Guro 266, 273, 359, 362
Gurunsi 357
Gurunsi-Mossi-Gurma-Gruppe 353, 357
Gwari 96, 357

Ha 93, 359
Habaschat 356
Habe 356
Habeschi 356
Hadjerai 190, 193, 209 f., 211, 213, 214, 356

Hadza 3, 6, 351, 353
Haja 359
Hallenga 90
Hamba 361
Hamiten 93
Hamiten, Ost- 52, 58, 355
Hankunker 343
Hausa 15, 19, 60, 181, 191, 204, 226 ff., 235, 236, 239, 241, 242, 243, 246, 285, 319, 353, 356
Heikum 353
Heiom 351, 353
Hema 353
Hera 116, 360
Herero 53, 56, 58, 62, 63, 64, 88, 89, 339, 353, 355
Hessequa 344
Heusaker 343
Hiechware 353
Hiengwe 360
Hima 15, 27, 53, 63, 97, 99, 114, 116, 353, 355, 358
Hinda 116, 353
Hoio 170, 360
Hoioholo 359
Holländer 274, 307, 333
Hona 357
Hosaer 343
Hottentotten 5, 6, 7, 8, 27, 38, 39, 53, 58, 62, 63, 64, 275, 334, 336, 338, 339, 340, 341, 342, 345 (Abb.), 346, 348, 351, 353, 355
Hottentotzman 343
Huana 361
Hukwe 351, 353
Huma, 116, 353
Hungwe 361
Hurutse 359
Hutu 92, 99, 116, 359
Hyksos 60, 65, 66

Ibibio 222, 267, 362
Ibo 267, 273, 362
Ibo-Idio und die Ibibio-Gruppe 354
Ichthyophagen 314, 315
Idio 362
Idjo 273
Idoma 357
Idomagruppe 353
Ife 244, 362
Igala 220, 357
Igara 96, 357
Igbira 96, 357
Igbo 220
Ijaw 263
Ijebu 362
Ila 79, 309, 360
Ila, Toka-Tonga, Lenje 353
Imbangala 162, 360
Inder 129
Ipanga 361
Iramba 359
Irangi 359
Iro 116
Iru 99, 116
Isoko 362
Issansu 359
Itsekiri 248, 262, 362

Ituri-Pygmäen 355
Ituri-Waldneger: Movu-Lese, Bali, Bira-Kundu-Gruppe 354

Jaga 151, 154, 155, 161 f., 162, 361
Jaka 267, 361
Jakka 162
Jako 362
Jalofer (Wolof) 326
Jalunka 358
Jaluo 80
Janjero 356
Jansi 361
Jaunde 362
Jeke 361
Jekri 362
Jerawa 357
Jibu 357
Jombe 361
Joruba s. Yoruba 362
Joruba-Edo-(Benin-)Gruppe 354
Juden 75
Jukun s. Djukun 76, 95, 96, 223, 356
Jungur 357

Kabakwe 353
Kabba 362
Kabinda 361
Kabre 278, 357
Kabylen 239
Kafa 108
Kaffa 108, 110, 356
»Kaffern« 339, 360
Kaffitscho 108, 110, 111
Kafride 22
Kagoro 358
Kaguru 358
Kalahari 360
Kalukembe 151, 360
Kamba 78, 359, 361
Kameruner Graslandethnien 353
Kameruner Pygmäen 353
Kanarier 62
Kanembu 19, 179, 181, 183, 188, 357
Kanjera-Leute 3, 17
Kanuri 76, 179, 181, 185, 186, 188, 191, 226, 234, 357
Kap-Buschmänner 341, 351, 353
Kap-Hottentotten 344
Kap-Hottentotten und Ost-Hottentotten 353
Kapmänner 343
Kapsiki 193, 200, 356
Kara 356, 359
Karaboro 357
Karamojo 53, 353, 355
Karanga 132, 134, 360
Karchedonier 314
Kare 356
Kariguriker 343
Karthager 175, 313, 314
Kasonke 358
Kassena 239
Katab 356
Kenga 203, 215, 356
Kentu 357
Kerewe 359
Kerkeri 357

Kete 361
Keyu 278
Kham 5 (Abb.)
Khoisanide 5, 6, 7, 39, 275
Kikuyu 78, 359
Kimbu 359
Kimbundu 360
Kindiga 351, 353
Kindiga s. Hadza
Kipsigi 278, 355
Kirdi 192, 210, 269, 283, 285, 356
Kisama 360
Kisi 234, 280, 281
Kissi 266, 359
»Klein«-Nama 353
Koba 360
Koboner 343
Kocnoker 343
Koma 200, 353, 355
Komono 357
Konde 93, 267, 359
Kongo 353, 361
»Kongolesischer Waldtypus« 22
Konjanke 358
Konjo 359
Konkombe 357
Kono 359
Konongo 359
Konso 55, 96, 278, 356
Koranko 358
Korekore 360
Koro 267, 357
Koroca 351, 353
Kororofa 224, 356
Kortada 343
Kota 361
Kotoko 178, 179, 226, 356
Kotopo 356
Kpelle 359
Kran 266, 361
Kreisch 356
Krinjabo 266
Kru 232, 361
Kuanyama-Ambo 89, 360
Kuba 81, 88, 170, 172, 173, 232, 267, 273, 361
Kuba-Kasai-Gruppe 353
Kuju 267
Kuka 190, 206, 362
Kukuruku 362
Kulango 239, 357
Kulwe 97, 98
Kun 356
Kunama 355
Kundu 361
Kung 351, 353
Kunji 361
Kurama 356
Kurumba 46, 47, 273
Kusu 361
Kwa-Völker 353
Kwangare 360
Kwango-Kwilu-Gruppe 353
Kwena 360
Kwese 361
Kxatla 360

Ladi 222
Laka 47, 356

Lala 359
Lamba 309, 359
Lele 361
Lemba 360
Lenge 360
Lenje 360
Lesa 361
Lese 361
Libolo 360
Libyer 25, 34, 35, 60, 175, 235
Lima 359
Linda 267
Lisi 356
Lixiten 313
Loango-(Fiote-, Vili-)Provinz 353
Lobedu 93, 360
Lobi 239, 241, 357
Loi 361
Loko 358
Lomwe 359
Longarim 355
Loro 239
Loron-Lobi 357
Lotophagen 35, 36
Lua 360
Luba 154, 163, 164, 165, 170, 267, 274, 309, 361
Luba-Kalonji 309
Luba-Lunda-Provinz 353
Luba, Süd- 79
Luena 360
Luimbi 360
Lukase 360
Lukolwe 360
Lulua-Luba 170
Lunda 92, 98, 162, 167, 170, 174, 361
Luo 58, 355
Lusambo,Tschofa-Pygmäen 353, 355
Lwoo 114
Luyi 79

Maba 356
Mabi 362
Machura 353
Madi 356
Maguzawa 226, 357
Maiji 108, 356
Majogo 356
Makalanga 134
Makonde 359
Makua 359
Male 97
Mali 322
Malinke 19, 45, 232, 322, 357
Malwal-Dinka 93
Mama 356
Mambila 356
Mamprusi 47, 357
Mandara 179, 357
Mande 232
Mande-Fu 353, 359
Manding 319
Manding des Westens 358
Mandingo 19, 45, 308, 358
Mandingo, Nord- 191
Manes 281
Manga 179, 183, 357

Mangbetu 62, 215 f., 217, 220, 283, 309, 361
Mangissa 362
Mangwato 360
Manna 207
Marghi 179, 193
Margi 356
Masa 356
Masai 15, 16 (Abb.), 53, 58, 59, 60, 62, 63, 78, 274, 324, 353, 355
Masalit 356
Maschanha 359
Maschi 359
Massa 19
Matakam 193, 195, 197, 200, 202, 213, 214, 283, 356
Matete 353
Maungo 361
Mauren 15, 306
»Mauren« (Araber) 337
Mbala 267, 361
Mbande 360
Mbangala 98, 360
Mbata 361
Mbembe 362
Mbete 360
Mbole 267, 361
Mbu 207
Mbuella 360
Mbugwe 210, 359
Mbunda 360
Mbundu 162, 360
Mbunga 359
Mbukuschu 360
Mbum 355
Mbum und Baja 353
Mbundu-Mbuella-Gruppe 353
Mbwella 360
Medje 361
Mekjibo 362
Mende 266, 280, 281, 359
Mechtarasse 8
Mediterrane 3, 8, 13, 15
»Meervölker« 34, 35
Merarit 356
Messufa 323
Mimi 356
Minianka 357
Minungo 98, 154, 170, 359
Mittu 356
Moba 239, 357
Mobali 230
Mocaranga 138
Mofu 214, 356
»Mohren« 338, 343
Momwu 361
Momwu-Lese 361
Mongo 361
Moru 356
Moru-Madi 353
Mossi 191, 266, 308, 357
Mpindi 361
Muana 267
**Mubi** 226, 356
Mum (Bamum) 357
Mumuye 214, 357
Mundu 356
Mundu-Ndogo 353

Muschikongo 361
Muserongo 361
Musgu 185, 226, 241, 356
Musgum 19 (Abb.)
Mwei 362
Mwella 362
Mwera 359

Nafana 357
Nama-Hottentotten 88, 281, 353
Namaker 343
Namaqua-Hottentotten 340, 342, 343, 344
Namdji 96
Namib-Buschmänner 351, 353
Namnam 357
Namtschi 356
Nandi 53, 59, 78, 278, 353, 355
Nankanse 241
Naron 553
Nasamonen 35, 37
Ndaka 222, 361
Ndamba 359
Ndau 360
Ndjembo 361
Ndogo 356
Ndombe 360
Ndoro 357
Nduka 356
Negride 15, 17, 18
Nen 356
Ngala 162, 361
Ngama 356
Ngangela 360
Ngbandi 361
Ngbele 356
Ngiri 360
Ngizim 357
Ngoni 359
Ngonjelu 360
Ngumbi 360
Nguni-Gruppe 360
Nguni-, Tonga-, Sotho-Tschwana-Gruppe 353
Ngwaketse 360
Niam Niam 355
Niaturu 359
Nika 359
Niloten 38, 52, 53, 62, 93, 100, 116, 353
Nilotide 15, 19
Nilotohamiten 52, 353
Njandja 359
Njandja-Gruppe 353
Njanjeka 360
Njasa 359
Njika 360
Njoro 359
Nkoja 360
Nkole 359
Noba 72
Nobatae 72
Nordostbantu 353
Novatae s. Nobatae
Ntum 362
Nuba 210, 353, 355
Nuba, Berg- 73, 210, 355
Nubier 74, 76, 301, 353, 356

Nuer 19, 22, 53, 58, 100, 204, 353, 355
Numique (Namaqua) 340, 343
Nupe 73, 75, 76, 191, 246, 353, 357
Nyamwezi 79, 88, 93, 97, 269, 359
Nyamwezi und ihre Nachbarn 353
Nyima 356
Nyoro 88

Obanen 353
Obiquas 351
Oedasoa 343
Ogowe-Gruppe 354, 361
Ogowe-Pygmäen 353
Ohekwe 351, 353
Okung 351, 353
Ometo 108, 356
Orientalide 8, 12, 13, 15
Orri 362
Ostafrikan. Küstenleute 353
Ostbantuide des Benue-Tschad-Ethnien 353
Ovimbundu 151, 154, 360

Palänegride 22
Pangwe 267, 354, 362
Pare 79, 278, 359
Pedi 360
Pende 172, 174, 273, 274, 361
Perser 310, 314
Peul 353
Pfong 362
Phönizier 312, 314
Pimbwe 359
Pjem 357
Pogoro 359
Pokomo 359
Pondo 360
Popoi 361
Portugiesen 45, 107, 124 f., 134, 140, 142, 143, 144, 145 (Abb.), 150, 154, 155, 156, 167, 238, 246, 248, 249, 250, 253, 254, 255, 258 (Abb.), 259 (Abb.), 260, 262, 264, 274, 298, 307, 325, 329, 334, 343
Poto 361
»Präniloten« 353, 355
»Protoäthiopide« 3, 15
Pullo 353
Pygmäen 22, 23, 23 (Abb.), 24, 52, 158, 309, 311, 317, 348
Pygmäen, Kamerun- 355
Pygmäen, Lusamba-Tschofa- 355
Pygmäen, westliche 355

Rega-Simba-Gruppe 354
Reik (Denka) 102
Rhodesia-Ndebele 360
Rolong 360
Römer 175, 310
Ronga 360
Rosswi 360
Roswi 92
Rotse 79, 267
Rotse-Lui 353, 360
Rovumavölker 353
Rozwi 93, 132, 134
Rumbi 361

Rundi 88, 359
Rungwa 356
Rwanda 359

Safwa 359
Saho 53, 355
Sakata 361
Salampasu 267
Saldinharer 343
Samier 325
Sandawe 6, 351, 353
Sangu 359, 361
Sao(So) 176, 178, 286, 309, 356
Saphres (»Kaffern«) 338
Sapo 362
Sara 19, 22, 207, 356
Sarakole 303
Sara-Logone-Schari-Gruppe 353
Sara-Madjingai 19 (Abb.)
Sarua 207
Schilele 306
Schilluk 19, 22, 53, 88, 92, 93, 99 f., 210, 220, 353, 355
Schinsche 170, 360
Schirasi 127, 359
Schoa-Araber 181, 184
»Schwarze« 338
Sele 360
Sema 362
Sena 359
Senegambier 353
Senga 359
Sengele 361
Sengere 361
Senufo 92, 241, 266, 267, 273, 308, 357, 362
Senufo-Dogon-Lobi-Gruppe 353, 357
Sere 356
Sesuru 360
Shambala 359
Shashi 359
Sherbro 275, 359
Shinje 98, 360
Shona 92, 132, 360
Sidamo 97, 356
Sidamo-Gruppe 97
Sidamo-Konso-Gruppe 353, 356
Sikon 362
Sila 356
Sisala 239
So 286, 356
Soaquas 347
Soga 359
Soko 361
Sokoro 207, 356
Sola 241
Somali 15, 53, 60, 62, 63, 103, 353, 355
Somba 357
Somrai 356
Soncker 343
Songe 163, 267, 360 f.
Songhai 96, 191
Songye 309
Soninke 232, 319, 357
Sonjo 53, 359
Sonker 343

»Sonquas« 348, 351
Sonrhai 357
Sotho 360
Spanier 274
Suaheli 45, 142, 267, 359
Subia 79, 360
Sudanide 19
Suk 355
Suk, Berg- 278
Suku 267, 361
Sukuma 93, 359
Sulthaniman 343
Sumbas 281
Sumbwa 359
Sundi 360
Susu 358
Swasi 360

Talensi 46, 357
Tama 356
Tamberma 241
Tauana 360
Tannekwe 351, 353
Tawara 360
Taweta 359
Tebu-Hausa 15
Teda 35, 207, 353, 355
Teita 359
Teke 361
Tembu 360
Temne 275, 328
Tera 357
Tetela 361
Tewe 360
Thlaping 360
Thlaro 360
Tigon 214, 357
Tikar 214, 286, 287, 296, 357
Timne 93, 94, 359
Titu 361
Tiv 357
Tlokwa 360
Togo-Restvölker 361
Toka-Tonga 359 f.
Toma 359
Tonga 88, 134, 140, 360
Tonga-Ronga 360
Toro 359
Totela 360
Transvaal-Ndebele 360
Troglodyten 34, 35, 36, 313
Tschako 97
Tschikunda 360
Tschokwe 79, 98, 267, 273, 359
Tschokwe, Luena 353
s. auch Cokwe
Tserekwe 351, 353
Tuareg 9 (Abb.), 10/11 (Abb.), 53, 60, 62, 63, 73, 179, 228, 234, 235, 236, 283, 301, 322, 355
Tubu (Teda) 15, 35, 53, 188, 353, 355
Tukulor 319, 358
Tumagera 223
Tumba 361
Tumbuka 359
Tundjer 207, 212
Tusjan 357
Tussi 53, 92, 99, 116, 353, 355, 359

Tutsi 116, 309, 353
Twa 22, 353, 355, 359
Twiden 22, 353, 355

Ubangi-Gruppe 354
Uganda und das Zwischenseen-Gebiet 353
Unga 359

Vandalen 8, 60
Vay 359
Vei 232
Venda 360
Venda-, Lemba-Schona-Gruppe 353
Vere 214, 356
Vili 155
Vischman (Fischmann) 347
Visman 351
Voko 200, 356

Wadai 356
Wala 357
Wald-Ethnien Liberias 354
Wangara 226, 228, 358
Wara 357
Waremba 346
Wassermänner 343
Wataware 346
Wemba 98
Westsudangruppe 353
Wobe 362
Wolamo 110, 111
Wolof 19, 191, 326, 358
Wongo 361
Wute 78, 353, 356

Xosa 360

Yaa 162
Yaka (Jakka) 162
Yaka am Kuango 162
Yaka Nyari 162
Yao 359
Yaobou 278
»Yellow people« 7
Yoruba 45, 73, 220, 244, 246, 250, 251, 264 ff., 269, 283, 308

Zaghaua 211
Zanata 322
Zande 215 f., 353, 356
Zeng 124, 359
Zilofi (= Jalof, Wolof) 326
Zimba 359
Zingi 122, 359
Zinza 359
Zombo 361
Zuande 357
Zulu 47, 93, 346, 360
Zumper 357

## BILDQUELLENNACHWEIS

Biblioteca Estense: 162
Cavazzi, Giovanni Antonio, Istorica descrizione de' tre' Regni Congo, Matamba et Angola..., Bologna 1687: 82, 84
Dapper, Oliver, Umbständliche und Eigentliche Beschreibung von Africa..., Amsterdam 1670: 79, 81, 83, 129
Dittmer, Kunz: 139
Frobenius-Institut, Frankfurt: 11, 12, 20–25, 34, 35, 47, 52, 60, 71, 72, 123, 128, 133
Fuchs, Peter: 5–8, 13–16, 29, 30, 36–41, 99–103
Gardi, René: 107
Gussenbauer-Haller: 63, 64, 108, 109
Haselberger, H.: 51, 124, 125
Hirschberg, Walter: 9, 19, 27, 31–33, 48, 55, 68–70, 78, 80, 106, 110, 112, 119–122, 136, 137, 143–146, 148 bis 156
Hoskins, G. A., Travels in Ethiopia, London 1835: 42
Ife Museum: 92
Jos Museum, Nigeria: 93–96
Koninklijk Museum voor Midden-Afrika, Tervuren: 88 bis 91
Lopez, Odoardo, Wahrhaffte und Eigentliche Beschreibung deß Königreichs Congo in Africa..., Frankfurt/Main 1597: 73
Manker, Ernst, Niombo, in: Zeitschrift für Ethnologie, 64. Jg. 1932

Marees, Pieter de, Description et recit historial du riche royaume d'or de Gunea..., Amsterdam 1605: 163, 164
Meyers Lexikon, Bd. 5, Leipzig 1926: 28
Monumenta Ethnographica, Bd. 1, Schwarzafrika. Graz 1962: 165
Museum für Völkerkunde, Basel: 105
Museum für Völkerkunde, Berlin: 66, 76, 77, 85, 132, 134, 135, 142, 157, 158
Museum für Völkerkunde, Wien: 116, 127, 130, 131, 140, 141
Oldenburg: 138, 147
Österreichische Nationalbibliothek: 161
Paulitschke, Ph., Die Sudanländer, Freiburg 1885: 113
Pöch, R.: 2–4
Pogge, P., Im Reiche des Muata Jamwo, Berlin 1880: 86, 87
Rikli, Martin: 59
Schweinfurth, G., Im Herzen Afrikas, Leipzig 1918: 115
Tierbild Okapia: 10, 17, 18

Kartenzeichnungen: Alfred Froeter

Die Karten in den Kapiteln I–XVIII sind Umzeichnungen nach O. Köhler in D. Westermann, Geschichte Afrikas 1952.